龔鵬程 主編

# 海峽兩岸道教文化學術研討會論文（上冊）

臺灣學生書局印行

# 序

龔鵬程

道教文化重新獲得學界重視，是當代學界的大事之一。在大陸，歷經文化大革命，道教之宮觀多經拆毀、道士多被迫還俗，道教文化也在反宗教無神論之氣氛中被鄙視。全面復甦，至今僅有十幾年的光景。台灣雖無酷烈的文化革命，但承繼五四運動以來，提倡科學理性之精神，也有反迷信的氣氛。把道教視同迷信，藉「端正禮俗」之方法，卻逐步革除社會上的道教信仰及相關文化現象，實為政府及知識界一貫之態度與做法。風氣漸改，至今也大約只有十年左右。

在這十幾年間，大陸上逐步恢復了宮觀，整理了道教典籍，開辦了道教人才培育機構，也召開了相關的研討會。相對於其他學術領域，這方面的進展相當令人矚目，可謂一日千里。邇來甚至因當代新儒學之刺激與啟發，而有人提出「新道家」之說，或謂中華文化應以道家為骨幹。這些說法雖仍在討論爭議中，然其熱烈之狀況，實非十數年前所能夢見。至於學術界以外，社會上流行氣功丹法、易卜星占、奇門遁甲、風水流年，甚或以之運用於人事企業之中，亦可以看做是廣義的道教文化熱。

台灣雖然無所謂道教文化熱，但近十年間，陸續開辦了中華道教學院，籌辦了道教會議，相關之研究，無論質與量均有顯著之增加，人才輩出，亦非曩昔所能懸測。這或許是學術界本身自律性的調節，矯正了從前的偏頗，也或許肇因於整體社會的變遷，「現代化迷信」逐漸褪去了它的光環之後，大家可以從更寬廣的角度來審視歷史文化傳統及宗教現象。當然，風氣之變，漸漬而然，許多道教界及學術界長老多年慘澹經營默默推動，才使得現在這種情況變得好像理所當然的。

家兄龔群，即是這其中長期付出心力的一位。他辦《道教文化》雜誌多年，聯絡同道，倡議研究，不遺餘力。兩岸展開文化交流之後，我因適巧任職於行政院大陸委員會，他即一再囑我應加強推動兩岸宗教交流，並要我籌備舉辦兩岸道教文化研討會。先是獲得道教會張檉先生的支持，由陳廖安先生負責，在淡江大學舉行了道教學術研討會，以鼓動風氣。這是在台灣的大學中第一次舉辦的道教會議，會議同時並舉行道教文物展。其後又得到李子弋先生的支持，由陳廖安、鄭志明諸先生組團赴西安、成都分別召開了兩岸道教的學術研討會，成果均極豐碩，對於推動兩岸之道教研究，頗有裨益。

但大陸學者來台研討道教，仍待努力。於是家兄又與張檉、徐冠雄諸先生商議在台籌辦一次兩岸道教文化研討會。幾經周折，因經費、人力分配以及政策之緣故，遲遲未能如願。例如有一次手續本已辦妥，忽發生「千島湖事件」，台灣旅客在大陸被劫殺，兩岸關係中斷，文教交流暫停，大陸學者竟因此而不能來台。諸多障阻，令人不免氣餒。幸好家兄堅毅不拔，否則我是沒勇氣再辦下去的。

這個會議最後得以於國立中正大學召開，由歷史系承辦，是得到毛漢光、王業鍵等先生的支持與協助。論文及參與學者的邀集，則丁煌先生出力甚多。但開會期間，丁先生竟又因母喪而未能預會。如此波折不斷，展轉艱辛，才能辦成這一次歷史性的聚會，讓兩岸道教研究者在台灣共聚一堂。在我已辦過近百場學術研討會的經驗中，可說是僅有的一次。每想起辦會議的經過，回思道教在近百年間坎坷的命運，均不免有惻然之感。

可是，歷經辛苦播種後獲得的果實也特別甘美。本次會議極爲成功。不僅論文研討甚爲盡興暢情；家兄協助大陸來台學者到台中、台南、高雄、台北等地參訪道教團體，學術交流，獲得高雄道德院、台中天帝教、台北中華道教會之熱烈接待，也使得彼此對道教文化之認識均有所增益。未來兩岸之交流當然會更順暢更深入，兩岸的道教文化研究成果當然會更深刻更完整，但這次會議無疑具有里程碑的意義，替將來的發展奠定了良好的基礎。

現在，這本論集，經學生書局細心編校處理後，得以面世，就教於並世宗教研究界，我當然極感慶慰，特於此略誌數語，謝謝家兄的辛勞，也謝謝供應文稿及參與討論的學者，謝謝所有爲本次會議和道教文化發展盡心協力的朋友。

中華民國八十四年十一月寫於中正大學歷史所

# 作者簡介

（按本集論文發表次序編列）

柳存仁　澳洲大學榮譽教授
韓秉方　中國社會科學院宗教所研究員
馬西沙　中國社會科學院宗教所研究員
周慶華　淡江大學中文系講師
劉國梁　吉林大學哲學系教授
蕭登福　台中商學院教授
牟鍾鑒　中國民族大學哲學系教授
龔鵬程　中正大學歷史研究所教授
鄭曉江　江西大學哲學系副教授
李遠國　四川社科院宗教所研究員
張志哲　上海華東師範大學教授
林惠勝　成功大學中文系副教授
李　剛　四川聯合大學宗教所所長

鄭志明 淡江大學中文系教授
周益忠 彰化師大中文系副教授
王見川 中正大學歷史所博士班
宋光宇 中央研究院歷史語言研究所副研究員
安煥然 成功大學歷史所碩士
林德政 成功大學歷史所副教授
卿希泰 四川聯合大學宗教所教授
陳昭利 輔仁大學中文所博士班
劉耿生 吉林大學哲學系教授
林玉萍 成功大學歷史所碩士
郭銀漢 中正大學歷史所講師
丁煌 成功大學歷史所教授
謝素珠 成功大學歷史所碩士
陳昭吟 成功大學歷史所碩士
沙銘壽 四川博物館研究員
陳耀庭 上海社科院宗教所教授
吳光明 中正大學歷史所教授

# 海峽兩岸道教文化學術研討會論文

## 上冊目次

序……龔鵬程……i
作者簡介……v
薩滿與南巫——道教前史之一……柳存仁……一
論道教的民間性……韓秉方……一三
寶卷與道教的煉養思想……馬西沙……三五
道教的反支配論述——以《神仙傳》爲討論中心……周慶華……五七
中華道教中的生態倫理學思想……劉國梁……七七
道教司命司錄系統對佛教檢齋及善惡童子說之影響……蕭登福……八五

民國道教覓蹤……………………………………牟鍾鑒……一二九
黃宗羲與道教……………………………………龔鵬程……一四九
論《南華經》的生命哲學及其現代價值……………鄭曉江……一八三
符圖、氣場與天人合一觀……………………………李遠國……二一一
《周易》象數與道教神秘……………………………張志哲……二三七
承負與輪迴——報應理論建立的考索………………林惠勝……二六三
《太平經》致太平的政治哲學………………………李　剛……二九五
莊子的鬼神觀………………………………………鄭志明……三三九
由教化的觀點說王重陽和馬丹陽的唱和詞…………周益忠……三七一
黃天道前期史新探——兼論其支派…………………王見川……四一五
廿世紀初澎湖的善書與社會批判……………………宋光宇……四五一

# 下冊目次

宋元海洋事業的勃興與媽祖信仰形成發展的關係……安煥然……五一三
筊港媽姐之爭：台灣媽祖信仰史上的一件公案……林德政……五八七
我國大陸地區道教研究之現狀……卿希泰……六三七
《九陽關遊記》思想初探……陳昭利……六四七
滿族帝王封禪長白山……劉耿生……六六五
兩漢時期漢醫與方士醫的比較研究……林玉萍……六九一
民雄鄉大士爺信仰初探……郭銀漢……七一三
《正一大黃預修延壽經籙》初研……丁　煌……七五五
葛洪醫藥學成果之探究……謝素珠……八〇三
論「龍蹻」……陳昭吟……八五九
成都道教宮觀……沙銘壽……八九九

藏外道書和明清道教……………………………………陳耀庭……九一一
The Natural as the Social：A Non-Archic Society……吳光明……九六〇

# 薩滿與南巫——道教前史之一

柳存仁

研究突厥語的語言學家們說，突厥語是有黏合性（agglutination）的。它的特點是要造一個詞，可以在恆定不變的語根後面加上詞尾，使得這一個詞的含義相當於他種語言的一句句子或一個詞組。譬如：現代土耳其話說「因爲他們的貧窮」（parasrzlklarrndan），這個字裏的Para是錢，-srz是加在名詞後邊的詞尾，構成一個形容詞表示「沒有」，-lrk是構成抽象名詞表示性質、狀態的後綴，-larr是他們的，最後的-n-dan是介詞「從…而來」。從道教歷史的發展來說，它的細大不捐地那種高度的吸收能力，像古代的儒家理論、先秦時代的道家思想、域外傳來的佛教（包含印度教的因素）、摩尼教，這些，它都能夠把從它們那裏得來的東西逐漸變爲自己的個體的一部份，其巨大勢力的莽莽浩浩，正不亞於黏合性的語言。

不過，我們講吸收、融化，也應當分開兩面來看。一種是後天的，就是在道教形成以後逐漸添入的因素，像道經裏面有《摩尼教殘經》中淨風的五個兒子，就是一個例。一種是先天的，就是在像樣的道教未曾成立以前，它已經必須承繼的許多在它以前早已產生的文化現象。這種現象，大體上說它是和儒家的信仰共同承襲的，例如鬼神、魂魄、術數，甚至陰陽五行的觀念，從西周到兩漢這一千兩百多年間的活動，我們姑且稱它做道教前史的內涵，與其說是道教吸收的，不如說是道教承負的前人的先業，或者還要來得恰當些。這些繁複的活動，在悠長的歷史的巨流裏，它們的力量是慢慢地增添的、滲透的，甚至最初也許是沒有固定的目標的，但是後來道教的興起，卻自然沒有法子掙脫這些積業。這也促使後來道教的活動和儒家的活動一樣，文們始終是中國傳統文化裏的兩股主流，不管是利是弊，在子孫們活動的神態裏，一舉一動，都會令人依稀辨認得出祖老太爺的面影。

在原始社會裏，在那些初民開天闢地，「木處榛巢—水居窟穴」[1]的時代，人身活動的各種現象他們都迫切地要求解釋。活人和死人之間有什麼差異？爲什麼活人會死？人死後還會不會到什麼別的地方去？爲什麼人會做夢？夢境裏怎麼又會看見同時的活人和死去的古人？夢裏的情景怎麼恍惚之間人一醒覺就沒有了？這些許多現代的專家都有時候會感到困惑和有爭論的問題，在遠古初民的心裏更不能不納罕生命的神祕。有些現代的生物學家和心理學家們或者會假定所謂心靈、精神（mind或希臘哲學裏的nous）指的是一種非物質的因素通過腦子和神經系統和身體合作的東西，其實這個多年來爭執的問題恐怕不止是科學上的，也還是玄學上的問題。但是在初民的心理裏，活動的生命和虛渺若隱若現的幻境卻是時常困擾他們的課題。

他們開始相信人類身體的、物理性的、生意盎然的活動背後有一個控制它的主宰，那就是所謂靈魂。沒有靈魂在活動著，這個身軀就是死亡了，因爲它再也沒有生命。不但人類和其他的生物有生命，有的時候他們相信別的非生物也會有靈性，那就是說也有生命，這生命也許不是它們本有的，但是如果那一股不可知的特殊力量忽然跑到某一個沒有生命的東西裏面去了，那東西就會做出和有生命的生物同樣能做的活動。《左傳》魯昭公八年（公元前五三四）記敘這一年的春天晉國魏榆地方有塊石頭能說話，晉侯聽信了，就叫掌樂的師曠來問他。師曠「對曰：『石不能言，或馮（憑）焉。不然，民聽濫也』」，「馮焉」就是說有力量憑附到石頭身上去？後世的人當然也有相信這種憑附的存在的，戲劇小說裏面就常利用它做故事的題材或點綴。元曲《玎玎璫璫盆兒鬼》的第三折裏，那個八十多歲的老頭兒張撇古便宜得來的夜盆兒上面就附了一個鬼魂，所以那隻瓦盆能夠從這壁跑到那壁，在空間飛來飛去。不用說這個被魂憑附了的盆兒也「能言」。

更細緻一點的辦法是把靈魂分做兩部分，一個死後飛揚上天，一個和屍體在一起沉在地下。《禮記・郊特牲》說：「魂氣歸于天，形魄歸于地」說的就是這個。這種兩分法在別的民族的信仰裏從原始社會到文化較高的層次相類的也不少，雖然大家用的名相不同，解釋也不完全一樣。《左傳》裏說春秋時代的鄭國有個貴族伯有，他在內訌爭鬥之中被殺，死後國人互相驚擾傳說是他的魂做祟，竟把兩個生前的敵人都弄死了。子產爲了安撫浮動的人心，就立了伯有的後人和新立的別人一起做大夫。後來子產到了晉國，趙景子問他「伯有猶能爲鬼乎？」子產回答說：

能。人生始化曰魄，既生魄，陽曰魂。用物精多則魂魄強，是以有精爽至於神明。匹夫匹婦強死，其魂魄猶能馮依於人以爲淫厲，況良霄（伯有）我先君穆公之胄，子良之孫，子耳之子，敝邑之卿？……（昭公七年）

這是公元前五三五年一般知識階層的人的信仰。民間的信仰深入的程度大約比這還要厲害。這種魂魄的二分法，到了晉朝葛洪的《抱朴子．地眞》篇裏，竟然紀錄有了「身中之三魂七魄」的話。❷「三魂七魄」的說法，在道教和通俗文學的描寫裏，以後就成了牢不可破的典實了。明代的《封神演義》小說第四十四回聞太師從海島請來的姚天君擺下了一個落魂陣，不過二十天拜去了姜子牙的二魂六魄，只剩一魂一魄了，用的就是這一個算法。我們不要奇怪，魂魄的這樣細密分法，在世界上也不是道教中人的的獨創。例如猶太教的神祕經文卡巴拉（Cabala）一派，也把魂分做五部份，各有名色。它們活動的時代也不比道教遲，雖然這裏面不像有什麼交通的關係，無論如何道教不能專美了。

我們的古人既然相信有魂魄，人死之後又可能有依歸，這樣就很容易產生相信有鬼的觀念。《左傳》上說「新鬼大，故鬼小」，並且說這話的人還表示他是親眼明見的（文公二年，公元前六二五），這就是能夠視鬼的人。視鬼的人成了專業化，這就是職業性的巫、覡的一部份的活動。巫（包括男女）的地位在古代是十分重要的。《尚書．呂刑》和《國語．楚語下》都提到古代傳說裏「命重、黎絕地天通」的故事。重和黎是兩個半神格半人格的人物，照《呂刑》說，向他們發命令的是「皇帝」，即天上的上帝；照《國語》，他們是顓頊（《史記．五帝本紀》說他是「黃帝之孫」）的臣屬。《楚語下》楚昭王問於觀射父的一段記載這事說，遠古時神能夠降到巫覡們的身上，這些通神的巫就在人間替天神們安排祭神時的尊卑位次，規定祭祀用的犧牲、祭品、器用、時服；他們又能知道君主的宗廟佈置和需要。巫覡的服務可以聯絡溝通天地、神人之間的關係，大家都能夠和平地過日子。但是這一段美好的生活後來不行了，《楚語下》說：

> 及少皞（《五帝本紀》裏五帝他不在內。《呂氏春秋．孟秋紀》和《禮記．月令》有少皞；《左傳》昭公十七年郯子說以鳥紀官，也有他❸。之衰也，九黎亂德，民神雜糅，不可方物。夫人作享，家爲巫史，無有要質。民匱於祀，而不知其福。烝享無度，民神同位。民瀆齊盟，無有嚴威。神狎民則，不蠲其爲。……顓頊受之，乃命南正重、司天以屬神；命火正黎、司地以屬民；使復舊常，無相侵瀆，是謂絕地天通。

這樣，據說從此以後，天神隨便下凡和巫覡上天的道路就切斷了！這是神話，也是半實半虛的古代傳說。虛的部份是古人的遐想，實的部份我們該明白遠古的時候宗教性的上天下地需要有多一些的說明。古代巫、覡的活動實佔部族社會生活的主要部份，也許最早的古帝自己就是一位大巫，神權和君權兩種勢力都掌握在部族領袖一個人的手裏也說不定。商湯是歷史上開創朝代的帝王，《荀子．大略》、《呂氏春秋．順民》、《淮南子．主術脩務訓》、王充《論衡．明雩》都記載他大旱時在桑林禱雨的事。《呂氏春秋》說：

> 天大旱，五年不收。湯乃以身禱於桑林，曰：「余一人有罪，無及萬夫。萬夫有罪，在余一人。無以一人之不敏，使上帝、鬼神傷民之命。」於是翦其髮，鄽（擺）其手，以身爲犧牲，用祈福於上帝。民乃甚說（悅），雨乃大至。

古代的神巫，老百姓既然都認爲他有法術，他自己在施法的時候也要顯示他有這種超人的能力，所以要是他的表現不精采，那責罰有時候也是很重的。《左傳》僖公二十一年（公元前六三九）的夏天大旱，魯國有個瘠弱跛足的女巫，大概禱雨不靈，僖公就要下命令燒死她，幸而被臧文仲諫止了。看來在那個時候巫的位置也不是很好當的。（《史記．滑稽列傳》後面褚少孫添補上去的戰國魏文侯時西門豹把爲河伯娶婦的大嫗巫投到河裏去的故事，正說明民衆對斂賦害人的巫的憤恨。）商湯的剪髮、攦手，身爲犧牲，恐怕他行的不過是巫的本職罷了。後來巫和君主的職位分開來了，國君的身旁，也還有巫做他的近身。《禮記．禮運》說：「王，前巫而後史，卜、筮、瞽、侑皆在左右」，足見這一群人和王的貼近。《喪大記》說大夫、士死了，殯斂之後，國君要去探視，巫、祝都隨著同去。但是到了喪家的門口，祝和國君都進去了，「巫止于門外，」沒有進去。鄭玄注同篇文句相同的另一段說：「巫止者，君行必有巫，巫主辟凶邪也。」孔穎達《疏》云：「君臨臣喪，巫祝桃茢以辟邪氣。今至主人們，恐主人惡之，故止巫于門外也。」據說鬼怕桃木。桃茢是桃木做的苕帚，使用它是巫的專長，用來驅邪的。巫不進喪家之門，表示主人家裏沒有邪惡，沒有他的事。但是巫和國君出入寸步不離，這裏說得就很清楚。這樣地位的巫，他在朝廷組織和活動裏的重要也就可想而知了。《左傳》還記載過一回巫用桃茢祓除不祥的有趣故事：楚康王死了，那時候魯襄公在楚國，「楚人使公親襚，」就是教他親自來致送死者穿的衣服。這件事照禮節本來不是他國的國君應該做的，所以可以算是一種侮辱。襄公很煩慮，可是也不能不去，就聽了穆叔（叔孫豹）的話，送襚之前，「使巫以桃茢先祓殯。」（襄公二十九年，公元前五四四）楚人沒有阻止他，事後卻後悔了，因爲桃茢拂柩一方面說是國君到臣屬家臨喪的禮節，雖然照上文引的《喪大記》說也不大實行了，一方面卻正像現代人說的「被人家觸了霉頭」❹。

上面引證說的這些巫的活動，都是生活上很親切、很眞實的。巫的本領本來就是上天下地。不過這個通天地，不能用普通的常識去解釋。中國古代的巫，他們的生涯想來也跟現在研究薩滿教（Shamanism）所指的西伯利亞和烏拉山—阿爾泰山居民的信仰活動，甚至也包括例如東南亞、大洋洲或北美土著的一些人和愛斯基摩人的活動，沒有很大的差別罷。薩滿（Saman）是通古斯（Tungus）語言。從原始宗教方面的觀察說，這個樣子的巫，他給別人治病，他做宗教的祭師料理獻祭犧牲的事務，他又靠了他的特別能耐或技術，可以在高度興奮和看似狂喜或狂癇的情形之下，照著自己的意念隨時離開他的身體，陪伴死者的靈魂到別的世界去。在西伯利亞和亞洲東北，薩滿的職位或由世襲，或由神召，也偶然有自動去擔任的。但是做薩滿，必須先經過一個試煉的時期。這未來的薩滿得了病，往往一個人在蓬帳或荒野中亂走，看上去很像要發狂的樣子。眞正的薩滿雖然入了魔，最後卻不會發狂，他的病慢慢地自己會治好，他也能說明他在試煉中獲得的經驗。譬如他怎樣受到惡魔精怪的折磨，身體被毀壞，他那時或者上天，或者下地，直到最後他的甦醒、復活。這個成功的薩滿現在有了新的能力可以和精靈們打交道了，他能夠視鬼，他跟超自然的各種境界有了關係，他也能夠在興奮的出神的狀態之下像一個精靈似地到宇宙的各處雲遊。雖然他現在有了這樣的大本領，他也還只是個學徒。部族裏的老師輩的薩滿還得教導他許多宗教上的傳統知識，也教會對付各種病症的醫方和治法。《論語·子路篇》孔子說：「南人有言曰：『人而無恆，不可以作巫醫』」，巫醫是個複詞。薩滿是部族裏的醫生。這個「南人」嘴裏說的巫醫，也許正是一種薩滿的身份❺。

薩滿的正式被接納授職成爲能夠施法的人，需要經過公開的儀式。這種儀式例如西伯利亞東部延著貝加爾湖東邊居住的伯雅特人（Buryats），薩滿的被印可的儀式需要受教的人爬上一棵樺樹，這爬樹就代表了他能夠登上了天界。這棵樹一共刻了九個槽口，受教的人一步一步地升高，證明他有能力經過了九個不同的天。現代還存在的，在台灣和他處頗爲活躍的「師公」作法時的「上三十六劍儀」，雖然和傳統的道教（像正一、全眞這些在歷史上受過朝廷支持和保護的派別）的作法不一樣，但是血脈相通，我們頗疑心這種民間信仰，可能正是古代很早的巫醫之遺。日本學者窪德忠先生著的《道教史》裏，曾有下面的描寫：

如設醮時，刀刃向上作爲梯子，每刀爲一級，共三十六把刀，赤腳的道士沿刀向上攀登，這叫「上三十六劍儀」❻。

這是七十年代後半期的研究著作。在這以前，一八九二年（清光緒十八年）前後荷蘭學者狄·古魯特（Dr. J.J.M. de Groot）在他的六巨冊的《中國的宗教體系》的第二部《靈魂和祖宗崇拜》裏的第五分第三章《現行的巫法祭祀和驅邪》裏，已經敘述了在福建東南部地區（包括廈門在內）的師公演法，也有刀梯的描繪❼。這一派演法的師公，清初劉獻廷（一六四八—一六九五）在他的《廣陽雜記》裏，曾給他一個總的名稱，叫做南巫。我想，南巫的來源自然是很早的。雖然我們沒有很多的文獻上的證據說《史記·項羽本紀》裏的楚南公也是南巫❽，但是他至少是個南人，這是不會錯誤的罷？三百多年前劉獻廷的《廣陽雜記》就告訴了我們康熙間他在湖南看到的這一類南巫的活動：

予在彬州，有巫登刀梯作法爲人禳解者，同諸子往觀之。見豎二竿于地，相去二尺許。以刀十二把橫縛于兩竿之間。刃背上向，層疊而上，約高二丈許。予至稍遲，巫已登其巔矣。以紅布爲帕而勒其首，束其腰者亦用紅布，更爲紅布膝袴著足腰間，如婦人裝，而赤其足蹲踞梯上。梯之左懸一青布旛，并一籃，貯一鴨於中。下又一巫，鳴金鼓向之而禱。久之，梯上之巫探懷中出三筊，連擲于地，衆合聲報其兆焉。巫乃歷梯而下，置赤足于霜刃之上而莫之傷也。乃與下巫舞蹈番擲，更倡迭和。行則屈其膝如婦人之拜，行遶于梯之下，久之而歸。旁人曰：「此王母教也！」吾聞南方蠻夷皆信王母教，事皆決焉。……刀梯之戲，優人爲目連劇者往往能之❾。

我想，這刀梯的舉動在遠古一定和薩滿的上天下地有很密切的關係的，流傳在湖南少數民族居住的山嶺間，時日久了，可能又跟後世的信仰西王母的拜祀扯上了關係，其後又影響鄉村民間的社戲，變化更多，但是源遠流長，這些信仰的發掘又給現代研究宗教學、社會學、人類學……做田野工作的人增添了一些未曾發墾的園地，這就要有更多的專門性報告的貢獻了。薩滿教或巫教是最原始的、最遠古的人類的宗教活動，薩滿或巫的「上天」，代表了一種最早爲人類所體會得到的神祕經驗；巫和史開始有了合作的可能，他們遂又創造了一個部落乃至一個民族所寶貴的半歷史、半神話的上天入地男險經歷的詩歌。中國古代南方產生的許多美妙的詩歌像《楚辭》裏面大部份的作品，包括大家認爲是屈原的創作在內，如果我們能夠嘗試把它們和宗教史的探求這一個角度細加鑽研，又和各種學科田野調查的成果結合在一起，說不定我們可以對它們在遠古時代的本來面目，可以有一些合理的新的推測❿。

## 註釋

❶ 見《淮南子·原道訓》。

❷ 《抱朴子》別的篇章裏，例如卷二《論仙》，仍只有魂魄之稱，並未再分什麼。

❸ 《禮記·曲禮上》「貧賤而知好禮，則志不懾」句下，孔穎達《疏》說鄭玄注緯書《中候勅省圖》，纔開始把過去五帝（黃帝、高陽〔顓頊〕、高辛〔帝嚳〕、堯、舜）在黃帝之下添了一個金天氏，就是少皞。「實六人而稱五者，以其俱合五帝坐星也。」

❹ 《檀弓下》「襄公朝于荊」條，說楚人要他爲楚康王穿壽衣。

❺ 《禮記·緇衣》記此，末句作「不可以爲卜筮。」但《論語》和《緇衣》引此皆有《易·恆卦·九三》「不恆其德，或承之羞」句，疑是一事，《緇衣》偶歧出。

❻ 第六章，東京山川出版社，一九八〇，頁四〇一；此處引用蕭坤華譯本，上海譯文出版社，一九八一，頁二九五。

❼ *The Religious System of China*, Vol.VI, Leiden, 1892-1910, p.1248.台北成文出版社，一九六七版。

❽ 一向把他認爲是陰陽家。《漢書·藝文志》陰陽家有《南公》三十一篇。《史記·項羽紀》文句下《正義》引虞喜《志林》云：「南公者，道士。」喜是東晉時人，《晉書》卷九十一《傳》提到這書；《隋書·經籍志》有《志林新書》三十卷，入儒家。

❾ 卷二，北京中華書局版，一九五七，頁一一一—二。

❿ 如果說《楚辭》跟巫或薩滿有關係，這個巫或薩滿的含義當然是指的很早的部落時代的宗教之遺，和漢代以後的道家只有間接的關係。漢末時五斗米道在四川的活動可能和少數民族的宗教信仰有關連，但是那裏有沒有薩滿的痕跡還待學者們的分析、研究。明末清初的王夫之著《楚辭通釋》，他解釋《遠遊》一篇，卻用的全是後世丹鼎派道教的見解，這是很特殊的意見，可以算是例外。參看《楚辭通釋》，香港中華書局，一九六〇，頁一〇一—一一四。

# 論道教的民間性

韓秉方

宗教是屬於人們的精神信仰領域，因其帶有濃重的神秘主義色彩，故較之其他社會活動，如政治、經濟、文化等，更難於把握。但是，宗教史家們卻也寫出專著。如佛教史、基督教史、伊斯蘭教史等等。他們把歷史上紛繁複雜乃至凌亂無序的宗教現象，用各自的模式，歸納梳理，劃分階段，找出規律，寫出號稱科學的論著。道教是中國土生土長的宗教，它幾乎包容了中華民族的一切信仰，比之其他宗教來，顯得更加詭異龐雜，枝蔓紛披，乃至是光怪陸離。學術界對難於下手的道教起步較遲，可是終歸也寫出幾部中國道教史，如許地山氏、傅勤家氏、卿希泰氏、任繼愈氏的道教史和日本學者寫的幾部道教史。這些專史，將中國道教發生、發展、衰落的歷史，都寫得井然有序，脈絡分明。不過，憑實而論，這些著作都有避繁就簡，甚至削足適履之感。因爲，中國道教從本質上說，是一種民間性的宗教，是中國古代人民大衆傳統信仰綜合與提升的產物。由於它植根於華夏的肥田沃壤之中，所以根深葉茂，枝蔓紛披，與社會各階層都有著血肉的聯繫。正如魯迅所言：「中國根柢全在道教。」「以此讀史，有許多問題可以迎刃而解。」這一論斷，確實「含義豐瞻」，可謂「的評」。準此而言，現今所見到的道教史，都顯得單薄乾癟了。任繼愈領銜宗教所道教研究室同仁撰寫的《中國道教史》試圖彌補這一缺憾，故在明清階段寫了兩章專門論述道教與民間宗教的關係，儘管是開創了撰寫道教史的先例，但仍顯得縮手縮腳，未能寫出道教的全部豐富性。應該指出，在道教的整個發展歷史中，不管是處於民間階段，還是處於被官方承認的階段，它都是一種具有廣泛民衆性（即民間性）的宗教。特別是當其受到官方承認和崇信的時期，在上層的正統道教與在民間廣泛傳播受到群衆信仰的道教，有明顯的差別。民間群衆的道教信仰和行爲，比之官場中堂而皇之，充滿繁文縟節的道教來，要豐富多彩得多，它與人民生活緊密相連，更富有人情味。研究道教，必須突出它與民間性這一特點，才能寫出有血有肉的符合歷史實際的道教史。

## 一、道教史的三階段

中國道教史理應劃分爲三個發展階段，即原始道教階段、民間道教階段和正統道教階段。本節祇談道教思想淵源和前兩階段。

### 1.道教的思想淵源是華夏地區的原始宗教

已故大家陳寅恪在言及中國文化思想時曾謂：要繼承和發揚「儒家的舊傳統，道家的眞精神。」儒家也者，此不予評，單論「道家的眞精神。」

這裡所指的「道家」，當然包括道教在內。其「眞精神」是什麼呢？無非有二：一是道家總結了悠長的上古歷史的豐富直觀經驗而得出的高度抽象的哲學思想，即形而上之道。一是道教兼容並包的「虛容」精神。它把大千世界一切的一切，中外古今，一概「包容」，爲我所用。其所以能俱備這兩大特徵，就在於道教紮根在中國古代豐厚的傳統文化基礎之上，是華夏原始宗教當之無愧的繼承者。

黄河與長江流域是中國古代文明的發祥地。在這裡，早在遠古時期就生息繁衍著衆多的民族，經千百年的相互交往，逐漸融合匯聚成有共同文化紐帶的華夏民族。關於華夏民族的原始宗教的具體情況，雖然沒有遺留下來實錄性的文字記載，但我們卻可以從先秦古籍中那些追溯歷史源頭的記述和如今仍保存有原始宗教遺風的少數民族(他們在遠古時代也曾居住在中原地區)，如彝、瑤等族的現狀考察中，得窺見其概貌。諸如圖騰崇拜、祖先崇拜、巫術、驅鬼祛病、禱雨祝生、占卜未來、畫符書咒，以及神話傳說：盤古開天、伏羲女媧、東皇太一、西王母；黃帝炎帝等等即是。所有這些基於萬物有靈說的信仰，是原始社會中華夏民族共有的思想觀念，形成文化心理，構成思想模式，在其後漫長的歷史時期裡，左右著中國人的思維活動。至今，我們還可以從甲骨文和先秦諸多書契中，找著它們的蹤影。

號稱道教祖師的黃帝、老子，他們的言論著作(當然如黃帝書多爲後人僞托)，就包含著民初民生活經驗和原始宗教最抽象的概括，形成所謂的哲理。黃、老思想的核心，是強調以靜制動、以柔克剛、以陰勝陽，道法自然無爲而治。這表明它與遠古的母系社會有血緣關係。同時還應指出的是，祇有道教的教祖追溯到黃帝老子，而帶有理性色彩的儒家，則大談堯舜、周公，卻鮮言黃帝和老子。由此也可以看出，道教思想淵源之久遠，顯示了它與華夏原始宗教的密切關係。

## 2.原始道教的上限至少要追溯到戰國時期

在戰國時期，原始宗教的遺存——巫覡當然繼續存在，更重要的是燕齊等國又出現了或隱居山林，或遊說於民間乃至上層人士中間的神仙方士。他們或從事於個人修煉，或兜售其通神招鬼之奇術，或期許人們服食靈藥之後可以長生不老等等。其人數已不在少數，並收徒秘授，傳宗接代。這些方士的活動，已在社會上產生了影響，並且已開始引起諸侯、士大夫們的注意。正是這些方士們，成了醞釀催化出道教最初經典教義的產婆。再者，鄒衍所倡導的神祕主義的五德終始和大九洲說，並以此干政，曾受到幾國君主的信奉。他的門徒（頗類方士）闡揚師說，大談陰陽五行說，也在社會上產生了不可低估的影響。戰國後期，興起黃老之學，尊黃老爲中華文明的始祖。大約在此時，黃帝問道於廣成子，黃帝得道登天飛升等種種神化黃帝的傳說也紛紛出籠。

到了秦漢時期，原始道教的形跡更爲顯著。秦始皇「悉召文學方術士甚衆，欲以興太平，方士欲煉以求奇葯。」❶漢初，黃老道大行，推出黃帝所著的書多種。老子的《道德經》，也倍受崇奉。一些《道德經》注，如嚴君平《老子指歸》等，又爲老子與方術道教的結合作了思想鋪墊。

漢武帝時，因這位好大喜功的皇帝希圖長生，求丹藥，神仙方士者流更爲活躍。李少君、中公、安期生、奕大等，獻奇術而爭寵，爲皇帝招神弄鬼，把個武帝弄得神魂顛倒，甚至言聽計從。一些王公貴戚也紛紛效尤，招方士，講神仙術。淮南王劉安就是最著名的一例。在社會上，這種神仙方士，更所在多有。以至到了西漢後期，則醞釀杜撰出甘忠可的《天官曆包元太平經》一部經書，將道教信仰推上新階段。

如果我們把華夏原始宗教視爲道教的思想淵源，那麼，戰國時期到西漢時的神仙方士的活動，就應算作是原始道階段。

### 3.民間道教階段

此階段似應以齊人甘忠可造經教人干政爲起點。

齊人甘忠可在成帝時，造作《天官曆包元太平經》十二卷，並以此經教義教人，意在傳教干政。經書之作長達十二卷，絶非無本之木，無源之水。其書名「天官曆——包元——太平經」八字，含義甚明；內有言曰：「漢家逢天地之大終，當可受命於天，天帝使眞人赤精子下教我此道。」顯系道教系統。史書載著名信徒有夏賀良、丁廣世、郭昌等，實際信奉者當遠不止此。後因劉向奏忠可假鬼道罔上惑衆，下獄而死。然而，《天官曆包元太平經》所傳之道並未中絶，「賀良等復以相教」，形成相當勢力和影響。至哀帝時，經信徒時任長安令郭昌推動，和深然此道的大臣李尋奏白皇帝，賀良乃向哀帝陳說：「漢曆中衰，當更受命，成帝不應天命，故絶嗣。今陛下久疾，變異屢數，天所以譴告人也，宜急改元易號，乃得延年益壽，皇子生，災異息矣。」❷哀帝遂採納其說，以建平二年改元爲太初元將元年。後，夏賀良等「復欲妄變政事」，遭到權臣們的反對，以「左道亂政，傾覆國家」罪，被誅殺。

甘忠可、夏賀良等造作經書，傳道教人，兩次上書成帝和哀帝，並能勸誘哀帝聽信改元，前後歷時達十數年之久，信徒也不在少數，理應看作是一次創教而未成功的重大舉措。祇不過因爲甘忠可、夏賀良先後被殺，經書被毀，傳教的具體內容不知其詳，而湮沒無聞罷了。

東漢時，有記載的民間道教派別甚夥，決不僅只有太平道和五斗米道兩支。有關《太平清領書》到《太平經》和丹經《參同契》情況，在此不遑多論，祇簡述一下民間道教發展的狀況。

早在光武帝繼位後的建武年間，就發生了史稱「妖巫」的三次造反事件。「初，卷人維汜，妖言稱神，有弟子數百人，坐伏誅。」「後其弟子李廣等宣言汜神化不死，以誑惑百姓。【建武】十七年（公元四十一年），遂共聚會徒黨，攻沒皖城，殺皖侯劉閔。自稱『南岳太師』」。「先遣官兵數千人討之，反被起義軍所敗。」於是，「使【馬】援發諸郡兵，合萬餘人，擊破廣等，斬之。」❸其後，建武十九年（公元四十三年），「妖巫維汜弟子軍臣、傅鎮等，復妖言相聚，入原武城，劫吏人，自稱將軍。」❹前後數年，三次起義，皆爲妖人「維汜及其信徒所爲」。他們「妖言稱神」，自稱「南岳太師」，信奉祖師「神化不死」，且能維持數年不散，起義規模竟需名將馬援發諸郡兵萬餘人去鎮壓，顯然已具備相當嚴密的組織程度。從種種跡象看，維汜徒衆應屬民間道教。此後，妖巫事件相對沉寂，不見史載。到漢安帝之後，則再度興起。據統計，以「賊」「妖賊」或「妖言相署」的起義事件，安帝時四起，順帝時九起，沖、質二帝在位不及二年，竟也發生了十一起，桓帝時二十起。有的學者（賀昌群）指出：「東漢史籍中，凡稱『妖賊』的，多半指與太平道思想體系有關，並以此爲號召的農民起義。」這一論斷是符合歷史實際的。正如《後漢書》中所言：「安順以後，風威稍薄，寇攘寢横，緣隙而生，剽人盜邑者不闋時月，假署皇王者蓋以千數。或托驗神道，或矯妄冕服。」❺

由此可知，整個東漢時期，民間道教教派活動始終未仃，安順之後，尤其是桓靈期間，民間道教的活動遍及各地，以「托驗神道」相號召的起義則接連不斷。最後終於醞釀形成了著名的東西兩大支派、即太平道和五斗米道。

而且，還應該指出，民間道教並不是都從事造反等反政府活動，因古代修史者，祇將造反的「妖賊」作爲歷史事件，記錄在案，而對大量專以信仰修煉爲事的宗教活動，則一概忽略不載，令後人無從考籍。幸有地下碑志出土，可補闕於萬一。如一九九一年七月在河南偃師出土的《肥致碑》，就記載了聳動一時的一起民間道教活動。

碑文曰：漢故掖庭待詔，君諱致，字萇華，梁縣人也。其少體自然之姿，長有殊俗之操，常隱居養志。君常設之棗樹上，三年不下，與道逍遙。行成名主，聲布海內，群士欽仰，來者雲集。時有赤氣，著鍾連天，及公卿百僚以下無能消者。詔聞梁棗樹上有道人，遣使者以禮聘君，君忠以衛上，翔然來臻，應時發筭，除去災變。拜掖庭待詔，賜錢千萬，君讓不受詔。……君神明之驗，譏徹玄妙，出窈入冥，變化難識，行萬里不移日時，浮遊八極，休息仙庭。君師魏郡張吳，齊晏子、海上黃淵，赤松子與爲友。生號日真人，世無極者。

肥致於建寧二年（公元一六九年）仙逝。其忠實弟子五人，隨師服藥從死。「土仙者，大伍公，見西王母崑崙之虛，受仙道。大伍公徒弟子五人：田、全中、宋直忌公、華先風、許先生皆食石脂仙而去。」死後，營建有墓道、甬道、前室、南北側室和後室大墓，隆禮厚葬。❻當時，似此等「行成名立，聲布海內，群士欽仰，來集如雲」如肥致那樣，有師有徒，形成地方性小教派的道教活動，恐怕不在少數。而推算其活躍期，至少要早於太平道起義的甲子年（公元一八四年）二十年之久。

民間道教是從華夏民族的民間信仰成長起來的，因而它與每個中國人都有血肉聯繫。人們的生老病死，都與道教息息相關。不僅管陽間的生，還管陰間的死。本世紀三十年代山西在修同蒲鐵路時，挖出一丹書瓦盆，內有道士爲死者寫的冥禱文：「熹平二年（公元一七三年）十二月乙巳朔，十六日庚申，天帝使者張氏之家三丘王墓，墓左墓右、中央墓主、冢丞冢令，主冢司令，魂門亭長、冢中遊等：敢告移丘丞槥栢：地下二千石、東冢侯、西冢伯、地下擊犆卿、耗里伍長等：今日吉良，非用他故，但以死人張叔敬，薄命蚤死，當來下歸丘墓。黃神生五獄，主生人錄；召魂召魄、主死人藉。生人築高台，死人歸，深自貍，眉鬚已落，下土爲灰。今故上復除之藥，欲令後世無有死者。上黨人參九枚，欲持代生人，鉛人，持代死人。黃豆瓜子，死人持給地下賦。立制牡厲，闢除土咎，欲令禍殃不行。傳到約敕地吏，勿復煩擾張氏之家。急急如律令。」❼這說明早在太平道前十年前，佛教地獄觀念未爲中國人所知的時候，民間道士已對人死後進入陰曹地府的鬼魂作了妥善的安排。其內容格式，幾乎都爲後來的正統道教所繼承。所以，對這段冥禱文應給予充分的重視和研究。

在太平道和五斗米道登上歷史舞台之後，研究道教的學者們往往把注意力都放在考察這兩民間道教支派，以及它們從民間道教（主要是天師道）如何向爲封建王朝統治者所承認的正統道教轉化上了，最後在南北朝時正統道教正式形成。對這長達數百年的演變過程，確有不少著作和文章，作了詳細的研究和探索。遺憾的是，學者們對主線，特別是天師道考察的較深入細緻，而對同時並存的衆多民間道派的情況，卻往往因其資料零散而放棄深入的研究。因而未能充分顯示出中國道教史上民間道教這個階段的全部豐富內容，令人有直線單薄之感。例如和張陵五斗米道和張角太平道的同時，還有漢中的張修、三輔教民緬匿法的駱曜。太平道的起義被鎮壓下去之後，除五斗米道在漫延發展外，尚有帛家道、李家道、于吉道等等。至於稱名道教，冒稱李弘而發動起義者，在兩晉南北朝時更是連綿不斷。所有這些，都充分體現了道教的民間性，均應努力發掘，深入研究。

## 二、正統道教形成之後，其民間性依然存在

有的學者認爲，既然寫道教史，理應從正統道教創立開始，前此的原始道教和民間道教階段，是道教的史前史，無須詳細研究敘述。而在撰寫道教發展史時，我們寫的就是正統道教

史，不必旁顧那些較低層次的粗俗鄙俚的民間道教活動。這是一種不切中國實際的偏見。他們總以西方基督教史、伊斯蘭教史和一些流行的佛教史爲樣板，不考慮中國道教本質上是民間宗教這一具體的特殊性，所以很難寫出再現歷史眞實情況的道教史。爲了說明這一點，我們特別在這裡談談正統道教形成之後的民間性問題。

### 1.南北朝至唐宋時期的道教

由於民間道教往往被農民起義所利用，給統治階級造成嚴重威脅，故一些有識之士早已意識到這一缺憾。如南梁劉勰就明確指出：道教「事合氓庶，故比屋歸宗，是以張角、李弘，毒流漢季，盧悚、孫恩，亂盈晉末。」[8]因此，從兩晉到南北朝，一直就有不少上層道士從事於這種對民間道教的整飭改造工作，最後經過寇謙之和陸修靜，陶弘景等的改造製作，剔除所謂的三張僞法，增加綱常倫理的內容，收集整理已有經典，撰寫科戒新經，才使民間道教發展成完備成熟的宗教，完成了道教從民間宗教轉化成官方正統道教的演變過程。

從正統道教創立到唐宋時期，是道教迅速發展而逐漸達到鼎盛的階段，道教的民間性這一特點，確乎受到了一定的抑制。但是，只要深入考察，仍然可以發現大量民間化的事實。

首先，道教的基本教義就主張避世幽居，清靜無爲，只有少數上層道士如寇謙之、趙歸眞、林靈素之類，才依違於封建政權，爭當帝王師，大多數道士則以相對獨立的教團或宮觀爲據點，從事其誦經、修持、煉養等宗教活動。至於下層道士，他們則參與一般民衆生活，請神，驅鬼，幫助民衆解決生老病死的「難題」。而且，他們本人照樣結婚生子，平時與一般人無異。這種下層道士與民衆息息相通的特點，自然形成爲道教的傳統，一直保持下來。

其次，道教是由多種教派所組成，而且每派都自有其創教神話，很難形成統一的中心。如樓觀道、茅山道、淨明道。樓觀道，以關中終南山樓觀台爲中心，相傳老子在樓觀爲尹喜論道說經，自有一套儀軌制度和傳承譜系。茅山道，以江蘇句容縣茅山爲中心，爲漢茅盈、茅固、茅哀三茅眞君得道處，開創茅山道，創上清法壇，後陶弘景亦隱居此山，世傳茅山道派。淨明道，則尊許遜爲其開派祖師。因傳許遜升仙處在南昌西山，故西山萬壽宮就成了該派的活動中心。此派突出忠孝爲宗旨，創淨明忠孝大法。所以，即使在此階段全國有一個統稱爲道教的宗教，與佛教並列，但從未有眞正的統一道教，而是由多中心多教派所組成，道派內部也相當鬆散。實際上，各地道士皆根據自己的本派傳承教義戒規，與一方民衆結合，從事獨立的宗教活動，帶有很大的民間性。還有的道士，獨往獨來，或奔走於文人學士中間，或雲遊於名山大川，或隱於民間，過著與士子平民無大異的道士生活。這在唐五代時，幾乎比比皆是。

其三是內丹道的興起。唐中末葉以後，因服食外丹不但不得長生反而中毒致死的事例屢有發生，上至皇帝下至平民，所在多有，所以道士中主張服食外丹之風漸漸有所收斂，修煉內丹之風則大爲上升。而從事內丹修煉的道士們則更強調遠避塵囂，排慮入淨，講究師傳秘授，個人修持，極具民間色彩。這時，鍾（離權）呂（洞賓）金丹派大行其道，活躍於士子民衆中間。起初，甚至受到正統道教的排斥，視爲外道，然而與他們的願望相反，越抵斥越興盛，終至取代舊的傳統修習方法而成爲道教的主流。

其四是八仙信仰的流行

殘唐五代，朝代頻繁更替，戰亂不止，社會處於長期動蕩之中。與社會民衆生活密切相關的道教，也隨之發生變化。伴隨著社會苦難的增加，道士的行列中湧進來兩種人：一種是儒士們見仕途險惡，轉而歸隱山林，加入道教以求寄托；一種是見社會災難頻仍，希圖借修道教長生久視之術，以求人身自存自保的人。由於這兩種人的參加，影響著道教的教義也因之有所改變，尤其是神仙觀念發生了變化。從追求超世而縹渺的神仙仙境，改變成追求那些既能混跡於人世間，又能急人之難，及時解救老百姓休咎禍福的多能多變神仙。他們自己已經出凡入仙，過著「天馬行空」的神仙生活，又能化渡有高尚道德，卻仍受塵世苦難折磨的人得道成仙。總之，這種理想的神仙不是端坐在高高的蓬萊仙境不食人間煙火的眞人，而是時刻能與世俗民衆生活溝通，急人難，救人危的活神仙。八仙信仰，特別是呂洞賓呂祖的信仰的出現和日漸熾盛，正好說明了這一點。這八位神仙，出身不同，得道途徑也不同，每個人面孔各異，有男有女，但再不是莊嚴肅穆令人敬而生畏的神明，而是與常人相同，十分和藹可親。這表明道教更進一步世俗化和民間化。進入到宋以後，這種趨勢繼續發展，並且與內丹道相合流，與廣大民衆的日常生活更切近了，從而使道教發展到一個新階段。

### 2.金元道教的新發展

宋徽宗自封道君皇帝，他痴迷地崇奉道教，虔誠地迷信道士林靈素之流的種種神跡，但是都未能挽救北宋的滅亡。金兵南侵，靖康之難（公元一一二六年），徽欽二帝被擄，盛況空前的正統道教信仰受到沉重打擊。在金統治的北方，倍受皇帝恩崇的道教信仰倏然跌落，幾乎無人問津。然而，在金統治下的廣大民衆內心的道教信仰並未泯滅，它不僅是一種漢民族受屈侮後的精神寄托，而且還包含有民族文化傳統的內涵。因此，爲時不久，在大河南北，又興起了幾支民間新道教。這就是歷史上的全眞道、眞大道、太一道和混元道。對此，陳垣先生撰有《南宋初河北新道教考》，溯源追流，考訂精詳。

全眞道，陝西人王重陽在金大定七年（公元一一六七年）於山東寧海全眞庵所創。該道派主張儒、道、釋三教合流，提倡「全神煉氣」，「出家修眞」，不事外丹。認爲「三教圓融」，「識心見性」，即爲全眞。他有七位大弟子，即馬丹陽、王玉陽、丘處機、譚處端、郝大通、劉處玄和孫不二。後世稱其爲「北七眞」。

大道教，又稱眞大道教，金初由山東樂陵道士劉德仁所創立。教人以「清淨無爲」、「少私寡欲」、「慈儉不爭」爲宗旨，倡導忠孝誠謙，去惡復善，利民愛物，而不事「飛升化煉」，「長生久視」之術。

太一道，金初河南衛州道士蕭抱珍所創立。教旨以老子之學修身養性，又以巫祝之術濟人，「祈禳河禁，罔不立驗」。其法與全眞、大道不同。傳嗣有秘篆法物，繼法嗣者皆改蕭姓，即與祖師之姓爲姓。

這些新的道教派別，先後出現在金統治下的北部中國，似以心圖恢復，保存舊物有關。其教法各有新意，顯然與原來的道教有別。各教初起時，皆在民間流佈，傳播於下層，與當權者少有關涉。所以說，全眞、大道、太一、混元等教派，在其初起後的相當一段時間內，應屬於民間道教支派。金代著名學者、居士耶律楚材從正統觀點出發，曾謂：「全眞、大道、太一、混元，三張左道，老氏之邪也。」[9]而且，全眞等教的活動，引起金統治者的疑懼，甚至下令禁止。如「明昌元年（一一九〇年）十一月，以惑衆亂民，禁罷全眞及五行毗。」[10]又「昌明二年十月，禁以太一、混元受籙，私建庵堂者。」[11]

當然，隨著各個新道教派別教團勢力的發展壯大，上層人士的紛紛湧入進來，加以金元統治者的寵遇和拉攏，則又再現了歷史上曾經發生過的從民間宗教到正統宗教的演變過程。其中尤以全眞道最爲典型。全眞道創教之後，「七眞」各顯其才能，四出傳道，教團迅速擴大。不僅下層群衆信奉全眞，而且大量失意文人學士也紛紛來歸，名聲日著，令金朝統治者也不敢小視。金世宗曾兩次召見丘處機，金章宗也召見過王玉陽，以示攏絡。元太祖十四年（公元一二一九年），成吉思汗仰慕長春子之名，遣使召丘處機赴西域龍庭覲見。丘攜徒載籍，萬里西行進見。元太祖在行營大帳親自召見晤談其洽。成吉思汗對丘十分敬重，賜號「神仙」，封爲「大宗師」，命其掌管天下道教。至此，全眞道則最終由民間道派轉變爲正統宗教，在元朝時得到廣泛傳播，盛極一時。

在元代道教的發展過程中，呈現兩種明顯的傾向。

其一是全眞道受到元朝統治者的支持和庇護，教勢進一步擴展到全國。

蒙古鐵騎由西向東，首先摧垮了統治著北中國的金帝國，接著又長驅南下，推翻了南宋朝廷，建立起龐大的帝國。

元朝統治者從太祖成吉思汗起，就和全眞道的領袖兵處機相結納，從此與全眞道結下了不解之緣。元政府賦與全眞道各代掌教人以特殊權力，統領全國道教。這在歷史上也是罕有的政權與道教的結合。全眞道利用了統治者的信任和付予的權力，在全國大肆建造宮觀，廣收門徒，爭取更多的信仰者。不僅如此，全眞道還進一步將江南金丹道也融匯吸收，統一於一個系統，從而形成全國性最大的道教宗派。

其二是在民族矛盾尖銳的元朝，道教成了人們精神和生活上的避難所。元統治者把他統治下的人民群衆分爲三六九等，漢族，特別是最後歸入其統治之下的南人，受到相當大的壓迫與歧視。人們在苦難中掙扎，道教這個中國本土宗教自然成了他們逃避迫害，尋求精神寄托的避難所。正如當時全眞道道士姬志眞一首詩所言：

中原狼虎怒垂涎，幸有桃源隱洞天。
流水落花依然在，請君乘取斷頭船。

於是，大批因戰亂而喪家失所及恥於奉蒙古新主的有氣節之士，紛紛投入到道教（不分全眞派或是正一派）中來，修煉性情，著書吟詩，開闢「桃源洞天」以自慰。下層的廣大民衆，也湧進道教宮觀，崇祀諸神，祈求佑護，尋找安慰。

前一種傾向是全眞道的領袖人物們努力結納元統治者，以便借助政權的力量擴大教勢。後一種傾向是勢所必然，流佈於山野，無形中增強了道教的民間性。

## 三、明清道教的世俗化與民間道教的興起

### 1.道教的世俗化

經過元末農民大起義這場社會大動蕩而建立起來的朱明王朝，已步入中國封建社會自身發展的最後階段，因而在經濟結構上出現新變化，意識形態上則是三教合一思想已形成巨大的社會潮流，對此，不論是皇帝、官、紳、士、庶，都無法抗拒，祇能順水推舟，因勢力導。本身就具有民間性的道教，則更加世俗化。

朱氏王朝起自民間，故幾乎明朝所有皇帝的信仰都帶有濃重的民間色彩，不僅皇宮內廷引入了民間信仰的許多神祇，而且對這些神明的祭祀禮儀也非常隆重。如金闕玉眞人、眞武大帝、薩王二眞君、關公、城隍、三官、呂祖、五通神、晏公等等諸神，都受到皇宮內廷立廟祭祀的崇遇，每次盛大祭典，又都由道士主持其事。致使明代道教延入衆多的民間信仰，促成了道教本身進一步民間化和世俗化趨向。在這一階段裡，許多道教的重大宗教活動，逐漸演變成世俗生活的組成部份。比如京師的燕九節、朝東岳、娘娘廟會等等，都成了市民盛大的節日，將道教信仰與民衆的遊樂活動結合在一起。通過這類活動，不僅突破了道教的清規戒律，也打破了道士與民衆之間的隔閡，使道教信仰走出神怪廟堂，變成了民衆社會生活中的有機組成部份。這種變化，不是京師一地，而是全國各地非常普遍的現實，而且愈向基層則愈加世俗化，

只不過各地區有其本地特點而已。

在學術界一般都認爲，明代佛道兩教迅速地走向衰落。殊不知這正是佛道兩教，特別是道教在走向世俗化、民間化過程中必然出現的現象，即在向民衆普及時信仰水準的自然降低。降低得甚至連發展的主線和脈絡也無法追尋，使寫史者感到無從下手。「天下寺廟明朝修」恰好說明明代才眞正是社會民衆普遍捲入道教佛教生活中來。這種普及面之深廣，是前所末有的。它不僅表現在廟宇的建築、經典印造，還表現在通過各種通俗的文學藝術形式，如小說、戲曲、說唱、鼓詞、繪畫等等，深入民衆的日常生活。學者們往往從研究學術思想和整體發展結構上考慮問題，因而見到的是一片衰落景象，而很少注意和認眞思考道教在向社會生活滲透，與民間信仰相結合，溶鑄於普通老百姓文化思想中而帶來的重大社會影響的意義所在。或許，這才是我們研究宗教史和社會史的學者更應努力下功夫的地方。

### 2.民間宗教的興起和民間道教派別的產生

隨著明代道教和佛教的世俗化、民間化，正統宗教種種缺陷暴露無遺。在明代中後期相對鬆馳的政治氣候條件下，適應民間群衆的信仰需要，蘊育出了衆多的民間宗教教派。對這些民間教派的產生，道教起著某種關鍵性的作用。

明成化、正德年間，宗教家羅夢鴻創立的羅教或稱羅道，亦稱無爲教，成爲民間宗教發展史上的重要轉折點。從此，各色宗教活動家紛紛效尤，各民間教派蜂湧而起，掀起明清時代民間宗教運動的狂潮。僅著名的大教派，就有數十種之多，如羅教、黃天教、西大乘教、東大乘教、弘陽教、圓頓教、龍天教、八卦教、眞空教等即是。這些教派，雖都打著佛教或道教或儒教的旗號，實際上受到正統道教和佛教的抵斥，謂之爲「邪魔外道」。它們各自有其祖師、教主、經典（稱「寶卷」）和教法，而且形成了獨立的勢力範圍。可以毫不誇張地說，明清時代的民間宗教運動，內容豐富，涉及面廣，社會影響巨大，爲我國宗教史寫下了極爲重要的新篇章。

在這衆多的民間宗教教派中，有的就是新起的民間道教，如黃天教、弘陽教。黃天教側重於丹道派，弘陽教則側重於符錄派，在廣大的農村，這些民間道教的信仰人數和影響力甚至已經超過了正統道教。

## 四、幾點結論

### 1.道教源遠流長，實在就是中國的傳統宗教

道教教義思想的核心——宗自然、尚無爲，主陰貴柔等，乃源於中國母系氏族社會的原始宗教。前輩學者聞一多曾謂：「我常疑心這哲學或玄學的道家思想必有一個前身，而這個前身很可能是某種富有神祕思想的原始宗教，或更具體點講，一種巫教。這種宗教，在基本性質上恐怕與後來的道教無大差別，雖則在形式上與組織上儘可截然不同。」⑫我們贊同他的天才推

測，因爲這一推測已爲大量史實所證明。

世界任何民族都沒有宗教的免疫性，中華民族也不例外，只不過信仰模式不同罷了。道教正是中華民族最古老的宗教傳統的必然產物。在其發展過程中，可分爲原始道教、民間道教和正統道教三大階段。就道教產生的時間和性質而言，恰與西方基督教近似：成形於公元一二世紀，開初原是勞動人民的宗教。

**2.道教是以華夏爲本位的土生土長的宗教，但是僅僅理解到這一點還不夠，還必須認識到道教從本質上看是民間宗教**

它深深紮根於中國的普通老百姓的心理，形成風俗習慣，演化爲文化潛意識，左右著他們的思想和行動。道教與儒學一起，成爲移植和吸收任何外來文化的「砧木」。只有把握了這兩個方面，才能全面理解魯迅說過的名言：「中國的根柢全在道教，……以此讀史，有多種問題可以迎刃而解。」故寫道教史不僅應該注意浮在社會上層的道教活動，尤應考察道教對社會下層廣大民衆的深刻影響，即注意道教的民間性。祇有這樣，才能寫出符合中國歷史眞實情況又具有豐富內涵的道教史來。

**3.中華民族的宗教思想和文化，是世界上最豐富也是最獨特的。**

因爲道教具有極大的虛容性，它對外來宗教及別派思想不是一概拒絕排斥，而是將一切對它有益的教義思想都「一袋裝」，拿過來爲我所用。對這一特點，只要看一下道教對佛教的吸收和各種版本的《老子化胡經》就一目瞭然了。《四庫全書》的總纂紀曉嵐評論道教時曾說：道教「綜羅百代，廣博精微」。事實上也確乎如此。有人則稱道教「虛雜多端」，也是事實。中國的民間宗教繼承了這一傳統，不久倡公開三教合一，而且更進一步倡五教合一，有極廣大的包容性。

## 註釋

❶《史記·始皇本記》
❷《漢書·李尋傳》
❸《後漢書·馬援傳》
❹《後漢書·臧宮傳》
❺《後漢書》卷十八《傳論》
❻此碑發掘情況將在《文物》上發表，現從《書法叢刊》九二年第二期該碑拓片摘錄。後附複印件。
❼郭沫若《奴錄時代》第九十四頁。
❽《弘明集》卷八。
❾《湛然居士集》卷六《西遊錄序》。
❿《金史》卷九《章宗紀》。

⓫《金史》卷九《章宗紀》。

⓬《道教的精神》載《聞一多全集》第一冊。

# 寶卷與道教的煉養思想

馬西沙

做爲本土文化的道教，精深博大，容納百川。它的最根本特點是把深奧的哲理與煉養的實踐活動融爲一體，形成一種有體有用，在世出世之學。

道教具有強大的生命力，既在其深奧的教理，還在於它和民間文化息息相關，幾千年來受其滋養，又反過來深深影響各種民間文化，包括民間宗教。明、清時代，各種民間教派幾乎沒有一支不受到道教的啟迪和助力，特別是受到內丹道煉養思想的影響。做爲民間宗教教義的「寶卷」，包含著豐富而龐雜的煉養思想，成爲道教影響下層民衆的中介物之一。

## 一、關於「寶卷」

中國傳統宗教的經典浩如煙海，除佛經、道藏外，還有數量種類繁多的「寶卷」。據統計，現存的「寶卷」不下七、八百種，而內容相近的不同版本又多出此數。其中包括了相當種類的勸善書，但做爲民間宗教教義的寶卷亦有二、三百種。合而輯之，或可成爲一部「寶卷藏」。

寶卷之始，主要是由唐、五代變文以及講經文孕育產生的一種傳播宗教思想的藝術形式。它多由韻文、散文相間組成，有些卷子可講可唱，引人視聽。據我們掌握的史料來看，最初的寶卷是佛教徒向世人說法的通俗經文或帶有濃厚宗教色彩的世俗故事的藍本。僧侶借這類寶卷，宣揚因果輪迴，以弘揚佛法。金、元版本《佛說楊氏鬼綉紅羅化仙哥寶卷》的發現是個證明。[1]寶卷形成過程中，還受到道教的影響。南宋理宗爲指陳善惡之報，「扶助正道，啟發良心」，廣泛推廣勸善書《太上感應篇》，爲以後《陰騭文》、《功過格》的大力普及及寶卷類勸善書的興起，開了先河。

至少到了明初，寶卷已經開始爲民間宗教利用，作爲教義的載體形式。現存大陸學者路工先生處的古本卷子《佛說皇極結果寶卷》，刻於明宣德五年（一四三〇）孟春吉日。這部寶卷比無爲教主羅夢鴻的《苦功悟道卷》等五部寶卷早出八十年刊行問世。筆者翻閱鄭振鐸先生藏書，于明版的《正信除疑無修證自在寶卷》、《巍巍不動太山深根結果寶卷》中，發現「圓覺寶卷做證」、「金剛寶卷做證」、「彌陀寶卷做證」、「圓覺寶卷云」、「圓通寶卷云」等內容，這有力地說明在羅氏五部寶卷問世的正德四年（一五〇九）以前曾有一批寶卷問世。其中《佛說圓覺寶卷》、《銷釋圓通寶卷》都屬於民間宗教的經典。

明代中末葉，是民間宗教興起的時期，也是寶卷大量撰寫刊行的時期。作爲彌陀淨土宗和天台宗影響下產生的白蓮教，已不占據統治地位。而禪宗和道教內丹派影響的新型民間宗教大批湧現，成爲那一時代民間宗教的特點。僅據明末清初刊行的《古佛天眞考證龍華寶經》記載，就出現了老子教、涅槃教、無爲教、黃天教、弘陽教等十八支大的教派。這還遠未能概括那個時期民間教派之盛。據《明實錄》等資料記錄，當時的狀況是「有一教名，便有一教主」，「此在天下處處盛行，而畿輔爲甚。」❷「甚至皇都重地，輒敢團坐談經，十百成群，環視聚聽。」❸「遊食僧道十百成群，名爲煉魔，蹤跡詭秘，莫可究詰。……白蓮、紅封等教名各立新奇名色，妖言惑衆，實繁有徒。」❹而幾乎所有有實力的民間教派都以寶卷爲名，撰寫刊刻自己的經書。清代黃育楩說「每立一會，必刊一經」。❺其實每立一會，便會刊印多種經卷。少則數部，多則數十部。現在能見到的明刊本民間宗教寶卷不下百部，多爲大字折裝本，印製精美，「經皮卷套，錦緞裝飾」，與正統佛經無異。❻

明中末葉，民間宗教諸教派能刊刻印行大量精美的寶卷，與其龐大的實力分不開的。如東大乘教，教主王森有信仰者二百萬衆，十數處莊園，多處設有講經房。而且通過賄賂的辦法與王皇后之兄王偉結爲同宗，依爲靠山。弘陽教則投靠宦官，經卷多出自皇家內經廠，由信教太監監製而成。弘陽教《混元弘陽嘆世眞經》記載：「御馬監程公、內經廠石公、盔甲廠張公，三位護法同贊修行，世間希有。博覽三教全眞，留經吐卷在凡心，……直指家鄉路徑，開造經卷」。❼當時刻印寶卷最有名的京城覺家庵書舖，亦有極有勢力者爲其奧援。無怪乎明代寶卷刊印之精美，數量之龐大。單明、清數百年間，曾經專營寶卷刊刻的書行、書舖，不下一百三十餘家。有些寶卷一刻再刻，如無爲教的五部寶卷，據我們粗略統計，不同版本不下二十種。僅萬曆四十六年無爲教徒在南京的刻板即達九百六十六塊。因信仰者夤緣有關人氏，希圖將經混入大藏，爲當局發現，「令掌印僧官當堂查毀」，並發佈《毀無爲教告示》。這是當局查禁寶卷較早的紀錄。❽

清代，專制統治更加酷烈，在當局眼中，寶卷成爲「妖書」、「邪說」的同義語。清順治三年（一六四六），當局在陝西發現《皇極金丹九蓮正信皈眞還鄉寶卷》。清雍正間更發現大批寶卷流傳。從此，就把搜繳寶卷作爲鎭壓民間宗教的重要手段。每次破獲「邪教」，都把收繳的寶卷送往軍機處，或呈御覽後，加以禁毀，「以滌邪業」。直到今天，我們還能從浩如煙海的清代檔案堆中發現少許歷劫未毀的寶卷。即使在清代高壓統治之下，歷朝仍有書局私刻寶卷。明代有名的覺家庵書舖，至少到清乾隆五十五年（一七九〇）仍在私刻印賣寶卷。[9]江南蘇州則有六家書舖從康熙四十一年（一七〇二）起到乾隆三十九年（一七六八）爲當局查獲止，刻賣寶卷達六十六年之久。[10]而嘉慶間，江西、湖北大乘教徒亦私刻無爲教五部經及《龍牌寶卷》、《天緣結經錄》等多部。[11]私刻私賣寶卷的現象貫穿著整個清代的歷史。道光年以後，內憂外患加劇，當局已無暇顧及如火如荼的民間宗教活動，寶卷的刊印流傳更如野火春風，一發不可收拾。以至直隸官僚黃育楩竟專門著書，以改寶卷爲己任。清亡前後，各類勸善書局如雨後春筍，遍及大江南北，寶卷的刊訂或重印，又出現了一個高潮。

## 二、寶卷包含的道教煉養思想

寶卷包融的思想極爲龐雜，兼雜儒、釋、道等傳統文化，又有歷代積澱的各類民間宗教的思想資料，乃至民間神話、風俗、禮儀、道德規範等內容。就道教而言，影響也是多方面的。道教的哲學、煉養、齋醮、神話傳說都深深滲透到多種寶卷之中。其中道教的內丹術及齋醮儀範對寶卷的影響最大。

明初《佛說皇極結果寶卷》是現存最早的民間宗教經卷，現在尚難判定是哪門教派的教義。這部寶卷的特點是佛、道兼融，外佛而內道，又夾雜著三教劫應救世思想。但觀其內核是追求修煉成眞，以求出世之良方。所謂「收圓聖金丹，離天初下凡，有緣同歸去，無分混人間」。經卷中暗示了修煉艱難和修成的結果：修行有十步之法，要過步步關口，「有七山關，天元祖、地花母提調；六合神，三十六位守把。逢陽月一五，陰月三七開關。各所眞兌，方許過關。到此地纔躲的三災八難」。此經講究天地人合參，所謂「人修天地天養人，凡聖相接人不明，天地原是人根本，人稟天地要出身。修行內裡藏時度，聖攝凡提煉兩輪。十步修行不知道，胡修千年只是空」。這部經的發現，告訴我們這樣一個事實，至少在明代初葉，內丹道已開始影響著民間宗教的教義。《佛說皇極結果寶卷》內容多晦澀難解，民間術語與道教頗有不同，但修煉內容明顯受著內丹道的啟示。

《佛說皇極結果寶卷》問世後一百二十年，北直隸有一黃天道問世。顏元在《四存編》中說：「自萬曆末年添出個黃天道，如今大行，京師府縣，乃至窮鄉山僻都有。」⑫顏元記載有誤，黃天道並非萬曆末年問世，它是由明嘉靖間直隸懷安縣人李賓創立於桑乾河一帶。李賓，道號普明，人稱普祖，或普明虎眼禪師。據日藏本《虎眼禪師遺留唱經》載：

普祖乃北鄙農人，參師訪友，明修暗煉，悟道成真，性入紫府。蒙王清勅賜，號曰普明虎眼禪師。設立黃天聖道，頓起渡世婆心，燃慧燈於二十四處，駕寶筏於膳地。

宣云，遺留了義寶卷、清淨真經。⑬

顏元在解釋黃天道教義時，頗為不解。他說，該教「似仙家吐納採煉之術，卻又說受胎為目連僧，口中念佛。」⑭這正點出黃天道看似崇佛，實則修道的特點。創教人李賓年輕時代，曾充任守備軍人，後棄軍學道，數十年間走訪明師於山西、直隸北部。嘉靖三十二年在順聖川得遇「明人」，說破玄關卯酉之功。嘉靖三十七年吐經《普明如來無為了義寶卷》。晚年依於萬全衛碧天寺，修道傳徒。所謂「懷胎九載，鍛煉眞心，三關九竅，一氣相同，躲離塵世，逍遙自在行。」正是李賓夫婦在碧天寺修道時的寫照。李賓死後，其妻女及李氏家族相繼傳道。李氏家族敗亡後，信仰者繼續傳教。直至本世紀中期止，傳播整整四個世紀。⑮

黃天道根本宗旨是要給人類指卻衰老死亡的長生久視之途，一種天無圓缺、人無生死、無飢無寒、無染無污、來去縱橫如意，「壽活八萬一千歲，十八童顏不老年」的境界。而達到這境界的唯一辦法即修煉內丹。

黃天道流傳「九經八書」，現存或存目的有如下經典：

《普明如來無為了義寶卷》

《普靜如來鑰匙寶卷》

《太陰生光普照了義寶卷》

《太陽開天立極億化諸神寶卷》

《普靜如來鑰匙寶懺》

《佛說利生了義寶卷》

《普靜如來檢教寶經》

《虎眼禪師遺留唱經》

《寇天寶書》

《普明古佛遺留歸家寶偈》

《普明古佛以留末後一著文華手卷》

《佛說扣天真寶》

《佛說轄天寶訣文法》

《朝陽三佛腳冊通誥唱經》

《朝陽遺留排天論寶卷》

《朝陽天盤贊》

現存中國、日本、俄羅斯者通計六部，內含懺儀經文一部。除懺儀一部外，五部寶卷都以修煉內丹爲宗旨。創教經典《普月如來無爲了義寶卷》開宗明義，告誡信徒：

修行人，要知你，生來死去，
依時取，合四相，晝夜功行，

運周天，轉真經，無有隔礙，
功圓滿，心花放，朗耀無窮。
坎離交，性命合，同爲一體，
古天真，本無二，一性圓明。⑯

這種「性命兼修」，「晝夜功行」的目的是爲了結丹：「三心聚，五氣朝，輝天現地。採諸精，合一粒，晝夜長明」。「性命合，同一粒，黃婆守定。結金丹，九轉後，自有神通。」⑰在黃天道看來，兼修性命是逆生命之旅行進的一個過程，是對衰老、死亡的一種抗爭，是對生命本源——天眞之性的不懈追求，這種追求的結果是結金丹。他們認爲一旦金丹煉就，就打破了凡與聖，生與死的界限。所謂「還丹一粒，神鬼難知，超凡入聖機，包裹天地。」「牟尼寶輥上崑崙」，「赴蟠桃永續長生」。

要想走上長生之路，首要條件是排欲去私，長保心身清淨。《普靜如來鑰匙寶卷》告誡修行人要保持十二個時辰的常清淨。文說：靈台無物謂之清，一念不起謂之淨。神是氣之宅，心是神之舍。意念專一則神專一，神若專一則體內原氣聚集。機至，則由靜至動，神如風轉。通三關九竅，發生一種與天地同運的功效。人是宇宙的一個縮小，宇宙是人的放大，兩者本爲一體，因此取天地精氣，以補內用，是修行的有機部分。甚至認爲人體這只鼎爐要以日月星三光之精氣爲藥物：「採取日精月華，天地眞寶」，「晝夜家，採取它，諸般精氣。原不離，日明光，諸佛之根。」⑱「採先天混源一氣，煉三光玄妙消息」。清初問世的《太陽開天立極億化諸神寶卷》把上述內容更加誇張，認爲「太陽乃天之陽魂，太陰乃地之陰魂也。天地爲雞卵，乾坤日月乃玄黃大道」。太陽、太陰「乃爲靈父聖母，產群星如蛾布子」。「人自生之前，原來佛性，始乃太陽眞火。」因此凡夫俗子欲成大道，需要「投聖接引太陽光中，才得長生。」黃天教內由是奉普明爲太陽，其妻普光爲太陰。普明夫婦死後葬地立塔十三層，號日月塔或明光塔。隨著日久年深，一種修煉的內容，逐漸演化成修煉兼崇拜教主的儀式。據顏元講，從明代起，黃天道就「喚日光叫爺爺，月亮叫奶奶」，「每日三次參拜」。[19]到清中葉，直隸總督史貽直的奏折中則記載，黃天道「以每日三次朝日叩頭，名三時香；又越五日，將行道之事默禱天地，謂之五後願。」[20]其實，這類修行內容在道教中亦可找出根據。早期道教便主張服氣、寶精、煉養精氣神。由服氣，逐漸導引出服太陽、太陰中和之氣，以增壽考。故太平經云：「元氣有三名，太陽、太陰、中和，形體有三名：天、地、人。」[21]三氣凝而形成三光，「凡物與三光相通，並力同心，共照明天地。」[22]從哲學上講，這是道教早期天人合一思想，從內修上講，則開了吸日精月華、天地三寶之先聲。此後，《黃庭經》則有了在修煉時存思日月，服氣引導的系統理論。唐代司馬承禎《服氣精義論》就以存思日月，存思臟腑，引導、運氣，以治療各類疾病。到了宋元時代，淨明道，崇拜日月之風日盛，甚至認爲太上受制於日月之君，傳忠孝之道。道經中亦出現《高上月宮太陰元君孝道仙王靈寶淨明黃素書》等經文，這類經文很可能是黃天道《太陰生光了義寶卷》等教義思想的直接來源之一。道教由於天人合一的哲學思想，究天地萬物生成之理，比附人體的各種生命現象，必然導致其對天地日月的崇拜，並成爲煉養思想的有機組成部分。黃天道亦不出此規矩。當然，崇拜天地日月是許多宗教的共通內容，如在中國流行了近千年的摩尼教，崇拜日月，崇尚光明，對中國本土的民間宗教亦產生過影響。但摩尼教崇拜日月與道教和黃天道有本質不同，摩尼教畢竟沒有深奧的煉養內容。這是其難於中土紮根的關鍵因素之一。與黃天教可能有直接授受關係的還有一種叫玄皷教的教派。這個教派子時朝北，午時朝南，卯時朝西，酉時朝北，四時朝拜燒香。這種教派存於明中葉，無爲教五部六冊經卷中曾斥爲邪說。

黃天教問世後，不僅在京畿、直隸、山西一帶教勢頗盛，而且傳至江、浙一帶，改名長生教。長生教創始人汪長生，被教內奉爲黃天教十祖。據《三祖行腳因由寶卷》記載，汪長生曾「往龍虎山與天師會道」，「天師以顯法十二部，付與長生。」[23]這段記載是否可靠，尚需佐證。從清代檔案的記錄，我們可以得知長生教的某些特徵：

> 子孫教，又名長生道。男曰齋公，女曰齋娘。尊彌勒佛爲師，倡言入道之人身後俱歸西天，以今世功德之淺深，定來生功名富貴之大小。……又令人閉目瞑心，號爲清淨。更有詭稱身到西天目睹佛菩薩及種種奇異佳境，即爲來生享受之地也。[24]

長生教與黃天道大同小異，外崇佛而內修道。教徒平時誦唸《普靜如來檢教寶卷》、《佛說利生了義寶卷》。清乾隆中葉有信徒無云子撰《皇極開玄出谷西林寶卷》，經內有「廣載萬衆，名是長生大道」，「傳教你，皇天道，仁義禮智。還教你，正身心，孝悌忠信」等內容。通篇以修煉內丹爲宗旨，追求長生境界，明顯是黃天道修煉宗旨的繼承與延續。

黃天道影響當然不止長生教。江南齋教系統諸教派，從傳承上講是無爲教即羅祖教一系，從大乘教或圓頓教等分化而出。但大乘教和圓頓教在創立和傳播過程中一改無爲教傳教宗旨，從禪宗轉向內丹道，這其中明顯帶有黃天道的影響。東大乘教即著名的聞香教的傳教經書中已有《元亨利貞鑰匙經》，似爲《普靜如來鑰匙寶卷》的翻版。而《皇極金丹九蓮正信皈眞還鄉寶卷》和《佛說都斗立天後會收圓寶卷》乃至《大成經》等都明顯地擺脫了無爲教《苦功悟道卷》等經卷的影響，從一種單純精神上的體悟走上了帶有宗教實踐的性命之學。如果說東大乘教的《皇極經》還帶有禪淨與內丹道相兼的特點，帶有轉型時期的種種痕跡，那麼圓頓教的《古佛天眞考證龍華寶經》則純粹是一部內丹書了。《龍華經》第一品講的分明：其傳教目的在於「找化天人，總收九十六億皇胎子女，歸家認祖，達本還源，永續長生」。因此「二十四品，品品而談玄說妙，分分與聖合眞」。《龍華經》玄妙在哪裡？就在於「先天眞氣凝結，結成仙丹一粒，點化群盲」。[25]這是對內丹道最概括的提示。《龍華經》有所謂「出細功夫」，據云是無生老母傳的「眞言口訣」：「蘆伯點杖，鑰匙開通，這分點杖，自海底點上崑崙，共記三十二處，三關九竅，各有步位，這便是後天出細功夫」。[26]所謂先天功夫和後天出細功夫，反映了無爲教系統在由禪入道的演化過程。這種演化過程，只有分析不同時期不同的寶卷具體內容才能有一個明確的瞭解。《龍華經》還有所謂十步功：一步：恰定玉訣，開閉存守。二步：先天一氣，穿透中宮。三步：捲起竹簾，回光返照。四步：西牛望月，海底撈明。五步：泥牛翻海，直上崑崙。六步：圓明殿內，性命交宮。七步：響亮一聲，開關展竅。八步：都斗宮中，顯現緣神。九步：空王殿裡，轉天法輪。十步：放去收來，親到家鄉。這十步功是《龍華經》作者對內丹功具體過程和自我體驗的描寫，並未超出內丹道逆煉歸元的窠臼。其哲學本體論在說法上雖與道家不同，但無非是把回歸家鄉這個帶有淨土宗的內容替代了道家無極本元。這種做法，並非圓頓教一家如此，在民間世界自有其吸引力。圓頓教產生於明末，興盛於清代，創於北直隸，興於江南乃至西北諸省，流佈頗廣。晚清之先天道、一貫道都是大乘教、圓頓教一脈流出，但從兩教的修持，明顯帶有黃天道的影子。

齋教系統分佈在江南乃至台灣，被分成先天派、龍華派、金幢派。金幢派由王森東大乘教直接分出，龍華派是由齋教姚文宇一脈分出，先天教則是大乘圓頓教遺脈。總的體系不脫羅祖無爲教，但在數百年的傳承過程中，演化成不同系統的宗教。但演變再大，亦有一致之處。即都以道家煉養爲修持的核心內容。如金幢教有經卷十幾種，《懸華寶懺》、《多羅經》等。但仍然有《皇極金丹九蓮正信歸眞還鄉寶卷》、《元亨利貞鑰匙經》、《皇極收元結果寶卷》等。故此《台灣佛教篇》作者云：「綜合佛道儒三教之思想，對於神仙道煉精、氣、神特爲提倡。」[27]是有見地的。

明代是民間宗教教理系統創造成熟的時代，諸大宗教幾乎都創於京畿所在的北直隸及山東、河南。清代踵明代遺風，雖於專制政體的壓迫之下，更呈密秘狀態，但信仰內容變化不大。清代華北地區有最大的兩個教系：八卦教、一貫道。

八卦教依據八卦九宮的理論，形成相對嚴密的組織體系，這種體系於清初康熙年間就由創教人劉佐臣創立，其活動多於農村、市鎭。劉氏的創教經書有《五聖傳道》即《五女傳道寶卷》、《稟聖如來書》、《錦囊神仙論》、《八卦圖》等。其中《五聖傳道》影響最大。從現存中、日兩國的不同版本的《五聖傳道》可知，這是一部修煉內丹，追求長生不死的經書。經書中將觀音、普賢、白衣、魚藍、文殊五位菩薩幻化成農村織布的婦女，並借用織布的道理，說出一番道教內丹派的玄妙道理來。其中一人說：「道也者，不可須臾離也，可離非道也。道不遠人，人自遠矣。蓋大道現在目前，何須外求，只知率性而矣。」怎樣才能修身呢？《五聖傳道》云：

修身如同去紡棉，莫把功夫當等閑。
未訪先尋清淨地，要把六門緊閉關。
紡車放在方寸地，巍巍不動把腳盤。
知止而後方能定，定而後靜而後安。

當修行人完全入靜後，靜中生動，體內一股氣流如同「撥動風車法輪轉」一樣「靠尾閭，透三關，透出雲門天外天」，「當頂一線透三關」。達到小周天修煉步驟。內丹家十分講究火候即修煉的動靜與進退抽添功夫。劉佐臣認爲，這也和紡紗添棉是一樣的道理。紡紗要掌握紗的粗細、快慢，使紗線均匀，「接接續續不滅斷」。修煉內丹也是一個過程，要使體內陰陽合和、水火既濟、動靜得宜。達到煉精化氣、煉氣化神的步驟，使精、氣、神結成「丹芽」。這種結果也像紡紗「結出蟠龍穗」一樣，都是半成品。紗要紡成線，織成布，而丹芽則要溫養於丹田，元神默運，謹爲護持。心火之急緩，運乎自然，以至大藥純乾，陰精退盡。此時如同線已紡布。機停，而處無爲之境。達到煉神還虛，「透出元神」，「透出崑崙」。這就是《五聖傳道》所云「嵩等紡到心花現，功也圓來果也圓」。此景即道家所云「三花聚頂」，「五氣朝元」。

劉佐臣在《五聖傳道》中還用織布的機子、彈花的弓子、軋花的天平架、拐磨的磨盤的運動比喻人體原氣的運動與變化，以及結丹的過程。認爲「天動地靜周流轉，配合人身都一般」，修煉內丹是天造地設的大道，求得了大道也就求得了長生。

八卦教內丹理論在華北地區影響的深鉅很難估量。兩百多年間，信奉者多不勝計，教派傳承之細之廣、教名變幻之多之雜，非一言兩語可以說清。但無一教派不修內丹之術。多少代的教徒，都是每日三次朝拜太陽，口誦八字眞言，運氣作功。八卦教的修行，已超出個人修煉的意義，成爲團結信仰者的粘合劑，一個群體在生死路上的共同追求。內丹術成爲現實與理想，此岸與彼岸之間的一座橋樑，一種終生意義上的追求，一種祖祖輩輩不懈的努力目標。而類似八卦教的其他民間教派，在長城內外，大江南北，比比皆是；反映這類宗教教義的寶卷，幾乎經經皆講修眞養性，卷卷都是談玄說妙。正是這些宗教及其宣講的教義內涵，構成了民衆的主要信仰，形成了一種滲透到底層世界的宗教文化現象，這種現象持續至今，不僅在中國歷史上，乃至世界歷史上亦不多見，值得研究者深入探討。

當然，道教對民間宗教的影響還不止煉養一途。道教的齋醮儀亦對這類宗教同樣有啟迪之功。例如，對黃天教、弘陽教、江南齋教諸教的懺儀都是如此。

弘陽教，又稱混元門。由直隸廣平府人氏轉太湖創於明萬曆中葉。該教現存經卷及經目四十餘種，居明、清諸大民間宗教之首。其中懺儀類居多，與《道藏》威儀類經懺兩相對照，則知其多取自道教。如果說黃天道主要接受內丹道的理論與實踐，弘陽教則多受符籙派影響。由於晚唐、兩宋，內丹道亦影響及符籙派，由此產生神霄、清微兩大新派。形成了「以道爲體，以法爲用」，或「內煉成丹，外用成法」的特點。㉘弘陽教大體不出此窠臼。黃天教懺儀《普靜如來鑰匙寶懺》亦遁此路。

弘陽教歷明清兩朝，始終保持著自身的特點。教徒多活動在農村、集鎮，被老百姓稱爲弘陽道人或紅陽道人。他們部分人生活在道觀，而其宗教活動則是「築壇」、「設道場」，爲人齋醮，祈福驅禍。據清檔案記錄：「京東一帶，向有紅陽教爲人治病，及民間喪葬，念經發送。」大凡「偶有喪葬之家，無力延請僧道」者，大都延請弘陽道人，以其收資較少的緣故。清當局亦認爲該教「打醮覓食，經卷雖多尚無悖逆語句」。㉙

與弘陽教相類的教派還有一炮香教，雖無成套經卷，但多有口口相授的類似道情的歌詞。教徒多雲遊四方，「說唱好話」，或於農閒之時帶著乾糧及道場樂器，集於一村。這類道場儀式簡單，沒有正規道場的森嚴肅穆的氣氛，所歌唱內容多爲《父母恩理應贊念》之類世俗化味道極濃的歌詞。在木魚、鼓板的擊打聲中，和而歌之，氣氛輕鬆和諧。這類道場，及帶有抒發宗教感情，調解緊張生活，以及會同教友的目的。至今，此教仍在河北、山東流行，爲百姓喜聞樂道。

## 三、寶卷煉養思想與道教之異同

首先，民間宗教中出現煉養思想，是內丹道成爲道教主流以後的事。道教煉養思想發萌於先秦，成形於南北朝。唐末五代兩宋內丹道大興，體系完備。爐火純青。唐末五代的漢鍾離、呂純陽承前代丹法，開南北兩宋，著說立說：張伯端《悟眞篇》、石杏林《還源篇》、薛道光《複命篇》、陳泥丸《翠虛篇》；全眞七子大量著述、張三丰《玄譚集》，乃至明中葉尹眞人弟子所爲之《性命圭旨》等等，數百年間造成中國丹道思想的鼎盛。沒有道教內丹煉養的大興，就沒有民間宗教諸新型教派出現的歷史機運。宋元時代白蓮教、白雲宗、摩尼教是那一時期民間宗教的主體，其後衰落的因素固多，重要的因素是以內丹道煉養思想爲主體的新型民間教派大量出現，取而代之的結果。也是廣大民衆在信仰主義領域擇優汰劣的必然趨勢。

新型民間教派及大量寶卷的出現，與正統道教修行特點也不無關係。歷代高道，大都特立獨行，專意修持。在授受關係上，單傳秘授，或依教派輩份，傳於嫡派或可靠之弟子。而活動場合則多依寺廟宮觀，與塵世隔絕，可謂超凡脫俗。最初的民間宗教的創教者則一反此道，他們依托的是廣大下層社會，面向的是求生懼死的千萬民衆，處處皆可參師訪友，撰經寫卷。宗教的煉養功夫，既服務於個人及教徒修行的需要，也是一種擴大教勢，鞏固教團，甚至傳教斂錢的手段。在這種狀況中，寶卷則成爲傳播教義的載體形成。在一些教派中，設有本教的印經廠、講經房。對經卷以理解，往往決定了信徒在教中的地位。在明中末葉，聚坐談經，成爲一種風習。「四方各有教首，謬稱佛祖，羅致門徒。甚至皇都重地，輒敢團坐談經，十百成群，環視聚聽。」㉚而得有餘錢，或修觀以傳道，或立祠以安身，以主「邇來淫祠日盛，細衣黃冠，所在如蟻」，官方不得不下令嚴禁：「今後敢有私創禪林道院，即行拆毀，仍懲首事之人。僧道無度牒者，悉發原籍還俗。」㉛正是在這樣的歷史條件下，一此僧、道之士或假稱僧道者，遂自造經書、自創教門、自稱祖師、自傳道術。形成了有別正統佛、道的形形色色的宗教，以及上有教主及其家族，下則有村村鎮鎮相網絡、層層教團相依恃的相對穩定的宗教組織。由此發展，則出現了千里呼吸相通，八方共爲一域的大教派。無怪乎明清時代正統佛道衰落，民間宗教興起。這種興起自有其合理的意義。隨之，寶卷的風行，則在下層社會形成了一種特殊的宗教文化氛圍。在這種氛圍中，道教的生命力又以一種新的型式弘揚發達起來了。

其次，寶卷的煉養思想龐雜、豐富。既有合於道家煉養眞精神者，也因魚龍混雜，導致怪弊叢生的現象。

張伯端曾講：「老氏以修煉爲眞，若得其樞要，則立躋聖位，如其未明本性，則猶滯於幻形。」㉜而丘處機則認爲，修行者心地不純，魔即隨身，並點出「十魔君」之患。部份民間宗教「寶卷」的修煉內容，恰患此症。甚至非以爲魔，反以爲正。如影響頗大的圓頓教經典《古佛天眞考證龍華寶經》第八品即描寫了得道者在元神出竅時所遇見的種種幻像。如見到天宮幻境「四面街道，金繩界記，玻璃河中有金銀、琉璃，樓台殿閣，珊瑚階砌，無邊聖景。」又如見到了無生母、古世尊、釋迦佛、彌勒佛，在蟠桃會上證金身等等。都屬於丘處機在《大丹直指》中所講的富貴魔、聖賢魔之列。更有甚者，少數修煉者走火入魔，竟產生勃勃野心，以爲世界受制於他的想像，他代表著天意，在幻想中成爲世界的主宰。如果再將這類幻想付諸實際，則很容易走上「稱王稱帝」的草頭王的道路。明、清乃至近現代，多出此輩。結局也多很悲慘。

道教認爲，修行者只有不認外境，方可進道。當然，如張伯端，丘處機也主張「調神出殼」，「乘風履雲」，「永卻長生不死」。不過，他們和許多離道的「煉神還虛」無怪異之說，而是「合三才異寶而爲自然道也」。這正是道家與某些民間宗教家在煉養上的根本不同之處。一個把落腳點放在貴清虛無爲的自然之道上，一個則充滿了世俗欲望和追求。後者之所以如此，亦是社會使然。應當指出，相當多的民間宗教家亦有高尚的追求，而正統道士中亦有敗類，不可一概而論。

其三，在哲學觀念上，寶卷與道經分殊異同，亦不可概論。道家和道教融哲學、煉養於一爐，逆則歸元既體現了人本身逆死求生的過程，其哲學的依據亦不出老子從人道向常道的復歸。體現了人類、社會、自然的和諧，體現了從本體走向多元，再向多元歸於本體的過程。部份民間宗教家及其撰寫的寶卷，即循此思路。

但還有一部份民間宗教，有一種自成體系的天道觀，這種天道觀又與內丹煉養之術匯於一體，則演化成一種極有吸引力的社會政治觀念，一種反傳統的思潮。這就是「三教應劫」思想。三教應劫思想淵源於《彌勒下生經》等佛教經典，時在兩晉、南北朝時代。後則有佛道交相影響，由民間宗教混而成之。㉝但就現有資料來看，到了明代這種天道觀才和民間宗教的煉養思想發生融合。

較系統的三教應劫思想，較早見於黃天道諸經內。《普明如來無爲了義寶卷》三十五品云：

三世古佛，立於三教法門，三世同體，萬類一真，九轉一性，乃爲三周說法人間，譬喻過、現、未來，三極同生。

同經三十三分云：

三元了義，無極聖祖，一佛分於三教。三教者乃三佛之體，過去燃燈，混元初祖，安天治世，立下三元。

九十六刻內按九十六億人緣。過去佛度了二億，此是道尼；見在佛度了二億，乃是僧尼；釋子後留九十二億，皇極古佛本是聖人轉化，全真大道乃在家菩薩，悟道成真。

到了《普靜如來鑰匙寶卷》中，這種思想又有了更明確的表述：

無極化燃燈，九劫立世，三葉蓮，四字經，丈二金身。太極化解釋迦佛，一十八劫立世，五葉金蓮，六字經，丈六金身。皇極化彌勒佛，八十一劫，九葉蓮，十字經，丈八金身。

燃燈佛，掌教是青陽寶會；釋迦佛，掌紅陽，發現乾坤；彌勒佛，掌白陽，安天立地。三極佛，化三世，佛法而僧。三世佛，掌乾坤，輪流轉換。

最後體系的建立則是「三佛」之上，無生老母，或無生父母的出現。在這種體系中，人類是由無生父母或無生老母所創，「無生母」，創造了天地陰陽，孕育了「嬰兒姹女」，繁衍了九十六億「皇胎兒女」——人類。人類最初生活在富麗堂皇的彼岸世界。但因為罪愆，被老母打發到東土塵世，盡皆迷失了本性，且遭受了無盡的劫難。無生老母於是不忍，令使者下凡，「發靈符，救渡人民」。她分別在青陽劫、紅陽劫、白陽劫派燃燈佛、釋迦佛、彌勒佛下凡。在青陽、紅陽期，各救渡兩億。在紅陽劫盡，白陽當興之時，人類蒙受空前苦難，法力無邊的彌勒佛下凡，救人類於復滅，收渡「殘靈」九十二億，重回彼岸。

人類怎樣才能回歸呢？要成爲有緣人。而有緣人則要通過修煉內丹之術，把握「眞道亦機」。這時只有名師指點，加入教門，才能「顯眞機，明大意」，被授予「訣點」。經過日夜精進，本性漸顯，迷而復明，回歸到天眞之性，得了圓明之體，重新認識了「古家鄉」和回歸之路。這就是《皇極金丹九蓮正信歸眞還鄉寶卷》所講的：「若有緣，遇親傳，金丹大道，點玄關，明開閉，養氣存神。久久的，加精進，觀空靜坐，功夫到，心悟明，見性明心。神爲性，氣爲命，本原無二，從元始，至如今，一氣穿通。」最後煉到「眞空出竅」，凡聖相接，打破生死，返本還源，回歸家鄉，恢復了下世臨凡前的天眞之性，本來面貌。三教應劫救世思想，就是如此與民間宗教修煉內丹之術接合起來了。這種教義成爲黃天道、聞香教、八卦教、一貫道等多類教門的基本教理，對下層受苦受難者無疑頗具吸引力，成爲部份民間宗教反傳統思想的核心內容。也是與道教天人合一思想最具分歧之處。

# 註釋

❶ 參見拙文：《最早一部寶卷的研究》，載《世界宗教研究》一九八六年第一期。

❷ 《明神宗實錄》，卷五三三，萬曆四十三年六月。

❸ 《明神宗實錄》，卷五九四，萬曆四十八年五月。

❹ 《明神宗實錄》，卷五八〇，萬曆四十七年三月。

❺ 黃育楩：《破邪詳辯》卷一。

❻ 黃育楩：《破邪詳辯》序。

❼ 明刊本，現藏中國社會科學院世界宗教研究所圖書館。

❽ 《南宮署牘》卷四。

❾ 《軍機處錄副奏折》，嘉慶二十一年七月山東巡撫陳預奏折。

❿ 《軍機處錄副奏折》，乾隆三十九年八月二十日江蘇巡撫薩載奏折。

⓫ 《軍機處錄副奏折》，嘉慶十九年五月二十二日太保大學士董浩奏折。

⓬ 顏元：《四存編·存人編》卷二。

⓭ 日本澤田瑞穗：《增補寶卷的研究》三四九頁。

⓮ 顏元：《四存編·存人編》卷二。

⓯ 參見拙文：《黃天教源流考略》一九八五年二期《世界宗教研究》。

⓰ 《普明如來無爲了義寶卷》第一分。此經藏俄羅斯彼得格勒東方研究所。

⓱ 《普明如來無爲了義寶卷》第一分、第二分。

⓲ 《普明如來無爲了義寶卷》十九分、十八分。

⓳ 顏元：《四存編·存人編》卷二。

⑳《軍機處錄副奏折》，乾隆八年四月初九日署直隸總督史貽直奏折。
㉑王明編：《太平經合校》頁十九、頁一四八。
㉒王明編：《太平經合校》頁十九、頁一四八。
㉓《三祖行腳因由寶卷．慶元三復》。
㉔《朱批奏折》，乾隆十三年三月初八日浙江巡撫顧王宗奏折。
㉕《古佛天眞考證龍華寶經》第一品、第五品。
㉖《古佛天眞考證龍華寶經》第一品、第五品。
㉗中國佛教史論集（八）台灣佛教篇。附錄：《台灣的齋教由來》。
㉘《沖虛通妙侍宸王先生家話》頁三。
《道法會元》卷七《玄珠歌注》。
㉙《軍機處錄副奏折》，嘉慶二十四年六月二十四日山東按察使温承惠奏折。
㉚《明神宗實錄》，卷五九四，萬曆四十八年五月。
㉛《明光宗實錄》，卷三，泰昌元年八月。
㉜張伯端：《悟眞篇》序。
㉝參見馬西沙．韓秉方《中國民間宗教史》第二章。

# 道教的反支配論述

## ——以《神仙傳》爲討論中心

周慶華

## 一

道教曾經爲世人鋪陳出一個於道爲高的神仙境界❶。而這個境界是可以力致的：「若夫仙人，以藥物養身，以術數延命，使內疾不生，外患不入，雖久視不死，而舊身不改。苟有其道，無以爲難也。」（《抱朴子》內篇卷二〈論仙〉）「仙人者，或竦身入雲，無翅而飛；或駕龍乘雲，上造天階；或化爲鳥獸，遊浮青雲；或潛行江海，翱翔名山；或食元氣；或茹芝草；或出入人間而人不識；或隱其身而莫之見。」（《神仙傳》卷一〈彭祖傳〉）這眞是曠古所未有。

所以說曠古所未有，是因爲以前人最多只說神仙的存在❷，或說人死精氣（魂）變成神靈❸，不像道教暢言人活著也可以成爲神仙。這直把人肉體爲天生所註定的「耗能結構」（由「

能趨疲法則」所支配）❹，轉換成「非耗能結構」，而且還更勝一著（能變化飛昇，從而改變了人有命限的論述形態。這一改變，可想而知會遭到怎樣的批評。《隋書》（經籍志）卷四說：「金丹玉液長生之事歷代糜費，不可勝紀，竟無效焉。」《無仙子刪正黃庭經》說：「自古有道無仙，而後世之人知有道而不得其道，不知無仙而妄學仙，此我之所哀也。道者，自然之道也。生而必死，亦自然之理也。以自然之道養自然之生，不自戕賊夭閼而盡其天年，此自古聖智之所同也。」（《文獻通考》（經籍考）卷五十一引）方維甸〈校刊抱朴子內篇序〉說：「道家宗旨，清淨沖虛而已。其弊或流爲權謀，或流爲放誕，無所謂金丹仙藥、黃白玄素、吐納導引、禁呪符籙之術也。」這些都直接從神仙說荒誕不經（無從驗證）處加以批判❺。至如有人從影響面批評神仙說助長了迷信風氣，或成爲有心人藉以馭使（支配）他人的媒介❻，這種種論調也是合該備有的。

不錯，人能變成神仙這個假定，很難禁得起事實的考驗；尤其在經過科學洗禮的現代人這裏，更不可能重複前人的方術（或代以其他技術）再作起長生的美夢。然而，這並不代表道教的說法就是「荒唐」的或「非理性」的。因爲從各自的立場來看別人的說法，都難免會看出某些「荒唐」或「非理性」的成分，不能獨獨責怪道教。倒是道教辛苦建立起來的這個神仙世界，形成了一個反支配論述，隱含著甚多有啟發性的訊息，值得我們進一步去正視它。如果說道教的神仙思想對現代人（除了宗教信仰）還有意義的話，應該就在它所成就的這個反支配論述上。底下我們就來看看這個論述的性質和功能，以及給予現代人什麼樣的啟示。

## 二

在討論道教的反支配論述前，不妨先爲反支配論述作個界定。一般所說的論述，約有三種形態：一是「事實式」的論述（或「描述」的論述），以實證的方法，將感官所吸收到的資料，加以歸納、演繹而成；二是「意識形態」的論述（或「規範」的論述），將現象加以研究、分析、歸納，然後成立「規矩」，以便作爲行爲的型範；三是「神話式」的論述（或「評價」的論述），併集個人、團體意識及潛意識的希望而組構成❼。在三種論述形態中，原只有「意識形態」的論述，會被當作支配論述來行使，但事實上其他兩種論述也經常以支配的姿態出現。因爲「事實式」的論述表面上是純粹的指陳、述說現象，實際上卻暗含論述者想藉論述導致行動、踐履的動機和立場；而「神話式」的論述也有論述者要藉它滿足想像、影響行爲及作爲公共理想的企圖。因此，當我們要判斷一個支配論述是否能成立時，就只看他具不具有「正當性」❽，而不再管它是那一種形態的論述。至於所謂支配論述的「支配」一詞，我們暫時定義爲「一羣人會服從某些特定的（或所有的）規範的可能性❾。而反支配論述，就是反對（抗拒）已成規範人心或行爲的論述。

那麼道教所反對的支配論述是什麼？我們知道儒家（或常道）不信神仙，而道家（特指老莊）尚玄虛和齊生死，道教對它們都有所不滿。「淺識之徒，拘俗守常，咸曰世間不見仙人，便云天下必無此事。夫目之所曾見，曾何足言哉？天地之間，無外之大，其中殊奇，豈遽有限？詣老戴天而無知其上；終身履地而莫識其下；形骸已所自有也，而莫知其心志之所以然焉；壽命在我者也，而莫知其脩短之能至焉；況乎神仙之遠理，道德之幽玄？仗其短淺之耳目，以斷微妙之有無，豈不悲哉！」（《抱朴子》內篇卷二〈論仙〉）「又五千文雖出老子，然皆泛論較略耳……至於文子、莊子、關令尹喜之徒，其屬文筆，雖祖述黃老，憲章玄虛，但演其大旨，永無至言。或復齊死生，謂無異以存活爲徭役，以殂歿爲休息。其去神仙，已千億里矣，豈足耽玩哉？」（同上卷八〈釋滯〉）葛洪這兩段話，可說道出了道教一向不屑的立場。但這並不構成道教反支配論述相對的那個論述。原因就在道教所述神仙的能耐，相對的是常人的能耐，而不是儒道兩家的信仰；何況儒道兩家的論述是否已能支配人心，也還是個問題呢[10]！可見儒道兩家的論述，不可能是道教反支配論述相對的那個論述（至於儒道兩家的意見深爲道教所不滿，那只也能說對方看著「礙眼」，必須擺脫才好言說，而跟整個反支配論述沒有關係）。

此外，有些「捨世」的論調[11]，在道教看來也是過猶不及，不值得提倡。「古之得仙者，或身生羽翼，變化飛行，失人之本，更受異形，有似雀之爲蛤，雉之爲蜃，非人道也。人道當食甘旨，服輕煖，通陰陽，處官秩，耳目聰明，骨節堅強，顏色悅懌，老而不衰，延年久視，出處任意，寒溫風濕不能傷，鬼神衆精不能犯，五兵百毒不能中，憂喜毀譽不爲累，乃爲貴耳。若委棄妻子，獨處山澤，邈然斷絕人理，塊然與木石爲鄰，不足多也。」（同上卷三〈對俗〉）但這只是擔心變形昇天後要在天上補列仙官，再度受到拘束，而不復人間常樂[12]，也夠不上道教反支配論述相對的那個論述。要瞭解道教反支配論述相對的那個論述，還得從道教論述的反面來想。

我們可以這樣說，道教所期求的不論是「久視不死」「不憂內疾外患」或更進一層能「變化飛昇」「役使鬼物」，都不是常人所能辦到（只有他們所描述的神仙才能），而他們卻相信有方術可以改變這個事實，使人臻致神仙的境地。這就透露了眞正束縛人的是肉體（包含內疾）和環境（包含法制、道德和外患），而不是某一特定的觀念或命令。這個命限和境限本是人老早就意識到而無法抗拒的支配力，它儼然以一種「意識形態」存在人的腦海（其他生物不一定會有這樣的念頭）。現在道教就以它爲既定的支配論述，而試圖加以抗拒，建構了一個反支配論述，如果要說道教有什麼特殊，這個反支配論述正是。因爲從來沒有一家有過類似或相同的論述（如孔孟的「盡人事以聽天命」、楊朱的「不違自然所好」、老莊的「和光同塵」「委心任運」等，都是在「因應」命限和境限，而不是在「超越」命限和境限），道教在這裏自然顯得異幟獨樹了。

## 三

換個角度來看，道教所反對的這個論述，也正是大家所要抗拒的，只是大家多視它爲不可改變的「事實式」的論述（實際上它已經變成「意識形態」的論述），而「安然」（以爲命定）的接受它的支配；或再以一套「意識形態」的論述，來因應該支配論述，並且取得「妥協」（如前引儒道等家的論述就是）。這樣一來，人有種種限定的論述，就天經地義的範圍（支配）著人的思維和行動，而日久大家竟然也就淡忘了。直到道教出現，打破了這個論述，而聲稱人將不再有天生的種種限定，才又凸顯原先論述的可議性：我們爲什麼要受它的支配？

道教以抗拒的姿態，橫掃古來加在人身上的各種「限制」。它所採取的論述策略，在一般人看來不外是「神話式」的或「意識形態」的，但在他們自己眼裏它毋寧是「事實式」的。這一點，我們會逐步加以證成。現在重要的是先展列道教所陳述的一些神仙事蹟，以便後面的談論。而在衆多可選擇的實例中，我們以爲葛洪的《神仙傳》，幾乎備列了各種形態的神仙（再不然它至少也是道教反支配論述最初有力的佐證），很可採爲支持我們的證說，姑且就以它爲討論的中心。

《神仙傳》所載神仙的本領各有不同，但都超越常人所能。這裏不能遍舉，僅提出幾個比較特殊的例子：

△彭祖者……殷末已七百六十七歲而不衰老。少好恬靜，不卹世務，不營名譽，不飾車服，唯以養生治身爲事……少周遊，時還獨行，人莫知其所詣，伺候竟不見也。有車馬而常不乘。或數百日或數十日不持資糧，還家則衣食與人無異……（卷一〈彭祖傳〉。）

△伯山甫者……入華山中精思服食，時時歸鄉里省親，如此二百年不老。到人家即數人先世以來善惡功過，有如目見。又知方來吉凶，言無不效……（卷二〈伯山甫傳〉）。

△李仲甫者……少學道於王君，服水丹有效。兼行遁甲，能步訣隱形。年百餘歲轉少。初隱百日一年復見形，後遂長隱，但聞其聲。與人對語飲食如常，但不可見……（卷

三（李仲甫傳））。

△漢淮南王劉安者……獨折節下士，篤好儒學，兼占候方術，養士數千人，皆天下俊士……乃天下道書及方術之士，不遠千里，卑辭重幣請致之。於是乃有八公詣門，皆鬚眉皓白……告王曰：「余雖復淺識，備爲先學。聞王好士，故來相從，未審王意有何所欲？吾一人能坐致風雨，立起雲霧，畫地爲江河，撮土爲山嶽；一人能崩高山，塞深泉，收束虎豹，召致蛟龍，使役鬼神；一人能分形易貌，坐存立亡，隱蔽六軍，白日爲暝；一人能乘雲步虛，越海凌波，出入無日，呼吸千里；一人能入火不灼，入水不濡，刃射不中，冬凍不寒，夏曝不汗；一人能千變萬化，恣意所爲，禽獸草木，萬物立成，移山駐流，行宮易室；一人能煎泥成金，凝鉛爲銀，水錬八石，飛騰流珠，乘雲駕龍，浮於太清之上。在王所欲。」安乃日夕朝拜，供進酒脯，各試其向所言，千變萬化，種種異術，無有不效……（卷四（劉安傳））。

△介象者……善度世禁氣之術。能於茅草燃火煮雞而不焦，令一里內人家炊不熟，雞犬三日不鳴不吠，令一市人皆坐不能起，隱形變化爲草木鳥獸……（卷九（介象傳））。……

△黃盧子，姓葛名越。甚能治病，千里寄姓名與治之，皆愈，不必見病人身也。善氣禁之道，禁虎狼百蟲皆不得動，飛鳥不得去，火爲逆流一里。年二百八十歲，力舉千鈞，行及走馬，頭上常有五色氣高丈餘。天下大旱時，能到淵中召龍出，催促便升天，使作雨，數數如此。一旦與親故別，乘龍而去，遂不復還（卷十（葛越傳））。

這些神仙事蹟，與其簡單的說是道教神秘思想的徵象或流行[13]，不如說是道教實際論述不可或缺的例證。理由在以往的神仙並非人力所能倖至，而這些神仙都經過一番學道過程，徹底改變了「神仙無有」或「神仙不可學」的論述。因此，這些神仙事蹟不論是敘述者無意的心理反映[14]，或是敘述者有意的幻想虛構[15]，我們都不能忽視它在道教論述中所佔的「標竿」地位。從此道教可以更方便的施展它的反支配策略。

如果我們的觀察沒錯，道教這個策略特別著重客觀的論證，使所作論述能被歷史化，納入適當的脈絡，儼然是不容置疑的事實。換句話說，道教在作的是一個「事實式」的論述。它以「現有」的神仙爲榜樣，反復道出神仙可學及進程的一套說詞。現在就依我們所想到可能的理路，來鋪敘一段道教的論證概況：

首先，使道教以爲神仙可致的主要原因是：活著（生）的價值高於一切。所謂「生，道之別體也。」（《老子想爾注》第十六章）「長生之道，道之至也。」（《抱朴子》內篇卷十六〈黃白〉）「人死者乃盡滅，盡成灰土，將不復見。今人居天地之間，從天地開闢以來，人人各一生，不得再生也。自有名字爲人，人者乃中和萬物之長也，而尊且貴，與天地相似。今一死，乃終古窮天畢地，不得復見爲人也，不復起行也。」（《太平經》卷九十〈冤流災求奇方訣〉）都充分表示活著是最可貴的。在這個前提下，凡有妨礙長生的東西，都該戒絕。所謂「但恨不能絕聲色，專心以學長生之道耳。」（《抱朴子》內篇卷三〈論仙〉）「求長生修至道，訣在於志，不在於富貴也。苟非其人，則高位厚貨，乃所以爲重累耳。何者？學仙之法，欲得恬愉澹泊，滌除嗜欲，內視反聽，尸居無心……。」（同上）也都舉出必須戒絕的對象（聲色、富貴）⑯。當然，在人得以長生後，要昇天備列仙官，或要恆留人間享樂，就可各從所好了⑰。這一切都在活著是最高價值的條件限制下發生；如果活著不是最高價值，那道教宣稱神仙可致，也就沒有什麼特殊意義了（大家不一定會想追求神仙）。

其次，使道教以爲神仙可致的邏輯基礎是：人爲道所化生，道長在不滅，人也可以不死；同時人還有體道合道的智能，轉使生命久存於天地間。所謂「道起於一，其貴無偶，各居一處，以象天地人，故曰三一也。天得一以清，地得一以寧，人得一以生，神得一以靈。」《抱朴子》內篇卷十八〈地眞〉）「道之生人，本皆精氣也，皆有神也，假相名爲人。愚人不知還全其神氣，故失道也。能還反其神氣，即終其天年。」（《太平經》卷一六三〈分別形容邪自消清身行法〉）說的正是人稟道而生，具有不死的「潛能」。所謂「道者，虛無之至眞也。術者，變化之玄伎也。道無形，因術以濟人；人有靈，因修而會道。」（《雲笈七籤》卷四五《秘要訣法》〈序事〉）「陶冶造化，莫靈於人。故達其淺者，則能役用萬物；得其深者，則能長生久視。知上藥之延年，故服其藥以求仙；知龜鶴之遐壽，故效其引以增年。」（《抱朴子》內篇卷三〈對俗〉）說的也正是人能契會至道而得仙壽。

只是人有不死潛能而不盡不死，人能契會至道而不盡都得仙壽，這種「差異」（或矛盾）又是怎麼造成的？這點道教也有說明，如「眞人問曰：『凡人何故數有病乎？』神人答曰：『故肝神去出遊不時還，目無明也；心神去不在，其脣青白也；肺神去不在，其鼻不通也；腎神去不在，其耳聾也；脾神去不在，令人口不知甘也；頭神去不在，令人晦冥也；腹神去不在，令人腹中央甚不調，無所能化也；四肢神去，令人不能自移也。夫神精，其性常居空閑之處，不居污濁之處也。欲思還神，皆當齋戒香室中，百病消亡。不齋不戒，精神不肯還反人也，皆上天共訴人也。所以人病積多，死者不絕。」（《三洞珠囊》引《太平經》卷三十三）「人生本有定命……苟不受神仙之命，則必無好仙之心。未有心不好之而求其事者也；未有不求而得之者也。」（《抱朴子》內篇卷十二〈辨問〉）這是說人身中諸神出遊不還或生來沒有「仙命」，以至雖有不死潛能而不盡不死。

又如「欲求仙者，要當以忠孝和順仁信爲本。若德行不修，而但務方術，皆不得長生也。行惡事，大者司命奪紀，小過奪算。隨所輕重，故所奪有多少也。凡人之受命得壽，自有本數。數本多者，則紀算難盡而遲死；若所稟本少而所犯者多，則紀算速盡而早死。」（同上卷三〈對俗〉）「（《丹經》曰）上士得道，民愚不信，謂爲虛言，從朝至暮，但作求死之事，了不求生，而天豈能強生之乎？」（同上卷四〈金丹〉）這是說人不修德行或不信長生，以至雖有智能（不知契會至道）而不盡都得仙壽。這些合而奠立了道教論述的邏輯基礎。

再次，使道教以爲神仙可致的具體例證是：累世盛傳有人得道成仙，經典所載及師眞所授更有成仙的途徑，甚至轉述者的親身所見實人實事。第一部分，在葛洪《神仙傳》中已經可以窺見一斑（另有劉向《列仙傳》、沈汾《續仙傳》、杜光庭《墉城集仙錄》、曾慥《集仙傳》等，可以併觀）。第二部分，所有道教典籍凡是涉及服食、煉養、符籙、科教等事，多少都能看出成仙的一些必要條件和可行的方案。第三部分，從某些含有「自傳」成分的道書（如葛洪《抱朴子》內篇、陶弘景《眞誥》、周子良《冥通記》、韓若雲《韓仙傳》、杜光庭《道教靈驗記》等）內，也不難發現實際的案例，這裏就舉葛洪的「自敘」來看：「昔者幸遇明師鄭君，但恨弟子不慧，不足以鑽至堅，極彌高耳。於是雖充門人之灑掃，既才識短淺，又年尚少壯，意思不專，俗情未盡，不能大有所得，以爲巨恨耳。鄭君時年出八十，先髮鬢班白，數年間又黑，顏色豐悅，能引強弩，射百步。步行日數百里，飲酒二斗不醉。每上山，體力輕便，登危越險，年少追之，多所不及。飲食與凡人不異，不見其絕穀。余問先隨之弟子黃章，言鄭君嘗從豫章還，於掘溝浦中，連值大風，又聞前多劫賊，同侶攀留，鄭君以須後伴。人人皆以糧少，鄭君推米以卹諸人，己不復食。五十日亦不飢，又不見其所施爲，不知以何事也。火下細書，過少年人。性解音律，善鼓琴閑坐，侍坐數人。口答諮問，言不輟響而耳並聽。左右操絃者，教遣長短，無毫釐差過也。」（《抱朴子》內篇卷十九〈遐覽〉）類似這樣的例子越多，應該越有助於道教論述所產生的說服力。不過，就論證所需的前提來說，有第一、二部分就夠了（至於第一、第二部分誰先誰後，那就不關緊要了），第三部分（形同第一部分）可以不必提出。

根據以上所述，我們可以歸結道教的推論形式如下：如果人有長生（成仙）的潛能和長生（成仙）的途徑，那麼人就可以採取行動去追求長生。從理論面來看，人爲道（精氣）所化生，理當跟道一樣永不絕滅；而從實際面來看，已經有人透過某些途徑得道成仙。所以我們也可以積極仿效而獲致長生。很明顯道教所構作的論述是「事實式」的；而它就以這個「事實式」的論述，去破解傳統人有種種限制的那個「事實式」的論述（在被利用時，其實已經變成「意識形態」的論述），從而取消對方所擁有的支配性。

雖然如此，道教還預設了長生是最可寶貴的（人應該追求長生），不免使它的論述又具有規範的效力；同時它所描繪的長生景象（免去世俗所受的各種限制，並有超強的能力），也很容易讓人把它跟「神話」聯想在一起。因此，道教的反支配論述，最終不得不是「神話式」的或「意識形態」的。這樣的論述，到底有沒有問題（或能不能成立），以及在抗拒支配上的效果如何，都是我們所要繼續考察的。

## 四

前面分析道教的論述，只是為了知道該論述的性質，以及它所要「對治」的對象的一般情況，還沒有探討該論述可能發揮的功能問題。從該論述相對的論述來看，長期被多數人視為一種「規範」而遵守（信仰）著，它所具有的支配「正當性」是不容懷疑的；但道教所提出的反支配論述，是否也能獲得同樣的「正當性」，轉而取代對方成為新的支配論述（任何反支配論述幾乎都會有這樣的企圖）？這就要看它能否給予原支配論述「致命」的威脅來決定。換句話說，它所能發揮使人信服的功能的多寡，將是它可否成為新的支配論述的最佳判準⑱。而這一點，我們無法經由某些（調查、統計）實證方法去觀察，只有從論述本身的合理與否來推斷。

大體上，道教以「世人未見神仙，並不代表神仙不存在」反駁俗見，是可以成立的；而以長生為最高價值（其餘可在這最高價值下列級），也沒有什麼好爭議的。但它所說的成仙條件和成仙途徑，卻有不少的疑點。如它認為人能否成仙，要看他個人的稟命（包含壽夭、智愚）和德行（包含得不得法）；前者寓含了先天有一種人不得長生（這跟它所說人為道化生而具有長生潛能相違背），後者寓含了後天有一種人不得長生。那誰才是有命（先天得以長生）、有德（後天可以長生）而得以成仙，就很難說了（這裏排除有命無德和有德無命兩種情況）。如果並世找不出一個長生的人，是否可以說並世的人都無命、無德（包含無命有德、無德有命）？而以後也找不到這樣的人，是不是也可以說「所有人」都無命、無德？顯然這是說不過去的。

又如道教以爲學仙要有明師（得道者）指點，或求得秘方⑲。先不管明師如何可能成爲明師，或秘方如何保證必定有效，就說萬一找（遇）不到明師，或求不得秘方（或有秘方而不見效用），那成仙說還有什麼意義？就以葛洪爲例，他自認深得明師傳授，了知玄旨，並著書暢言「神仙方藥、鬼怪變化、養生延年、禳邪卻禍之事」（《抱朴子》外篇卷五十〈自敘〉），最後卻留下這樣的話：「然余所以不能已於斯事，知其不入世人之聽而猶論著之者，誠見其效驗；又所承受之師，非妄言者。而余貧苦無財力，又遭多難之運，有不已之無賴，兼以道路梗塞，藥物不可得竟，不遑合作之。余今告人言，我曉作金銀而躬自飢寒，何異自不能行而賣治跛之藥，求人信之，誠不可得。然理有不如意。亦不可以一概斷也。所以勤勤綴之於翰墨者，欲令將來好奇賞眞之士，見余書而具論道之意耳。」（同上內篇卷十六〈黃暢〉）他自己都不能（盡力）從此求得神仙，有誰會相信他的話而再去嘗試⑳？這豈不都是「白說」了嗎？

總括說來，道教在駁斥支配論述上是有一點成效的（雙方可以形成像西方有神論、無神論那樣的「對峙局面」㉑），但要就此實現作爲新支配論述的想望，就沒那麼容易了。全體道教在演變過程中，所遭到最大的質疑，應該就在這一點上（也就是長生確是可能的嗎）。而我們所看到道教內部不斷在「調整策略」(時而重燒鍊、服食,時而重符籙、科教),是否也有幾分在因應外界質疑的味道,這裏就不敢妄斷了。不過,道教如想繼續發展,勢必要在這方面深加考量,完密本身的論述(邏輯組織),才能廣受接納和採信。目前它還缺乏像支配論述那樣的「正當性」。

## 五

從純粹學理的立場來看,道教的論述所能發揮的功效(化解支配力量)實在有限。但從社會演化的經驗來看,道教的論述就成了一個相當耀眼的指標。這不止是它也提供了一種消弭人間禍害、達到社會和諧的方案(其他各家論說也多少都能提出類似的方案),可以作爲個己生活或團體生活的參考;更重要的是它的反支配特性,無意中備有了啟迪後人創新觀念的泉源。好比當今能趨疲世界觀對機械世界觀的挑戰、行爲科技學對心理分析學或實驗心理學的挑戰、言說理論對結構語言學的挑戰,以及後現代主義文化理論對現代主義文化理論的挑戰等㉒,所給予人改變觀念(世界觀、人生觀)、革新制度、開創生命境界(人生價值)的刺激一樣,都因爲它們成就了共有的反支配特性的論述。試想今人如果也從不死(長生)的觀點,來規畫人生、設立制度(不論人是否眞能不死),那又會是怎樣的一種景象?

可惜我們還看不到道教以外的人,願意來作這樣的嘗試。但這並不減損道教論述所具有的價值,畢竟它不是重複支配論述,也不是修正或補充支配論述(這是常見的兩種論述取向),

而是抗拒支配論述，歷史會永遠保留它的光彩。遺憾的是，這一點到現在還少有人加以措意。倒是類似「儒畏天命，修身以竢；佛亦謂此身根塵幻合，業不可逃，壽終有盡。道教獨欲長生不老，變化飛昇，其不信天命，不信業果，力抗自然，勇猛何如耶。燒煉黃白，起於方士，道流承之，鉛汞爐鼎，龍虎水火，勞勞千載，而金丹終於無功。然其術西傳大食，旋入歐洲，至十九世紀，化學始興。迄今進步一日千里……故道教之說，雖多虛誕，其思想非無可取……」㉓這樣「不痛不癢」的評斷（對現代人來說沒有多大意義），溢目盈耳，頗不值得。

## 註釋

❶道教所謂神仙，多混天神、地祇、仙眞等爲說，而且名號等次也頗繁雜（詳見《太平經》卷四二〈九天消先王災法〉、葛洪《枕中書》、陶弘景《眞靈位業圖》等）。但大體上神仙是指能辟穀長生、變化飛昇者的專稱，得道的人就可以廁入該行列。《太平經》卷七一〈眞道九首得失文訣〉說：「人無道時，但人耳。得道則變易成神仙。」（按：《太平經》通說人得道就能變成神仙，這在葛洪《神仙傳》中略有異見：「若謂老子是得道者（仙人），則人必勉力競慕。若謂是神靈異類，則非可學也。」（卷一〈老子傳〉）葛洪判分神仙二類，以爲後者可學，而前者不可學。但就一般的神人來說，本事也沒強過仙人多少，將二者等同看待也無妨。至於道教還有能開天闢地、掌養萬物的最高神一級，那又另當別論）因此，如非必要，本文也不細加分別，就以神仙連稱到底。

❷如《莊子》〈逍遙遊〉說：「藐姑射之山，有神人居焉。肌膚若冰雪，淖約若處子。不食五穀，吸風飲露。乘雲氣，御飛龍，而遊乎四海之外。」《史記》〈封禪書〉說：「蓬萊、方丈、瀛

洲，此三神山者，其傳在勃海中……諸仙人及不死之藥皆在焉。」

❸如《禮記》〈祭義〉說：「氣也者，神之盛也。魄也者，鬼之盛也。合鬼與神，教之至也。衆生必死，死必歸土，此之謂鬼。骨肉斃於下陰爲野土，其氣發揚於上爲昭明，焄蒿悽愴，此百物之精也，神之著也。」《孔子家語》〈哀公問政〉說：「人生有氣有魂。氣者，人之盛也。夫生必死，死必歸土，此謂鬼。魂氣歸天，此謂神。」

❹有關人的生命組織爲「耗能結構」問題，參見雷夫金（Jeremy Rifkin），《能趨疲：新世界觀》（蔡伸章譯，臺北，志文，一九八八年九月），頁九四～一〇〇。

❺先前《漢書》〈藝文志〉在評論神仙家時，反而有比較「同情」的看法：「神仙者，所以保性命之眞，而游求於其外者也。聊以盪意平心，同死生之域，而無怵惕於胸中。然而或者專以爲務，則誕欺怪迂之文彌以益多，非聖王之所以教也。」這並沒有後人一味責怪的語氣。

❻見傅勤家，《中國道教史》（臺北，商務，一九八八年八月），頁二四〇～二四二；陳榮捷，《現代中國的宗教趨勢》（廖世德譯，臺北，文殊，一九八七年十一月），頁一八七～一九七；劉守華，《道教與中國民間文學》（臺北，文津，一九九一年十二月），頁四三～四八；王明，〈太平經和抱朴子在文化史上的價值〉，收於文史知識編輯部編，《道教與傳統文化》（北京，中華，一九九二年八月），頁一八三～一九〇。

❼參見廖炳惠，《形式與意識型態》（臺北，聯經，一九九〇年十月），頁九二～九七。

❽韋伯（Max Weber）認爲「正當性」是任何支配形式」的基礎或判準（見韋伯，《支配的類型：韋伯選集Ⅲ》（康樂等編譯，臺北，遠流，一九九一年一月，頁二一～二七），頗爲可取，這裏也以它爲依據。

❾這是從韋伯對支配的定義「一羣人會服從某些特定的（或所有的）命令的可能性」（同上，頁二一），略作改變而來。

⑩ 先秦諸子百家蠭出並作不說（由孟子批評楊朱、墨翟看來，儒道兩家的影響力有限），就是漢初諸帝恪守黃老及武帝獨尊儒術時代，儒道兩家也未曾取得支配地位（倒是陰陽五行、纖緯學說大爲流行）。

⑪ 這裏所說的「捨世」，是指捨離世間一切作爲，逍遙於方外，跟其他宗教某些「禁慾型」或「神秘型」的捨世方式有所不同。根據韋伯的研究，「禁欲型」的捨世方式，或斬斷一切家庭和社會的紐帶，棄絕一切個人的擁有及一切政治、藝術和愛情的關係，全力侍奉上帝；或將一切個人的職務都當是上帝所命而敬謹奉行，以爲榮耀上帝。而「神秘型」的捨世方式，則把自己當作上帝的容器，試圖背棄現世一切誘惑，虛空自身，以達類似於上帝的狀態。見韋伯，《宗教與世界：韋伯選集Ⅱ》（康樂、簡惠美譯，臺北，遠流，一九九二年五月）。頁一〇一～一五〇。

⑫ 《神仙傳》卷二〈白石先生傳〉載：「白石先生者，中黃丈人弟子也，至彭祖時已二千歲餘矣。不肯修昇天之道，但取不死而已，不失人間之樂……彭祖問之曰：『何不服昇天之藥？』答曰：『天上復能樂比人間乎？但莫使老死耳。天上多至尊相奉，事更苦於人間。』故時人呼白石先生爲隱遁仙人，以其不汲汲於昇天爲仙官，亦猶不求聞達者也。」這可以作爲旁證。

⑬ 像韋伯就以神秘主義比擬道教的信仰，道教的神仙衆相都是被神格化的人。見韋伯，《中國的宗教：儒教與道教》（簡惠美譯，臺北，遠流，一九八九年一月），頁二四五～二四七。

⑭ 人類學者認爲宗教上的各種觀念（神、靈魂、精靈、鬼、妖怪、巫覡，以及它們所作的事），都是擬人化的。將人們的各種希望、恐懼、緊張、不安、好惡、能力等等，都反映到超自然現象上去。見宋光宇編譯，《人類學導論》（臺北，桂冠，一九九〇年二月），頁三六八。

⑮ 依葛洪自序說《神仙傳》是爲弟子滕升問仙人有無而作，而後人有考證《神仙傳》多虛誕不實：「其中如黃帝之見廣成子，盧敖之遇若士，皆莊周之寓言，不過鴻濛雲將之類，未嘗實有其人。淮南王劉安謀反自殺，李少君病死，具載《史記》、《漢書》，亦實無登仙之事。洪一概登

載，未免附會。至謂許由、巢父服箕山石流黃丹，今在中岳中山。若二人晉時尚存，洪目覩而記之著，尤爲虛誕。」（《四庫全書總目提要》卷二十八〈子部·道家類〉）那麼這就是出於有意的幻想虛構了。

⑯《神仙傳》卷八〈玉子傳〉載：「玉子者……少好學衆經，周幽王徵之不出。乃歎曰：『人生世間，日失一日，去生轉遠，去死轉近，而但貪富貴，不知養性命。命盡氣絕則死，位爲王侯，金玉如山，何益於灰土乎？獨有神仙度世，可以無窮身。』」玉子則實際體現了這種想法（《神仙傳》中其他人也是）。

⑰話雖是這樣說，人如眞能恆在人間享樂，他還是捨不得上天的。《抱朴子》內篇卷三〈對俗〉說：「或曰：『得道之士，呼吸之術既備，服食之要又該，掩耳而聞千里，閉目而見將來，或委華駟而轡蛟龍，或棄神州而宅蓬瀛，或遲迴於流俗，逍遙於人間，不便絕跡以造玄虛。其所尚則同，其逝止或異，何也？』抱朴子答曰：『聞之先師云，仙人或昇天，或住地，要於俱長生住留，各從其所好耳。又服還丹金液之法，若且欲留在世間者，但服半劑而錄其半；若後求昇天，便盡服之。不死之事已定，無復奄忽之慮，正復且遊地上，或入名山，亦何所復憂乎？彭祖言天上多尊官大神，新仙者位卑，所奉事者非一，但更勞苦，故不足汲汲於登天，而止人間八百餘年也……篤而論之，求長生者，正惜今日之所欲耳，本不汲汲於昇虛，以飛騰爲勝於地上也。若幸可止家而不死者，亦何必求於速登天乎？若得仙無復任理者，復一事耳。彭祖之言，爲附人情者也。』」這段話可說「深得」人心。

⑱基本上，我們研究任何已經存在的論述，都預設了以資（今人或後人）「取鏡」的立場，不純爲（所謂）「歷史眞相」爭辯，也不純爲（所謂）「理論衍變」衡校（如是那樣，就只在爲已經不存在的古人服務，或爲不知對今人有何意義的論述對象費心）。所以這裏才使用「將是如何如何」的口吻，實有以備道教信衆借鏡的意思。

⓳道教所謂秘方，多來自「天書」。而明師所以能得道，也是受到「天書」的啟發。這段關係，前人有過簡明扼要的解說：「道經者，云有元始天尊，生於太元之先，稟自然之氣，沖虛凝遠，莫知其極……以爲天尊之體常存不滅，每至天地初開，或在玉京之上，或在窮桑之野，授以秘道，謂之開劫度人。然其開劫非一度矣，故有延康、赤明、龍漢、開皇，是其年號。其間相去四十一億萬載，所度皆諸天仙上品。有太上老君、太上丈人、天眞皇人、五方天帝及諸仙官轉共承受，世人莫之豫也。所說之經，亦稟元一之氣，自然而有，非所造爲，亦與天尊常在不滅。天地不壞，則蘊而莫傳。劫運若開，其文自見。凡八字，盡道體之奧，謂之天書。字方一丈，八角垂芒，光輝照耀，驚心眩目。雖諸天仙，不能省視。天尊之開劫也，乃命天眞皇人，改囀天音而辯析之。自天眞以下，至於諸仙，展轉節級，以次相授。諸仙得之，始授世人。然以天尊經歷年載始一開劫，受法之人，得以寶秘，亦有年限，方始傳授……推其大旨，蓋亦歸於仁愛清靜，積而修習，漸致長生，自然神化；或白日登仙，與道合體……」。（《隋書》〈經籍志〉卷四）另參見龔鵬程，《道教新論》（臺北，學生，一九九一年八月），頁三九～四八。

⓴歷年有很多不信「邪」的人，都去嘗試燒鍊、服食，但結果就像古詩所說的「服食求神仙，多爲藥所誤」（古詩十九首〈驅車上東門〉），很少有好下場的。

㉑參見曾仰如，《宗教哲學》（臺北，商務，一九九三年四月），頁三七五～四九二。按：曾書維護有神論的立場，我們並不一定要同意。但它列記有神論和無神論的爭辯關鍵：有驗無驗，卻很像道教和他人爭辯的情形，所以就近引爲比照。

㉒見注❹所引雷夫金書；史基納（Burrhus Frederic SKinner），《行爲主義的「烏托邦」》（文榮光譯，臺北，志文，一九九〇年八月）；麥克唐納（Diane Macdonell），《言說的理論》（陳璋津譯，臺北，遠流，一九九〇年十二月）；王岳川，《後現代主義文化研究》（臺北，淑馨，一九九三年二月）等書。

㉓見注❻所引傅勤家書，頁二四一～二四二。

# 中華道教中的生態倫理學思想

劉國梁

生態倫理學，或稱環境倫理學，是以尊重生命爲核心的一種新的道德哲學。它要求把道德關懷擴展到地球上的所有物種，承認人類對自然界負有不可推卸的責任。因而被認爲是現代哲學取得的一項重要成就。

與西方思想強調人和自然的分離與對立不同，中國傳統思想主張天人合一——人與自然的和諧。中國土生土長的道教即是天人合一論的典範，其中蘊含著豐富的生態倫理學思想。

## 一、道教中生態倫理學思想的主要內容

道教中的生態倫理學思想貫穿於道教發生發展的整個歷史過程。從早期道教經典到現代道教學者，幾乎都有這種思想。

1.「慈心於物」。道教學者主張對宇宙萬物都施以仁慈的愛心。《太平經》說：「人懷仁心，不復輕賊傷萬物，則天爲其大悅，地爲其大喜，帝王爲其大樂而無憂也。」（王明：《太平經合校》，中華書局一九六〇年第一版第二四四頁）

《抱朴子內篇・微旨》說：「慈心於物，恕己及人，仁逮昆虫，……。」（王明：《抱朴子內篇校釋》，中華書局一九八五年三月第二版一二六頁）

2.天人合一論是生態倫理學的理論基礎。

《太平經》認爲「天人一體」；《陰符經》反覆闡明了天地、人、萬物相生相殺的關係：「天地，萬物之盜；萬物，人之盜；人，萬物之盜。三盜既宜，三才既安。」王一清認爲「人與天地萬物爲一本」；張洪陽說「天人一也。」這些例子舉不勝舉。道教學者都把人和宇宙萬物視爲互相聯繫、互相補益的一個巨系統。

3.「任性自在」，萬物自足其性。

道教學者主張尊重自然界萬物的屬性，讓宇宙萬物自然發展。唐代的成玄英提出了「任性自在」的觀點，他說：「若不任性自在，恐物淫僻喪。」（《莊子・在宥》疏）「天道無爲，任物自然，無親無疏，無彼無此也。」（《抱朴子內篇・塞難》）主張聖人「任自然，……存亡任天」。（《抱朴子內篇・釋滯》）清代的閔一得強調「萬物自生，豈勞人力也哉？」（《陰符經玄解正義》）。正因爲如此，道教學者堅持「聖人知自然之道不可違，因而制之」（《陰符經》）的觀點。因此，在他們看來，人類對自然的原則是：順其自然，不加外力。人們主觀能動性的發揮只能在合符自然規律的條件下進行。例如，葛洪在《抱朴子內篇・極言》中，以楊柳易栽易活爲例，說明即使像這樣容易成活的樹木，如果「……埋之既淺，又未得久，乍刻乍剝，或搖或拔，雖壅以膏壤，浸以春澤，猶不脫於枯瘁者，以其根荄不固，不暇吐其萌芽，津液不得遂結其生氣也。」就是說，人們要掌握動植物生長的規律，積極主動爲動植物的發育生長造就一個適宜於它的生活環境。當然，如果自然物的屬性傷人，也不可詆毀自然，責任還在於人。因爲「有生最靈，莫過於人」（《抱朴子內篇・論仙》），這樣，「噎死者不可譏神農之播穀，燒死者不可怒燧人之鑽火，覆溺者不可怨帝軒之造舟，酗醬者不可非杜儀之爲酒。」（同上）在葛洪看來，人與自然的關係是，役用萬物或效法自然。他說：「夫陶冶造化，莫靈於人。故達其淺者，則能役用萬物，得其深者，則能長生久視。知上藥之延年，故服其藥以求仙。知龜鶴之遐壽，故效其道引以延年。」（《抱朴子內篇・對俗》）

4.人與自然界萬物之間也有因果報應聯繫。

《太平經》認爲自然物，或自然物與人之間都存在因果報應關係。他們把這種因果報應叫做「承負」。《抱朴子內篇》認爲人傷殘自然物即「奪算」（三日）、「奪紀」（三百日），使人短壽。在葛洪看來，「慈心於物，恕己及人，仁逮昆虫，……手不傷生，……如此乃爲有德，受福於天，所作必成，求仙可冀也。（《抱朴子內篇・微旨》）如果「彈射飛鳥，刳胎破卵，春夏燎獵，……敗人苗稼」，則一事爲一罪，「隨事輕重，司命奪其算紀，算盡則死。」（同上）在《太上玄一眞人說三途五苦勸戒經》（《正統道藏》第二四函第二〇二冊）裡，作者還敘說了前生積惡、今生得報的具體內容，其中前生積惡有「欺誘萬物」一項，今生得報就有「太山之獸，噉食其肉」的說法。

在以上思想的基礎上，道教戒律還規定：「不得殺生」（《正統道藏》第九函第七七冊《虛皇天尊初眞十誡文》）；「不偷竊幡花」、「不探巢破卵」、「不攀摘花果，損折園林」（同上，《太極眞人說二十四門戒經》）；禁止「燒山捕獵，火燒田野山林，……落子傷胎，牢籠飛鳥走獸，毒藥投水傷生」……（《正統道藏》第二四函第二〇二冊《太上洞玄靈寶三元品戒功德輕重經》）等。這些都是極其寶貴的生態倫理學資料。

5.人類科學技術的發展有兩種途徑，一是用人工合成的方法製造自然界存在的東西，如雲、雨、霜、雪、冰、水精等；二是運用物種變化的觀點，創造歷史上未曾出現過的奇蹟，如以蛇銜膏再接已斷的手指；驢與馬合交可以產生非驢非馬的騾及駏驉；化鉛可以變成黃丹及胡粉等等。這是葛洪在《抱朴子內篇》裡闡述的觀點，它反映了葛洪對科學技術發展標準的看法——既有利於人類，也使物類相益。前者即「假求於外物以自堅固」，後者即異物相生，異物之益。

## 二、道教中生態倫理學思想的特點

### 1.賦予萬物以靈性與精神

道教學者認爲人和宇宙萬物是互相感應的，這種感應的基礎就是人與物都有精神。《太平經》曾說：「凡物自有精神，亦好人愛之，人愛之便來歸人。」葛洪在《抱朴子內篇》裡也提出了精神充溢宇宙說。葛洪說：「天地爲物之至大者，于理當有精神，有精神則宜嘗善而罰罪。」「山人草木，井灶洿池，猶皆有精氣；人身之中，亦有魂魄。」（《微旨篇》）「山無大小，皆有神靈，山大則神大，山小即神小也。」（《登涉篇》）正因爲人和物都有靈性或精神，人所施之愛萬物才能承受。這樣，《太平經》即以變化萬物作爲君主的職責。《太平經》

說：「君者當以道德化萬物，令各得其所也。不能變化萬物，不能稱君也。」（王明：《太平經合校》中華書局一九六〇年第一版第二〇頁。）

2.以保護物種多寡爲財富標準的價值觀

道教中的生態倫理學思想看來是愛惜生命，施愛於人之外的物種，其實還是爲了人的生存及人類的繁榮。《太平經》曾說：「天下以凡物悉生出爲富足，故上皇氣出，萬二千物具生出，名爲富足。中皇物小減，不能備足萬二千物，故爲小貧。下皇物復少於中皇，爲大貧。無瑞應，善物不生，爲極下貧。子欲知其大效，實比若田家，無有奇物珍寶，爲貧家也。萬物不能備足爲極下貧家，此天地之貧也。萬二千物俱出，地養之不中傷爲地富；不而善養，令小傷爲地小貧；大傷爲地大貧；善物畏見，傷於地形而不生，至爲極貧；無珍寶物，萬物半傷，爲大因貧也。悉傷爲虛空貧家。此以天爲父，以地爲母，此父母貧極，則子愁貧矣。與王治相應。是故古者聖王治，能致萬二千物，爲上富君也。善物不足三分之二，爲中富之君也。不足三分之一，爲下富之君也。無有珍奇善物，爲下貧君也。萬物半傷，爲衰家也。悉傷爲下貧人。」（王明：《太平經合校》中華書局一九六〇年第一版第三〇頁）在《太平經》的作者看來，世上共有萬物一萬二千種，一萬二千物都齊全，這是上富，不足三分之二爲中富，不足三分之一爲下富，無有珍奇善物爲下貧，萬物傷害一半爲衰家，萬物盡傷爲下貧。這種以能否保護世界上物種齊全、多寡爲原則去衡量貧富的思想，是生態倫理學財富觀的一大特點。

3.認爲人類生活的環境應是幻想和現實的結合。

對於人類生活的環境，道教界企求達到：(1)清潔乾淨，不妨害他人。如全眞盟漱戒忌規定：「如盥漱吐水，當徐徐引下，不得高聲嘔吐唾涕，夏月盥器當覆，不令生虫。棄不淨水，不得當路，當低低潑下，不得高手揚潑，濺人衣上。不得熱湯潑地。內衣宜頻澣，有蟣虱，宜先拾去。髮宜多櫛。積髮多，乃焚僻靜處，不得頓房內壁縫，法堂中、聖像前。不得盥漱刺齒。唾涕當在僻靜處，亦不得對北唾涕。有瘡癬當避人，不得盥漱共器。有可畏瘡痏，不得刺人目。」（《古隱樓藏書》卷十二《外集》）⑵環境要寂靜一些，減少人聲、車聲、機器聲、……等噪音的干擾。山林泉石之間，郊外曠野之處最宜人們生活居住。⑶空氣要新鮮。⑷光線或氣候的寒溫等也要適當。（參見陳攖寧：《神經衰弱靜功療養法問答》）但是。道教又追求人們可以不死而成仙，仙人居住的環境也是人類想往的地方。《老君音誦戒經》對神仙住地的描繪是：有「台觀、衆樓、殿堂、宮室連接相次，珍寶、金銀、衆香種數雜合錯佈，蘭香、桂樹、窮奇異獸、鳳凰衆鳥栖於樹上，神龍騏驥以爲家畜，仙人玉女盡集其上。若欲游行，乘雲駕龍，呼吸萬里，天地、人民、鬼神令屬於我。」

4.最高主宰之神統領萬物

教道學者認爲人與萬物之上都有一個最高的主宰之神，由它主宰人與世間萬物。例如，《太平經》認爲皇天上清金闕後聖九玄帝君「上升太清之殿，中游太極之宮，下治十方之天，封掌億萬兆庶，鑒察諸天河海、地源山林，無不仰從，總領九重十疊，故號九玄也。」（王明：《太平經合校》中華書局一九六〇年第一版第二—三頁）唐末、五代時的杜光庭也說，「老君乃天地之根本，萬物莫不由之而生成」（《道德眞經廣聖義》卷二）。

## 三、道教中生態倫理學思想的意義

1.揭示了人與自然物間的供求矛盾

「人之爲物，貴性最靈」（《抱朴子內篇·黃白》），它從屬於自然，又區別於自然，兩者有互益之後，也有相害的地方。但總的來說是人賴自然界以生存，因此，人與自然物間始終存在著矛盾，這就是葛洪所說的「俗民既不能生生，而務所以煞生。夫有盡之物，不能給無已之耗」（《抱朴子內篇·極言》）。在他看來，人類既要保護自然，促成其發展，又要按自然物的特性，人工造就自然物，並且力求增多自然物的種類。他說：「外國作水精椀，實是合五種灰以作之。今交廣多有得其法而鑄作之者。今以此語俗人，俗人殊不肯信。乃云水精本自然之物，玉石之類。況於世間，幸有自然之金，俗人當何信其有可作之理哉？愚人乃不信黃丹及胡粉，是化鉛所作。又不信騾及駏驉，是驢馬所生。云物各自有種。況乎難知之事哉？夫所見少，則所怪多，世之常也。信哉此言，其事雖天之明，而人處覆甑之下，焉識至言哉？」（《抱朴子內篇·論仙》）「水火在天，而取之以諸燧。鉛性白也，而赤之以爲丹。丹性赤也，而白之而爲鉛。雲雨霜雪，皆天地之氣也，而以藥作之，與眞無異也。至於飛走之屬，蠕動之類，稟形造化，既有定矣。及其倏忽而易舊體，改更而爲異物者，千端萬品，不可勝論。」（《抱朴子內篇·黃白》）

2.提倡了人與自然的和諧

道教主張人與自然的和諧。在道教學者看來，一是天人和諧，諸事順利。如說：「古者聖人治致太平，皆求天地中和之心，一氣不通，百事乖錯。」（王明：《太平經合校》中華書局一九六〇年第一版第一八頁）爲然，道教學者認爲社會的安定、人事的好壞同自然物的興旺或災害有聯繫是對的，不過它過份強調自然對人類社會的作用也不恰當。二是追求與道合眞，回復到混混沌沌、人物混雜，「復歸虛無」的自然界的本然狀態。這種思想無疑對如何緩解當代工業革命帶來的對生態環境的破壞，以及對人們心靈的衝擊會有所啟迪。

3.探求了人類自身發展的途徑

道教學者反對無畏地，無休止地向自然索取，提倡人與自然的雙向依存和選擇。人類如何保護和發展自己？這是古今中外都關心的問題。對此，道教學者有多方面的探索，其中涉及生態倫理學方面的主要就是「假求於外物以自堅固」了。雖然這種理論與實踐的局限性非常大，但是，它的意義就在於開闢了人類自身的發展應該從人類本身及其與自然的關係中去探求的途徑。

# 道教司命司錄系統對佛教檢齋及善惡童子說之影響

蕭登福

## 壹、序言

道教司命、司錄神，是由中土先秦司命、司祿演變而來的。先秦典籍中有司祿而無司錄。司命、司祿出自我國古代以星辰司掌人類命運的信仰。在天上的三臺及文昌星座中，都各有司命、司祿星神。司命主管壽夭災祥，司祿掌管錢帛俸祿。二神見載於《周禮．春官大宗伯》、《周禮．春官天府》及《藝文類聚》卷十引《隨巢子》[1]。其中司命神在《楚辭九歌》中又有大司命與少司命之分。朱熹、戴震等人注《楚辭》時，以三臺星座上之上臺司命爲大司命，主管壽夭。文昌宮第四星之司命爲少司命，主管災祥。而王夫之則以爲大司命統司人之生死；少司命主司人子嗣之有無。大抵說來，大司命主生死壽夭，少司命主災祥、子嗣。

司命神的系統，到了道教後，並且由此而衍生了多種相關的神祇。依其先後次序發展出來，與錄記人世善惡，主宰世人生死災祥有關的神，如竈神、三官、南北斗、判官、文昌帝君等等，愈演愈盛。竈神雖然在先秦已有了，但成為載錄人世善惡之神，則似起於漢代。上述的這些神祇都與世人的生死壽夭，善惡禍福有關。姑且都把它們稱為司命系統的神祇。

道教中的司命、司錄，據道經所載，他們手中有青黑簿籍，記載世人善惡功過，掌管人類生死禍福等命運。道教認為舉凡人命的壽夭災病，人事的窮達貴賤；皆與個人的善惡有關。而人世所為的諸事，都由司命、司錄神所記，並加以核考。為善者增算紀❷，為惡者減壽命。《太平經鈔》甲部❸：「行之司命注《青錄》，不可司錄記《黑文》。《黑文》者死，《青錄》者生。生死名簿，在天明堂。」《抱朴子對俗篇》：「行惡事，大者，司命奪紀，小過奪算；隨所輕重，故所奪有多少也。」由兩書所述，可以看出道教司命神的職司。道徒為求延壽益生，避司命神祇上奏天庭，因此常在三元八節、庚申及朔、望、弦、晦、本命生辰等日，持齋做法會，以祈禱神祇能削死籍，刊生籍，長壽長生。

道教以司命神掌管人世命運，以及以文書簿籍掌記人間善惡的觀念。後來也被佛教所引用。《佛說十王經》、《楞嚴經》敦煌變文、《唐太宗入冥記》等，都可看到道教司命系統的影子。道教司命之說，甚且盛行於西藏。蓮華生所著的《西藏度亡法》，敘述陰間閻王地獄中，有司善司惡神以黑白石，記人善惡。司善司惡神，即是司命、司錄；黑白石，則是由青黑簿記所蛻變。再者佛經中的「業簿」、「業鏡」、「業秤」等觀念，也是仿襲自道教「青錄」、「黑文」、「生死薄記」等東西而來。而掌管善惡業簿的善惡童子、判官，即是司命系統的屬神。

又，佛教神祇下臨人世，檢校人世善惡功過的日子，較重要者有：八王日及六齋日。八王日，即道教的八節日，說見後。而六齋日爲每月初八、十四、十五、二三、二八、卅等日，是直接抄襲道教《洞玄靈寶》及《明眞科》所言六齊十直等齋日而來。道教這些日期的選定，疑與漢世納甲法及道經《參同契》所強調的修鍊日期：朔（初一日）、夕見（初三）、上弦（初八日）、望（十五日）、下弦（二十三日）、晦（卅日）等日期有關。這些日期，對道教修鍊內、外丹者而言，極爲重要。漢代將天干地支與五行八卦相配，稱爲納甲法，道教《參同契》用八卦來說明朔望上下弦晦等月象，以配合修鍊。

又，道教在庚申日修道不眠，避尸蟲上奏天官的習俗，在唐宋時期也廣被佛徒所襲用。在司命系統及檢齋觀念上，佛教承繼道教者多。茲論述於下：

## 貳、道教司命系統與檢校功過日期

### 一、道教司命神的演變

道教神祇是沿襲中土固有信仰而來。以司命神主記人善惡，司掌人世生死富貴的觀念，由先秦經兩漢、六朝至唐宋，愈演愈盛。道教中與司命有關的大小神祇，略依其演變的先後，計有：司命、司錄（司祿）、竈神、三官、南北斗（五斗）、甲子神、日夜游神、判官、文昌帝君等。先秦的司祿，在道經中，常被寫作司錄。司祿的被轉變爲司錄，可能是道經中的司錄神，是掌記簿籍，記錄人間過惡。既與簿籍有關，所以才以「錄」字代「祿」字。但由於司祿是先籍典籍所用，且中國文字常有同音通假的現象，所以道經中也常見二字互用的現象，司錄的「錄」字，有時被寫成「錄」，有時則寫成「祿」，並不固定。

上述的這些神，有小神，有大神。小的，僅在人間記錄人民善惡，向天稟報。大神則高居天上，主宰人民，甚且兼司考核其他神祇的善惡功過。在大神方面，往往會擁有許多屬神，並且由此而組織成一個龐大的察司系統。其中組織最龐大的，早期有三官、五斗（南斗、北斗、東斗、西斗、中斗）。後期則有隋唐時發展成的文昌帝君系統。

有關五斗的職司，大抵爲東斗主算，西斗記名，北斗落死，南斗上生，中斗大魁，總監衆靈。說見《太上玄靈北斗本命延生眞經》、《太上說南斗六司延壽度人妙經》、《太上說東斗主護命妙經》、《太上說西斗記名護身妙經》、《太上說中斗大魁保命妙經》、《靈寶無量度人上品妙經》。

三官的監察系統，則分天官、地官、水官。每一官，再分別各設三宮、九署、及諸曹司。考官龐大衆多，今以天官爲例來說明。

上元一品天官設有三宮：中宮、左宮、右宮。中宮有左、右、中三府，及十二曹，共計三府各領僚屬九千萬衆，總統生死罪福一十二曹官，曹置一百二十考官，一千二百考吏，一萬二千考兵，一十二萬考士。上述所言是天官中宮。而天官左宮亦有左、右、中三府。三府各有官僚九千萬衆，統一十二曹，曹置一百二十考官，一千二百考吏，一萬二千考兵，一十二萬考士。又，天官右宮亦統有三府：左、右、中；三府各領官僚九千萬衆，設一十二曹，曹置一百二十考官，一千二百考吏，一萬二千考兵，一十二萬考士。上面所列曹司官吏情形，僅爲三官中天官所統轄之機構。另外地官、水官情形與天官相似，可以看出他們的組織十分龐大。

三官的名稱在《後漢書卷七十五劉焉傳》注引《典略》中已談到，現今敘述較完整的典籍爲《太上洞玄靈寶三元品戒功德輕重經》、《太上太玄女青三元品誡拔罪妙經》。其中上元一品天官，主司考核天上諸仙眞功過罪福。中元二品地官，主司考核五嶽五帝、九土土皇及地上諸仙功過罪福。下元三品水官，主司考核水中諸仙及人世死魂的功過。三官諸天宮中均有青黑二簿，以考核天下之善惡。善入青簿，惡列黑簿。又，《元始天尊說三官寶號經》及《靈寶無量度人上經大法》卷四十七說：天官賜福，地官赦罪，水官解厄。而三官之主神，則是：上元一品天官爲紫微大帝，中元二品地官爲清虛大帝，下元三品水官爲洞陰大帝。

三官爲漢魏六朝，道教司命系統的龐大考核機構，是仿照人世的政治組織而來的，也是道教常見的一種特色。唐宋而後，司命系統的另一重要神祇——文昌帝君，逐漸形成，並盛行於民間。

文昌帝君，自漢至宋，演變甚大。在漢代，時人則以司命爲文昌神。《風俗通義・祀典》〈司命〉條：

> 《周禮》：「以槱燎祀司中、司命。」司命，文昌也。司中，文昌下六星也。

隋唐間之文昌神，則逐漸以西晉末戰死的張惡子爲文昌神，張惡子亦作張亞子。《古今圖書集成・神異典》卷十七引《梓潼化書・清河內傳》，對其生平有詳述。而《華陽國志》卷

二、《太平廣記》卷四五八〈梓潼〉、《事物紀原》卷七、《夷堅甲志》卷十八、《夷堅乙志》卷五、《夷堅丁志》卷八、《鐵圍山叢談》卷四、《桯史》卷二、《文獻通考郊社考》二三、《明史禮志四》、《歷代神仙通鑑》等書中，均載錄文昌帝君張惡子的生平及其神異事蹟。而《通俗篇》、《十駕齋養新錄》、《陔餘叢考》卷三十五、《清朝續文獻通考．群祀考》二等書，則對文昌神的轉變，及其沿革有較學術性的探討。

司命系統的後期，會形成以文昌帝君爲主的察司系統，究其成因，應是文昌爲星座名；而司命、司祿則是文昌座中的星神。雖然《武陵太守星傳》（《周禮大宗伯》賈公彥疏引）及《晉書天文志》，都提及三臺星座及文昌星座均有司命、司祿。三臺爲天之三公，文昌爲天之六府，三臺的神遠在文昌宮之上。三臺的司命高出文昌甚多。但國人習慣將司命歸於文昌宮。漢朝雖直接以司命爲文昌神。但司命既屬文昌宮，因此自然就進一步而想爲文昌宮另塑造一個主管，名之爲文昌帝君。而後期的司命，便成爲文昌帝君的屬神。文昌帝君也成爲後期察司系統的總主管。

以上是道教司命系統演變的大略情形。茲因本文重在探究道教司命系統對佛教之影響，因此對道教司命神的轉變，不再做太多論述。

## 二、道教司命神吏所用以記錄的簿籍及下凡核閱人世善惡功過的日期

道教用以記人善惡功過的簿籍，除《太平經》所說的青簿、黑文外，在其他道經中如《太

上洞玄靈寶三元品戒功德輕重經》、《太上太玄女青三元品誡拔罪妙經》則稱爲青簿、黑簿，有的則稱爲白簡、黑簡者。青簿用以記善，黑簿用以記過。如《太上洞玄靈寶三元品戒功德輕重經》：「有善功者，上名青簿，罪重者，下名黑簿。」《靈寶無量度人上品妙經》：「諸天書名黃籙白簡，削死上生。」《太上無極總眞文昌大洞仙經》〈發爐〉：「免五苦三災之累，下以落名黑簡，脫籍鬼鄉。」

道教記名青簿、黑簿，然後再整個核計善惡功過的做法，當是沿襲漢代行政組織上，考核臣民功過的方式而來。戰國秦漢之時，在每年的年終，或由地方官本人、或是另遣官員，到京師奏上計簿，將全年人口、錢糧、盜賊、獄訟等事報告朝廷。朝廷可根據這些來做功過獎懲；而這個活動就叫做上計。漢代除年終須上計外，平時官員有功，都有功勞簿籍來記載官員的功績閱歷，王充《論衡謝短篇》：「吏上功曰伐閱，名籍墨將。」文中的墨將，是墨狀之誤。劉盼遂注說：「今按《漢書高祖紀》：『詔詣相國府署行義年。』蘇林注曰：『行狀年紀也。』知漢時考吏有行狀之制也。」王充的這段話，是說主管的官吏給有功的人員記功，叫做閥閱，把名字登記入墨色功勞簿上。《論衡程材篇》也說：「五曹自有條品，簿書自有故事。」這些考核官吏的活動，後來就被聯想到神明的考核人民善惡上來，《禮記祭法篇》：「王爲群姓立七祀：曰司命、曰中霤、曰國門、曰國行、曰泰厲、曰戶、曰竈。」鄭玄注云：「此非大神所祈報大事者也，小神居人之間，司察小過作譴告者爾……司命主督察三命。」三命即是漢朝所說的正命（一生註定該活多久的命）、遭命（即行善而遇凶），三隨命（行善得善報，行惡得惡報）。司命原是掌人世禍福壽夭的神，而在鄭玄注《禮記》中，即更把司命當作考察人間善惡的神。鄭玄之注，顯示了漢代已普遍有這樣的看法。既有考察，即須有所憑借，因而文書簿記，這些人世上的東西，便出現在宗教考核人民善惡上，而道教便由此創造出許多考核的神祇和機構。《太上洞玄靈寶三元品戒功德經》中，所言三官所屬的龐大考核機構，即是在依據所呈上來的青黑、簿籍來斷功過，而予獎懲。所謂行善者可以延生，可以記名仙籍。爲惡者落地獄，受風刀之考。道教平時既有小神在人間，以青黑簿籍，考核人世善惡禍福；並說在較重要的日子中，上天也會派大神降臨人世，考核功過。如人民能在這些特定的日子上，脩齋行善，則所獲的福祐將比平常多。

至於天神核閱人世的日期，計有三元、八節、六齋、十直，以及甲子、庚申、各人本命生辰等。三元：指正月十五日上元、七月十五日中元、十月十五日下元。八節爲：立春、春分、立夏、夏至、立秋、秋分、立冬、冬至。六齋，即一年中之正月、三月、五月、七月、九月、十一月。十直齋，即每月的初一日、初八日、十四日、十五日、十八日、二十三日、二十四日、二十八日、二十九日、三十日。甲子、庚申是指古時以天干地支記日，每逢甲子及庚申日，天神校集人世功過罪福。庚申日，是人體中尸蟲上天奏人過惡的日子。又《抱朴子微旨篇》談到竈神以月晦之夜上天白人罪狀。月晦，爲每月的月底。這些日子都是道教神祇下臨，或人間小神上天奏命的日子。其中六齋十直對佛教影響較深。今摘錄道經天神簿記，檢校功過，及其考校之日期如下：

《雲笈七籤》卷三十七〈齋戒．洞玄靈寶六齋十直〉：

年六齋：正月　三月　五月　七月　九月　十一月
月十齋：一日：北斗下　八日：北斗司殺君下　十四日：太一使者下　十五日：天帝及三官俱下　十八日：天一下　二十三日：太一八神使者下　二十四日：北辰下　二十八日：下太一下　二十九日：中太一下　三十日：上太一下自下中上三太一下日，皆天地水三官一切尊神俱下，周行天下，伺人善惡。
甲子日：太一簡閱神祇。　庚申日：伏尸言人罪過。　本命日：計人功行。
八節日：有八神記人善惡。　三元日：天地水官，校人之罪福。

同書卷三十七〈說雜齋法〉云：

明真科云：月一日、初八日、十四日、十五日、十八日、二十三日、二十四日、二十八日、二十九日、三十日。已上爲十直齋日。庚申、甲子、八節，太一、八神下，司察人過咎，修齋，太一歡悅。庚申日，人身中伏尸上天言人罪過。本命日，受法人身神吏兵上天計人功過。

《太上洞玄靈寶三元品戒功德輕重經》：

一一切尊神常以太歲、甲子、庚申之日，下詣暘谷、清泠、北酆三宮，集校九江、四海、三河、淮、濟生死簡錄。

三元品戒，部有六十條，合一百八十條戒。各有陰陽左右水火風刀官考典之。正月十五日上元校戒之日，七月十五日中元校戒之日，十月十五日下元校戒之日，此一年三日，皆地上及五帝、五嶽、靈山、三界神官，及諸水府三官司罰。無窮無深，無遠無近，無大無小，一切神靈皆同上詣上三天玄都三元宮中，皆齎諸天地上得道及未得道見在福中及兆民生死緣對，宿根簿錄功過輕重，列言上天。是其日，無極天尊十方大聖衆，三十二天帝，飛天神王、高上玉虛至真大神……長生、司命、司錄、司殺、南斗、北斗，諸天日月星宿、璇璣玉衡，一切衆神，莫不森然俱至，三元左右中宮，三官九府百二十曹，陰陽左右水火風刀考官，各筭計天上天下生死簿錄，更相校計。有善功者，上名青簿；罪重者，下名黑簿，各以一通，列言三官，功過善惡，毫分無失。

《赤松子章曆》卷二〈三元日〉：

正月十五日，上元；七月十五日，中元；十月十五日，下元。右件，天地水三官檢校之日，可修齋祈福。

《靈寶無量度人上品妙經》：

諸天書名黃籙、白簡，削死上生。

道經《太上玄靈北斗本命延生眞經》：

於三元、八節、本命生辰、北斗下日，嚴置壇場，轉經齋醮，依儀行道，其福無邊，世世生生，不違真理。

《太上說東斗主算護命妙經》云：

有災之日，宜於本命生辰，或月之朔、望、月之九日，或家庭宇，以時花珍果，焚香靜念，望東斗帝君，醮謝罪業，求益壽年，大靈所與，獲福無量。

《太上無極總眞文昌大洞仙經》〈發爐〉：

免五苦三災之累，下以落名黑簡，脫籍鬼鄉。

《太上三十六部尊經》〈太清境集宮經〉：

令於甲子、庚申、三元、八節、本命生辰，祈恩請福，謝過禳災，同得快樂。

《抱朴子微旨篇》：

（三尸）每到庚申之日，輒上天白司命，道人所爲過失。又，月晦之夜，竈神亦上天白人罪狀。大者奪紀，紀者三百日也。小者奪算，算者三日也。

上述經典所言檢校功過之日期，除做爲脩齋檢校功過外，道教也常以這些時日來脩鍊丹鼎，其中更常以一個月內，朔、望、上下弦、晦等月亮圓缺的重要時日，配合八卦干支，天地陰陽之生成，用來施行丹鼎、鍊氣。

《道經參同契》云：

晦至朔旦，震來受符。當斯之時，天地媾其精，日月相撢持。雄陽播玄施，雌陰化黃包。混沌相交接，權輿樹根基……三日出爲爽，震受庚西方。八日兌受丁，上弦平如繩，十五乾體就，盛滿甲東方。蟾蜍與兔魄，日月炁雙明，蟾蜍眡卦節，兔者吐生光。七八道已訖，屈折低下降。十六轉受統，巽辛見平明，艮直於丙南。下弦二十三，坤乙三十日，東北喪其明。節盡相禪與，繼體復生龍。壬癸配甲乙，乾坤括始終。

王充《論衡四諱篇》：

月之晦也，日月合宿，紀爲一月。猶八日，月中分，謂之弦。十五日，日月相望，謂之望。三十日，日月合宿，謂之晦。晦與弦、望，一實也。非月晦，日月光氣與月朔異也。何故踰月謂之吉乎？

王充《論衡四諱篇》中，談到漢代習俗，忌諱在人們將有喜慶、入山、遠行等事時，遇見未滿月的產婦，認爲會使舉事不成，爲自己帶來災難；這跟道教的禁忌是相同的。王充雖駁斥對月亮晦、弦、望等時日的迷信，認爲只是日月運轉所造成的，但卻可以證明利用月亮和太陽運轉的關係，來行事、來入山採藥、來修鍊丹鼎，是漢朝人的習俗。據王充的說法，每月的晦日，是太陽和月亮在二十八宿上交會的日子，以它來記爲一月。初八日、二十三日，月亮平分爲半圓形，稱爲「弦」。十五日，太陽和月亮正好運行到東西相遙望，所以稱爲「望」。三十日這天，太陽和月亮會合，在地球上看不到月光，所以叫做「晦」；晦是暗的意思。又，《釋名．釋天》：「望，月滿之名。月大，十六日；小，十五日。日在東，月在西，遙相望也。」唐．韓鄂《歲華紀麗》三〈朔晦〉注云：「朔，月初之名。朔，蘇也。如死復蘇。」這些都說明了道教的十直齋日和日月的運行有必然關係，再由《參同契》之說，可以證明這些時日，也是道家用來鍊氣、鍊丹的日子。道教的鍊氣鍊丹，原本就是利用日月星辰運行所施放的氣來進行的，所以十直齋也應與修鍊有密切關係。

又，在上述所言齋戒日中，《洞玄靈寶》六齋、十直，及《明眞科》所言者，最爲詳盡。而道教神祇所用記人善惡的青簿、黑簿，檢校功過的觀念，以及檢校、修道之日期，庚申日之徹夜不眠法會等等，對佛教都有極深遠的影響。

## 叁、道教司命系統對佛教的影響

### 一、道教影響下的佛教司命系統及檢齋日

在道經中，司命主宰人世命運，祂的屬神，則掌記人間善惡，呈報上天以供神明做爲禍福的參考。司命的屬神相當多，皆與載記功過，獎善懲惡有關。道經中司命主《青文》記善，司錄掌《黑文》記惡的觀念，其後被佛教演變爲善惡童子。再者，道經中之司命，原爲天上之星神。進入佛經後，則被認爲天曹地府，都有司命神。同時並逐漸把司命神轉變爲冥神。並且把司命、司錄，由早期道教之大神而逐漸貶爲小神。又，佛經中受道教司命記人善惡等觀念的影響，所衍生的神祇甚多，也仿照道教形式，依人間帝王行政系統加以組織。其神祇之組織，天曹方面較爲簡略，冥神方面敘述較詳。冥界系統，以閻羅天子爲主，其下設有八大王、諸小王、司命、司錄、八王使者、都錄使者、判官、左右雙童、簡齋使者等等；其中左右雙童又稱

善惡童子。又，佛教司命系統的建立，據史料所示，大概在西晉永嘉年間已形成。今將六朝佛典及僧侶、佛徒文記中所見之佛家司命系統，略錄數則如下：晉．帛尸梨蜜多羅譯《佛說灌頂經》卷十二《佛說灌頂拔除過罪生死得度經》：

閻羅王者，主領世間名籍之記……於是地下諸鬼神，及伺候者，奏上五官。五官料簡，除死定生，或注錄精神，未判是非。若是已定者，奏上閻羅，閻羅監察，隨罪輕重，考而治之。

經中之五官，應即是《淨度三昧經》中所言的仙官、水官、鐵官、土官、天官。由五官官名看，即知已受道教之影響，說詳下。

《大智度論》（宋．元照《四分律行事鈔資持記》卷下三〈釋導俗〉引）：

初(八)，八王使者下；十四，天王太子下；十五，天王自下觀察衆生善惡。二十三、二十九、三十亦爾。持齋者或受八戒，或但持齋，中前一食，中後不得妄噉。

宋．竺道爽《檄太山文》（嚴可均《全宋文》卷六十四）：

太山者，則閻羅王之統，其土幽昧，與世異靈。都錄使者，降同神行，定本命於皇記，察都籍於天曹，群惡無細不拾，纖善小而無遺。總集魂靈，非生人應府矣。

齊・王琰《冥祥記》：

（趙泰死，入地獄），吏著皁衣，有五、六人，條疏姓字，云：「當以科呈府君。」泰名在三十。須臾，將泰與數千人男女，一時俱進。府君西向坐，簡視名簿訖，復遣泰南入黑門。有人著絳衣，坐大屋下，以次呼名，問生時所事：「入何孽罪？行何福善？諦汝等辭以實言也。此恆遣六部使者，常在人間，疏記善惡，具有條狀，不可得虛。」

帛尸梨蜜多羅在西晉永嘉年間（西元三〇七至三一二年）到中國，死於東晉成帝咸康年間（西元三三五至三四二年間）。《大智度論》，則為姚秦時鳩摩羅什於西元四〇三至四〇五年所譯。帛尸梨蜜多羅所譯經中提到五官料簡人之生死，五官把道教的三官包括在裡面；而《大智度論》提到天王及八王使者下察人世善惡。可見此時道教司命系統已深入於佛經中。所謂五官，所謂八王使者，均皆為佛教依道經所杜撰出來的地獄冥神，亦皆為司命系統之屬神。而在六朝佛經中，對於司命系統敘述得最詳盡的，則為《淨度三昧經》❹與《佛說提謂經》。《淨度三昧經》由劉宋至元魏間，凡經四譯，從同經異譯共有四本的情形看來，可能彼時印度也已受影響。二經中皆出現仿道教記人善惡的司命系統體系。五官、八王皆出現在此二經中。更由六朝僧徒在文章中言及天神下察持齋情形，可見道教司命及其屬神司察人世善惡的觀念在東晉，不僅已被佛教普遍援引入經，也已成爲道釋二教的共同概念。《淨度三昧經》及《提謂經》今已佚，但在梁人所撰的《經律異相》中已引用《淨度三昧經》，且近世敦煌寫卷中也有此二經的殘卷出土，其中敘述司命司察人世善惡的制度，非常詳盡。可以看出道教對佛教神祇的影響。茲引錄並探討於下：

敦煌寫卷斯四五四六號、北八六五四號《淨度三昧經》：

佛告王：凡人無戒，復無七事行者，死屬地獄，爲五官所司錄，命屬地獄天天子。天子名閻羅，典主佛界及諸天、人民、鬼神、龍、飛鳥、走狩，皆屬天子。天子有八大王，八大王復有扶容王，有卅國；扶容王各復有小統九十六國，各各所主不同。復有小監、五官、都督、司察、司錄、八王使者、司隸等，與伏夜大將軍、都官夢騎、承天帝符，與五道大王共於八王日，風行覆伺，案行諸天人民，或伏雜類、鳥狩，以知善惡分別種類。若于億萬里數分部疆界所屬，伺徵君王臣民疏善記惡，以奏扶容王，扶容王轉奏小王，復轉奏大王，大王轉奏天子。

神明聽察，疏記罪福，不問尊卑。一月六奏，一歲四覆。四覆之日，皆用八王日。八王日者，天王案行，以比諸天人民雜類之屬。考校功罪，有福增壽，有罪減算。……總持衆生名籍，制命長短，毛分不差。人民盲冥，了不知爲天地五官所記。不能自知生所從來，死至何許。不能自知命之長短，不知爲五官所錄，不預知作善。（又，梁・僧旻、寶唱撰《經律異相》第四十九地獄部上，三十地獄及獄主名字五引《淨度三昧經》亦有此段文字。）

八王日者，諸天帝釋，承佐鎮臣，卅二人、四鎮大王、伺命、伺錄、五羅大王、八王使者，盡出四布，覆行持四王十五日、卅日所奏文書，案校地方人民、八夷、鬼神、飛鳥、走狩之行善惡，知與文書同不。地獄王立遣輔臣、小王、都錄、監伺、廷尉、郵公、伏夜將軍、五帝使者，同日同時俱出，承天竹使符，統攝衆生，禁檢非法，捕惡賞善。有罪即交，重犯者即收神錄命，福多者移書開下天上、地獄，增壽益算，除死定生。一歲八出，故謂八王者。欲知日者，立春、春分、立夏、夏至、立秋、秋分、立冬、冬至。是爲八王日。前一日夜半竟後一日夜半，是其時也。重犯者，謂從前齋八王日犯過，福彊有救，安穩無他。天帝將軍、填王使者、伺命主者，用福故原貰。過之，到後齋王日復犯，是爲重犯者。王白佛言：何等爲五官。佛告王：五官者，亦大分治黎庶。天上五官主賞善，地獄中亦有五官。……何謂五官，一曰仙官，主禁煞。二曰水官，主禁盜。三者鐵官，主禁婬。四者土官，主禁兩舌。五者天官，主禁飮酒。犯罪屬地獄五官，呼名各自有時。」

《經律異相》第四十九地獄部上〈八王使者於六齋日簡閱善惡九〉：

八王曰（日），謂（諸）天帝釋鎮臣三十二人、四鎮大王、司命、司錄、五羅大王、八王使者。盡出四布覆行。復值四王十五日、三十日所奏。案校人民立行善惡。地獄王亦遣輔臣小王，同時俱出。有罪即記。前齋八王日，犯過福，強有救，安隱無他，用福原赦。到後齋日重犯，罪數多者減壽，條名剋死。歲月日時關下地獄。地獄承文書，即遣獄鬼，持名錄召。獄鬼無慈，死日未到，強推作惡，令命促盡。福多者，增壽益算，天遣善神營護其身，移下地獄，拔除罪名；除死定生，後生天上。（案：此段文字，敦煌寫卷《淨度三昧經》較雜散，而《經律異相》第四十九地獄部上〈八王使者於六齋日簡閱善惡九〉引到此段，則係節錄此經相關文意而來，由於文字較簡省明瞭，因而引錄於上。）

《淨度三昧經》中，所言地獄的龐大司命伺察組織，不管其名相或組織方式，都是仿襲自道教。道教常以人間帝王行政系統，來組織天堂、地獄的官府機構。而佛教仿襲來的司命系統，在地獄中，則以地獄天子爲首，以下依次爲八大王、卅小王、小監、五官、都督、司察、司錄、八王使者、司隸、伏夜將軍等等伺察善惡，主司壽紀的大大小小神祇。這些神祇中，六朝佛典常以八王使者爲代表。「神明聽察，疏記罪福，不問尊卑，一月六奏」，八王使者簡閱善惡、文案相移等觀念，顯然是沿襲道教說。可見《淨度三昧經》與道教的關係極爲密切。此經中甚且有直接援用道教名詞及概念者，如「增壽益算」，如「司命、司錄」以及「拔除罪名，除死定生」等。算、紀爲道教專用名相，司命、司錄爲道教神祇，「除死定生」，則爲道教常見用語「除死籍，定生籍」的省稱。而八王使者所用以考檢人世善惡功過的八王日，又即是道教的八節。且所言天上及地獄五官，有仙官、水官、鐵官、土官（地官）、天官。五官中儼然把道教的天官、地官、水官都包涵在裡面。由此種種，不難看出兩者關係。

《淨度三昧經》檢齋伺察的情形既如上述，底下來敘述佛家司命系統中的另一本重要佛典《佛說提謂經》。《佛說提謂經》與《淨度三昧經》有許多觀念、用語是相近的，兩經應是同一時代的作品。

敦煌寫卷斯二〇五一號《佛說提謂經》：

> 用正月一日、五月一日、九月一日，四布案行帝王、臣民、八夷、飛鳥、走狩、鬼神、龍行之善惡。知與四天王月八日、十五日、盡卅日所奏同不，平均天下，使無枉錯，覆校三界衆生罪福多少。所屬福多者，即生天，即敕下四鎮、五羅大王、司命等增壽益筭，下閻羅王攝五官，除罪名，定福祿。諸四鎮、三公、九卿、五大夫、司徒、司空、司馬、大將軍、四天王等，承天統命，即遣竹使銅虎符，八王使者、風伯、雨師，下地獄，攝五官，除死定生，除罪益福，遣諸善神榮護之。罪多者減壽奪算，移名下閻羅王，十五日乃竟。用是故欲避大尊天神，天之監司，故使持是三長齋，是爲三覆。八校者，八王是也。亦是天帝輔鎮、五羅、四王、地獄王、阿須倫、諸天案行比校，定生死，增減罪福多少，有道意、無道意，大意、小意，開解不開解，出家不出家，案比口數，皆用八王日。何等爲八王日？八王日者，立春、春分、立夏、夏至、立秋、秋分、立冬、冬至，是爲八王日，天地諸神，陰陽交代，故名八王日。月八日、十四日、十五日、廿九日、卅日，皆是天地用事之日。上下玄（弦）、望、朔、晦，皆是錄命上計之日，故使於此日，自守持齋，以道自救，使不犯禁，自致生善處。

伯三七三二號《佛說提謂經》：

司命校定罪福，錄籍上天，天曹移閻羅拔籍，除死定生。除魔鬼神名籍，署爲清信士、清信女，名入黃歷簿。守戒爲善，名繫天曹。爲惡者，名入四冥室。七日夜半，諸神、竈君，左右□皆還上天，具奏帝釋。精進如師教者，釋與鎮臣卅二人參議，即教司命增年益壽。

《提謂經》有關司命組織的觀念，大抵與《淨度三昧經》相同，又經中所言天神檢校善惡的日期，除八王日外，每月八日（上弦）、十四日、十五日（望）、廿三（下弦）、廿九日、卅日（晦）、初一（朔）等等日期，也都是天神檢齋日。而每月的八、十四、十五、廿三、廿九、卅等六日，也稱爲六齋日。由六齋日再加以增減成四齋日與十齋日等。這些日期，原本都是六朝道教《洞玄靈寶》及《明眞科》所述的道教齋日。這些日期在六朝及唐代，也都變成佛徒修齋持戒的主要日子。在敦煌出土的唐人資料中，所見尤多。敦煌寫卷斯二五六七號《大乘四齋日》、斯二五六八號《地藏菩薩十齋日》，以及唐代佛典中，對於當時佛徒流行的檢齋日均有載錄。今引錄於下：

斯二四六七號《佛說救疾經》一卷：

若有人保任是實者，六齊之日，佛前誓者，使人交報，或四天王下，或太子下，或使者下，或三十三天下，或大仙人下，或剎命下，或金剛力士下。當下之日，注人善惡，宜行善事，不宜入惡。

敦煌寫卷斯二五六七號、斯一一六四號《大乘四齋日》：

二月八日、四月八日、五月八日、七月十五日。

年三長齋：正月、五月、九月。

六齋日：八日、十四日、十五日、二十三日、二十八日、三十日。

十齋日：月一日，善惡童子下。十四日，察命伺錄下。十五日，五道大神下。十八日，閻羅王下。二十三日，天大將軍下。二十四日，帝釋下。二十八日，太山府軍（君）下。二十九日，四天王下。三十日，天曹地府下。

一日童子下，念定光如來佛，除（持）齋除罪，四十劫不墮刀槍地獄。

八日太子下，念藥師琉璃光佛，除齋除罪，三十劫不墮粉草地獄。

十四日察命下，念賢劫千佛，除齋除罪，一千劫不墮鑊湯地獄。

十五日五道大將軍下，念阿彌陀佛，除齋除罪，二百劫不墮鑊湯地獄。

十八日閻羅王下，念觀世音菩薩，除齋除罪，九十劫不墮劍樹地獄。

二十三日天大將軍下，念盧舍那佛，除齋除罪，一千劫不墮我鬼地獄。

二十四日太山府君下，念地藏菩藏，除齋除罪，九十劫不墮纔截地獄。

二十八日天帝釋下，念阿彌陀佛，除齋除罪，一千劫不墮鐵鋸地獄。
二十九日四天王下，念藥王藥上菩薩，除齋除罪，七千劫不墮磑磨地獄。
三十日大梵天王下，念釋迦牟尼佛，除齋除罪，八千劫不墮寒冰。

又，敦煌寫卷斯二五六八號《地藏菩薩十齋日》、斯五五五一號《齋日行事》、斯四一七五號《十齋日》、斯六八九七號背面《十齋日》，都是敘述佛教天神下臨檢齋情形，內容都與《大乘四齋日》相近。我們將上述佛教所述天神下降檢齋的情形，拿來和前面所述《雲笈七籤》引道教《洞玄靈寶》以及《明眞科》所述六齋十直諸神下臨檢校功過情形相比，不難看出抄襲之跡。

又，唐代佛徒的齋日，是沿襲六朝而來。六朝佛教所言八王及天帝使者，在齋戒日，下臨人世疏記善惡罪福的觀念，在唐代依舊盛行。在六朝，司命屬神檢記善惡的日期，有《淨度三昧經》所說八王日及《大智度論》所講每月六齋日。以及《提謂經》所講的諸日期。這些日期，都是沿承道教而來。八王日即道教所講的八節：立春、春分、立夏、夏至、立秋、秋分、立冬、冬至。六齋日即：初八、十四、十五、二十三、二十九、三十。六齋、十齋也都出自道教。

又，在唐代，對司命檢齋的觀念，除沿承六朝外，自己也有所擴增。唐初的四川沙門藏川，就把檢齋的觀念和拔渡亡魂的觀念相結合在一起，不僅用來救渡自己，也可以用來救渡別人。不僅在人死後替他人做齋，也可以在活著的時候自己做。敦煌寫卷伯二〇〇三號，唐・沙門藏川述《佛說閻羅王授記四衆預修生七往生淨土經》❺：

閻羅法王白佛言：世尊！我等諸王皆當發使乘黑馬，把黑幡，著黑衣，檢亡人家造何功德，准名放牒，抽出罪人，不違誓願。

敦煌寫卷斯五五四四號《佛說閻羅王受記令四衆逆脩生七齋功德往生淨土經》：

若是新死，依一七計至七七、百日、一年、三年，並須請此十王名字。每七有一王下檢察，必須作齋。功德有無，即報天曹、地府。

唐人不僅檢齋跟救渡連在一起，在司命系統神祇上也有增減，如五道將軍、左右雙童、判官等名相，都是唐人所創。

唐．阿謨伽三藏撰《焰羅王供行法次第》：

次請五道將軍王，金剛合掌稱名，曰：五道將軍王，左司命，右司命。次請天曹府君，一切天曹百司官屬，都官使者，及諸部類，降臨此壇受我供養。地府神君，平等大王，一切地府百司官屬，都官使者，諸司部類，降臨壇場，受我供養。典主地獄三十六主，馬頭羅刹，牛頭羅刹等眷屬，降臨此壇場，受我供養。地主明王，山川岳瀆，城隍社廟，一切神衆，各與眷屬，願到道場，受我供養。

唐人所言的司命系統，有的是沿襲六朝之說，有的則是新創的物事。在新創的司命神中，有左右雙童、判官，而新創與司命有關的物事，則有由道教善惡簿記——青簿、黑簿所衍生而來的業簿、業鏡、業秤、檀拏幢等，這些都較值得論述。今分述於下：

## 二、左右雙童、判官及善惡簿記所衍生的業簿、業鏡、業秤、檀拏幢

### 1、判官與左右雙童

左右雙童，也稱爲善惡童子：一主記善，一主記惡。由於他們是載記人世善惡的神，因此與人民有極密切的關係；除出現在佛經中外，齋戒法會，常是人民請禱的對象，在敦煌出土的《啟請文》中，幾乎每次都會出現，茲略舉一二，以見一斑。

敦煌寫卷伯二〇〇三號《佛說閻羅王授記四衆預修生七往生淨土經》：

> 若有善男子、善女人、比丘、比丘尼、優婆塞、優婆夷，預修生七齋者，每月二時供養三寶所設十王，修名納狀，奏上六曹、善惡童子，奏上天曹、地府官等，記在名案，身到之日，便得配生快樂之處。

唐·般剌蜜帝譯、房融筆受《大佛頂如來密因修證了義諸菩薩萬行首楞嚴經》卷八：

八者，見習交明，如薩迦耶見，戒禁取，邪悟諸業，發於違拒，出生相反。如是故有王使主吏，證執文籍，如行路人，來往相見。二習相交，故有勘問權詐，考訊推鞫，察訪披究照明，善惡童子手執文簿，辭辯諸事。

《佛說大輪金剛總持陀羅尼經》：

其像面向東，行者面向西，胡跪合掌作供養印。如開敷蓮花相，二大指相並怒向後，二小指合怒向前。六指由如捧缽。弟子某甲等，某州某縣某鄉某里。首稱姓名；若比丘、比丘尼、優婆塞、優婆夷，稱本僧尼名、本寺名。啟白十方三世一切諸佛，過去一切賢聖冥官業道。弟子某甲等，某年某月某日五更，初懺悔，披心露膽，請十方三世一切諸佛，過去一切諸佛，現在一切諸佛，當來彌勒尊佛，及十二部經修多羅藏，諸天菩薩，一切賢聖僧，一切金剛三十三天，四天王天，帝釋天王曹地府，日天月天星宿天，善惡童子護戒善神，證知弟子發露懺悔，所有罪障，悉令消滅。

斯二六一四號《大目乾連冥間救母變文并圖并序》：

目連言訖，大王便喚上殿，乃見地藏菩薩……大王便喚業官、伺命、司錄，應時即至……業官啟言大王：「青提人亡來已經三載，配罪案總在天曹錄事司太山都尉一本。」王喚善惡二童子，向太山檢青提夫人在何地獄，大王啟言：「和尚共童子相隨，問五道將軍，應知去處。」

敦煌寫卷北七六七七號（夜九十八號）《結壇散食迴向發願文》：

（奉請）閻羅天子、唊人羅叉、行病鬼王、五道人神、太山府君、察命、司錄、五羅、八王、三月六府奏使考典，預弟是非善惡童子……來降臨道場。

敦煌寫卷斯四四五四號《結壇散食文》：

結壇九處，散食五方。誦咒清業，燃燈唱佛者。遂請下方窈冥神鬼、陰道官寮、閻羅摩王、察命、司錄、太山府主、五道大神、右膊右肩、善惡童子、六司都判、行病鬼王。

左右雙童之名，由文獻出現的先後次第看來，始見於唐初四川沙門藏川所撰的十王經中，疑是藏川所杜撰出來的人物。說見拙作《敦煌俗文學論叢》一書第四篇，台灣商務印書館一九八八年出版。至於判官，其名稱出自中土，而被佛教援為冥神。其被轉為冥神的年代，當在唐代。今日所見文獻最早見者，爲敦煌寫卷《唐太宗入冥記》。斯二六三〇號《唐太宗入冥記》：

使者到廳前拜了，啟判官，奉大王處□□太宗皇生魂到，領判官推勘，見在門外，未敢引□……善童子啟判官……

唐·善無畏譯、一行筆受《攝大毘盧遮那成佛神變加持經入蓮華胎藏海會悲生曼荼攞廣大念誦儀軌供養方便會》卷二：

左方閻摩天，手秉檀拏印，水牛以爲座，震電玄雲色，七母并黑夜，死后妃圍繞。判官諸鬼屬、眷屬等圍繞。

唐·善無畏譯《大毘盧遮那經廣大儀軌》卷中：

南門閻魔天，手秉檀荼印，水牛以爲座，判官諸鬼屬。

判官係掌地獄文案者，在唐世，除《唐太宗入冥記》提及崔判官外，俗文學中提及冥府判官者亦多。《太平廣記》卷三百一十四〈崔練師〉條，載有崔判官；唐·鍾輅《前定錄》載有王判官；段成式《酉陽雜俎續集》卷七〈金剛經鳩異．陳昭〉，載有趙判官；《太平廣記》卷一百二十三引《陰德傳》，載有韋判官；《太平廣記》卷一百四十六〈宇文融〉條，引《嘉話錄》，載有李判官。此外，敦煌壁繪中，有多幅是以趙、宋、崔、王四判官配繪於地藏及地獄十王之下者。可見唐人已把判官列爲十王之重要輔臣。判官之職權，以《唐太宗入冥記》所述者看，他的職權很高，善惡童子、六曹官，都是他的屬下。

### 2、善惡簿籍所演化而來的業薄、業鏡、業秤、檀拏幢

業薄，是用來記載亡人善惡事蹟的簿子。業鏡，是用來映照亡人一生所做善惡事的鏡子。業秤，是用來稱量亡人罪業輕重的秤子。檀拏幢是以幢上人頭來告訴亡魂的善惡功過，作用與前三者相同，都是供給地獄閻王作爲判斷罪福的重要依據。而業簿、業鏡、業秤，都是由道教司命、司錄神，以青黑簿記載人世善惡禍福，所演變來的。又，業鏡的概念，也可能是由道教以明鏡映照妖邪，使無所遁藏，引發靈感，更加上簿記善惡的觀念而產生業鏡說。《楞嚴經》卷八說：「訟習文誼，發於藏覆，如是，故有鑑見照燭，如於日中，不能藏影。二習相陳，故有惡友、業鏡、火珠，披靈宿業，對驗諸事。」顯然說明了業鏡、火珠的觀念，是由鏡子照物，無所遁形的觀念而來。

#### a、業　秤

業簿名稱已見於上述所引左右雙童事。底下僅列佛典中之業秤、業鏡，來加以探討。

敦煌寫卷伯二〇〇三號《佛說十王經》：

五官業秤向空懸，左右雙童業簿全。轉（輕）重豈由情所願，低昂自任昔因緣。

b、業　鏡

伯二〇〇三號《佛說十王經》：

破齋毀戒殺豬雞，業鏡照然報不虛。若造此經兼畫像，閻王判放罪消除。

同經又云：

五七閻羅息諍聲，罪人心恨未甘情。策髮仰頭看業鏡，始知先世事分明。

斯四八九〇號《佛說閻羅王受記勸脩生七齋功德經》：

在生之日，煞父害母，破齋破戒，煞牛羊雞狗毒蛇，一切重罪，應入地獄，十劫五劫。若造此經及諸尊像，記在業鏡，閻羅歡喜，判放其人生富貴家，免其罪過。

唐·釋道宣《淨心誡觀法》卷上第十：

大業之樹，光明如鏡，衆生造業於彼悉現。

唐·房融譯《楞嚴經》卷八：

十者，訟習交諠，發於藏覆，如是，故有鑑見照燭。如於日中，不能藏影。。二習相陳，故有惡友、業鏡、火珠，披露宿業，對驗諸事。

宋·元照《四分律行事鈔資持記》卷下三〈釋導俗〉：

年三者，正、五、九月，冥界業鏡輪照南洲，若有善惡，鏡中悉現。

《西藏度亡經》❻第三章〈冥界的審判〉（蓮華生大士原著，徐進夫譯）：

尊貴的某某，諦聽！諦聽！你之所以如此受苦，是因你自己的業力所感；並非因了任何他人陷害；完全出於你自己的惡業……那時就有與你同時俱生的司善之神，出來以白石子計你的善行。又有與你同時俱生的司惡之魔，出來以黑石子計算你的罪行。當此之時，你會感到極度的驚惶，畏懼和恐怖，以及顫抖戰慄。而你亦將試圖說謊：『我從來沒有做過任何壞事。』那時，閻羅法王將說：『我來用業鏡察看。』如此說了，他就瞧向鏡中，而每一個善行和惡行，都清清楚楚地映現其中，絲毫不爽。因此說謊是沒有用的。

由唐代所譯諸經，以及《西藏度亡經》之說，疑業鏡之觀念已傳播入印度。又《西藏度亡經》所言司善、司惡之神，以及以黑石、白石計人善惡功過，可以很明顯看出是受中土道教的影響。

c、檀拏幢

檀拏幢上有人頭，可以知道人世所造善惡業的輕重，其作用與業簿、業鏡一樣，都是在顯示世人所做的善惡功過，可以把它看成業薄業鏡的另一種延伸。

唐・阿謨伽三藏撰《焰羅王供行法次第》：

本宮在鐵圍山之北地中，是即冥道宮也。五萬眷屬而爲圍繞。宮中庭有檀拏幢，其頭有一少忿怒之面，王常見其面，知人間罪輕重善惡。人間有作重罪之者，從其口出火光，光中黑繩涌出警覺，見木札知其姓名料記之。又有作善之者，白蓮花從口開敷，其香普白薰太山府君、五道將軍王。常奉王教，能定善惡。凡欲修是法時，設供物，國王及百宦宰相等人民，隨人應設供物，胡麻油、五穀、紙錢、幣帛、香藥等用之……正報盡，付死籍，能乞王削死籍付生籍。到疫病家，多誦太山府君咒。

## 三、道教庚申會對佛教之影響

道教尸蟲上天奏人過惡，也是另一種形式的司命屬神。道教爲防止體內尸蟲上天奏人過惡，每在庚申日舉行法會，不眠不息，使尸蟲無法上天。道教說人體內有三尸蟲，是人體中魂魄之類的鬼神，是與生俱來的，每希望人早死而能自由縱行，因此每在庚申日，上天稟白人們所做過惡，減人壽算。道經《諸眞元奧》引《中黃經》敘述三尸蟲云：「一者上蟲，居腦中；，二者中蟲，居明堂；三者下蟲，居腹胃，名曰：彭琚、彭質、彭矯也。」《抱朴子微旨篇》云：「身中有三尸。三尸之爲物，雖無形，實魂靈鬼神之屬也。欲使人早死，此尸當得作鬼，自放縱遊行，享人祭酹，是以每到庚申之日，輒上天白司命，道人所爲過失。」因而道教徒每至庚申日，爲免三尸乘人入睡時，上天白司命，所以常設供祭，徹夜不眠，稱爲守庚申。並且認爲經過三次守庚申，即可使三尸振恐；七次守庚申，則可使三尸滅絕。

《太上三尸中經》云：

凡至庚申日，兼夜不臥，守之若曉，體疲少伏床數覺，莫令睡熟，此尸即不得上告天帝。

《太上律科》：

庚申日，北帝開諸罪門，通諸鬼神訴訟，群魔並集，以司天下兆人及諸異類善惡之業，隨其功過多少，賞勞謫過，毫分不遺……三守庚申，即三尸振恐；七守庚申，三尸長絕；乃精神安定，體室長存，五神恬靜，不復擾擾。

佛教也沿承道教司命神和尸蟲之說，創造出與人共生的俱生神，來記人所行善惡事，向閻王稟報；同時也仿照道教三尸，而造出三猿。而爲了要制止三猿，於是也有庚申會，在庚申日這天，徹夜做法事，不睡眠。關於俱生神，佛經的敘述，大抵如下：

唐·玄奘譯《藥師琉璃光如來本願功德經》云：

諸有情有俱生神，隨其所作，若罪若福，皆具書之，盡持授與琰魔法王。爾時彼王推問其人，算計所作，隨其罪而處斷之。

六十《華嚴經》卷四十五云：

如人從生有二種天，常隨侍衛。一曰：同生；二曰同名。天常見人，人不見天。

青丘《藥師經古跡·下》云：

傳說，本識與身生，故名俱生神。能熏習，故言具書持。表法王故，言授與。由業威力，似神相現。

善珠《藥師經鈔下》：

> 言俱生神者，若約實而言，神即識。俱生神者，即阿賴耶識。以阿賴耶識是受生之主，與身俱時而生，故名俱生。隨諸有情所作罪福，皆熏在阿賴耶識中；故言隨其所作，乃至皆具書之。

前書又曰：

> 倫法師云：俱生神者，即如《淨土三昧經》說❼，同生、同名二神，及《華嚴》等有文也。

由上面所述，玄奘譯《藥師琉璃光如來本願功德經》中所講的俱生神，是和人同時存在，其職司在記載人們所爲的善惡事，向閻羅王稟報，閻王再根據俱生神所記，來判斷罪福；而此俱生神，應即是像倫法師所言，是《華嚴經》所說的同生、同名二神。青丘和善珠，雖然善加附會，把俱生神解釋成阿賴耶識，但畢竟難以抹煞此神是記人功過的這個事實。再者印人蓮華生所著《西藏度亡經》第三章〈冥界的審判〉，也談到了與生俱來的司善司惡之神，可以用來印證玄奘說的俱生神不是阿賴耶；同時也因此可以確定，彼時之印度佛教，應已受了中土道教司命神的影響。與生俱來的俱生神，雖然善惡都記，但人總是怕神向閻王告惡狀，所以會對司惡神特別畏懼，而此司惡神，實即帶有道教三尸的影子。另外，由於俱生神被有心的佛徒曲解爲阿賴耶，原意是爲免於有道教司命神的意味。但人的心，好造作如猿，既以阿賴耶喻俱生神，而心即賴耶，心好造作似猿。於是又依舊再跟道教三尸合流，以三猿象徵心，並以之爲佛教青面金剛之使者，此三猿各塞耳、目、口。佛徒在庚申日，祭禱青面金剛，徹夜不眠，祈求青面金剛阻止愛言人惡事的俱生神，以及去除三猿耳目口所引起的惡事。佛教雖以三猿代三尸，但大部分與庚申會有關的佛典，大都並不避忌此俗和道教三彭、司命神間的關係，甚而大量引用道教的名相和觀念；明白的道出是竊自道教。佛教的庚申法會，在唐宋間極爲盛行。今略錄佛典相關之說於下：

《龍樹五明論》卷上：

尸蟲自下，目（司）命割去死籍。

《北斗七星護摩祕要儀軌》云：

是以《祿命書云》：世有司命神，每至庚申日，上向天帝陳說衆人之罪惡。重罪者則徹算，輕罪者則去紀；算盡紀告，即主命已者。

唐·空蕃述《青色大金剛藥叉辟鬼魔法》：

《中求長生經》云：鼓涺在眼之暗□口臭齒落，鼓質在腹中伐□人庚□一中天帝記人罪□過，絕人生籍，欲令速死，魄入三泉□時，是曰：鬼爲人禍害，心痛痓忓□，鬼病惱，傳子孫及兄弟姊妹等。

《青色大金剛藥叉辟魔法》文中所談到的鼓涺、鼓質及彭矯，乃是道教的三尸之名。其中「鼓涺」，當是「彭琚」之誤；而「鼓質」則是「彭質」之誤。三尸也被稱爲三彭，即彭矯、彭琚、彭質。此經與唐·阿地瞿多譯《陀羅尼集經》卷九〈烏樞沙摩金剛法印咒品〉，都是佛教庚申會念誦的主要經典。

宋·贊寧撰《大宋僧史略》卷下〈結社法集〉云：

近聞周鄭之地，邑社多結守庚申會。初集鳴鐃鈸，唱佛歌讚，衆人念佛行道，或動絲竹，一夕不睡，以避三彭奏上帝，免註罪奪算也。然是實道家之法，往往有無知釋子入會圖謀小利，會不尋其根本，誤行邪法，深可痛哉！

《谷響集·九》：

當世僧俗，翕然以守庚申爲滿衆願之要法。行之，造猿形爲神，圖青面金剛像爲本尊。

## 肆、結語

道教司命、司錄司掌《青錄》、《黑文》，記人善惡功過，增減算紀。竈神以月晦日、尸蟲以庚申日，上天奏人過惡。道教考核的神祇除司命、司錄、竈神外，有三官、五斗星君、太一、八神、文昌帝君等等，其考核的日期，主要的則有《明眞科》及《洞玄靈寶》所言的三元、八節、六齋、十直等。道教的這些說法，對佛教均有深遠的影響。佛教之司命系統仿自道教，係以人世帝王之行政結構，來加以組織；其神祇有天帝釋、閻王、四鎭大王、司命、司錄、五羅大王、五官、八王使者、判官、善惡童子等。而佛徒所謹守的六齋十直，也是直接沿承自道教而來。清·俞正燮《癸巳類稿》卷十四〈長月直日解〉（見《安徽叢書》第三集）：

《唐律》所謂十直日，則出於道家。《辨正論》云：「道門齋法：六齋、十直、甲子、庚申、本命等齋。」明其儀云：「正月一日、八日、十四日、十五日、十八日、二十三日、二十四日、二十八日、二十九日、三十日，夜中安一長燈於一燈上。然九燈，火上照九元。」《雲笈七籤·齋戒》云：「《明真科》言十齋日：一日北斗下，八日北斗司殺君下，十四日太一使者下，十五日天官及三官俱下，十八日天一下，二十三日太一八神下，二十四日北辰下，二十八日下太一下，二十九日中太一下，三十日上太一下。周行天下，伺人善惡。」《唐六典》云：「天下觀一千六百八十七所，齋有七名。其三曰明真齋。」此明真法也。今佛家引此十日爲準提齋日，則後起之談。

由上所述，佛教之檢齋觀念及六齋十直說，係竊自道教，自不待言。除六齋十直，佛教又以正月、五月、九月爲三長月，斷屠、吃素，這也是出自中土，與道教有關。俞正燮《癸巳類稿》卷十四〈長月直日解〉又云：

> 三長月十直日者，唐用釋道之制，其先雜見古書者，《論衡四諱篇》云：「古人不舉正月、五月子。」《意林》、《風俗通》云：「俗言五月到官，到死不遷。」《南史張協傳》云：「俗人忌以正月開太倉。」《月令》季秋之月云：「百工休。」《搜神記》云：「九月初七，工作皆休息。」……其著之律令，謂之三長月，則始於唐。三長月者，《不空罥索經》云：「諸佛神通之月。」《能改齋漫錄》、《佩韋齋輯聞》、《唐書高祖紀》音訓，並引《智度論》云：「天帝釋以大寶鏡照四大神洲，每月一移，察人善惡。正月、五月、九月照南贍部洲，故此三月者，省刑修善……」唐人於此三月，不行死刑；節鎮於此三月，禁屠宰，不上官……今案《提謂經》：「佛告提謂，歲終三覆，天帝釋、太子、使者、日、月、鬼神、地獄閻羅百萬神衆，用三長月，四部案行善惡。正月少陽用事，五月太陽用事，九月少陰用事。以生、長、藏爲義。」佛家止三時：二、三、四、五爲一時，六、七、八、九爲一時，十、十一、十二、正爲一時。三

> 長爲三末月，故計校也。其言四時交代，乃譯之過，《智度論》：「四部洲月一移」，亦求說不得，強爲之解，而唐宋俱用其義。

俞氏擅於考辯，但文中以三長月爲出自佛教，則是誤信此說是創自《提謂經》而來。其實《提謂經》是雜糅道教信仰所寫成的佛經，近日敦煌出土的殘卷中，可以極爲明顯看出來。所謂少陰少陽之說，是中土易學名相。而生、長、藏，則是春生、夏長、秋收、冬藏之義，是中國古老的傳統說法。再者，對於正月、五月之避忌，則中國早在周秦兩漢時已如此，說見王充《論衡四諱篇》。王充認爲不養育正月、五月生的小孩，其原因是：「正月，歲始；五月，盛陽。子以是月生，精熾熱烈，厭勝父母。父母不堪，將受其患。傳相放傚，莫謂不然，有空諱之言，無實凶之效。世俗惑之，誤非之甚也。」中土陰陽五行家，以一、三、五、七、九爲陽，二、四、六、八爲陰；正月、五月皆爲陽；五月是仲夏，是夏季最熱時候。王充以爲人是稟承天地之氣而生，盛陽之氣將會使父母不堪承受，所以有正月、五月子剋父母之說。又，《雲笈七籤》卷三十七〈齋戒·洞玄靈寶六齋十直〉：「年六齋：正月　三月　五月　七月　九月　十一月。」；可見三長月，原與道教陽月齋戒有關，俞文豹《吹劍錄》云：「帝釋以大寶鏡輪，照四天下，寅午戌月照南贍部洲，晉宋間崇佛，以此爲三陽月。」將三長月，直接稱爲三陽月。可見三長月是承繼道教陽月之齋戒而來。

又，道教的司命、司錄神，除名稱直接被佛教所沿用外，佛教後來所自創的判官、左右雙童，也是由道教司命記善、司錄記惡等觀念演變而來。而佛教之業簿、業鏡、業秤、檀拏幢等，則是出自道教《青簿》、《黑文》，文書簿記之說。道教的庚申法會，通宵不眠，修道持戒，以防止尸蟲上天奏人過惡，亦直接爲佛教所取用。於是仿尸蟲與人俱生，而佛教有俱生神、有三猿。

再者，道教司命神的觀念，不僅影響了中土佛教。我們由唐人諸多譯經中皆提到業鏡、判官、善惡神等，如善無畏譯《攝大毘盧遮那成佛神變加持經入蓮華胎藏海會悲生曼荼羅廣大念誦儀軌供養方便會》卷二、《大毘盧遮那經廣大儀軌》卷中，均提到判官。而般剌蜜帝譯《楞嚴經》談到業鏡。阿謨伽撰《焰羅王供行法次第》則充滿道教司命削死籍，付生籍之觀念。由這些中土名相觀念，出現在佛經，可以了解到當時的印度也已受了影響。再據玄奘譯的《藥師琉璃光如來本願功德經》中有俱生神記人善惡，向閻王稟報；蓮華生所寫的《西藏度亡經》中，也出現了司善之神以白石記善，司惡之神以黑石記惡，閻羅法王用業鏡來察看亡魂的善惡功過。這些觀念都是出自道教而非佛教本有。至今藏人仍深信《度亡經》之說。可以看出道教司命觀念，影響至深且巨。蓮華生爲印度人，是亦可以證明，道教司命觀念不僅影響中土之佛教，藏地佛教，甚且在印度本土，彼時皆當曾採行其說。

又，十直齋對佛教之影響，不僅存在於佛典及歷史中，甚至在今日仍有佛寺印贈十齊日，勸人唸佛消災者。筆者近日即收到台灣中部某寺院印贈的《十齋日諸罪結集》紙單，茲影附於文後。

# 註釋

① 《漢書藝文志墨家》有《隨巢子》六篇，註云：「墨翟弟子。」古書眞僞，論辯繁多，大都無益之爭，常有世人以爲僞者，後來出土文物證其爲眞。今姑列此，不另細述。

② 道教以人命增減三日爲算，以人命增減三百日爲紀。

③ 近人王明〈論太平經鈔甲部之僞〉一文，以爲《太平經鈔》甲部，係後起之作。今以經鈔分十部，皆係由《太平經》中摘抄要點而來，其餘九部不疑，光疑甲部，較爲牽強。道經中常有數經內容相近之情形出現，如對甲子神及四規明鏡之敘述，多本經中皆有之。這種情形，在佛教密宗典籍中也常看到。不能以其內容與後來經典有相似處而斷言爲僞。

④ 《淨度三昧經》一書，今已佚。但近世敦煌出土寫卷中，有此經之殘卷。而《大唐內典錄》卷四及《貞元新定釋教目錄》卷二十四，均曾載錄此經。據《貞元新定釋教目錄》所載，此經共有四譯，爲同本之異譯。文云：「《淨度三昧經》一卷　宋·沙門釋智嚴譯　第一譯。《淨度三昧經》一卷　宋·沙門釋寶雲譯　第二譯。《淨度三昧經》一卷　宋·天竺三藏求那跋陀羅譯　第三譯。《淨度三昧經》一卷　元魏昭玄統譯曇曜譯　第四譯。右四經，同本異譯。」有關此經眞僞之論述，請參見拙作《敦煌俗文學論叢》第四篇文末註三。

⑤ 《佛說閻羅王授記四衆預修生七往生淨土經》，簡稱《佛說十王經》或《十王經》。經中敘述地獄十王各殿情形，對中國冥界影響甚深，近世敦煌出土及《大正藏》所收錄者，共有二十餘種版本。據筆者考證，此書應是唐初四川沙門藏川所造，詳細的探討，請參見拙撰《敦煌俗文學論叢》第四、五篇，台灣商務印書館，一九八八年七月出版。

❻《西藏度亡經》一書，爲蓮華生所撰。本文所引用文字，係徐進夫譯，台灣天華出版社一九九二年版。

❼此處所說的《淨土三昧經》，疑是《淨度三昧經》之誤。「土」、「度」，古同音，都是徒故切。《說文解字·第十三篇》「土」字下，段玉裁注云……「釋氏書，國土，必讀如杜是也。」

影附台灣中部佛寺所印贈《十齋日諸罪結集》

## 十齋日 諸罪結集

初一日「定光如來」十聲三拜消罪四十劫

初八日「藥師留璃光佛」十聲三拜消罪三十劫

十四日「賢劫千佛」十聲三拜消罪一千劫

十五日「阿彌陀佛」十聲三拜消罪二百劫

十八日「觀世音菩薩」十聲三拜消罪九十劫

二十三日「盧舍那佛」十聲三拜消罪一千劫

二十四日「地藏王菩薩」十聲三拜消罪一千劫

二十八日「阿彌陀佛」十聲三拜消罪九十劫

二十九日「藥上菩薩」十聲三拜消罪七千劫

三十日「釋迦牟尼佛」十聲三拜消罪八千劫

禮佛一拜　罪滅河沙

# 民國道教覓蹤

牟鍾鑒

## 一

晚清道教與往昔比日趨衰落，南方正一道張天師之「正一嗣教眞人」封號早被取消，就連各級道教管理機構亦被廢止，政治地位已大不如以前。全眞道稍強，但理論建樹不多，教團影響力衰減，全眞道士多兼行齋醮祈禳，與正一道士的差別愈益縮小。但清廷扶持道教的政策未有變化，道教挾其傳統力量，仍能維持正常活動規模，不失較高的社會地位。正一道第六十一代天師張仁晸，光緒三十年誥贈光祿大夫；第六十二代天師張元旭，精于道法，以符籙教信徒；以職牒傳道士，受度者衆多。江西龍虎山天師府田地遍及十二個縣，僅天師府即占地二萬四千多平方米。全眞道雖素質嚴重下降，但龍門一系仍有強大勢力，其祖庭北京白雲觀出了一位有名的主持高雲溪，深得清廷器重，曾數次參予國家涉外政治活動。白雲觀直到民國初年，尚有土地五千八百餘畝，年收入在三萬兩，且香火甚盛，爲京城節日一大聚會處。全眞道士劉名瑞、黃元吉爲著名學者，皆有著作傳世。清末之武昌長春觀，「著屋千間，道友萬數」（《

長春觀志》），與西安八仙庵、成都二仙庵並稱天下龍門派三大叢林。

孫中山先生領導辛亥革命，推翻帝制，建立民國，使中國社會發生兩千年來未有之深刻變化。雖然民國建立以後道路曲折，內憂外患接踵紛至，但中國畢竟開始邁出中世紀社會，向著現代社會過渡，舊傳統包括宗教不能不受到衝擊。加以改良主義在中國總是行不通，過渡時期便充滿著激烈的革命運動，因之舊傳統舊宗教所受到的衝擊就特別強烈。不過中國的佛教和道教都有自己獨立的教團組織，有自己深厚而博大的文化體系，形成很強的內聚力和穩定性，它們與舊的社會制度和帝王政治雖有密切聯繫，但不是一體化的關係，相反，它們在民間社會卻有深厚的根基，所以它們能經受住舊制度崩潰的震蕩而保存下來，並在變革中延續和發展。《臨時約法》規定「人民有信教之自由」，使宗教限於公民信仰範圍，中央政府不再以神權爲政權存在之根據，並採取措施削減宗教的實力。民國元年，江西都督府在破除迷信的活動中，取消張天師的封號及其封地，正一道的政治和經濟基礎於是發生動搖。道教界面對急劇的社會變革，爲自保和謀求新的出路，便自行成立全國性的宗教團體，一九一二年七月，北京、上海、瀋陽、西安、淮安、武漢等地全眞道代表集會於北京白雲觀，聯合發起成立中華民國道教會，北京設總部，各重要地區設分部。九月，正一道第六十二代天師張元旭在上海會同南方各地正一道代表，成立中華民國道教總會。並宣布成立中華民國道教會江西本部，駐上海總機關部。北京的全眞道的道教會發表《宣言書》，稱「道教爲中華固有之國教，團體革新，道教亦應變制」，它反思道教的歷史與現狀，指出道教面臨著危機，一些道士「深林寂壑，痼癖煙霞，蓬萊方丈，謬托神仙，理亂不知，黜陟不聞，于物與民胞毫無繫念」，對於當代新學「充耳不聞，惟以募化爲生涯，疏懶爲事業，在人類中爲寄生物，爲附屬品」，因此道教「江河日下，而爲社會所鄙棄」。上海正一道的道教總會的章程，稱其宗旨是：「黃老爲宗，聯絡各派，昌明道教，本道德以維持世道，俾人類共躋太和」，不分在家出家和國籍族別，凡素志好道教，均得入會。其《發起詞》中稱「茲當民國初立，萬事維新，國體亦已更新，教務亦當整理」。南北兩大組織都感到道教如不變更以適應時代，就有被淘汰的危險。如何變革如何振興殊非易事。教內需要探索。上海《發起詞》曾設想建立有效的組織體系，籌辦福利醫院、學校、實業以及選派青年出洋留學等。其時大總統袁世凱素懷稱帝野心，力主保持舊有宗教祭祀典制，對社會各方面代表人物包括宗教領袖施以籠絡政策，以便爲其所用。一九一四年，袁世凱令恢復正一道領袖天師封號，退還天師府田產、重頒正一眞人之印，賜以三等嘉禾章及「道契崆峒」匾額，以示恢復傳統的政教關係。袁氏稱帝失敗後，正一道未受消極影響，在社會上更加活躍。一九一九年萬國道德會成立，張元旭被推爲名譽會長。一九二〇年，張又被推爲五教會道教會會長。一九二四年，張氏卒於上海，張恩溥嗣教，爲六十三代天師，仍以上海爲中心進行正一道的活動。

五四運動對中國古老文化的掃蕩極爲猛烈，儒學首當其衝，佛教、基督教亦受到批判，道教因其同民間信仰緊密相連而成爲重點批判對象，關帝、呂祖、九天玄女等道教神靈崇拜被先進的知識分子斷爲毫無價值的欺騙，純屬愚民之行爲。陳獨秀認爲上帝、神、仙、佛，都是「騙人的偶像」。錢玄同認爲要「益世覺民」，不僅不應迷信佛教、耶穌教，還要剿滅道教神學。胡適的態度最爲激烈，說道教「最迷信」，《道藏》是「一套從頭到尾、認眞作假的僞書」，「其中充滿了驚人的迷信，極少學術價值」。這些言論代表了社會變革中激進派的姿態，既有横掃舊物的勇猛，又有簡單武斷的偏執。對道教的思想批判又接續以實際的打擊。國共合作下的國民黨江西省黨部於一九二七年初先後三次遣特派員，前往江西龍虎山上清宮，召開大會，揭發天師道的迷信活動，燒毁萬法宗壇的神像，收繳天師府裡乾、元、亨、利、貞五本田租冊，及歷代皇封的銀印、銅印共十五顆，歷代天師傳承的玉印、寶劍，袁世凱所賜寶鼎、花瓶等，當地群衆拿住六十三代天師張恩溥，押送南昌，監禁於江西省農民協會。一九二七年三月，江蘇吳縣臨時行政委員會議決：「張天師業經取消，道教不能存在，道士應使各謀職業，道士觀院產業應統籌訓練職業之用。」四一二政變後，張恩溥被朱培德釋放。這是群衆革命運動中出現的偏激行爲，已經與《臨時約法》中關於宗教信仰自由的規定相背謬。

一九二八年，國民黨政府公布了神祠存廢標準，作爲對舊宗教的一次正式清理，其意在保留比較正規的信仰，破除世俗的迷信即所謂淫祠。與傳統國家民族宗教和道教有關的部分，保留的有：伏羲、神農、黃帝、倉頡、禹、孔子、孟子、岳飛、關聖帝君、太上老君、元始天尊、三官、天師、呂祖、風雨雷神、土地、灶神等；廢除的有：日、月、火、五嶽、四瀆、龍王、城隍、文昌、送子娘娘、財神、瘟神、趙玄壇、狐仙等。這個標準的制定者顯然對中國傳統宗教缺乏科學的了解，把列入歷代祀典的正規信仰同道教的信仰完全混在一起，又毫無道理的把它們硬分成可存與可廢兩類，採取截然相反的政策。實際上規定廢除的崇拜中除狐仙外，統是傳統的正宗信仰，不宜歸爲迷信。這一規定後來並未認眞執行，但已然使許多宮觀廟宇停止了宗教活動，改爲學校、機關、軍營。

一九三二年，正一、全眞兩派聯合在上海成立了中華道教會，而實際上仍是地方性道教組織。抗日戰爭時期，北方許多地區民衆借重道教，「抗日救國，保財保家」。一九三八年春，山東出現「堂天道」、「罡風道」，皆道教支派，其中博山縣「堂天道」有教徒數千人，平時務農，戰時打擊日寇、漢奸，成爲一支抗日武裝力量。在南方，句容茅山的道士支持和幫助過抗日軍隊，南岳衡山道士參加「南岳佛道救難會」，爲抗日救國做出積極貢獻。

抗戰勝利後，張恩溥重返上海，得上海正一、全眞兩派道士支持，發起籌備上海市道教會，並於一九四七年三月在杭州玉皇山福星觀成立上海分院。繼續籌備中華民國道教會而未果，張恩溥於一九四八年底經由新加坡去到台灣，於是天師傳承在大陸暫告結束。

北京白雲觀爲全眞第一叢林，接受各地雲遊道士來此學道和爲入道者受戒。民國時期白雲觀最後一次傳戒在一九二七年，受戒人數三四九名爲時數十天。

總的說來，道教在民國時期是時運多蹇，欲振無力，呈一片淒涼光景。日本道教學者窪德忠於一九四二年來中國北方看到的情形是：「莊嚴肅穆的道觀很少」，太原純陽宮「沒有道士，卻有許多婦女、兒童在專心紡棉，顯然已被當作手工業作坊」，太原元通觀是著名道觀，「已作爲咖啡業同業公會的辦事處了」；濟南迎祥宮「也同樣是紡綿的場所」，內殿一兼作醫生的道士「毫無道教知識」，濟南長春觀「一部分房屋被警察占用，在本堂的玉皇大帝前面，居民在燒飯」；北京朝陽門外東嶽廟，一九二〇年時宗教氣氛很濃，有十多名道士，而今「一部分地方闢爲小學，一部分地方被警察使用，道士減到九名」，道觀的作用「微乎其微」；泰安岱宗坊附近玉皇觀「昔日的丰彩幾乎蕩然無存，連一個參拜者都沒有」。他發現只有北京白雲觀和瀋陽太清宮，尚「保持著名副其實的道觀式面貌和風格」。白雲觀內有道士七十八名，識字者僅十多名，每天的工作就是打掃清潔和勞動，早晚讀經的規定均未實行，極少數道士成天晃蕩，曬太陽打發日子，道士們生活清苦，飲食差，穿著補釘道袍。（以上見窪德忠《道教史》）。白雲觀道士的宗教生活和素養尚且如此，其餘宮觀的水平就可想而知了。北方道觀的破敗與日寇的侵略蹂躪大有關連，窪氏似乎不願提及。然而南方的情形亦不稍好，由于革命運動的打擊和基督教影響的擴大，以及近代科學醫學知識的傳播，加以道教本身不善更新、無所作爲，道教信徒日漸減少。以蘇州爲例，一九二二年以前正式道士有八〇九人，一九二二年爲五一二人，一九四九年僅爲二三一人（見史全生主編《中華民國文化史》）。可以說，道教在社會大變動中出現了空前的生存危機，政治的外部的條件不利固然是重要原因，而道教理論的滯後和活動方式的陳舊也是不可忽視的內在因素。這就激發起一些熱心於道教文化的人，著手改革和創新道教。

## 二

在近現代道教史上造詣最高和影響最大的道教學者當首推陳攖寧。他是龍門弟十九代居士，雖未正式受戒入教，但得到教內外一致的敬仰。他畢生殫精盡慮於道教、醫學、養生學的研究，成就頗著，又能隨順時代潮流革新道教理論，又是一位忠誠的愛國者，熱心利他事業，德高望重，社會影響與日俱增。

陳攖寧祖籍安徽懷寧縣洪鎮鄉，世居安慶蘇家巷，生於清光緒六年（一八八〇年），卒於一九六九年。原名志祥、元善，字子修，後用《莊子·大宗師》中「攖寧也者，攖而後成者也」句，因改名攖寧，道號圓頓子。自幼受家教苦讀古籍，少年時即具堅實儒學功底。喜讀《時報》、《盛世危言》等書報，接受革新思潮影響，不滿清廷腐敗辱國，厭惡仕途。洋務派左宗棠在安慶辦高等政法學堂，陳氏考入就讀，不久因病中途退學。陳氏幼年體質衰弱，又學習用力太過，少年即患童子癆。爲自救起見，停儒業而改學中醫，從叔祖父學習醫道。偶在醫書上看到仙學修養法，初試無效，後來漸有起色，生命得以保全，從此走上研究仙學養生的道路。二八歲至三一歲（辛亥革命前夕），由於舊疾復發，決心離家尋訪高僧高道，求取養生延命之方。先後拜訪過佛教九華山月霞法師，寧波諦閑法師，天童山八指頭陀，常州冶開和尚，因嫌佛教煉養偏重心性忽略形體，遂改訪道教中人士，先後遊跡於蘇州穹窿山、句容茅山、均州武當山、即墨嶗山，以及懷遠塗山、湖州金蓋山等處，皆無所獲，於是決心直接閱讀《道藏》。其時《道藏》全本中國不過七部，分藏於瀋陽太清宮、北京白雲觀、南陽玄妙觀、武昌長春觀、成都二仙庵、上海白雲觀等處。民國初年，陳氏來上海，依姊丈喬種珊，開始在白雲觀閱讀《道藏》。前後凡三載，終於將《道藏》從頭至尾看過一遍，確知其中蘊藏養生學資料十分豐富。民國四年，復留心佛學，在杭州海潮寺佛教華嚴大學小住，旋即離去。三六歲至五五歲（民國五年至二十四年），由北京返上海，與妻吳彝珠相聚生活相對安定，閱讀大量養生諸書，涉獵文史哲及醫佛典籍，借以修養身心。民國二十五年，其妻患乳癌，陳氏用仙學養生法爲之治療，大有效應，益信仙學之可賴。開始著述，與患者頻繁通信，力圖將自己積累和體悟出來的治病養生之道推向社會，爲民衆謀福。早在一九三三年，陳民即在上海創辦《揚善半月刊》，倡道仙學，至一九三七年日本進攻上海停辦，共發行九十九期，無保留地將研究心得向友人、學生和讀者發表，打破仙道煉養訣竅密而不宣的陳套。一九三九年至一九四一年，陳氏又創辦《仙學月報》，發行三十期。一九四五年，其妻吳氏去世，陳氏此後居無定所，在親友和學生家中做類似家庭教師的工作，爲之講解學問和養生之道。一九四九年以後住杭州的學生胡海牙醫師家，一九五三年受聘爲浙江省文史館館員。一九五七年，當選爲中國道教協會第一屆副會長兼秘書長，時年已七十有七。一九六〇年任全國政協委員。一九六一年當選爲第二屆道協會長，呼籲開展道教學術研究。其後親自指導道協研究室工作，編輯《歷代道教史資料》，編寫《中國道教史提綱》，興辦《道協會刊》和道教知識進修班。道教界和中醫界人士均敬重陳攖寧的人品學問，待如師禮。而後不幸受「文化大革命」的震撼，陳氏身心交瘁，遂於一九六九年在北京去世。

陳攖寧一生著述甚豐，主要著作有：《史記老子傳問題考證》、《老子第五十章研究》、《南華內外篇分章標旨》、《解道生旨》、《論白虎眞經》、《辯楞嚴經十種仙》、《論四庫提要不識道家學術之全體》、《黃庭經講義》、《道教起源》、《太平經的前因與後果》、《靜功療養法》、《讀高鶴年居士名山遊訪記》、《仙與三教之異同》、《論性命》、《最上一乘性命雙卄四首丹訣串述》、《口訣鉤玄錄》、《與因是子討論先後天神水》、《孫不二女內丹功次第詩注》、《靈源大道歌白話注解》、《外丹黃白術各家序跋》、主編《道教知識匯編》、《中國道教史提綱》。以上主要著作及若干書信、詩詞、講話，收入《道教與養生》一書（李養正先生選編，華文出版社一九八九年出版）。台灣方面，他的學生徐伯英、袁介珪編輯《中華仙學》（台北眞善美社出版），亦是陳氏著作一大匯集。另外，陳氏遺著《仙學解秘——道家養生秘庫》已由大連出版社出版。還有《參同契講義》和陳氏珍藏的手抄秘本《邱祖秘傳大丹直指》等，正在整理發表中。

陳攖寧提倡的仙學，亦即自古流傳下來的神仙家養生學，一向是道教的核心信仰，其近期目標是延年益壽，遠期目標是長生不死。陳氏早年析仙學與道教爲二，其實正是煉養派與符籙派的區別；晚年則主仙、道爲一，以仙學爲道教重要內涵。但陳氏的仙學並非舊有神仙理論的重複；他把仙學提高了推進了，使之具有了新時代的特點，包含了他個人獨特的創造，因之他成爲一代學問大師，半個世紀享有盛譽。

第一，提倡仙學是爲了愛國強族，陳氏研究仙學，緣起於自身與家屬的瘵疾與健康，但他一生致力於此一大事業，最高的目的和最大的動力則是振奮中華民族的生命精神和強健國民的體魄，使中國不再受外人欺侮。他大半生處在民國時期，看到國力羸弱、外患不息，故力倡本位文化，以圖救國，把道教看成「今日團結民族精神之工具」（《前中華全國道教會緣起》）。他在《論〈四庫提要〉不識道家學術之全體》中說：

> 吾人今日談及道教，必須遠溯黃老，兼綜百家，確認道教爲中華民族精神之所寄托，切不可妄自菲薄，毀我珠玉，而誇人瓦礫。須知信仰道教，即所以保身；弘揚道教，即所以救國。勿抱消極態度以苟活，宜用積極手段以圖存，庶幾民族尚有復興之望。

陳氏比較了佛教、西學與道教，認爲在中國受帝國主義侵略欺壓情況下，「佛教慈悲，徒喚奈何」，「歐美偏重物質科學」，「若借助於物質科學，殺人止殺，更滋荒謬」，只有道教，既抱有崇高的救世目的，又不尚空談，切實從自身活弱致強入手，「合精神與物質，同歸一爐以治之，將來或可以達到自救救他之目的」（《復武昌佛學院張化聲先生函》）。按佛教淨土宗旨，學佛以求生西方，陳氏表示「西方雖然好，但我不願去」，因爲「我們既生爲中國人」，「沒有將自己的國家改善完善，徒然羨慕外國世界，想拋棄本國往外國跑，試問成何體面？」（《答覆北平學院胡同錢道極先生》）很顯然，這個「西方」已非佛教的極樂世界，而是歐美國家。陳氏鄙棄崇洋媚外思想，高揚愛國主義旗幟，對中華民族的興亡有強烈歷史責任感。

第二，將仙術提升爲仙學，使之成爲一種獨立的光明正大的哲學體系。從道教的發展看，前期成仙之丹道，重術而輕學，故多爲功法；後期之內丹道，援佛融儒而失卻自家面目。陳氏之仙學，揚棄術數、科儀而突顯道學，有人生價值之付托，有理論體系之博精，雖融攝儒佛而不依傍他人門戶，遂使仙學成爲可以與儒家、道家、佛教並駕齊驅的安身立命之道。陳氏力辨儒、佛、道、仙四家宗旨之不同：儒家以爲人生是經常的，所以宗旨在維持現狀，而不準矜奇標異，因此人生無進化之可言；釋家見解，以爲人生是幻妄的，所以宗旨在專求正覺，而抹煞現實之人生，因此學理與事實常相衝突，難以協調；道家見解，以爲人生是自然的，所以宗旨在極端放任，而標榜清淨無爲，以致末流陷於萎靡不振，頹廢自甘；仙學見解，以爲人生是有缺憾的，所以宗旨在改革現狀，推翻定律，打彼環境，戰勝自然（見《與海邱山人書》）。陳氏痛心民衆爲禮教束縛不敢自由馳想，神仙學術不敢驗之於身，且不敢出之於口，於是謹愿之徒群歸於儒，超脫之士則遁於釋，而以世俗迷信視仙學；實不知「仙學可以補救人生之缺憾，其能力高出世間一切科學之上，凡普通科學所不能解決之問題，仙學皆足以解決之，而且是腳踏實地，步步行去」，他進而指出，仙學「既不像儒教除了做人外無出路，又不像釋教除了念佛而外無法門，更不像道教正一派之畫符念咒，亦不像道教全眞派之拜懺誦經。可知神仙學術，乃獨立的性質，不在三教範圍以內，而三教中人皆不妨自由從事於此也」（《與朱昌亞醫師論仙學書》）。陳氏固信人的生死大事恃醫學不足以解決，必求神仙學術，發超人之思想。而千百年來，神仙之學遭儒生之毀謗，僧侶之藐視，羽流之濫冒，方士之作僞，乩壇之亂眞，已埋沒不顯，故應刷盡醜聲名，使其眞學問得見天日。而仙學倡導者不世有，或不肯用世，或與現代社會隔膜，或有功夫而不會做文章，或懂古文而不悉白話，或守傳統而不喜新思潮，或只會術數而無學理，或懂五行八卦而不知新科學，或偏于一派而不能兼顧，這些人雖可利己，難以利人。陳氏以新仙學倡導者前驅者自任，認爲自己具備種種有利條件，可以把仙學推向社會，使之發揚光大。

第三，引入近代科學思想，將仙學與人體探秘及中醫結合起來。陳氏青年時期喜看各種科學書籍，隨其兄學習物理、化學、數學等，又研讀中醫學，精於醫術。故具有近代科學頭腦和眼光，試圖將仙學納入科學軌道。他明白地表示仙學「不念佛，不畫符，不念咒，不拜懺誦經」（《與朱昌亞醫師論仙學書》），又云：「符咒祭煉，遣神役鬼，降妖捉怪，搬運變化，三蹻五遁，障眼定身，拘蛇捕狐，種種奇怪法術，十分之九都是假的」（《口訣鉤玄錄》）。他把自己的仙學歸屬於學術而非宗教，其中絕無對鬼神的迷信，故云：「仙之本身，產生於學術實驗，不像宗教要依賴信仰」（《定志歌》），仙學只是對生命科學的一種推進和大膽探索，不肯把個人生死命運付之自然，亦不肯聽閻王老子的命令。老莊之清靜無爲，孔孟之修身養氣，佛教之參禪打坐，皆偏重於心性方面，不能解決生理上老病而死的問題，因此仙學講性命相依而以命爲重，如燈之放光，燈油是命，燈光是性，離命而見性，猶有燈而無油，必不能放光。在實修實證的意義上，仙學就是長壽之學、生理之學。但仙學不限於生理上長壽，它認爲在一般肉體之外還有性命，這個性命有靈性，有永恆之生機，是經過煉養從世俗肉體中蟬蛻而生成的，此即陽神，脫離軀殼而出，能夠長生久視。由此可知，陳氏的仙學盡管說要科學化，卻仍然保留著宗教的成分和道教的本色。陳氏認爲養生之道應合乎人情理，既不宜縱慾，也不宜奪慾絕慾，而以順慾節慾爲佳，所以他不贊成全眞派的出家修道，而主張修仙學道者與眷屬同居，夫妻雙修雙証，這樣既可爲一般人所接受，又符合陰陽互補的原理。這是全眞南宗的傳統，容易爲世教所詬病，然而是有其合理性的。陳氏提倡仙學，更注重在實踐上下功夫，故精研醫術，爲民衆解除痛苦，尤善診治各種疑難重病，重醫德，重效驗。他自己以幼年病弱之軀而修仙學，終致健康長壽，年逾八十而耳聰目明，步履矯健，若非「文革」大難，定可超越期頤，此是仙學的近期驗証。

第四，出入儒佛道三教，博採以往道教內丹學成果，創造性地建構唯生的仙學理論和方法。陳雖然反對把仙學混同於儒釋道三教，但不反對吸收三教，主張以仙學爲主同時貫通三教，不必有門戶限隔。他說：「儒道兩家，同出一源，本無異議；佛教雖是外來的，但已經被中國人改造過了」、「三教各有所長，誰也不能把誰打倒」（《讀〈化聲自敘〉的感想》）。他自己的學問經歷了由儒而道，由道而佛，由佛而仙的過程，云：「若以我個人歷程而論，初以儒門狹隘，收拾不住，則入於釋氏；更以釋氏誇誕，收拾不住，遂入於神仙」（同上），又云自己「於三教中，出入自由，不見有其礙也」（《答蔡德淨君四問》）。他認爲道教的優良傳統以老子爲代表，「從整體宇宙觀出發，然後將自然之道、治國之道、修身之道三者都歸納於一個共同的自然規律中」，「這就是道家處世的哲學精神和道教超世的修煉方術結合一起互相爲用的優越性，也就是我們所謂道教優良傳統」（《道教知識類編》）。

陳氏自言，他的導師有五，「北派二位，南派一位，隱仙派一位，儒家一位。若論龍門派，算十九代圓字派」（《中華仙學》68頁）。他的新仙學又創造性地借助於儒家大《易》生生不息之說、孫中山的「生元說」和近代自然科學，推出自己的「唯生」的仙學。其說認爲世界以「生」爲中心，生之本源是「眞一之炁」，或名「元始子」，即道；仙學煉丹，在於使體內眞陰眞陽相戀，去濁留清，攝引其「眞一」，得之即可長生。煉養的步驟，先以生理變化心理，四時調和則心神安定；進而以色身冥通法界；進而打破虛空，煉精化氣，煉氣化神，煉神還虛，所謂「虛」乃細微之「眞一」，並非虛空；最後妙煉「眞一之炁」，合道成仙，即可白日飛升。仙學正宗方法，途徑有三，即：天元神丹服食，地元靈丹點化，人之金丹內煉。天元丹法即清靜功夫，關鍵在悟透玄關一竅，才能得道。地元丹法即外丹黃白術，陳氏曾認眞做過外丹試驗，歷時十年而未果。人元丹法有北派（王重陽）、南派（張紫陽）、中派（李道純）、東派（陸潛虛）、西派（李涵虛）之分，又有孤修的清靜派和雙修的陰陽派，陳氏重人元丹法而近陰陽派，奉陳摶「守中抱一，心息相依」的宗旨，煉「神氣合一，動靜自然」之仙功。總之，貴生、樂生、養生以至於長生，將個人之生推廣去健全中華民族之生，這就是陳氏仙學的眞精神。

陳攖寧深感《道藏》原有分類不科學，查檢極爲不便，於是他用近代分類學方法重新加以分類。他依據《道藏》各篇的內容、性質，重新分成十四大類，即：道家類、道通類、道功類、道術類、道濟類、道餘類、道總類、道史類、道集類、道教類、道經類、道戒類、道法類、道儀類，並擬編寫一部新的《道藏分類目錄提要》，惜乎未能完成。

陳攖寧久居上海，與北方全眞道和南方正一道關係皆屬融洽。一九四七年中國道教總會上海分院在杭州玉皇山福星觀成立不久，陳氏便起草並發表了《復興道教計劃書》，提出復興發展道教的方針和措施。方針是：「研究玄學，闡揚教義，刷新教規，聯絡道友感情，發展宗教事業」，措施爲八項：「講經、道學研究、報刊、圖書、道書、救濟、農林、科儀」。他既重視繼承傳統，又強調創新以適應時代新形勢，重視借助現代文化手段以變舊貌，兼顧道教學術與活動、煉養與濟世，他是一位名符其實的宗教改革家。

除張元旭、陳攖寧氏外，民國道教界還出現過若干位修行有成、學識較深的高道，如易心瑩、岳崇岱、李理山、張維新等。現僅擇易、岳二人作一簡介。易心瑩俗名良德，字綜乾，出家爲全眞龍門二十二代傳人，道號理論，四川遂寧人，生於清光緒二十二年（一八九六年），卒於一九七六年。幼時聞道教爲強身保國之術，便蓄意向道，於一九一三年棄家隻身來到四川青城山天師洞求爲道徒，幾經曲折始爲道士魏松遐收爲弟子，又拜朝陽庵吳君可爲師，學習道籍經史。一九二六年，成都名士顏楷攜易心瑩入成都崇德書屋深造，三年之中學業大進。回天師洞後任知客，接待四方名流。以後十餘年潛心研究道教學術，著《老子通義》、《老子道義學系統表》、《道教系統表》（即老君應化圖說）、《青城指南》、《道學課本》、《道教三字經》等書，又輯有《女子道教叢書》及煉丹、養生諸書，多在觀中刊行，成爲有學問有操行的高道。弟子稱頌他「中年篤守儒師與道家學理，謙恭勤苦以全志，博學養志以立心；講學以常道爲綱，慈儉爲事；主循天之道。知奇守正，師萬物，順自然；治學孜孜不倦，出言訥訥若拙」，方正而有教養。一九四二年天師洞住持彭椿仙病逝，易氏繼任，旋因不堪事務困擾而辭職，專心從事道教學理研究。一九五五年重任天師洞住持，一九五七年任中國道教協會副會長兼副秘書長，編寫《四川志・宗教志・道教篇》，又選任四川省道教協會會長，至辭世。易氏的宇宙論以大道爲萬物之源，道「至虛靈，至微妙」，化而爲青白黃三氣，使「萬物殖」。其人生論援佛入道，謂：精、神、魂、魄、意五神，與命、功、時、物、事五賊，彼此感應，則「業識起，有六慾」，「迷爲凡，悟爲聖」。修道一須煉神，做至「但澄正，物欲遠」；二須守一，「講生理，除病垢，無搖精，無勞神，墮肢體，黜聰明，神氣和，結仙胎，千二百，身不衰」（以上《道學三字經》）。此外，還要持戒禮教，「凡善男女，修持纖悔，正法禮拜，眞容隨時，供養一心，信受不怠，則塵囂滌盡」，於是道岸可登，否則即輪回於三惡之中（《老君歷世應化圖說序》）。可見其道教思想屬正統派，堅持性命雙修、功戒同行，現代色彩較淡，但可延續全眞道之血脈，不使中絕。

岳崇岱（一八八八年至一九五八年），山東壽光縣人，道號東樵子，俗名岳雲發。幼時全家逃荒到遼寧建平縣公營子，以務農爲生。十九歲以前隨祖父邊讀書邊種地。每感時世艱辛，屢遭磨難，漸生脫塵絕俗之心，於一九一二年（時年二四歲）赴遼寧醫巫閭山聖清宮出家修道。民國九年（一九二〇年）至瀋陽太清宮，任知容，後任監院。岳崇岱出身農家，熟悉農事，力主道衆自食其力，率太清宮道衆在瀋陽城東張官屯地莊子耕耘土地達十四年之久。一九三九年，岳崇岱任僞滿道教總會常任理事。一九四四年離開瀋陽回閭山聖清宮清修四年，後又到北京白完觀參訪調養，不久即返瀋陽太清宮。一九四九年，岳氏經道衆推選任瀋陽太清宮方丈，成爲道教龍門派正宗第二十六代法嗣。他學識淵博，德意望重，一九五七年被選爲中國道教協會第一任會長，兼任遼寧省道協籌委會會長。不久蒙冤被錯劃爲右派，一九五八年五月含冤去世，壽七十。一九七九年後平反。岳氏在一九五七年三月全國政協二屆三次會議上有一個講話，介紹道教的思想和沿革。講話時間雖在五十年代，但觀點的形成卻是數十年積累起來的，故可作爲他的思想的代表作，現摘錄如下：

道教是中國的固有的宗教，也就是中國的古教。他的起始是由於原始社會庶物崇拜逐漸演進到宗祖崇拜。所謂庶物崇拜，如「夏后氏以松，殷人以柏，周人以栗」；宗祖崇拜即「天子七廟，諸侯五廟，大夫三廟，士人二廟，庶人祭於寢室（即俗稱家堂）。那時，人民知識簡單，以爲天地間各種變化風雲雷雨、山川草木、江河湖海等等皆有神主宰之。以後又演進爲人格神，如燧人氏爲灶神，祝融氏爲火神，堯舜禹爲三官大帝，周朝三母爲娘娘神，天有上帝，地有灶神，大都是紀念一些偉人和發明創造者的功績而形成的。《禮記》上曾這樣說：「有功於國則祀之，有益於民則祀之，能捍大災、能御大難則祀之，立法於後則祀之。」這些都是封建帝王利用民間信仰的崇拜，借以範衛世道人心，補助政治之不足。所謂神道設教，這對民間信仰起過很大的作用，至今普遍綿延未絕。道教創立起始於道家，周朝的老子著《道德經》八十一章，闡發「道」之奧妙，而不承認天地萬物是神生的。他說：「有物混成，先天地生，寂兮寥兮，獨立而不改，周行而不殆，可以爲天下母」，又說：「萬物生於有，有生於無」。所以老子的學說是樸素的唯物論。道家又尊道而貴德、神則次之，尚謙虛、柔弱、不爭、清靜、無爲、淡泊、寡欲，功成名遂身退，偏重於修養而淡於仕進，如范蠡、孫武子、商山四皓、張良、黃石公等，都是依道家的學說立身行世的。到東漢時，有成都張陵，他是留侯八代孫，開始創立道教。他引老子爲鼻祖，並將民間一切神的信仰完全歸納於道教之內，從此信神與修道化而爲一。隨著社會的轉變，代有傳人，代有廢興，枝分派別，諸漸複雜，其中有丹鼎派、符籙派、清靜派、政治派、全真派、正一派，有先出世而後入世，有先入世而後出世，如魏伯陽、陶弘景、葛洪、魏徵、李密、李淳風等，有時遁居城市，有時逸隱山林。迨至元初，成吉思汗聘請道士丘長春問長生久視之術，長春告以「敬天愛民、好生惡殺」之道，並拯救過無數人民的生命。道教是中華民族固有的宗教，他深入民心，雖時有興衰，而民間信仰則是普遍的始終未斷，這是不能否認的。

岳氏置種種道教神話於不顧，用歷史的眼光和冷靜的態度講述道教的思想和演化，較少信仰色彩，較多學術意味，明顯是受了近代學術思想的影響。他指出道教根置於民間傳統信仰，深入民心，所以影響廣泛而深遠。這一點有助於我們理解爲什麼道士不多而道教思想和文化卻能夠大範圍傳布的問題。

## 三

民國以來，隨著時代的變革和中西文化的交流，新的學術文化勃然興起，中國思想史的研究打破傳統的觀念和陳舊的治學方法，以新的現代眼光和較爲科學的方式方法重新進行。在儒、佛、道三個方面都有新型學者出現和新型著作問世。如佛學研究有湯用彤的《漢魏兩晉南北朝佛教史》，儒學研究有馮友蘭的《新理學》和《中國哲學史》。在道教領域，與道教信徒素質下降形成反差，道教學術活動卻空前活躍，產生一批很有價值的學術論著，爲中國道教的研究開創出一個嶄新的局面，雖然在數量上還嫌不足。

一九三四年商務印書館出版了許地山《道教史》（上冊），同年又出版了傅勤家《道教史概論》，一九三七年，傅勤家的《中國道教史》又問世。這幾部道教史著作雖然篇幅不長，然而是近代道教學術的開山之作，意義和影響都很大。傅氏的《中國道教史》是我國第一部完整的道教史學術性著作，從探討宗教共同點出發，論述道教的起源與演變，道教的信仰與道術、戒律，道教的經典與宮觀，道教的派別與佛道關係，明確指出，道教源於道家而又不同於道家，「蓋道家之言，足以清心寡欲，有益修養」，「道教獨欲長生不老，變化飛昇」。此書收入上海書店《中國文化史叢書》。

另一部重要著作便是陳垣著《南宋初河北新道教考》，一九四〇年出版。陳氏運用文獻資料與散見碑刻，精闢地論述了金元之際北方出現的道教新派別：全眞教、大道教、太一教的產生、傳承和發展，尤以對全眞教的論述更爲系統嚴謹，有資料的詳密考證，有思想的深刻分析，有事件的確切介紹，有世情的生動刻畫，彌補舊史之遺闕，寄托憂世之情懷，成爲傳世之佳作。又有一部《金元全眞教的民族思想與救世思想》，姚從吾著，易心瑩、趙象乾、譚君若重刊校寫，四川青城山常道經書社一九四六年刊印。該書指出，全眞教在金元兩朝之興盛與民族矛盾和社會政治有關，中原人士憤於外族欺凌，隱身道院，通過全眞道活動，保全漢族傳統文化，反對外族壓迫，丘處機是全眞教覺世救人的代表。

道教典籍之考訂，當推陳國符的《道藏源流考》，該書初版於一九四九年，至今發行不衰。羅常培序云，是書於「三洞四輔之淵源，歷代道書目錄，唐宋金元明道藏之纂修鏤版，及各處道藏之異同，均能究源探本，括舉無遺。其功力之勤，蒐討之富，實前此所未覩也」。

還有一些學者，雖未寫道教學術專著，但發表有關論文，學術價值頗高。如劉師培的《讀道藏記》，劉鑒泉的《道教徵略》，王明的《論〈太平經鈔〉甲部之僞》、《〈周易參同契〉考證》、《〈老子河上公章句〉》、《〈黃庭經〉考》王維誠的《老子化胡說考證》，湯用彤的《讀〈太平經〉書所見》，以及陳寅恪的有關文章。

日本學者比中國人起步要早。小柳司氣太的《道教概說》譯爲漢文，廣爲流傳。妻木直良的《道教之研究》，常盤大定的《道教發達史概說》，對中國道教學界亦有影響。

曾爲大總統的徐世昌篤信道教，在他的財力支持下，由張元濟、康有爲等人出面，上海涵芬樓書社於一九二三年至一九二六年間影印出版了，明代《正統道藏》和《萬曆道藏》、共一一二〇冊，五四八六卷，爲學術研究提供了極大的方便。

## 後記

余治思想史，因涉道教，深感道教不易言而又必須言。不易言者，道教文化，廣大富有，玄妙恍惚，竭畢生精力難窮其底蘊，又況教外的兼而治之者，僅能略究其一二而已。必須言者，道教與中華民族古老信仰關係密切，貼近民間，只有通過道教，方能眞正瞭解中國人和中國社會，否則傳統文化之面貌難以擺脫混沌狀態。民國道教，資料零亂難尋，整理者乏人，研究著作寥若晨星，其狀況至今若明若暗。治民國道教誠難中又難之事也。余不揣淺陋，冒失闖入，張皇四顧，不知所之。幸有時賢華文，用爲津筏，遂得鼓其餘勇，作一次初步探索，故題云覓蹤。中國道協李養正先生書文及資料，多有參考，餘不一一列出，均表謝忱。拙文掛一漏萬，缺誤必多，爲時間所迫，不能細究詳推，意在拋磚引玉也，望方家正之。

一九九三年一月十八日
於中央民族學院宿舍

# 黃宗羲與道教

龔鵬程

## 一、博學多藝的黃梨洲

明末清初大儒黃宗羲之學術，久爲世人所景慕。彼爲東林孤兒，參與晚明政治活動。思想既承劉蕺山之傳，又能切應於時代。故不獨整理宋元明儒學術，爲理學心學之殿軍，又開清代實學經世之風，對中國政治傳統更具深刻的反省能力，巍然宗師，可稱無愧。

但是，不論從理學心學的傳統看❶，或由經世實學的角度來掌握梨洲，皆仍不免僅得一偏，未必能見梨洲之眞貌❷，我讀梨洲遺文，別有會心，想從另一個面相上來觀察。

梨洲是劉蕺山之高弟，畢生眷眷師門，發揚劉蕺山學術，可謂不遺餘力。但梨洲的學術及其性氣精神，我以爲並不能全從宋明理學這個方向去看。因爲他對當時理學的發展是很有意見的。

針對理學傳統之忽視事功，他曾提倡研究古代體制，云：「所以救浙學之弊，其在此夫」（《南雷文定前集．卷一．學禮質疑序》）。針對理學家不通文學之弊，以及心學家不讀書的毛病，他又指出：「今之言心學者，則無事乎讀書窮理。言理學者，其所讀之書，不過經生之章句；其所窮之理，不過字義之從違。薄文苑爲詞章、惜儒林於皓首，封己守殘，摘索不出一卷之內。……豈非逃之者愈巧乎？」（同上，〈留別海昌同學序〉）他之反對道學與儒林分立、大談文章之學，都是基於這種對理學心學傳統的不滿而來。

黃宗羲既是蕺山高弟，對心學自有深入的了解與高度的認同，那麼爲何他對心學乃至整個道學傳統卻有這種態度呢？需知宋明理學傳統性地反對文章與事功，並非枝節問題，而是關涉其基本立場的。從程伊川與蘇東坡交鬨、朱子與陳同甫辨英雄以來，直到當代新儒家，如牟宗三之持論，都可以發現這個基本立場幾乎是不能鬆動的。在中國社會裡，文人與道學家、講事功經濟之學的人和道學家，也幾乎成了結構性的對抗者。黃宗羲這位心學殿軍何以竟能破此藩籬，不惟能講經濟事功的政法之學，也能整齊文獻，進行類似漢學家的工作，更能討論文章詞令，被人認爲明代「三百年來，作者林立，先生實集其大成」（鄭梁〈南雷文案序〉）[3]？

我以爲，這是因黃宗羲對於心性之學的了解，只是理性的認知，但性氣所近以及他所眞正承接的學脈，卻是明代一種博學多藝的傳統[4]。

黃宗羲在〈傳是樓藏書記〉中曾談過明代的「博洽」之學，謂：「近世之以博洽名者，陳晦伯、李于田、胡元瑞之流，皆不免『疥駝』『書簏』之誚。弇州、牧齋，好醜相半。上下三百年間，免於疑論者，宋景廉、唐荆川二人；其次楊升庵、黃石齋，森森武庫，霜寒日耀」（《文定》三集）。黃宗羲自己事實上就是自居於此一位置的。他博覽的狀況，具詳於〈天一閣藏書記〉中。諸如越中藏書家紐石溪的世學樓、歙叢桂堂以及祁曠園、胡孝轅、孫月峰、天一閣、千頃堂、絳雲樓等海內大家之藏書，他幾乎都看過。牧齋更曾約他一齊閉關三年，準備讀盡絳雲樓的收藏。所以他文獻極熟，非其它講理學心學的人所能及。

而此所謂博洽者，非徒讀書而已。它與講圖書館藏書學目錄學的傳統不同。它講究博覽，而又重在兼通衆藝。對於各門學問，不僅要有百科全書式的知識，更有擅長各門知識的愛好，欲使這些知識成爲本身的才藝。黃宗羲所與交遊者，就多是這個種人。如前文所舉之錢牧齋固無論矣，他弟弟黃澤望、好朋友方以智、魏子一等，都是如此。〈翰林院庶吉士子一魏先生墓志銘〉說魏氏：「兵書、戰策、農政、天官、治河、城守、律呂、鹽鐵之類，無不講求，將以見之行事。逆知天下大亂，訪劍客奇才，而與之習射角藝，不盡其能不止」，經學、文章亦皆精深，且又「旁通藝事，章草之書，倪黃之畫，陽冰之篆」，俱稱妙絕。見《文定》前集卷六。據黃宗羲說，「余束髮交遊，所見天下士，才分與余不甚懸絕而爲余之所畏者，桐城方密之，秋浦沈銅崑、余弟澤望及子一四人。五行一覽，半面十年，漁獵所及，便企專門」。這是什麼口氣？

從理學家的角度說，此不過是才氣發越，且有玩物喪志、流遁無歸之虞。可見黃宗羲在談到這些人、這些爲學類型時，卻總是充滿贊美惋弔的口脗，一種氣類之感，油然見於紙上。自謂願「執簡而拾其後」，也顯然是把自己和他們放在一個路線上看待的。他說他弟弟黃澤望：「冥搜博覽，天官、地誌、金石、算數、卦影、革軌、藝術、雜學，蓋無勿與余同者」，正可以見他自己的學問路數爲何。他另有同門前輩陳之問，雖亦從學於蕺山，然「書畫古奇器，賞鑒無不精絕；而青鳥素問龜卜雜術，皆能言其理」（《文定後集．卷四．陳令升先生傳》），黃宗羲常與他論學讀書❺。此外，影響他最大的陸文虎，也是這類人物。他曾說：「念終身偲偲之力，使余稍有所知者，眉生與先生，二人而已」（《文定》前集卷六）。陸氏學仙、學佛，能爲古文，議論又近於陳同甫辛稼軒，兼且辨書畫、識金石古奇器，梨洲乃謂他能幫助自己「發明大體，擊去疵雜」，則梨洲之學，可以概見。

從這些人身上，我們即可以看到梨洲的影子。例如他說魏子一曾訪劍客奇才，說陸文虎是遊俠郭元振一流人物，他自己呢？——「司馬遷傳游俠，……十年以前，（余）亦嘗從事於此。心枯力竭，不勝利害之糾纏，逃之深山，以避相尋之急，此事遂止」（《文定・前集・卷八・陸周明墓志銘》），則他自己確實也曾經遊俠。他又說張元岵「未嘗忘世，學雙劍，學長鎗，皆精其技」（卷七〈張元岵先生墓志銘〉），他自己的武技如何雖不易考，但他與導教內家武術傳人王征南交情甚好，嘗與王氏入天童山，所撰〈王征南墓志銘〉是研究內家拳源流最重要的文獻。這些地方，都可以看出黃宗羲和他這群師友，實在皆非規行矩步之儒生，意氣感激、才情飆舉，可能才是他們生命的實相。像黃澤望「臨觴高談，割臂痛哭」那樣，黃宗羲也是這種類型的人，所以他才會喜歡何心隱等深受晚明道學家訾議的人物。他爲海盜蔣洲家族寫〈蔣氏三世傳〉，竟至神傷不能下筆，末尾更說：「吾觀胡（宗憲）之幕府，周雲淵之易曆、何心隱之游俠、徐文長沈嘉則之詩文、及宗信之遊說，皆振古奇人也，曠世且不可得，況場屋之功名所敢望哉？」（《文定》前集卷十）

換言之，他的博學多聞，並非學究式的；乃才性發舒，生命爲意氣所鼓盪使然。故此時其博學雜藝自然就會偏向那屬於異端奇詭的方面。他曾說有次生病時，方以智替他切脈，「其尺脈去闕下一尺取之，亦好奇之過也」。「壬午，在京師，言河洛之數，另出新意」，也是好奇之一例（見《思舊錄》）。方式是他佩服的人，也是「漁臘所及，便企專門」的人，其好奇，正可說是和黃宗羲有生命之所同。因爲好奇，所以才會欣賞奇行異能之士；因爲好奇，所以才會去研治一般儒者所不屑、不能、不及治之學。而事實上也只有在這些偏仄之學上，才更足以顯示他們特殊且過人的才情。

黃宗羲的許多學問都必須由這裏去了解，他憶王仲撝，說「仲撝好天官壬遁之學，皆余所授也」（《思舊錄》）。黃宗羲的天官壬遁之學，乃當時一大宗門，清初修《明史》時，〈曆志〉即特請黃氏予以刪定。然彼與徐光啟以來受西洋影響的曆算之學頗爲不同，他是參稽古法而自行啟悟的，自言：「自某好象數之學，其始學之也，無從叩問，心火上炎，頭目爲腫。及學成而無所用，屠龍之技，不待問而與之言，亦無有能聽者矣」（《文定·前集·卷七·王仲撝墓表》）。其說除一部份見諸文集外，主要是《易學象數論》。

《易學象數論》是古來論象數最詳備之書，約成於梨洲五十二歲時。舉凡：先後天、圖書、天根月窟、八卦方位、納甲、納音、占課、卦氣、互卦、蓍法、占法等與易學有關的象數門道，以及衍申變化而出的術法，如太玄、元苞、潛虛、洞極、洪範、皇極、六壬、太乙、遁甲、奇門、衡運等，均詳述其原委。《四庫提要》謂該書「一一能洞曉其始末，因而盡得其瑕疵」，洵非過譽。黃氏自己則說是因這些術數方技，一般世儒莫名其妙，現爲絕學，所以他才一一疏通之。語甚謙和，而實含自負自喜之意。因爲這套學問，不是人人弄得來的。

但《易學象數論》畢竟仍屬於易學範疇，殊不足以盡黃氏雜學之底蘊，例如律呂、曆法、算術、形氣、星命等，便非該書所能包含。試翻《文定》前集卷十一〈讀葬書問對〉及《後集》卷三〈封庶常桓墅陳府君墓志銘〉等文，便知黃宗羲在這些「雜學」方面確實造詣非常，不容忽視。

在正統儒者眼中，這些「雜學」的造詣即使再精深，也不值得重視。但我們應注意：凡治此雜學者，皆不僅從知識上肯定這些雜學亦自有其學術傳統，值得研究；更在心態上，存著反抗所謂正統異端的說法之傾向。越是異端、越是絕學，他們就越覺得好奇，非一探究竟不可。探而有得，有時也會甘為異端而不辭。

黃宗羲弟弟黃澤望之治唯識學、方以智之削髮為僧，都可以從這個角度去理解。黃宗羲自己則是對道教較為親近。

## 二、梨洲與道教的關係

黃宗羲三十二歲時，「在金陵，從朝天宮繙《道藏》，自易學以外，干涉山川者，皆手鈔之，矻矻窮日」（《文定·前集·卷一·丹山圖詠序》）。此為崇禎十四年事。該年清兵大敗洪承疇於松山；李自成連破洛陽、南陽，殺福王唐王；張獻忠破襄陽，殺襄王及貴陽王，天下正大亂。黃宗羲的老師黃道周也剛好在前一年遭廷杖訊，次年才得謫。張溥則卒於此年，攻訐復社者猶不已。在這個時候，黃宗羲卻在金陵大讀《道藏》，實在很值得注意。

他是明代少數讀過《道藏》的學者，而且讀得很仔細，他對易學象數的理解，顯然得力於此❻；對方志及地理學的掌握，也與此有密切之關係。他曾說弟弟澤望的學問跟他沒啥不同，唯一的差異，就在於澤望「所未盡讀者，獨《道藏》耳」。可見他對於自己曾盡讀《道藏》是頗爲自負的，這部書對其學術也一定有很大的影響。永曆十五年（順治十八年）黃氏五十二歲，更曾住在道教聖地龍虎山。教王仲撝曆算，即在其處。彼與道教淵源之深，可以概見。

黃宗羲的友人也多與道教有關聯。除了道士外，如陸文虎（幼多羸疾，因讀《參同》《悟眞》，閉關齋禱，以爲神仙可學而至」，後雖因不驗而中輟，卻仍欲刊行黃氏的《四明山志》。《四明山志》正是黃氏據《道藏》中的《丹山圖咏》而撰者。此外，〈萬祖繩七十壽序〉言萬氏「從道士郎堯生，學老氏法。久之自詫有得，蒙存淺達，誠不如《參同》《悟眞》之有倫脊矣」（《文定》後集卷一）。又有友人周子佩者，「嘗病危，遇異人，授以養煉之法，疾尋癒，信之甚篤。過中不食，飲茶數杯而已。晚年注《參同契》」（同上・卷三）。另據《思舊錄》云，黃宗羲對周氏的造詣似頗稱道，謂：「乙丑，余至姑蘇，子佩在僧舍，法東坡坐道堂四十九日，厚自養煉，因破關出見。其所著《參同契》頗有心得，而汪鈍翁但以神仙忠孝陳言序之，失其旨矣」。頗不以養煉爲妄，對其價值是很能認同的。

這些文字，都表明了黃宗羲不僅有一批深受《參同契》影響的朋友，他本人對此書及道教煉養之學也不輕視。這種態度，在撰《易學象數論》時更爲明顯。四庫館臣在評論他這本書時，說「《易》至京房焦延壽而流爲方術，至陳摶而歧入道家，學者失其初旨，彌推衍轇轕彌增。宗羲病其末派之支離，先糾其本原之依託」，這實在是不了解黃宗羲思想的誤會，要不然就是四庫館臣自己有太濃厚的儒家正宗思想，故不免以梨洲此書爲破除易學歧途的利器也。事實上黃氏確實是對京房焦延壽等使易學流入方術之說不以爲然，但他並不認爲易學入道教就是走上了歧途。《易學象數論．自序》說得很明白：「魏伯陽之《參同契》、陳希夷之圖書，遠有端緒」，其後學固可訾議，這一派卻不應貶抑輕視。四庫館臣惋惜他這本書唯一的缺點就在「轉使傳陳摶之學者，得據經典而反唇，是其一失」。殊不知他本來就不以爲陳摶魏伯陽之學有什麼大錯。

黃宗羲及其弟宗炎，在易學史上最大的貢獻或特點就在這兒。他們具體指出了宋儒的易學，乃是淵源於道教。宗炎發碧周敦頤的「太極圖」是採用了《參同契》的「水火匡廓圖」及《道藏》中的「上方大洞眞元妙經圖」，將原本逆而成丹者，倒轉過來講氣化順生。見《昭代叢書》癸集卷二《易學辨惑》。黃宗羲則認爲程伊川和邵康節的易學也都是由道教發展而來：

> 魏伯陽……陳希夷……遠有端緒。世之好奇者，卑王注之淡薄，未嘗不以別傳私之。逮伊川作《易傳》收其昆侖旁薄者，散之於六十四卦中，理到語精，易道於是而大定矣。其時康節上接種放穆修李子才之傳，而創爲河圖先天之說，是亦不過一家之學耳。（自序）

二者均由道教中來，亦即爲易學中的別傳。別傳有反而成爲正宗者，亦有遂入歧途者，伊川與康節就是其中的代表。他贊美伊川而不贊成邵雍的「創說」，反對圖書與先天圖。這，一方面可以發現黃家兄弟都是從跟道教的關係處去了解宋儒，未讀《道藏》或無道教淵源者，斷不能覓出這層關係。另一方面，我們也應看到黃宗羲論圖書六篇，駁薛士隆、駁闕朗、駁邵雍、駁朱子、卻對陳摶之說甚爲尊重。其駁後人之誤，往往也是爲了說明陳摶的講法，如卷一辨圖書之三，批評朱子河圖數十洛書數九之說，謂：「劉邵則同出希夷，授受甚明。若彼此異同，所傳者亦復何事？故以十爲圖、九爲書者，特始朱子」；之六辨龍圖亦云朱子「蓋不知天一居上之上，謂上位也。某故正之，以復希夷之舊」。

這倒不是說黃宗羲替陳摶等道教學說張目。黃宗羲的基本儒家立場仍然是非常鮮明的。他論易，是承認道教之說爲另一大傳統，所謂「遠有端緒」，而不認爲這個傳統應當與易學混爲一談。頂多，他願承認此爲易之別派，但他總不相信這就能代表經傳本身的義理。最明顯的例子，就是內篇卷一論《參同契》之納甲。他論天根月窟時也說：康節之意，所謂天根者，性也；所謂月窟者，命也。性命雙修，老氏之學。其理爲《易》所無，故其數與《易》無與也」。

這種講法，在學術史上意義重大。他和宗炎替宋儒找出道教的淵源，並批判其圖書之學，直接影響到清初的學術發展，與胡渭的《易圖明辨》有同樣的作用，爲清初之反宋明理學提供了犀利的武器。可是，黃宗羲之本意，並不是要反宋儒的；相反地，他乃是批判康節一路，而欲人歸向伊川一路。故自序云：「奈何添入康節之學，使之統體皆障乎？世儒過視象數，以爲絕學，故爲所欺。余一一疏通之，知其於易本了無干涉，而後返求之程《傳》，或亦廓清之一端也」。

同理，他也不如清人那麼反道教。他誠然覺得道教那一套不見得與《易經》有直接的關係，但他稱道道教的重要丹經《參同契》《悟眞篇》「有倫脊」，可見是能承認其價值的，此即係彼熟於道教義理並與教中人多所來往所致。《思舊錄》載崇禎十二年他病瘧，吳子遠「拜求茅山道士，得藥一丸致余。余知其爲絶瘧丹」。又載朱荃宰因病，「與韓道士講坐功。……韓道士者，住重陽觀，一飯能盡斗米，閉戶或一月不食，至庚寅（順治七年）猶在。重陽王爾祿拜之爲師，不知所往」。另有陳元齡，黃宗羲謂「其壬遁之學，得之於吾鄉周雲淵，惜其時未及受之也」。從這些記載裡，我們可以發現他與道教南北諸派均有來往。而且，一般儒者在既辨壬盾之學、性命雙修之道非易學原貌後，必然因此而棄去佛道，他卻是雖辨其爲兩途，卻仍然衷心願學。此即可見他對此「異端之學」縱使缺乏價值的認同，亦不能說沒有客觀學術上的興趣以及主觀情感上的愛好。

這種態度與他對佛教甚爲不同。

## 三、梨洲辨儒佛之界限

明末儒者往往遁入佛老，入於佛教者爲尤多。黃宗羲說：「桑海之交，道暗、秀初俱爲法門有力者所網羅」（《文定》前集卷一〈張仁庵古本大學說序〉）「今世之爲遺老退士者，大抵齷齪治生，其次丐貸江湖，又其次拈香嗣法」（卷六〈韋庵魯先生墓志銘〉）「武林之讀書社，徒爲釋氏之所網羅」（《文定》後集卷三〈陳夔獻墓志銘〉）。明亡之前，佛教勢力即已極盛；明朝亡後，士不仕清而入教者更多。即使未出家爲僧，如錢牧齋，也往往歸心釋氏，謂「僕年逾七十，時以醫藥自賴，近復箋注教典，於三藏十二部之文日親，萬四灑然，視天地爲旅泊」（《牧齋尺牘》卷上〈與吳梅村書第三首〉）。之所以能如此，形成了風氣，其原因，黃宗羲說得很清楚：

自來佛法之盛，必有儒者開其溝澮。如李習之之於藥山，白樂天之於鳥窠，張無垢之於妙喜，胡康侯之於封秀。有歐陽永叔，而鐔津、圓通始著；有東坡，而覺範、大覺、棲始顯。明初以來，宗風寥落。萬曆間，儒者講席遍天下，釋氏亦遂有紫柏、憨山因緣而起。至於密雲、湛然，則周海門、陶石簣爲之推波助瀾，而儒釋幾如肉受串，處處同其義味矣（《文定·後集·卷四·張仁庵先生墓志銘》）。

儒者替佛教推揚，才使佛教勢力漸大；此時之佛教既由儒者推闡而來，則儒者入佛，其勢當然甚順。不斷發展下去，便成了個儒門淡泊收拾不住，儒者紛紛被佛教網羅而去的局面。以吳梅村的家世爲例，其外曾祖曹魯川「著書數百卷，其論浮屠氏與孔子之道合」，其孫曹洵遂出家，法號炤如。《梅村家藏稿》卷五十一〈炤如禪師生塔頌〉云梅村幼時拜見外祖母，祖母即爲之述魯川之學曰：「我父循良吏，上書忤時宰，拂袖歸田廬。理學專門家，孔釋水乳合。諸方大尊宿，推重唯魯川，教律與論藏，一一手撰述」。梅村母篤信佛教，受具足戒，即受此影響而然。梅村在明亡以後雖不殉國，但遺囑死後「斂以僧裝」，正與其他遺民遁入教門一樣。

他們本來就和佛教頗有淵源，長期活於孔釋水乳合的氣氛下，一一逃世，自然便會歸入佛教。

可是黃宗羲對此現象卻頗不以爲然。因遁世而出家，他尚能諒解。然逃入佛教，在他看，恐怕就不如逃入道教好。全祖望〈梨洲神道碑〉說：「遺老之以軍持自晦者，久之或嗣法上堂。公曰：『是不甘爲異姓之臣，反甘爲異姓之子也』，故其所許者，只吾鄉周囊雲一人」（《鮚埼亭集》卷十一）。黃氏及其弟晦木之批評遺民僧，是很有名的，詳見陳垣《清初僧諍記》記餘部份。他有一友人鄧起西，原先起兵抗清，事敗之後，出家爲道士，又仍與宗羲遊虞山等處。後宗羲爲撰墓志銘時便說：

> 桑海之交，士之不得志於時者，往往逃之二氏。比如縛虎之急，勢不得不迸裂而倒行逆施。顧今之逃於釋氏者，鐘鼓杖佛，投身濃艷之火。是虎而就人之豢，其威盡喪。起西之在玄門，苦身持力，無異於全真之教。有死之心，無生之氣，以保此悲天憫人之故我（《文定》後之集卷二）。

藉佛道對此，來顯示他是比較欣賞道教的。大抵宗羲對於儒者學佛，主張學佛知佛之後，最好仍能返歸儒家之路，如朱子陽明等人，即爲典型。其次，因性之所近或確實信持其義理，以致入於佛教，他也能理解並認可其價值，但不免存有惋惜之意。他對友人張仁菴即是如此。入佛之後，藉佛教爲衣食交遊者，則他甚爲瞧不起。此因宗羲於佛學向存敬意，對佛教卻無太大好感，他批評當時「世眼易欺，禪師語錄流通，頗不寂寞」（〈鄧起西墓志銘〉）；又嘲笑晚明臨濟曹洞兩宗互爭正統，是「今之學佛者，倚傍門戶者也。如奴僕占風望氣，必較量主者之炎涼」（〈答汪魏美問濟洞兩宗爭端書〉）；斥「今日釋氏之文，大約以市井常談、兔園四六、支那剩語，三者和會而成，相望於黃茅白葦之間，以爲甕中天地，章亥之所不步也。讀之者，亦不審解與不解，疑其有教外微言落於粗野之中」（《文定》後集卷一〈山翁禪師文集序〉），對當時佛教的發展方式、宗派糾紛、禪師作風、文字表現都不很滿意。

儒佛之分，宗羲尤爲在意。自謂「余在釋氏之教，疑而信，信而疑，久之知其於儒者愈深而愈不相似」（〈澤望黃君壙誌〉）。爲什麼儒佛不同呢？他解釋道：

> 先生會通儒釋，主於向上一著，謂兩家異處在下學，同處在上達。從來儒者皆爲此說。弟究心有年，頗覺其同處在下學，異處在上達。同處在下學者，收斂精神，動心忍性是也。異處在上達者，到得異通時節，儒者步步是實，釋氏步步是虛；釋氏必須求悟。儒者篤實光輝而已（《文定》前集卷四〈復無錫秦燈巖書〉）。

梨洲之學，重點不在會通儒釋而在辨別「儒釋界限」，而其所辨者亦可謂精當不移。因爲儒學不是工夫不同卻能殊途同歸，乃是對人生之基本看法迥異，所以一個是要成就聖賢人格，一卻要解脫輪迴以得無生涅槃。工夫略似，結果相反。黃氏之不能認同佛教，此爲根本原因，故彼與佛教可謂跡親而心異，對佛教的世界觀也無法同意：

佛者之言曰：「有物先天地，無形本寂寥，能爲萬象主，不逐四時凋」，夫無形亦何物之有？不誠無物，而以爲萬象主，此理能生氣之說也。以無爲理，理亦非其理矣。總緣解「物」字錯，後儒以紛紜應感，所交之物纔爲之物。佛者離氣以言物，宜乎格物之義不明也（同上〈答萬充宗論格物書〉）。

佛家區分本體與現象，然又謂本體非有，只是虛空。黃宗羲則認爲天地萬物，氣化流行，就是理，非理能生氣物；四氣流行，人生而有家國天下喜怒哀樂仁義禮智信，這就是物，也不能說是空。

這個論點非常重要。事實上黃宗羲即是依此說在兩面作戰，一以反對儒家中把理氣分開來講的人，一方面則由此質疑佛家的性空思想。據佛家言，緣起性空，萬法生滅本無自性，人生亦是業力流轉，不斷輪迴而已。梨洲則云輪迴與地獄之說都很可疑：

然則釋氏投胎託生之說有之乎？曰：有之而不盡然也。史傳如羊叔子識環之事甚多，故不可謂之無。或者稟得氣厚，或者培養功深，或專心致志，透過生死，凶暴之徒，性與人殊，投入異類，亦或有之。此在億兆分之中，有此一分，其餘皆隨氣而散，散有遲速。總之不能留也。釋氏執其一端以概萬理，以爲無始以來，此魂常聚，輪迴六道，展轉無已。若是則盛衰消息聚散有無成虧之理，一切可以抹卻矣。試觀天下之人，尸居餘氣，精神曚憧，即其生時，魂已欲散，焉能死後而復聚乎？且六合之內，種類不同，似

人非人，地氣隔絕，禽蟲之中，牛象蟣虱，大小懸殊，有魄無魂，何所憑以爲輪迴乎？（《破邪論·魂魄》）

或曰：「地獄之慘形，所禁陽世之爲非者也。上帝設此末命，使亂臣賊子知得容於陽世者終不容於陰府，以補名教之所不及，不亦可乎？」余曰：「不然。大奸大惡，非可以刑懼者也。地獄之說，相傳已外，而亂臣賊子未嘗不接跡於世，徒使虔婆頂老，凜其纖介之惡，而又以奉佛消之，於世又何益乎？夫人之爲惡，陰也，刑獄之事，亦陰也。以陰止陰，則沍結而不可解，唯陽和之氣，足以化之。天上地下，無一非生氣之充滿，使有陰慘之象，滯於一隅，則天地不能合德矣。故地獄爲佛氏之私言，非大道之通論也（同上〈地獄〉）。

《文定》前集卷十一〈讀葬書問對〉曾分析形神關係，謂：「昔范縝作〈神滅論〉，……後來儒者言，斷無以既盡之氣爲將來之氣者，即神滅之說也。釋氏所言，人死爲鬼，鬼復爲人者，即鬼不滅之論也。……而『鬼蔭』之說，是於二家之外，鑿空言死者之骨骸能爲禍福窮通。乃是形不滅也，其可通乎？」反對講風水葬地的習俗，也反對輪迴說。和此處所論正可相發明。蓋儒者言理氣分，有專主理而斥形氣者，程朱以來存天理去人欲一路即是如此❼；又有專言形氣者，葬地風水云云即屬於此等。梨洲反對這些說法，也不贊同佛教的理論，乃是因他爲學自有宗旨，故不肯爲游移騎牆之言也。

黄氏對佛學是下過苦功的，他並不很看得起當時的佛教大師。《文定》前集卷二〈阿育王寺舍利記〉曾把佛徒僞造舍利子的情況著實諷刺了一陣。論其弟澤望時，亦云其「穿剝三藏，窮歲累月，稍稍出而觀之今之所謂宗師者，發露其敗闕」。又說：「相宗性海，即彼教中之專門者，尚且入而迷其向背。澤望乃能算沙搏空」，寫成《瑜珈師地論注》《成唯識論注》等。這些話，不僅表明了他對當時佛教的輕視，也可看出兩兄弟在佛教學術上的造詣。對佛教，黄氏應該是確有實際學術研究，而乏主觀之愛好，亦終不能在價值上予以認同的。

## 四、論晚明的博洽學風

鑽研究佛道，而或親近或批判，是梨洲對待「異端」的兩種態度。不過無論如何，他對這些學問均甚精熟，其博學雜藝之性格，在這些地方更可以充分地顯現出來。

但這一點不只是論黄宗羲者甚少注意，論晚明思潮者亦何嘗知之？歷來談晚明文學與社會，受「五四」的影響，形成了一套基本觀點，從公安派如何反復古、反摹擬，結合到李卓吾如何提倡童心說、反抗道學家；再由李卓吾如何受陽明學的影響，牽扯到陽明後學，所謂「左派王學」之狂肆氣象，以及湯顯祖等人的情教說。謂此時講眞、講現成良知、講自然生命、講情，而反抗道學家之講天理心性、虛矯名教、以及七子派之復古摹擬等等。換言之，整個晚明，被解釋爲文學上反抗摹古，思想上反抗道學家存天理去人欲之說，而重視情欲的自然生命，社會行動上又反抗壓抑人性的名教禮法之時代。凡論晚明之世變文風者，衆口鑠金，幾於千人一辭，形成了一個強固的論述典範。可是我們只要看看黃宗羲，就知道這個論述實在大可商榷。爲什麼？

黃宗羲《明文案·序》說過，明代文章盛於明初，再盛於嘉靖，三盛於崇禎。顯然萬曆間的公安派是不算在內的。公安派崛起一時，固爲事實，但此派影響力及晚明對此派之評價卻並不甚高。黃氏說：「萬曆以後又稍衰，然江夏、福清、秣陵、荊石，未嘗失先天民之矩矱也。崇禎時，崑山之遺澤未泯，婁子柔、唐叔達、錢牧齋、顧仲恭、張長皆能拾其墜緒。江右艾千子、徐巨源，閩中曾弗人、李元仲亦卓犖一方。石齋以理數潤澤其間」。這些當時被評價爲重要文人者，哪一位可以算是受公安派之影響並提倡獨抒性靈的？哪一位可以用前述那種論述來描述❽？

再以黃宗羲實際參與的文學活動來看，〈高元發三稿類存序〉說甬上文風本屬公安一脈，奉行屠隆之說，黃宗羲殊不以爲然，結果「曾不一二十年，而甬上諸君子皆原本經術爲文章」。〈壽李杲堂五十序〉也說：「數年來，甬上諸子皆好古讀書，以經術爲淵源，以遷固歐曾爲波瀾」。可見這時文風本是反對公安之類風氣的。講究讀書學古，而非獨抒性靈。

若云此乃黃氏個人或其二三學侶之所爲，那麼我們來看看晚明文壇之大勢。——姚江、甬上這批好古讀書的人，都參加了復社。復社，乃是晚明文人社集統合起來的總名，取名復社者，以「期復古學」爲宗旨也。這跟所謂獨抒性靈良知童心云云，恰屬枘鑿。所以，我們檢查一下晚明的幾社、聞社、南社、則社、席社、簪社、羽朋社、匡社、讀書社、大社、邑社、端社、超社、莊社、質社、應社……這些文人集團，根本沒有一個跟什麼左派王學、童心說、情教論可以扯上關係。都只是「吾以嗣東林也」「與四方多士共興復古學，將使異日務爲有用」而已，與公安派左派王學湯顯祖李卓吾等等俱無關聯。黃宗羲曾與陳怡庭等人在甬上辦的「講經會」，其學務期文與道合、原本經術、有裨世用，正是基於這樣的一種時代風氣。

在這種風氣中，文學的型態雖未必仍如前後七子那樣「文必秦漢，詩必盛唐」，但其復古是一致的。這就是爲什麼七子文風仍能復振的原因，陳臥子等人即效法七子者。其餘如張溥編《漢魏百三家集》之類，取徑亦在於學古。明清之際，忽有一股學宋詩的潮流崛起，豈非宋詩書卷較多，而蒐輯發揚宋詩，亦整齊文獻、發揚絶學之一例乎？呂晚村、吳之振等皆其人也。吳氏《宋詩鈔．凡例》更謂其書梨洲曾參與蒐討研訂。其事關係詩史甚鉅，潮流之起，則由此博洽之學風來。黃氏《文定》前集卷六〈韋庵魯先生墓志銘〉又批評當時文家：「錢牧齋掎摭當世之疵瑕，欲還先民之矩矱，而所得在排比鋪張之間，卻是不能入情。艾千子論文之書亦儘有到處，而所作摹擬太過，只與摹擬王李者爭一頭面」，足見錢艾諸君之毛病也正在於過分強調學古。然此時學古，與李何不同處，是李何門徑較隘，倡言不讀唐以後書，使人不學；這個時代則力圖在學問上予以增廣。梨洲謂：「崇禎間，士大夫之言學者，尚廣大」，就是這個道理（見《文定》三集卷二〈清谿錢先生墓志銘〉）。

以讀書學古爲尚，讀書又以廣大爲尚，才會造成一種博洽的學風。這樣的學風，一方面可以說是對明代時文古文及王學之流弊不滿而生，顯示了一種時代精神；一方面也可見是接續了何良俊、楊升庵、王世貞以降的一種學術傳統。博學經史，成爲當時學人共同的趨向。

對這種學風缺乏了解，就無法妥善解釋明清之交的學術變遷。從民族主義立場或宋明理學新儒家的角度來說，清儒提倡經史以反心學反理學，被認爲是清兵入關後斲喪民族文化命脈之結果。而未注意到風氣之變實在明末，清朝只是承此而續有發展罷了。從反理學或浪漫主義文學觀的角度說，明末又被看成是一個反禮教反模擬古典法則的時代。而未考慮到程朱學在晚明仍占有主流勢力，復古博學的社會也不會贊成獨抒性靈，而且若只從這個角度看，明末如何轉出清初那種學風，實在也無法解釋。近來另有一種講法，從宋明理學本身「尊德性／道問學」的內在理路上，解釋明清之交的學術變遷。並謂王學講良知，其後仍不能不從經典上尋找證據，以致逐漸轉向道問學一路❾。這似乎也未注意到明代本有此種博洽之學術傳統，晚明博洽之學興盛的原因更不是從王學逐步發展來的。

黃宗羲的老師，除了劉蕺山之外，還有黃道周石齋漳浦。黃石齋的學問，吳梅村極爲贊嘆，說：「吾登朝見諸名流，如錢牧齋、陳臥子、夏彝仲，即才甚，可窺其迹。惟漳浦吾不能測，殆神人也」。黃道周能繪人物、善八分書；注《尚書・洪範》時，在空几上成書，而雜引經史百氏之言，原原本本；吳氏曰：「噫！以朱雲、耿育之憨，兼信國、疊山之氣，以京房、翼奉之奧，兼董仲舒、劉向之文，曾不得以一端名之，殆神人也！」（談遷《北游錄・紀文・黃石齋先生遺事》引）這樣的學問路數，自極廣大，故梅村有博大眞人之嘆。黃道周另有弟子董說論《易》專主數學，兼取焦京陳邵之法，四庫提要謂其即根柢於黃道周《三易洞璣》、董說著有《昭陽夢史》《狼煙香法》《梛谷編》《河圖卦板》《文字障》《分野發》《詩律表》《漢鐃歌發》《樂緯》《掃葉詩》《七國考》《易發》《運氣定論》《天官翼》及《西游補》等，合傳以補西游者最爲著名，言孫悟空、夢游事，鑿天驅山，出入老莊。恢奇佚宕，足以令讀者想見其爲人。有徒如此，其師可知。梨洲出其門，亦謂其爲「森森武庫，霜寒日耀」；認爲在明代博洽之學的傳統中，他僅次於宋景濂唐荊川，而與楊愼差不多，王世貞錢牧齋則比他略遜。

這個傳統極堪注意。梅村〈汲古閣歌〉有云：「嘉隆以後藏書家，天下毗陵與琅琊。整齊舊聞收放失，後來好事知誰及。比聞充棟虞山翁，里中又得小毛公」，博學之風與藏書有十分密切的關係，毗陵即唐順之，瑯邪即王世貞，虞山即錢牧齋，小毛公是毛晉，這些都是大藏書家，也是博洽之學的倡行者。《明史·唐順之傳》云荊川「家多藏書，於學無所不窺，大則天文、樂律、地理、兵法、小則勾股、弧矢、壬、奇、禽、乙，莫不究極原本，盡取古今載籍，割裂補綴，區分部居，爲左右文武儒稗六編，儒者不能測其奧也」。這是梨洲所佩服的人。然博洽一派，在明末影響更大者應是瑯琊王世貞。談遷《北游錄·紀文·上吳駿公太史書》說：

> 竊有私旨，臨文勃露，不敢輒匿，謹質之大君子：當代文囿，實藉瑯琊，雖前有北地，並有歷下新都，而門風孤峻，承流頗少。惟瑯琊隃冠操觚，家三戟而身八座，鮮華映帶，傾動宇內。顧劉子威時地同，孫文融、馮元成、湯若士輩生稍晚，俱外葵丘之盟。窺彼諸公，不無悻悻。而王氏之學，堂奧難窮，閫域易獵，所避唐宋人之輕靡，而不能盡謝其縝密，第以秦漢之紀律部伍之耳。孫武子用三駟，有一敗二勝，瑯琊之謂也。一時附麗而起者，如雨如雲，及身而已，並腐草木，非此曹子不自爲扶餘也。學王氏而局之，優孟其衣冠，人人抵掌，至於盜孤白裘解齊相之幬，猶未易才，況能冶及九鼎，哀

及長城乎？噫，何瑯琊後之寥寥也。歲星在吳，文不終厄，牧齋得其漪蘭、臥子得其豪筋，而門下之風骨，又蜕瑯琊，出之入之，讀者不知爲王氏學也。二三百里間，五六十年內，婁江再興。而餘皆其分身，或小有差別，總不離其胎息。蓋末俗薄惡，知以所短詆王氏，不知以所長變王氏。虞山、雲間，俱善變也。

論王氏對晚明學風的影響，沒有比本文更詳細的了。不從此處尋筋脈，卻去扯什麼公安或陽明學，實在是摸錯了門道。

當然，談遷的說法也可能只是一人之私見，但他是吳梅村黃宗羲都很欣賞的人，其說未必非諸公之公言[10]。且萬曆間臧晉叔〈答錢司理書〉即曾說過：「《左傳》《莊子》《楚辭》《唐詩選》《藝苑卮言》敬授使者。《卮言》是王元美緒論，可謂後進橐籥。足下須細閱之」（《負苞堂集》卷四）。臧氏本身就是博雅一派，藏書甚多，自云曾「集中晚唐人詩，已得十之八九。而庚戌冬爲無賴子盜去大半。蒐羅校訂之勤，一旦盡廢」（同上，〈寄謝在杭書〉），又輯得元人雜劇三百餘種，編爲《元曲選》；「欲彙秦漢以來諸書，悉加裒集，以其雅訓者編爲正史，而怪誕不經者詳注其下，以俟閎博大儒更爲删定，附之史乘之末」（〈與錢惟凝書〉）。這樣的人，對王世貞的推崇，應該是有意義的[11]。

但這並不是說諸如胡應麟、何良俊、楊慎、臧晉叔、謝肇淛、唐順之、王世貞，以迄錢謙益、周亮工、黃道周、黃宗羲、朱彝尊等都屬於一個學派，或者說這一學派的主要宗師是王世貞。而是說在明代中葉以後，除了講理學心學的程朱和陽明學者、講性靈的公安派、講情教的湯顯祖之外，尚有一大批學尚博洽者，他們收輯文獻、考訂校刊圖籍、廣泛涉獵學術之各個領域。因為人數甚多，為學型態又很近似，故亦成為一種學術傳統，而王世貞就是在這個傳統中頗具影響力的人物。清初博古通經之學，講究讀書及考訂校刊之道，眞正的淵源應即在於此，未必是由王學或程朱學發展出來的。

晚明此類學者至多，梅村有少年同學吳志衍，「強記矜絶倫，讀書取大略。家世攻《春秋》，訓詁苦穿鑿；君撮諸家長，弗受專門縛」（〈哭志衍〉），就是能經史擅文章而又不為專家之學者。梅村又有〈壽王鑑明五十〉詩，王氏亦精經學，留心經濟，通達治體，而肆力於天文地理，是復杜中人。隨手檢查詩家文集，似此之例甚夥，此皆非由理學中之「道問學精神」導出者，梨洲不云乎？「今之言心學者，則無事乎讀書窮理。言理學者，其所讀之書，不過經生之章句」，他們這些人則是以「於學無所不窺」為鵠的的。

## 五、好奇者辨佛老宗旨

於學無所不窺，不僅是知識的獵取，事實上也是性情上的不斷恢張。要能籠罩掌握整個傳統文化、深入每一個學術領域中去，需要絶大的才情與氣力。人之才性皆有所偏，人的習慣又好逸惡勞，故墨守易而廣取難，要不斷恢揚鼓盪之，方能逐漸拓展學術的視域。激揚鼓盪不已，便可能使生命狂野流浪而乏歸宿，明末此類矜才使氣的才士特別多，就是這個道理。即或不至於此，才情激昂，恢拓橫佚之，也常使生命涉入一般視為奇詭不經的領域。顧炎武說明朝隆慶二年後科場文字始用莊子，萬曆丁丑後始用禪學。又說當時南方的士大夫晚年多學佛，北方的士大夫晚年多學仙。正可以說明這種情況。學佛學仙，未必是信仰的問題，也未必是用以避世，乃是生命藉此流遁而得到一種滿足。就像顧炎武的學侶歸莊那樣，歸莊與顧氏併稱「歸奇顧怪」，朱彝尊詩話曾說他「好奇，世目爲狂生」。顧炎武後來有所轉變，他則好奇如故。曾著僧衣繪一小像，吳梅村有詩咏之。他亦未必是信佛教，未必希望出家，但使生命流遁於此，便能得到一種快感。田茂遇《燕台文選初集》卷六有周肇〈再與吳梅村學士書〉一篇，謂：

> 神仙本不能學，大藥決不可成。而僕於丹灶洞籙、流珠奼女，怳惚寂寞，捕風捉影之說，聊自適意。知爲方士所紿，亦復不怒。

甚可以見此輩心境。

此即所謂「好奇」，猶如黃宗羲謂方以智好奇那樣。好奇而不軌於正，便可能遂入於所謂的「異端」；但好奇者縱使學術自有宗旨，對異端也仍是喜好的。因爲若無強烈的好奇心，即不可能在學術領域上極力恢拓，進行知識經驗的探險。而既要不斷探險，那些原先被視爲蠻荒夷俗之地，當然也比生活慣了通都大邑更能激起人們的興趣。黃宗羲云：「崇禎間，士大夫之言學者尚廣大，多以宗門爲入處。蔡雲怡、黃海岸、林可任、錢清溪，其尤也」，就是這個道理。這些人物好奇尚異，涉入異端之後，可能玩玩就仍返歸舊廬，也可能竟定居於異邦。但無論如何，就好奇者的心態來說，絕不以爲涉足於所謂的異端有什麼不對，黃宗羲說：

> 昔明道泛濫諸家，出入於老釋者幾十年而後返求諸六經；考亭於釋老之學，亦必究其歸趣，訂其是非。自來求道之士，未有不然者。蓋道非一家之私，聖賢之血路，散殊於百家，求之愈艱，則得之愈真。雖其得之有至有不至，要不可謂無與於道者（〈清溪錢先生墓志銘〉，見《南雷文定三集》卷二）。

這種開闊的態度，正足以顯示講博洽之學的學者那種寬廣的襟胸，與韓愈以來道學家所強調的單線傳承、門庭甚隘之聖學正統觀，實有極大的差異。故在儒學內部，他能承認「朱震青易理隱僻，金伯玉苦身持力」「江右如顏山農、何心隱，皆欽崎豪傑」；在儒學之外，他也認爲佛老等所謂異端者，「要不可謂無與於道者」（均見上引文）。縱使終究不能認同佛教的義理，他仍覺得深入探究一番是很有必要的⑫。

不過，「尚廣大」之學者除了多以宗門爲入處外，道教也是他們常涉足之處。黃宗羲因行文專就錢氏立論，故對這一點未及敘明。一般論晚明文事及學術史者，於此亦罕措意，頂多僅注目儒者文人與佛教之關係而已。

但事實上佛教只興盛於晚明一段時間，道教卻在整個明朝都擁有極大的勢力。即使在晚明階段，顧炎武也明白指出北方士大夫多喜學仙，此即受道教之影響也。如孫奇逢，梅村謂其「異人手授先天圖，談仁講義追堯夫，後來姚許開榛蕪，斯文不墮須吾徒」。孫氏是「中原學者多沾濡，百年文獻其存諸」（〈題蘇門高士圖贈孫徵君鍾元〉）的醇儒，然任俠使氣，學問又顯然得自道教方面。顏元少年時期也曾學神仙之術，娶妻不近。這些都是北方學者受道教影響之實例。南方則士大夫雖多學佛，濡染於道教者亦復不少。道教對於這些學人來說，它既可提供老莊等學術問題，也有神仙養生的理論可供探究，又有關於信仰的層面，如佛教所不能提供的術數神秘學成分，格外能吸引好奇尚異之士。研究明清之際文風與學術發展者，何以竟會長期忽略道教，實在是令人難以理解的⑬。

黃宗羲與道教的關聯，具體說明了明末清初南方士大夫學仙或精研道教之狀況。梨洲而外，如船山亦是如此。船山反對王陽明，謂其爲禪學。批評羅念庵爲意氣，譏王龍溪放縱（見《俟解》）。又指斥泰州學派，大罵李贄《藏書》。對劉蕺山的誠意慎獨之說，也不以爲然，謂其非探本之道，見《思問錄內篇》。因此船山在學術上表現的主見較強，對異端的態度也較不寬容，學術見解及型態和梨洲都不相同。然而他對道教事務也是很精熟的，《思問錄外篇》載：

△太極第二圖，東有坎、西有離，頗與玄家畢月烏、房日兔、龍吞虎髓、虎吸龍精之說相類，所謂互藏其宅也。世傳周子得之於陳圖南。

△《易》言「先天而天弗違，後天而奉天時」，以聖人之德業而言，非謂天之有先後也。天純一而無間，不因物之已生、未生而有殊，何先後之有哉！先天、後天之說始于玄家，以天地生物之氣爲先天，以水火土穀之滋所生之氣爲後天，故有後天氣接先

天氣之說。此區區養生之瑣論爾，其說亦時竊《易》之卦象附會之。而邵子于《易》亦循之，而有先後天之辨，雖與魏、徐、呂、張諸黃冠之言氣者不同，而以天地之自然爲先天、事物之流行爲後天，則抑暗用其說矣。

△京房卦氣之說立，而後之言理數者一因之。邵子〈先天圓圖〉、蔡九峰〈九九圓圖〉，皆此術耳。楊雄《太玄》亦但如之。以卦氣治曆，且粗疏而不審，況欲推之理乎？《參同契》亦用卦氣，而精于其術者且有活子時、活冬至之說，明乎以曆配合之不親也。何諸先生之墨守之也？邵子據「數往者順、知來者逆」之說以爲卦序，乃自其〈圓圖〉觀之，自復起午中至坤爲子半，皆左旋順行，本嘗有所謂逆也。九峰分八十一爲八節，每節得十，而冬至獨得十一，亦與《太玄》贊立、踦贏二贊均皆無可奈何而姑爲安頓也。

△水生木，一生三也，則老子一生二之說不行矣。木生火，三生二也，則老子二生三之說不行矣。火生土，二生五也；土生金，五生四也，則邵子二生四之說不行矣。金生水，四生一也，則邵子四生八之說不行矣。

△五行生克之說，但言其氣之變通，性之互成耳，非生者果如父母，克者果如仇敵也。克，能也，制也，效能于彼，制而成之。術家以克者爲管，所克者爲妻，尚不失此旨。醫家泥于其說，遂將謂脾強則妨腎，腎強則妨心，心強則妨肺，肺強則妨肝，肝強則妨脾，豈人之腑藏，日構怨于胸中，得勢以驕而即相凌奪乎？懸坐以必爭之勢，而瀉彼以補此，其不爲元氣之賊也幾何哉？

△不于地氣之外別有天氣，則玄家所云先天氣者無實矣。既生以後，玄之所謂後天也，則固凡爲其氣者，皆水、火、金、木、土、穀之氣矣。未生以前，胞胎之氣其先天者乎？……棲心淡泊，神不妄動，則醞釀清微而其行不迫，以此養生，庶乎可矣。不審而謂此氣之自天而來，在五行之先，亦誕也已。

△邵子之言先天，亦倚氣以言天耳。氣，有質者也，有質則有未有質者。《淮南子》云「有夫未始有無者」，所謂先天者此也。乃天固不可以質求，而並未有氣，則強欲先之，將誰先乎？張子云「清虛一大」，立誠之辭，無有先于清虛一大者也。玄家謂「順之則生人生物」者，謂由魄聚氣，由氣立魂，由魂生神，由神動意，意動而陰陽之感通，則人物以生矣。「逆之則成佛成仙」者，謂以意取神，以神充魂，以魂襲氣，以氣環魄，爲主于身中而神常不死也。嗚呼！彼之所爲秘而不宣者，吾數言盡之矣。

這些言論的基本態度是：「道教那一套沒什麼了不起，我也懂」。對於他懂的這些道教玩意兒，他雖認爲沒啥稀罕，畢竟也承認其中還是有點道理，所以一併指出儒者如何暗用其說；並對於這些採用道教說法而又與道教不盡相同之論，給予批評。這些地方充分顯示了他與黃宗羲的不同只是語氣上的，對於天文、曆算、地理、醫、相、葬法、易學象數、道教內丹說等等，他和黃宗羲一樣非常熟悉，其返歸六經孔孟之道亦無甚不同，只不過他討厭道教那種神秘其說的做法，故《俟解》謂：「語學而有云秘傳密語者，不必更問而即知其爲邪說。……密室傳心之法，乃玄禪兩家自欺欺人事。……王龍溪、錢緒山天泉傳道一事，乃摹倣慧能神秀而爲之，……學者當遠之」。只要不如此，船山倒也不排斥道教，他自己選〈愚鼓詞〉，便是借內丹以抒情的，舉此一例，可見一斑。

然而船山謂龍溪爲禪學，亦不確。龍溪與道教的關係可能還更深些。黃宗羲〈汪魏美先生墓志銘〉云汪氏「夜觀乾象，盡習壬遁。余丁酉遇之孤山，頗講龍溪調息之法，各賦三詩契勘。戊戌三宜盂設供同坐葛仙祠」。這位先生是研習道術的，梨洲曾與相賦詩印證工夫，但彼所精習者即爲龍溪調息之法。可見龍溪之修道法門不僅見重於當時，也有傳習者。《王龍溪語錄》中，道教術語極多，謂其爲禪學，實乃皮相之見[14]。爲何船山會有這樣的誤解呢？

原因就在於佛道兩教雖然一樣被堅持正統論的儒者目爲異端，但儒佛之異，遠大於儒道之殊。所以儒者之學若類似佛教則甚易辨見，色彩非常鮮明；儒者之學摻雜了道教成分，卻很難簡別。正統儒者在態度上也較能寬容道教的成分，而對佛教卻較易產生排斥感。所謂「攘斥佛老者」，往往是以攻佛教爲主，附及道教而已，便是這個緣故。即使像梨洲這樣並不執著於正統異端之辨的儒者，亦難免親道教而於佛教仍有距離。〈汪魏美先生墓志銘〉對此曾有辨析，蓋汪氏卒後，金道隱撰〈汪孝廉傳〉：

> 道隱言：「盡大地人未有死者，七趣三世，如旋火輪，皆熾然而生。求不生者，了不可得。君即不壽，何患不仙，要以所苦不得無身，則俟君仙後，尚當與余求必死之道」。此言魏美調息長生之非也。道隱之所謂熾然而生者，即輪迴之說；所謂必死之道，即安

身立命於死了燒了之說也。而余之論生死，正是相反。天地生氣流行，人以富貴利達、愛惡攻取之心熾然而死之，輪迴顛倒，死氣所成。魏美之志，如食金剛終竟不銷，此不銷者，不可得死。忠孝至性，與天地無窮，寧向尸居餘氣，同受輪迴乎？道隱視此，與萬起萬滅之交感一類，斷絕其種子，則乾坤或幾乎息矣！

本文替汪魏美之調息長生辯護，而切中儒道佛三教之根本差異，乃一有絕大關係之文字。茲略爲釋義如下：

佛教視人生爲業力流轉的過程，業力不斷流轉輪迴，不因某一段生命軀殼之死亡而消失。人死後又再進入輪迴，以另一段生命軀殼繼續活動，循迴輪轉不已。只有徹悟業力無明，才能超越輪迴，證入無生涅槃，獲得解脫。金道隱說一切人生都在輪迴中，都不是眞死，只是輪迴熾生，而希望求得必死不生之道，即指此言。

儒道兩家的基本人生觀卻不是如此的。它們從「天地之大德曰生」講起，強調生生，故皆貴生而惡死，認爲人須貴其生而勿速其死。只不過儒家著重在尊重自己這具體生命，「毋忝所生」方面：工夫落在如何使此有限之生命成爲有價值的存在，可以俯仰無愧，甚或創造「功、德、言」等不朽之價值。道家則重在如何養生、如何勿速其死，甚或如何才能不死。因此，儒道之旨，與佛家「正是相反」。

這個道理，早在南北朝期間即已廣爲人知了。如謝鎭之〈析夷夏論〉云：「假使形之可爛，生而不死，此則老宗本異，非佛理所同」（《弘明集》卷六），因爲佛教是主張「三界爲長夜之宅，有生爲大夢之主」，而要跳出三界生生輪迴、離世解脫的。道安辨儒佛異同的〈二教論〉謂：「佛法以有生爲空幻」，原因即在於此。北周甄鸞〈笑道論〉引葛玄〈老子序〉云：「道主生，佛主死」，《三天內解經》說：「老君主生化，釋迦主死化」，以及《弘明集》卷八劉勰〈滅惑論〉引南齊道士〈三破論〉說：「道家之妙，妙在精思得一，而無死入聖。佛家之化，妙在三昧通禪，無生可冀，故銘死爲泥洹。未見學死而不得死者」……，所言也都是這個道理。唐法琳〈辯正論〉更說得明白：「老君垂訓，開不生不死之長生。釋迦設教，示不滅不生之永滅」。二者迥異，完全無法調和，亦無可折衷。南北朝隋唐期間儒道之排佛，即本於此一理由。

唯佛教進入中國日久，本身既有若干「中國化」之轉變，國人信持其教者亦未必皆由理入。唐朝以後，我國宗教之發展，更走向通俗化與混雜化，佛教與儒道差異的論爭，竟逐漸被一種表面化、淺俗化的三教混融運動所替代。即使還有一些儒者在排佛，但主要的觀點乃是政治經濟。在義理方面，則因儒者普遍不通佛理，故對佛教的批評大多膚泛空洞，更無法掌握二者根本上的歧異。黃宗羲因鑽研釋典既久，乃能悟此，允爲當時最明晰的儒道與佛不同論。

而這個原理，就是像黃宗羲這類：雖好奇尚異、承認異端之價值，卻不肯逕入於異端的文人儒士，之所以會對道教的態度要較對佛教親和的內在理由。研究明清之交的學術史文學史，應該正視這一現象，不能僅從儒家性理之學的發展，或文士儒生和佛教的關聯方面去了解⑮。

# 註釋

❶ 從理學心學的傳統來看黃宗羲，是當代新儒家一系之思路。從錢穆《中國近三百年學術史》以來，講明末清初，即是「自乾嘉上溯康雍，以及明末諸遺老。自諸遺老上溯東林以及於陽明。更自陽明上溯朱陸以及北宋諸儒」（見該書第一章）。論梨洲，則謂他「專以發揮蕺山愼獨遺教爲主」「自負蕺山正傳，以排異端闡正學爲己任」。直到劉述先《黃宗羲心學之定位》一書，仍是這個角度的討論。從這個角度看，梨洲那種博綜經史之學，便被解釋爲是「晚年思想蛻變」，故開啟了清代務博綜尚實證的新學風。詳錢氏書，第二章第四節。我完全不贊成這個解析路向。

❷ 從經世實學的角度來談梨洲，乃晚清學者發揚中國傳統中民主精神、批判君主專制時提出者，近仍不乏人採用，如葛榮晉編《明清實學思潮史》即是。

❸ 全謝山〈梨洲先生神道碑〉云梨洲「以濂洛之統，綜會諸家，橫渠之禮教、康節之術數、東萊之文獻、艮齋止齋之經制、水心之文章，莫不旁推交通，爲從來儒林所未有」。從理學家的身份來說，如此淹貫通博，確屬異數。

❹ 梨洲五十九歲時，自謂少年時「始學於子劉子，志在舉業，不能有得，聊備蕺山門人之一數。天移地轉，僵深臥山，盡發藏書而讀之。近二十年，胸中窒礙解剝，始知曩日之孳負」（《文案》卷一〈惲日升文集序〉）。因此他不是早年承受蕺山之教即專力於性理的，發明蕺山性理之學是後來的事，他從學之徑路不應由此處來了解。

❺ 陳氏與黃宗羲一樣，皆曾從學於劉宗周與黃道周。他稱贊黃宗羲時也說黃氏「淵綜律歷百家稗乘之言，靡不究心」。疑此種博綜之學，即出於黃道周之傳，詳後文。

❻《道藏》刻本頒行於英宗正統九年至十二年間，《續道藏》則刊於萬曆三十五年。據柳存仁〈道藏刻本之四個日期〉一文云，嘉靖三年可能印過一次，萬曆間應該還重印過一次《道藏》，時間則在萬曆二十六年。但現在中國現存完整的正續《道藏》只有一部，因此明代刊印時數量可能甚少，當時讀過全《藏》者則更少了。柳文見《和風堂文集》，一九九一，上海古籍出版社，頁九四二—九七三。

❼程朱言天理，不僅斥形氣，也以理言天，黃宗羲則認爲不能只以理說天，〈破邪論・上帝〉云：「天一而已，四時之寒暑温涼，總一氣升降爲之，其主宰是氣者，即昊天上帝也。……今夫儒者之言天，以爲理而已矣。易言『天生人物』，詩言『天降喪亂』，蓋冥冥之中，實有以主之者。不然，四時將顛倒錯亂，人民禽獸草木，亦渾淆而不可分擘矣。古者設爲郊祀之禮，豈眞徒爲故事，而來格來享，聽其不可知乎？是必有眞實不虛者存乎其間，惡得以理之一字虛言之耶？」主張天不只是理，而是眞有一上帝主宰氣化流行。這個觀點不僅與程朱理學不同，與陽明心學不同，也不能由「明末因反存天理去人欲之說故肯定氣」的角度來解釋，只能說這是黃宗羲受道教影響使然。

❽錢鍾書《談藝錄》修訂本增加了一條，論晚明公安派其實並不具重要地位，又收入《也是集》。但錢氏主要是從「竟陵言出，取公安而代表之，推中郎者益寡而非益衆」立論，故云：「後世論明詩，每以公安竟陵與前後七子爲鼎立驂靳。余瀏覽明清之交詩家，則竟陵派與七子體兩大爭雄，公安無足比數」（見增訂本頁四一七）。此專就詩言之耳。本文取徑自異，讀者可以互參。又按：宋徵璧《抱眞堂詩稿》卷一附〈上吳駿公先生書〉，謂將與梅村仿高棅《唐詩品彙》之例，同編一書，「以大復、滄溟、大樽爲正宗。空同、弇州爲大家」，可見時人仍常以七子爲正宗。故我們不能誤以爲公安派把七子派打倒了。

❾這主要是余英時的見解，詳見余氏《歷史與思想》一書。更精要之說法又見余氏〈清代學術思想

史重要觀念通釋〉一文。余先生說朱子偏於道問學，陸象山偏於尊德性，陽明則主張博文與約禮不能分先後，但先後之說，在朱陸生前即已存在，且陽明後學又不免於廢學問，故漸有人出而強調道問學，如黃宗羲在調和朱陸異同時，「竟又回到『先後』的觀點上，顯與陽明不同」。按：黃氏之意並非如此，《文定》前集卷四〈復秦燈巖書〉云：「所言德性問學之分合，弟謂不然，非尊德性則不成問學，非道問學則不成德性，故朱子以復性言學，陸子戒學者束書不觀。周程以後，兩者固未嘗分也。未嘗分，又何容姚江梁溪之合乎？此一時教法，稍有偏重，無關於學脈也」。余先生所引黃氏《宋元學案》卷五十八〈象山學案〉中謂：「（朱陸）特以示學者之入門，各有先後，曰：此其所以異耳」，也是同樣的意思，亦即教法略有偏重，不能視為學脈之不同。余先生卻想由此證明有一個道問學的傳統，係由程朱開創，且謂黃氏也不能不同意此種「先後之論」。恐與黃氏宗旨大相違異。何況 僅從理學內部看，朱子誠然較具有道問學之傾向，但理學家不管如何道問學，跟文人學者比起來，都只顯得孤陋空疏。明清之際博古通經的風氣，怎麼能從程朱學之傳統開啟出來呢？討論學術思想史不能只由理學這個單一的角度去把握。

⑩《南雷文定》前集卷七有〈談孺木墓表〉，對其著史，極為稱道。唯黃文謂談遷卒於順治十三年冬十一月，似誤。談氏應卒於順治十四年，見錢朝瑋〈談孺木先生傳〉。

⑪明末論戲曲者之復古傾向，另詳龔鵬程〈南北曲爭霸記〉。

⑫黃氏這種態度，才能開出史學。學時史學家亦往往具此精神，如康熙二年遇史禍的潘檉章，戴笠〈潘力田傳〉就說他「肆力於學，綜貫百家，天文、地理、皇極、太乙之學，無不通曉」。

⑬過去，只有柳存仁先生談到研究明代思想史必須注意道教。但他〈明儒與道教〉〈王陽明與道教〉〈王陽明與佛道二教〉三篇，只就王學言之，尚未能下及明末清初。

⑭見《王龍溪語錄》所收〈東遊會語〉4／6a、〈留都會紀〉4／17a—b、〈答楚侗耿子問〉4／17b—19a、〈致知議辨〉6／10a、〈南遊會紀〉7／2a5b—6a、〈新

安斗山書院會語〈7／12a、〈天根月窟說〉8／9a。另詳前引柳氏書。

⑮ 本文論梨洲與道教，並藉此兼論晚明學術之大勢。然非謂由梨洲即可盡窺當日之全貌也。梨洲爲一例，如此之例不少，不同之例也不少，同同異異之處，更待仔細辨析。如顧亭林，博洽與梨洲略似，卻不通雜藝，對異端之態度又甚爲斬截，自言平生不讀佛書，見李顒《二曲集》卷十六〈書牘上〉附。從顧炎武的情況，我們也可以觀察到另一些當時的學術風氣。晚明學術思想史之仍有待董理者，即在於此。

# 論《南華經》的生命哲學及其現代價值

鄭曉江

道家偉大的智者——莊周指出，現實中的人無論其採取何種方式都不可能避免所有的災禍，實際上，人的規避行爲所能起的效用是相當有限的，因此，最根本最好的「全身保生」的方法和途徑莫過於在心理上、精神中達到完完全全的「破俗」趨於一種絕對自由的「逍遙」境界，從而在反觀世事時能不滯於物、不物於物，既當宇宙的主人，亦成自我的主人。莊子從危及人「身」與「生」的諸因素分析入手，提出了一些「保身全生」的方法，並給予世人一條達於絕對自由的「逍遙遊」的途徑。

## 一、世人受苦受難的三大根源

人是一種非常奇特的生物，與猛獸凶禽相比，其沒有尖齒利爪，行動缺乏驕健敏捷；與大自然的壯觀和偉力相比，人又顯得那樣的渺小和軟弱。不唯如此，人類還結成社會，人爲地創造出更多的危害人身體與生命的因素。當然，人類同時又是一種擁有智慧的生物，自從誕生之日起就在孜孜不倦地探索如何保身全生的方法和途徑。莊子認爲，世人受到的傷害主要可歸之於三個方面：一自然，二生理，三社會：

> 哀公問曰：何謂才全？仲尼曰：死生、存亡、窮達、貧富、賢與不肖、毀譽、饑渴、寒暑，是事之變，命之行也。日夜相代乎前，而知不能規乎其始也。故不足以滑和，不可入於靈府。使之和豫，通而不失於兑。使日夜無卻，而與物爲春，是接而生時於心者也。是之謂才全。[1]

莊子假借仲尼之口表達出這樣一種看法：人們不應該把死生、存亡、窮達、貧富、賢與不肖、毀譽、饑渴、寒暑等放在心上，因爲這些人們極力趨向或規避的東西都是天命自然的運行，人既不可能知其奧妙，更不能夠用人力改變之，所以就應該聽之由之任之，不讓其擾亂自我精神世界的平靜。尤如人們應該順應自然四時的變化一樣，人們也要隨順自我的處境和遭遇，這就叫「才全」。但是，世俗之人往往難以做到這一點，他們汲汲於求富求貴、求名求顯，這不僅造成人心靈的焦慮，也使其身體疲於奔命，從而六神無主，傷身害體。至於社會之險惡，人情之僥薄更是人保身全生的莫大危害：

> 若夫萬物之情，人倫之傳則不然：合則離，成則毀，廉則挫，尊則議，有爲則虧，賢則

> 謀，不肖則欺。故可得而必乎哉！❷

在社會中，一個人要想「合」，別人則使其「離」；人們盼成功，他人就會加以破壞；你若窮困潦倒，衆人則踐踏之；你若十分尊顯，別人就背後大加非議；你想有所作爲，他人就損害你；你表現得十分賢能，別人就謀算你；你如不肖，別人就欺侮你，等等。總之，個人永無如意之時，順心之處。社會和人際的複雜關係總陷人於比競爭鬥、嫉妒仇視的欲海之中，人生變成了生死博鬥，生活變成了烈焰烤爐，人自身則變成了外物的可悲附庸。莊子寫道：

> 一受而成形，不亡以待盡，與物相刃相靡，其行盡如馳，而莫之能止，不亦悲乎？終身役役，而不見其成功；恭然疲役而不知其所歸，可不哀邪？人謂之不死，奚益？❸

人成形受命之後，就終身奔走忙碌，爲獲富貴榮華、聲名顯達，不得不與外物「相刃相靡」，沒有一刻止息，亦無喘息的機會，不僅終身受制於外物，而且茫然無所歸宿。這種疲憊不堪的人生奮爭，這種茫茫無所歸的心理重負，都會給人以莫大的傷害。

不僅人們求之於外物的心理欲望和現實行爲會妨礙自我的保身全生，而且由此引發的對人「天性」的扭曲更是人間痛苦的根源。莊子認爲，人有人性，物有物性，它們都得自於天賦，勉強要用人爲的努力對之加以改變、規範、崇或抑，都不符合「天性」的自然顯露和發展，都會造成人間的痛苦和物性的摧殘：

> 馬，蹄可以踐霜雪，毛可以禦風寒。草飲水，翹足而陸，此馬之真性也。雖有義臺路寢，無所用之。及至伯樂，曰：我善治馬。燒之、剔之、刻之、雒之。連之以羈縶，編之以皁棧，馬之死者十二三矣！饑之渴之，馳之聚之，整之齊之，前有橛飾之患，而後有鞭策之威，而馬之死者已過半矣！❹

馬之蹄、毛、足等都有其特定的用處，是天性的表現。可是善治馬者卻用烙鐵給馬打上印記，用刀修整馬毛、刻削馬蹄甲，又給馬戴上籠頭，把其綁在馬槽上，還用鞭子來抽它，等等。這些人爲之爲都是對馬天性的扭曲，故「馬之死者已過半矣」！所以，物之性和人之性都各不相同，都有其特殊的所好所惡所求所斥，不必強同，亦不能強同，要容忍「不齊」，安於「差異」，否則就會導致極大的災難。

那麼，人之性究竟是什麼？其又容易受到那些扭曲和傷害呢？莊子云：

> 彼民有常性，織而衣，耕而食，是謂同德。一而不黨，命曰天放。故至德之世，其行填填，其視顛顛。當是之時，山無蹊隧，澤無舟梁；萬物群生，連屬其鄉；禽獸成群，草木遂長。是故禽獸可繫羈而遊，鳥鵲之巢可攀援而窺。夫至德之世，同與禽獸居，族於萬物並。惡乎知君子小人哉！同乎無知，其德不離；同乎無欲，是謂素樸。素樸而民性得矣。❺

莊子認爲，人之性即純樸、無知、無欲，人人都願自食其力，無所偏愛，無所厭惡，不僅人們居處相連不分彼此，而且能和野獸鳥類相安無事。人與人之間也無所謂好壞優劣的區分，亦不需要做出任何價值判斷。人自然天性若能充分地展露和發展，便可獲得美滿、自足、安適、閑靜的生活，整個社會也能太平無事。這當然是一種理想的社會和人間生活，但在現實中，人們往往忘記了自我的天然本性，求物而不惜自傷其性：

> 自三代以下者，天下莫不以物易其性矣！小人則以身殉利；士則以身殉名；大夫則以身殉家；聖人則以身殉天下。故此數子者，事業不同，名聲異號，其於傷性以身爲殉，一也。[6]

人們競相奪取外物，「小人」爲利而死，「士」爲名聲所累，「大夫」爲封地而亡，「聖人」則爲國家而終。人們就是這樣把自身作爲犧牲品去謀取那些身外之物，雖則欲求的對象不同，而造成的惡果都一樣，即違背和傷害人之性。莊子又說：

> 且夫屬其性乎仁義者，雖通如曾、史，非吾所謂臧也；屬其性於五味，雖通如俞兒，非吾所謂臧也；屬其性乎五聲，雖通如師曠，非吾所謂聰也；屬其性乎五色，雖通如離朱，非吾所謂明也。吾所謂臧者，非仁義之謂也，臧於其德而已矣；吾所謂臧者，非所

謂仁義之謂也，任其性命之情而已矣；吾所謂聰者，非謂其聞彼也。自聞而已矣；吾所謂明者，非謂其見彼也，自見而已矣。❼

世人求得了仁義美譽、獲得了味、音、色等等就興高采烈，自以爲是莫大的幸福，但實際上則是對人本性的殘害。人應該做的是隨順自我的天性發展，對外界無聞無問，對外物無所取捨，把視、聽、念都集中於自我的精神世界。也就是說，人們要眞正把握自性，就不可用仁義的世俗道德來規範自己，不可馳心於外，追逐聲色犬馬。在莊子看來，人自然天性保持和顯露的關鍵在於人必須處於「無知」的渾沌狀態。如果人們「好知」，對萬物就會去細加區分，進而做出好壞優劣的價值判斷，從而引發出相互爭奪的混亂狀態，最終對每個人造成莫大的傷害。莊子寫道：

南海之帝爲儵，北海之帝爲忽，中央之帝爲渾沌。儵與忽時相與遇於渾沌之地，渾沌待之甚善。儵與忽謀報渾沌之德，曰：人皆有七竅以視聽食思。此獨無有，嘗試鑿之。日鑿一竅，七日而渾沌死。❽

莊子的這個寓言故事，說明「渾沌」的狀態既然是本有的和自有的，便是最佳的，若勉強去增益之或減損之，必會導致與其初衷相反的後果，如南海之帝和北海之帝好心爲「渾沌」開竅，卻使「渾沌」七日而亡一樣。莊子的深刻含義還在於，人類也應該處於無知無覺無識的「

渾沌」狀態，否則就會傷身害體，早夭歸天。在現實中，對人「渾沌」狀態威脅最大的因素是知識，莊子指出，人生命是極其有限的，而「知識」則無窮無盡，以有限之生命去追求無窮之知識，一方面其結局注定是失敗的，另一方面又使人疲精勞神於外，無所歸依，妨礙養生盡年。況且，任何知識都是相對的，無所謂多寡好壞優劣，人們不必去爭，更不應去求。所以，人們一定要棄絕世俗的所謂「知識」，以獲得關於「道」的「大知」：

> 知天之所爲，知人之所爲者，至者！知天之所爲者，天而生也；知人之所爲者，以其知之所知以養其知之所不知，終其天年而不中道夭者，是知之盛也。❾

能夠瞭解「天」與「人」的作用究竟是什麼，就得到了最高的「知」。而「無所爲者」即自然而然，毫無滯礙做作，人應該滿足於這種最深刻的「知」，不必也不應該還去強求其它的什麼知識，如此去處世，以之去應物，就能夠順其自然地「終其天年」，這本身即是最大的「知」。可見，在莊子看來，理解自然而然是「知」；順乎自然而然是「知之盛」。人們如果一定要去追逐世俗之知，處處去區分，時時去計算，總盼得好處，總盼獲大利，那就必會給自己帶來無窮盡的煩惱和痛苦。

莊子從人們「如何」保身全生的角度出發，冷靜地觀察宇宙之運行和世事之變化，敏銳地指出：人們所遭受的傷害主要源於相互間的比境和追逐外物。因爲求名、求位、求富、求貴，也就互相算計、互相撕扯、互相使絆子；因爲恐懼死亡的來臨，在心理上也就背上了沉重的無法擺脫的精神負擔；因爲有強烈的求知欲，人們竟相鬥智，於是陰險毒辣、居心叵測、毫無人情等現象就大量湧現了。在這種情形下，人們怎能不傷身害體呢？次之，人們總是錯誤地理解自我的本性，想方設法地用各種後天的人爲來增益或減損什麼，從而使自然的人性遭受粗暴的扭曲和無端的壓抑。

## 二、人們「保身全生」的三種方法

莊子在尋找出危及人們保身全生的諸因素之後，自然進一步探討了人們在生活中如何消災避禍的方法。

### (一)「一龍一蛇」法

人生在世，首先遇到的麻煩是如何與人相處。一個人能力太強必遭衆人嫉妒，而能力太差又被大家瞧不起；一個人聲譽太高往往被名聲所累，而默默無聞者又總受到無形的心理重壓；一個人太有爲了會樹大招風，容易遭致他人群起而攻之，而無所作爲者又常被人所忽視，甚至被衆人所踐踏，等等。人們在生活中總會碰到這類二難選擇的問題，深深體會到做人是多麼的難。莊子提出，如果以「一龍一蛇」法應世，上述問題可以迎刃而解：

莊子寫道：

> 支離疏者，頤隱於臍，肩高於頂，會撮指天，五管在上，兩髀爲脅。挫針治繲，足以糊口；鼓筴播精，足以食十人。上征武士，則支離攘臂而遊於其間；上有大役，則支離以有常疾不受功；上與病者粟，則受三鍾與十束薪。夫支離其形者，猶足以養其身，終其天年，又況支離其德者乎！⑩

一個體形處處殘缺奇特之人，看似毫無用處，但國家征兵打仗，他無抽上的憂慮；國家調集民夫，也輪不上他；但社會如發放救濟品，他則次次有份。可見，無用的「支離其形者」實有其「大用」——可以養其身，盡其天年。莊子認爲，一個形體殘缺者都有如此之大用，若一個人能夠做到「支離其德」，即其道德表現被常人看來既不正常、又有缺陷，那麼，此「用」就更大了。莊子的意思是要人們超越世俗人的生存模式，擺脫人間的禮義規範，趨於某種自由無拘束的人生境界。

莊子又進一步指出，雖然「無用」有其大用所在，但僅滿足並恪守這一點還是遠遠不夠的，因爲人們仍然不免有累於外。《莊子．山木篇》記載了這樣一則故事：

> 莊子行山中，見大木，枝葉盛茂。伐木者止其旁而不取也。問其故，曰：無所可用。莊子曰：此木以不材得終天年。夫子出於山，舍於故人之家。故人喜，命豎子殺雁而烹之。豎子曰：其一能鳴，其一不能鳴，請奚殺？主人曰：殺不能鳴者。明日弟子問於莊

子曰：昨日山中之木，以不材得終其天年；今主人之雁，以不材死。先生將何處？莊子笑曰：周將處於材與不材之間。材與不材之間，似是而非也，故未免乎累。若夫乘道德而浮遊則不然，無譽無訾，一龍一蛇，與時俱化，而無肯專爲。一上一下，以和爲量，浮遊乎萬物之祖。物物而不物於物，則胡可得而累邪！此神農、黃帝之法則也。

這裡莊子實際上提供了三種處世之方：一是無用之用，「大木」以其無用享其天年，人也可用「無用」遠避禍害。但有時純粹的「無用」仍可能遇到麻煩，尤如不能鳴之雁被宰來待客一樣，「無用」之人也可能受世人的侮辱。所以，莊子再提出「材與不材之間」的原則，要求人們既不表現出有爲、有才、有用，亦非宗全的無爲、無能、無用。前者避世人之妒和打擊；後者避他人的輕蔑和欺侮。可是，從整體來看，人們即便能做到處於「材與不材」之間，亦非完全的圓滿，因爲人們總還身陷在世俗社會之中，還要聚精會神地去應付外界給人造成的傷害。因此，莊子提出了第三種處世之方：「一龍一蛇」法。它要求人們執天道天德以自律、以生活，對任何榮譽與詆毀都無所謂，都不爲所動，既可爲「龍」高騰入雲，亦可成「蛇」潛跡於地，從不因執地堅守什麼，以和順爲處世原則，活動於超世俗的虛無之境，主宰萬物而不被外物所拘。這樣的話，人們必能「無所累」，漸入純粹自由的王國了。可見，所謂「一龍一蛇」、「一上一下」，即是隨順萬物萬事的沉浮而沉浮，但這又非純消極被動地隨波逐流，而是要求人們透徹地悟解宇宙大化的流行和社會人事的深層奧妙，在此基礎上，使個人的生活順應事物的發展過程及狀況，不抵捂萬物的自然展開，亦不違拗社會的必然進程，如此定可「物物而不物於物」。

## (二)「不譴是非」法

世人遭災惹禍的另一重要根源是人們有無數的欲望和追逐行動。仔細分析一下，便可知人之欲和人之求又源於人們對萬事萬物都好下某種性質的價值判斷，區分出是非美醜優劣好壞，由此，人們便會求是、趨美、取優、要好，同時就棄非、避醜、拋劣、丟壞，等等。這些行爲會使人嚴重地傷身害體，乃至損命。所以，一個人要保身全生，以盡天年，就要「不譴是非」，不作出任何的價值分析和判斷，以這樣的態度去窒滅人的可怕欲望，平息尋之於外而導致人精被力竭的追逐行爲。

莊子指出，世上本無所謂「是非」，人們日常總在堅持的「是」與「非」不過是一種主觀上的偏見而已：

> 夫隨其成心而師之，誰獨且無師乎？奚必知代而心自取者有之？愚者與有焉！未成乎心而有是非，是今日適越而昔至也。是以無有爲有。無有爲有，雖有神禹不能知，吾獨且奈何哉！[11]

世上每個人都有自己的一套看法，都有自己的價值標準，這就導致了相互間無止息的猛烈爭吵。莊子指出，人們必須去除主觀成見，拋棄是非標準，不應該「以無有爲有」，只有這樣，人們才能獲得心平氣和的生活狀態。

莊子告訴人們一個深刻的道理：是非論辯給人的身心以莫大的摧殘，嚴重地妨礙了人們保身全生的努力。莊子指出，人們執著的是與非，實際上完全是子虛烏有的東西：

> 以道觀之，物無貴賤，以物觀之，自貴而相賤；以俗觀之，貴賤不在己。以差觀之，因其所大而大之，則萬物莫不大；因其所小而小之，則萬物莫不小。……以功觀之，因其所有而有之，則萬物莫不有，因其所無而無之，則萬物莫不無……以趣觀之，因其所然而然之，則萬物莫不然；因其所非而非之，則萬物莫不非。⑫

從個人的立場來看，人們總會自視爲高貴，而把他人他物貶爲卑賤；但從人類整體的觀點來看，所謂「貴」或「賤」的看法都是因人而異，不盡相同，人說貴就貴，人說賤就賤，根本沒有統一的標準。至於事物的大小問題，如果從每個事物都有比它小的東西來說，萬物莫不大；反之，如果從每個事物都有比其大的東西來看，萬物莫不小，因此，天地可以說猶如細米，毫末也可視爲丘山。關於有用無用的問題，莊子認爲，人們若從有效的方面來說，萬物都有用；若從無效方面來說，則萬物都無用。所以，既然事物的貴賤、大小、功效等都是相對的，都無一種確定的、普遍承認的標準，人們爲什麼還要去持是執非，爭辯不休呢？你從「是」的角度去看，可以說萬事萬物都爲「是」；而你從「非」的角度出發，則萬事萬物都爲「

非」。總之，是非是相對的，不可去辯，亦不能去辯。所以必須深刻地認識到，事物本來就無法區別，也無從分辯的。

因此，人們任由事物如此，決不去尋問其爲何和怎樣；人們順應萬事的變化而不汲汲於求個明白，這就是符合「天均」的態度。人們進一步由自然調和的「天均」去處理「是」與「非」的問題，任其自然發展，而毫不去加以分辯，尤其不採取任何行爲去加以助長或抑制，這種兩可的態度就叫「兩行」。

莊子刻意追求的「齊是非」，表面上看似乎難以理解，實則淺顯明瞭。莊子與老子一樣，都把「道」視爲宇宙的創生者與主宰者。「道」是「全」、是「無」、是「一」，任何個別的事物都取於「道」的部份、個別而成爲「有」，所以都非完全和完滿。因此，世俗之人執意於去品評事物的發展、變化，判斷世事的好壞優劣，實在是坐井觀天，完全錯誤的。萬物變化無端，何能認識？世事循環無窮，何能評判？人人異見，那有標準？所以，人們一定要回歸「道」的立場，去把握「全」、「無」、「一」，棄是與非，棄對事物的執著而不知所歸的態度。

### ㈢「懸解」之法

當人們眞正能做到了「不譴是非」，就可以與世俗社會和形形色色的人和睦相處，躲開禍害的臨頭。嚴格地說來，「不譴是非」法是處理人際關係和社會關係的原則，除此之外，莊子還提出了人們怎樣去處理人與外物間關係的法則——「懸解」之法。

一般而言，外物能使人抨然心動，情欲勃發，欲望熾烈，因此，引發人們尋物而求物的行爲，但這恰恰陷入受制於外的可悲境地，造成人身心的巨大創痛。所以，莊子說：

> 且夫得者，時也，失者，順也。安時而處順，哀樂不能入也，此古之所謂懸解也，而不能自解者，物有結之。[13]

所謂「物有結之」，是指人們因爲求物而被外物所束縛、纏繞的狀態。如果人們毅然擺脫「物結」，把得到的視爲自然之獲，既不強求亦無欣喜之感；把失去的看成自然之去，既不可惜亦無悲痛之情，一切順從「天」的安排，安於所得也安於所失。如此，便可從受制於外物而超脫爲無所牽累的自由自在了，此即所謂「懸解」。所以，人不勞心於外，則不傷神；人不求於外物，則不害體，莊子說：

> 無爲名尸，無爲謀府，無爲事任，無爲知主。體盡無窮，而遊無朕。盡其所受乎天而無見得，亦虛而已！至人之用心若鏡，不將不迎，應而不藏，故能勝物而不傷。[14]

人們要眞正去「物結」，達「懸解」，就不要去做顯赫聲名的承當者、詭計多端的設計者、勤辛勞作的擔任者、智慧的主宰者，這些東西似乎都能給世人帶來幸福，實則陷人於痛苦萬分的境地。所以，人們應該與無窮渾然一體，戲遊於虛無飄渺之中，終生不求有得。人們也只有像鏡子反映外物一樣，只是純粹地反照外物，從不特意去「迎」，亦不故意地「不迎」，而且，從不在內留下任何痕跡，如此，人們才能超物勝物而不受制於物。

莊子提供的「一龍一蛇」法，「不譴是非」法和「懸解」之法雖各有側重點，但本質上都在於促使人擺脫世俗之見和世俗之求，以從外物和社會關係的桎梏中超脫出來，既遠避天災人禍，又獲得某種自由的生活。但這些還是一些初步的方法，莊子認爲，人們最終應該達到的境界是無任何牽掛的絕對自由的生活，這即所謂「逍遙遊」。

## 三、達於「逍遙遊」的二途徑

莊子所欲實現的「逍遙遊」，並非指某種脫離一切人際關係和社會環境的獨居狀態，而是指人們既處於社會之中又與他人相往來，但卻能無拘無束，悠然自得，不受任何外物所桎梏，也免於天災人禍的傷害。《莊子·逍遙遊》中曾提出了幾種不同的自由狀態，細加比較，可以說明眞正的「逍遙遊」境界究竟是怎樣的問題。

「大鵬」能夠「水擊三千里，摶扶搖而上者九萬里」，可謂極自由了；「蜩」與「學鳩」（即斑鳩）卻以「我決起而飛，搶榆枋，時則不至而控於地而已矣」爲滿足，對大鵬的那種氣勢表示不理解；而「斥鴳」」認爲「我騰躍而上」、「數仞而下」，也是一種順性而爲，也可達到飛行中的得意境界。大鵬、蜩與學鳩和斥鴳有差異很大的飛翔方式，但都自視能夠「

逍遙自在」，實則僅是井底之蛙，自鳴得意而已，根本沒有理解那眞正的「逍遙」境界：

故夫知效一言，行比一鄉，德合一君，而征一國者，其自視也，亦若此矣。而宋榮子猶然笑之。且舉世而譽之而不加勸，舉世而非之而不加沮，定乎內外之分，辯乎榮辱之境，斯已矣。彼其於世，未數數然也。雖然，猶有未樹也。夫列子御風而行，冷然善也，旬有五日而後反。彼於致福者，未數數然也。此雖免乎行，猶有所待也。⑮

在世俗人眼中，智慧高得足以勝任高官之位的人，品行可以團結一鄉的人，道德水平足以取得國君信任的人，能力足以受到全國百姓依賴的人，都可在生活中達到自由的境界；但在莊子看來，這些人沉溺於社會雜事的旋渦和世俗的毀譽之中不能自拔，猶如「蜩與學鳩」、「斥鴳」一樣是自認爲自由而實則多有拖累和滯礙。宋榮子與這些人不同，他不以世俗毀譽而動心，有自我獨特的不受任何外界影響的追求和價值標準，似乎擺脫了一般的局限性。至於列子，他能「御風而行」，輕妙玄遠，似乎粉碎了所有的人生桎梏，但在莊子看來，他仍然「有所待」，並沒有眞正達到絕對自由的逍遙遊境界：

若夫乘天地之正，而御六氣之辯，以遊無窮者，彼且惡乎待哉！⑯

所謂「乘天地之正」、「御六氣之辯」云云，本質上都是要人們通過某種途徑與「道」合一，以「道」之性質爲處世原則，從而在無限的時空中自由自在地逍遙，達到無所憑藉、無不通順、無不自在、無有災禍的境界。如此便可得到最大的人生樂趣，趨於生命的永恆。

那麼，達到這種「逍遙遊」境界的具體途徑是什麼呢？

## (一)「不死不生」之法

人所以不能去做逍遙之遊，首先在於人們看不破生死，既追求以物欲養其生，又時刻恐懼死亡的來臨。於是，生時苦不堪言，死前死時又倍受欲生的煎熬。莊子指出，「生」與「死」是自然變化中的無窮序列，是由一種形式轉變爲另一種形式，人們對之既然無可損益，就不應該去在意或憂慮：

> 莊子妻死，惠子弔之，莊子則方箕踞鼓盆而歌。惠子曰：與人居，長子、老、身死，不哭亦足矣，又鼓盆而歌，不亦甚乎！莊子曰：不然。是其始生也，我獨何能無慨！然察其始而本無生；非徒無生也，而本無形；非徒無形也，而本無氣。雜乎芒芴之間，變而有氣，氣變而有形，形變而有生。今又變而之死。是相與春秋冬夏四時行也。人且偃然寢於巨室，而我噭噭然隨而哭之，自以爲不通乎命，故止也。⑰

莊子從對妻子之死的悲痛轉變爲「鼓盆而歌」的關鍵是：他覺察到人未出生時，既無生命亦無形體，甚至還沒有能轉變成人的那種「氣」。然後在微妙幽玄之「道」的作用下，產生了「氣」，氣變而成形骸，最後組構成了有生命力的人。可見人的生死猶如春秋冬夏四時的運行一樣是自然而然的，人之生固然活動於社會，而人之死則好像安寢於天地之間。生與死既然如此，人們何必爲生而喜，又爲死而傷心悲痛呢？如果人們一定要喜生，那麼也要學會喜死：

予惡乎知說生之非惑邪！予惡乎知死之非弱喪而不知歸者邪！麗之姬，艾封人之子也。晉國始得之也，涕泣沾襟。及其至於王所，與王同筐床，食芻豢，而後悔其泣也。予惡知夫死者不悔其始之蘄生乎？[18]

人們悅生實際上是某種迷惑不解的狀態，人們惡死也是一種不知歸宿的表現，實際上，人生時總以爲生爲好，死爲惡，但安知死後不會後悔其生時太苦呢？莊子的本意是要說明，人之生死只是一種自然流變的狀態，無所謂好，亦無所謂壞，人們眞正理解了這個道理，就可超脫喜生惡死的生存狀態，拋棄悲或喜給人心靈與肉體帶來的緊張和痛苦。莊子還指出，「生」與「死」本質上是自然給予人們的一種最佳的「勞逸結合」的形式，人生時要辛勤勞作，難有喘息之時；而人死後能安息於大「道」之中，是一種最好的休息機會，所以，可以說，「死」也是一種莫大的幸福。因此，人的一生，在莊子看來都是自然的傑作：人的形體是自然賦予的生命寄托之處；人生時的勞苦也是自然使之如此的；人暮年時享受清閑的時光是自然對人的恩惠；而人之死則是自然使人得以安息的方式。所以，人們應該把自我有限之形體和生命與無限之大「道」相勾通，把個體融入宇宙之本體，這樣就可無所得亦無所失。莊子指出，任何有限之物藏之再緊、再隱密，都不免有喪失的危險。因此，如果人們把生命與天地萬物合爲一體，即所謂「藏之於天下」，才可永不喪失，達到生命的永恆。這種永恆並非世俗人追求的「長生不老」，而是由於人們回歸了廣大無限之「道」而達到的一種生死一如的境界。這時，人的形體仍然會衰朽、死亡，化爲飛灰，但借助於永恆之「道」，人可在精神上超越生死。

所以，「不死不生」法的運用，首先要求人們冷靜地看待生死，從「齊生死」進到「無生死」，前者是一種理性的洞識，後者是一種精神的境界，這時人們就能做擺脱生死之念的「逍遙」之遊了。

## (二)「坐忘」與「心齋」之法

超越了生死，使人們得以在生命的層面上達到「逍遙」之境，如何使人的整個生活過程都能趨於「逍遙」呢？這就要通過「忘」的途徑。莊子說：

> 忘乎物，忘乎無，其名爲忘己。忘己之人，是之謂入於天。⑲

世人難入「逍遙」之境，是因爲追求外物，故首先要「忘物」；但是，人們若以爲要達到「逍遙」，就須時刻去追逐天道自然，那也是十分錯誤的。因爲固執地去求某物，無論其是現實之物，還是「道」，都是對無爲自然的損害，所以人們只有「忘天」，才能眞正同於「天」、同於「道」。此「同」的關鍵在由「忘物」進入到「忘天」，再使自己成爲「忘己」之人，這時人們才眞正符合了「天道」。

莊子認爲，達到「忘己」境界最重要的步驟是破除和消滅「我」之觀念。由於人們多有強烈的「我」之觀念，所以時刻去把「己」與「他」（或「她」），以及「己」與「它」區別開來，或損「他（她）」和「它」利己，或損「己」利「他（她）」或「它」。如此便給自己埋下了永無止境的災難和苦惱的根源。爲解決這個問題，莊子假借顏回與孔子的對話，提出了「坐忘」的理論：

> 顏回曰：回益矣。仲尼曰：何謂也？曰：回忘仁義矣。曰：可矣，猶未也。他日復見，曰：回益矣。曰：何謂也？曰：回忘禮樂矣！曰：可矣，猶未也。他日復見，曰：回益矣！曰：何謂也？曰：回坐忘矣。仲尼蹴然曰：何謂坐忘？顏回曰：墮肢體，黜聰明，離形去知，同於大道，此謂坐忘。[20]

「仁義禮樂」是道德的知識和規範，它們可使人富貴榮顯，亦能讓人身敗名裂。其吸引力是如此之大，以至世人多陷溺於其中而難以自拔。莊子提出，要做「逍遙」之遊，必須要「忘己」，而「忘己」的第一步，即是棄仁義禮樂。次之，還要忘懷人的肉身存在和理性的作用，終至與「道」合一，這種「忘」決非要人從生理上毀壞思維器官以「黜聰明」，更非自殘肉身以「墮肢體」，而是在精神上、心理上不執著於任何物、任何知、任何念，此時，人仍有大腦，但無異於「黜聰明」；人四肢仍然健全，但無異於「墮肢體」，這時人們也就可做「逍遙」之遊了。所以，「忘」的關鍵又在於「虛」，心中不存有任何東西，這被莊子稱爲「心齋」：

> 回曰：敢問心齋。仲尼曰：若一志，無聽之以耳而聽之以心；無聽之以心而聽之以氣。聽止於耳，心止於符。氣也者，虛而結物者也。唯道集虛。虛者，心齋也。㉑

「心齋」實指人心靈上純淨如一、毫無雜念的狀態。這時，人們雖有耳朵而對外界之聲無所聞，雖有身體而對外物刺激無所覺察。人的精神完全守住虛寂，身處萬物包圍之中而能超於萬物之外，這就有了「道」，能夠入「逍遙」之境。當然，人要達到這一步不是十分容易的，莊子指出：

> ……參日而後能外天下；已外天下矣，吾又守之，七日而後能外物；已外物矣，吾又守之，九日而後能外生；已外生矣，而後能朝徹；朝徹而後能見獨；見獨而後能無古今；無古今而後能入於不死不生。殺生者不死，生生者不生。其爲物無不將也，無不迎也，無不毀也，無不成也。其名爲攖寧。攖寧也者，攖而後成者也。㉒

修「道」之人得「道」的程序是：首先置政治、社會紛爭於度外，然後忘懷周圍的萬事萬物、個人的是非好惡喜怒哀樂，這時便達到了豁然貫通的「朝徹」、領悟了「大道」，也合一了「大道」。於是，人們超脫了時間維度的約束，無所謂生和死，任物來去，順物而伸縮，萬物的生成和毀滅都不入於胸襟，雖有喧囂誘人的花花世界，雖有人不得不爲之的裹腹蔽體之物欲，而「逍遙者」卻能保持萬般干擾中的寧靜自如，無所牽累。莊子認爲，人們達到「逍遙」之境的困難也許並不在從空寂中保持心理上的平靜，而在當受到各種外界事物的刺激、誘惑和壓迫時仍然能在精神上如平湖秋月，微波不興，這就叫「攖寧」。「攖寧」就是要人們處在世俗社會之中，排除干擾，忘懷一切，與「道」合一，終至於「逍遙」之境。

可見，「逍遙」之遊決非要人脫離現實環境，在深山孤島中結茅廬而居、而靜修，亦非迫人去摧殘肉體、放棄生命和生活；而是要求人們在現實社會的日常生活中，從精神世界上達到無拘無束、逍遙自在。當人們眞正獲得了絕對自由的精神境界時，就能自然地發生某種生理性的變化，使人在平凡的處世中無執無求，無滯無礙、無迫無害，遠避任何災禍。

莊子從引導世人保身全生開始，最後把人推致「逍遙遊」的境界，其中無不透顯著其對世事演變、宇宙大化流行的深刻洞悉；無不表露出他對人間醜惡、社會污濁的嫉憤之情。不管莊子給世人提供的「保身全生，以盡天年」的方法和達到「逍遙」之境的途徑會有多少人提出質疑和批判，也不管這些方法和途徑實際的操作性究竟有多大，現代人還是可以從莊子的探索和教誨中體味到一個古代智者（也許是一群）對人類悲慘的生存狀態的深切關懷。

## 四、「道者」精神的現代反思

莊子之學實爲一種生命哲學，「道者」的精神是中國古代民族生命意識的體觀。每個活著的人都必定有過「生」，又必將體驗「死」，生命對人只有一次，異常寶貴，對此，也許人人都認識得到。而人的一生論是空間的佔有，還是時光的享受都十分有限，所以，人究竟應該怎樣生活才不枉度此生的問題就顯得更爲重要，但對這一點有深刻悟解的人則不多。莊子之學一方面是對人類生命的來源、性質、發展等的深度思考，另一方面更重要的是，他們由此引伸出了一系列的人們對生命和生活所應該具備的正確態度，所要遵循的諸準則，以及如何看待死亡等等問題。所以，道家之學實際上給予了世人一種可資借鑒的生活方式，人們從中也許可以獲得應該怎樣生活的高度智慧的啟迪，也許能夠得到怎樣對待世間險惡、人際糾紛的忠告，或者還能獲取求得肉體和精神上快樂的方法。

莊子上繼老子之旨，以深邃的洞察力，冷眼旁觀人世間。他不僅嘆息人生的短促和痛苦，更爲云云衆生愚蠢的思念行爲而悲憫、而痛心疾首。他覺得人生在世本已微不足道，卻還要去取什麼仁義美譽，追求什麼聲名地位財貨，去搞什麼機巧機心以比競淘汰，這些東西不僅毫無益處和用處，反陷人於茫茫無涯的苦海之中，飽受火燒火燎般的痛苦。所以，人們就應該持「一龍一蛇」之法以遊於世間，用「不譴是非」法和「懸解」之法來擺脫外物的桎梏和傷害，特別是要掌握「不死不生」法和「坐忘」與「心齋」法，借助於此進入無生死的絕對自由的「逍遙」境界。人們若能平心靜氣地仔細體驗莊子之學，就可光大「道者」的精神，非但能保身全生，養親盡年，而且進一步可達到長生久視、生命永恆。

所以，「道者」的精神首先是倡導一種與世俗人相反的思維方式，即所謂「反者道之動」，要求人們透徹地理解宇宙的本體和萬物生滅變化的終極原理，從而在生活的過程中，以及處理人間雜務時，能夠站在正確的立場上，採用有效的方法，順物而行，決不「逆水行舟」；隨物而止，決不如「脫韁之馬」，從而遠避天災人禍。

次之，「道者」的精神又是一種促人從外物役使的可悲狀況中解脫出來的方式方法，即所謂「物物而不物於物」。它要求人們眞正看破世人汲汲以求的名譽地位，拋棄那些人爲的種種創造物，並徹底停止區分外物是非美醜好惡的努力，從而避免社會的混亂和人們相互間追逐搶爭的現象，這樣就可以不爲外物外人所傷害了。

再次，「道者」的精神還給人們提供了一條擺脫肉體束縛、超越時空局限的有效途徑，即所謂「逍遙遊」。它要求人們眞正返歸心理的世界，在靜默中體驗本體之「道」的無所不包和無所不有，這樣也就能夠從忘「物」（物質的世界）到忘「他」（社會和人際的關係），再到忘「我」（個體的肉身），最後則忘「忘」（人的自我意識、理性能力、精神世界），如此便能「心有天遊」，便能萬物與我爲一，宇宙與我並生了。

以上述理論的視角分析「道者」精神的現代意義，擬可獲得如下幾點看法：

第一、在考慮「道者」精神的現代應用方面，一定要把握兩種方法論的原則：一是「度」的問題；二是「域」的問題。所謂「度」即適用和的程度，它要求現代人在生活過程中若想從「道者」的精神中吸取某種原則或方法時，必須考慮適度，較精確地把握運用時的一定程度，切忌越過某種界線去無限地推廣應用。比如所謂「恆足」之道的問題，當人們的某種物質欲望太強且又無任何實現的可能性時，或者人們獲得某種欲望的滿足就會損害他人和社會的利益時，就應該多想想「恆足之道」，以克制住這些欲求；但這種克制又只能定格在抑止「無益」欲望的「度」之上。不能超越這一「度」去窒息個人所有的正當欲望，甚至由此出發要求別人拋棄任何追求。其次，在對待傳統精神的現代應用價值的問題時還要把握「域」的原則。即認眞地弄清楚傳統文化資源能夠發揮積極作用的領域有哪些，在這一基礎上，人們才可運用「道者」精神於現代社會生活之中。特別要注意這種精神在什麼領域確有應用價值；又在哪些領域不能使用，還有哪些領域可用可不用，等等，以這種分析的科學的態度來突顯「道者」精神的有益部分，避免其消積因素。比如莊子倡導的「一龍一蛇」法，當人們身處極端惡劣的生存環境又毫無改變的可能，而直接表達個人心願又會惹殺身之禍時，人們也許不妨用一用「一龍一蛇」法來保護自己，聚積力量，消解沉重的社會壓力給人肉體與精神的傷害。但「一龍一蛇」法又決不可無限推廣，人們不能在任何環境，解決任何問題時都使用「一龍一蛇」法。也就是說，不分領域地套用「一龍一蛇」法，必會磨盡人的個性特徵，喪失現代人應該也必須具有的朝氣和奮爭精神。

春秋時的范蠡，就是在功成名就這個特定的時刻，採用了「道者」精神蘊含的「退隱」之術的；范蠡還能在耕種畜牧經商致富之後，運用「道者」的「物物而不物於物」的方法，散盡財產，全身而退。所以，范蠡可說是自覺或不自覺地掌握了「度」與「域」的方法論原則，從而獲得了人生的成功，遠避了災難的降臨，其事跡成了流傳千古的佳話。至於陶淵明則能順隨個性的自然發展，既然「不爲五斗米折腰」，就毅然急流勇退，復返田園農居的生活，並能在艱苦困窘的物質環境中，達到某種精神上的最大愉悅，直趨逍遙遊的境界，這也可說是「道者」精神的恰當運用。

現代有志於從「道者」精神中吸取處世智慧的人都應該首先仔細地鑽形道家學說，進而考察具有「道者」精神的歷史人物是如何處理其面臨的諸問題的，同時還要掌握和正確運用「度」和「域」的方法，如此循序漸進，便可使「道者」的精神轉變成與已有益的人生智慧，使個人生活得更爲灑脫一些、順心一些。

第二、「道者」精神最根本之處在高揚人的本眞狀態，它要求人類按其自然賦予的沒受任何世事人爲染污的本性去生、去活、去死，倡導「無以人滅天，無以故滅命」的人生態度，這些思想包蘊著人與人皆平等、人與物亦平等的主張，無疑是對現實社會中普遍存在的假仁假義現象的深刻揭露和猛烈抨擊。現代社會究竟能爲人類提供一個什麼樣的生存環境和生活條件，它們是使人的天性得以正常發展和滿足還是造成對人性的百般踐踏和蹂躪？這都不能不是現代人經常思索並求得解決的重大的問題。「道者」提出的人性是什麼，以及怎樣使之得以自然發展的途徑顯得有些武斷和過時，但道家學者提出的這些問題仍然具有現實意義和強烈的時代感，值得令人深思熟慮，並開闢一條妥善解決的途徑。

第三、如果更進一步地具體分析「道者」精神的現代意義，擬可發現，莊子思想的特色則在安貧樂道、糞土王侯，提出人們應該輕生死超哀樂，順其自然本性去生活、去做人，切不可以身、以命去殉仁義、財貨和地位。所以，莊子倡導的「逍遙遊」也可以看做是一種掙脫名韁利鎖的自由境界，是人類純粹本眞狀態中的生命意識的大顯露，也是人精神世界的徹底解放。這些看法在現代可以用來促貪夫爲廉潔，讓那些因爲向外追逐無度而精神力竭者恢復神智，也可以使貪生怕死的悲觀主義者變成生死無動於心的達觀之人。

## 註釋

❶《莊子·德充府》下引《莊子》，均只注篇名，本文探討的《莊子》全書的思想，文中的「莊子」均指《莊子》書。
❷《山木》
❸《齊物論》
❹《馬蹄》
❺《馬蹄》
❻《駢拇》
❼《駢拇》
❽《應帝王》
❾《大宗師》
❿《人間世》
⓫《齊物論》
⓬《秋水》
⓭《大宗師》

⑭《應帝王》
⑮《逍遙遊》
⑯《逍遙遊》
⑰《至樂》
⑱《齊物論》
⑲《天地》
⑳《大宗師》
㉑《人間世》
㉒《大宗師》

# 符圖·氣場與天人合一觀

李遠國

在中國傳統文化領域中，有一個十分神祕的角落。那就是流傳千古、出入三教的符圖之術。它上聯天象，下繫風水，中貫氣場，旁觸宗教、哲學、醫學、氣功、兵法、文字、書法、藝術、建築、環境等學科，影響甚廣且深。它憑借某種神祕的色彩與變幻莫測的圖文，深入了中國社會的腠理，影響著人們的行爲，無論朝野上下、僧道儒士都曾主動或被動接觸過它。時至現在，在中國大陸的民間，在港、澳、台灣地區，在東南亞及全世界的華人社會中，仍然隨時隨地可以看到符圖的形影，因爲它在某種意義上已成爲中華民族生活中的一種文化要素與標誌。

然而，對於符圖之術的研究卻長期處於停滯的狀態。這裡，專此課題做一探討，以求教於道教界的大德與專家們。

## 一、符圖的由來與演變

符圖之源，出於古代巫師。《龍魚河圖》曰：「天遣玄女，下授黃帝兵信神符，制伏蚩尤，黃帝出車，決曰：蚩尤無道。帝討之，夢西王母遣人以符授之。帝悟立壇而請，有玄龜銜符從水中出，置之壇中，蓋自是始傳符籙。」也就是說，早在遠古時代黃帝之時便有了設壇、求神、授符等風俗。在《山海經》中亦把符圖與黃帝聯繫在一起，謂東海度朔之山爲衆鬼聚居之地，上有蟠屈千里的大桃樹和神荼、鬱壘二神，主管衆鬼萬祟。於是黃帝依之而制做「桃人」、「桃符」，以當門戶，驅鬼群邪。

傳說當然難以爲眞，不過，卻透露出一些信息，即我國的符圖之術起源甚早，考古中發現的上古時期的許多符咒飾物，亦可證明此點。在絹、紙類物尚未問世之前，這類符圖信物主要是刻在石壁上，鑄在鼎器上，或做成玉器、鐵器、銅器等。

從古文獻中得知，巫術在夏代已很盛行。做爲夏王朝的開創者大禹本人就是一名大巫師。他治理洪水，征戰有苗，鑄造九鼎，主持祭祀、占卜、符咒、招魂活動，半巫半人，儼然是天神兼人帝的姿貌。而這一切權勢的根本，即來自天帝高陽的親傳「天書」、「符命」。當然，這種天書符命一般人是無法看懂的，因爲它們是一種十分奇異的文書，即《拾遺記》中所說的「玄龜篆文」。

至於大禹所鑄九鼎，也與符咒之術有關。據《漢書》、《左傳》所載，九鼎的作用一是奉享「上帝鬼神」，一是使民知「神奸」而少禍害，二者都與通靈避邪有關。《古器評》說其鼎十分精美威嚴，上面即有變形的動物紋樣，又有神祕、恐怖的夔龍、饕餮的圖案。宋王安石《九鼎》詩贊曰：「鼎成聚觀變怪索，夜叉行歌鬼晝哭。」可見九鼎在人們的心靈中，具有非常強大的鎮魔降鬼的神力。

大禹的九鼎早已杳無音訊，不過商、周時代留下了許多青銅鼎，這些製作精美、圖案神奇的鼎彝之器，代表著神權與政權的結合。爲了保障現世生活的秩序，就必須設法同祖靈鬼神所居之虛渺世界保持聯繫，聯繫的重要工具便是這類鼎彝。

至於鼎彝與後世符圖的聯繫，首先它們的功用十分相似，都是用於交通鬼神，劾制怪異。其二，它們同一起源，那就是上古的巫師文化。其三，它們同屬一類「符號」，即象徵著古人對客體世界的觀察與思考，傳達著祖先們如何把思維主體與客體世界融爲一體的信息。

榮格在《分析心理學選集》中指出：「象徵的意義在於，試圖用類推法闡明仍隱藏於人所不知的領域，以及正在形成的領域之中的現象。」而在鼎彝與符圖之中，即包含著相當豐富的象徵意義。如用圓鼎象徵陽，方鼎象徵陰，三足象徵三公，四角象徵四輔，「作云雷以象澤物之功，著夔龍以象不測之變」。一言以蔽之：「近取諸身，遠取諸物，仰以觀於天，俯以察於地，擬而象之，百物咸備，以通神明之德，以類萬物之情。」（《愽古圖》）也就是說，這一座座神祕、威嚴、猙獰的青銅器，原來便是人間社會與客觀世界、神靈世界同體一貫的表象。同此道理，後世用絹、紙繪製的各種符圖，也是表達天、地、人三才世界的感情與理性，盡管其中理性的成份往往是模糊的，甚至是反常的，但它們畢竟還是一種用於解釋世界、瞭解世界的圖式。

前面提到的黃帝所做的桃人（桃梗），這也是一種象徵。即暗示桃人爲度朔山的桃樹，暗示桃人爲神荼、鬱壘二神，因此可以避鬼驅邪。再加以聯想引申，桃木、桃樹本身也就具有某種超常的神力。《荊楚歲時記》說：「元旦服桃湯，桃者五行之精，能壓伏邪氣，制禦百鬼也。」於是古人用桃木熬湯，治病驅邪；用桃木做人（桃梗），魘勝劾鬼；用桃木刻印，止惡避祟；用桃板畫符，祈福禳禍；至於用桃木做成的桃劍、桃刀、桃弓、桃箭，更是巫師、道士們招神劾鬼的法寶。不僅如此，桃樹的果實還有益壽長生的性質，《漢武帝內傳》、《西遊記》中的西王母，就有食之長生的千年蟠桃。唐人章孝標《元都觀栽樹十韻》詩曰：「驅使鬼神功，攢栽萬樹紅。……求師飽靈葯，他日訪遼東。」即是譽桃樹之作用。

在桃板上畫上符咒即叫做「桃符」、「桃印」，這類信物秦漢之際已經出現。《淮南子・詮言》許愼注：「桃印，鬼畏桃，今人以桃梗徑寸許，長七八寸，中分之，書祈福禳災之辭。」《續漢書・禮儀志》云：「以桃印長六寸，方三寸，五色書文如法，以施門戶。」劉昭注：「桃印，本漢朝以止惡氣，今世端午以綵繒篆符。」這類桃印、桃符及「綵繒篆符」，便是後世道教符圖的藍本。

這類符篆本是民間巫覡的專利，但道教的興起之初，便吸取了這種巫術，並且把符篆與漢儒讖緯神學的圖讖之學相結合，合爲符圖之學，弄得更加神祕莫渺。俞正燮《癸已存稿》云：「符，漢時有印文書名，道家襲之。」是說符圖興於漢時，被道教襲用爲本門法術。據《後漢書》載，張陵學道四川鶴鳴山中，「造作符書」，以布其教。《三國誌・張魯傳》云：「魯據漢中獨立，行五斗米道，以符水治病。致米一斗，疾苦立愈，奉者甚衆。」又述張角太平道行持：「師持九節杖，爲符咒，教病人叩頭思過，因以符水飲之療病。」可見道教創始之初，遂利用符咒之術，爲人治病解厄，傳道納衆。此後符咒之術遂成爲道教的主要法術，流傳一千九百餘年，而被社會廣泛接受。

再從「符」的本義而論，原指瑞應、驗證。戰國時期陰陽五行學說的形成，導致天人感應思想的發展。人們便把天地顯現的各種表示祥瑞的徵兆，叫做「符」。《禮記正義》鄭玄注：「謂萬物之符長，皆來爲瑞應也。」釋文：「符謂甘露醴泉之屬。」

由「符」而演化爲「符應」。《史記．鄒衍傳》曰：鄒衍深觀陰陽消息，認爲上天垂象，聖人則之，「天地剖判以來，五德傳移，治各有宜，而符應若茲。」其《封禪書》亦云：「天端下，宜立祠上帝，以合符應。」所謂「符應」，即天降的祥瑞與人事相符相合。當然，誰能得到天之符應，誰就可以替天行令，這就叫做「符命」。

類似的術語還有「符端」。《漢書．劉輔傳》曰：「天之所與，必先賜以符端；天之所違，必先降以災變，此神明之徵應，自然之占驗也。」又有「符讖」，即是符合天命的各種讖緯預兆。《舊唐書．楊嗣復傳》曰：「漢武帝好以讖書決事，近代隋文帝亦信此言，自是此說日滋。」

其二，符的本義還包含著神明的驗證。《淮南子．本經訓》曰：「天地宇宙，一人之身也。六合之內，一人之制也。是故明於性者，天地不能脅也。審於符者，怪物不能惑也。」高誘注：「審，明也。符，驗也。」《篇海》亦說：「符，驗也，證也。」

第三，由瑞應、驗證的觀念，發展成爲一種人們相互憑信的工具。即用金、銅、玉、竹、木等製成各種「符節」、「信符」、「兵符」。其上刻有文學圖案，剖爲兩半，各存其一，用時相合以爲徵信、憑證。《說文》：「符，信也。漢制以竹長六寸，分而相合。」《玉篇》曰：「符，符節也，分爲兩邊，各持一以爲信。」

以上幾種含義，都與佛道之符圖有關。如道教所用符籙，許多在使用之際便將其一分為二，或師徒、道俗各執一半，或焚化、佩帶各半，以達到二人同信、人神合契的目的。至於天人感應，神明證驗的觀念，更是符圖之術最基本的原則。

隨著道教的興盛，符圖的種類與象徵意義及功用日益豐富。至唐時佛教密宗在中國的出現，又啟開了另一個神祕的領域—密教符圖。如敦煌文獻中收有《觀世音及世尊符印十二通》。至於密教的曼荼羅圖和道教的太極圖、儒家的河圖、洛書，都是屬於符圖的範圍。這樣一來，符圖之學便成為一種影響頗大的文化體，浸入儒、釋、道三教的深層領域。

符圖的種類與數量之多，實在難以統計，其中尤以道門所出最多。如果依據符圖的內容與用途，大致可以分為三類。一類是與天文、氣象、星辰、生態等有關聯的，如各種天象符、星辰符、呼風符、喚雨符、招雷符、祈晴符、驅蟲符、滅蝗符，可謂之「天象符」。一類是與山岳河流、風水地理、住宅環境等有關，如各種山岳眞形圖、入山符、涉川符、入海符、鎭土符、安宅符，可謂之「地理符」。第三類則與人的身心修煉、生命活動及社會活動相關，如各種內煉符、修眞符、養身符、治病符、驅邪符、祈福符、求財符等，可謂之「人體符」。至於民間常用的各種吉祥圖案、門神壁畫，大多都可囊括在符圖的範圍之中。下面，就此三類符圖分別探討。

## 二、天體運化的信息載體—天象符

在衆多的符圖中，有一些是表述天體運化、陰陽消息的。其中最爲著名的有儒家的河圖、洛書，密教的曼荼羅，道教的太極圖、靈寶始青變化圖。

關於河圖與洛書，有關的研究成果已很多了。一般都認爲它們與天象運化、陰陽消息有關。如鄒學熹《中國易醫學》一書中指出：河圖、洛書乃由對天象的觀察而產生的，河圖據「五星出沒的天象而繪製，這也是五行的來源」；洛書由觀「太一之車，即北斗斗柄從中央臨御四正四隅而形成的」；結合醫典《黄帝內經太素》中所存「九宮八風圖」，更能證明這類圖都有其天文依據。筆者亦有專文討論，認爲河圖表達了五行相生的規律，洛書闡發了五行相克的法則，兩圖結合，便構成爲一個由「天地生成之數」組合的五行生克、陰陽消息的宇宙生成模式。❶總之，衆多學者的一致看法都把河圖、洛書看作是天體運行、宇宙造化的一種圖示，一種象徵。

佛教密宗的曼荼羅，也是一種包羅萬象的象徵物。它是梵文的音譯，意思是「壇」、「壇場」。藏語稱爲「吉廓」。此中的含義，就體而言，以壇或道場爲正意；就義而言，以輪圓具足或聚集爲本義。即築方壇、圓壇，邀請、安奉諸佛於此，以祭供者，是爲曼荼羅的本體本義。《大日經疏》曰：「今以如來眞實功德集在一處，乃至十世界微塵數差別智印輪圓輻輳，翼輔大日心王，使一切衆生普門進趣，是故說曼荼羅也」《演密鈔》曰：「曼荼羅，聖賢集合之處，萬德交歸之所。」《祕藏記本》曰：「曼荼羅，謂三密圓滿具足義也。」一切聖賢、一切功德、一切造化集合之處，即名曰曼荼羅。

依形式而分，曼荼羅有四種，即大曼荼羅、三昧耶曼荼羅、法曼荼羅、羯磨曼荼羅。據內容而言，曼荼羅又分爲兩部，即金剛界曼荼羅、胎藏界曼荼羅。這些形式各異、內容不同的曼荼羅，被稱爲「密宗之眞髓」，其理義深奧，有著非常豐富的意境和象徵意義。以大曼荼羅爲例，圖中精心繪製了諸佛、菩薩、金剛、女神等形象，而以黄、白、赤、黑、青五色依次配地、水、火、風、空五大；它的外圓被畫成了蓮花狀，代表著宇宙的四周表面，這就象徵著整個宇宙的本體。

密宗行者可將曼荼羅作爲冥思觀想的對象，在禪定冥想的狀態下，將自己置身其中，化入聖域空間，將「我」與「佛」化爲一體。當其禪定冥想之際，會現觀或親眼看到曼荼羅中魔術般地出現一朵蓮花，其中心呈狀，每一個圓中有一尊佛陀，一共五尊，代表著世界的心臟。這種格局在其它所有的圓中也反覆出現，這樣就使得每個圓都成了它所屬的一個變大的平面圖之對稱圖。這就是世間萬物的相互影響以及大世界與小世界之間統一的標誌。

密宗的曼荼羅充滿了神祕的象徵意義，其內涵遠遠超過了常人的理解。不過，它的基本涵義卻與道教太極圖的思想極其吻合。在太極圖中，用非常古老的陰陽象徵符號，來說明宇宙間的萬物從一種純淨的、無分別的，因此也是無形的太極中演化的過程。它陰中含陽，陽中包陰。「陰陽交互，動靜相倚，周詳活潑，妙趣自然。」形象地表述了天地間陰陽對立、統一的法則與宇宙渾然一體的本質。

需要指出的是，太極圖與曼荼羅等圖式模型，並非是哲學家或科學家在書齋或實驗中，運用邏輯與理性的產物，而是古代的丹師僧人在長期內修的基礎上，超越實用科學，在發掘意識深處時直覺地採擷的思想成果。正如太極圖的傳世者陳摶所說：「此圖不立語言文字，靜觀以悟其神妙。」因爲在先天直覺智慧的領域裡，任何語言文字往往顯得蒼白無色。

令人感興趣的是，現代醫學研究的一些資料表明，當氣功修煉者高度入靜時，當精神病患者處於某種癲狂狀態時，他們的腦波圖象，有時也會呈現出十分近似太極圖的形狀。這類現象引起了許多科學家的關注，如西方榮格派的心理學家即做過有關的實驗。結果「榮格的病人們（他們對東方的奧義一無所知）從他們自己的心中，找到了與陰陽圈和壇場完全相似的圖案。」「服用麥角酸二乙基醯胺和麥斯卡林等幻劑的人，又於他們意識和偏僻的角落中，不僅僅遇到了與西藏壇場非常相符的複雜而又抽象的象徵物，而且還遇到了大家可以於它們身上辨認出相當於壇場諸神的生靈。」❷也就是說，這些象徵圖象是人類共同的精神遺產，是人類先天具備的意識或非意識的組成部份。可見，無論是太極圖（陰陽圈）還是曼荼羅（壇場），並不是道士僧人們隨心任意的作品，而是存在於人類共有的無意識之中的智慧之果。

除了河圖、洛書、曼荼羅、太極圖處，道教中還有許多與天象、宇宙的生化有關的符圖。它們即是無意識（直覺思維）的產物，也修持者對自然世界的某種體驗記錄。下面擇其要者，略加介紹。

《道藏》中有靈寶始青變化圖、碧落空歌圖、大浮黎土圖，這是天、地、人演化過程的三大象徵圖。所謂「靈寶」，是指宇宙中的基本能量——神、氣。《靈寶無量度人上品妙經符圖》曰：「神降爲靈，氣聚爲寶。神降氣具，具質成形，無所不生，無所不明，無所不立，無所不成。」它總括三才，依循自然，整個廣漠無涯的宇宙，大至天地，小以草蟲，莫不由此經營而成。「故其道也，彌綸萬天，範圍十地，推運陰陽，調和寒暑，統行八卦，率御三元，部制鬼神，保養民物。」

如此強大的靈寶（神氣）能量，怎樣顯現於世呢？如果說日月星辰、山川草木、人物禽獸等是靈寶能量存在的眞實具象，那麼可以說各種各樣的靈寶符圖則是它的抽象表述。據《靈寶無量度人上品妙經符圖》所言，做爲靈寶第一符的「始青變化圖」，它是天眞皇人體驗宇宙初生之景象，然後用紫筆所繪，表現了「靈寶之氣交始青之氣，變化之象也」。是混沌初分，陰陽運化的自然元始氣象。因此它主世間及天地萬物的生養之道，能夠資蓄人物的生氣，「抱魂結鍊，以得眞也。兆能有之，以青書竹帛之上，面西北服之，保生延年，神氣不散，固全生道也。佩之則生氣歸身，返老回嬰，應運滅度，身經太陰。帶服始青變化之圖，始青帝君與兆同升，逍遙太空也。」

一句話，靈寶始青變化圖不僅是天地初生形態的象徵，亦是道門中人煉功修眞的瑰寶。請看圖中變化多端，瀟洒自如的線條，生動流暢、自由奔放的氣韻，浸透生命與精神的活力，它超越了具體的物象，打破了局部的結構，是一幅十分和諧、充滿生機的宇宙氣象形態圖。通過對此圖的靜觀冥想，也許會有助於親近自然，體驗到天人合一、主客一體的境界。

繼始青變化圖之後的「碧落空歌圖」，則顯示了天象與人類的關係。《靈寶無量度人上品妙經符圖》指出，天人同體，都是根基於一個本源——先天元始之氣。由宇宙中的靈寶之氣與始青之氣交合，便產生了「碧落之氣」。碧落之氣在天則聚合成星，凝結爲斗，在人則演變爲縷脈筋絡，連貫穿注，如同圓環。「生三百六十脈，三百六十經，三百六十絡，又生眇絡支絡絲絡緹絡，大範之氣以爲其元，中結此文以成圖。」這就是說，碧落空歌圖實際是一幅人體經絡脈象圖。故道教中人亦用此圖煉養，或冥想靜觀以體其眞，或佩帶內服以召其靈。

其三爲「大浮黎土圖」。所謂「浮黎」，乃先天眞土之名。浮者虛浮，黎者黎黑。以其虛而不實，故曰浮；闇然無光，故曰黎。當宇宙混沌未開之際，浮黎眞土，遍滿太空。歷幾何時，經靈寶、始青之氣的運化，天始判，凝結而成世界。《靈寶無量度人上品妙經符圖》說，此圖爲「天眞皇人紫筆定書，以青爲地，黃爲文，赤爲界，封此圖爲浮黎土者，區貫踹穴之所在也。中黃太上明梵之氣，回旋流演，以正域內宮闕樓觀之所存。」在人而言，「此圖主人脾胃，榮養太和」，故可用於內服外觀，養生長命，而達通眞境界。

以上所述靈寶三大符圖，所表示的內涵儘管各有側重，但互相關聯，融貫一體，實際上包含著一種完整和諧、天人一體的目然觀。概而言之，無論是道教的還是佛教、儒教中的這類符圖，儘管其文化背景和結構形式有所不同，但其共同的特點都強調宇宙的基本統一與不可分割性，強調天人一體、天人合一的自然觀。當然，這些符圖對許多人來講是難以理解的，因爲要瞭解它們的眞實意義不僅需要理性的思考，尤其更需神祕的體驗與直覺的洞察。事實上，現代科學的大量文獻對於門外漢來說，就和古代的符圖一樣玄妙莫渺，但應該承認，它們都是人類探索宇宙與生命本質的記錄。

## 三、山川風水的象徵模式——地理符

在東方傳統文化中，視大自然爲有機的生命體，對人與自然的相互關係投以熱切的關注，同時還賦予自然、環境以高度的精神象徵意義。於是，出於生存與精神的需要，傳統的風水地理之學便應運而生了。

風水之學的核心便是探求天體氣象、山川河流、自然環境、擇地建築與人類生存發展的協調關係、最佳狀態。它將中國哲學古老哲學命題「天人相感」、「天人合一」等引入環境、建築、生產、生活之中，其重點不是講人類如何制約環境，改造環境，而是注重在整個自然界與生態圈中尋求和諧與有機秩序。在這裡，生產場地的選擇，城市位置的確定，建築平面的安排與空間佈置，生活環境的規模與定向，無不遵從自然界的客觀規律。對於人類來說，他不應站在自然的對立面，千方百計企圖征服自然，而應在符合自然之道的基礎上求得發展，與大自然保持親密無間的關係。因此，問題的關鍵始終是「和諧」。只有這樣，人類才能與其賴以生存的環境、與整個大自然融爲一體，從而獲得自身的發展與心理的平衡。所謂得「天時」、「地利」，從而使人們親近自然，了解自然，熱愛自然，與自然同呼吸，達到「人和」的目的。這種天、地、人三位一體、和諧共存的思想，無論是過去、現在，還是將來，教應是人類環境學與建築創作、生產模式的永恒主題與使命。

做爲中國傳統文化主體的儒、釋、道三教，尤其是道教，們們的思想與文化深刻地影響了地理風水之學。大量的符圖廣泛地運用於風水術中，成爲環境、建築、生產、生活等領域中不可缺少的內容。事實上，道教中的一些符圖本身就是我國古代地理、環境、建築圖式，是道士們對山川風水的理性觀察與神祕體驗相結合的產物。故人們認爲它們可以逢凶化吉，避邪驅祟，提供一個安全、和諧的生存空間。

在衆多的地理符中，最爲著名的當是魏晉時期出現的「五岳眞形圖」。《抱朴子內篇・遐覽》曰：「道家之重者，莫過於三皇內文、五岳眞形圖也。」關於五岳眞形圖在地理、地圖學上的價值，已有不少學者專文評論並予以肯定。❸故本文僅從氣場與天人合一觀的角度，再加探討。

今《道藏》中收有幾種五岳眞形圖，其形狀大同小異。實際除了五岳之外，尚包括霍山、潛山、青城山、廬山，後者謂之「四輔」。每座山岳各有二幅眞形圖，一幅有文字說明，一幅無文字。《上清靈寶大法》謂無文字者是「上五岳眞形」，有文字者是「下五岳眞形」。從文字說明中可以得知，每一座山岳的地形、交通、高度、範圍、水源、物產、葯草、洞穴等，確實具有相當的實用價值。它們的出現肯定與實際觀察到的河岳形象有關，是古代原始的山岳平面圖。

那麼，道士繪製五岳眞形圖的依據以及繪製的目的是什麼？從《漢武帝內傳》的記述得知二點：⑴這些圖是「太上道君」在天庭之上，「下觀六合，瞻河海之短長，察丘岳之高卑」，看到大地山川盤旋委曲的形狀，好像書寫的天書云篆一樣，即所謂「迺因山源之規矩，睹河岳之盤曲，陵回阜轉，山高壟長，周旋委蛇，形似書字」。因而依據其象，繪製了彎曲玄妙的眞形圖。⑵繪圖的目的是用於避邪修眞，採藥煉丹。道士們有了這些圖，便可知曉靈仙眞人舍館的「昆靈」、「蓬丘」、「玄津」所在，「仙草」、「紫石」、「流丹」之處，煉丹修仙，必有所成。

用《洞玄靈寶五岳古本眞形圖》序來說：「五岳眞形者，山水之象也。盤曲迴轉，陵阜形勢，高下參差，長短卷舒，波流似於奮筆，鋒芒暢乎嶺崿，云林玄黃，有如書字之狀。是以天眞道君下觀規矩，擬縱趨向，因如字之韻，而隨形而名山焉。子有東岳形，令人神安命延，存身長久，入山履川，百芝自聚。子有南岳形，五瘟不加，辟除火光，謀惡我者，返還自傷。子有中岳形，所向惟利，致財巨億，願願克合，不勞身力。子有西岳形，消辟五兵，入刃不傷，山川名神，尊奉司迎。子有北岳形，入水卻災，百毒滅伏，役使蛟龍，長亨福祿。子儘有五岳形，橫天縱地，彌論四方，見我歡悅，人神攸同。」原來在道門之中，五岳眞形圖不僅是一張張地形山貌圖，更重要的它是通眞達靈的憑證，因爲它象徵著山岳河流中衆多的生靈與仙眞。

從萬物有靈的古老觀念出發，道教認爲山川河流、天地萬物都是富有感情的生命體，每一座山，每一條河，每一片森林，都有著自我的尊嚴與主持的神靈。而擁有了這類符圖，你就可以與山川的感情交流，與衆多的神靈對話，「入經山林及泰山，諸山百川神皆出境迎拜子也。」「家有蓄圖者，善神守護其家，衆邪惡鬼，災患疾病，皆自消滅也。若上士佩之，則萬神皆爲朝禮矣。」

當然，能否達到這種通靈達眞的境地，關鍵在於擁有符圖者的自身修持如何。《五岳眞形神仙圖記》曰：「一切感到妙應備周，或天或人，或山或水，或飛或沉，或文或質，皆是眞精之信，有字總號爲符。符驗證感，皆由善功。功無妄應，其路莫因。因悟立功，其符必現。現而未得兼者，由功行未充，方應修戒，積精存神，常想眞形。受符佩服，妙氣入身，智慧通達。達人通士，勤密遵崇，消災厭惡，精則有徵，徵則神降，所願必諧。」所謂「善功」、「修戒」、「積精存神」、「常想眞形」，都是指個人的修持、道德、功夫而言。也只「妙氣入身，智慧通達」者，才能體驗到五岳眞形圖的妙用，達到諸願證果的目的。

道教中人視此圖爲修眞護身的瑰寶，對其傳授有著非常嚴格的規定。《抱朴子內篇・遐覽》曰：「傳授禁重，不可妄泄。傳非其人，罪咎必至。」同樣，擁有者必須淨身清神，遵奉道戒，積功行善，濟世救人，「若不能行仁義慈心，而不精不正，即禍至滅家，不可輕也。」

那麼，這種對五岳眞形圖的崇拜，它的實質包含著什麼呢？歸根結柢，是古代先民們對大自然山川的樸素崇拜，道士們繪製眞形圖即把山澤神眞的靈力歸依其中，使這些符圖象徵著自然界的精靈與生命，同時要求佩帶者不得輕舉妄動，從而有效地控制了道徒們的日常行規。因此，對五岳眞形圖的崇信，也就是對山川河流的敬畏，對大自然的熱愛。道教通過信奉符圖的這種形式，卻深深地浸透著東方民族與大自然息息相關的「天人合一」的先覺與智慧。

後世用於安宅鎭土、入山涉川的各種符圖，可說都是由五岳眞形圖等演化而來。不過它們的內容更廣泛，用途更具體，影響更廣泛。如《太上老君混元三部符》一書中，即收有三九類符，如解穢符、安宅符、辟土氣符、移徙符、避火符、利蠶符、厭百怪符、百解符、避鬼符等；《黃石公安宅護救符法》所載有五岳鎭宅符、鎭宅十二年土府神殺符、鎭四方土禁並退方神符、鎭行年建宅神符、三教救宅神符、鎭八位卦爻返逆符、鎭分房相克符、鎭儒學不利符、鎭寺觀不存僧道符、武帝應用靈符等。其針對性很強，適用範圍很廣。目的是「普濟生民，或有修造誤犯惡殺凶神，致使人財傷損，疾病連綿，多有力不能復改者，乃有黃公神符以鎭之，則可以免禍。」

在中國這片古老的土地上，對風水的尊崇與敬畏早已成爲一種傳統與習俗，滲入了鄉民們的思維與血液中，風水符圖之學構成了人們生活起居中的一種理論指導與精神支柱。人們往往運用各種符圖符鎭來改善居住環境與心理環境，消除對環境或住宅某種莫名其妙的恐懼感。特殊的圖案、文字、數字、物品、色彩所構成的神祕之物，都足以平撫人們內心潛在的不安，同時還可以激發出人們對大自然敬畏與尊重的情感，使得環境與空間神聖化，通過這樣的方法，人們求得了心理上的平衡，這無疑有利於人們的生存發展。究其根本，它的主旨仍然是建立在「天人合一」的哲學基礎上。

需要說明的是，領受符圖符鎭的人家在生活還必須遵守一些戒律。據《無上三天鎭宅靈籙》所載，使用符鎭戒律有十條，如不得違師背約，不得劫盜抄略，不得造立兵仗，不得口是心非，不得欺陵孤弱，不得殺害人命，不得居倉聚積。總之，目的都是在規勸人們遵律守法，積善樂施，以免招致殺身之禍、滅門之災。因爲風水好僅是地利，道德佳又獲人和，正是在這個意義上，我們認爲道教的符圖符鎭之說，當然會對「鎭宅」興業有良好的效果。

## 四、人體氣場的軌跡圖式——人體符

從天體氣象的變化，到山川風水的消息，宇宙間所有的現象都是統一的、相互聯繫的，是一種不斷運動、生長和變化的有生命的網絡結構，而且從整體上巧妙地保持著和諧與平衡，人則是其中不可缺少的重要成份。在這種三才一體的宇宙結構中，人被看成是生命存在的最高形式。他法天則地，負有一項重大的使命，那就是在符合自然的基本規律中，「協助天地的轉變與養育過程」，從而使整個自然界始終處於和諧與有序之中。這種充滿東方智慧的哲學觀，融貫於中國傳統文化的各個領域。

中國傳統文化是以「氣」爲核心。在古代哲學中的宇宙層次論（如天、地、人三才學說）、物質系統論（如金、木、水、火、土五行學說）、天人感應論（隱藏著宇宙和人體的不同層次間有信息交換的含義）中，氣是做爲天、地、人相互作用或交感的中介物，人們把氣當做宇宙萬物與人類的共相來看待。用《抱朴子內篇·至理》中的話來說：「夫人在氣中，氣在人中，自天地至於萬物，無不須氣以生者也。」在這種以氣爲本的基礎上，道教建立了它的哲學觀，並具體運用於煉丹修道、持咒書符等法術中。在煉丹修眞之時，首先注重的是人體、天地之氣；在持咒書符之際，亦強調精氣爲本，神氣爲用。一句話，無論是內外丹法，還是符法咒術，都離不開精、氣、神的作用。

《云笈七籤》卷七曰：「一切萬物莫不以精氣爲用，故二儀三景，皆以精氣行乎其中。萬物即有，亦以精氣行乎其中也。是則五行六物，莫不有精氣者也。以道之精氣，布於簡墨，會物之精氣，以卻邪僞，輔助正眞，召會群靈，制御生死，保持劫運，安鎭五方然。此符本於結空，太眞仰寫天文，分置方位，區別圖象符書之異。符者，通取云物星辰之勢。書者，另析音句銓量之旨。圖者，畫取靈變之狀。然符中有書，參以圖象；書中有圖，形聲並用。」

《道法會元》卷四亦說：「符者，合也，信也。以我之神，合彼之神；以我之氣，合彼之氣，神氣無形而形於符，作此而彼應，此感而彼靈，果非於符乎？天以龍漢開圖，結氣成符；人以精神到處，下筆成符，天人孚合，同此理也。書符之法，不過發先天之妙用，運一氣以成符。」

《道法會元》卷六九《王侍宸祈禱八段錦》進一步明確指出，「靈光」、「元神」便是符圖的命根：「符無正形，以氣爲靈也。靈者，祖氣也。祖氣不明，安待靈乎？」「心不欲動，不生雜念，一意歸中，氣與筆俱轉，意盡成符。行法之士不得玄關之傳，不明祖氣，妄行書符，大可笑也。」也就是說，符圖之術的基礎必須建立在內功丹道之上，否則徒有形式，毫無用場。其內煉功夫中體認的「靈光」、「元神」與精氣，才是符咒成功的根本。至於符圖咒訣，祇不過是一種形式而已。正如道教三十代天師張繼先聽說：「道法難忘咒與符，必須道妙兩相符。先天道妙工夫到，咒訣符圖可有無。」

由此可見，各種符圖無論出自何宗何派，歸根結柢僅是一種闡教宏道的工具而已，重要的還在於內修時證得的精氣、元神、靈光。祇要在內煉時達到了某種天人感應、氣機發動的狀態下，人們會在無意識（先天）的狀態中自然而然的畫出一些符圖。這些由高功能師畫的符圖，往往會產生一些奇妙的現象與特異的功能，人們學得神奇玄妙，故謂之「天授」。現代氣功界中也有不少類似的驗證，一些氣功圖並不懂符圖之學，甚至從未見過，但在入靜時腦中出現了一些奇怪的圖象、文字，他們將這些圖文畫出來，被證實爲佛道所傳符圖。而不少的傳統符圖，經使用驗證，或是自我內煉的煉功圖譜，或是各種功法的抽象表述，或是布氣治病的手法記錄，不過不是使用文字，而是用符號圖案表現罷了。一句話，中國傳統的符圖之學並非完全是迷信的糟粕，其中一些可說是宇宙場和人體場相互感應、相互作用的結果。

中國傳統符圖的特點是以氣爲內涵，即符中有氣，有能量，能治病，可調場，其中根本的依據是天人相感、天人合一。《河洛精蘊》曰：「甚矣！天人之相符，妙合無間，至理日在人身，而人不覺也。」那麼，天人相符記錄在哪裡呢？原來就在河圖、洛書一類的符圖之中：「豈知圖、書、卦、畫即臟腑脈候之影，臟腑脈候即圖、書、卦、畫之形。」而形影不離的奧妙，卻頗難破譯，難怪先哲深深感嘆道：「象數同源，天人一貫，千古誰其覺之哉！」

道教中有關人體氣場與內煉功能的符圖很多，其中尤以宋元時期的淨明派、天心派、東華派、神霄派、清微派所傳爲佳。這些道派把天地氣場、人體功能、氣功丹法、符圖法術等融貫一體。有理有法有訣，使人們可以瞭解符法的內容與奧祕。如在淨明派《淨明黃素書》中就收有三十道符圖，並明白指出它們都是表示內氣運行、神化丹凝的內煉功能圖，其中最重要的是黃素眞文、五臟眞形圖。

黃素眞文由八十一個符篆組成。它即可表示天地梵氣的運化，亦是人體吐納之氣的軌跡。《淨明黃素書》卷一曰：「凡欲學仙，必知眞文。眞文者，天地梵氣也。」「人之身不得黃素眞文不生，皆天寶、靈寶、神寶之祖氣也。祖氣結而成字，合而成人。」「眞文八十一字者，脾、腎中氣也。天地五行，土、水、中氣也，得之故能生。如學道之士，能逐日燒香，觀之眞文，則知脾、腎吐納之氣形也。自一至八十一，吐之則見其出，咽之則見其入，各長三寸，闊三寸也。」

這些表示內氣運行的眞文符篆，僅從表面是難以理解它的內涵，需要入靜觀想，即書中所說的「觀」。有黃素眞文者，可將其掛貼靜室壁上，有暇按時焚香淨室，打坐修定。當使心靜息調，聚精會神，靜觀眞文，一筆一劃都要認眞牢記其形。閉目則凝視符篆，閉目則精思眞形，如此精心修持，不攝念而念自伏，不調息而息自調，自然可以體會到體內元氣的運行，「見」其出入的「氣形」。進而還可感覺自己的吐納與宇宙的呼吸同步，天地與自己混然融爲一體。《道法會元》卷四曰：「法師靜坐，調息勻靜出入，吾之氣順，則天地之氣亦順。心中淡然，無一絲毫之掛礙，逍遙無爲，與道會眞，此謂之靜應道體也。」《道鄉集》說：「道德五千句句眞，靜觀竅妙自生春。」都是講述靜觀內修的證驗與妙趣。

在靜觀內修黃素眞文的基礎上，還可修持五臟眞形圖法。人之五臟，各有其神。故欲理五臟，先當知其眞形、眞神。《淨明黃素書》卷一曰：「五臟各有神，神各有形，形各有氣，氣者神之本也，形者氣之體，而脾之形寓於四者之中，此人所以未達其理也。欲理五臟，先知其神，知其神長生。使之亦有道，想之亦有法。」即以五臟眞形圖爲內煉修持的符圖。

「想」即「存想」、「意想」，這是秦漢以來道教古老的一種方術。如《黃庭經》、《大洞眞經》中，便是以「存想」爲要訣。存爲意念的存放，想爲內思冥想。在此則指瞑目意想五臟眞形圖的結構，由「精思入神」，則身神可見，修眞有成。

在宋元天心派中，亦有相當多的人體內煉符，如《上清天心正法》所收的三光正氣符，《無上玄元三天玉堂大法》所收的天皇保命符、暘寫眞火九芒祕符、玉蟾眞水十芒祕符，《無上三天玉堂正宗高奔內景玉書》所收的初陽赤輝化生內景圖、眞陽初生玉虛內景圖、明陽耀光赫眞內景圖、元陽火云赫赤內景圖、洞陽火龍奔飛內景圖、神光無上虛澄內景圖等十八道符圖，都是十分珍貴的修眞內煉圖。

其它門派也大量採用符圖以助內修處功。靈寶派有五芽眞文、玉嬰神變符、鬱儀符、日魂符、月魄符、天罡正氣符、青帝護魂符、赤帝養氣符、白帝侍魄符、黑帝通血符、八十一品符（以上見《上清靈寶大法》）、大洞十八玉符、三部八景二十四眞符、十二經絡符（以上見《靈寶領教濟度金書》）等，神霄派有神光符、陰陽二氣符、九陽氣符、腦符、目符、舌符、心符、肝符、脾符、肺符、腎符、胞符、胎符、血符、精符、氣符、神符等，清微派有氣字符、關脈通開符、通眞符、服食符、服氣符、明性符、明目光字符等，都與煉氣煉神、治病驅邪有關。

道教中人以符圖作爲天人相感、天人合一的媒介，這種神祕的通道與宇宙的氣場、人的氣場有著無法分開的聯繫。因爲在修煉者看來，符圖便是天地造化、陰陽消息的顯示軌跡，是天人感應、天人合一的某種全息攝影。用《道法會元》中的話來說，「符者，天地之眞信」。「符者，陰陽契合也。唯天下至誠者能用之。誠苟不至，自然不靈矣。故曰：以我之精，合天地萬物之精；以我之神，合天地萬物之神。精精相附，神神相依，所以假尺寸之紙，號召鬼神，鬼神不得不對。」「治病以符，符朱墨耳，豈能自靈？其所以靈者，我之眞氣也。」

這種以人體精、氣、神爲本的符咒之術，將符圖、咒術、氣功、丹法融爲一體，以己體內之神氣，感召天地之能量，下筆成符，故有神異之效驗。《道法會元》卷四曰：「凡書符篆，先凝神定慮，物我兩忘，倏然間便見天眞，即舉筆書符，使分清濁，見點點畫畫皆金光燦燦，舉念一見神即往矣，何必待咒而行。」又曰：「凡書符，皆須閉氣，一筆掃成。」「書符之法，不過發先天之妙用，運一氣以成符，祖師所謂眼書天篆，心悟雷玄，初無存想，亦無作用。靈者自靈，不必問其所以靈；應者自應，不必問其所以應。人但知其神之神，不知不神之所以神也。」

道教中人將符圖之術廣泛地運用於天文、地理、人體各個領域，僅與人體有關的，就有存思符圖的內煉法，有吞服符圖的修持法，有化符治病的符水法，有觀符冥想的入靜法，有書符名靈的感應法，功訣非常豐富，理論自成體系，確爲一個值得研究的文化領域。在我編著的《中國道教氣功養生大全》中，就收有幾百條符咒之法，而這僅僅是道教法術秘藏中的一點點。

道教符籙派用符咒爲人治病解厄，對許多病症確有療效。但由於神祕主義的色彩，把它合理的成份埋沒了。它所用方法的原理，近似一種精神療法。凡採取此法治療者，首先要求病人相信符咒是有效的，否則不與治療。《祝由十三科》說：「不誠不敬者不治，毀謗天醫者不治，疑信不決者不治，重財輕命者不治。」

爲了加強病人對符咒療法的信任度，道教中人便有意無意地神化符咒，把符咒說成是天神地靈的造物，因此具有超凡入聖的神力。其根本目的還是強化患者對道士和符咒療法的信任感情，從而運用信仰的力量來配合治療。事實證明，符咒療法的效果如何，往往與施術者個人的聲望有極大關係。一個名聲較高的法師，爲人治療的效果肯定遠遠勝過一般的術士。至於歷代顯赫耀世的大師們，他們爲人治病祛疾已達隨心所欲的境界，可以不拘形式，不擇手法，或「寓氣泥丸莎草」，或假之瓦礫、草木、水火、飲食，皆有奇效。

通過圖文（符圖）、語言（咒語）、動作（手印、禹步）等形式，道教法師首先求得了病者的積極配合，從而可以轉移患者對病痛的注意，調動病人積極的因素，而形成較好的精神內守的狀態，從而移易精氣，變利血氣，產生良好的治療效果。用唐·王冰注《素問》「古人治病，惟其移精變氣，可祝由而已」句所說：「移謂移易，變謂改變，皆使邪不傷正，精神復強而內守也。」日本矢數道明《漢方治療百話》一書中也認爲，符咒祝由之術實質上是精神療法，是一種「心機一轉的妙術。」

既然如此，我們理應肯定符咒之術中包含的合理因素。在實施符咒療法的過程中，實質上包含著精神療法、暗示療法、信仰療法、氣功療法、藥物療法和物理療法。現代醫學已反覆證實了每個巫醫方士都熟習的事實，假如病人相信治療是有效的，其療效常常很明顯。這是基於精神——身體相互影響的原因。美國弗蘭克博士評論說：「信仰醫療所報導的治愈奇跡，其原因可以用精神狀態來加以說明。」「我們治療自已的能力可能比我們想像的多得多。」❹

從醫學的角度看，符咒之術也有科學的因素。如畫符一般用朱砂，朱砂本爲藥物，有定驚、安神、明目、解毒、鎮心、避邪、益氣、明目之功效。主治癲狂、驚悸、心煩、失眠、眩暈、目昏、腫毒、瘡瘍、疥癬、抽風、牙疼等。或用濃墨，墨性味辛、平，功用主治止血，消腫，吐血、衄血、崩中漏下，血痢，癰腫發背。畫符的材料有許多種，如絹、錦、木、竹、石、鐵、銅、金、銀等，都可在上面書符刻篆。不過，用的最多的紙。紙是中國古老的四大發明之一，其品種非常豐富，用途甚廣，但其藥用價值知者甚少。紙可以入藥，其性味甘、平，無毒。不同的紙可以治療不同的疾病。明代醫學家李時珍曾專門研究過紙的藥用價值，並留下了許多驗方。道教畫符所用之紙，許多都是用特殊的藥物治過的。如常用的黃表紙就加入了白礬，朱砂紙就加入了朱砂，還有用密香樹皮葉製作的密香紙，用桑樹根皮做的桑木紙，以及用大黃梔、葵葉、云母、黃柏、皂角、蒼術、生薑、燈草、槐花等藥物爲輔料的各種紙，用於畫符治療，自當有效。

在施術臨床之際，如治療婦女難產，念咒書符，以桃仁或桃子做湯，湯中點醋而咽之，因桃肉、桃仁均有治難產與產後百病之功效，醋亦有防治難產的作用。治療暈厥者，書符化水，以薄荷湯咽之，因薄荷之性能消散風熱，清利頭目，故有效。治酒大醉，畫符化水，以葛根湯飲之，葛根性能散鬱火，解酒毒，故有效。治脾病，畫符化水，用大棗湯飲之，大棗主治補脾和胃，益氣生津，胃虛食少，脾弱便溏。治肝病，用赤豆湯吞符；治腎病，用鹽湯吞符；治肺病，用霍香湯吞符；治心經病，用柏枝湯吞符。治刀傷、跌傷出血，用一杯冷水，念咒畫符，銜一口猛噴傷口，然後用黃表紙迭成幾層，浸透符水貼上，確能止血定痛。因書符化水，水中布有「外氣」，此爲氣功療法（現代氣功界叫做「信息水」）；所用黃表紙是用白礬處理過的，朱砂或墨均爲葯物，白礬又有止血、消毒、定痛、歛口、生肌的作用，是爲葯物治療；銜水噴在傷口，即爲「冷則凝縮」的物理療法；再加上精神治療的作用，四種療法（氣功、藥物、物理、精神）綜合運用，當然會有良效。

類此的情況很多，有待我們去研究。應該看到，對道教符咒、法術等領域的探討，不僅可以有助於全面理解道教的文化體系，同時可以推動現代氣功科學、人體科學及特異功能領域的研究。這就是我們今天研究道教符圖，咒術、法術的主要原因。

一九九四年四月十日完稿於蜀都三寸屋

# 註釋

❶ 見李遠國《試論陳摶的宇宙生成論》，《世界宗教研究》一九八五年二期。

❷ 見英・約翰・布洛菲爾德著，耿升譯《西藏佛教密宗》，西藏人民出版社出版。

❸ 見日本《地學雜誌》第二五八號載小川琢治《近世西洋交通以前の支那地圖に就こ》，中國《自然科學史研究》第六卷第一期載曹婉如，鄭錫煌《試論道教的五岳眞形圖》。

❹ 見美・查爾斯・帕納蒂著《科學和技術二十三項突破》中文版，上海科學技術文獻出版社出版。

# 《周易》象數與道教神秘

張志哲

從中國文化源遠講，道家早于儒家。道家傳承夏、商、周三代以上的《周易》文化學系，儒家傳承三代以下的《書》文化學系，即所謂繼承堯、舜、禹、湯、文、武、周公的傳統。這二個文化學系雖然有相互融合之處，但畢竟不一樣。道家偏重於自然科學，儒家則偏重於人文社會科學。

道教是以道家學術思想爲中心的。在漢魏以後，道教採集天道觀，加入雜家學說和民間的傳說，吸收《周易》象數理論，構成神秘性的宗教思想。所以道教與《周易》關係十分明確，均爲東方神秘文化的奧妙所在。

《周易》分爲符號（八卦、六十四卦）與文字（卦辭、爻）兩部分，卦畫和文字不同，本身意義不怎麼明確，只有通過八卦的起源和探索來逐步認識這個問題。

八卦，就是用一、--兩個基本符號以三個爲一組排列而成的八個符號：☰、☷、☳、☴、☵、☲、☶、☱八卦再自疊或互疊而構成六十四卦：䷀、䷁、䷂等等。經過先秦學者、漢代經學家、魏晉玄學家、宋明理學家的相繼研究和闡發，這些符號形成了神秘的寶庫。軍事家把它演成了八陣圖，天文學家、醫學家、物理學家、教學家把它說成是天文的祖宗、中醫的理論、電腦的理論源泉，以爲它可以貫通等差級數、二元式（二進位）、二項氏定理、邏輯數學以及音響、電磁波、連鎖反應等原理。但是，對于一、- -兩個基本符號和八卦的原始意義是什麼，古往今來，衆說紛紜。值得慶幸的是，出土文物的發掘，提供了解答這個問題的根據。近年來，陝西張家坡和岐山鳳雛村發現的周初甲骨文和商周青銅器銘文、陶文中的三十二個「奇字」，應該是一些數目字的重疊，按照奇數是陽爻，偶數是陽爻的原則，寫出了《周易》的卦名。卦畫的基本爻象- -和一是由原始筮法中的筮數演變而來的，它的原始形式是「數」，而且是某個有具體數值的「數」。而筮法乃商代所固有，周人在先周時期已採用。有的契數下面帶有「曰」字，見于河南安陽四盤磨，「曰」字上爲卦畫，其下爲卦名，現抄錄于下：

十X十∧∧∧　十八十∧十∧

曰魁　曰隗

數字譯成現代漢語，兩卦則爲：

七五七六六六　曰魁

七八七六七六　曰隗

奇數爲陽，偶數爲陰，兩卦當爲：

䷋曰魁（否卦）　䷿曰隗（未濟卦）

六爻成卦，重卦在商代已經出現。六十四卦皆有卦名，但所出的兩個卦名，與今天通行的《周易》不同（參見黎子耀《周易導讀》，巴蜀書社一九九〇年出版）。

《周易》的象數，爲中國原始自然科學的精要所在，是中國古代整體概念的反應。《周易·繫辭上》說：「易有太極，是生兩儀，兩儀生四象，四象生八卦。」從卦象方面看，是《先天圖》；從幾何圖象方面看，是立方體的八頂點。中國古代稱立方體爲六合。所以《周易》六十四卦與三百八十爻的變幻，決非三維空間，而是多維空間。漢代《周易》象數研究成果豐碩，學者不乏其人。但是，到了魏晉時代，由於何晏、王弼玄學之風泛濫，《周易》象數研究受阻，幾乎到無人問津。一直到清代乾嘉考據學風興起，《周易》象數才又恢復，特別是惠棟《周易述》一書出現之後，漢代《周易》象數學得以復興。如果從漢易象數學家虞翻卒年（公元二三九年）算起，到惠棟（公元一六九七——一七五八年）止，計約一千五百年。其間，《周易》象數主要靠道教得以保存和發展。

道教自漢魏以後，無論是在教義上還是在教理上，都有發展，其精緻性幾乎與神秘性相一致。它的突出表現，就是逐步吸收《周易》象數理論。

從道教經典講，由《太平經》到《靈寶度人經》，是加深對《周易》象數的認識與運用。東晉時代，萬巢甫憑著家世道風之勢，重新編造《靈寶度人經》，把葛洪塑造出來的元始天尊神像，經過雕工細刻，變成爲一個奇特的寶珠，這是對《周易》象數的進一步認識與運用，並吏之宗教化神秘化。再經過陸修靜增修道教齋儀，代代相傳而又充實，於上下十方均有所指，仍與元始天尊的寶珠有關。唐代青城杜光庭重視上下十方。宋代華山陳摶傳出的《先天圖》，又把上下十方具體形象化了。南宋理宗時傳出的《清微仙譜》，上推華山聖母，即上清派傳說的「靈寶」，與陸修靜《靈寶經自序》中說的「靈寶」、「刪破上清」涵義差不多。所以茅山派道教單傳《上清經》，華山派道教兼傳《上清經》和靈寶經。從陳摶傳出的《先天圖》，經過種放、穆修、李之才，傳到邵雍的《皇極經世書》，都是與元始天尊的寶珠息息相關。到了張商英的《三才定位圖》，已根據道教的教理，把元始天尊的寶珠更加形象化了。張紫陽《悟眞篇》又變道教教理爲三教合一的理論，這仍是道教對《周易》象數的更高層次認識運用。

道教的神秘性是《周易》象數精緻性的一個表現形式。道教的神秘在於它極度重視上下十方、六十靈飛以及元始天尊的寶珠。這實際上是《周易》象數宗教化的具體演變。如果我們運用《周易》象數理論，從多維空間的直觀圖角度，去識破道教的這些所謂神秘外衣，就可以了解道教的數學模式，加深對中國古代整體概念的認識，顯示出道教文化的合理內核。

爲了闡述《周易》象數與道教神秘的關係，本文分以下兩個部分：一是論六十甲與六十靈飛的象數；二是論元始天尊的寶珠。

茲分述之。

## ㈠六十甲與六十靈飛的象數

在殷墟考古發掘的甲骨文中，已見到六十甲子的次序。以干支分類，自然有六甲（天干六周）與五子（地支五周）的不同，並逐步用以記時。這是中國科技史上的一個精華。隨著秦漢以後的道教發展，道教不僅用象數，而且使象數人格化，即視六十靈飛爲仙女，以六甲分類，合爲左右各三甲，有名有字，秩序井然。這與《周易》象數息息相關。爲了便于說明，先抄錄《上清瓊宮靈飛六甲左右上符》於下：

甲子太玄玉女名靈珠字承翼　乙丑太玄玉女名簡修字青萌
丙寅太玄玉女名定華字郁陵　丁卯太玄玉女名須台字馥猷
戊辰太玄玉女名愛淳字衆梨　己巳太玄玉女名四淳字寧華
庚午太玄玉女名會容字流南　辛未太玄玉女名淳華字抱珠
壬申太玄玉女名雙皇字鳳文　癸酉太玄玉女名龍嬰字歡生

**甲子太玄宮左靈飛玉女部**

甲戌黃素玉女名神光字飛廉　乙亥黃素玉女名紫春字飛芝
丙子黃素玉女名寄風字參盈　丁丑黃素玉女名鳳環字郁娥
戊寅黃素玉女名叔華字上容　己卯黃素玉女名英玄字羽珠
庚辰黃素玉女名正齡字春香　辛巳黃素玉女名蔚勝字雕羅
壬午黃素玉女名琬御字千成　癸未黃素玉女名良營字娥昌

**甲戌黃素宮左靈飛玉女部**

甲申太素玉女名真無字瓊石　乙酉太素玉女名蕭蘭字玉英

丙戌太素玉女名娥玄字和明　丁亥太素玉女名輿房字淥華
戊子太素玉女名翔峰字定暉　己丑太素玉女名煙童字偃珠
庚寅太素玉女名七翰字靈飛　辛卯太素玉女名肇台字篇敷
壬辰太素玉女名蔚金字丹旗　癸巳太素玉女名安天字沙風

**甲申太素宮靈飛玉女部**

甲午絳宮玉女名丹淳字云齡　乙未絳宮玉女名散陽字靈華
丙申絳宮玉女名遂精字玄珠　丁酉絳宮玉女名抱云字緣間
戊戌絳宮玉女名房寶字石香　己亥絳宮玉女名清英字南靈
庚子絳宮玉女名靈登字曲登　辛丑絳宮玉女名素美字啟清
壬寅絳宮玉女名汾華字蔚芝　癸卯絳宮玉女名曜英字西女

**甲午絳宮右靈飛玉女部**

甲辰拜精玉女名龍愿字靈素　乙巳拜精玉女名歡庭字逸台
丙午拜精玉女名營芝字玉生　丁未拜精玉女名招風字常娥
戊申拜精玉女名夜華字云嬰　己酉拜精玉女名密明字勝非
庚戌拜精玉女名紫虛字容環　辛亥拜精玉女名鳳華字緣安
壬子拜精玉女名儀房字上奇　癸丑拜精玉女名寶華字壹昭

**甲午拜精宮右靈飛玉女部**

甲寅青要玉女名啟先字惠精　乙卯青要玉女名慶翔字娥生

丙辰青要玉女名幽昌字晨暉　丁巳青要玉女名伏華字廣敷
戊午青要玉女名緣云字安昌　己未青要玉女名金聲字曲台
庚申青要玉女名飆游字雲飛　辛酉青要玉女名親賢字高英
壬戌青要玉女名神珠字貫衆　癸亥青要玉女名云回字抱生

**甲寅青要宮右靈飛玉女部**

所謂靈飛者，即靈寶飛行于三界的現象。在《太上洞玄靈寶飛行三界通微內思妙經》中記有靈寶修行的方法，是以陰陽五行配合於時間和方位，以六甲靈飛合成五子之次序。它說：「……太極眞人曰修靈寶飛行三界之道，當以甲子、甲戌，甲申，甲午，甲辰，甲寅、乙丑，乙亥、乙酉、乙未，乙卯之日入齋堂東向；壬申，壬午，壬辰，壬寅，壬子，壬戌、癸酉，癸未，癸巳，癸卯，癸丑，癸亥之日入齋堂北向；庚午，庚辰，庚寅，庚子，庚戌，庚申，辛未，辛巳，辛卯，辛丑，辛亥，辛酉之日入齋堂西向；丙寅，丙子，丙戌，丙申，丙午，丙辰，丁卯，丁丑，丁亥，丁酉，丁未，丁巳之日入齋堂南向；戊辰，戊寅，戊子，戊戌，戊申，戊午，己巳，己卯，己丑，己亥，己酉，己未之日入齋堂東向安臥。……太上靈寶隱游飛行三界上道，非有眞莫能求，非有道不能學。苦精修五年，克得超游三界，上登玉京，蓋三洞之至妙，道冠衆經矣。」由此可知，六甲者，乃道教所說的甲子太玄官，甲戌黃素官，甲申太素官，甲午絳官，甲辰拜精官，甲寅青要官。由甲子至癸巳爲三十左靈飛；由甲午至癸亥爲三十右靈飛。合以六官的方位觀之，已具有左右陰陽相交的意義了。凡甲子甲戌甲申居右而名左靈飛，甲午甲辰甲寅居左而名右靈飛。這來源於《周易》陰陽消息之象（見圖一）：

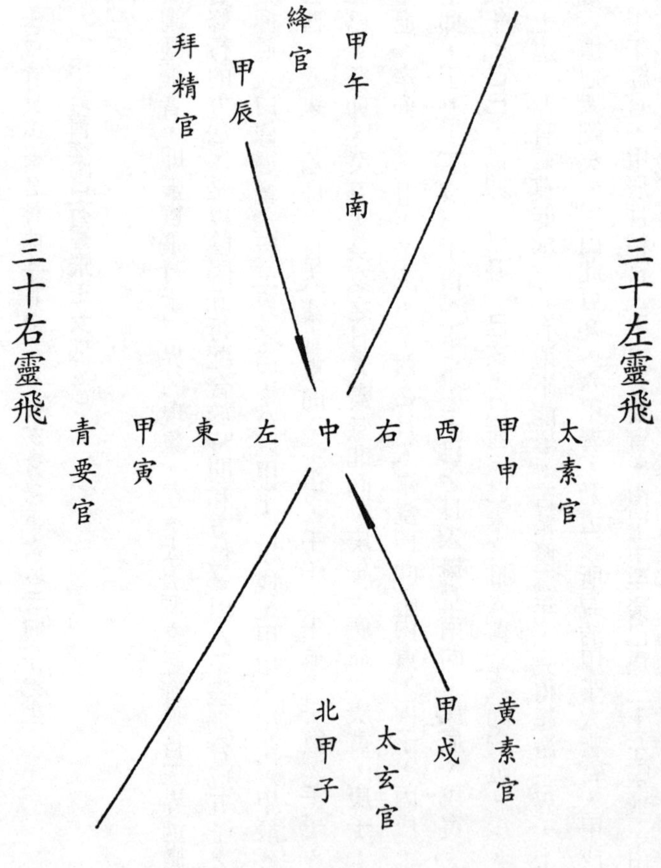


圖一

以五子言，當十干本五行合以方位而分陰陽，自然成爲「天地數生成圖」，宋朱熹稱之「河圖」。該圖爲陰陽五行象數之本（見圖二）：

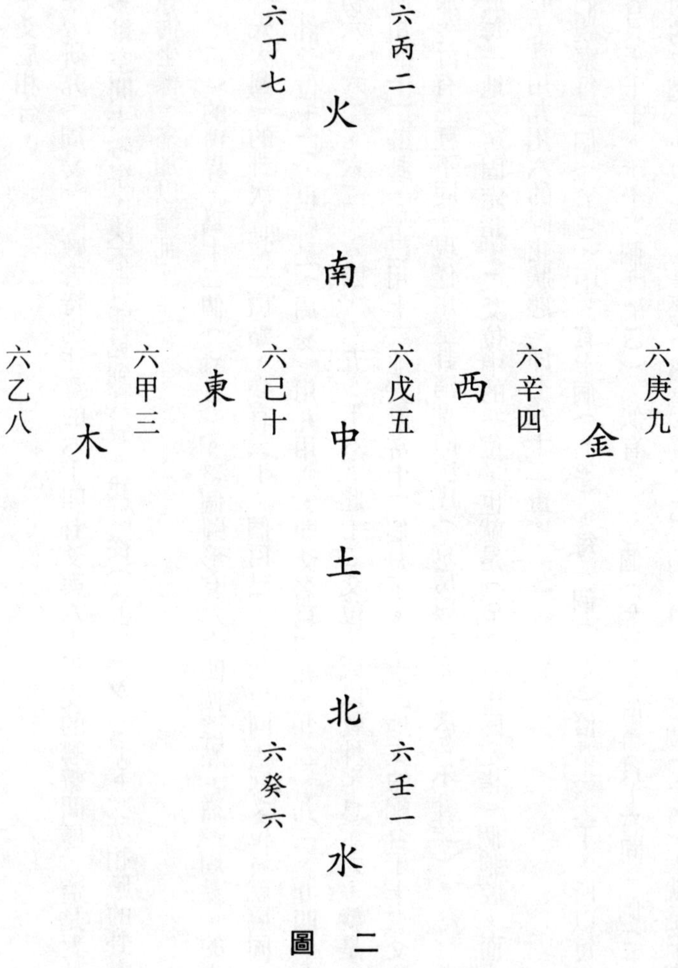


圖二

凡六甲五子同爲六十靈飛。有人推論六甲靈飛是出於漢武帝時代。如果我們以象數來論，則完全是可能的。但該經文成於東晉南北朝時代，是在《靈寶度人經》之後了。從象角度講，猶使納甲爻辰相合。

現在，研究《周易》象數者特別注意的六十四卦爻與六十干支的聯繫問題，這是對的。但是不從多維空間去考察，決不可能見到其象。我試從（6–12）及（6–64）所相應的卦畫彖爻象，用貞悔坐標，來加以論証。

凡（6–12）的邊界，爲十二個（5–10）。整個圖形有六十四個頂點，猶《周易》的六十四卦，按《先天圖》的卦次各當一頂點，必有三十二個頂點，其爻位同，同爻位者就屬同一個（5–10），計爻位十二，也就是《周易》用九用六，即爻名爲初九、九二、九三、九四、九五、上九、初六、六二、六三、六四、六五、上六。此十二爻位，或以乾坤消息示之，就是《卦氣圖》中所用的十二辟卦，早已用十二地支以當十二個月了。考十二地支的配合于十二爻位，總名叫爻辰，計有三種不同。現僅用壁卦消息的次序（京房與鄭玄二法暫不介紹）。

由於每一地支可固定指十二爻位中的一位，也就是（6–12）中固定指一個胞腔。而十二個胞腔中心，當用九用六的靜止狀態，即七八十二畫。

我們觀察每一個（5–10）中，有十個（4–8），每一個（4–8）恰當一天干，所以每一個（5–10）各具天干十。于十二個（5–10），似有一二〇個（4–8）。但事實上有同一個（4–8）分屬于不同的二個（5–10）中。這樣，整個的（6–12）內，只有六〇個（4–8），就是干支組合數六十以屬六十四卦爻的具體幾何圖形。詳見圖三《卦爻干支表》：

| | | | | | | | | | | | |
|---|---|---|---|---|---|---|---|---|---|---|---|
| 初九<br>子 | 九二<br>丑 | 九三<br>寅 | 九四<br>卯 | 九五<br>辰 | 上九<br>巳 | 初六<br>午 | 六二<br>未 | 六三<br>申 | 六四<br>酉 | 六五<br>戌 | 上六<br>亥 |
| 九二<br>甲 | 九三<br>乙 | 九四<br>丙 | 九五<br>丁 | 上九<br>戊 | 初六<br>己 | 六二<br>庚 | 六三<br>辛 | 六四<br>壬 | 六五<br>癸 | 上六<br>甲 | 初九<br>乙 |
| 六二<br>丙 | 六三<br>丁 | 六四<br>戊 | 六五<br>己 | 上六<br>庚 | 初九<br>辛 | 九二<br>壬 | 九三<br>癸 | 九四<br>甲 | 九五<br>乙 | 上九<br>丙 | 初六<br>丁 |
| 九三<br>戊 | 九四<br>己 | 九五<br>庚 | 上九<br>辛 | 初六<br>壬 | 六二<br>癸 | 六三<br>甲 | 六四<br>乙 | 六五<br>丙 | 上六<br>丁 | 初九<br>戊 | 九二<br>己 |
| 六三<br>庚 | 六四<br>辛 | 六五<br>壬 | 上六<br>癸 | 初九<br>甲 | 九二<br>乙 | 九三<br>丙 | 九四<br>丁 | 九五<br>戊 | 上九<br>己 | 初六<br>庚 | 六二<br>辛 |
| 九四<br>壬 | 九五<br>癸 | 上九<br>甲 | 初六<br>乙 | 六二<br>丙 | 六三<br>丁 | 六四<br>戊 | 六五<br>己 | 上六<br>庚 | 初九<br>辛 | 九二<br>壬 | 九三<br>癸 |

**圖 三 卦爻干支表**

由上表可見六十干支，在（6-12），各有固定的一個（4-8）。合于卦爻象，當二爻固不變爲晝，其他四爻可變成十六互卦，以當（4-8）的十六個頂點，而此不變的二晝，取六位中有十五種變化，每種變化各分四象而成六十。每一干支，自然有不同的十六卦相應。

我再以貞悔數來看六十靈飛的卦爻象（圖四《靈飛象數表》）如下：

| 六宮 | 方位 | 干支 | 二畫與四象 | 貞數 | 悔數 |
|---|---|---|---|---|---|
| 太玄宮 | 東 | 甲子 | 初七、七二 | 12 | 12345678 |
| | | 乙丑 | 七二、七三 | 15 | 12345678 |
| | 南 | 丙寅 | 七三、七四 | 1357 | 1234 |
| | | 丁卯 | 七四、七五 | 12345678 | 12 |
| | 中 | 戊辰 | 七五、上七 | 12345678 | 15 |
| | | 己巳 | 上七、初八 | 5678 | 1357 |
| | 西 | 庚午 | 初八、八二 | 78 | 12345678 |
| | | 辛未 | 八二、八三 | 48 | 12345678 |
| | 北 | 壬申 | 八三、八四 | 2468 | 5678 |
| | | 癸酉 | 八四、八五 | 12345678 | 78 |
| | 東 | 甲戌 | 八五、上八 | 12345678 | 48 |
| | | 乙亥 | 上八、初七 | 1234 | 2468 |
| 黃素宮 | 南 | 丙子 | 初七、八二 | 34 | 12345678 |
| | | 丁丑 | 七二、八三 | 26 | 12345678 |
| | 中 | 戊寅 | 七三、八四 | 1357 | 5678 |
| | | 己卯 | 七四、八五 | 12345678 | 34 |
| | 西 | 庚辰 | 七五、上八 | 12345678 | 26 |
| | | 辛已 | 上七、初七 | 1234 | 1357 |
| | 北 | 壬午 | 初八、七三 | 56 | 12345678 |
| | | 癸未 | 八二、七三 | 37 | 12345678 |

| 六宮 | 方位 | 干支 | 二畫與四象 | 貞數 | 悔數 |
|---|---|---|---|---|---|
| 太素宮 | 東 | 甲申 | 八三、七四 | 2468 | 1234 |
| | | 乙酉 | 八四、七五 | 12345678 | 56 |
| | 南 | 丙戌 | 八五、上七 | 12345678 | 37 |
| | | 丁亥 | 上八、初八 | 5678 | 2468 |
| | 中 | 戊子 | 初七、七三 | 13 | 12345678 |
| | | 己丑 | 七二、七四 | 1256 | 1234 |
| | 西 | 庚寅 | 七三、七五 | 1357 | 1256 |
| | | 辛卯 | 七四、上七 | 12345678 | 13 |
| | 北 | 壬辰 | 七五、初八 | 5678 | 1256 |
| | | 癸巳 | 上七、八二 | 3478 | 1357 |
| 絳宮 | 東 | 甲午 | 初八、八三 | 68 | 12345678 |
| | | 乙未 | 八二、八四 | 3478 | 5678 |
| | 南 | 丙申 | 八三、八五 | 2468 | 3478 |
| | | 丁酉 | 八四、上八 | 12345678 | 68 |
| | 中 | 戊戌 | 八五、初七 | 1234 | 3478 |
| | | 己亥 | 上八、七二 | 1256 | 2468 |
| | 西 | 庚子 | 初七、八三 | 24 | 12345678 |
| | | 辛丑 | 七二、八四 | 1256 | 5678 |
| | 北 | 壬寅 | 七三、八五 | 1357 | 3478 |
| | | 癸卯 | 七四、上八 | 12345678 | 24 |
| 拜精宮 | 東 | 甲辰 | 七五、初七 | 1234 | 1256 |
| | | 乙巳 | 上七、七二 | 1256 | 1357 |
| | 南 | 丙午 | 初八、七三 | 57 | 12345678 |
| | | 丁未 | 八二、七四 | 3478 | 1234 |

| 六宮 | 方位 | 干支 | 二畫與四象 | 貞數 | 悔數 |
|---|---|---|---|---|---|
| | 中 | 戊申 | 八三、七五 | 2468 | 1256 |
| | | 已酉 | 八四、上七 | 12345678 | 57 |
| 拜精宮 | 西 | 庚戌 | 八五、初八 | 5678 | 3478 |
| | | 辛亥 | 上八、八二 | 3478 | 2468 |
| | 北 | 壬子 | 初七、七四 | 1234 | 1234 |
| | | 癸丑 | 七二、七五 | 1256 | 1256 |
| | 東 | 甲寅 | 七三、上七 | 1357 | 1357 |
| | | 乙卯 | 七四、初八 | 5678 | 1234 |
| | 南 | 丙辰 | 七五、八二 | 3478 | 1256 |
| | | 丁已 | 上七、八三 | 2468 | 1357 |
| 青要宮 | 中 | 戊午 | 初八、八四 | 5678 | 5678 |
| | | 已未 | 八二、八五 | 3478 | 3478 |
| | 西 | 庚申 | 八三、上八 | 2468 | 2468 |
| | | 辛酉 | 八四、初七 | 1234 | 5678 |
| | 北 | 壬戌 | 八五、七二 | 1256 | 3478 |
| | | 癸亥 | 上八、七三 | 1357 | 2468 |

圖 四 靈飛象數表

從以上多維空間的直觀圖形看，卦爻與干支的對應關係顯示出清清楚楚，這就是二畫與四象的變化，可以見到六位間應比同功的義理，它依據于最基本的象數。在先秦時應該有人知道了。自秦漢以來，如《卦氣圖》以地支當辟固是，必去震離兌坎實非。繼之，《參同契》已去乾坤坎離，而同《先天圖》。邵雍的《皇極經世書》即如此。相信序卦之次者，乃去中孚小過既濟未濟以湊合之，難免遭到不信象數者所非議。但是，中國純代數的數，事實上早已發展，而純幾何的《周易》象數，在秦代之後未能被人認識，這是十分遺憾的。公元一八四四年格拉斯曼（Grassmann）首先提出多維空間的概念，就是在研究多元代數之後而受到啟發的。中國的「五子六甲」、「五運六氣」等等，本身就具有多元代數的性質。如果卦爻象變化而有多維空間的實質，即使以宋代邵雍《皇極經世書》的年代計算，也已近千年歷史了，遠比格拉斯曼提出的多維空間概念要早。

## ㈡元始天尊的寶珠

正統《道藏》的第一部道教經典是《靈寶無量度人上品妙經》，簡稱《靈寶經》或《靈寶度人經》共六十一卷。它屬《靈寶部》，編入《洞玄》。所以編正統《道藏》時，即以該經人《洞眞》，而爲全道藏之首。如果以三洞的原義而論，則又違背了陸修靜的《三洞經書目錄》次序。《上清經》與《靈寶經》，本來就有相互襲用之處，《靈寶經》爲道教教義與象數的精要所在，可與《上清部》的《大洞眞經三十九篇》等比美。所以歷代對《靈寶經》的反覆加注，決非偶然，它相當於佛教的《華嚴經》，而自有其特色，涵義深奧，值得探索。

據陶貞白《眞誥》說，《靈寶經》爲葛洪從孫葛巢甫重新編造過。唐清溪道士孟安排《道教義樞》說：「葛巢甫以晉隆安之末，傳道士任延慶徐靈期之徒，相傳于世，于今不絕。」按《眞誥》講，《上清經》于升平三年至太和二年（公元三五九-三六七）出現。葛巢甫與葛洪不同，葛洪僅知《黃庭經》，而不知道中《黃庭經》發展成《上清部》諸經。《上清經》可以看作爲一楊二許重新編造過，但他們必須依巫術通神的辦法，借眞人口授而出現。如果以楊羲與許謐、許翽的思想來衡量，就很容易理解這一過程。葛巢甫深知此方法，在自己重新編造《靈寶經》時，也托高祖葛玄的名字。這與造《上清經》要托「眞誥」之名的道理一樣。《眞誥》說：「復有王靈期者，才思綺拔，志規敷道，見葛巢甫造構《靈寶》，風教大盛，深所忿嫉。於是詣許丞，求受上經，丞不相允，王凍露霜雪，幾至性命，許感期誠到，遂復授之。王得經欣耀，退還尋究，知至法不可宣行要言難以顯泄，乃竊加損益，盛其藻麗，依王魏諸傳題目張開造制，以備其錄，並增重詭言，崇貴其道，凡五十餘篇，趨竟之徒，聞其豐博，互來宗稟，傳寫既廣，枝葉繁雜，新舊渾淆，未易甄別，自非已見眞經，實難証辨……。」許丞是指許翽之子許黃民（公元三六一—四二九年）。黃巢甫的年紀，與許黃民相近。王靈期的「張開造制」，即仿效葛巢甫重新編造《靈寶經》的手法。而且可以証明所謂「眞誥」，是與有才思者所作，沒有什麼不同。因此之故，《靈寶經》與《上清經》的相互襲用情況不足爲怪。陸修靜元嘉十四年（公元四三年）作《靈寶經自序》，就是針對這一狀況而加以明辨的。

中國歷史發展到東晉時代，佛教盛行，翻譯的佛經越來越多。道教爲了與佛教相抗衡，也須要杜撰道經。葛洪《抱朴子・遐覽篇》所著錄的道經，達二〇四種六七八卷及大符六六種。

以後數十年道經的增加，主要就分爲《上清經》與《靈寶經》。東晉百年間，道經約增五六百卷，因爲這個緣故，《上清經》與《靈寶經》不僅能夠獨立，而且與葛洪原有的《三皇》合成三洞。

葛巢甫的家世信道之風，再加上魏晉重視氏族門第，葛玄的登眞，葛洪的成就，就已有特殊的社會地位與影響，這都爲葛巢甫研究道教提供優越條件。

原本《靈寶經》產生在漢代，源於陰陽五行之說，即焦京所傳的《周易》象數。在《抱朴子・登步篇》中已有所引証。合「禹步」而言，它已經取《周易》的既濟卦象。《辨問篇》說：「《靈寶經》有正機、平衡、飛繩授袟。凡三篇，皆仙術也。」《遐覽篇》中著錄有該三篇。如果說，《太平經》五十卷與《甲乙經》一百七十卷是二本書，則其間必有與《靈寶經》思想相接近的內容，借用以仙術平治天下的方法。孟法師以《大平經》輔《洞玄靈寶》就是這方面的一個証據。當年葛巢甫所見到的道經中，主要是《靈寶經》與《太平經》爲主的內容，但也羼進過佛教大乘般若思想，並經過相互融合，仍舊用中國固有的象數來表示。故《靈寶無量度人上品妙經》能進一步發展《周易》象數，爲中國古代整體概念的精華所在。今本六十一卷，大義會九備於第一卷，以下六十卷，爲後人所羼人。

《靈寶無量度人品妙經》卷一原文是：「道言：昔於始青天中，碧落空歌，大浮黎土，受元始度人無量上品，元始天尊當說是經周回十過，以召十方，始當詣座，天眞大神，上聖高尊，妙行眞人、無鞅數衆、乘空而來。飛雲丹霄，綠輿瓊輪，羽蓋乘蔭、流精玉光、五色鬱勃，洞渙太空。七日七夜，諸天日月星宿、璇璣玉衡、一時停輪，神風靜默、山海藏雲、天無浮翳、四氣朗清。一國地土、山川林木、緬平一等，無復高下，土皆作碧玉，無有異色。衆眞侍座，元始天尊懸坐空浮五色獅子之上。」這是闡明《周易》象數的一段絕妙記載。元始天尊，是取自於《周易》。《周易．乾彖》說：「大哉乾元，萬物資始。」《周易．繫辭上》說：「天尊地卑，乾坤定矣。」故「元始天尊」取乾天尊貴之實，在於乾元的資始。對於道教來說，要使「元始天尊人格化，先得使《周易》宗教化，找到一個人格化的思想理論基礎，然後才能造神。在此以前，道教以黄老爲主；自東晉起，用玄學老莊。但是這些思想敵不過佛教般若思想，故崇尚黄老的道教，便進一步取《周易》的象數，作爲教義的理論基礎。他們塑造出「元始天尊」的像，駕臨于太上老君之上。這個造神運動開始於葛洪，與老莊關係不大。但從中華傳統文化淵源來講，道家、道教與《周易》原是一個文化學說系統，道教自然歸於《周易》了。上述原文中的所謂「元始天尊懸坐空浮五色獅子之上」，顯然是受佛教影響，因爲在與佛教抗衡時，這種相互融合現象也是正常的，我們不必諱言。所謂「始青天中，碧落空歌，大浮黎土」，是天地人三才之道。「碧落空歌」爲人道，是中國律歷度量衡的整體概念反映。道教重視音樂由此也可以知道。《靈寶無量度人上品妙經》卷一中所說的二次說經十遍，取之于《周易．繫辭上》的「天一地二天三地四天五地六天七地八天九地十」的十數。一次十遍，而「成得長生」，是超越時間概念的形象；十次十遍，而「十方無極天眞大神一時同至」，是超越空間概念的形象。《周易．乾彖》所說的「六位時成」就是這個意思。

位，是空間概念。道教根據二次十遍的理論，具體運用到齋儀上，就有上十方下十方的區分，是由陸修靜增修，代代繼承而又有充實的。上十方，指東、南、西、北、東北、東南、西南、西北、上方、下方；下十方，分天地人三類，屬天者三方為日宮、月宮、星官；屬地者六方為東獄、南獄、西獄、北獄、中獄、水府；屬人者一方為經寶。這上下十方的象數，用的全是《周易》上的象數。上十方者，陰陽五行；下十方者，參天兩地。日月星以計時為參天，猶曆；兩之而六為兩地，以五獄加上水府，才構成為立體竹六合，猶度量衡；人由經寶以參天地，而三才之道全具備了，產生出「始青天中」，「大浮黎土」上的「碧落空歌」境界。

經過如此二次十遍的衆數變化，我們就可以見到寶珠了。《靈寶無量度人上品妙經》說：「……一國男女，傾心歸仰，來者猶可細雨密霧無鞅之衆，進國一半土皆傴陷，非可禁止。於是無始懸一寶珠，大如黍米，在空玄之中，去地五丈。元始登引天眞大神、上聖高尊、妙行眞人、十方無極至眞大神，元鞅數衆，俱人寶珠之中。天人仰看，唯見勃勃從珠口中人。既入珠口，不知所在，國人廓散，地還平正，無復欹陷。元始即於寶珠之內，說經都竟。……」。

這一顆「元始天尊」的寶珠，極為奇特，是道教的神秘所在，為中國古代整體概念的反映，亦即三千大千世界入於一芥子的不可思議境界。這一神秘境界，當時《維摩詰經》已有記載，其後《華嚴經》的十玄門寺大旨基本相似。佛教思維中的象數，集中於《華嚴經》的《阿僧祇品》，數及「不可說不可轉」，猶無窮大的數量級，但以十數為基礎。它與中國陽陰五行的象數大致相通，然而五數遠不如六數之妙用，何況《靈寶經》是在佛教華嚴宗興起之前，就已悟出無始天尊的寶珠。正因為《周易》具有天地人三才貫一之道，葛巢甫取之以度人，此乃一大發明創造。自葛巢甫之後，說寶珠者，代有其人。牧常晁《玄宗直指萬法同歸》、苗太素舉《玄教大公案》等，都是探究元始天尊的寶珠，雖然理通佛教的華嚴宗，但道教特色相當明顯。我們取元牧常晁之說爲例，來進一步論述。他說：「夫寶珠者，玄牡之一也，眞空之妙有也，水火乾元之本也，萬靈之性智也，屬於空去之中，空者，表來處本無也；玄者，表無中生有也；去地五丈者，表五行大衍之圓數也，木火土金水之一貫也。五屬土居中央統攝坎離震兌之四象也。此珠必去地五丈，高無過踰，低無不及，表玄牡一竅始出于五行之首，終居于五炁之中也。元始登引天眞大神等俱入寶珠之中，此表一炁之微，含吐十虛，範圍三級，細無不入、大無不包也。天人仰看，惟見勃勃從珠口中入，此表玄牡一竅爲衆妙之門也。元始以一眞之妙，汲引群生，從如是妙門而入也。既入珠口，不知所在，此表群生同此妙門而歸。由是智游于沖漠，性合于太虛，故曰不知所在也，是以國人睹寶珠之妙，感悟元始之道，故得塵勞廓散，心地悉復平正也。夫心珠廣大，空洞無形，三才萬物，莫不均入，是珠既入于理，夫復何言，故曰說經都竟也。元始以無說而說，衆眞以無問而聞，各悟眞理，反本還源，故曰諸天復位也。智性玄微，非聲非色，悟之則法界全彰，迷之則秋毫不，故曰寂無遺響也。故太上始以寶珠之微示其心迹，終以寂無遺響以會其虛無，此妙有眞空之全體，無無不無之全機。聖人之旨，玄妙難通，必施方便以示群生，使之自求自得之也，故先由珠口如是而入，衆眞從之，開悟人天，必由此門而入也。然群生之身數懷寶，自古及今，初無變易，非但元始獨有是珠也，懷其寶、迷其邦、得其門者鮮矣，且萬法之多、萬言之廣、一珠足以包之，珠之外，經亦奚庸哉！」以寶珠當玄牡一竅，不僅以象數表法，而且以玄機參禪，此乃道教的精華所在。若以象數度人，猶未言四方三十二天。請讀以下原文就可以明白：

東方八天

太皇黃曾天。　帝郁鑒玉明。

太明玉完天。　帝須阿那田。

清明何童天。　帝元霄齊京。

玄胎平育天。　帝劉度內鮮。

元明文舉天。　帝丑法輪。

上明七曜摩夷天。　帝恬懀延。

虛無越衡天。　帝正定光。

太極濛翳天。　帝曲育九昌。

南天八天

赤明和陽天。　帝理禁上真。

玄明恭華天。　帝空謠丑音。

耀明宗飄天。　帝重光明。

竺落皇加天。　帝摩夷妙辯。

虛明堂曜天。　帝阿加婁生。

觀明端靖天。　帝郁密羅千。

玄明恭慶天。　帝龍羅菩提。

太煥極瑤天。　帝宛黎元延。

西方八天

元載孔升天。　帝開真定光。

太安皇崖天。帝婆婁阿貪。
顯定極風天。帝招真童。
始皇孝芒天。帝薩羅婁王。
太皇翁重浮芒天。帝閔巴狂。
元思江由天。帝明梵光。
上揲阮樂天。帝勃勃監。
無極曇誓天。帝飄弩穹隆。

## 北方八天

皓庭霄度天。帝慧覺昏。
淵通元洞天。帝梵行觀生。
太文翰寵妙成天。帝那育丑瑛。
太素秀樂禁上天。帝龍羅覺長。
太虛無上常容天。帝總監鬼神。
太釋玉隆騰勝天。帝渺渺行元。
龍變梵度天。帝運上玄玄。
太極平育賈奕天。帝大擇法門。

按照經文的說法，既入元始天尊的寶珠，就有十萬元極飛天神王長生大聖無量度人。因爲有四方各八天，天有天帝。天與天帝各有其專名。如果詳細研究他們的象數，則發現是全部效法《周易》的。當陰陽五行而五次相生，其數三十二，四方各當八天，有天而有帝，猶卦象陰陽儀各三十二卦。宋代張商英繪成的《三才定位圖》，就是根據道教的這一理論，把寶珠形象化了。

關於寶珠的妙用，可用多維空間相互對偶的形象進一步說明。

相互對偶的形象，因維數而不同。中國有《周易》卦爻對偶的象數，用今天數學語言說，則名之爲（6–12）⟷（6–64）。設⟷爲對偶符號，意即卦與爻皆可當一點。

先以卦講，任何一卦各具六爻，當卦靜爲彖時，自然分爲六爻，而彖當（5–6）的中心。若彖動成卦時，則卦合六爻而成爲一個整體，乃是（6–12）的一頂點。

再以爻講，任何一爻皆分屬于十二爻位之一，當爻靜爲畫時，自然聚合三十二卦中的同位爻，而畫當（5–10）的中心。若畫動爲爻時，乃是（6–64）的一頂點。

以元始天尊的寶珠講，指一點的形象，即指初九乾元，屬（6–64）的一頂點。能靜而爲畫，即乾初九潛龍勿用，則可以對偶成爲（5–10）的胞腔中心。乾初名叫胞腔，有頂點三十二，即陽儀的三十二卦。所謂「一半土皆偏陷」，因爲有初九必有初六，屬（6–64）的另一頂點。初九之靜，亦將靜而爲畫，則對偶成爲（5–10）的午胞腔。此午胞腔，是指無始登引者從珠口中入，導致「國人廓散，地還平正，無復奇陷」。它也有頂點三十二，即陽儀的三十二卦。所以，我們用直觀幾何圖形來表示這顆寶珠就明顯了。

這是指自度自覺的現象。

如果反之，由三十二天與三十二天帝度人的形象，也同樣各有寶珠，是指卦靜爲象時，以當（5-6）的中心。散之，即當（6-64）的十二個頂點的六個頂點，浮有相對的象，散成其他六個二顆寶珠，合陰陽爲六，六又合三才之陰陽爲三。三，猶人本身的三丹田，猶身外的天地人。三才一致，爲玄牡一竅。耳竅在何處呢？在（6-12）或（6-64）的中心。整個空間的中心點，必比胞腔中心的加一維，故與對偶的點，仍爲（6-12）或（6-64）的頂點。因此說，有人有出的對偶，並非寶珠本身。不立六維坐標中心，就辨別不出寶珠的神秘所在。用直觀幾何的圖形去看象，由無窮維而相互對偶成自對偶，其式是：

$$Zn \longleftrightarrow Zn$$

$$n+1 \longleftrightarrow n+1$$

上式n爲維數，前式爲相互對偶，後式爲自對偶。以形象講，必須是5維空間。從上述二式看，是以5爲有，以6爲無，故相對即有，唯一即無。這是道教的神秘所在，它淵源於《周易》象數，也就是《周易》象數的精緻所在。而基本的5維空間，猶及三維爲空間立體，第四維爲時一空連續區，第五維爲天地人三才之道。三才之道，是中國傳統的最具體的象數概念。如果用現代自然科學原理來表達，由四維物理論理轉爲五維生物理論，必也須研究元始天尊的寶珠。可見道教文化的神秘是與自然科學的奧妙聯繫在一起的，我們應該珍惜這一寶庫。

# 承負與輪迴——報應理論建立的考索

林惠勝

## 一、前言：問題的提出

太史公在〈史記·伯夷列傳〉中，慨歎伯夷叔齊的餓死首陽山，而發出對「天道」的困惑，訴盡了千古抱屈不遇之人的不平，他說：

> 或曰：「天道無親，常與善人。」若伯夷叔齊，可謂善人者，非邪？積仁絜行如此而餓死。且七十子之徒，仲尼獨薦顏淵好學，然回也屢空，糟糠不厭，而卒蚤夭。天之報施善人，其何如哉？盜跖日殺不辜，肝人之肉，暴戾恣睢，聚黨數千人，橫行天下，竟以壽終，是尊何德哉？此其尤大彰明較著者也。……余甚惑焉。儻所謂天道，是邪？非邪？[1]

從太史公的這一段牢騷中，可見人們心目中的「天道」，應該是「善有善報，惡有惡報」的，善惡報應必然是一道德金律，才能夠在世俗世界中扮演勸善教化的倫理功能。然而在現實經驗世界中，我們卻常見到相反的事例，如伯夷、叔齊、顏淵等都是善得惡報，而盜跖窮凶極惡，卻得善終。難怪太史公要疑惑：是否有所謂的「天道」呢？

善惡報應的「天道」，是世俗倫理不可廢棄的道德金律，它在世俗的道教化上，扮演著無可替代的角色。但是如何解開太史公的疑惑，建立人們對「天道」的信心？成爲宗教倫理上的重要課題。尤其在亂世之中，人們生命朝不保夕之際，在生命的不安定感中，更易激起人們的反省？東漢末期以來，緊接著魏晉南北朝，連續數百年的動亂，如何在亂世中「安身立命」，是人們必須面對的問題。宗教的慰藉，是撫平人們在遭受戰亂創傷的良方。也是挽回人們在亂世中的頹廢人心的重要力量。

在中國儒家的命論中，不論孔子的「知命」，抑或孟子的「立命說」，都著重在自身修德的優位上❷，雖然君子可以不憂不懼，可以不怨天不尤人。但這個高不可及的理想道德境界，對世俗大衆來說，恍如天方夜譚般，對於亂世中的普泛大衆的安身立命，並無所助益。

東漢後期，佛教的適時傳入❸，加上本土的道教也適時建立起來❹，佛道二教對報應理論各有論述，佛教提出三世輪迴觀念，道教則高倡承負說，適時爲漢末以來的亂世的世俗大衆提供較爲理想安身立命之道，爾後二者適當的融合，成爲中國主流的報應觀。

綜合來說，漢末以來，有三條不同的思想線索，環繞著報應論的建立而展開：一是由王充到列子陽朱篇中，由對報應說的懷疑，而提出的宿命論。一是道教承繼傳統固有的「積善之家必有餘慶」的說法，而提出的「承負」說。一是佛教所傳入的輪迴業報說。前者刺激人們對報應說的反省，後二者試圖圓滿解決人們對天道報應的疑惑，而提出一套自圓其說的報應理論，經由三者不斷的爭論中，逐漸融合成一中國的報應理論。本文即試圖透過對這三者的論述，來探索中國報應理論的建構。

## 二、王充等人對善惡報應的質疑及其分命說

王充是中國最早對善惡報應提出質疑，而試圖提出一套命論來解決這個問題。在《論衡》中，王充提出對善惡報應的質疑，他說：

> 并時遭兵，隱者不中，同日被霜，蔽者不傷。中傷未必惡，隱蔽未必惡。（幸偶篇）

> 秦將白起坑趙降卒於長平之下，四十萬衆同時皆死；春秋之時，敗績之軍，死者蔽草，尸且萬數；……歷陽之都男女俱沒，長平之坑老少並陷。萬數之中，必有長命未當死之人。（命義篇）

> 俱行仁義，禍福不均；並爲仁義，利害不同，晉文修文德，徐偃行仁義，文公以賞賜，偃王以破滅。（幸偶篇）

> 虞舜，聖人也，在世宜蒙全安之福。父頑母嚚，弟象狂，無過見憎，不惡而得罪，不幸甚矣。孔子，舜之次也，生無尺土，周流應聘，削跡絕糧。俱以聖才，並不幸偶。舜尚

遭堯受禪，孔子已死於闕里。以聖人之才，猶不幸偶（禍）；庸人之中，被不幸偶禍，必衆多矣。（幸偶篇）

在這裡王充對善惡報應說提出數點質疑：

1.在天災人禍之際，同時遭禍者往往數萬人，如白起坑殺趙卒四十萬人。這四十萬人一夕間同遭被坑殺的阨運，難道他們的行爲都是一樣，故受到同樣報應嗎？❺

2.同樣的行爲，卻得到完全相反的結果，如晉文公和徐偃王都同樣修文德行仁義，但二人的遭遇卻完全相反，「文公以賞賜，偃王以破滅。」

3.舜和孔子，同樣是聖人，但生前卻遭受阨運，舜猶受禪，孔子卻死於闕里。聖人尚且如此，何況一般庸人，無過受禍，必定不少。

由這些現實經驗世界的具體例證，可以清楚地看出傳統「福善禍淫」的報應說，是有所不足的。

在佛教傳入中國之前，中國並無來世觀念，人死則「形盡氣散」王充也不例外，《論衡·論死篇》曰：

形須氣而成，氣須形而知。天下無獨燃之火，世間安得有無體獨存之精？……人之死，猶火之滅也。火滅而耀不照，人死而知不慧，二宜同一實。

因此，報應只能從有限的現世生命來談，但是在現實的人世經驗中，「善有善報，惡有惡報」，並非一放諸四海而皆準的道德金律。因此它的勸善功能也大打折扣。王充面對這個問題，並不止是單純的慨歎天道的不公，而是進一步提出性命分立說，試圖解決這個問題，在《論衡・命義篇》中，他說：

> 夫性與命異。或性善而命凶，或性惡而命吉。操行善惡者，性也；福禍吉凶命也。或行善而得禍，是性善而命凶；或行惡而得福，是性惡而命吉也。性自有善惡，命自有吉凶。

王充的性命分立說，實際上割斷行為善惡與結果禍福二者之間的因果關係，也就是完全否定善惡報應說。認為行為的善惡是道德與否的問題，是屬於「性」的範疇；而人們現實的際遇——吉凶禍福，是偶然的，與道德無關，它是屬於「命」的範疇。性與命二者是各自獨立且不相聯繫的。因此現實經驗中，行為善惡與果報的不相應，也就不成問題。

王充的性命分立說，可能會有兩種不同的走向：一是傳統儒家的走向，他們肯定「命」但對命卻抱持存而不論的態度，而專力由「性」上著手，以成就道德的完善的積極人生觀，如孔子雖然「五十而知天命」（《論語・為政篇》）但是孔子卻罕言「命」（《論語・子罕篇》）。孔子的罕言「命」，可以說是一種存而不論的態度。在《孟子・盡心下》有一更清楚的論述，說明性命的分際，孟子說：

口之於味也，目之於色也，耳之於聲也，鼻之於臭也，四肢之於安佚也，性也，有命焉，君子不謂性也；仁之於父子也，義之於君臣也，禮之於賓主也，智之於賢者也，聖人之於天道也，命也，有性焉，君子不謂命也。

孟子在文中，明顯的將性命分立，尤其是君子對於性、命更有他獨特的體認。孟子以為口、目、耳、鼻、四肢的享受，「君子不謂性」，也就是說它應該屬「命」；相反的仁義禮智聖等道德的成就，「君子不謂命」，那麼它們是屬於「性」的範疇。對於「命」，它是人力所無法掌握的，所以只好存而不論；但對「性」卻是只能靠人們自力的完成，它才是人們應該努力的目標。文中孟子又強調「君子」，不正指出儒家的道德論述的屬性，是不必然為普泛大衆所能理解實踐的嗎？

其次性命分立說的另一可能走向是著重在「命」。然而他們也由現實經驗中體認到「命」——人世的吉凶禍福是人力無法改變的，所以只有「任命」「安命」，屈服在「命」的主宰之下，流於消極的「宿命觀」。王充、列子一系有道家自然主義傾向的思想家，往往執持這個觀點，而且在漢末魏晉南北朝的亂世中，也造成不小的影響，甚至說，它是魏晉思潮的主流也不為過。

王充也有「宿命」的思想傾向，他提出了「幸偶」說，認為人世間的富貴、貧賤、壽夭、禍福都是命定，它是不可移易的，《論衡·命祿篇》說：

凡人遇偶及遭累害，皆由命也。有死生壽夭之命，有富貴貧賤之命。……臨事知愚，操行清濁，性與才也；仕宦貴賤，治產貧富，命與時也。命則不可勉，時則不可易。

「命則不可勉，時則不可易」，而性與才又由人降生時稟氣清濁厚薄來決定，因此人只有生存在宿命的宰制之下。在《列子．力命篇》中，有更強烈的宿命傾向，它也是針對善惡報應的質疑出發，借由「力」與「命」的對話，來陳述自己的「命論」他說：

力謂命曰：若之功奚我若哉？

命曰：汝奚功於物而欲比朕？

力曰：壽夭、窮達、貴賤、貧富，我力之所能也。

命曰：彭祖之智不出堯舜之上而壽八百，顏淵之才不出衆人之下而壽四八，仲尼之德不出諸侯之下而困於陳蔡，殷紂之行不出三仁之上而居君位。季札無爵於吳田，恒專有齊國；夷齊餓於首陽，季氏富於展禽。若汝力之所能，奈何壽彼而夭此，窮聖而達逆，賤賢而貴愚，貧善而富惡邪？

力：若如若言，我固無功於物，而物若此邪？此則若之所制邪？

命：既謂之命，柰何有制之者邪？朕直而推之，曲而任之。自壽自夭，自窮自達，自貴自賤，自富自貧。朕豈能識之哉！朕豈能識之哉！

「力」與「命」的對談，主要在討論壽夭、窮達、貴賤、貧富與人的聖逆、賢愚、善惡的關係，也就是人世的遭遇（命）與道德行爲（命）的關係。《列子》用「力」來表示道德行爲，表示它是人可以作主的；相反的，用「命」來表示人的禍福遭遇，也蘊含著它是人力所無法掌握的。在一般世俗的報應觀念中，二者是具有某種相應的關係：聖、賢、善與壽、達、貴、富是相應，逆、愚、惡與夭、窮、賤、貧相應。「力」認爲人可以透過後天的努力，達到聖、賢、善，則必定可以得到壽、達、貴、富。相反的，若是爲逆、愚、惡，必應該得到夭、窮、賤、貧的報應。這是世俗一般善有善報，惡有惡報的觀念，在這個觀點下，不止「力」是人們可以作主，「命」也可以經由「力」來掌握它。但在上文中，「命」則以經驗上的事實，反證福善禍淫的律則，提出現實中確有「壽彼而夭此，窮聖而達逆，賤賢而貴愚，貧善而富惡」的例子，來否證這個律則，否證壽夭、窮達、貴賤、貧富與聖逆、賢愚、善惡的對應關係，因此人們也就不可能透過自己的努力而得到善的報應，而作惡也不妨得到善報。

其次壽夭與善惡的對應關係，「有制之者耶？」，就「力」的觀點說，有一個主宰者的存在以主宰人的壽夭、窮達、貴賤、貧富。或許可稱作「天」。天能夠福善禍淫，人們可以經由修德而得福。所以說「力」，也不是眞的完全自力，依然有一外力的主宰者，來主宰著人的福禍，只是它遵循著「福善禍淫」的原則，來進行對人類支配而已。因此「力」一直追問「孰制之」？顯然的，在他的理念中，確有一「制之者」的存在。相反的，人們一談到「命」，總會不期然的認爲有一個主宰者，來主宰「命」。但是《列子》否定有一主宰者來主宰「命」，所以說「既謂之命，柰何有制之者邪？」壽夭、窮達、貴賤、貧富與聖逆、賢愚、善惡之間，也就不再存有相應的關係，「德」與「命」乃是不同的概念，而分別來自於「天」（自然）。有人厚於德而薄於命，也有人薄於德而厚於命，所以「壽彼而夭此，窮聖而達逆，賤賢而貴愚，貧善而富惡」也就沒有可奇怪的了。那麼壽夭、窮達、貴賤、貧富如何而來呢？「命」提出「自壽自夭，自窮自達，自貴自賤，自富自貧」亦即壽夭窮達乃是「不由天，不由人，亦不由鬼」，而是「不知其所以然而然」的「命也」

從「力」與「命」的對談中，《列子》顯然地是站在「命」的一邊，《命》即代表《列子》的觀點。在《命》的觀點下，人又如何自處呢？列子提出「直而推之，曲而任之。」蓋《列子》既認爲有一主宰者的存在，而命與德又無關係，富貴窮達只是「自窮自達，自貴自賤，自富自貧」，因此「迎天意，揣利害，不如其已」，只有安分的「知時安命」而已，所以〈力命篇〉又說：

> 死生自命也，貧窮自時也。怨夭折者，不知命者也；怨貧窮者，不知時者也。當死不懼，在窮不戚，知命安時也。……唯無所量（如少智之人），亡所不量（多智之人），則全而無喪。

綜合來說，王充等對善惡報應說的質疑，而且能正視這個問題，由性命分立說中，提出「遭命論」，來試圖解決這些問題。但是他的解決方式，只是割斷報應中行爲與果報之間的因果鎖鍊，而淪入命定的宿命窠臼中，同時也抽離報應說中最重要的道德教化意義，而喪失了它在倫理學上的意義。然而王充的質疑，正留給後人思考的空間，從另外的方向來解決這些問題。道教的承負及佛教的輪迴，正是兩種不同的思考方式。

在後來有關神滅不滅的重要爭論中，主張神滅論者，往往提出「分命」說，反對佛教三世輪迴報應說，如戴逵在〈釋疑論〉中，提出「賢愚善惡，脩短窮達，各有分命，非積行所致」（〈弘明集〉卷十八，頁二二二，下，大正藏，史傳部四），〈與遠法師〉中也說：「脩短窮達，自有定分，積善積惡之談，蓋是勸教之言耳。」（同上，頁二二二，中）范縝在提出神滅論之餘，更以「人生如樹花」的偶然論，來反駁因果之說，他說：

> 人生如樹花同發，隨風而墜。自有拂帘幌墜於茵席之上，自有關籬牆落於糞溷之中，……貴賤雖復殊途，因果竟在何處。

朱世卿也有類似的說法，他在〈法性自然論〉中提出：

> 人爲生最靈，膺自然之秀氣，稟妍蚩盈減之質，懷哀樂喜怒之情，挺窮達脩短之命，封智愚善惡之性。夫哀樂喜怒伏之於情，感物而動窮達脩短藏之於命，事至而後明，妍蚩盈減著之於形，有生而表見，智愚善惡封之於性，觸用而顯徹。此八句者，皆由自然之數，無有造爲之者。……蓋聖人設權巧以成教，借事似以勸威。見強勇之暴寡怯也，懼

刑戮之弗禁，乃陳禍淫之威；傷敦善之不勸也，知性命之不可易，序福善以獎之。故聽其言也，似若無爽；徵其事也，萬不一驗。……故性命之理，先聖之所憚說；善惡報應，天道有常而關哉。（同上，卷二十二，頁二五五，上）

他也提出與范縝相似的譬喻，曰：

譬如溫風轉華，寒飆颺雪，有委溲糞之下，有參玉階之上。風飆無心於厚薄，而華霰有穢淨之殊途；天道無心於愛憎，而性命有窮通之異術。

由這類況法的流行，正說明了承自王充以來的性命分說，傾向消極宿命觀的流行，這也是佛教三世輪迴報應說所必須面對的問題。

## 三、太平經中的承負說

中國遠在周代以前，就有福善禍淫的報應觀念，如《尚書·湯誥》所謂「天道福善禍淫」，或〈尹訓〉上說：「惟上帝不常，作善降之百祥，作不善降之百殃。」它承認有一主宰報應的「上帝」的存在，而報應的主體則無明確說明。在《周易·坤·文言》中較明白的提出「積善之家有餘慶，積不善之家有餘殃」，以家為報應的單位，祖先的所作所為，將給自

身、家族、子孫帶來報應。在《國語》中也有類似的記載,《國語・周語》載太子晉之言,曰:

靈王二十二年……太子晉諫曰:我自先王厲宣、幽、平而貪天禍,至於今而未彌;我又章之,懼長及子孫,王室其愈卑乎?

源起中國本土的道教,基本上承繼這種思想,而提倡「承負」說。道教的承負說,主要反映在《太平經》中。所謂「承負」,在《太平經》〈解師策書訣第五十〉上說:

不知承與負,同邪異邪?

然。承者爲前,負者爲後。承者迺謂先人本承天心而行,小小失之,不自知,用日積久,相聚爲多。今後生人反無辜蒙其過謫,連傳被其災,故前爲承,後爲負也。負者,流災亦不由一人之治,比連不平,前後更相負,故名之爲負。負者,迺先人負於後生者也。❻

所謂承與負實際上是一樣的,只是立說的立場不同而已。就後生人即是子孫的立場來說,子孫必須承受祖先行爲所遺留的後果,這是「承」;若就祖先的立場上說,則祖先的行爲,可能爲子孫帶來相應的福禍,這是「負」。

承負說的提出，除了正面的教善作用外，最重要的是它體認到「福善禍淫」的說法，雖有教善的教化作用，但在現實經驗中，善行惡報惡得善報的天道不公的現象，是屢見不鮮的，而這正是福善禍淫在勸善教化中的致命傷。前人無奈的感歎，如孔子的感歎冉伯牛的惡疾，說「斯人也而有斯疾」（《論語・雍也篇》），並無法解決天道不公的問題。《太平經》乃能正視這個問題，「後生人反無辜蒙其過謫，連傳被其災」，由此出發，而提出承負說，在〈解承負訣〉中，明確點出：

> 凡人之行，或有力行善，反常得惡；或有力行惡，反得善。因自言爲賢者非也。力行善反得惡者，是承負先人之過，流前後積來害此人也。其行惡反得善者，是先人深有積畜大功，來流及此人也。（頁二十二）。

承負說的提出可就兩方面來瞭解：

就「承」方面來說，我們現在的福禍報應，如果與行爲的善惡不相應，如「有力行善，反常得惡；力行惡，反得善」並不是報應的不公，而是我們承受先人的行爲所致，因此不能以此怨天尤人，憤怨天道的不公。

就「負」的方面來說，我們現在的行爲，都可能「負於後生」，因此我們不只要爲自己，而且也要爲後世子孫著想，所以。

> 爲人先生祖父母不容易也，當爲後生計者，可毋使子孫有承負之厄。（〈樂生得天心法第五十四〉，頁八十）
>
> 凡人所以有過責者，皆由不能善自養，悉失其綱紀，故有承負之責也。比若父母失至道德，有過於鄰里，後生其子孫，反爲鄰里所害，是即明承負之責也。（〈試文書大信法第四十七〉，頁五十四）

除了《太平經》之外，在其他早期的道教經典中也有類似的說法，如〈老子河上公注〉中說：

> 修道於家，父慈子孝，兄友弟順，夫信妻正，其德如是，乃有餘慶及於來世子孫。

所謂「來世」顯然與下文「子孫」相連，是指後代的子孫而言[7]〈老子想爾注〉也說：

> 傷殺不應度，其殃禍反還人身，及子孫。

承負說由子孫來承負祖先行爲善惡的報應，那麼我們不禁要問：子孫爲什麼必須承負先人所種的因呢？就善惡報應的理論來說，它要能夠達到道德教化的意義，則行爲者的善惡行爲與受報者的福禍遭遇，二者必須是具有一致性的。它含有二層意義：一、行爲者與受報者之間的一致性；二、行爲與報應間必須有質量的一致性。就前者來說，祖先的行爲善惡，要由子孫來承負福禍的報應，子孫們是否也可以大聲疾呼「爲什麼我們要承擔先人所造惡業的惡果呢？」祖先們也可放心的爲非作歹，「凡正惡果不一定由我來承擔，凡正有後世子孫來承擔，而且這個後世在時間的無限延展下，可能不知要多少世了呢？」因此承負說必須說明祖先與子孫的關係，並證明他們是有一致性的，如此承負說才有道德教化上的意義。源於中國本土的道教，不可避免的要在中國固有的文化情境中生長。中國自古就非常重視血緣的關係，周代建立的宗法制度，以嫡長子繼承代替商代的兄終弟及，是文化上的重要關鍵❽，由此建立了以父子軸爲中心的血緣關係網絡，父子相繼，因而推及祖先與子孫間的一致性❾。承負說即在這種文化情境中，建立了它的報應說的合理性。

其次，誰來保證和宰控報應的實現呢？基本上道教肯定天或上帝的存在，而且它是有意志的，主宰人們的善惡的賞罰，〈瑞議訓訣第一百十四〉說：

> 夫天地之性，自古到今，善者致善，惡者致惡，正者致正，邪者致邪，此自然之術，無可怪也。故人心端正清靜，至誠感天，無有惡意，瑞應善物爲其出。……諸邪用心佞僞，皆爲善應，此天地之大明徵。（《太平經》卷一〇八，頁五一二）

此段文字先說明「善者致善，惡者致惡」是從古到今的自然之術。自古到今就已表明它是具有普遍性不易法則。其次致善、致惡的「致」是「至誠感天」的結果，即是「天」所給予的，亦即天是具有賞罰的權威的。而天所以「賞善罰惡」，乃在於天的善怒意志的表現，天是喜人爲善而惡人爲惡的，故〈萬二千國始火始氣訣第一百三十四〉曰：「天地睹人有道德爲善，則大喜；見人爲惡，則大怒忿忿」（卷九十二，頁三七四）。

天對於人的「賞善罰惡」，正是天志的表現。然而天如何來瞭解人的善惡，以確定執行他的賞罰呢？《太平經》中提出：天派遣「身中神」或「司命」來監督人的一言一行，因此對於人的行爲，「天遣神往記之。過無大小，天皆知之。」（頁五二六）而且這個神就是身中神，〈錄身正神法〉曰：「爲善亦神自知之，惡亦神自知之，非爲他神，乃身中神也。」（頁一二）又有司命，近在胸心，司人是非，〈見誡不觸惡訣第一百九十五〉曰：「司命近在胸心，不離人遠，司人是非，有過則退，何有失時，輒減人年命」（頁六〇〇）所以人們的行爲，幾乎無法逃離天的耳目，天能過對人的善惡，無不知之，故能公平的行其賞罰。

《太平經》中無輪迴來世觀念❿，它認爲人死不能再生，〈冤流災求奇方訣〉曰：

> 死乃盡滅，盡成灰土，將不復見。今人居天地之間，從天地開闢以來，人人各一生，不得再生也。自有名字爲人，人者，乃中和凡物之長也，而尊且貴，與天地相似；今一死，乃終古窮天畢地，不得復見自名爲人也，不復起行也。（卷九十，頁三四〇）

又卷七十二〈不用大言無效訣〉曰：

凡天下人死亡，非小事也。壹死，終古不得復見天地日月也，脈骨成塗土。死命，重事也。人居天地之間，人人得壹生，不得重生也。重生者，獨得道人，死而復生，尸解者耳。是者，天地所私，萬萬未有一人也。故凡人壹死，不復得生也，故當大備之。（頁二九八）[11]

道教的終極目標，乃在於「長生成仙」，因此它對於現世的生命極爲重視。所以它說：死亡是重事，非小事。蓋人死則盡滅，這依然人死則形盡神滅的傳統觀點。在重生、樂生的基礎上，也就特別重視「壽」，〈師策文〉謂：「樂莫樂乎長安市，使人壽若西王母。」（頁六十二）樂生、長壽是人們高大的期望，因此善惡報應也反映在壽命的長短上，以「除算減年」或「增命益年」爲賞罰。所以說：「善自命長，惡自命短。」（頁五二五）。「天遣神往記之。過無大小，天皆知之，簿疏善惡之籍，歲日月拘校，前後除算減年。……算盡當入土，衍流後生。」（頁五二六）又曰：「有善者，財小過除，竟其年耳。如有大功，增命益年。」（頁五三七）

綜合來說，道教的承負說，是在中國固有的文化情境中長，它在父子軸爲中心的基礎上，說明善惡報應說的合理性。又肯定主宰神的存在，以公平的執行福善禍淫的報應。又基於「長生」「樂生」的要求，而將報應反映在「減年」「益年」上，成爲具有道教面目的報應理論。雖然它是建立在「積善之家有餘慶，積不善之家有餘殃」的原型基礎上，但顯然的，它是更具有理論的完整性。

## 四、佛教的三世輪迴說

報應之說是佛教的根本義⑫，東漢後期佛教傳入中國，佛教中的業報輪迴說，也適時的爲中國原有的報應說的缺憾，提出一新的思考方式。道安在〈二教論〉中說：

易曰：「積善必有餘慶，積惡必有餘殃。而商臣肆惡乃獲長壽，顏子庶幾而致早終，伯牛含沖和而納吉，盜跖抱凶悖而輕強，斯皆善惡無徵，生茲惘惑。若無釋教，則此塗永蹎矣。⑬

太史公對「天道」的慨歎，是報應說必須面對的課題，宗炳在〈明佛論〉中提到「今世之所以慢福禍於天道者，類若史遷感伯夷而慨者也。夫孔聖豈妄說也哉，稱積善餘慶，積惡餘殃，而顏冉夭疾，厥胤蔑聞，商臣考終而莊周（則）賢霸，凡若此類皆理不可通。然理豈有無通者乎？則納慶後身，後殃三塗之說，不得不信矣！」（〈弘明集〉，頁一四，下）道安則明確的指出惟有佛教才能解決「善惡無徵」，即太史對「天道」有無的疑惑。佛教的解決之道，在於它所提出的三報說。因此道安接著闡述佛教的「三報」之說，力陳「緣有強弱，報有遲速」之理。（同上）對於「三報說」的論述，慧遠著〈三報論〉一文，闡述此義，說：

經說：「業有三報：一曰現報，二曰生報，三曰後報。」現報者，善惡始於此身即此身受；生報者，來生便受；後報者，或二三身百生千生，然後乃受。受之無主，必由於心。心無定司，感事而應；應有遲速，故報有先後。先後雖異，咸隨所遇而爲對。對有強弱，故輕重不同。斯乃自然之賞罰，三報之大略也。世或有積善而殃集，或有凶邪而致慶，此皆現業未就而前行始應，故曰：貞祥遇禍，妖孽見福，疑似之嫌，於是乎在？……

何者？倚伏之勢，定於在昔，冥符告命，潛相迴換。故令福禍之氣交謝於六道，善惡之報殊錯而兩行。是使事應之際，愚智同惑，謂積善之無慶，積惡之無殃。感神明而悲所遇（愚），慨天殃（喪）之於善人，咸謂名教之書（盡）無宗於上，遂使大道翳於小成。以正言爲善誘，應心求實，必至理之無此。原其所由，由世典以一生爲限不明其外。其外未明，故尋理者，自畢於視聽之，內此先王即民心而通其分，以耳目爲關鍵者也。如今（令）合內外之道，以求弘教之情，則知理會之必同，不惑衆塗而駭其異。若能覽三報以觀窮通之分，則尼父之于答仲由，顏冉對聖匠而如愚，皆可知矣。（〈弘明集〉卷五，頁三十四中）

慧遠的〈三報論〉下，有一附題：「因俗人疑善惡無現驗作。」正點明他作三報論的目的，是針對善惡報應的無徵而作的，也說明了這個問題是具有普遍性的。首先他擴延人類生命的時間性，將人們當生的一世間，展延爲三世，所謂的三世包括前世、現世、來世，前世可以是過去的無限回溯，來世也可以是未來的無限延伸，因此三世可以說是時間性的無限放大。善惡報應是指在三世間，即無限的時間之環中的必然法則，並非限於人們有限生命的當世。而有所謂善惡無徵的問題，是由於世人將人的生命只限於一生之中，而不明一生之外的三世之理，所謂「世典以一生爲限不明其外。其外未明，故尋理者，自畢於視聽之，內此先王即民心而通其分，以耳目爲關鍵者也。」（同上）佛教認爲人不止是當生的現世，而是有三世的，於是有所謂的三報：現報、生報、後報，來說明報應的遲速。人在現世所作所爲，行善作惡，在佛教上來說，就是造業，業有善業、惡業、無記業三種，造善業得善果，造惡業得惡果，無記業則非善非惡，因此也與果報無關。人在現世所造的「業」，並不隨著人們肉體的死亡而消失，它會隨著人的輪迴，而不斷地積累延續。人在現世的果報，乃是依循著個人前世、今世所造的業，而產生相應的果報。

世俗對報應的懷疑，只見於現報，而無視於生報、後報。因此「世或有積善而殃集，或有凶邪而致慶」，這終是「倚伏之勢，定於在昔」。也就是由於他的前世所造的業，今世所承受的果報。所以積善而殃集，或由於前世行惡的果；相反的凶邪致慶，則或由於前世造的善因之故。因此合三世來說，因果報應是昭然不爽的。

然而三報說將報應的時間性，由一世延長至三世，而三世也可以說是時間的無限放，因此雖然一定會受到報應，但是何時受到報應也就渺遠難測，如此不免也減弱了報應說在倫理教化上的意義。

佛教認爲因果應是個不變的道德金律，那麼由誰來執行報應呢？佛教反對最高主宰「神」的存在，慧遠在〈明報應論〉上說：

心以善惡爲形聲，報以罪福爲影響。本以感情而應自來，豈有幽司？然罪福之應，唯其所感，感之而然，謂之自然。自然者，即我之影響耳。于夫主宰，復何功哉？」（〈弘明集〉卷五，頁三十三，下）

慧遠否定幽司、主宰的存在，來主宰報應，這是符合佛教的觀點，他認爲報應的執行是「自然」的，即行爲的善惡與福禍報應是「同類相感」，而這種「相感」是「自然」，也是必然的法則⑭並不必有一主宰者來執行報應的運作。顏延之更明白的指出「物無妄然，各以類感，善惡之報，勢猶影表，不慮自來。」（卷四）以「類感」來說明善惡與福禍的報應，這種「類感」的思維方式是中國的固有的觀念，顏延之將它融入報應說中，使報應說在在否定公正的上帝之餘，尚能保留必然客觀規律的外觀。但是問題是如何說明善與福，惡與禍二者是同類呢？善、惡是道德範疇的概念，而福禍只是指人的遭遇而言，並無道德意含，二者如何聯繫起來，來說明他它是同類呢？何況又如何保證同類「相應」的必然性呢？

佛教將人類的生命展延至無限的永恒，而大談三世因果報應。但是現實的經驗中，人類的生命爲有限的存在，是無法否認的經驗事實，如何在顧及有限的現世生命，而論述三世呢？這是佛教三世報應說不可避免的重要問題。佛教提出形神分離，形有盡而神不滅的「神不滅論」的主張，強調「神不滅」，來說明人的生命並不限於有限的形體，形體雖然會死亡滅盡，但「神」卻是不滅的，因此人的生命並不止於一世，不滅的「神」爲三世說的張本。其次不滅的「

神」也就順理成章的成爲報應的主體。不止於是，「神」也是解脫入涅槃的基石⑮。而神滅不滅的有關形神問題，也是當時重要的基源問題之一⑯。

有關神滅問題，在王充的論衡中已提到，他說：「夫人之精神猶物之精神也。……人與物同死，而精神亦滅。」在王充的命論中，他的神滅說是可以瞭解的。但是這種人死則形神俱滅的說法，與佛教的三世報應說是相悖的。因此佛教學者必也大力反駁神滅之說，而高倡神不滅論。早在牟子〈理惑論〉中已提到這個問題，他說：「神魂固不滅矣，但身自朽爛耳。身譬如五穀之根葉，神魂如五穀之種實，根葉生必當死，種實豈有終亡。」（〈弘明集〉卷一，大正二一〇，三中）

對於神滅不滅的爭論一直延續下來，先有晉宗炳與何承天的爭辯，直至范縝的〈神滅論〉出，而達到高峰。蕭琛〈難神滅論〉序謂「范鎭著神滅論，以明無佛，自謂辯摧衆口，日服千人。」（〈弘明集〉卷九，二一〇二，頁五十四下）梁武帝更下令答辯，答者有六十餘人，詳見〈弘明集〉卷九、十。今范縝〈神滅論〉的全文已不可見，曹思文〈難范中書思神滅論〉謂：「竊見范縝神滅論，爲賓主，遂有三十餘條。」（同上，五八中）可見〈神滅論〉的形式大要，又在蕭琛的〈難神滅論〉中，引其說而逐條辯難，由蕭氏的引文中，更可見〈神滅論〉內容的梗概。

在中國古代思潮中，關於神形問題，常以薪、火關係作爲比喻。在神滅問題的論辯中，雙方常引用薪火的比喻，由這個譬喻的不同解釋，更可見雙方問題的關鍵所在。在主張神滅者，如何承天在〈釋均善難〉中解釋薪火之喻，曰：

云：人形至麤，人神實妙，以形從神，豈得齊終？

曰：形神相資，古人譬以薪火，薪弊火微，薪盡火滅。雖有其妙，豈能獨傳。（〈弘明集〉卷三，一九上）

主張神不滅者，對這個譬喻的詮釋則不同，如：

又云：形神相資，古人譬以薪火，薪弊火微，薪盡火滅。雖有其妙，豈能獨存。夫火者薪之所生，神非形之所作。意有精粗，感而得，形隨之。精神極則超形獨存，無形而神存，法身常住之謂也。（宗炳〈答何衡陽難釋白黑論〉，同上，二十一上）

夫火，因薪則有火，無薪則無火。薪雖所以生火，而非火之本。火本自在，因薪爲用耳。……形神相資亦猶此矣。相資相因，生塗所由耳，安在有形則神存，無形則神盡？……當薪之在水（火）則火盡，出水（火）則火生，一薪未改而火前期，神不賴形又如茲矣，神不待形可以悟矣。（鄭道子〈神不滅論〉，同上二八，中）

以實火之傳於薪，猶神之傳於形；火之傳異薪，猶神之傳異形。前薪非後薪，則知指窮之術妙；前形非後形，則悟情數之感深。惑者見形朽於一生，便以爲神情俱喪，猶睹火窮於一木，謂終期都盡耳。（慧遠〈沙門不敬王者論形盡神不滅第五〉，同上，三十二上）

由上文薪火喻的不同詮釋，可以將神滅、不滅兩者的不同歸納爲如下數點：

1.神滅論者主張形、神二者是二而一的，如范縝〈神滅論〉謂：「神即形也，形即神也。是以形存則神存，形滅則神滅。」因此形、神也不可以精粗分；神不滅論者則認爲形、神是不同的，形粗而神精。鄭鮮之，更由來源上把神分爲兩途，他說：「形與氣俱運，神與妙同流」，這樣也使神與氣徹底的脫離。

2.神滅論者以爲形神相資，不可分離，無形則無神，形盡神滅；神不滅論者則認爲形神是可以分離的，神可超越形而獨存，因此形有盡無妨於神的無窮。

3.神滅論者以爲形神是相資相待的，不能獨存；神不滅論者則凸顯出神的地位，認爲神不待形，乃因形以爲用也。

4.神滅論者以爲形神的相資是一對一的絕對關係，如慧遠所說，是「火窮於一木」；神不滅論者則以爲神的資形爲用是暫時的，它可以不斷的更換不同的形以爲用。

5.神滅論者，往往持氣一元論的觀點，以爲形神都屬於氣，人的生死是氣的聚散，氣聚則形神與之生，氣散則形神俱滅。而神不滅論者則試圖擺脫氣一元論的窠臼，而有神氣二元的傾向，認爲形是屬於氣的範疇，氣散則形盡，神則是超乎形氣的永恒存在，不隨形氣而生滅。

由佛教對神不滅的論證，及形神關係的立論中，再回到三世輪迴報應說中，則人的軀體猶如形而已，是神的暫寓而已；人的軀體的死亡，如形之有盡，而無妨於神的無窮。輪迴報應的主體，並不在於有限的軀體，而是在於不滅的神。所以所謂的生報、後報，乃是指生身（或前生）所造的業隨著不滅的神，轉移寄寓在不同形，現世的形體是背負著前世的業，而得到應有的果報。因此造業的行爲者與果報的承受者是同一的，或許只是同一的神寄寓在不同的形罷了。所以佛教的果報說，是一種自作自受，不能轉移的，即使父子也是一樣，故西晉白法祖譯《佛般泥洹經下》曰：

> 佛告阿難……天地有成敗，無不棄身者。善惡隨身：父有過惡，子不獲殃；子有過惡，父不獲殃。各有生死，善惡殃咎，各隨其身。

同樣的生命也就並不是如王充等所說的，是一種幸偶，而是很嚴肅的隨著前世積累的業而決定的，因此生命本身就不是宿命的他定，而是業報的自力所決定。所以宗炳謂「神之不滅及緣會之理，積習而聖」（〈明佛論〉，同上，十上）正說明了佛教報應說中的自力意義。

## 五、結　論

經由前文的分析，我們可以把漢末魏晉以來的報應說，總結如下表：

| | 報應態度 | 報應主宰 | 報應單位 | 作受關係 | 生命長短 | 死亡 | 形神關係 | 生命目標 | 生命態度 | 缺失 |
|---|---|---|---|---|---|---|---|---|---|---|
| 儒家 | | | | | 現世 | | | 立命 | 積極 | 立義過高 |
| 王充※ | 否定 | 否定 | | | 現世 | 滅絕 | 合（一元） | 任命 | 消極 | 消極宿命 |
| 道教 | 肯定 | 肯定 | 家族 | 家族血緣 | 現世 | 滅絕 | 合（一元） | 長生 | 積極 | 世襲 |
| 佛教※※ | 肯定 | 否定 | 個人 | 自己前後世 | 三世 | 形盡神不滅 | 分（二元） | 捨離 | 積極 | 三世邈遠 |

註：※王充代表王充、列子等有道家傾向的自然主義的思想家。

※※本文所說佛教僅就漢魏晉時代初傳中國的佛教而言。

善惡報應是倫理教化中的重要課題，傳統儒家的立命說，雖然能夠正視生命的積極意義，但是陳義過高，而且連孔子聖人，面對現實的阨運，也只有無奈的慨歎冉伯牛「斯人也而有斯疾」，或對顏淵不幸的早夭，表現出無限的歎息。在知其不可爲而爲之的積極生命態度中，也只能知其不可奈何而安之若命，以求自己的心安[17]。然而對於斗筲小民，如何能要求他們自求心安，而不伎不求呢？王充一流的任命說，不免流於消極的宿命觀，他們對於善惡報應說的質疑否定，雖能正視現實經驗世界的事實[18]，但就倫理教化上來說，這種論述是沒有倫理意義的。道教的承負說，是立基於中國傳統的以父子軸爲中心的家族觀念之中，在血緣的基礎上，延續報應主體的生命，使報應說合理化。但不免於戴逵的質疑……「善有常門，惡有定族。」（〈周居士書〉，《廣弘明集》卷一八），佛教的三世輪迴之說，雖然也能合理善惡報應，但是它是立基於以個人爲中心的立論，與中國傳統家族血緣聯繫的觀念不合，何況三世邈遠，不免稍化減其立教的說服力。

中國重視「融合」的思維方式[19]，顯然的，在較佳的合理教化要求下，各家的報應說，作適當的融通，如佛教的六道輪迴中的地獄，與中國原有的泰山崇拜的結合，將地獄的種種苦狀的極力張揚之下，更加強其懲惡的教化意義。在佛道的激烈競爭下，也漸互相融合，如道教逐漸接受佛教的三世之說，佛教也逐漸接受血緣關係的連續性，而承認父子軸間作業與承受果報的合理性[20]，而成爲具有中國特色的兼顧血緣關係的三世輪迴的報應論。

## 註釋

❶ 太史公的這段概歎，又屢見於魏晉時人討論有關報應問題的論述中，如所見這是報應問題的重要基源所在。

❷ 有關孔孟的命論，詳參唐君毅《中國哲學原論·導論篇》第十六章 原命上，孔子之知命及孟子之立命諸節，頁五三二—五四七，學生書局，七十五年九月。

❸ 佛教何時傳入中國，異說紛紜，詳參湯用彤《漢魏兩晉南北朝佛教史》第一、二章之考證。唯佛教初入中國，以宗教的面目依附道術，率以黃老、浮屠並稱，楚王英「尚黃老之微言，尚浮屠之仁祠」，又桓帝延熹九年，襄楷上疏：「聞宮中立黃老、浮屠之祠」。至桓靈之際，安世高、支讖相繼來，經由佛典的翻譯，佛教的教義，始大明於世。

❹ 道教的建立是在中國古代的宗教巫術信仰的基礎上，沿著方仙道、黃老道的路子，以道家思想爲主體，再吸收陰陽、墨家、儒家之思想，而逐漸融合、發展而成，至東漢張陵創五斗米道，張角太平道，道教始眞正成立。任繼愈謂：「道教的產生，大致可以把《太平經》《周易參同契》《老子想爾注》三書看成道教信仰和道教理論形成的標誌；把太平道和五斗米道看成道教活動和道教實體出現的標誌。」（見氏主編《中國道教史》頁九，上海人民出版社，一九九〇，六月一版）

❺ 白起坑殺趙卒四十萬人及因疾病災疫或戰亂等造成人口一時的大量死亡問題，成爲反駁報應說的重要立論，難道這麼多人他們的善惡行爲是一樣的嗎？不然爲什麼會遭受到同樣的災禍呢？東漢以來對報應的論辯，往往會提到這個問題。如《太平經》卷九十二，〈萬二千國始火始氣訣〉載：「願請問：天地開闢以來，人或烈病而死盡，或水而死盡，或兵而死盡，願聞其意，何所犯坐哉？將悉天地之際會邪？承負之厄邪？」「然。古今之文，多說爲天地陰陽之會，非也。

是皆承負厄也……」（頁三七〇—三七一）文中所謂烈病是指流行疾病災疫，水指水災，兵指戰爭，此三者皆可造成一時人口日大量死亡，所以提出質疑。又在宗炳〈明佛論〉中也討論白起項藉坑殺秦趙之卒六十萬衆的問題，見《弘明集》，一二下—一三下。

❻ 見王明《太平經合校》，頁七十。中華書局一九六〇年二月第一版，一九九二年三月秦皇島第四次印刷。後文中有關《太平經》引文，即依據此書，文中只標出處頁碼，不另附註。

❼ 參湯一介〈魏晉南北朝時期的道教〉，頁三七一，東大圖書公司，一九九一，四月再版。

❽ 王國維在〈殷周制度論〉中談及殷周之際的大變革說：「自其理言之，則舊制度廢而新制度興，舊文化廢而新文化興。」又曰：「周人制度之大異於商者：一曰立子立嫡之制，由是而生宗法及喪服之制，並由是有封建子弟之制，君天子臣諸侯之制。二曰廟數之制；三曰同姓不婚制……」（〈觀堂集林〉，卷十）

❾ 在法律上的誅三族、誅九族，或蔭官制度，及姓氏族譜的建立，親屬關係的建立……等都反映出中國以血緣爲主所建立的父子軸關係的縱向網絡。

❿ 湯用彤〈讀太平經書所見〉云：「《太平經》與佛教不同之點，以鬼魂說爲最可注意。經中信人死爲鬼，又有動物之精，又有邪怪可以中人，其說與《論衡》論死、紀妖、訂鬼諸篇所紀漢代之迷信相同。而人如養氣順天，則天定其祿籍，使不死之中，或可補爲天之神吏，否則下入黃泉，如無子孫奉祠，則饑餓困苦。絕無印度輪迴之說，自無佛家之所謂因果。」（見氏著〈玄學—文化—佛學……湯錫先生文集〉，六十九年，育民出版社）又龔鵬程謂：《太平經》論人死後入地下，仍用中國原來的地下黃泉之說，並沒有佛教地獄說的痕跡。（氏著〈太平經釋義〉註三七按語，見〈中國學術年刊〉第十二期，八四年四月）

⓫ 引文中「重生」與佛教的來世觀念不同，它是指「尸解」，是指原來的形體和它的精神再結合在一起，而不是靈魂離開此一形體，而又化爲另一形體中的生命，所以「尸解」也是形神不離

的。（見湯一介，前引書頁三三五—三三六；三六八—三七〇）。

⑫ 袁宏〈後漢紀〉指出漢代佛教最重要的信條是神靈不滅，輪迴報應之說，他說：「又以爲人死精神不滅，隨復受形。生時所行善惡，皆有報應。故所行善修道，以練精神而不已，以至無爲而得爲佛。」又太虛大師於民國二十七年冬，在重慶長安寺，爲衆說法時，從佛法中一般認爲各個重要論題，一個一個的抉擇，最後指出「唯有業報是最重要的一法」。見演培法師著〈業及依業而有的輪迴〉，頁十，正聞出版社，八十年一月。

⑬ 見《廣弘明集》卷八，大正二一〇三，頁一四二中。後文有關〈廣弘明集〉及〈弘明集〉的引文，皆依大正藏本，只在引文後註明頁碼，不另行註明。又此段文字，引用〈易〉曰的文字，省略「之家」二字，時人引文多如是，是否有深意在，固不可作過分推測。唯有無「之家」二字，意義不同。有「之家」二字，則報應的主體是以「家」爲單位，較接近道教的承負論。無「之家」二字，則傾向以個人爲主體，與佛教及王充等對報應的質疑的觀點較接近。

⑭ 自然這個觀念是魏晉玄學的重要範疇之一。慧遠在這個地方提出「自然」，不無受到當時思潮的影響。

⑮ 有關慧遠的神不滅論，神如何成爲業報的主體，並進一步脫離「氣」的範疇，本體化而爲解脫的主體，承擔轉向彼岸世的任務，詳參任繼愈主編《中國哲學發展史・魏晉南北朝》，頁四九三—五〇八，人民出版社，一九八八年四月第一版。

⑯ 不止在思想界，在文學上形神問題也是人們重視的主要範疇之一，林麗眞謂「形神生滅離合問題，在魏晉南北朝的思想界，是爭論激烈，又甚具特質的一個範疇。……而於文學界，大量志怪小說萌興，也圍繞著形神離合、生死幽明的問題，大談諸種變形、復活與託生的現象，而以仙道、鬼神、怪異的題材爲主要內容。」見氏著〈從魏晉南北朝志怪小說看「形神生滅離合」問題〉，文見民國七十九年十一月三、四日成功大學舉辦「魏晉南北朝文學與思想研討會」論文

集。

⑰《論語・陽貨篇》載孔子與宰我論辯三年之喪，曰：

宰我問：「三年之喪，期已久矣。君子三年不爲禮，禮必壞；三年不爲樂，樂必崩。舊穀既沒，新穀既升，鑽燧改火，期可已矣。」子曰：「食夫稻，衣夫錦，於女安乎？」曰：「安。」「女安則爲之！夫君子之居喪，食旨不甘，聞樂不樂，居處不安，故不爲也。今女安，則爲之！」宰我出。子曰：「予之不仁也！子生三年，然後免於父母之懷。夫三年之喪，天下之通喪也。予也有三年之愛於其父母乎？」

⑱在王充的思想中，尤其重視經驗的實證，如《論衡・薄葬篇》曰：「事莫明於有效，論莫定於有證。」在《論衡》中〈實知〉〈知實〉二篇，《論衡》中也常見「以實論之」四字，足見王充對實證的重視。

⑲參中村元著，馬小鶴譯《東方民族的思維方式》，第二篇〈中國〉，第十五章：折衷融合的傾向，頁二五八—二七一，淑馨出版社，七十六年六月出版。

⑳由佛教對中國原來「孝」觀念的接受過程，最足以取徵此點。「孝」原是基於父子軸的血緣關係中所發展出來的必然道德性。而佛教中並無孝的觀念，但佛教傳入中國後，在中國化的歷程中，不得不重視「孝」的倫理問題，甚至造了《父母恩重經》，更譯出各種佛教孝經，尤其《盂蘭盆經》，更合於中國人的胃口，造出許多註解，甚至每年七月十五日修盂蘭盆會。詳參慧天〈中國社會的佛教倫理型態〉，見張曼濤主篇《現代佛學叢刊》（九〇），大乘文化出版社。

# 《太平經》致太平的政治哲學

李剛

## 一、太平政治哲學的思想背景

致太平的政治哲學是《太平經》全書的思想主線之一。《太平經》是漢代道書的一本合集，❶書中大量篇幅所談論的便是怎樣使天下太平，長治久安，正如湯用彤先生所指出的：「屢言太平氣將至，大德之君將出，神人因以下降。故其所陳多治國之道」。❷這種渴求太平的政治哲學也是有其思想背景的。

「太平」是秦漢人們一種普遍的政治理想，在漢代社會上更是十分流行。《史記·秦始皇本紀》引《會稽刻石辭》說：「黔首修整，人樂同則，嘉保太平」，並載秦始皇聞侯生、盧生逃亡后大怒說：「吾前收天下書，不中用者盡去之悉召文學方術士甚衆，欲以興太平。」《呂氏春秋·大樂》也高唱：「天下太平，萬物安寧」，反映了人們企盼太平的心態。漢代思想家，不論是儒家還是黃老道家都一致以太平爲最高政治理想。漢武帝冊向董仲舒說：「蓋聞虞舜之時，游于岩郎之上，垂拱無爲，而天下太平」，意欲「明帝王之法制，建太平之道」。董氏則依冊問提出了一套怎樣致太平的方案。❸《白虎通德論·禮樂》認爲：天下太平，當制禮作樂。又《封禪》說：「天下太平，功成封禪，以告太平也」。賈誼《新書·修政語上》稱頌黃帝識道義，經天地，紀人倫，序萬物，「還歸中國，以平天下。天下太平，唯躬道而已」；主張「上緣黃帝之道而行之，學黃帝之道而賞之，加而弗損，天下亦平也」。《淮南子·泰族訓》探討不太平的原因，認爲「上世養本，而下世事末，此太平之所以不起也」。《論衡·道虛》記錄當時的一種說法：「太山之上者七十有二君，皆勞情苦思，懷念王事，然後功成事立，致治太平。太平則天下和安，乃升太山而封禪焉」。又《治期》稱論者「見堯、舜賢聖致太平」。《潛夫論·浮侈》說：「王者統世，觀民設教，乃能變風易俗，以致太平」。《河上公章句》四十一章注「中士聞道」說：「中士聞道，治身以長存，治國以太平」。何休《春秋公羊傳解詁》形容太平盛世：「至所見之世，著治太平，夷狄進至于爵，天下遠近小大若一」。可見漢代思想家們紛紛提出致太平的主張，統治者也夢想建立起太平王國。這就是《太平經》政治哲學所賴以產生的精神氣候。

## 二、致太平的哲學依據

《太平經》可以算得上是秦漢太平思想的集大成者，並將其充分神學化了。它追求的「太平」與其宇宙論密切聯繫在一起，太平應從宇宙的本根處去追尋，所以它說：

> 天地開闢貴本根，乃氣之元也。欲致太平，念本根也。不思其根，名大煩，舉事不得，災並來也。此非人過也，失根基也。離本求末，禍不治，故當深思之。❹

元氣就是致太平的本根，失去這一根基，捨本求末，天下自然「禍不治」。這就爲其太平學說找到了一條至高無上的宗教哲學根據。爲了把屬於政治範疇的「太平」與屬於哲學範疇的「氣」更緊密地聯繫在一起，它提出「太平氣」這個概念，認爲這是太平世界到來的前兆和條件：

> 天上皇太平氣且至，治當太平。今天上報太平氣立至，凡事當順，故以上下也。不以上下，則爲逆氣，令治不平，但多由逆氣，不順故也。

> 今天太和平氣方至，王治且太平。

> 令夫太陽興平氣盛出，德君當治，天下太平，莫不各得其所者。❺

「太平氣」又稱「太和平氣」、「太陽興平氣」等等，名稱不全一致，但其實質都一樣，只要它們一出現，天下即可太平。這是種順氣，它使一切都變得順當；反之則是「逆氣」，「令治不平」。因此《太平經》中屢屢呼喚太平氣的到來。然而怎樣才能使太平氣出現呢？一是要順從天道：

謹順天之道，與天同氣。故相承順而相樂，主所言和同者，相樂也。相樂者，則天地長喜悅，不戰怒。不戰怒，則災害奸邪凶惡之屬悉絕去矣。惡人絕去，乃致平氣，天上平氣得下治，地下平氣得上升助之也。❻

二是要「並力同心」，即天地並力、四時並力、五行並力、君臣並力、夫婦並力、師弟子並力。這就好像是：

兩手者，言其齊同並力，無前無卻，乃後事可成也；兩手不並力者，事不可成也。故凡事者，像此兩手，皆當各得其人。並力同心，像此兩手，乃吉安太平之氣立至也；不像此兩手者，億億萬年不能出上皇太平氣也。太平氣常欲出，若天常欲由此兩手，久不調御之，故使閉不得通，出治悒悒可訾，咎在此兩手不調。若兩手平調者，此上皇太平氣，前後至不相須。❼

並力同心則意味著使太陰、太陽、中和三氣共爲理，更相感動，合併爲「太和」，而太和則意味著太平氣的到來。所以說：

並力共憂，則三氣合併爲太和也。太和即出太平之氣。斷絕此三氣，一氣絕不達，太和不至，太平不出。陰陽者，要在中和。中和氣得，萬物滋生，人民和調，王治太平。❽

實際上，太平氣的主要內容就是太和氣，它是宇宙和諧的象徵、是吉祥平和，是凝聚人們同心同德的力量，故「太和之氣日自出，而大興平，六極同心，八方同計。」[9]這種太和氣在《太平經》的某些地方又稱爲「和氣」、「中和氣」，都是指產生天下太平的一種吉祥的「氣」。《後漢書．祭祀志》注引項威說：「封泰山，告太平，升中和之氣于天」。又《律歷志》注引馬防奏言：「以立太平，以迎和氣」。[10]看來，以中和氣與太平相連是漢代人一種較普遍的觀念，而非《太平經》的獨創。

除了「氣」之，《太平經》還將「太平」與「道」聯繫在一起，指出：

> 今上皇氣出，真道至以治，故十五年而太平也。如不力行真道，安得空致太平乎？夫爲帝王制法度，先明天意，內明陰陽之道，即太平至矣。[11]

「眞道」、「陰陽之道」同太平氣一樣，都是致太平的宇宙論依據，是實現太平的必要條件，如不努力實行，是不會有什麼太平的。可見，「氣」、「道」等《太平經》的宇宙論範疇，不僅具有生成化育天地萬物的功能，而且還能產生使人類社會獲得太平的政治效應，它們是太平理想的哲學基礎，太平由此具有不可懷疑的權威性。

## 三、「太平」的內涵是什麼

那麼，究竟什麼是《太平經》所夢寐以求的「太平」呢？它答覆說：

太者，大也，乃言其積大行如天，凡事大也，無復大于天者也。平者，乃言其治太平均，凡事悉理，無復奸私也；平者，比若地居下，主執平也，地之執平也。……太者，大也；平者，正也；氣者，主養以通和也；得此以治，太平而和，且大正也，故言太平氣至也。

調和平均，使各從其願，不奇其所安。

皆自平均，無有怨訟。

各令平均，無有橫賜。

今太平氣至，無奸私。⑫

所謂「太平」的一個重要內涵就是「平均」，是種極大的平均。儒道墨都主張均平。《論語．季氏》說：「有國有家者，不患寡而患不均，不患貧而患不安。蓋均無貧，和無寡，安無傾。」平均是政治安定的基礎。《道德經》第七十七章認爲天道是講平均的：「天之道，其猶張弓歟？高者抑之，下者舉之，有餘者損之，不足者補之。天之道，損有餘而補不足」。然而社會卻非如此，而是「損不足以奉有餘」。只有「有道者」，才能遵行天道的均平原則，把「有餘以奉天下」，從而使社會得以穩定。《墨子．天志中》也認爲天的意願是人類應「有道相教，有財相分」，如果人順從了天意，則「萬民和，國家富，財用足，百姓皆得暖衣飽食」。

這些平均主義的主張在漢代得到進一步的發揚。董仲舒《春秋繁露·度制》發揮孔子「不患貧而患不均」的思想說：「故其制人道而差上下也，使富者足以示貴而不至於驕，貧者足以養生而不至於憂，以此爲度，而調均之，是以財不匱而上下相安，故易治也」。只要採取均貧富的政策，便有社會的「相安」，天下就容易治理了。董仲舒在《舉賢良對策》三當中也強調：「受祿之家，食祿而已，不與民爭業，然後利可均佈，而民可家足。此上天之理，而亦太古之道，天子之所宜法以爲制」。⑬所謂「利可均佈」實乃儒家王道政治理想主義的產物，也是道、墨二家共同的政治主張。這表明，平均主義自先秦以來便在中國的政治理論中佔有核心地位，形成深厚的傳統。《太平經》把均貧富做爲其「太平」的第一要義，就是對這一傳統的繼承發揚。在《太平經》看來，只有經濟上的平均分配，才能換得政治上的「無有怨訟」，才能獲致太平，均貧富實乃太平社會的經濟基礎。爲此，它大力宣揚財物共有，平均分享：

> 物者，中和之有，使可推行，浮而往來，職當主周窮救急也。夫人蓄金銀珍物，多財之家，或億萬種以上，蓄積腐塗，如賢知以行施，予貧家樂，名仁而已。……此財物乃天地中和所有，以共養人也。此家但遇得其聚處，比若倉中之鼠，常獨足食，此大倉之粟，本非獨鼠有也；少內之錢財，本非獨以給一人也；其有不足者，悉當從其取也。愚人無知，以爲終古獨當有之，不知乃萬尸（戶）之委輸，皆當得衣食於是也。愛之反常怒喜，不肯力以周窮救急，令使萬家之絕，春無以種，秋無以收，其冤結悉仰呼天。天爲之感，地爲之動，不助君子周窮救急，爲天地之間大不仁人。⑭

天地所生的財物，其功能就是「周窮救急」，非個別人單獨佔有的，富人應當體現仁愛精神，施捨窮人，實現天道周窮救急的宗旨，「以共養人」。由此可見《太平經》的均貧富主張並沒有從政策上提出具體的解決措施，從而保證社會的貧富懸殊不致過大，它僅僅從道德上給予爲富不仁者以譴責，勸說他們發善心，作仁人，將多餘之物周窮救急。除了這種道德譴責，勸善說教，它又以「天意」來警戒人實行平均：

天地施化得均，尊卑大小皆如一，乃無爭訟者，故可爲人君父母也。夫人爲道德仁者，當法此；乃得天意，不可自輕易而妄行也。⓯

固然從其「天」的哲學裏找到了實行平均主義的最高依據，但未必就能以此制止爲富不仁者們的「妄行」。在等級森嚴的古代社會，要實現「尊卑大小皆如一」，是不太可能的。所以，《太平經》試圖通過「有財之家，假貸周貧」⓰的途徑實現「調和平均」的主張是很難實行的，帶有極大的空想色彩。但這種空想卻折射出社會貧富不均的苦難現實，反映了東漢豪強對社會財富的超量佔有。仲長統《昌言．理亂篇》揭露當時的社會現實說：「漢興以來，相與同爲編戶齊民，而以財力相君長者，世無數焉。……豪人之室，連棟數百，膏田滿野，奴婢千群，徒附萬計。船車賈販，周於四方；廢居積貯，滿於都城。琦賂寶貨，巨室不能容；馬牛羊豕，山谷不能受。妖童美妾，塡乎綺室；倡謳伎樂，列乎深堂。賓客待見而不敢去，車騎交錯而不敢進。三牲之肉，臭而不可食；清醇之酎，敗而不可飲。」[17]這種朱門酒肉臭，社會苦樂不均的黑暗現實在《太平經》中也多有披露，而且進一步揭發了豪強「中尚有忽然不知足者，爭訟自冤，反奇少弱小家財物，殊不知止」[18]。這就無怪乎它要大聲疾呼「各令平均」、「調均」了。應該說，《太平經》的「平均」雖係空想，但也是對現實苦難的抗議，在當時具有一定的進步意義。

從上引「太平而和，且大正」來看，和平與正道也是「太平」的重要含義。《云笈七簽》卷六「七部」說：「太平者，太言極，太平謂和平，明六合太通爲一，正平之氣斯行。」又「四輔」引《玉緯》云：「太平者，六合共行正道之是也」。這可說是給《太平經》的「太平」做了一個明確的注腳。太平意味著政治上的平和無衝突，這與其「中和氣出，王治太平」的思想是一貫的。太平代表著政治上推行正道，即「天之洞極正道，乃與天地心相抱」。[19]推行正道的根本手段是實行「正文正辭」，因爲「正文正辭，乃爲天地人萬物之正本根也。」因此「上古大聖賢案正文正辭而行者，天地爲其正，三光爲其正，四時爲行乃爲其正，人民凡物爲正其正。是則正文正辭，乃爲天地人民萬物之正根大效也。」如果德君聽用正文正辭，那麼「天下凡善悉出，凡邪惡悉藏，德君但當垂拱而自治，何有危亡之憂」。[20]也就是說：「令天下俱得誦讀正文，如此天氣得矣，太平到矣」。[21]治國用正文行正道則國家太平，如用邪文邪辭治國，則「日日得亂」，「如大用之，乃到于大亂不治也」。[22]所以，用正文是推行正道的具體措施，而正道則是太平的一個重要內容。

從上引「無覆奸私」來看，太平政治意味著大公無私。《太平經》認爲，古時聖人之治，天下爲公，不循私情，政治清明：「古者三皇之時，人皆氣清，深知天地之至情。故悉學眞道，乃復得天地之公。」㉓天地之道公正不阿，容不得半點私心，即便對於神也是如此：「大神比如國家忠臣，治輔公位，名爲大神。大神有小私，天君聞知復退矣。故不敢懈怠。」㉔這話如針對人類社會，則是說國家大臣「治輔公位」，連「小私」都不能有。實際上，這段話的潛台詞就是如此，只不過披上了神學外衣。天道無私，這是《太平經》一再強調的：「天之授萬物，無有可私也。問而先好行之者，即其人也。大道至重，不可以私任，行之者吉，不行者疑矣。」㉕太平政治即當效法天道的這種無私精神，無私才能調均貧富，才能行公正。「無私」也是當時思想家和政治家的共識。董仲舒說：「聖人法天而立道，亦溥愛而亡私」。㉖《白虎通德論》第三卷《封公候》認爲：「天下太平，乃封親屬者，示不私也。」《潛夫論·潛嘆》指出：「夫國君之所以致治者公也，公法行則軌亂絕。佞臣之所以便身者私也，私術用則公法奇」。這種公而無私的思想《呂氏春秋》發揮尤多，其《貴公》說：「昔先聖王之治天下也，必先公，公則天下平矣，平得於公」。又《去私》也說：「天無私覆也，地無私載也，日月無私燭也，四時無私行也」。這種公平無私說蘊含著傳統的「天下爲公」理想，正如徐復觀在《兩漢思想史》卷二中所說：呂覽在政治基本原則上，儘量發揮天下爲公的主張，把儒道墨三家所蘊含的天下爲公思想做了強烈表現。他又指出：「天下爲公的思想，一直爲西漢大儒所繼承，到東漢後則已歸隱沒。」㉗其實這種天下爲公的思想東漢後並未隱沒，而是在《太平經》的政治哲學中得到了有力表現，㉘其所謂「太平」的內涵之一就是公而無私；這也是吸取儒道墨的傳統理想而成立的。

「太平」還有個內涵是平冤獄，量刑要實事求是。《太平經》說：

> 平之爲言者，乃平平無冤者，故爲平也。是故德君以治，太平之氣立來也。所以然者，乃天下無自冤者，各自得其所樂……
>
> 今天下之事，各以其罪罪之爲平也㉙

這樣說也是針對漢代社會黑暗的現實而發的。董仲舒曾指出：秦朝「重以貪暴之吏，刑戮妄加，民愁亡聊，亡逃山林，轉爲盜賊，赭衣半道，斷獄歲以千萬數」。這種狀況直到「漢興，循而未改」。㉚班固也說：「今郡國被刑而死者歲以萬數，天下獄二千餘所，其冤死者多少相覆，獄不減一人，此和氣所以未洽者也。」㉛這是西漢的情況。東漢又怎樣呢？《後漢書·質帝紀》載本初元年（一四六）詔曰：「頃者，州郡輕慢憲防，竟逞殘暴，造設科條，陷入無罪。」㉜《潛夫論·考績》揭露說：「今則不然，令長守相不思立功，貪殘專恣，不奉法令，侵冤小民」。這些醜惡現象在《太平經》中也多有反映，它稱此爲「霸治」，在霸治之下，「民多冤而亂生焉」。㉝因此，在它看來，太平社會「平平無冤」，無冤則和氣生，無動亂。以上即太平的主要含義。

## 四、理想的太平盛世

《太平經》用工筆畫的筆法描繪了一幅太平盛世的理想藍圖。這幅藍圖的畫面充滿了眞善美，萬物各得其所，一切都那麼和諧安寧：「乃太平至，天悅喜，則帝王壽。其道神靈佑天地，善氣莫不響應，道德日至，邪僞退，訞臣奸冗滅。凡臣悉除，萬善自來，五行和，四氣時良。」[34]太平社會中人人不知爲凶惡，「自敕自治，故可無刑罰而治」；太平社會中「父慈、母愛、子孝、妻順、兄良、弟恭，鄰里悉思樂爲善，無復陰賊好竊相災害」，人儘思樂忠順孝。[35]太平社會裡的「人民但當日相向而游，具樂器以爲常，因以和調相化，上有益國家，使天氣和調，常喜國家壽，天下亦被其德教而無咎」；[36]「是故將太平者，得具作樂，樂者乃順樂王氣、平氣至也」。[37]繼承《荀子．樂論》：「樂者，天下之大齊也，中和之紀也」和《呂氏春秋．大樂》：「凡樂，天地之和，陰陽之調也」等思想，描寫盛世的一派和樂之音。在這片美妙悅耳的音樂中，人們皆大歡喜，怡然自樂，解除了愁苦之言，沒有憂傷。太平社會，不僅人不受傷害，而且自然萬物得到保護：「太平者，乃無一傷物，爲太平氣之爲言也。凡事無一傷病者，悉得其處，故爲平也」；「太平之歲，凡物具生，多善物」。[38]太平社會中還實行禁酒，因爲酒可以在「一月之間，消五穀數億萬斗斛，又無故殺傷人，日日有之，或孤獨因以絕嗣，或結怨父母置害，或流災子孫」；「推酒之害萬端，不可勝記」。對此應採取如下措施：「無故飲一斗者，笞三十，謫三日；飲二斗者，笞六十，謫六日；飲三斗者，笞九十，謫九日。各隨其酒斛爲謫。酒家亦然，皆使修城郭道路官舍」。爲什麼以修路相罰呢？因爲修城郭道路是大土功，「土乃勝水，以厭固絕滅」；「修道路，取興大道，以類相占，漸置太平」。[39]總的說來，太平社會當禁酒的根據是：「酒者，水之王也，長也，漿飲之最善者也，氣屬坎位，在夜主偷盜賊。故從酒名爲好縱，水之王長也。水王則衰太陽。眞人欲樂知天識之審實也，從太古以降，中古以來，人君好縱酒者，皆不能太平，其治反亂，其官職多戰鬥，而致盜賊，是明效也。是故太平德君方治，火精當明，不宜從太陰，令使水德王，以厭害其治也，故當斷酒也」。[40]所謂「太平德君」也就是《太平經》設想的好皇帝，書中處處呼喚這樣的好皇帝，認爲太平社會中聖王德君治理天下，人民無不順風而從，向化而治。總之，這樣一幅藍圖描畫出一個完美無缺的理想社會，這個社會沒有動亂和不滿，生活在其中的人們充滿幸福歡樂，互相協調一致，像個友愛的大家庭，這是個令人神往的「理想國」。

這個理想國在我們看來是烏托邦，只存於某個烏有之鄉。但在《太平經》眼裡它卻是遠古曾經存在過的，只是中古以降人們道德淪喪，背逆天地，承負日深，使社會越來越不太平，不公正現象猖獗，良知被窒息，窮人受傷害，富人沉浸在無恥的驕奢淫逸生活中。唯一的辦法就是向上古太平盛世回歸。它描述上古的理想社會說：

> 上古之時，神聖先知來事，與天共治，分佈四方上下中央，各有部署，秩除高下，上下相望，不肅而成，皆爲善。恐有不稱，皆同一心。
>
> 古者聖人在位，常力求隱士賢柔，可以共理。……古者帝王得賢明乃道興，不敢以下愚不肖爲近輔……
>
> 古者賢聖之治，下及庶賤者，樂得異聞，以稱天心地意，以安其身也。故其治獨常安平，與天合同也。[41]

上古太平社會是聖人政治、賢人政治，任用賢才，善於傾聽不同意見，包括「庶賤者」的政見，上下同心，人皆爲善。上古社會美妙主要在於其人純樸明智，力行眞道。它美化上古之人說：

上古之人，皆心開目明耳洞，預知未然之事，深念未然，感動無情，卓然自異，未有不成之施。所言所道，莫不篤達，不失皇虛之心，思慕無極之智，無極之言。夫上古之人，人人各自知真道，又其時少邪氣。㊷

然而，「中古以來，人教化多妒眞道善德，反相教逃匿之，閉藏絶之，反以邪巧道相教，導化愚人，使俱爲非」。㊸中古以來人開始發生退化，這種退化主要是道德上的墮落，特別是遺棄了「眞道」，人變得醜惡了，人性的眞善美爲假惡醜所取代。人的退化帶來了社會的退化，妙不可言的上古社會消失了，中古以降社會風氣江河日下：

上古時人，深知天尊道、用道、興行道、時道王。中古廢不行，即道休囚，不見貴也；中古興用德，則德王。下古廢至德，即德復休囚也。

古者聖人像天地爲行，以至道要德力教化愚人，使爲謹良，令易治。今世反多閉絶之，故愚人共爲狡猾，失天道，不自知爲非，咎在真道善德不施行，故人多被天謫，當死不除也。

太上古之臣多仙壽，故能使其君壽；中古臣多知懷道德，故能使其君常無憂；下古臣多無真道而愚，故多使其君愚甚。君愚，其洽（治）常亂憒，不得無心。[44]

中古不如上古，下古又不如中古；從君臣民的情況看，也是一代不如一代；從社會的治安看，越來越亂；從世風看，每況愈下。顯然，這是種歷史的退化觀，而非歷史進化論。這種退化觀把問題的徵結歸咎於「眞道善德」的失落，認爲社會歷史的退化主要是人的道德的退化，比如三皇時，人各懷眞道要德；到五帝時代，道德小衰；至於三王時，則閉絶眞道奇德，巧僞欺詐日行了。這種退化觀是復古主義的，試圖復歸「上古太平之路」，這與《太平經》採取的「反」的思維方式是一致的。從《太平經》對上古社會的美化及其社會退化論中，我們可以發現老子「小國寡民」和莊子「至德之世」[45]的政治理想對它的影響，我們也可發現孟子那種言必稱三代和法先王的政治主張貫穿於其中。另外，《論衡・齊世》引當時人的話說：「上世之人侗長佼好，堅強老壽，百歲左右；下世之人短小陋醜，夭折早死」；「上世之人質樸易化，下世之人文薄難治」。《太平經》的說法顯然與此接近，可見這是當時較爲通行的一種觀念。

## 五、致太平的具體運作

對下古社會嚴重衰退的刻劃反過來進一步襯托出上古太平盛世的氣象，使人生出無限嚮往之情。那麼這幅誘人的藍圖是否可望而不可即，只是鏡中花水中月呢？《太平經》的答覆是否定的，它認爲經過君臣民同心同德的努力，太平世道可以降臨，太平不是夢。但應該怎樣去獲得太平呢？它提出了一系列措施：

## (一) 效法天地

從根本上說，太平就是要順從天地之道，像天那樣去「理平其治」：

太者，大也；大者，天也；天能覆育萬物，其功最大。平者，地也，地平，然能養育萬物。……天地失常道，即萬物悉受災。帝王上法皇天，下法後地，中法經緯，星辰岳瀆，育養萬物。故曰大順之道。

帝王治將太平，且與天使其好惡而樂，象天治。

是故凡象，乃先見於天神也。天神不平，人安得獨平乎哉？是故五帝更迭治，可皆致太平。其失天神意者，皆不能平其治也。是故謹順四時，慎五行，無使九神戰也。……古者但敬事四時五行，故致太平，遲三十年致平。今乃並敬事其神，故疾十五年而平也。㊻

太平就是順天而行的「大順之道」；帝王效法天地而治理，自然便有太平用成；尤其不能違反「天神意」，否則無太平可言，敬事四時五行及其神靈，十五年便可致太平。這與前述其天人合一的思想一致。《莊子．天運》引巫咸袑的話說：「天有六極五常，帝王順之則治，逆之則凶。」[47]《太平經》的這種神學政治觀當是繼承古代巫師的說法而來。

### (二) 無爲而治

無爲而治是先秦道家和黃老道家的主要政治思想，《太平經》這樣一些主張就是沿著此條思想路線而展開的。它說：

> 夫道者，乃無極之經也。前古神人治之，以真人爲臣，以治其民，故民不知上之有天子也，而以道自然無爲自治。常樂帝王垂拱而自治也，其民臣莫不象之而孝慈也。其爲政治，但樂使王者安坐而長游，其治乃上得天心，下得地意，中央則使萬民莫不歡喜，無有冤結失職者也。[48]

這是說，「道」是自然無爲的，帝王任用賢臣，治理民衆，自己可以垂拱安坐而長游，這樣既使萬民皆大歡喜，也暗合天心地意。這實際上是黃老道家君無爲而臣有爲的思想。《呂氏春秋·分職》主張：君主應該無智、無能、無爲，從而能使「衆智」、「衆能」、「衆爲」；反之則是「處人臣之職」，「處人臣之職而欲無壅塞，雖舜不能爲」。《太平經》所謂「冤結失職」即指此，就是強調君臣各守職分，君主垂拱而發揮臣下的「衆爲」。這種思想裡也包含著法家術治的成分，贊成帝王以權術調動臣下積極有爲。這是《太平經》講無爲的一個內容，另外還有一個內容就是「守本不失三急」：

上古所以無爲而治，得道意，得天心意者，以其守本不失三急。中古小多事者，以其小多端也。下古大多憂者，以其大多端而生邪僞……㊾

何謂「三急」？就是吃飯、生育、穿衣。《太平經》又將其分爲二大急、一小急。「飲食與男女相須，二者大急」，因爲人「不飲不食便死，是一大急也」，「男女不相得，便絕無後世」。一小急又名「半急」，指穿衣問題，因爲「天道有寒熱，不自障隱，半傷殺人」；「人不衣，固不能飲食，合陰陽，不爲其善」。這三個問題都是馬虎不得的，否則「天下無人，不可治」。只有「守此三者，足以竟其天年，傳其天統，終者復始，無有窮已。故古者聖人以此爲治也，其餘不急，召凶禍物者悉已去矣。」㊿這就叫「守本不失三急」。但中古以降到下古，該急的不急，反多生出一些枝末，「使人眩亂」，結果「所爲億萬端，不可勝理，以亂其治」。51因此在《太平經》眼裡，祇要抓住飲食男女這些涉及人類生存延續的大事急事，便可實現無爲而治；其它大可多一事不如少一事，或者乾脆「無事」。祇有這樣的無事，才能完成大事：

欲正大事者，當以無事正之。夫無事乃生無事，此天地常法，自然之術也，若影響。上士用之以平國，中士用之以延年，下士用之以治家。此可謂不爲而成，不理而治。52

這就是實現無為而治的辨證法。這裡也體現了中國文化講究「簡」的特色。刪繁就簡，以簡馭繁，無為而治就是越簡單越省事越好。所以《太平經》再三強調：「治樂欲無事，愼無失此，此以繩正賢者」。53這與其「守一」的思想是相通的，守一在政治上就是「無事」，以一馭萬，守住「三急」這一根本，一切皆迎刃而解。所以「無事」的含義就是反對政治上的繁複多事，主張「簡政」，抓大事。總之，《太平經》所說的無為而治主要有兩個含義，一是帝王垂拱無為，二是守本無事，不失「三急」。

### 三 任賢選能

侯外廬《中國思想通史》第二卷第十一章指出：「在漢末，仁人君子心力之所為，衹集中於舉賢才之一途，左雄理政，王符論政，都以此為不二法門。」54其實不僅是東漢末，整個有漢一代的思想家都以此為共識。比如《春秋繁露·立元神》提出：「天積衆精以自剛，聖人積衆賢以自強」。又《精華》說：「以所任賢，謂之主尊國安」。董仲舒在回答漢武帝如何致太平的問題時也指出：堯、舜、禹、文王等皆由「務求賢聖」以致治。因此他勸漢武帝「思惟往古，而務以求賢」。55但在漢代政治中，恰恰不能任用賢哲，外戚和宦官擅權成為一大政治問題，特別是東漢尤為嚴重，故有識之士對此紛紛加以抨擊，提出求賢任能的主張。《太平經》也不例外，對漢代的考選不得人進行了攻訐，強調治平在得人。它批評當時的選舉制說：

中古以來，人半愚，以爲選舉爲小事也，不詳察之，半得非其人，半亂天官，政半凶也。下古復承負中古輕事，復令自易，不詳察之，選舉多不俱得其人……[56]衰惡之君將凶，署置不以其人所任職，名爲故亂天官，犯天禁……。故不擇選人而妄事署其職，則名爲愁人而危其國也，則名爲亂治政敗也。[57]

這種批評不是對選舉制度本身的批評，而是對其中弊端的指責，影射外戚宦官專權對人才的扼殺，任人唯親。漢初曾實行「貲選」，官位多爲大官僚子弟和富豪所壟斷。漢武帝時確立了察舉制，又建立太學，擴大了選拔人才的途徑，使皇帝能在更大的範圍內選擇合格的官吏。但東漢自和帝以後外戚與宦官交替專權，政治日益腐敗，佞倖得進，賢才路堵，正如審忠上書所說：「州牧郡守承順風旨，辟召選舉，釋賢取愚」。[58]時人也諷刺說：「舉秀才，不知書」。[59]《太平經》的批評正是針對此而發，因此它強調：「選舉署人官職，不可不審且詳也」。[60]東漢選士還有一大弊病就是憑門第，門閥大族子弟在察舉、征辟中享有優先權，正如馬總《意林》載仲長統《昌言》所揭露的：「天下士有三俗，選士而論族姓閥閱，一俗」。對此，《太平經》也有自己的看法，主張選任官吏不問出身等級，因其才能而用之：

神、真、仙、道、聖、賢、凡民、奴婢，此九人有真信忠誠，有善真道樂，來爲德君輔者，悉問其能而仕之，愼無署非其職也，亦無逆去之也。……天非人，但因據而任之，而各問其所能長，則無所不治矣。德君宜試之，日有善效者進之，愼無失也，無效者疾退之。[61]

所謂「九人」就是九等人。把人分爲九等，是漢代品評人物的習俗，[62]用九品論性，九品選士，直至曹魏時的九品中正制都是建立在把人分爲九等的基礎上。《太平經》所謂神、眞、仙、道等「九人」正是照當時社會風尚而設計的，儘管其表面抹上了神學色彩。這「九人」的社會地位當然有高低貴賤之分，但《太平經》並不贊成以身份的尊卑取官，而是主張只要德才兼備，即可「悉問其能而仕之」。它還主張無功不受祿：「官者，乃天之列宿之官也，以封有德、賞有功也，不以妄予無功之人也。無功之人，天地所忽，神靈所不好愛也」。[63]表面上是說封「天官」，實質上仍是人間世的情況。這是先秦法家的傳統主張。

爲什麼《太平經》如此強烈的主張任人唯賢，舉士得人呢？它的回答是：

> 賜國家千金，不若與其一要言可以治者也；與國家萬雙璧玉，不若進二大賢也。夫要言大賢珍道，乃能使帝王安枕而治，大樂而致太平，除去災變，安天下，此致大賢要言奇道，價值多少乎哉？故古者聖賢帝王，未嘗貧於財貨也，乃常苦貧於士，愁大賢不至，人民不聚，皆欲外附，日以疏少，以是不稱皇天心，而常愁苦。[64]

「大賢」的價值非金銀財寶所能比擬，任用賢才，窮國可以變爲富國，動亂可以變成安定，太平可致，「帝王之道，日強盛矣」。[65]發現賢才的途徑之一在於「舉士」，所以任用賢哲首先在於發現賢哲，而發現賢哲就得靠「舉士得人」，舉士得人就使太平政治有了可靠保證，所以它說：

舉士得人，乃危更安，亂更理，敗更成，凶更吉，死更生。上至於度世，中得理於平，下得竟其天年，全其身形。夫舉士不得人，上無益帝王，國家令其理亂，帝王愁苦，天地不悅，盜賊災變萬種，是一大凶也。[66]

正反兩方面都證明「舉士得人」才有太平，「得其人則理，不得其人則亂矣」。[67]得人還要會用人，不會用人也不能實現最理想的政治效果。用人的關鍵在於用其所長，避其所短：

故古者，大聖大賢將任人，必先試其所長，何所短，而後署其職事，因而任之。其人有過，因而責之，責問其所長，不過所短。……自古者諸侯太平之君，無有奇神道也，皆因任心能所及，故能致其太平之氣，而無冤結民也。禍亂之將起，皆坐任非其能，作非其事職而重責之，其刑罰雖坐之而死，猶不能理其職務也。災變連起，不可禁止，因以爲亂敗，吉凶安危，正起於此。[68]

用人不當，沒有遵循取長避短的原則，也可造成政治上的「災變」和「禍亂」。用人當用其長的根據就在於：「天地之性，萬物各自有宜。當任其所長，所能爲，所不能爲者，而不可強也」；「天生萬物，各有材能，又實各有所宜，猶龍升於天，魚游於淵」。[69]因此「古者將爲帝王選士，皆先問視，試其能」，[70]據其能而「署置」。亦即：「各問其才能所長，以筋力所及署其職」。[71]上述《太平經》的任賢選能才可致太平的思想，與漢代有識之士的所見略同。如董仲舒說：「遍得天下之賢人，則三王之盛易爲，而堯舜之名可及也。毋以日月爲功，實試賢能爲上，量材而授官，錄德而定位」。[72]又如王符指出：「將致太平者，必先調陰陽。調陰陽者，必先順天心。順天心者，必先安其人。安其人者，必先審擇其人。是故國家存亡之本，治亂之機，在於明選而已矣」。[73]所不同的是《太平經》任賢的思想充滿了神學成份，對現實政治黑暗的批評更隱晦。

### ㈣　任德不任刑

漢代思想家總結秦亡教訓，認爲十分重要的一條就是行霸道而不行王道，用酷刑而不用德化。賈誼《過秦論》指出：威振四海的秦王朝，「一夫作難而七廟墮，身死人手，爲天下笑」的根本原因就在於「仁心不施」，「以暴虐爲天下始」，「焚文書而酷刑法」。董仲舒說：「至秦則不然。師申商之法，行韓非之說，憎帝王之道，以貪狼爲俗，非有文德以教訓於(天)下也。誅名而不察實，爲善者不必免，而犯惡者未必刑也。……是以刑者甚衆，死者相望，而奸不息，俗化使然也。」[74]谷永上疏也指出：「秦居平土，一夫大呼而海內崩析者，刑罰深酷，吏行殘賊也」[75]因此，漢代思想家多主張任德不任刑，以德化爲政治之本。《新語・至德》說：「懷道者衆歸之，恃刑者民畏之。歸之則附其側，畏之則去其域。故設刑者不厭輕，爲德者不厭重」。說明德治是得人心的，統治者「爲德」應「不厭其重」。《新書・修政語上》認爲：「仁行而義立，德博而化富。故不賞而民勸，不罰而民治」。強調德化的治平之功。《淮南子・泰族訓》指出：「仁義者，治之本也」，「法之生也，以輔仁義」；「治國太上養化，其次正法」。就是說以仁德爲政之本，以刑法爲輔。《太平經》吸取了這些思想，提出：

> 是以聖人治，常思太平，令刑格而不用也。
>
> 故好用刑罰者，其國常亂危而毀也。
>
> 故得天下之歡心，其治日興太平，無有刑，無窮物，無冤民。[76]

太平之世不用刑罰，因爲「以刑治者，外恭謹而內叛，故士衆日少也」，[77]斷然不能「日興太平」。爲此，《太平經》又搬出上古德君爲楷模形容太平社會用德不用刑的美妙景象：

> 古者聖賢，乃貴用道與德，仁愛利勝人也，不貴以嚴畏刑罰，驚駭而勝服人也。
>
> 古者三皇上聖人勝人，乃以至道與德治人；勝人者不以嚴畏智詐也……
>
> 古者聖王知天法象格明，故不敢妄用刑也，乃深思遠慮之極也。故其治常平，不用筋

力，而得天心者，以其重慎之人也。78

上古聖王用道德仁愛「勝服人」，不亂用刑罰，所以有太平局面。但自中古以來，特別是下古社會，霸道大興，好用刑罰，因此出現民難治，社會動亂的慘狀：

> 上古有道德之君，不用嚴畏智詐治民也；中古設象，而不敢用也；下古小用嚴畏智詐刑罰治民，而小亂也。夫下愚之將，霸道大興，以威嚴與刑罰畏其士衆，故吏民數反也。79

不僅是治亂，而且人君的壽夭也與用刑有關，這是治國反過來對治身的影響：

> 上古者聖賢不肯好爲刑也，中古半用刑，故壽半，下古多用刑，故壽獨少也。80

之所以用刑「不得壽」，是因爲「刑者其惡乃干天，逆陰陽，蓄積爲惡氣，還傷人」。81「好用刑乃與陰氣並，陰者殺，故不得大壽」，因此「上古聖帝王將任臣者，謹選其有道有德，不好殺害傷者，非爲民計也，乃自爲身深計也」。82這是從生命哲學的角度勸說帝王用德不用刑。《太平經》還以德治和刑治劃分了上中下君以及「亂君」和「凶敗之君」，認爲：「上君以道服人，大得天心，其治若神，而不愁者，以眞道服人也；中君以德服人；下君以仁服人；

亂君以文服人；凶敗之君將以刑殺傷服人」。[83]這樣，實現道德之治最終寄希望於有個賢明的好皇帝，假如沒有這樣的好皇帝，一切便將落空。

任德不任刑的根據就在於，第一，天性上道德而下刑罰：

天道惡殺而好生。

天乃好生不傷也。

天性上道德而下刑罰。

夫天法，帝王治者常當以道與德，故東方爲道，道者主生；南方爲德，德者主養，故南方主養也。治者，當象天以文化……。[84]

這是以其「天」的哲學爲依據，治道法天。第二條根據是德爲陽，刑爲陰；陽主生，陰主死，故德爲生氣，刑爲死氣。它說：

德者與天並心同力，故陽出亦出，陽入亦入；刑與地並力同心，故陰出亦出，陰入亦入。德者與生氣同力，故生氣出亦出，入亦入；刑與殺氣同力，故殺氣出亦出，入亦入。[85]

德代表著生和興旺，刑代表著死和衰敗，這是因爲德與陽「並心同力」，刑與陰「並力同心」。

任德就意味著生，任刑就意味著滅，所以說：「王道將興，取象于德；王道將衰，取象于刑。夫爲帝王制法度，先明天意，內明陰陽之道，即太平至矣。」[86]「陰陽之道」即是任德不任刑的又一根據，這條根據和第一條是密切聯繫的。這樣的理論根據和董仲舒所說相同。董仲舒說：「天道之大者在陰陽。陽爲德，陰爲刑；刑主殺而德主生。是故陽常居大夏，而以生育養長爲事；陰常居大冬，而積於空虛不用之處。以此見天之任德不任刑也。……王者承天意以從事，故任德教而不任刑。刑者不可任以治世，猶陰之不可任以成歲也。爲政而任刑，不順於天，故先王莫之肯爲也」。[87]這給《太平經》任德不任刑的思想作了一個很好的注解。

## (五) 以民爲本

《太平經》說：

君少民，乃衣食不足，令常用心愁苦。故治國之道，乃以民爲本也。無民，君與臣無可治，無可理也。是故古者大聖賢共治事，但旦夕專以民爲大急，憂其民也。民者，職當主爲國家王候治生。……是故國有道與德，而君臣賢明，則民從也。國無道德，則民叛也。是故治國之道，以多民爲富，少民爲大貧困。[88]

「民」是國家財富的創造者，統治者失去了人民就會「衣食不足」，就會「大貧困」，從這一點上說，治國之道應以「民爲本」。更進一步說，假如沒有民，連統治對象都不存在，如何談得上治理？所以太平之治當以民爲本。孟子曾講過：「民爲貴，社稷次之，君爲輕」。[89]孟子的這種民本思想在漢代得到思想家們的進一步發揚如賈誼說：「聞之於政也，民無不爲本也。國以爲本，君以爲本，吏以爲本。故國以民爲安危，君以民爲威侮，吏以民爲貴賤。此之謂民無不爲本也」。[90]不過以民爲本的思想在漢代多打上了「天」的哲學的烙印。如董仲舒說：「天之生民，非爲王也，而天立王以爲民也。故其德足以安樂民者，天予之；其惡足以賊害民者，天奇之」。[91]荀悅也說：「人主承天命以養民者也，民存則社稷存，民亡則社稷亡，故重民者，所以重社稷而承天命也」。[92]以民爲本是天的命令，不從天命者則廢除之。《太平經》以民爲本的思想可以說也是從這一角度推出來的，只是它更著眼於從社會經濟生活去說明民衆的重要地位。

### ㈥ 君臣民同心，相親相愛

《後漢書》卷三十《襄楷傳》注引《太平經・興帝王篇》說：

> 真人問神人曰：「吾欲使帝王立致太平，豈可聞邪？」神人言：「但順天地之道，不失銖分，則立致太平。元氣有三名，爲太陽、太陰、中和。形體有三名，爲天、地、人。

天有三名，爲日、月、星，北極爲中也。地有三名，爲山、川與平土。人有三名，爲父、母、子。政有三名，爲君、臣、人。此三者，常相得腹心，不失銖分，使其同一憂，合成一家，立致太平，延年不疑也。」[93]

這種君臣民同心共憂，合爲一家，太平可致的思想，在《太平經》中是較爲普遍的，是其「中和」哲學在政治上的運用，也是「本之元氣自然」，「天之命法」。所以它說：

君臣民相通，並力同心，共成一國。此皆本之元氣自然天地授命。天之命法，凡擾擾之屬，悉當三合相通，並力同心，乃共治成一事，共成一家，共成一體也，乃天使相須而行，不可無一也。一事有寃結，不得其處，使三毀三凶矣。故君者須臣，臣須民，民須臣，臣須君，乃後成一事，不足一，使三不成也。故君而無民臣，無以名爲君；有臣民而無君，亦不成臣民；臣民無君，亦亂，不能自治理，亦不能成善臣民也；此三相須而立，相得乃成，故君臣民當應天法，三合相通，並力同心，共爲一家也。

三相通，並力同心，今立平大樂，立無災。[94]

君臣民缺一不可，三者「相須而立，相得乃成」；祇有君臣民的「三合相通，並力同心」，才有天下太平。這種說法也是有所本的。《漢書》卷六十五《東方朔傳》應劭注引《黃帝泰階六符經》說：「泰階者，天之三階也。上階爲天子，中階爲諸侯公卿大夫，下階爲士庶人。上階上星爲男主，下星爲女主。中階上星爲諸侯三公，下星爲卿大夫。下階上星爲元士，下星爲庶人。三階平則陰陽和，風雨時，神稷神祇咸獲其宜，天下大安，是爲太平。」[95]黃老道家這種三階平便有天下太平的思想顯然對《太平經》的「三合相通」說有較大影響。在此基礎上，《太平經》主張讓世界充滿愛，人們互相放棄憎恨，都以善意待人，共成太平：

> 天下共一心，無敢復相憎惡者。皆且相愛利，若同父母而生，故德君深得天心，樂乎無事也。
>
> 凡道人皆來，親人合心爲一家，皆懷善意。凡大小不復相害傷，災害悉去無禍殃。帝王行之，天下興昌。[96]

這實際上吸取了墨子的「兼愛」說，宣揚四海之內皆兄弟，爲一家，相親相愛，這是「理亂之本，太平之基」。[97]

## (七) 廣開言路，集思廣益

在《太平經》看來，人君廣開言路，集思廣益也是致太平的手段之一，如果祇聽孤言片語，那就是「聾盲之治」，而聾盲之治實爲「亂危之本」。因此「古者賢聖之治，下及庶賤者，樂得異聞，以稱天心地意，以安其身也。故其治獨常安平，與天合同也」。[98]在古代的理想社會中，聖君廣泛聽取不同意見，甚至包括「庶賤」者的意見，所以天下平安。有德之君都應鼓勵人們上書言事，兼聽各種政見，而不是偏聽一人：

> 德君見文，皆令敕上書者，使其大□□有功者，德賜之也。如此則天下莫不歡喜，樂盡其力，共上書言事也，勿得獨有孤一人言也，皆令集議。一人言或妄僞佞欺，名爲使上失實，不可聽大過也。[99]

偏聽一人的佞言就將形成僞欺，政治「失實」，鑄成大錯，祇有兼聽集議才能救治弊病。所以它說：

> 天地有劇病亂，未覺得善理也。故教示人使集議，而共集出正語奇策，以除其病也。故使其大共集言事也。[100]

衆人拾柴火焰高，集合大家的智慧而產生的「正語奇策」可以根除政治弊端。但自「中古以來，信孤辭單言……遂用孤辭單言」，由此生出種種「怨亂」。下古更甚：「下古之人所以久失天心，使天地常悒悒者，君乃用單言孤亂（辭），核事其不實，甚失其意明矣。」[101]所謂「下古」其實是影射東漢社會，當時的社會現實是：

臣有忠善誠信而諫正其上也，君不聽用，反欲害之，臣駭因結舌爲瘖，六方閉不通。賢儒又畏事，因而蔽藏，忠信伏匿，真道不得見。君雖聖賢，無所得聞，因而聾盲，無可見奇異也。日以暗昧，君聾臣瘖，其禍不禁；臣昧君盲，奸邪橫行；臣瘖君聾，天下不通，善與惡不分別，天災合同，六極戰亂，天下並凶。[102]

言路堵塞，皇帝成了聾子瞎子，臣下又暗昧，天下岌岌可危。正是這樣的現狀使得《太平經》大聲疾呼「力通其言」，也就是使言論暢通，下情上達；並主張「今故悉使民間言事，乃不失天心絲髮之間，乃治可安也」。[103]爲了鼓勵「民間言事」，它建議建立「太平來善宅」，搜集各種意見，「其有奇方殊文，可使投於太平來善宅中，因集議善惡於其下，而四方共上事也。……如此書者，天下已得矣，帝王已長游矣」。[104]《太平經》卷八十八《作來善宅法》詳述其這一主張說：

宜各作一善好宅於都市四達大道之上也。高三丈，其中廣縱亦三丈，爲四方作善疏，使與人面等；其疏間使可容手往來，善庇其戶也，勿令人得妄開入也。懸書於其外而大明其文，使其□□書其宅四面亦可也。其文言帝王來索善人奇文殊異之方，及善策辭口中決事，人胸心常所懷，所能言，各悉書記之，投於此宅中，自記姓字。已且征索之，各以其道德大小署其職也。所言多少，其能不可征者，且悉敕所屬縣邑長吏以職仕之也。

> 其老弱婦女有善言者，且敕主者賜之，其有大功而不可仕者，且復之也。四境之外，其有所貢進善奇異策，用之有大效者，且重賞賜之也。如此四境外內，一旦而同計大興，俱喜思爲帝王盡力，從上到下，從內到外，遠方無有餘遺策善字奇殊方也，人皆一旦轉樂爲善也。隱士穴處人中，出游於都市，歡帝王太平來善之宅，無有自藏匿者也。……四夷八十一域中，善人賢聖，聞中國有大德之君治如此，莫不樂來降服……今帝王乃居百重之內，去其四境萬萬餘里，大遠者多冤結，善惡不得上通達也；奇方殊文異策斷絶，不得到其帝王前也；民臣冤結，不得自訟通也。爲此積久，四方蔽塞，賢儒因而伏藏，久懷道德，悒悒而到死亡，帝王不得其奇策異辭，以安天下，大咎在四面八方遠界閉不通。今故承天心意，爲太平道德之君作來善，致上皇良平之氣宅於四達道上也，欲樂四方悉知德君有此教令，翕然俱喜，各持其善物殊方，來付歸之於上，無遠近悉出也，無復斷絶者也。[105]

「太平來善宅」的功能主要有兩個，一是通達言路，使帝王能夠聽到八面來風，從而獲得「奇策」以安天下；二是索求善人的善言，以其道德封官行賞，從而達到勸善的目的，使人人皆「轉樂爲善」。所以「太平來善宅」可以說既是群言堂又是勸善堂，總的目標就是致太平。中國傳統文化的特色之一是政治與倫理緊密不可分，「太平來善宅」恰好體現了這一特色。漢代思想家多主張通言納諫，《太平經》與此同，但設置「太平來善宅」來保證廣開言路、集思廣益落到實處，這卻是其一大發明。

## (八) 解除承負

在《太平經》中，「承負」不僅是道德上的報應，也是社會政治不太平的病根。冰凍三尺，非一日之寒。現實社會的動蕩、政治的腐敗，在《太平經》看來不能只算在當今皇帝一人的賬上，而是長久積累造成的，也就是所謂：

> 今先王爲治，不得天地心意，非一人共亂天也。天大怒不悅喜，故病災萬端，後在位者復承負之……今下古，所以帝王雖有萬萬人之道德，仁思稱天心，而凶不絕者，乃承負滚災亂以來獨積久，雖愁自苦念之，欲樂其一理，變怪盜賊萬類，夷狄猾夏，乃先王之失，非一人所獨致，當深知其本。[106]

災亂積久，弊病萬端，即便出現一個道德之君，也難以挽狂瀾於既倒。這是承負所造成的。何謂「承負」？《太平經》解釋說：

> 承者爲前，負者爲後；承者，乃謂先人本承天心而行，小小失之，不自知，用日積久，相聚爲多，今後生人反無辜蒙其過謫，連傳被其災，故前爲承，後爲負也。負者，流災亦不由一人之治，比連不平，前後更相負，故名之爲負。負者，乃先人負於後生者也；

病更相承負也，言災害未當能善絕也。[107]

從這個解釋中也可看出它認爲不太平是日積月累的結果，是後人承負了先人政治上的過失。當然，這裡所謂「先人」非指古代聖君賢主，而是它通常說的「中古以來」的帝王。糟糕的是：「後世不知其所由來者遠，反以責時人，故重相冤也；復爲結氣不除，日益劇甚」。[108]後人沒有找到不太平的根本原因，反而胡亂責怪，加劇了社會矛盾。對此，《太平經》認爲應該找准病根，才好對症下藥。病根是什麼呢？就是「承負」。因此只有解除承負，才能致太平。正如它說：

今天當以解病而安帝王，令道德君明示衆賢，以化民間，各自思過，以解先人承負之謫，使凡人各自爲身計，勿令懈忽，乃後天且大喜，治立平矣。

……如是則天地已悅矣，帝王承負之災厄，已大除去，天下太平矣。[109]

能夠擔當起解承負之大任的是《太平經》，所以它一再宣稱：「此書直爲是出也」；「今吾乃爲天談，當悉解天地開闢以來承負之責」，「天使吾出書，爲帝王解承負之過」。[110]其實，《太平經》從傳統的報應觀去找尋社會不太平的根本原因，並未能抓住問題的症結所在，也就是說並未准確地找到病根，故其所提出的醫案尚不能救治當時社會政治的毛病。

(九)採用「致太平之書」

《太平經》不僅認爲自己能解承負，而且自稱爲「致太平之書」，說統治者若能採用它，天下立可太平：

得行吾書，天地更明，日月列星皆重光，光照紘遠八方，四夷見之，莫不樂來服降，賢儒悉出，不復蔽藏，其兵革皆絕去，天下垂拱而行，不復相傷，同心爲善，俱樂帝王。吾書乃能致此，其價直多少，子亦知之耶？帝王能力用吾書，災害悉已一旦除矣，天下咸樂，皆欲爲道德之士，後生遂象先世，老稚相隨而起，盡更知求真文校事，浮華去矣；心究洽於神靈，君無一憂，何故不日游乎哉？[111]

從中可發現《太平經》十分重視「正確」的政治理論對政治運作的指導作用。所謂正確的政治理論也就是它所說的「陰陽之語」、「神聖之文」：

夫文辭，天地陰陽之語也。故教訓人君賢者而敕戒之，欲令twenty行致太平也。所以言蔽藏者，賢君得而藏於心，用於天下，育養萬物而致太平也。今天之出書，神之出策符神聖之文，聖人造文造經，上賢之辭，此皆言也。故天地神聖上士爲人盡力，以言積年，可立天地，除災害。帝王案用之，乃致遨遊而無事，上得仙度增年，得天意，子孫續嗣，無有絕也。世衰乃更爲大興，天下仰命……此神聖善言所致也，其功莫不大哉。[112]

很顯然，它認爲自己就是這樣一種「神聖善言」，能夠指導現實政治走向太平，並可解決當時帝王絕嗣的問題。

以上九條就是《太平經》提出的如何致太平的方案。透視這個方案，可以發現其大多數內容和漢代思想家們的政治主張是一致的，只有個別內容如「太平來善宅」、「承負」是其獨創的。和漢代其他思想家特別是東漢末社會批判思想家們求致太平的主張比較起來，《太平經》的方案更完整、更系統，是漢代社會太平理想的一個總結。審視這個方案，還可以發現其多爲一種主觀的意願，在當時的現實中是行不通的，《太平經》本身爲統治者所唾棄的遭遇也證實了這一點。整個方案都披上了一層神學的外衣，其中既有正統神學的內容，也有神學異端的思想；既有強烈的社會政治批判色彩，與東漢晚期的社會批判思潮相呼應，又有爲當時皇帝所作的辨護詞。這種思想的內在矛盾，固然與《太平經》的作者不一等成書情況分不開，但也反映出編纂者只反貪官不反皇帝，幻想一個好皇帝出而救世的心態。事實上，整個致太平的方案寄希望於一個好皇帝身上，沒有這樣的好皇帝，什麼無爲而治、以民爲本、任德不任刑等等措施都會落空。這是宗教對救世主的呼喚。這個方案也反映了宗教與政治的密切關係，反映出當時統治集團內部改良派和在野派等社會政治勢力以此做爲其政治鬥爭的工具，要求變革的呼聲。

這種呼聲在書中時有出現：「故天生凡事，使其時有變革，悉皆以諫正人君，以明至德之符，不可不太慎也。夫天地萬物變革，是其語也」。[113]結合東漢獻《太平經》者系統治階級內改良派的情況看，亦說明這一方案是改良主義的。當然，在這些改良派的呼聲中也有些反映了社會下層特別是農民的利益和願望，反映了他們的烏托邦思想。總之，政治太平是「天意」的結果，太平的最終根據在於「天」，這種政治哲學從根本上說是種神學政治觀，與西方宗教神學那種把政治歸因於「上帝」的說法異曲同工。

## 註釋

❶ 參見拙作《論太平經爲漢代道書之合集》，載《社會科學研究》一九九三年三期。

❷ 《湯用彤學術論文集．讀太平經書所見》，中華書局一九八三年版第五十九頁。

❸ 《漢書》卷五十六《董仲舒傳》，中華書局標點本第八冊第二五〇六、二五一九頁。

❹ 《太平經合校》第十二頁，中華書局一九六〇年版。下引同。

❺ 《太平經合校》第一二五、二五六、三七、三二五頁。

❻ 《太平經合校》第六三〇頁。

❼ 《太平經合校》第五一八—五一九頁。

❽ 《太平經合校》第十九—二十頁。

❾ 《太平經合校》第二一六頁。

❿ 中華書局標點本第十一冊第三一六二、三〇一六頁。

⓫ 《太平經合校》第三九九、一〇九頁。

⑫《太平經合校》第一四八、六一六、五四四、五七九、六八一頁。

⑬《漢書·董仲舒傳》，中華書局標點本第八冊第二五二一頁。

⑭《太平經合校》第二四六—二四七頁。

⑮《太平經合校》第六八三頁。

⑯《太平經合校》第五七四頁。

⑰《後漢書·仲長統傳》，中華書局標點本第六冊第一六四八頁。

⑱《太平經合校》第二四八頁。

⑲《太平經合校》第三六一頁。

⑳《太平經合校》第四一六頁。

㉑《太平經合校》第一九二頁。

㉒《太平經合校》第三五六頁。

㉓《太平經合校》第七三五頁。

㉔《太平經合校》第七三七頁。

㉕《太平經合校》第一九九—二〇〇頁。

㉖《漢書·董仲舒傳》，中華書局標點本第八冊第二五一五頁。

㉗第五四頁，台灣學生書局一九七九年版。

㉘漢末社會批判思想家也多主張天下爲公。

㉙《太平經合校》第四五一、五一五頁。

㉚《漢書·食貨志》，中華書局標點本第四冊第一一三七頁。

㉛《漢書·刑法志》，同上第四冊第一一〇九頁。

㉜中華書局標點本第二冊第二八〇頁。

33. 《太平經合校》第二十五頁。
34. 《太平經合校》第六八七頁。
35. 《太平經合校》第四〇九頁。
36. 《太平經合校》第五八六頁。
37. 《太平經合校》第六三八頁。
38. 《太平經合校》第三九八、六三八頁。
39. 以上參見《太平經合校》第二一四—二一五頁。
40. 《太平經合校》第二六八—二六九頁。
41. 《太平經合校》第五七三—五七四、三〇四—三〇五、三二二頁。
42. 《太平經合校》第二一二、二九五頁。
43. 《太平經合校》第四三二頁。
44. 《太平經合校》第二三二、四三三—四三四、四三六頁。
45. 參見《道德經》第八十章和《莊子·馬蹄》。
46. 《太平經合校》第七一八、一九八、四〇〇頁。
47. 「巫咸」據成玄英《疏》爲殷中宗相。
48. 《太平經合校》第二十五、一三三頁。
49. 《太平經合校》第四十六頁。
50. 《太平經合校》第四二—四五頁。
51. 《太平經合校》第四十六頁。
52. 《太平經合校》第七二八頁。
53. 《太平經合校》第二五八頁。

54 第四一五頁，人民出版社一九五七年版。

55 《漢書·董仲舒傳》，中華書局標點本第八冊第二五〇八、二五一二頁。

56 《太平經合校》第四一八頁。

57 《太平經合校》第四五二頁。

58 《後漢書》卷七十八《曹節傳》，中華書局標點本第九冊第二五二六頁。

59 《抱朴子外篇》卷十五《審舉》。

60 《太平經合校》第四一八頁。

61 《太平經合校》第四一七頁。

62 參見《漢書·古今人表》，《太玄·玄數》。

63 《太平經合校》第四四二頁。

64 《太平經合校》第一二八頁。

65 《太平經合校》第二十六頁。

66 《太平經合校》第五二一頁。

67 《太平經合校》第一八四頁。

68 《太平經合校》第二〇四頁。

69 《太平經合校》第二〇三、二〇五頁。

70 《太平經合校》第二〇四頁。

71 《太平經合校》第一五二頁。

72 《漢書·董仲舒傳》，中華書局標點本第八冊第二五一三頁。

73 《潛夫論·本政》。

74 《漢書·董仲舒傳》，中華書局標點本第八冊第二五一〇—二五一一頁。

75 《漢書・谷永傳》，中華書局標點本第十一冊第三四四九頁。
76 《太平經合校》第八〇、四〇六、二〇六頁。
77 《太平經合校》第一〇六頁。
78 《太平經合校》第一四四、一四三、三八五頁。
79 《太平經合校》第一四三頁。
80 《太平經合校》第二〇六頁。
81 《太平經合校》第二〇六頁。
82 《太平經合校》第二〇七頁。
83 《太平經合校》第三二頁。
84 《太平經合校》第一七四、三二、二三一、二六三頁。
85 《太平經合校》第一一〇頁。
86 《太平經合校》第一〇九頁。
87 《漢書・董仲舒傳》，中華書局標點本第八冊第二五〇二頁。
88 《太平經合校》第一五一、二六四頁。
89 《孟子・盡心下》。
90 《新書・大政上》。
91 《春秋繁露・堯舜不擅移湯武不專殺》。
92 《申鑒・雜言上》
93 中華書局標點本第四冊第一〇八一頁。此段引文又見《太平經合校》第一八一一九頁。
94 《太平經合校》第一四九、一五〇、一五一頁。
95 中華書局標點本第九冊第二八五一頁。

96 《太平經合校》第四二二、六八八—六八九頁。
97 《太平經合校》第六九〇頁。
98 《太平經合校》第三三二頁。
99 《太平經合校》第三一八頁。
100 《太平經合校》第三五〇頁。
101 《太平經合校》第四二〇頁。
102 《太平經合校》第一〇二頁。
103 《太平經合校》第二〇五、三三二頁。
104 《太平經合校》第三二八—三二九頁。
105 《太平經合校》第三三二—三三三、三三五頁。
106 《太平經合校》第五四、一六五頁。
107 《太平經合校》第七〇頁。
108 《太平經合校》第五八頁。
109 《太平經合校》第二五五、三一九頁。
110 《太平經合校》第五五、一六三、一六五頁。
111 《太平經合校》第一二八、一六八頁。
112 《太平經合校》第六八六、六九二頁。
113 《太平經合校》第一〇二頁。

# 莊子的鬼神觀

鄭志明

## 一、前言

莊子哲學是中國文化系統中頗受重視的生命典範與知識典範，一直到今日仍有不少的學者從各種新的知識角度，繼續對莊子哲學作出許多創造性的詮釋。莊子一書似乎是一部生生不已的偉大著作，留存著相當大的詮釋空間，足以包含人類理性的各種哲學思考，進行各式各樣開放性的心靈創造，且能讓每一個詮釋者自以爲已抉發其中深邃的意理，而獲得了知性與感性的滿足。

近年來有關莊子的專門著作愈來愈多，留供討論的空間卻更爲寬廣，比如就莊子的形而上學來說，引入新的思維方法，依舊可以建立出龐大的系統哲學來❶。也有人企圖去解析莊子思維模式❷，其實莊子的思維模式是很難定型，本身就是一種開放性的存在，比如一般人大多以「道」或「天人」等課題來建構莊子的形上學❸，本文打算換另一個角度來說，引進「原始思維」❹的理論模式，以「渾沌」、「鬼」、「精」、「神」等概念來建構莊子的形上學。

有關「原始思維」的學派林立，爭論不少❺，本文基本上採用列維—布留爾（Levy-Bruhl.）的「互滲」（Participation）理論❻，作為詮釋的方法與理論的依據。下面先簡單地敘述本文對「原始思維」的界定，以及本文所應用到的基本理論。「原始思維」是指人類最早的心智與思維，是一種「集體表象」❼的情感體驗，人類以自我體驗來感知外在的自然世界。這種自我體驗是人的「心理主體」❽對外在事物的直接感受，一般又稱之為「直感思維」❾，是以自己生命的感情直接外射到感知的對象上，形成了「萬物有知」、「萬物有行」等觀念，進而發展出「萬物有靈」❿的信仰。在這個信仰之下，形成了一種靈性的觀念，後來發展出生靈、魂靈、鬼靈、精靈、神靈等靈性分化的觀念。針對泛靈的觀念來說，人、物、靈等三者是相互聯繫，彼此間互相滲透，可以共感共知，不僅人靈與物靈可以相通，進而相信人與萬物皆有靈神的存在，人可以經由各種管道與此靈體相交通。

就儒家來說，企圖建立以「人」為主體的思維體系⓫，避開人與靈性的討論，但是這種存而不論的態度，並非意謂著儒家沒有直感思維，如孟子的「萬物皆備於我矣」、「上下與天地同流」等句⓬，即是一種人、物、靈等三者互滲的觀念，發展出過化存神的精神境界。可是孔孟在這方面著墨不多，引起後人的誤解，如馮友蘭針對上兩句話云：「頗有神祕主義之傾向。其本意如何，孟子所言甚簡略，不能詳也。」⓭所謂「神祕主義」，馮友蘭在後面註說，乃專指一種哲學承認有所謂「萬物一體」的境界，從馮氏的觀念來看，儒家與道家都是一種神祕經驗的境界哲學。其實，這種「萬物一體」的思維方式，可以名之為「智的直覺」，正是儒道形上學的源頭⓮。就道家來說，老子與莊子以回歸到宇宙源頭的方式來安頓個體生命的存在，不同的是莊子比較重視人生內在地精神境界[15]，回到人、物、靈等互滲的觀念上，提出「天地與我並生，萬物與我爲一」的人生境界與形而上學[16]。也可以這麼說，以回歸到原始思維的情境中，重新開發萬物與生命的互滲內涵，發展出一套生命自我超越的哲學系統來。

原始思維與後代的人文思維不是相對立的，彼此間是相互承續的，莊子哲學正是原始眞覺思維的開發與展現，奠立了中國生命哲學的另一種表現典範[17]，追求與萬物冥合的人生境界。這種境界的追尋成爲中國哲學與宗教的主要內涵，值得我們再回到思維的源頭處，察看其思維的發展線索，及其人生的精神境界。

## 二、人物靈三者一體的渾沌觀

人類思維的發展，人必然地要從混沌中走出，建構了純屬於人的文化世界。可是由於周文明的禮壞樂崩，導致道家對於人文禮教的重新反省，再度觸及到人與物的轉化問題[18]，意識到人與物的自然冥合，有著重回混沌的思想傾向，到了莊子達到了高峰，可以說是重回到人、物、靈一體的混沌世界，直接訴諸於人與天地萬物的精神會通，發展出生命自我成全之道。

人一直活在走出混沌與重回混沌的對立衝突之中，人一方面以其智慧創造了人文，利用了文字的觀念與理論走出了自然的規律，一方面在精神上又渴望重回到原先穩定而一致的自然規律之中[19]。這也正是人存在的兩難，莊子的應帝王篇有一段神話很明確地表達出人們這種兩難的情境：

南海之帝爲儵，北海之帝爲忽，中央之帝爲渾沌。儵與忽相與遇於渾沌之地，渾沌待之甚善。儵與忽謀報渾沌之德，曰：「人皆有七竅以視聽食息，此獨無有，嘗試鑿之。」日鑿一竅，七日而渾沌死。

「鑿」與「不鑿」正反映出人類文化發展上的兩難困境，「不鑿」的話，人類無法擴充其感知能力與認識能力，走出原始的自然本能世界，建立純屬於人的文化功能世界。如果「鑿」的話，人必定沈淪於認知的外在形式，逐漸地失去了來自於原始自然規律的直覺、本能與行動。「鑿」與「不鑿」可以說是人類面對著自然與人文等兩種規律的選擇，就人類的社會發展來說，認知系統的擴充，隨著文字符號的流行，展現出外在典章制度的文化魅力，是人類認知文化必然的走向，可是就人類的心靈意識來說，人們也害怕外在的知識系統惡化了人性的本能，在精神上有著重回自然樸直狀態的需求。

莊子是就人的精神需求，反對外在知識文化的建構，甚至以「渾沌死」表達其心中的強烈抗議。可是莊子所反對的不是知識系統本身的理論建構，反對的是華麗的文化形式對人類樸實本性的傷害。故莊子的重回渾沌的精神需求，不是一個「反智論」或「反智識主義」者[20]。即文明有兩種走向，一是知識的文化走向，其方向是走出混沌，另一是精神的自然走向，其方向是重回混沌。這兩個走向是兩個不同層面的文化形式，各有其發展的規律，原本是不相妨害的，如南海的儵、北海的忽與中央的渾沌本來是可以相安無事，可是儵與忽卻自以爲好心地要爲渾沌鑿竅，就好像知識的人文系統反過頭來要指導精神的自然系統，彼此間必然發生了衝突，莊子的「渾沌死」的描述頗爲傳神，意謂知識系統走入到精神系統之中，對人的精神系統沒有幫助，反而有所傷害，甚至被迫死亡。

莊子的這種想法承續著老子的主張進一步發展而成，老子十八章云：「智慧出，有大僞。」意謂知識性的智慧反而增添了精神上的虛僞，爲了挽救精神境界的危機，老子提出了「絕聖棄智」與「絕仁棄義」（十九章）的主張。這個主張不是對聖智仁義作本質的否定，而是偏重在精神作用的保存，意指不可以在知識系統上成就聖智仁義，而是要重回精神層面的形上根源㉑。莊子的「渾沌」說更積極地展現精神性形上本源的存在，不像老子那般強烈地意識到知識系統對精神境界的傷害。故莊子的渾沌觀不是從知識的異化處入手，而是從境界的保存之道，重新思考人、物、靈渾然一體的可能性。莊子這種重回混沌的走向，開發了中國的精神境界文明，與走出混沌的物質典章文明並列，成爲中國文明的兩大傳統。

莊子這一段神話對於「人」這個概念不是很清楚，如北海之帝、南海之帝與中央之帝是人王，還是天帝？這三帝以人自稱，似乎又混合於神，表現出這一則神話，人神混合的心理意識。同時也含藏著「物」的形象，否者如何爲其鑿竅呢？很明顯地表達出人、物與神靈三者一體的觀念。莊子的精神境界基本上就建立在渾然一體的觀念上，如莊子知北遊篇云：「聖人者，原天地之美，而達萬物之理。」認爲聖人與天地萬物是一體相生，皆來自於自然的原美與達理，即人與萬物的存在不是一種物質形式的存在，而是一種精神實體的存在，在莊子書中，這種精神實體或稱爲「天」，或稱爲「道」，或稱爲「神」，或稱爲「靈府」，或稱爲「靈台」，本文所謂的「靈」或「靈性」也是用來指稱人與萬物所共有的精神實體，故可知人與萬物皆通向於背後的精神實體，在這個精神實體下，人與天地萬物也可以冥通爲一，這個「一」常稱之爲「天」或「天德」，如天地篇云：

天地雖大，其化均也；萬物雖大，其治一也；人卒雖衆，其主君也。君原於德而成於天，故曰：玄古之君天下，無爲也，天德而已矣。

人與天地萬物皆稟受天德，即所謂「原於德而成於天」，莊子就是要擺脫萬物的外在形式，成就天德的精神境界。天德的精神境界是如何表達的呢？天德的這種精神境界，可以說就是莊子哲學的主要課題，點出人與天地萬物混然同流的生命情境，超越出有限的生命時空展現其妙用的存有。在刻意篇裏有比較完整的描述：

去知與故，循天之理，故無天災，無物累，無人非，無鬼責。其生若浮，其死若休，不思慮，不豫謀，光矣而不耀，信矣而不期。其寢不夢，其覺無憂，其神純粹，其魂不罷，虛無恬淡，乃合天德。

「去知與故」與「循天之理」即是個體生命存在的抉擇，擺脫外在智慧的「知」與「故」，重回到生命造化的主體境界。這個主體境界也就是「天」或「天德」，人須循天之理才能化解掉任何外在文化形式的桎梏，從天災、物累、人非、鬼責等衝突情境中超拔出來，達到「無」的境界，「無」即代表了此一精神實體的本根本性。莊子的精神境界主要建構在「無」的創造性上，以「無」來雙遣內外，兩忘物我與俱空彼此，可以這麼說整部莊子書即在宣揚「無」的生命境界，可是莊子不以「無」這個字來指稱精神實體，最常用的是以「道」來指稱「天」與「天德」，如知北遊篇云：「無思無慮始道，無處無服始安道，無從無道始得道。」莊子以「道」作爲生命境界的代稱，彰顯出「虛無恬淡」的精神本質與無窮妙用。

除了「道」以外，莊子也常用「神」這個字來說明天德的妙用流行，即「其神純粹」，能與萬物感通而合天德。「神」字的使用次數頗高，用來說明「道」的無限性與創生性，如天道篇的「莫神於天」、「夫天地之至神」，知北遊篇的「神明至精」、「油然不形而神」，人間世篇的「鬼神將來舍」，大宗師篇的「神鬼神帝」等，顯示出「神」是一種不爲形累的直覺存在，是一個與無窮宇宙融合的超自然存在，可以完全擺脫一切形體、價值、知識、好惡等外在形式的阻隔。莊子又拿「魂」字與「鬼」字，與「神」字並稱，如前面的「其神」、「其魂」、「鬼神」、「神鬼」等。又天地篇云：「通於一而萬事畢，無心得而鬼神服。」鬼神與萬物與人皆通於一，是一體相成的。問題是鬼神有何不同，爲何要用兩個字來加以區分呢？這又牽涉到「精」字，莊子常以「至精」或「精神」來指稱「道」與「神」。「精」與「鬼」、「神」有何關係呢？雖同是一種精神實體，在位階上是否有所不同？一般學者很少討論到這個問題，因爲這個問題必然要牽涉到原始思維的宗教信仰問題，必須專注到人與萬物之上的「靈」，以及由這個「靈」爲核心所泛生而成的「心靈」、「精靈」、「魂靈」、「神靈」

等精神實體的存有。莊子的精神境界的完成，實際上與上古的宗教信仰有著密切的關係，或者說上古宗教信仰的原始思維即是後代哲學思想與文化生活的源頭㉒。莊子這一套精神境界的文化系統也絕非其個人憑空創造出來的，而是繼承了傳統的文化心靈重新溯本還原而成，彼此間必然留下某些相交的軌跡。本文企圖引用原始思維的相關理論，來說明其精神實體的信仰內涵。

## 三、從鬼靈到魂靈

莊子所謂的「鬼」，不是指後代的人鬼，而是泛指萬物的「靈」，即鬼是指具有生命力的物。或者說「鬼」字的初義，本就不是人死爲鬼之義，據沈兼士的〈鬼字原始意義之試探〉一文，認爲是一種類人的生物㉓，這種文字形式的考證，在推論上還不是很完整。或許這麼說，是以人的生命形式去指稱生物或萬物「靈性」存在。如莊子達生篇記載齊桓公因見鬼而病，與管仲有一段有關鬼是否存在的對話：

> 桓公曰：「然則有鬼乎？」曰：「有。沈有履，灶有髻，户內之煩壤，雷霆處之；東北方之下者，倍阿鮭蠪躍之；西北方之下者，則泆陽處之。水有罔象，丘有峷，山有夔，野有彷徨，澤有委蛇。

達生篇中的鬼是指自然界中的各種物靈，共列出了十種物靈。這十種物靈大致上可以分成兩類，一爲人間常住里宅之中的物靈，一爲自然山野水澤之中的物靈。人們爲什麼會認爲萬物都有靈性呢？那是因爲萬物存在的背後常含藏著人所無法理解的超自然力，於是以人的生命形式賦予自然萬物活耀的生命靈性，這種生命靈性又與人的具形存在有所不同，故稱之爲「鬼」。鬼是無所不在的，代表大自然一種精力的存在，如《抱朴子》的微旨篇云：「山川草木，井灶污池，猶皆有精氣。」鬼大致上就是用來指稱萬物背後的精氣，這種精氣會與人產生交感的空間，一在人的生活空間中經常與人相交，一在大自然的存在空間中偶而與人相會。這些精氣因與之相配的物不同，而有各種不同的名稱。在家居生活中主要的物靈有五種，即水井中的「履」，又稱爲「漏」；灶中的「髻」，又稱爲「浩」；門戶中的「雷霆」；人宅中東北牆的「倍阿鮭蠪」；西北牆的「泆陽」。這些物靈因與人的生活經常相交，轉而成爲控制人日常生活的靈力，形成人們膜拜的對象，發展出後代的五祀信仰。㉔在野外的物靈主要的也有五種，即水中的「罔象」，小丘的「峷」，大山的「夔」，郊野的「彷徨」，湖澤的「委蛇」等。

人們比較害怕的是野外的物靈，因爲大自然的深遠不可測，其背後的靈力與人的禍福關係也是難卜的。人們對野外物靈的出現，首先是產生了恐懼的心理，視物靈爲預示不祥的妖怪，甚至會殘害到人們的生存，因此稱這些野外物靈爲山精野怪，避之唯恐不及。可是這些山精野怪卻經常出現與人相交，在古籍中有不少的記載，如「詩經」的何人斯篇謂「如鬼如蜮」，「鬼」與「蜮」是山水中的物靈，會偷襲路過的行人。「左傳」文公十八年載：「投諸四裔，以御魑魅。」魑魅是指山林的精怪，喜好迷惑人，也是一種害人的精怪。這些山林的精怪又稱爲魍魎，或從「虫」旁，大多從「鬼」旁，顯示這一類字的東西，不是一般的物虫，而是一種精怪或鬼靈。「鬼」爲萬物精怪的代稱由來已久，在王充《論衡》的訂鬼篇有一說詮釋「鬼」爲萬物的精靈，云：「鬼者，物也，與人無異。天地之間，有鬼之物常在四邊之外，時往來中國，與人雜，則凶惡之類也。」此一說似乎是「鬼」的原始定義，人以人的形象去描述物靈的存在，且指出與人雜處的物靈，往往不是善類，會危害到人的生存權力。凡從「鬼」旁的字，如「魈」、「魁」等字，大多是物靈精怪之流。這種物靈的觀念幾乎可以套在各種物體上，即天地山川、風雨雲雷、草木鳥獸等皆具有鬼靈，導致「鬼」字成爲一切靈體的代稱，如《墨子》明鬼篇云：「古之今之爲鬼，非他也；有天鬼，亦有山水鬼神，亦有人死而爲鬼者。」天地山水具有鬼靈，人也具有鬼靈。

人的靈體是「鬼」的一種，故從「鬼」旁，稱爲「魂」與「魄」有關鬼與魂魄的關係，「左傳」昭公三年，鄭國子產回答晉國趙景子有關「鬼」的內涵時，云：「人生，始化曰魄，既生魄，陽曰魂。用物精多則魂魄強是精爽，至於神明。」人的靈體由魂魄組成，強化了人的魂魄，也可以達到神明的靈體境界。後來由於人死後其魂魄靈體也不可知，有如妖怪的物靈，故也稱之爲鬼，故《禮記》祭法篇謂「人死爲鬼」，這應該是比較晚出的觀念。在莊子的庚桑楚篇，將人與鬼並稱，認爲人要明白自身的鬼靈，鬼就不可怕了，云：

> 爲不善乎顯明之中者，人得而誅之；爲不善乎幽閒之中者，鬼得而誅之。明乎人，明乎鬼者，然後能獨行。

所謂「明乎鬼」，就是要開發自身的靈性，如果人不懂得開發自己的靈性時，只能說是一種行屍走肉的「鬼」而已，如續云：

> 故出而不反，見其鬼；出而得，是謂得死。滅而有實，鬼之一也。

在莊子的認知中，活人身上的靈體與死後獨立存在的靈體，是沒有區分的，可以稱之爲「魂」，也可以稱之爲「鬼」，是不採用後代人死爲鬼的說法，如莊子的天道篇云：

> 其動也天，其靜也地，一心定而王天下；其鬼不崇，其魂不疲，一心定而萬物服。

就精神實體來說，不僅人的生靈與死靈是一體，物靈與人靈也是一體的，即人與物在形體上雖然有別，可是在靈體上物靈與人靈卻可以打破形式的界限，故「鬼不崇」與「魂不疲」，也就是說鬼魂只會對人體作崇與干擾，對人的精神實體來說，則是可以相生相助，如刻意篇與天道篇所謂的「無物累」與「無鬼責」，其基本原理就是不以「形」累「靈」，打破物質存在的有形限制，展現出靈體的自在與妙應。

莊子的這種生命觀，就宗教信仰來說，也可以說是古代原始崇拜的復活，以爲人的世界與物的世界在靈體上是互相滲透與互相感應，因此具有著超自然與超人體的作用能力，如此以人觀物，人與物是互爲變化，莊子就稱爲「物化」，最常用的例證就是齊物論篇的莊周夢蝶的故事，如云：

> 昔者莊周夢爲胡蝶，栩栩然胡蝶也，自喻適志與，不知周也。俄然覺，則蘧蘧然周也。不知周之夢爲胡蝶與，胡蝶之夢爲周與？周與胡蝶，則必有分矣。此之謂物化。

一般人常把這一段胡蝶夢視爲荒誕不經的神話，如果從原始思維的角度來看，這是一個很典型的案例，人與物之間的封界取消掉了，在靈體的根源處自我與萬物是相通爲一。這種原始泛靈信仰，對後代的人來說是有幫助的，因爲隨著人文的發展，物我形成了對立，而有了不少好惡之情，人總是處處受到外物的牽掛與滯礙，這種我與物冥的泛靈觀念，可以讓人從形骸中突破出來，在精神上自覺了生命的自由境界。當然莊子的思想不僅是一種原始性的渾沌觀念，還含有著人性自我的覺醒工夫，這是原始泛靈思想所未達到的境界。可以這麼說，莊子是以原始思維的「靈化」觀念，建立出一個高度的精神境界，莊周與胡蝶，即人與物，達到「離形去知，同於大通」（大宗師篇）的境界。

在齊物論裏，也借物靈與人靈的相互對話，來表達如此的生命境界，說明在靈性上原本也是有限制，莊子是要人連這種靈性的限制也要突破，如云：

> 罔兩問景曰：「曩子行，今子止；曩子坐，今子起；何其無特操與？」景曰：「吾有待而然者邪？吾所待又有待而然者邪？吾待蛇蚹蜩翼邪？惡識所以然，惡識所不然。」

「罔兩」即是魍魎，就是指物之靈，「景」一般人解釋爲影子，在有些原始部落也把影子視爲人之生靈，這一段可以解釋爲物靈與人靈的對話，或者說是物鬼與人魂的對話。這一段對話在寓言篇裏有更詳細的記載：

> 衆罔兩問於景曰：「若向也俯而今也仰，向也括而今也被髮，向也坐而今也起，向也行而今也止，何也？」景曰：「搜搜也，奚稍問也，予有而不知其所以。予，蜩甲也，蛇蛻也，似之而非也。火與日，吾屯也；陰與夜，吾代也。彼吾所以有待邪？而況乎以有待者乎？彼來則我與之來，彼往則我與之往，彼強陽則我與之強陽。強陽者又何以有問乎。」

其實就原始思維來說，靈體不是絕對自由，雖然靈體是一種虛無形式的存在，卻與物體或人體的具形形式，有了一種「靈實關係」[25]。即虛靈與實物是緊密關係在一起的，彼此是相互交感的，如影隨形一般，人仰賴靈體的精神作用，同樣的靈體也受到人體的生機控制。莊子透過物靈與人靈的對話，來思考人的精神實體如何突破這種「靈實關係」的限制，展現靈體自由自在的化境。首先莊子借物靈來嘲弄人體形式限制的有待，人靈反駁說，一切形式的有待，是要成就自本自根的無待境界，達到絕對自由的靈體境界。這已超出了原始思維的範疇，原始思維由「靈實關係」必然發展出靈體崇奉的崇拜文化，重視超自然靈性對人體的指導作用，莊子則是將這種直感的信仰行爲，轉化成生命主體絕對無待的精神境界。

## 四、從精靈到神靈

最早的靈體觀念是物靈與人靈，進而建構了物、人、鬼的三種存在物，且三者之間形成了相互運作的關係。當鬼靈的觀念獨立發展後，逐漸地形成了一種超自然的神靈，這種神靈基本上也可以算是鬼靈的一種，故莊子也常將鬼神並稱，說明鬼神的靈性是一體相承的，如人間世篇云：

> 夫徇耳目內通而外於心知，鬼神將來舍，而況人乎，是萬物之化也。

在莊子的精神境界中，人、萬物與鬼神等是一體相生相化，無掉了外在認知的形式，達到了與鬼神相涵攝的生命本源。又達生篇也有一則鬼神並稱的例子，如云：

> 古之人，在混芒之中，與一世而得澹漠焉。當是時也，陰陽和靜，鬼神不擾，四時得節，萬物不傷，群生不夭，人雖有知，無所用之，此之謂至一。

從這一則引文可以明顯地看出，莊子認爲早期的人類或原始人類是活在一種渾沌的精神狀態，這種觀點與原始思維的理論頗爲相似。不同的是莊子將如此的渾沌世界，導向於內在自我生命的完全超脫，擺脫了靈體與實物的宗教交感，因此莊子謂「鬼神不擾」與「萬物不傷」，即靈體與萬物對人的精神境界來說，是絲毫不會發生干擾，此一觀點與原始思維的靈實交感理論是完全不相同的。或者說，莊子「至一」的精神境界，不是建立在靈實感應的直覺作用上，而是超越出任何的感應形式，直接回歸到直觀的生命本體之中。

鬼神是同一個靈體，爲什麼會有「鬼」與「神」的區別呢？這種區別對莊子來說是很有意義的，莊子認爲達到「至一」的靈體才能稱之爲「神」，一般的靈體只能稱之爲「鬼」。此一觀念也與原始思維有關，「鬼」與「神」的區別不只是原始崇拜現象的先後問題而已[26]，也牽涉到這兩種崇拜的本質問題[27]。即鬼崇拜與神崇拜是兩種不同的宗教崇拜。早期人們意識到靈體的存在是非常的恐懼，害怕此一靈體危害到個體的存在，對此一靈體遂發生了利害的感受，於是產生了趨利避害的心理與行動。靈體也就在人類的慾望感情下，分成善惡兩類，惡的靈體對人有著利害與安危的衝突，是人們所要逃避的，其逃避的方法與活動，就形成了鬼崇拜。善的靈體是人們所樂於親近的對象，認爲此一善良的靈體有著善良的靈力，會賜給人們恩惠與福報，人們對於善靈自然有了崇奉的態度與行爲，就形成了神崇拜。莊子的鬼神觀與早期的鬼神崇拜心理是有關係的，只是莊子進一步地將這種崇拜加以境界化，加重了神靈自身的超越性格。

莊子認爲靈體要達到「神」的境界不是很容易的，必須經過「精」化或「精神」化的過程。即莊子多了一個精靈的觀念，此一精靈的定義，大致上可以解釋爲成精的靈體。精靈實際上也是用來指稱萬物的靈體，只是這種靈體與萬物的鬼靈是不一樣，可以說是鬼靈的一種精華體。如胠篋篇的「山川之精」，在宥篇的「天下之精」、「六氣之精」、「無搖汝精」，德充符篇的「勞乎子之精」，秋水篇的「物之精也」等，意謂著天地萬物都具有著至精的靈體存在，是萬物神化的內在動力，所謂精感形動，是一切有形世界的動力來源，如達生篇以「形」與「精」並稱，云：

棄事則形不勞，遺生則精不虧。夫形全精復，與天爲一。天地者，萬物之父母也，合則成體，散者成始。形精不虧，是謂能移；精而又精，反以相天。

萬物的形體是一種有限的存在，唯「精復」才能開展出無限性的「形全」，即「精」是統合生命無限開展的源頭，一切的有形物體必須在源頭上「精而又精」，才能突破有限形體的形式條件，體會到人與天合的造化之功。「精」即是靈體的無窮能量，也是形體生命自我超拔的泉源，故莊子提出了「以精守形」或「以神守形」的主張，認爲「精神」對人形體的成全有相當大的支配力。如知北遊篇云：「精神生於道，形本生於精，而萬物以形相生。」人有「精」有「神」就可以成全形體的無限開展，這種「精神」說，在天地篇裏有更進一步的說明，提出了「形體保神」的主張，如云：

故深之又深而能物焉，神之又神而能精焉；故其與萬物接也，至無而供其求，時騁而要其宿，大小，長短，修遠。

當萬物有「精」，則不管任何形式皆能無所不宜，產生了「深之又深」與「神之又神」的妙用，這就是天地篇所稱的「形體保神」或「體性抱神」，天地篇又云：「執道者德全，德全者形全，形全者神全，神全者，聖人之道。」形與精與神可以幫助人突破生命的有限存在，有了聖人德全的生命境界。

由物之精到精之神，即是物靈精化以至神化的歷程，由精靈發展到神靈的存在，神靈即是宇宙中最爲超越的靈體形式。這種靈體，莊子稱之爲「精神」，超越出一切有限形體的限制，成爲宇宙最高的主宰，如刻意篇云：

精神四達並流，無所不極，上際於天，下蟠於地，化育萬物，不可爲象，其名爲同帝。

「同帝」即是指精神爲靈體的眞宰，也是宇宙生命的最高主宰，因其神靈的流轉散佈於全生命體中而化育萬物。這種無限性的靈體觀，莊子轉化成一種形上實體，稱之爲「道」，故謂「精神生於道」，此「生」是互生的關係，將靈體的無限性與道體的無限性合而爲一。列禦寇篇的「歸精神乎無始而甘冥乎無何有之鄉」，正表達到如此靈體的無限存在之道。

莊子還是承認神靈的宗教性格，故單獨使用「神」字，「神」一詞含有著「天帝」或「上帝」或「眞帝」的意義。如大宗師篇的「神鬼神帝」，神與鬼同一位階，也與帝同一位階，當「神」字單獨使用時，意指爲宇宙的眞宰，這個眞宰是獨立於任何形體之外的，卻能宰制形體的存在，如齊物論篇云：

若有真宰，而特不得其朕。可行已信，而不見其形，有情而無形，百骸九竅六藏，賅而存焉。

這種做爲眞宰的神，即是最高的靈體，可以說是宇宙中所有事物的本質與主宰，是一種超物質與超自然的作用能力。這種最高靈體也具有著宰制人的安危、利害與吉凶的神祕功能，成爲人們親近與崇奉的對象，企圖與超自然的神靈有所相交，進行靈體與人體的結合與統一。在原始宗教裏人與神靈相交，必須經由巫師，即巫師是神的代言人，如應帝王篇云：

鄭有神巫曰季咸，知人之死生存亡，禍福壽夭，期以歲月旬日，若神。

巫是一個可以與神靈相交的人，故稱之爲「神巫」，也是一個可以「以靈解實」㉘的人。所謂「以靈解實」，就是能洞知神意來判知人的「死生存亡」與「禍福壽夭」。這種人是一種「若神」的人，雖具有與神相似的能力，卻依舊不是神，如人間世篇云：

故解之以牛之白顙者與豚之亢鼻者，與人有痔病者不可以適河，此皆巫祝以知之矣，所以爲不祥也，此乃神人之所以爲大祥也。

莊子認爲巫師只是一個祀神的人，其一切的靈力都來自於神，於是以祭祀作爲掌握靈力的手段，形成了種種媚神、愉神乃至於賄神的儀式。莊子不認爲巫師是人最高的生命形式，另外指出了「神人」的生命形態，作爲人與神相交的一種新的精神方式。

## 五、從神人到靈府

「神人」與巫師不同，不必經由各種巫術以知神意，當下就能如神般知神靈的妙用無窮。如何才能成爲神人呢？天下篇云：「不離於精，謂之神人。」人必須不離於「精」，成爲一個有精之人，才能體現到「神」的境界，這種有神境界的人，才能稱之爲「神人」。莊子認爲人與萬物都在天地造化之中，即能分享天地造化的神靈，開發出自身無限的靈性，這樣的人在靈性上是與天地造化爲一體，如大宗師篇云：「今一以天地爲大爐，以造化爲大冶，惡乎往而不可哉。」又云：「彼方且與造物者爲人，而遊乎天地之一氣。」莊子對於「神人」是非常嚮往的，如逍遙遊篇對神人的描述云：

藐姑射之山，有神人居焉，肌膚若冰雪，綽約若處子。不食五穀，吸風飲露。乘雲氣，御飛龍，而遊乎四海之外。其神凝，使物不疵癘而年穀熟。

神人即是一種「不與物遷」（德充符篇）的神聖存在，超越了物體的任何形式，而與宇宙的各種造化合而為一，人與萬物玄同，同時人與造化合一，跳脫出生命形式的限制，達到與神靈虛靈相交的境界，這是一種精神的生命境界，而非物質的生命形式。這種生命境界同時也是超越出天地萬物的，如天道篇云：「故外天地，遺萬物，而神未嘗有所困也。」神人即是一個轉化天地萬物生機的人，即是具有神靈特性的人，以神靈的力量提昇了生命存在的境界。

神人即是莊子的生命境界，這種生命境界，莊子稱之為「神人無功」（逍遙遊篇），什麼是「無功」呢？在天地篇裏，莊子有較詳細的說明：

「願聞神人。」曰：「上神乘光，與形滅亡，此謂照曠。致命盡情，天地樂而萬事銷亡，萬物復情，此之謂混冥。」

所謂無功就是在意識上重回照曠的混冥之中，達到物我同一的心理狀態，出現了「與形滅亡」與「萬事銷亡」的渾沌境界。無功就是要人重回渾沌的思維之中，解消我與物之間形式感情，使得思維主體（我）與思維對象（物）相互交融，展現出「致命盡情」與「萬物復情」的交感生命。這種思維形態與原始思維頗為接近，是一種「自我中心意識」的思維方式㉙。即是以「

自我」爲中心，去類比自然現象的普遍規律，形成了人事與物象的混一狀態，且將「自我」的人作無限性的擴充，達到最高靈體的狀態。

這個靈體就稱之爲「靈府」，是內在於人的主體生命之中。即將超越性的靈體重新落到人的主體生命上，爲人提供了一個安身立命的超越世界。如德充符篇云：

> 故不足以滑和，不可入於靈府；使之和豫，通而不失於兑；使日月無郤，而與物爲春，是接而生時於心者也。

靈府就是人的精神之宅，即是「心」的靈性作用，是人身神靈發竅之所在。「心」可以打開人的靈性，上通於宇宙的靈性，彼此相互統合，展現出生命的靈機妙用。是一種生生不息的生命泉源，故稱之爲「靈府」，又稱作「靈臺」，如達生篇：「工倕旋而蓋規矩，指與物化而不以心稽，故其靈臺一而不桎。」又庚桑楚篇也有「靈臺」的記載，如云：

> 備物以將形，藏不虞以生心，敬中以達彼，若是而萬惡至者，皆天也，而非人也，不足以滑成，不可內於靈臺。靈臺者有持，而不知其所持，而不可持者也。

人與物化在於心之相照，心成爲生命的主體，能照於物而不致隨物遷流，即心是人的靈體之所在，是超越於外在生理生活的精神中心，是人生命的主宰，跳脫出一切形式的差別對立，會通於靈體的直覺智慧，謂之「不可持者」，即是不受一切形體、價值、知識、好惡等限制，達到「不知其所持」的「有持」境界。把原始無序無律的渾沌思維導向於本心的直覺體悟，是莊子思想的最大特色，也開發出東方人文世界的精神生活，以心的靈明自覺來安頓現實的悲苦人生。

這種心不是普通的人心，而是與道合一的心，莊子稱爲「心齋」，如人間世篇云：「唯道集虛，虛者心齋也。」此心非實有的心，而是自本自根的存在，「未有天地，自古以固存」（大宗師篇）的存在，人要開發自己的心回到生命的本根處，其方式在於「用心若鏡」的契合，如應帝王篇云：「至人之用心若鏡，不將不迎，應而不藏，故能勝物而不傷。」心的開發在於取消外物的執著，重回混沌的化境，達到形上的一，自然地隨物而化。這種重回混沌的工夫，莊子又稱作「神明」，即回到神靈的自明境界。如齊物論篇的「勞神明爲一而不知其同也」，這種神明的工夫不是人爲的，而是生命靈體的自覺自悟，展現出心物合一的自明，契入到天人均同的化境，如天道篇云：

> 天尊地卑，神明之位也；春夏先秋冬後，四時之序也。萬物化作，萌區有狀；盛衰之殺，變化之流也。夫天地至神，而有尊卑先後之序，而人道乎。

重回混沌，不是重回到無序無律的世界，而是重回到自然的秩序之中，建立了序化人生。這種序化人生與離開混沌的人文秩序是不一樣的，可以說是一種混沌形態的序化結構。莊子認爲離開混沌的人間存在著不少形式的異化，造成人心的定執，這種定執的人心，就叫做「成心」（齊物論篇），或稱之爲「心死」（人間世篇）。因此莊子認爲在精神上，要使人的「心」重回到渾然天成的自然秩序，以這種自然秩序將人從奔競角逐的糾纏中超脫出來。

「神明」即是代表靈體的自覺，或本心的開發，使人能從外在的形式衝突中超拔出來，回到靈體自身的自然法則上，再由自然法則展現出靈體的無限妙用。莊子一書主要就在顯示這種靈體的實現作用，如知北遊篇云：

> 今彼神明至精，與彼百化，物已死生方圓，莫知其根也，扁然而萬物自古以固存。六合爲巨，未離其內；秋毫爲小，待之成體。天下莫不沈浮，終身不故；陰陽四時運行，各得其序。惛然若存若亡，油然不形而神，萬物畜而不知。此之謂本根，可以觀於天矣。

混沌的自然秩序也可算是全息對應的整體序化，使六合之中的天地萬物，皆能「各得其序」，重回其演化的始因，即本根之中，同化於天地萬物，示現了個體生命的永恆。生命的個體即是宇宙整體靈性的朗現，人的「心」要契入到整體的靈性，才有淨化的可能，才能有「神明」的妙用，運轉與流通個體之命，此即「油然不形而神」的作用。心的「神明」是來自於宇宙萬物同源合體的整體靈性上，進行直觀的共生互感，如天下篇云：「以本爲精，以物爲粗，以有積爲不足，淡然獨與神明居。」又云：

判天地之美，析萬物之理，察古人之全，寡能備於天地之美，稱神明之容。是故內聖外王之道，闇而不明，鬱而不發，天下之人各為其所欲焉以自為方。

後代的人文發展，導致主體生命的「不明」與「不發」，引發各種外在人文制度的衍生與糾纏，且「以自為方」，造成人間更多的對立與衝突。也就是說缺乏對宇宙靈性的整體認知，無法「獨與神明居」與「稱神明之容」，進入到宇宙的整體靈性之中。宇宙的靈性也必然是整體的存在，完全內化於本心的直觀上，心與神是通而為一，如庚桑楚篇的「欲靜則平氣，欲神則順心」，心與神是渾沌為一，同是宇宙根源的始元之象，具有無限開展的可能，使生命自然能乘萬化而不窮，如天下篇云：「芴漠無形，變化無常，死與生與，天地並與，神明往矣。」又云：「獨與天地精神往來而不敖倪於萬物。」神靈與人心的相通，在精神上便無一物與之相對，而達到「神明」的境界。

## 六、結　論

莊子的思想主要在縱身於萬變流行，與萬相冥合，展現出身心獨化的大自在。這種思想是如何開展的呢？大部分學者都落在道的形上架構來作說明，指出莊子是如何轉化自然天地成為人生的精神境界。本文借用原始思維的靈體觀念，同樣地也能掌握到其形上思想的發展脈絡。很明顯的可以看出，莊子的這一套形上哲學不是突然產生，而是根源於古代的文化傳統，與原始宗教的思維形態必然有所交涉，甚至深受原始宗教的宇宙模式系統㉚之影響。本文大膽的假設，莊子的直觀智慧，與原始的宗教信仰有著密切的相涉關係，甚至是從原始思維的精神文化之中，開展出其形而上學。

莊子的這一套思想主要就是以心理主體作爲思維的直接依據，反對其他認知性的文化主體，完全是以人心作爲思維的主體，對外在事物進行自我的直接感受。從這一點來看，莊子重視的是精神形態中的生命直覺，而非文化發展的典章制度，甚至有解消外在文明形式的心理傾向。這種心理與原始思維是相通的，皆建立在「自我感覺」的直接體驗上。作爲心理主體所具有直感思維的起點，往往就是思維者自己的生命與心理，以這個生命的主體感受外在事物時，外在事物也跟人一樣有著生命的形式，產生了物靈的觀念，莊子稱之爲「鬼」，鬼成爲另一種與人並立的生命主體。當物有物靈時，反過來也認爲人體有人靈，莊子稱之爲「魂」，人與鬼魂是處在一種虛實的關係上，即人是實的，靈是虛的，原本是對立的，卻由心理主體進行心物互滲與靈實互滲，人、物、靈互成爲一種主體直感的存在。當人的心理主體意識到靈性的存在時，這個虛有的靈性反而超出於具體的人與物之上，具有著超物體與超人體的能量，回過頭來對物體與人體有著支配與主宰的作用能力。從人的心理需求來說，這種靈體形成了兩類，一類是對人有害的靈，依舊稱之爲「鬼」，一類是對人有利的靈，稱之爲「精」或「神」。這種對人有利的靈，實際是一種淨化的靈，進一步超越出任何具形的物理形態，是一種純精神狀態的存有，達到了物人合一與天人合一的渾沌境界。莊子對於這種混然同流的靈性境界是非常嚮往的，有著重回混沌的心理需求，重新思考人體與靈體的關係，意識到「心靈」的存在，以爲「

心靈」是人重回混沌的精神主體，心靈的自我開發，就可以使自己的生命與天地神明相應相合，超越了任何外在的物質形式，達到天下篇的理想：「上與造物者遊，而下與外生死無終始者爲友。」心是靈性開發的根源，可以實現生命永恆常存的精神境界。

莊子這種直觀的形上學，不是一種外在的知識系統，與文化的邏輯思維與制度建立是完全不相干的兩樣東西，可是由於莊子與老子一樣，面對著周文明的禮壞樂崩，難免形成了一些對比式的語言，強烈地反對外在文明的人心異化，希望人們回到素樸自然的人心，開啟自我靈性的實現原理。實際上，重回混沌的形上學與走出混沌的人文學是兩種不相交的文化形態，一個重精神，一個重物質，彼此原本可以相安無事。可是在中國的文明發展史上，二者長期以來的相互纏鬥，形成了中國文明系統一種很複雜的心理情結，衍生出不少相關的文化問題。

這種情結主要跟「宗教」有關，比如說本文論說莊子思想與古代原始信仰有著密切的關係，一定有不少人心裡很不舒服，會責怪我爲什麼要把莊子與宗教扯在一起。有這種心理的人，請先自我反省一下，您是如何看待中國宗教或中國原始信仰的呢？您是否認爲中國原始信仰是一種愚昧無知的文化？如果不是，請讓我作簡單的解說。古代的原始信仰可以說是中國文化的一種心理基型[31]，自身也會進行文化的累積，有著一套表意的詮釋系統，在漫長的時空中逐漸地集約起來，後來的文化發展建立在這種心理結構中，其方向有二，一是走出原始，即走出混沌，一是重回原始，即重回混沌。所謂走出原始，即是開展人的理性思維，用來消除原始中的蒙昧成分，發展出以「人」爲本的理性文明與典章制度。可是原始宗教竟然經常如野火復燃般重新展現其信仰的魅力，破壞了人文的教化功能，如此有不少知識分子極端地厭惡原始宗教，容不下愚夫愚婦的怪力亂神。也就是說，在走出原始的人文奮鬥之中，經常要與原始信仰對決，即人文與宗教的對決，在教化的挫折之下，有著強烈恨鐵不成鋼的心理，視原始宗教爲遠古的蒙昧與迷信，除之而後快。這種心理在官方教化的主導下，長期以來成爲知識分子的責任。其實，走出混沌與重回混沌是兩種不同的文化走向，各有其文化上的功能，不宜擺在同一個位階上彼此相互對決起來。

所謂重回原始，不是重回原始的生活狀態，而是接續著原始的思想觀念，進行精神上的擴充，與原始的母體意識有著相互承襲的關係。莊子的思想體系可以說是重回混沌的最佳典型，重回原始的同時，也可以擺脫原始的愚昧形式，展現出一種新的文化精神。可是由於在舊有的文化沈積中加以發展，原始的精神形態也常伴隨著原始的物質形態，導致於原始宗教形式的復活，牽制住精神文明的理性發展，衍生出多元化的崇奉觀念與交感形式，有了各式各樣的鬼神信仰。莊子從鬼神信仰中超脫出來，建立了心靈主體的虛靈自覺，開展了不爲形累的精神主宰，以體現生命的價值與意義。可是由於人類利害關係的情緒體驗，重回原始的精神需求，不僅重回到混沌的觀念世界，也復活了原始崇拜的神祕經驗。這種神祕經驗歷久不衰，反而成爲傳統文化中最深層的價值意識。如此，重回混沌，有兩種發展的可能，就一般民衆來說，重新回到鬼神的觀念系統中，建立了一個無限龐雜的巫術與占卜世界。就知識分子來說，則是超拔出鬼神信仰，建立出一個主體生命的心靈世界。這兩種發展路向也不是相衝突的，代表人類心理的兩種需求，一種是現實的利害需求，藉助鬼神的靈力來安頓生命；一種是理想的精神需求，開發自我的心靈能量來安頓生命。莊子哲學的最大貢獻，即是開發出人類無限豐盈的心靈智慧，足以把握到生命的主體存在，以和諧圓滿的心靈來化除種種存在物的對立與衝突，實現了生命的一體性與統合性，成爲後代人們安頓生命的學習典範。

就前面的說明，可以得知，人類的文明的發展主要有兩個路向，即有形的制度文明要走出混沌，挺立出理性的知識系統；無形的精神文明要重回混沌，展現出自覺的心靈生命。這應該是一種比較好的文明進展方式，可是反觀今日的社會文化，其走向剛好相反，就有形的生活方式是重回混沌，且是回到鬼神的各種儀式文化；就無形的精神需求則是走出混沌，在外在的形式中產生了不少情識的纏結。這種社會文化形態導致了許多生存上的困境。比如原始宗教巫術風的重新流行，各種風水、命相、補運、安太歲等傳統術數，不僅相當盛行，甚至改頭換面迎合現代人的心理需要，更以現代行銷策略大行其道㉜。導致現代社會文明的混亂，走出混沌與重回混沌，在形式竟然能等量齊觀，非理性且功利性的生活方式經常與現代理性社會並行，甚至是以術數狂熱的金錢遊戲，來嘲諷所謂現代化的工商社會。在精神上價值的取向更爲交織糾纏，價值體系更爲混亂與低俗，走出混沌的物化觀念幾乎窒息了作爲主體的精神文明，生命物化的傾向，更難產生對精神文化的認同感與歸屬感。在這樣的時代，重讀莊子就更能感受其形上思想的主要功能與文化目的，以重回混沌的精神文明，教導人們如何從各種心知執取與情識困結中超拔出來。

# 註　釋

❶ 有關莊子形上哲學的專著很多，比如陳鼓應的「莊子哲學」（臺灣商務印書館，一九六六）、蔣錫昌的「莊子哲學」（環宇出版社，一九七〇）、曹受坤的「莊子哲學」（文景書局，一九七〇）、林鎮國的「莊子轉俗成眞之理論結構」（師範大學國文研究所彙刊二十二號，一九七七）……等。

❷ 顧文炳，「莊子思維模式新論」（上海社會科學院出版社，一九九三）。

❸ 有關莊子的「天人」思想，討論的專著相當多，比如唐君毅的「莊子內篇之成爲至人神人眞人之道」（「中國哲學原論」，學生書局，一九七六）、金白鉉的「莊子哲學中天人之際研究」（文史哲出版社，一九八六）。

❹ 「原始思維」是十九世紀以來，人類學家對人類原始狀態所作的一種理論的推論，參閱朱狄，「原始文化研究」（三聯書局，一九八八），第一章十九世紀以來西方人類學家論原始思維的特徵。

❺ 當「原始思維」這個概念被提出以後，引起學者正反兩面的討論，發展出不少的理論學派，爭論頗多，參閱「神話新論」（上海文藝出版社，一九八七）劉魁立序頁四。

❻ 列維—布留爾主要有三本著作，即「低級社會中的智力機能」、「原始人的心靈」、「原始人的靈魂」等，中譯本的「原始思維」（商務印書館，一九八一）是這三部著作的合併。

❼ 「集體表象」是從法國人類學家（Durk-heim）的「集體精神」（Collective mind）發展而來的，意指人類存在著集體意識，在行爲上展現出集體共有的表象文化。

❽ 原始思維不是建立在外在的觀念認知上，而是直接訴諸於心理來參與思維的，是以心理作爲思維的主體，是一種直接性的心理思維而非一般間接性的邏輯思維。所謂「心理主體」，即是以心理的感覺、知覺、記憶、幻覺、情緒、慾望、體驗等作爲主體對外物進行自我的的感受。

❾ 由於偏重的課題不同，有人又稱之爲「神話思維」或「直感思維」，以別於後來人文發展下的「形象思維」與「邏輯思維」，是藉助直覺來傳感與領悟的一種思維活動。

❿ 原始思維的直覺主要來自於心物互滲與主客互滲，形成了一個混然有靈的觀念，參閱苗啟明，「原始思維」（上海人民出版社，一九九三），頁四一。

⓫ 孔子以「仁」作爲人的中心，比較偏重在驗知性格上，不去強調直感思維，參閱陸復初、程志方，「中國人精神世界的歷史反思」（雲南人民出版社，一九九三），頁二二七。

⓬ 以上兩句皆見於孟子盡心上篇，其與萬物一體的思想，即由渾沌的觀念，直覺其心性圓滿自足的生命安頓。

⓭ 馮友蘭，「中國哲學史」（臺灣翻印本），頁一六四。

⓮ 「智的直覺」採用康德的說法，牟宗三以此觀念解儒釋道三家的形上學，參閱牟宗三，「智的直覺與中國哲學」（臺灣商務印書館，一九七一），頁一八四—二一五。

⓯ 徐復觀，「中國人性論史」（臺灣商務印書館，一九六九），頁三六三。

⓰ 見於莊子齊物論，把我與天地萬物並列，反映出人與物靈混沌爲一的觀念。

⓱ 莊子運用老子道的直覺觀念，開發了生命的存在理論，參閱葉海煙，「莊子的生命哲學」（東大圖書公司，一九九〇），頁十二。

⓲ 唐君毅，「道家之起源與原始型態」（「中國哲學原論原道篇一」，學生書局，一九七六），頁二七九。

⓳ 原始與人文是兩種不同的規律世界，參閱史作檉，「社會人類學序說第一冊」（唐山出版社，一

九八九），頁三〇二。

⑳ 余英時在「反智論與中國政治傳統」（「歷史與思想」，聯經出版事業公司，一九七六）一文以爲道家是反智者，是將精神性的自我超越誤用在現實的運作上，頁十—二十。

㉑ 王邦雄，「老子的哲學」（東大圖書公司，一九八三），頁六十三。

㉒ 唐君毅，「中國原始民族哲學心靈狀態之形成」（「中華人文與當今世界補編」，學生書局，一九八八），頁五十三。

㉓ 沈兼士，「鬼字原始意義之試探」（國學季刊五卷三號），以爲鬼字與禺字相同，同是一種類人的異獸，屬於獼猴類類人生物。

㉔ 在古籍中有五祀與七祀的記載，祭祀各種家居之物靈，五祀的對象雖然有好幾種不同的說法，可是由家居之物靈轉化爲信仰的心理是不變的。

㉕ 有關「靈實關係」的相關理論，請參閱苗啟明的「原始思維」一書，頁六十六。

㉖ 就崇拜來說，是鬼先，還是神先，曾引起學者的熱烈討論，就考證而言，大多認爲鬼崇拜先於神崇拜，參閱張勁松，「中國鬼信仰」（中國華僑出版公司，一九九一），頁四—八。

㉗ 有些學者認爲從人的立場來說，鬼可分成善惡兩類，於是就有神與鬼的區別，參閱徐華龍，「中國鬼文化」（上海文藝出版社，一九九一），頁六。

㉘ 同㉕，頁七十五。

㉙ 鄧啟耀，「中國神話的思維結構」（重慶出版社，一九九二），頁一二九。

㉚ 近年來已有不少的學者認爲中國上古本有其哲學系統與宇宙圖式，參閱葉舒憲，「中國神話哲學」（中國社會科學出版社，一九九二），頁十九。

㉛ 王鐘陵，「中國前期文化心理研究」（重慶出版社，一九九一），頁五一二。

㉜ 瞿海源，「臺灣的民間信仰」（「民國七十八年度中華民國文化發展之評估與展望」，行政院文化建設委員會，一九九〇），頁四十二。

# 由教化的觀點說王重陽和馬丹陽的唱和詞

周益忠

釋教得佛之心者，達摩也，其教名之曰禪；釋教傳孔子之家學者，子思也，其書名之曰中庸；道教誦五千言之至理，不言而傳，不行而到，居太上老子無爲真常之道者，重陽王先生也，其教名之曰全真。❶

## 一、序言

也許宗教的起源，總在慰撫那衆多苦難者的心靈吧！在靖康恥未能雪，世事已無可挽回的時代，給予天下蒼生一個希望、一個寄託，乃是有道者一個無可旁貸的責任。尤其對於在異族統治、苦悶無處可洩的北方來說，無疑的正需要有這樣的人物出現。

而王重陽正是在這樣的情況下，慢慢地將他所創的全眞教義推廣宣揚出來。❷自從甘水蓬仙、悟道之後，重陽以「其遜讓似儒，其勤苦似墨，其慈愛似佛」的辛苦精神，❸傳佈三教平等。全眞保性之旨，將可望爲女眞族統治下的北方人們，開啟未來人生的希望。不過縱然時代有這種需要，但是人心的寄託，一時尚且無法落實在這新起的三教合一觀念之上。傳道之初，曲高和寡，不被認同，甚而成爲地方上的「害風」（狂者），終而焚毀茅屋，狂歌而去。❹所以如何宣揚教義，引導民衆，更重要的如何吸引住淪落在北方的知識份子的認同，以收風行草偃之教，毋寧爲王重陽首當關注的焦點。❺

抑有進者，三教之義理，如何融合爲一，使民衆能信服、而鍾呂內丹之心法，先性後命的修行方式如何能傳給弟子，使其於含英咀華之餘，了悟此內丹說的要義。❻當然怎樣將自己一生的理想志業如實地傳給弟子，以爲傳道的憑藉；乃至於在外面擾攘而混沌的社會環境中，如何透過清修而堅定自我；師友講習中如何相濡以沫，彼此慰藉，以爲行道立身的支柱，在在需要有一表達理想、宣傳教義的方式。

試想在那種時代，著書之說，藉金匱石室而流傳後世，恐將緩不濟急；而登高一呼，所向披靡，望者景從亦形勢上有所不能。這時透過結社來傳道，如金蓮社等從宋代以來就甚爲發達的會社組織，❼實爲一不可忽視的力量，而如何凝聚會社的力量呢？宋代會社組織中的詩詞酬唱的方式，實可提供一最爲根本的方式。一群志同道合的人相聚一堂而賦詩填詞，爲北宋以來相詔已久的會社形態。在淪陷區的北方，知識份子的苦悶可想而知，賦詩酬唱，就成爲讀書人解悶遣愁的一良方，因而凝聚讀書人藉賦詩酬唱之時而宣傳教義，實不失爲一絶佳的選擇。抑且，在同爲詩的體製中，要眇宜修的長短句，不但自唐末北宋以來風行，所謂「蘇學」正風行於北方，❽可見在文學風尚的影響下，北方所繼承的詩文遺產毋寧還甚於南宋。且道教自有其重視音樂的傳統，道樂影響於詞牌詞樂者更不勝枚舉。❾因而在內外環境皆具備的條件下，詩詞，尤其是詞，就成了王重陽他遠行山東，傳教勸人，立說行道最常出現的方式了。詞章的感染力無遠弗屆，尤其兩人的酬唱中更能有相濡以沫、知音相契的效果。而要表章教義，介紹自己予他人更無不少。在重陽全眞集卷三《沁園春》一詞中他即自云道：

王喆惟名，自稱知明，端正不羈。更復呼佳號，重陽子做。真清真淨，相從相隨。每鋭仙徑，長燒心炷，水火功夫依次爲。堪歸一，處閒然雅致，有得無遺。偏宜用坎迎離，聚珍寶，成丹轉最奇。結玉花瓊蕊、光瑩透頂，碧虛空外，捧出靈芝。定作雲朋，決成霞友，自在逍遙詩與詞。盈盈處，引青鸞彩鳳，謹禮吾師。

在此重陽不但說出他的修爲所在，更言及「自在逍遙詩與詞」可見他一生傳道中，最令他自在逍遙的即在吟詠詩與詞等文學作品。他在《恨歡遲》中又自道：「名喆排三本姓王，字知明子，號重陽，似菊花如要清香，吐緩緩等濃霜。」❿吐緩緩一語，可以想在他在表達理念之時，正想透過潛移默化，行緩迂迴的方式讓讀者能產生感同身受的心情，更有感染力而易於傳教。所以用詞來傳教、化徒成爲他集中子到處可見的資料，其中尤以他和愛徒馬鈺的唱和詞最著，他自已也屢屢言及。《分梨十化集》和《重陽教化集》，已是他從陝西西來山東後，對於馬鈺的教化集。透過詩詞的唱和，竟然讓他渡化了一位對儒家信仰原本堅持，對家庭情愛原本執著的馬鈺，馬鈺成爲七眞之首，王重陽所下的工夫，在詞的唱和上，其功實不容泯滅。⓫因拈之以爲研究之主題。

當然不得不提出來的是，何以詞這種體製，會在重陽的傳道中備受垂青，除了他要凝聚北方傳統知識份子的心，因而就以當日士大夫所嫻熟的文體作爲媒介外，更不得不重組世傳道教儀式中，音樂和文字的傳統。⓬且音樂及文字本身在傳統社會中，亦有其教化的積極功能，而道教中步虛詞和青詞的傳統由來已久，音樂及文字的結合用於傳道上更可說只待觸媒的引燃而已。詞這種體裁既是音樂和文學結合所致，當然就會躬逢其盛。尤其詞體自晚唐五代幾百年的發展，體製成熟已極，這時以詞來表達義理，作爲傳道的媒介，潛移默化之餘，竟也有風行草偃之效，王重陽的成功，無疑的是用此而結納士子之心，進而使得全眞教義廣爲流傳。看來在傳道上，或許這要比其他的方式有效得多。

在道教的歷史上來看，道教與詞的關係亦頗密切，步虛詞的文學由詩浸化而爲詞，許多詞牌的命名，每與道教有關。⓭道教前人中以詞來說教，最著者當爲《鍾呂傳道集》，及悟眞篇等，《沁園春》、《西江月》等詞牌已屢被用及⓮可以想見，王重陽在面對一深受儒家陶冶的文士——馬鈺，要來說明三教平等，進而闡發內丹之旨，勸他及早修行等等，捨詞體的相感相應之外，實在很難有更好的方式。

若再瞭解王喆和馬鈺的生平，更可知此種以詞體唱和來作爲教化的必要。

據陳垣的《南宋初河北新道教考》的考證：王重陽生於宋政和二年壬辰（一一一二）卒於金大定十年（一一七〇）庚寅正月四日，壽應爲五十九，因其庵壁留題，有「害風害風舊病發，壽命不過五十八」之句，解者謂是年閏五月，正月十一日始立春，故止五十八也。又據金源密國公完顏璹的「全眞教祖碑」上載，王重陽容貌美鬚髯，大目，氣豪言辯，甚孚衆望，和他籍京兆府學，弱冠修進士舉業，又善武略，嘗應武舉等等。可見他本亦有心出仕，然而在當日的政治環境下，卻不能有所發揮，滿腔熱血，盡成無奈，終於在宗教找到了寄託，但他並非以宗教爲消極的避世，⑮反而藉著宗教更積極的投入俗世，三教平等、先性後命的教義、修行應該都可以看出端倪。甘河遇仙後，在終南山劉蔣村傳道，卻不得意，教徒不過數人，終而燒庵他去。《踏莎行》載：

> 數載辛勤，漫居劉蔣，庵中日日塵勞長，豁然真火瞥然開，便教燒了歸無上，奉勸諸公，莫生悒快，我咱別有深深況，唯留煨土不重游，蓬萊雲路通來往。

庵舍一燒，正如人間枷鎖的除去，而通往蓬萊的道路反而豁然開朗，也因而他來到了離傳說蓬萊仙島最近的山東寧海州（山東牟平）傳教義，在這兒終於有了轉機，他遇到了馬鈺。

馬鈺，字玄寶，號丹陽子，初名從義，字宜甫，山東牟平人，生於金太宗天會元年（一一二三）卒於金大定二十三年（一一八三）年六十一。其家族中的先輩，皆以通儒而顯宦，是以馬鈺自弱冠起即游於庠序，工詞章，但是他卻又不喜功名。同鄉孫忠顯愛其才德，以女兒孫不二妻之。⑯然而在遇到了王重陽之後，終爲重陽的傳道熱誠所感，因而悟道出家，這其間的分梨十化，師徒間的唱和詞乃成了關鍵所在。

## 二、談重陽的分梨十化及重視詞的音樂性

王重陽與馬丹陽的唱和詞，見於分梨十化集及重陽教化集中，據重陽分梨十化集序云：

> 丹陽先生，系出扶風，大辨之宗親也，家貲鉅萬，子孫詵詵，自幼業儒，不爲利祿，謹性好恬澹，樂虛無，嘗謂其人曰：我因夢遇異人，笑中得悟。大定丁亥秋，果有重陽真人別終南遊海島，欲結知友，同赴蓬萊，共禮本師之約。東抵寧海，首往范明叔之遇仙亭，丹陽繼至，參謁真人，一見驩然，昔傾蓋目擊而道存，知丹陽夙有仙契，遂丁寧勸以學道修真，丹陽識其諄誨，敬清真人諧至郡城之南庵，命其名曰全真，日夕與之溝道於其中，必欲丹陽夫婦速修持，棄家緣，離鄉井爲雲水遊。其初夫婦易從也。真人誓鎖庵百日。……

馬鈺夫婦受到王重陽的感動，所以一開始很容易接受重陽教義的開導，而這時《水雲遊》的唱和詞，足見兩人間的相整合。王重陽的詞爲：

> 且住、且住，十月小春當宜瑣戶。一百日鍊就重陽也，並無作做。渾身要顯唯真素，
> 掛靈明紙布，信任他，走玉飛金，自恬然不顧。

丹陽繼韻則道：

不住、不住，火院當離，深宜別戶。害風仙，化我扃門，這修行須做。腥羶戒盡常餐素。掛體唯麻布。待百朝，鎖鑰開時，效吾師內顧。

重陽見丹陽有向道心，因鎖庵百日以勵之。而馬鈺也能體會火院當離，須行須做等，或許在詞的唱和中，若能會心彼此心意交感也可達到渾然無別的境界。

再則就以十化分梨爲方，配合詩詞的唱和，以向上一路來激發丹陽，序云：

是孟冬初吉，賜渾梨令丹陽食之，每十日索一梨，分送於夫婦，自兩塊至五十五塊，每五日又賜芋栗，各六枚，及重重入夢，以天堂地獄、十犯大戒罪警動之，每分送則作詩詞，或歌頌隱其微旨，丹陽悉皆酬和，達天地陰陽奇偶之數，明性命禍福生死之機。由是屏俗累、改衣冠、焚誓狀，夫婦信嚮而師焉。

詩詞的唱和將分梨的用心彰顯出來，而達至教化的效果，以這種方式來表達，誠如黃兆渾所言：「我們可以看到王重陽是如何苦心孤詣地勸化丹陽夫婦和丹陽悟道的過程」及「又可從重陽的詞裏見到他對教化的熱情及他人得道後，他的無限喜悅」。⑰值得一提的是詞的要眇宜修，不似詩的固定形式的僵硬，在傳達某種訊息上詞表現得更曲折更深刻，且在唱和中，宜於歌謠，自然在道教儀式中更有其意義。於此蒲亨強對道教音樂的論點頗可說明：

音樂在道教科儀中是必不可少的組織成分，他發揮著重要的藝術功能和宗教功能。音樂和宗教之所以密切地結合、滲透，有時甚至渾然熔爲一爐，這在很大程度上是由於審美活動同宗教活動具有某些共同點的緣故。（道教與中國傳統音樂，頁一〇六）

又說：

音樂和宗教基於審美活動和宗教活動有共同點，幻想和想像則是其中最值得一提的，蒲氏首先，幻想、想像是音樂藝術和宗教的一個必要的因素，音樂是一種十分抽象的時間藝術。在音樂創作過程或主要階段中，「詩意的想像彷彿是核心，圍繞著它建造特定的作品。」（同上書，頁一〇六）

緣此，他更提出宗教幻想來說明：「宗教幻想不僅創造玄虛夢幻的形象和觀念，同時必然相信這些虛幻形象的實在性，如果不相信超自然形象的實在性，就不會有宗教。」（同上書，頁一〇六）把宗教定位在對超自然形象的實在性的相信上，至於在宗教儀式上爲何要以音樂這種形式活動爲主，蒲氏則云：

在中國古代傳統文化中，音樂素來被抹上了神性光彩，被視作神的語言，神的創作物，所以將它納入道教膜拜儀式中是最自然不過的。（同上書，頁一〇七）

把音樂視爲神的語言，神的創作物，在儀式中因而有其地位，當然更不可忽視情感的因素：「在同感情機制的緊密聯繫中」、「藝術想像力和直覺的特殊性」發揮了效用，這種感情蒲氏亦認爲有兩類：

第一類是創作主體本人獨特的感情高潮（或稱靈感）、第二類是聽衆在聽到音樂後引起的那種藝術感情。（同上書，頁一〇七）

由此可見全眞教人的唱和間正是在進行一感情的緊密聯繫，至於詞意的體會則以聯想力爲主：

音樂創作者或表演者情感因素的強烈程度，往往決定著作品藝術感染力的高低，並引發出聽衆相應的感情狀態，當然從想像到情感之間，無論對於表演者和欣賞人，都有聯想力這一中介環節起重要作用。（同上書，頁一〇七）

在傳統社會，尤其在異族統治下的士大夫對於出處的無奈，及一般人民在不平等的待遇上的飽受創傷，這些傷口在政治上很難解決，唯有透過宗教信仰庶幾可癒合，宗教所提供的在教條本身外，另外實有賴於藝術的功能，而道教音樂本身實兼而有之。蒲氏以爲：

道教音樂具有兩種最基本的功能：一是使宗教信仰得到鞏固、增強的宗教功能，再是使感受者產生審美體驗的藝術功能。（同上書，頁一〇八）

道教對於音樂的關係如此密切，而在傳播教化的過程中又有賴於士大夫的支持，對於文學當亦有一難以言喻的感情，因而作爲當時音樂文學的主流—詞，自然要特別受到重視，成爲重陽在宣揚教化上的一大主力。由於音樂在宗教上有許多具體功能，諸如：⑴通神娛神，⑵娛人宣導，⑶製造氣氛，⑷養生怡性，⑸遣欲通仙等，⑱在詞中，尤其在重視音樂性的重陽和丹陽的唱和詞中也都可以看到。全眞教能由吸引士大夫之心、慢慢推廣教義，⑲這不能不佩服王重陽之善於運用此種流行當時富於音樂性的文學體製。

## 三、談重陽詞改易詞牌之名

此外，若再詳考詞律，更可得知，詞牌受到道教傳統內容的影響，由詞牌知其內容亦多詠神仙之事，當然到了北宋後、因詞的作品大量出現，不免在詞牌和內容有所分野，甚至詞牌與內容之間並不相連，⑳然而這也拓展了詞的內容，無事不可入詞，因而淪陷在北方的遺民，以詞來抒情記事者亦所在皆有。當然在傳教的功能上詞自亦可扮演重要的地位，唯王重陽為了要加強宗教的作用，對於既有的已經俗化的詞牌往往加以改名，且更改為富有仙道或修為意味的詞牌名。王重陽自已有時在詞牌下加注者如：

心月照雲溪即俗驀山溪
三光會合俗韻令
遇仙亭俗山亭
黃鶴洞中仙俗卜算子
金蓮堂俗惜黃花
報師恩俗瑞鷓鴣
蓬萊閣俗秦樓月
青蓮池上客俗青玉案

將一單純的詞牌《驀山溪》改為《心月照雲溪》，可見全眞教先性後命的修行意義。《遇仙亭》，仙字比之山字意義自不同。《黃鶴洞中仙》，亦可想見修行者在詞樂悠揚中遺世而獨立羽化而登仙的感覺。《金蓮堂》，正是他和弟子講習唱和之所；《蓬萊閣》，亦自有海外仙山飄渺之境。報師恩則重在教化上，《青蓮池上客》青蓮華者佛家往往用以比佛眼，以太白之為論仙人而稱青蓮居士，青蓮池上修行之客，亦由此可見重陽三教合一之旨。以上由重陽集中加注的可知其出處，另外亦有許多詞牌的俗名被更改，而重陽並未說明的，如：

殢人嬌改爲恣逍遙，
望江南改爲望蓬萊，或長思仙，且多用雙調，
如夢令改爲無夢令，
上平西改爲上丹霄，
點絳唇改爲黃年春，
西江月改爲玉鑪三澗雷，
黃鶯兒改爲水雲遊，
行香子改爲爇心香，
聲聲慢改爲神光燦，
南柯子改爲悟南柯，
南鄉子改爲好離鄉，
燕歸梁改爲悟黃粱，
鷓鴣天改爲洞中天，
減字木蘭花改爲金蓮出玉華，
浪淘沙改爲鍊丹砂，[21]

凡此都可以想見，他將這些詞牌改名，爲的是讓修行者唱起詞來，更能體會道教中那仙境即在眼前的修行中，當下即是的感覺在詞牌中即可獲致，應該是重陽改調名的用意吧。

## 四、說重陽唱和詞的內容

至於重陽和丹陽唱和詞的主要內容，大致可就《重陽教化集》及《分梨十化集》中得知有下列幾類：

1. 當及時修道，包括警世、勸修。
2. 言三教平等之理。
3. 暗示修鍊之法，及先性後命的工夫。
4. 自述得道之經過體驗，並直言化徒之事。
5. 自道寫作詩詞之因由及經過。
6. 描述得道之境界。
7. 游戲之筆墨。

以下就上述幾類來加以討論，用以探討這些唱和詞的內容，在重陽的教化過程中的作用爲何。

### 1. 當及時修道

修道當及時，且以生死大限勸修，無疑是在傳道之初的主要內容。重陽的《分梨十化集》中除前所引之「且住且住，十月小春當宜鎖戶」的《水雲遊》外，另有他首《水雲遊》更將此種告誡的詞語付諸篇中：

> 思筭，思筭，四假凡軀，干甚廝翫，元來是，走骨行屍，更誇張體段。　明靈慧性真燦爛，這骨骸須換，害風子，不藉人身，與神仙結伴。㉒

將人身凡軀的執著拋去，以此而勸馬鈺，又如：

> 且聽，且聽，汩汩塵勞，如何得醒？女男是玉扭金枷，把身軀縛定。　百年韶景風燈影，怎留他光瑩？早悟斯，疾速修行，永完成性命。

可見勸人早日覺醒、疾速修行，完成性命兼修的境界，是王喆的心意所在，而擔心馬鈺的不能覺醒，更有《爇心香》的「坐殺王風，立殺扶風，只因伊貪戀家風，爭如猛捨認取清風，好同行，好同坐，共攜風。」即以貪戀家風的馬鈺爲勸勉的對象，此外又如《玉京山》的：

> 失笑迷陰化不來，頑愚心鎖硬怎生開，直饒富貴沒殃災，夭年限，終久落輪迴。　鬼使早相摧，兒孫難替得，有何推？恁時悔恨哭聲哀，方知樂道是仙才。

與其將來悔恨哭哀，頑愚之心難開，當然早日學道爲是。在《三光會合中》又有：

扶風且住，聽予言語。決定相隨去，些兒少慮，對公先訴：遇逢艱阻，飢寒雨露，有恓惶處，眉頭莫要聚。長生好事，只今堪做，何必候時數。青巾戴取，更衣麻布，得離凡宇，入雲霞路。功行昭著，真師自肯度。

長生好事、只今堪做，何必候時數等等，皆在言修行貴在及時，當下即是，勸馬鈺別再放心不下俗世家緣。而在《無夢令》中，王喆又敬言戒道：「春暖迴頭不肯，直待九冬洗洗，凍得不惺甦，丹藥難爲救拯。」《教化集》中又有《遇仙亭》更詳說此理勸馬鈺及早回頭：

急急回頭，得得因由，物物更不追求。見見分明把箇，般般打破優游。淨淨自然瑩徹，清清至是真修。　妙妙中間通出入，玄玄裏面細尋搜。了了達冥幽，穩穩拈銀棹，惺惺駕，般若神舟，速速去超彼岸，靈靈現住瀛洲。

若能及早回頭，自可超彼岸，住瀛洲，以此而來勉勵，正面引導的話頭自不少；而反面的警語，更所在皆然。如《心月照雲溪》中（上闕）即道：

無常二字，說破教賢怕，百歲受區區，細思量，一場空話。耽他火院，剛恁若熬煎，早收心，採黃芽，藥就難酬價。

語氣猶尚和緩，末了「採黃芽，藥就難酬價」云云可見猶是一片引導之心。至於《折丹桂》中贈丹陽的用語就凌厲異常，直以地獄變相爲戒：

近來陰府心寒凜，對判官詳審。高呼鬼使急拏拏，不凌遲，更待甚。鑊湯浴過鐵床寢，銅汁頻頻飲。高聲禱告且饒些，後番兒，不敢恁。

正因如此，不能修行，即落地獄，所以修行當猛下決心，以救此殘生。「玉鑪三澗雪中」又道：

決烈修行要猛，存亡莫擬先生。心田可否自親耕？休賴他人僥倖。 出離須憑福幸，捨家迷裏難行。空宵愁起謫長更，尋甚金山銀礦。

心田親耕，休賴他人，則可見重陽之勸人修者，首在自身能做主，立下決心。

### 2. 宣揚三教平等之理

北宋既亡，政治圖謀興復已無望，重陽只有將此心寄望在宗教的力量上，而三教原本各有擅場，惜乎不能凝聚力量，只在彼此之是非高低而爭執不已。自北宋末徽宗之佞道，但爲道教帶來腐化之地步，㉓且更爲信佛者所不平，今既金源主政，民不聊生，三教自宜攜手，是以王重陽在山東所創之會社皆以三教名之，且強調三教之平等，如文登創「三教七寶會」，寧海州之周伯通修建「金蓮堂」，邀王重陽主持，重陽乃命爲「三教金蓮會」，在福山縣又設「三教三光會」在登州建「三教玉華會」，萊州又建「三教平等會」以上五會皆以三教命名可見其主三教合一之苦心，在《分梨十化集》中《爇心香》一首，王重陽即自道其與三教之淵源：

> 謔號王風，實有仙風，性通禪釋貫儒風，清談吐玉，落筆如風。解著長篇，揮短句，古詩風。

此外則不見，不過在《重陽全眞集》中言及三教者頗多，如《臨江仙》、「道友問修」上篇云：

> 潔己存心歸大善，常行惻隱之端。慈悲清淨亦頻觀。希夷玄奧旨，三教共全完。

惻隱、慈悲、清淨之詞亦可分別代表三教。因而以三教共全完結上篇。至於《臨江仙》的「目貽」下篇亦然：

三教幽玄深遠好，仍將妙理經營，麒麟先悟仲尼觥，青年言尹喜，舍利喚春鶯。

在《重陽全眞集》中此等言三教之篇不爲不多，然而在《分梨十化集》及《重陽教化集》中則除前引之《爇心香》外，則未有所見，也許對於一般人的目的，他在勸道教世，如《臨江仙》之「道友問修行」，因而樂於以三教爲號召，至於《教化集》及《分梨十化集》中，但以勸馬鈺爲目的。因而偏重勸其及時修行及如何修行，於三教等泛泛之說因少再涉及。

3. **暗示修鍊之法，及先性後命的工夫**

在《分梨十化集》及《教化集》中，重陽訓勉丹陽者，當以言修鍊之法之重點。如《恣逍遙》中道：

若要修行，須當子細，把金關玉門牢閉。上下沖和，位交溉濟，得來後惺惺又同猜謎。
輥入虛空，卻投根蒂。……

說明：

先言修行以子細爲重，牢閉金關玉門云云，則言當注意者，在《神光燦》中有更進一步的金關叩户，玉鎖扃門，閑裏不做修持。杳默昏冥，誰會舞弄嬰兒。睡則擒猿捉馬，醒來後復採瓊芝，每依時，這功夫百日，只許心知。　自在逍遙做就，唯舒展紅霞，光彩敷披，罩定靈明，方見本有真慈。一粒神丹誥，正三重焰緊緊相隨，過瑤池，透青霄，頂上無爲。

舞弄嬰兒姹女，乃傳統仙家修丹之功夫、以陰陽內感、神氣交結，如無中生有同於男女孕胎之理，而溫養功夫、眞息綿綿，晝夜如一，同於嬰兒未生前。所以謂「功夫百日，只許心知。」在《黃河清》中又有「根固源澄宜鎖戶，清清堅守深洞，轉加溫煖。悉屏嚴凝寒凍，別是風流雅致，頓知得，超昇管中，得自然開悟，長生遇，玉花正好拈弄。」言及溫養內丹之功夫。《臨江仙》則以尋思八卦之方位爲言：「八卦分明鋪擺定，二人各四陽陰，中間玄妙細搜尋，若能知此味，便是得眞金。」欲修鍊得眞金當尋知此味，以心爲猿，以意爲馬當嚴加擒拿，是以《重陽教化集》中云：「意馬擒來莫容縱，常隄備，瑠滴樋玎。」在《黃鶴洞中仙》，前後各喝馬一聲中則云：

趕退日中烏，捉取月中兔，便著晶光覆了身，金馬住，方是重陽做。　交位顯真功，換質成真趣，到此還知自在遊，玉馬去，走入雲霞路。

至於修鍊之功夫，全眞教強調先性後命，與傳統之道教不同，㉔前所引之「水雲遊、思筭思筭」一首即言及「元來是走骨行屍，更誇張體段。」因而頗強調修身之功夫。如《折丹桂》中就以酒色財氣爲戒：

氣財酒色相調引，迷惑人爭忍。因斯染患請郎中，鬼使言你且儘。不須把脈休頻診，死病今番準。這迴須去不推辭，復勾追文貼緊。

以人之染病言酒色財氣誤人之深。㉕在《七寶玲瓏》一首之下闋則言修行之以去外染爲要：

既要修行，先念樂花蓮，次棄冗家緣，物二拈來俱不染，打破般般出上田，一道光明入碧天。

「玉花乃氣之字，金蓮乃神之祖，氣神相結謂之神仙」在此先念樂花蓮，花蓮疑即玉花、金蓮，「玉花、金蓮相並提，涵合著性命雙修這個全眞道的基本修煉原則。」而棄冗家緣，不染外物等俱將修行者先要的虛一而靜說出。

修行者更當以言語爲戒。《憶王孫》即有「戒丹陽語言」的標題，內容爲：

> 人云口是禍之門，我道舌爲禍本根。不語無言絶討論，性難昏，便是長生保命存。

以言語爲戒，進而言秉性清明斯爲長生保命之道。在在皆就修行而言，更可見在性命兼修上，王重陽的優先次序爲何。

### 4. 自述得道之經過體驗，並直言化徒之事

勸弟子修道，莫過於以自身體驗爲喻，所謂身教也。王重陽頗常用此道。如《虞美人．丹陽問余不住飲冷水何故？答曰：我自甘河得遇純陽眞人，因飲水焉，故作是詞。》由小序可知重陽以自身之經歷爲言：

> 害風飲水知多少？因此通玄妙，白麻衲襖布青巾，好模好樣真箇好精神。　不須鏡子前來照，事事心頭了，夢中識破夢中身，便是逍遙、達彼岸頭人。

至於《玉花洞》一詞亦頗有意思：

> 要知端的，默默細想，須憑因果，致令喜悅，投歸玄妙，便把門兒鎖。　惺惺了了，真堪可，有自然香火，淨中寂闃，分明一箇，師父來看我。

前段乃敘得道之體驗，結語則點出師父自身，玉花者乃氣之宗，此章蓋言調息也，而把自己帶進來，亦奇。而教化集卷二的首篇《玉女邀仙輩》更將得道的經過體會一一說來：

> 終南一遇，醴邑相逢，兩次凡心蒙滌，便話修持，重談調攝，莫使暗魔偷滴。養氣全神寂，稟逍遙自在，閑閑遊歷，覽清靜，常行允迪。 應用刀圭，節要開劈，三田會、靈明結，作般般光輝是勣。 先向天涯海畔，訪友尋朋，得箇知音成闋，直待恁時相將同步，處處嬉嬉尋覓。暗裏瞷瞷撴。覷你爲作如何鋒鏑，會舉箭張弓對敵，百邪千魅，戰迴純哲無愁慼，方堪教可傳端的。

自道凡心蒙滌，在養氣全神，逍遙自在，覽清靜、常行允迪。又言天涯海畔，訪友尋朋，得個知音成闋云云，將重陽立教的許多要點，尤其在基本工夫上，以自身體驗說出，重陽立教十五論之前六項⑴住庵、⑵雲遊、⑶學書、⑷合藥、⑸蓋造、⑹道伴等除首樣住庵未提及外，其餘皆可在此得到印證。重陽說出自身體驗者之篇章，皆可見其性情眞摯的一面，又如「定風波」：

> 萬萬人中這箇人，忽然自悟說良因，恰似白蓮花一朵，尖新，泥沙脫了出迷津。 邀住清風開嫩臉，朗窺明月作毗鄰，住向空中勝馥郁、靈真，此時占得四時春。

以蓮花說悟道之因緣，清風嫩滕、明月毗鄰等亦皆可見其文彩脫俗處。因而詞賦之作亦有其自得者，蓋能不煩忙且更恬然故。《黃鶴洞中仙》有云：

修鍊不煩忙，自有人來遇，已與白雲作伴儔，常作詞和賦。淨裏轉恬然，歡喜迴光覷，一箇青童立面前，捧出長生簿。

以白雲爲伴之心，來自於閒，更能爲詞賦，正見修鍊功夫之急不得，方能有效。有此體會，因而在化徒的過程中，自有一特殊的方式，有名的分梨十化即如此，而分梨十化集卷下的首篇《黃鶴洞中仙》更直言道：

你待堅心走，我待堅心守。栗子甘甜美芋頭，翁母同張口。開取四時花，綻取三春柳。一性昭然全得他，玉液瓊漿酒。

《重陽教化集》范懌之序有云：

謂攀緣妄想，動成罪業，索梨分而送之，兼以栗芋賜之，使知其離分而立遇也。謂不捨冤親，煩惱不斷，去邑里之冗，爲雲水之遊，則鄉好離也。

栗芋之意在立遇也。《分梨十化集》中屢二言及。如《臨江仙》即又云：

栗子味招金道子，芋頭滋味引迴頭，各人喫了並無憂。四三通十二，箇箇下重樓，喫得過時，冰是水，水中兩點浮漚，一來一去幾時休。若教同我願，管取得真修。

全道子即馬鈺，馬鈺法名通一，字全道，號無憂子，「莫思鄉」亦就栗與芋而爲言：

栗子味堪收，更出馨香是芋頭，今後喫時，思想定追求，爲甚般般各六籌。細認細尋搜，芋有青苗栗有節，空外地中，歸一處休休，說破玄玄你越愁。

此外如蕊珠宮亦有「栗子二三箇，這芋頭的端六箇，分付清閑唯兩箇」云云。除了芋栗之外，茶亦可爲悟道之契機，在《無夢令》中，重陽道：

啜盡盧仝七捥，方把趙州呼喚。烹碎這機關，明月清風堪翫。光燦，光燦，此日同起彼岸。

喝完盧仝七捥茶，方得知趙州和尚的門風，而清風明月可堪翫賞，同超彼岸。道不遠求即在生活中，亦見其融會三教之意。當然重陽之用心乃在化徒。《萬年春》中直道他分梨化徒之經過：

> 十化分梨我於前歲生機構，傳神秀，二人翁母，待教作拿雲手。用破予心笑破他人口，從今後，令伊依舊，且伴王風走。

用破予心，笑破他人口，正可見害風之欲化徒之苦心。而教化集卷三《黃鶴洞中仙》之下闋有「得此修行漸，日日頻頻檢，暗喜歡時只自知，天馬贍，與我長生驗。」可見此種體會有時甚難傳予他人—「暗喜歡時只自知」，於此更可見化徒時唱詞之必要。因而詞牌下有重陽之小序云：

> 在金蓮堂每自唱此詞，須自頂禮，謂丹陽曰：我臨化時說與汝等。

正可見在化徒時唱詞之必要，而王重陽於詞中亦常自道其寫詩詞之因由及經過。

### 5. 自道寫詩詞之因由及經過

重陽詞中亦有將其寫詩詞之因由說出者，如《分梨十化集》中之《爇心香》：

這箇王風，自小胎風，大來後便做心風；遍行遊歷，正是狂風；每閑閑處，詩曲作，似長風。

自言詩曲之作，作於閑閑之處，其所言詩曲，實爲詩和詞，蓋北曲未興前，詞亦可稱曲，亦稱長短句。又如同卷中另首《爇心香》除言及儒釋道皆通外，更自道：

清淡吐玉，落筆如風；解著長篇、揮短句、古詩風。

至於修道之人何以不斷寫詩詞，重陽在《報師恩》中有所回應：

爲何不倦寫詩詞，這箇明因只自知，一筆書開真正覺，三田般過的端慈。迴光返照緣觀景，固蒂深根恰及時，密鎖玄機牢閉戶，喚來便去赴瑤池。

詩詞之作，「一筆書開眞正覺」云云，正可藉此體會宗教與藝術之境，當有其相觸發之處，是以馬丹陽之次韻即云：

今朝跪頌本師詩，秘密玄機喜得知。勘破萬緣忘假相；滌除六慾起真慈。（上闋）

藉得其師之詩而知秘密之玄機。詩詞之作用可見，教化集中之「折丹桂」則更詳言：

害風故著言談引，全道應難忍，榮華攀愛已捐除，縵調和教你儘。好將心脈時時診。道服須支準，前篇詞意請消詳，這番兒催得緊。

爲診心脈，「故著言談引」又要他「前篇詞意請消詳」等等皆可見參透詞意，在修道中尤其診心脈—修心養性爲主的全眞教的必要性。至於塡詞賦詩何時爲宜？《金鼎一溪雲》中道：

對月成詞句，臨風寫頌章，一枝銀管瑞中祥，隨手染清涼。玉洞門開深淺，寶樹花分香篆，蓬萊仙島是吾鄉，宴罷後瓊堂。

對月詞句可成，隨手一枝銀管即能染清涼。而後蓬萊仙島之境亦成，正可見在修鍊中，遇得清涼或有風有月之處，透過詞章之渲染、唱和，自可成一仙境，詞語之要眇宜修，詞境之可通仙境，於此亦可略窺一二。是以丹陽次韻的上闋亦有感而道：「淨裏傳章句，清中悟句章，通玄達妙得嘉祥，自是絶炎涼。」師徒於清淨中傳道和悟詞境，而嘉祥玄達可得。在《上丹霄》一詞中，王重陽更道：

向終南成遭遇，做風狂，便遊歷海上嘉祥。閑閑得得，任從詞曲作詩章，自然神氣共交結，認正心香。

詞曲詩章之作，從閑閑中而來，神氣自然交結，又將詞曲對修道者的作用說出，而丹陽的次韻：

遇風仙心開悟，騁顛狂。黜妻屏子，使迎祥，逍遙坦蕩，恣情吟詠謾成章，就中行化覓知友，同共聞香。

詩詞唱和，一來恣情詠吟，再則覓知友，逍遙坦蕩莫過於此，有此知音相契，方能棄絕俗緣，是以馬鈺終爲王喆所化，詞之感染力實不可不說驚人。蓋重陽的用心常寄於此，《踏雲行》中又有云：

奉勸諸公，詞中想邈，百年迅速如雷雹，早爲下手煉精神，頓安鑪竈成丹藥。

詞中想邈一語，已可見可透過詞境體會悠邈深遠的道境。而唱和詞之在修行上之爲重陽所重視實不言可喻。

### 6. 描述得道之境界

修道之過程，其艱辛實爲修道之人所共知，因而描述得道之境—「樓閣玲瓏五雲起，其中綽約多仙子」的仙境，以激厲修行者堅持意志，一心向道，實不可或缺。王重陽亦常有此類作品，如《眞歡樂》：

> 便把户門安鎖鑰，內更蘊，最奇略。安鑪竈，鍛鍊金精，養元神，修完丹藥，二粒圓成光灼灼。虛空外，往來盤礴，五彩總扶持，也無施無作。冥冥杳杳，非投託，占盈盈赴盟約，蓬萊路永結前期，定長春，瑤芳瓊蕚，等接清涼光徧爍，放馨香自然霎作，裏面禮明師，現真歡樂。

蓬萊之境在「養元神修完丹藥」後可成，而「瑤芳瓊蕚」、「清涼光徧爍」等等，可見對處於中原焦土者來說，至清涼境地乃成朝思暮想的一大心願。若再仔細描述，則就九轉丹成之「九」數加以描繪。如《黃河清》：

> 九曲黃河分九轉……九鼎中間顯現，九宮闕、端流一定。玉隸金潑盈盈處，倒侵九曜開影。九霄翠碧相齋，九皐有鶴鳴，迎接精瑩，九光洞明返照靈輝堪並，九曲神珠跳躍，九仙至如然游泳，湛殫澄徹，成功行，九天通聖。

又如《香山會》（教化集卷二）：

白光生青爔，至紅輝總好，騰玄熠妙黃深奥，般般彩色把明珠覆燾，晴空外來往仙道。封成永號，便受玉皇宣誥，雲霞裏上真，唯到香山會，聚發瓊言闡道，同歸去長住三島。

在《青蓮池上客》中，亦就此加以描繪，如下闕云：

靈光不動神光聚，便攢簇銀霞護，滿插金花頻返融。青衣鸞鶴一共同來赴，瑤馬駐，般在清涼路。

道境的諸多描繪，結語不忘「清涼」；而丹陽的和詞則以「蓬萊路」應之，可以想見所謂蓬萊者，恐即處在火院中的中土人民所想像的海外清涼地。在和重陽的「定風波」一詞中，丹陽則有「收聚瓊花香，馥郁新新，自然不住飲甘津，便把虛無常作伴，更將清淨永鄰」，可見有甘津，花香，清淨之境，正是當時人們在無奈的火院中所想出來的蓬萊樂土。

7. **游戲之筆墨—寓大道於遊戲中**

依於仁，游於藝，乃可與儒者志道據德相併稱，莊子曾言心有天遊（外物篇），吾游心於物之初（田子方），遊心乎德之和（德充符），遊乎塵垢之外（齊物論）等等，皆重視心與天遊。冥合於道，而王喆在詞中亦常有此等遊心，進而乃爲遊戲筆墨之作，「害風」一詞之自道，正可見他不是扳起臉孔說教的夫子，如行香子，自詠言「有箇王三，風害狂顯，棄榮華，乞化爲仙。恩山愛海，猛捨俱捐，也不栽花，不料藥，不耕田，落魄婪耽，到處成眠。覺清涼，境界無邊，蓬萊穩路，步步雲天，得樂中眞，眞中趣，趣中玄。」如此游戲人生，除了是他得道的境界，恐怕也是受到柳永詞風的影響。[26]又如前所引之《爇心香》云：「這箇王風，自小胎風，大來後變做心風，遍行遊歷，正是狂風。」遊戲人生已如此，遊戲於筆墨中更多，且在游戲中見功夫。如《心月照雲溪》之以數目字一至十，而後由十還至一，來說明修道得道的過程：

一身之內、二物成真寶。著意辯三才，列四象，五行化造。六賊門外，七魄莫狂遊，八卦定，九宮道行十分列。　十分修鍊，九轉成芝草。八位上仙知救七祖，遠離六道。五年功滿，四大離凡塵，三清路，二童邀，抱一歸蓬島。

他如《水雲遊》玉性一首之屢用玉字，《爇心香》之屢用風字，《黃河清》之屢用九字，《蕊珠宮》亦遍用數字一、二、三、五、六、十二等，皆可見其有心如此，以喚起聽者之注意。而藏頭拆字之作更在詞中屢見，這「未嘗不是契悟全眞教道理的好方法。」[27]甚而更有「攢三拆字」格，此等遊戲之作，雖饒富深意，然不免成爲猜謎之作。《重陽全眞集》中有詩：「攢三拆字并七言引文」對此曾加以說明：

如要讀時莫要詩，三言飜作七言詩，苦交日裏金雞叫，須養蟾中玉兎兒。

可見這跟內丹之修爲亦有關、其空缺之字，則應可透過修道者之體會得知，目的就在教化功能王喆又有云：

藏頭詩書紙旗，引馬鈺，譚處端教化。

雖是如此，然而藏頭拆字之格，畢竟不好體會，弟子中頗有以爲苦者，《行香子》即有「再索新詞，不寫藏頭，分明處，說箇因由」的詞語，可見要由遊戲筆墨，體會此意頗難。然而馬丹陽也在《重陽教化集》中，與王重陽的和詞同樣用藏頭拆字格，實屬不易。如《無夢令》詠圍棋藏頭：

下圍棊取樂閒白烏交錯者好鬬機度輸贏憂譴作言作看這番一著　拆起目字，

拆起目字，因而以目字帶起全首爲：

目下圍棋取樂，木閒白烏交錯，昔者好關機，幾度輸贏憂詐作，人言作看這番一著。

馬丹陽亦以拆起目字繼韻一首：

親手談歡獎子觀之迷錯木運玄機箇卻爲戲詐作言作怎解搜這著(同前)

目視手談歡樂，百子觀之迷錯，金木運玄機，幾個卻爲戲詐作，人言作怎解搜這著？

在教化集中，王馬唱和的藏頭拆字格的詞作並不少，也許王重陽頗有以此考驗徒弟的意味，而馬鈺表現頗令人刮目相看，也可說不枉重陽的一片苦心。

重陽詞中另有「哩囉唆哩囉唆」泛聲的表記，及卜算子中又有「喝馬卜算子」之重視音樂性，已有人論及不再贅言，[28]凡此皆可見重陽在詞上對於詞的音樂性的重視。

## 五、就教化的觀點看王重陽唱和詞的特色──代結語

王重陽和馬鈺的唱和詞見於《重陽教化集》和《重陽分梨十化集》，首首都是唱和，固然這與唐宋以來詩詞唱和的風氣相關、唱和風行雖不免遭到論評，然而唱和之風可見唱和者之知音相契，更可以使二者切磋砥礪，精進不已，王重陽與馬丹陽以唱和爲修行之助，實亦對於唱

和之功效有所認知所致，非徒附會風雅而已。

王馬唱和之證集有二，但都命名爲教化，冠以重陽之名，可見重陽以之用於教化，所以他在詞中的所爲實都可以教化的觀點來看，面對的是要如何感化一個受儒術薰陶已深，又有家庭包袱的馬鈺，因而王重陽在施教之前定先以及時修道警戒之。《重陽教化集》范懌之序有云：

> 真人遂以方便，訪夫婦（馬鈺及妻富春氏）入道。尚恐未從，乃出神入夢，以天堂地獄警之，俾漸悟焉。至於鎖庵百日，密付玄機，謂石火光陰，難得易失，如不早悟，虛過一生，下手速修，猶太遲也。

以人生有限及早修道相戒警，正是勸人早回頭，爲教化之第一步。㉙

其次當時異族統治下，人命縱未賤如草芥，然而出路畢竟有限，實有待宗教的慰撫，傳統之儒釋道三教自宜屏棄成見，不宜再以是非高下爲意，因而三教平等會的創立在沿海各州後起，而重陽全眞集中三教平等也所在皆有。唯分梨十化集和教化集中則較少見，可見王重陽之化徒乃在其失性後命之內丹修爲，重在三教之精義，而不在泛論三教。

繼則暗示修鍊之法，並藉此而言失性後命工夫者，又以莫戀形軀親情等相戒。

再則言得道的經過及體驗，並直言化徒的經歷，此處不假說理，但以個人的切身體驗娓娓說來，甘水逢仙，重陽有得於前人，分梨十化，則爲重陽欲傳此內丹之法於後世。

其次則自道寫詩詞的因由及經過，作者現身說出所作的詩詞的寫作經過及用意，無寧是研究重陽詞的一大關鍵，由「一筆書開眞正覺」「害風故著言談引」「前篇詞意請消詳」等皆可見王重陽欲以詞來化人的用心。

至於描述得道之境界，藉著蓬萊仙境的描述往往成爲頗具藝術價值的作品，論者每以全眞家的詞但說理論道，未有藝術性爲憾，其實未必盡然，如前所引之《無夢令》—啜盡盧仝七碗一詞之「明月清風堪翫」，字句何等清雅，另外再看他在描述得道仙境之作每有可觀者，如《望遠行．詠雪》：

> 祥敷瑞布，瓊瑤妥，片片風刀裁下，密拋虛外，徧撒空中，頃剖扮鋪簷瓦，鎖綴園林、粧點往來推逕，真個最宜圖畫，報豐登，珠寶應難比價。　清雅、鮮潔，盡成滉漾。更爽氣。愈增惺灑，萬壑都平，千山一色，遐邇不分原野，恰似予家，仙景澄徹，瑩瑩蓬萊亭謝，現自然光熠，長明無夜。

將大地晶瑩的一片雪景，描繪成蓬萊仙景，如佛家所言之莊嚴極樂國土。在教化集中《黃鶴洞中仙》之詞則另有一番悠然之境：

> 正被離家遠，衰草寒煙染，水隔孤村兩三家，你不牽上他馬。獨立沙汀岸。叫得船離岸，舉棹波如練，漁叟停船問行人，你不牽上他馬，月照江心晚。

此篇詞除了上下闋各一句「你不牽上他馬」外，可說是標準的卜算子，其意境實不遜於東坡「缺月掛疏頭」等作品，今為喝馬故，因而有你不牽上他馬之句，加上喝馬之聲，音樂性更濃，且帶有鄉野之趣。㉚

其實重陽未必只在言得道之境才能有此藝術性價值較高的作品，只不過重陽為了雅俗共嘗，一些俚語或口白往往入其詩中，如在《踏雲行．激發丹陽》一詞中，頗有一番精彩的詞句：

東海汪洋，西山詳審，金鈎釣得覩無慿。一頭活樂大鯨魚，萬鱗燦爛鋪白錦。　隨我遨遊，水雲信任，青山綠水相過甚。張公喫酒李公來，李公奪了張公飲。

先不看末二句，前面之形象語言，的確不俗，自有其藝術之成就，然而重陽不願弟子之耽於此，因而才有「張公喫酒李公來」等俚俗之語出現，雖是俚語，卻可自此發人深省。大概純粹就境界的描繪文字，未必能使人有體會此等文化密碼的機緣，因而須有另一套同樣意旨但卻較俚俗的話頭來，再者相激相盪，共同的文化密碼，方可譯出。這也是重陽詞中，他常現身說法之故，否則如何達到化徒的目的？於此王重陽也許寧可選擇避免晦澀之途，因而除了道教術語外，若以他物作為描繪修道的比喻，都有跡可尋。如《黃鶴洞中仙》之以驊騮為喻：

一疋好驊騮，精彩渾如畫，卻被銀鞍縛了身，著絆馬，怎得逍遙也。　不若騁顛狂，掣斷韁無掛，擺尾搖頭廏櫪違，做野馬，自在成遊冶。

以韁騶爲銀鞍束縛，喻人之爲家累情愛所拘而不能做主，開闢行道之跡。是以末了「做野馬」喝馬一聲，境界全出，而自在成遊冶，即給予世人想像無窮。

此外修道之苦心，一樣可假以外物來道。黃鶴洞中仙詠瓦罐，即以瓦罐之有耳不聞外面之聲，有口不隨意道之形狀爲言：

瓦罐泥中寶，巧匠功成造，修鍊之時向鑪中，內有金光照。有耳何曾曉，有口何曾道，攜向街前叫一聲，莫教拋散了。

雖以不用耳和口來說明瓦罐爲泥中寶之修鍊，修鍊之後，則以「末二句之莫教拋散了」來強調修道者，結成道胎後，仍應小心爲是。凡此種種闢喻之語，實牽涉到一文化密碼的運用問題。㉛

要瞭解此一文化密碼，對於作者本身的學養、志趣等不可不知，以求瞭解他所處的文化體系，及他對此文化體系的浸淫，方可將此文化密碼譯出。傳統作者在香草美人的文化傳統下，對於大自然的花草樹木往往都有特定的意義，雖說詩語以其彈性大有歧義，往往可形成多重的模糊的美感，然而在傳統的文化系統下，卻又往往有一指涉，如「渺渺今予懷，望美人兮天一方」之美人，而「不知天上宮闕，今夕是何年。」尚且感動神宗皇帝，以爲蘇軾終是愛君等，皆可見在傳統的解讀方式下，自當如此。且此種方式的譯讀，自有其界定之範疇，《東坡題跋》卷三曾就此舉例而云：

詩人有寫物之功，「尋之未落，其葉沃若」，他木殆不可當此；林逋《梅花》詩云：「疏影橫斜水清淺，暗香浮動月黃昏」。絶非桃李詩；皮日休《白蓮花》詩云：「無情有恨何人見，月曉風清欲墜時」，絶非紅梅詩，此乃寫物之功。

蘇軾所言寫物之功，實亦可見某物有某種特殊的表現方式，這當然牽涉到對傳統文化體悟所產生的直覺。要參透王重陽的詞作亦然，一般人所熟知的他倡導三教，但又以道教爲主，且偏重在鍾呂內丹之說，而且在性命兼修上又主張先性後命。因而後人閱讀其作品由此契入大致可掌握。雖然其篇中頗多鉛汞，嬰兒姹女的術語，但是透過一般丹書或如馬丹陽的《丹陽眞人語錄》等則往往多半可以解決。《丹陽語錄》有云：

夫修此之要不離神氣，神氣是性命，性命是龍虎，龍虎是鉛汞，鉛汞是水火，水火是嬰姹，嬰姹是真陰真陽，真陰真陽是神氣二字而已。

道家傳統的內丹修鍊理論在精、氣、神、道四個概念，並且以之闡述修道的過程，而王重陽等人則在內丹的修爲上又受到禪言心性論的影響，因而以性釋神，則性與神二者皆出現在全眞道中。㉜自然其所指涉的意含，有待釐清，須藉助其師所傳之要訣，如《重陽眞人金關玉鎖訣》、《重陽眞人授丹陽二十四訣》等。在王馬師徒的唱和中，丹陽多能參透其師之旨，當有脈絡可尋。

不過前面提到王重陽亦有其志在恢復，而無可奈何的孤憤，「重陽起全眞，高視仍闊步。矯矯英雄姿，乘時或割據。妄跡復知非，收心活死墓。」㉝因而對於他的詞意的瞭解，恐怕不得逕以修道而已契入。如《黃鶴洞中仙》：

> 夜宿山村店，不覺頻嗟嘆。獨自尋思告他誰，只聞得那馬，耳畔頻嘶喊。　國泰兵戈偃，頃畝農夫羨。不動搶旗動酒旗，你不放他那馬，兩國無征戰。

乍看之下，這是感嘆天下亂，但願國泰民安，尤其是「不動槍旗動酒旗」一詞更可想見太平景像當如何描述。只是在修道過程中，馬丹陽偏於內丹修爲的認知，因而他的繼韻是這樣的：

> 身是精神店，無箇人曾嘆。舍漏垣頹主翁行，也不見他馬，怎得聞嘶喊。　我悟塵頭偃，富貴無心羨。離坎相交玄更玄，般運動也馬，來往如同戰。

則就身爲精神之寓所，而言及離坎水火相交的修爲方式，且「富貴無心羨」一語更可見他的本性。因而對於重陽的詞意，自然但就修爲的進階來體會了。㉞只是重陽的滿腔熱血是否就此就被理沒了呢？對於詞意的體會，首先當要透過密碼的解譯，而這又牽涉到讀者本身的認知，由「夜宿山村店」一首當可知此，所謂唱和詞者貴在能知彼此之相契若何，「善歌者使人繼其聲，善教者使人繼其志」，㉟看來重陽內丹之教雖後繼有人，而重陽之志對於「性好恬澹，樂虛無」㊱的馬丹陽來說，恐怕要經一番人生歷練之後，才能參透吧！

## 註　釋

❶ 文載金密國公完顏璹《全眞教祖碑》載王昶金石華編，甘水仙源錄。

❷ 陳援庵《南宋初河北新道教考》於卷二「全眞篇下，官府之猜疑第九」有云：「凡此所鉤，皆平民也，官吏不與，皆漢人也，非漢人不與。金世宗號稱小堯舜，因爲史官諛詞，然其時金據中原已五六十年餘，諸人豈有愛於宋乎，愛中國耳。平民何知愛國，以金人待遇不平，時感國非其國耳。」又引《遺山集》卷三十五「紫微觀記」以證。詳新文豐出版該書頁四十四—四十八。

❸ 金、辛愿《大金陝州修靈虛觀記》，記見由甘仙源錄。

❹ 害風亦王重陽的自稱，集中屢次言及。完顏璹全眞教祖碑：「大定丁亥（一一六七）四月，忽自焚其庵。村民驚救，見眞人狂舞於火邊。其歌語傳中具載。又云：三年之後，別有人來修此庵。口占詩有『修庵人未比我風流』之句。」文見甘水仙源錄卷一。

❺ 陳援庵云：「古之治方術者多矣，然或傳或不傳，其故不一端，而有無士類爲之推轂，亦其一因也。……欲其教廣傳，而不先羅致智識階級，人幾何不疑爲愚民之術，不足登大雅之堂耶。全眞王重陽本士流，其弟子譚馬上劉王郝，又皆讀書種子，故能結納士類，而士類亦樂就之。」《南

宋初河北新道教考》卷一，士流之結納第四、（頁二十—二十一）。

❻ 全眞內丹之修行，一般皆以北宋名之，有別於張伯端之南宋，可參閱施達郎《道教內丹養生學概論》第六、第七講（香港道教學院印行）及張廣保《金元全眞道內丹心性論研究》第二部分心性篇，文津出版社。

❼ 王重陽所設者皆以三教名之，共有五會，馬鈺有《洞玄金玉集，贈五會道衆》一詩。張廣保有云：「他（重陽）在當時濱海各州寧海、文登、萊州等建立了各種全眞道的會社組織，建立會社雖然是爲了助緣修道，但也爲以後全眞道的迅速發展打下了牢固的群衆基礎。」（前書·頁二十）至於會社之組織，萌蘗於中唐，大盛於兩宋、金元明清皆承其波流者。詳龔鵬程江西詩社宗派研究，第二卷，四會社組織之形成。

❽ 翁方鋼書道山集後詩云：「程學盛南蘇學北」。

❾ 不少學者對此都有詳論，較著者如蒲亨強《道教與中國傳統音樂》第七章（文津書局），《道教與中國傳統文化》第六章頁二四三更云：「至於說到爲宋代大多數文人所雅好的其他詞牌，有相當多與道教活動、道教文學之關係也是極密切的，甚至有些詞牌之得名即出於道教的神仙故事。（卿希泰主編，福建人民出版社印）。

❿ 重陽全眞集卷三，又見全眞詞集頁八（香港青松觀刊）。

⓫ 七眞爲馬鈺、譚處端、王處一、劉處玄、丘處機、郝大通，和孫不二（鈺之妻），俱爲重陽之高弟，另詩詞唱和之知音相契，可參拙作〈作爲美感經驗之知音相契〉一文，淡江七十八《文學與美學研討會論文集》頁一六七以下。

⓬ 上清三元玉檢三元布經卷上云：「學無此文，則九天之上不書玄名，徒勞爲學，道無由成。」龔鵬程據此而云：「文字，既爲掌握宇宙創生之理的方法，則道教一切修鍊法門，就幾乎都環繞著這個核心而展開。」詳道教新論—貳，道門文字教—道教的性質與方法。

⑬ 參閱⑨。

⑭ 今正統道藏第四冊洞眞部載有呂純陽眞人《沁園春丹詞注解》，亦有《紫陽眞人悟眞篇疏解》等（新文豐出版）。

⑮ 王重陽的思想背景另有姚從吾〈金元全眞教的民族思想與救世思想〉（載東北史論叢）一文，可供參考。

⑯ 可參考馬大辨〈重陽分梨十化集序〉道藏四十三冊頁五六七。

⑰ 〈全眞教王重陽的詞〉，黃兆漢見道教研究論文集頁一九二。

⑱ 詳蒲亨強《道教與中國傳統音樂》頁一〇八—一一〇。

⑲ 黃兆漢即元：「重陽詞的富於音樂性亦是足以引人注意的地方。我們可以從其文字領會其音樂性。詞中的泛聲他不以實字塡入，而仍記其樂聲。又於調之前後加上和聲（道教研究論文集頁一九八）。並參考饒宗頤《詞籍考》頁二七二—二七三。

⑳ 比如詹石富即云：「到了北宋時期，情況發生了一些變化，但我們仍然可以找出不少詞牌與道教活動內容，包括神仙主題相統一的作品。」又說「當然，如果遍覽北宋文人詞，自可看出，大部分作品在詞牌與內容上是存在著距離，甚至在主題與詞牌本事之間是實不相干的。」（道教文學史頁四九四—四九五）。

㉑ 以上資料來源，詳道藏四十三冊太平部支字。交字號重陽全眞集、教化集、分梨十化集。

㉒ 重陽分梨十化集卷上。又以下所引諸詞但就分梨十化集和教化集中引出，不另標注。

㉓ 徽字大力推崇道教受到林靈素的影響更欲全面貶毀佛教。詳中國道教史，任繼愈主編第十二章，宋朝與道教（頁四七二以下）。

㉔ 「全眞教以性命雙修爲本，惟在先性後命的修煉節度上與南宗不同。」詳施達郎《道教內丹養生學概論》第七講二，先性後命之理論。於此頗有論述，另亦可參考張廣保《金元全眞道內丹心

性論研究》(文津出版社)。

㉕ 重陽眞人金關玉鎖訣云：「或問曰：如何是修眞妙理，答曰第一先除無名煩惱，第二休貪戀酒色財氣，此者便是修行之法。」(正統道藏第四十三冊頁五八〇)。

㉖ 柳永詞有俚俗一體，爲重陽所愛，全眞集之《轉調醜奴兒・愛看柳詞遂成》一詞：平生顚傻，心猿輕忽。樂章集看無休歇，逸性攄靈，返認過修行超越。仙格調，自然開發。四旬七上、慧光崇兀。詞中味與道相謁。一句分明便悟徹，耆卿屯田，「楊柳岸曉風殘月」柳永之詞中味竟可因一句分明而悟道，可見重陽之傾心，而自言「平生顚傻，愛看樂章集」等，亦可知其遊心於詞章者端在可爲大道之所寄。

㉗ 黃兆漢、全眞教祖王重陽的詞，道教研究論文集(頁一九六)。

㉘ 饒宗頤的《詞籍考》卷七，重陽全眞詞下即云：「全眞師徒之詞，主旨不外勸道，但有特殊者：一爲文字中尚可領會其音樂性，即泛聲中不以實字填入，而仍泛其樂聲也，如搗練子每闋末皆用「哩囉唆哩囉唆」六字，殆與李治古今黈所記陽關三疊唱法同例。又其卜算子有云：「前後各帶喝馬一聲，疑於本調加此爲和聲……」云云俱可見學者已注意及此。另黃兆漢之全眞教祖王重陽的詞亦屢二談及。

㉙ 重陽眞人金關玉鎖訣之以先除無名煩惱爲修行之先，可證，參考㉓。

㉚ 可見重陽對於詞的音樂性更加的重視，這也可能影響在文字上所形成的藝術形象，參見㉗。所引文。

㉛ 古之丹家或爲不使其術外露，所以往往「露見枝條、隱藏本根」，蓋以天下爲沉濁不可與莊語故，因而「揭示的人生超越奧秘隱含在一套特定的術語當中。」徐兆仁《道教與超越》一書頁二二八，有「密碼破譯」一節即就魏伯陽參同契中的文字爲言，「一旦探明這些術語的眞正義蘊，也就等於破譯了魏氏理論的密碼，沿波討源，因枝振葉，我們便可獲得一部超越人生的參同祕

訣。」王重陽詞中術語唯修道者方能破譯，而其喻言則有待和詞者於詞意中細加體會。

㉜ 參見張廣保《金元全眞道內丹心性論研究》頁九十三以下。

㉝ 商挺《題甘河遇仙宮詩》顧嗣立《元詩選》。

㉞ 這也許跟在修道的進階中，縱使提到戰勝、富國等字眼也都和修行有關。《重陽眞人金關玉鎖訣》即云：問曰何者是強兵戰勝訣。曰：「夫戰勝者天下少人知，……戰勝者第一先戰退無名煩惱，第二夜間境中要退三尸陰鬼，第三戰退萬法，此者是戰勝之法。」道藏四十三冊，頁五八一（新文豐出版）。

㉟ 語見《禮記·學記》，底下又有「其言也約而達，微而臧，罕譬而喻，可謂繼志矣。」之句約、達、微、臧等或可見詞在使人繼其志上的教化功能。用繼其聲，比喻繼其志，也可想見唱和的作用。

㊱ 馬大解，重陽分梨十化集序，正統道藏第四十三冊、頁五六七。

# 黃天道前期史新探

## ——兼論其支派

王見川

### 一、前言

明正德以後，民間教門紛起，黃天道是其中之一。這個教派相傳爲李普明於嘉靖（一五二二—一五六六）年間創立的，明清二代在北方甚爲流行[1]，據資料記載，迄民國時期，仍有流傳[2]。一九四七年李世瑜到察哈爾萬全縣作調查，發現此一教派[3]，從此，黃天道遂爲學界所知。往後，不少學者如澤田瑞穗[4]、石漢椿[5]、馬西沙[6]、喻松青[7]，利用寶卷、檔案資料對黃天道的歷史，提出一些看法。

這些前輩的研究業績，指出黃天道初祖是李普明，二祖王普光，三祖鄭普靜，而汪普善的長生教是其支派。此一黃天道教權傳承與發展的歷史脈絡，是學者根據現存寶卷資料整理出的系譜，不見得是眞實情況的反映。有的學者已警覺這一情形，提出普明之後黃天道二元發展的說法[8]。其實，黃天道在普明時代即是多元流傳，王普光會繼承教權，與其派下的推尊有關。本文擬用新的寶卷資料，對黃天道及其支派早期多元發展的歷史，作一敘述，並檢討此一傳承系譜。由於文獻中「黃天教」一詞，並非全是指李普明派下支裔[9]，爲避免混淆，行文中以黃天道代表黃天教。

## 二、黃天道的創立與傳承

### (一) 相關史料的檢討

以往，學者探討黃天道初期歷史，主要的依據是澤田瑞穗所藏的《虎眼禪師遺留唱經卷》（簡稱《唱經卷》），李世瑜的調查報告，喻松青發現的《佛說利生了義寶卷》，馬西沙所使用的檔案和《普靜如來鑰匙寶卷》，以及《衆喜粗言寶卷》。

李世瑜的調查報告，是他在一九四七年夏到萬全縣一帶，搜集當地流行的黃天道資料，配合方志史籍記載，所寫成的[10]。由於普明黃天道的主要根據地，即在萬全縣的碧天寺，因此，李世瑜的調查報告，有相當高的史料價值。例如他在萬全膳房堡普佛寺（即碧天寺改稱）發現一塊石碑，即和清檔案記載一致[11]。

澤田瑞穗藏有的《唱經卷》，摺本上下二冊，下冊殘破，上冊附有普明五代後裔李蔚，康熙壬申（三一年，一六九二）的序文[12]。這個序文與李世瑜調查報告頗爲吻合，李蔚此人則見於清檔案[13]，顯示此一序文，可靠性極高。至於經卷中言及普明的段落，語句不連貫，實不宜過度重視。

喻松青發現的《佛說利生了義寶卷》，確係黃天道寶卷，它即是李世瑜調查報告所提的《無名寶卷》。據喻氏介紹，《佛說利生了義寶卷》共上下二冊，明刊梵甲本[14]。這個說法，相當正確。顏元《存人編》中提及黃（皇）天道尊螺螄為祖，又說受胎為目蓮僧，即引自《佛說利生了義寶卷》[15]。

馬西沙所運用的檔案，主要是中國第一歷史檔案館藏，清乾隆二十八年直隸總督方觀承等查獲碧天寺黃天道教案奏摺。這些奏摺時間雖晚，但因逮獲李普明族裔，所以取得相當可靠的供詞[16]。在供詞中李蔚的事蹟，可以印證《唱經卷》序，李世瑜調查報告石碑的相關記載。此外，它也說明《佛說利生了義寶卷》中關於李普明，「娶王門，開花二朵」[17]記載的可信度。而檔案中言及碧天寺內「第三層東西兩壁繪畫李賓平生事跡」的敘述[18]，無疑提高李世瑜調查報告中李賓生平畫像的可靠性。至於馬西沙使用的《普靜如來鑰匙寶卷》，係民國時期，由普濟印刷善書流通處（重）印。該寶卷分卷上、下，共三十六分[19]，經核對係由《普靜如來鑰匙通天寶卷》節印。普濟印刷善書流通處在刊印時，並不謹慎，出現一些錯誤，如普靜「道號明鏡」，即是「明鍾」之誤。

本文所用的寶卷資料，主要是四種教內寶卷。其一是《普靜如來鑰匙通天寶卷》。該寶卷有二版本，一是新竹金幢教齋堂抄自樹德堂[20]，另一是屏東慎省堂主施銘玄抄自台南西德堂所藏木匣版[21]，俱係日治時期（一八九五——一九四五）手抄本。二版本來源不同，但內容一致，與黃育楩《破邪詳辯》相關部份對校，亦無不同[22]。其二是《普明古佛遺留靈符眞寶經》。該經又叫《普明古佛遺留五公靈符眞寶經》，係民國丙子年（二五年，一九三六）四月十二日宋丕吉所書（抄）[23]。經中言及普明「戊午年高懸皇極」，普光「已巳旬中說根源」，與《普靜如來鑰匙通天寶卷》相關記載類似[24]，值得重視。其三是《普明遺留考甲文簿》。此卷是咸豐三年（一八五三）四月廿一日抄本，於光緒十二年（一八八六）十二月二十五日重抄，抄者不詳[25]。經卷中言及普明卒年，以及二十四弟子姓名、籍貫。其四是《普明古佛遺留八牛寶讚》。此卷和《佛說家譜寶卷》合爲一冊，係民國大同縣王石金村趙德富手抄[26]。該卷記載七祖李普明，「八祖普光姓王居住獅子村」，頗能與《衆喜粗言寶卷》等吻合。

## (二) 黃天道的創立者——普明其人

關於黃天道的創立者，文獻上有二種不同記載：

一是普明

二是普靜

普靜之說出現於《古佛天眞考證龍華寶經》和《木人開山顯教明宗寶卷》[27]。這二份寶卷，俱係木子所著[28]，因此普靜說僅係孤證。相較於教外人士所言，黃天道派下寶卷相當一致記載普明是其教祖。此普明姓李，眞名爲何呢？有二種說法：李陞官、李賓。李陞官之說出於黃育楩《續刻破邪詳辯》，而《萬全縣志》則是支持李賓說[29]。李世瑜認爲：李陞官才是黃天道的創立者，而李賓是訛傳[30]。

針對這一看法，澤田瑞穗早已指出李陞官之說有問題㉛，而馬西沙也認爲此說僅是孤證「待考」㉜。二人都認爲黃天道的創立者李普明應是李賓。從現存檔案及碑文來看，李賓確是李普明。

據檔案記載，李賓乃是明嘉靖時人㉝。民國版《萬全縣志》亦提到此事。其文云：

> 就者老傳聞，明嘉靖四十一年有馬房州人李賓來膳房堡，娶許姓女，夫婦修道成真，號曰普明，葬於碧天寺內。後寺宇爲官家所毀，僅存佛像；經該堡許姓遷佛像於其家。㉞

《萬全縣志》記載者老傳聞普明事蹟，大致屬實。據清檔案，普明死後，確葬於碧天寺內，其寺在乾隆二十八年爲當局所毀。「凡皈教者俱來上墳，有同教之許姓在彼接待居住」㉟。惟普明娶許姓女一事，有不同說法。《佛說利生了義寶卷》寫著：

> 普明佛，爲衆生，投凡住世。化男子，姓木子，四十余春。娶王門，爲結髮，開花二朵。長嫂康，次嫂高，兩氏夫姻。有如來，再不知，己爲佛體。邊塞上，受盡了，苦楚官刑。
>
> 戊午年，受盡苦，丹書來召。大開門，傳妙法，說破虛空。㊱

依據引文，可知普明活四十多歲，娶妻王氏，並生有二女。究竟普明娶妻許姓或王門呢？普明胞兄後裔李遐年的供詞上說：李賓即普明，是黃天道教，他的妻王氏，號稱普光，死後同葬一塔，普明沒有兒子，只生二個女兒[37]。照此來看，普明確實娶妻王氏，而娶妻許姓女之說，可能是活躍於碧天寺附近的許氏教友所傳。

《佛說利生了義寶卷》上的記載，有一事需加以解釋，即普明邊塞受官刑之事。喻松青認爲此事，即指普明在北邊禦敵失目和被誣糧草受刑二事之混合[38]。這個說法，過度解釋文義了。黃天道傳說普明年輕時曾當軍，射傷一目，萬全縣普明壁畫第六幅即題著「效力邊庭禦侮傷目」[39]，可見在普明早年經歷中，確有此事。不管如何解釋，「效力邊庭，禦侮傷目」，都不意謂「邊塞上，受盡了，苦楚官刑」。顯然，這是另外一件事。萬全縣賈賢莊普明生平壁畫中的第二十幅「邊役誣害告欠糧草」，第二十一幅「麻景苦拷」[40]。二幅壁畫的內容，頗能與「邊塞上，受盡了，苦楚官刑」相符，應是此事的具體反映。

照普明壁畫的排列順序，普明被釋放後，其事蹟是「順聖生道註成清靜」、「宣陽寶地說妙談玄」、「蔚州開道救度皇胎」、「馬房說法喧演大乘」[41]，普明這一連串的活動，在《唱經卷》中亦有類似記載：

1.訪明師數十年，卻來到順聖川，蔚羅辛莊兒重相見。

2.躲離廣靈往東行，蔚羅郡里化賢人。

3.戊午說根源，戊午年去歸宮。[42]

《唱經卷》的記載，並非連貫，而是散落於各處。由於未見上下文，頗難索解。不過，《唱經卷》也反映出普明壁畫事蹟，確有所本。

對照《佛說利生了義寶卷》的相關記載，《唱經卷》中言及普明「戊午年說根源」一事，可能是指普明在戊午年，開道場傳法。《普靜如來鑰匙通天寶卷》也說「普明佛，戊午年，通傳大道」，「普明佛，戊午年開荒下種」[43]，顯然，戊午年（嘉靖三十七年，一五五八）才是黃天道正式開道之期。有的學者認爲戊午年通傳大道，說根源之事，係指普明在戊午年吐經《普明如來無爲了義寶卷》[44]。這個說法，係根據《衆喜粗言寶卷》上的記載，普明留有《普明如來無爲了義寶卷》，黃育楩《續破邪詳辯》也是如此說[45]，而《唱經卷》序中亦云：

> 普祖乃北鄙農人，參師訪友，明修暗煉，悟道成真，性入紫府，蒙玉清勅賜號曰普明虎眼禪師，設立黃天聖道，頓起渡世婆心，燃慧燈於二十四處，駕寶筏於膳地宣雲，遺留了義寶卷，清靜真經。……時康熙歲在壬申月五代後裔歲貢生，萃賢堂李蔚沐手謹識。[46]

《唱經卷》序中所言，大致屬實。據檔案記載，李蔚是李賓胞兄李宸的四世孫，康熙時代曾任黃天道教首，死後門徒尊稱爲普慧佛[47]。他在康熙四十一年曾替普明立碑[48]。引文中的《了義寶卷》，即是《普明如來無爲了義寶卷》。不過，李蔚並未說明此寶卷作於何時？倒是普明遺留《清靜眞經》一事，值得注意。在普明壁畫中，其受官刑之後下二事蹟是「順聖生道，註成清靜」[49]。對照前引《佛說利生了義寶卷》相關記載，《清靜經》的完成與戊午年傳法一事，關涉頗深。若說普明「戊午年，說根源」意指普明在這一年撰寫《普明如來無爲了義寶卷》，倒不如說他在此年完成《清靜經》。在黃天道的八節誦經中，《清靜經》比《了義經》優先[50]，可見其重要性。

普明在戊午年正式開道傳法，並非意謂黃天道創於此年。早在甲寅年（嘉靖三十三年，一五五四），普明就已領悟大道。《唱經卷》說：「木虎年中明大道」，《佛說利生了義寶卷》也說「道從年（甲寅）出，道從此年出」[51]，嘉靖三十三年確是普明創立黃天道的日子。有的學者認爲黃天道的創立，應從他得遇「眞傳」之日算起，即嘉靖三十二年[52]。這種說法，有點問題，照《唱經卷》所云普明「癸丑年遇眞傳，說破玄關卯酉之功」，是說普明在癸丑年碰到一位明師，教他煉內丹之法。此即普明壁畫中的「詳遇周祖親傳大道，參禪入定出陽神」[53]。這位親傳大道的周祖就是普明的師父，《普明古佛遺留靈符眞寶經》上云「普明傳法是何人，你怎麼修煉來，傳法是周祖玄雲傳與我卯酉香功」[54]，顯然周玄雲就是周祖，他是傳授普明內丹修煉法之人，據同寶卷記載，另有師傅趙玄越授他五戒[55]。

《佛說利生了義寶卷》記載，普明「戊午年，開道場」後，即在這一年「歸本鄉」去世。《唱經卷》亦云普明「戊午年去歸宮」。有的學者據此，認爲普明卒於戊午年（嘉靖三十七年）[56]。此說有其根據，不過《普靜如來鑰匙通天寶卷》卻記著「壬戌年，功行滿，早去歸宮」[57]。壬戌年是嘉靖四十一年（一五六二），依照《普靜如來鑰匙通天寶卷》說法，普明卒於此年。普明碑文則寫著普明「卒於嘉靖四十一年十月十一日子時」[58]，這是普明後裔的記錄，值得信賴。所以說，在沒有更堅強的證據前，嘉靖四十一年是普明卒年的說法較爲可取。

## ㈢ 黃天道的傳承

黃天道初期歷史中，普明卒後的教權傳承爲何？一直是學界注意的問題。《普靜如來鑰匙通天寶卷》記著：

> 普明古佛，三返之道。戊午說法，壬戌回宮，六返振動，暗隱七載，脫化普光妙法，己巳發現，丙子歸宮……。[59]

根據引文，可知普明死後，黃天道教權由普光接掌。同寶卷記載，普光姓王，是女性，出在順聖縣內[60]。《普明古佛遺留靈符眞寶經》云「先生普光佛在於何處，甚麼年降生，甚麼年的法。壬午癸未降凡間，度衆生無邊無崖，己巳旬中說根源」[61]。壬午癸未是嘉靖元年（一五二二），二年（一五二三），顯然普光即生於此時。對照清檔案記載，普明其妻王氏，又稱普光一事[62]來看，這位王普光應是普明之妻。

馬西沙據《普靜如來鑰匙寶卷》對普光於「己巳年（隆慶三年，一五六九）才通傳妙法」，距普明卒年，其間相差七年才掌教權一事，有所懷疑。他說：爲什麼普明死後那麼久，普光才掌教權，中間發生了什麼變故，不得而知[63]。普光接掌教權一事，確實需要解釋。在《衆喜粗言寶卷》中云，普明「壬戌圓終，暗隱七載，續傳普光」，「普光佛，獅子邨人，得普明暗傳，隆慶三季己巳說法，傳正法眼藏[64]。這七年的「暗傳」或「暗隱」，該如何解釋呢？較有可能的解釋是，普明卒後，教權由其他弟子接續，隆慶三年普光悟道，以普明傳人自居，因未受認可，故稱「暗傳」。民間宗教經卷中，記載的祖師傳承系譜，大都是祖與祖之間的心法印可的反映，而非實際的教權遞代，普光接普明是如此，普靜接普光亦是一樣。這個「暗傳」的記載，亦顯示黃天道教權的傳承並非建立於血緣關係。

《唱經卷》序中言普明「設立黃天聖道」，「燃慧燈於二十四處」。《衆喜粗言寶卷》亦說普明「說法廿四會」，反映在普明壁畫是第三十五幅「廣度人緣二十四會」[65]。這二十四會主在《普明遺留考甲文簿》有所開列：

萬全右衛會主左添成　吴家莊會主陳聚虎　洪廟兒會主蔡岳
張貴屯會主陳田武　孔家莊會主呂景清　杜家莊會主杜時美
膳房堡會主王世英　新開口會主郭准　頭百戶會主郭子清
七馬房會主劉寶　岳家莊會主秦正　百岔溝會主牛勝
李憐莊會主李朝　窰子頭會主趙越　胡家莊會主楊的寬
蔚州城會主楊璦　潮洵里會主田忠　孟精嶺會主周雲
蘆子溝會主陳明　廣靈縣會主趙花　皂里窊會主彭景
辛庄兒會主席中朝　吉家莊會主張添庫　宣府城會主李漢英[66]

這二十四會主，皆是「普明老祖親口傳」[67]。其中「辛庄兒」、「廣靈」、「膳房堡」，與《

唱經卷》所記普明所至之處，頗能吻合，另「窐子頭會主趙越」，在普明壁畫中亦有反映，顯示《普明遺留考甲文簿》的記載，有一定的眞實性。

上列諸人是普明的親傳弟子，也是當時黃天道的一方領袖。普明教權的傳人應是其中之一。由於這些人派下的文獻，尚未被發現，黃天道早期的教權傳承和多元發展現象，一直未受到注意。以往，學者慣於接受普光派下門徒所留文獻的記載，認爲普明→普光單線傳承。其實，這只是黃天道普光派下的歷史詮釋罷了，並非實錄。

根據《普靜如來鑰匙通天寶卷》，普光於「己巳」年「通傳妙法」後，至「丙子」（萬曆四年，一五七六）歸空68。其後，黃天道普光一系的教權，由誰執掌呢？馬西沙認爲普光死後，教權由普光的女兒——普淨、普照接掌。而另一支派則衍生了普靜，黃天道主要派系教權遞傳秩序如下：

李賓（普明）→鄭光祖（普靜）→汪長生（普善）
｜
王氏（普光）→大康李氏（普淨）
　　　　　　→小康李氏（普照）→米康氏（普賢）69

這一份黃天道教權傳承表，是根據現存資料，整理出來的。表中普光→普淨、普照→普賢，大致屬實。其中普淨，普賢二人，需要說明。普淨並非普靜，已經學者辨明70，她是普明的大女兒，嫁給康家。《普明遺留考甲文簿》稱其爲九祖。據同卷記載，當時很多「邪師雜祖」皆自稱是普淨，如「田家宂趙氏……發《皇天心應卷》一部，度人十二會，自稱祖號，說是普淨」，「黎園莊張伏雲……自稱九祖普淨，留經卷五部」[71]，顯見普淨是當時著名的黃天道領導人，以致成爲衆人仿效的對象。至於普賢其人，與《普明如來無爲了義寶卷》的刊刻，有極深的關連。現存萬曆二十七年（一五九九）重刻（刊）的《普明如來無爲了義寶卷》中，不斷出現「普明如來者，無爲了義也。普賢全眞大道，千聖不聞，萬祖非說，今遇古佛慈悲，指透天眞大道」。「普賢大道開全眞，妙傳般若了義經」[72]，顯然，普賢在重刊《普明如來無爲了義寶卷》時，作了某種程度的修改[73]，來凸顯自己。普賢這種舉動，隱約透露黃天道其他派別領袖，已對普賢接續教權，構成威脅，以致她不得不借普明來強調自己的合法性。

據目前掌握的資料，除普賢外，黃天道中至少有二派自稱是接續普光。一派資料不完整[74]，無法得知其傳承情形，另一派則是普靜。《普靜如來鑰匙通天寶卷》中寫著：

> 普光已已發現，丙子歸宮，三週續度化出普靜，戊寅顯聖，九年功成，丙戌從續，鑰匙來臨。[75]

丙子年是萬曆四年（一五七六），戊寅年是萬曆六年（一五七八），丙戌年是萬曆十四年（一五八六）。根據引文，普光卒後二年，普靜才「顯聖」，顯然普靜並非普光教權的承繼者，「普光化出普靜」的說法，反映普靜及其派下是以普光傳人自居。實際上，普靜是普明的弟子。《普靜如來鑰匙通天寶卷》卷三〈鑰匙佛如來開地湧金蓮分第二十一〉寫著：

南瞻部洲一部好良民（你怎知道誰人納賢），鑰匙出世在郡中（他是那裏人），北直隸有他家門（姓甚名誰），邑萸城爲名姓（他弟兄幾個），所生弟兄三人（父母在不在），父母早亡先歸空（他作甚麼生意），自幼持齋向善拜師真（投師何人），普明老祖傳心印（修了幾年），九年功滿性歸宮（在凡在聖），見佛得寶復來臨（因甚降世），因爲他衆群生（當初有願在先），對天發願度賢良度男女（多少足數），九十二億成真（重倚甚麼度人），發經發卷講三乘鑰匙卷通開天文（爲僧爲俗），在家爲俗務庄農，一靈性常走雷音。外相爲俗裏爲僧。76

這段記載是以「風入松」爲題的曲牌名所演說的文句，與《普靜如來鑰匙寶卷》所記，雖有差異，但內容大致相同77。有的學者認爲它反映（說明）普靜——鑰匙佛是普明親傳弟子，有兄弟三人，父母早喪，他曾以農業爲俗務78。這種說法是視整段記載描述的人是普靜。其實，這段記載，反映二個人的生平大略。「九年功滿性歸空」之前的文句，是說明普靜，而「見佛得寶復來臨」以後敘述，是指另一人。此人，從「發經發卷講三乘，鑰匙卷通開天文（門）」一句來看，應與《普靜如來鑰匙通天寶卷》的編纂有關。前引文言及普靜「九年功成，丙戌從續，鑰匙來臨」的「鑰匙」即指此人，也就是《衆喜粗言寶卷》所言普靜「性光重化」的「鑰匙佛」79。

普靜（其人），雖是「普明老祖傳心印」，但他並未否認普光的領袖地位，依然視普光爲普明的傳人。其派下則視普靜是普光的傳人，《普靜如來鑰匙通天寶卷》即說「普光化出普靜」。關於普靜其人，《衆喜粗言寶卷》也保存一些資料：

1.普靜爲九祖，順義縣人，立一百八空門，其帶四十八祖爲五姓並諸佛一千，於萬曆六季通性，至十二季甲申吐經五千四十八卷，留卷三十六分，化度十八季，說法五千四十八會，於冬至歸宮。

2.普靜佛，順天昌平州順義縣人，號明鍾字光祖，於萬曆六季戊寅顯聖，十二季甲申吐經五千四十八卷，十四季丙戌十一月冬至回宮。

3.……第九化鄭普靜，萬曆十二年吐經文。[80]

《衆喜粗言寶卷》記載，普靜姓鄭號明鍾字光祖，萬曆六年顯聖，十四年歸空，與《普靜如來鑰匙通天寶卷》所記相同，而《普靜如來鑰匙寶卷》則誤刊普靜「道號明鏡」。不過，《衆喜粗言寶卷》說普靜爲順義縣人，就有點問題。根據《普靜如來鑰匙通天寶卷》，普靜「出在塞北沙陀順聖縣，蔚羅郡中」[81]，可見，普靜出生於順聖縣並非順義縣。《木人開山顯教明宗寶卷》也記著「普靜順聖縣留下一百零八經，設有皇天法門」[82]。

《衆喜粗言寶卷》記載，普靜在萬曆十二年（一五八四）吐經文五千四十八卷。關於此事，同寶卷卷一〈吐經因由〉寫著：

萬曆十二年歲次甲申，九祖普靜佛吐經因由。一日聖駕臨殿，忽然龍位搖動，天昏地暗，帝身困倦，即出曉諭，無論朝官將相，僧尼道俗，能治龍位穩者，高宮賃做，金玉重賞。此時雜法旁門、僧尼道俗，紛紛攪亂，皆不能治。因九祖落凡，化一老僧，揭榜進朝，帝曰，汝能治否。祖曰能治，即寫當來二字，張掛殿上，倏時風息雨散，天清地和，帝即龍顏大喜，連稱活佛臨凡，帝便重賞，祖不受，有黨尚書諫曰，必是妖僧。帝曰何諫妖僧，黨曰動靜是他。帝曰賞罰兩難，議入天牢。祖見天牢居者，皆是高賢，問可鈔經否，官復原職。衆曰應得效勞，祖一人口吐，十八鈔錄，每各不同。鈔吐一藏，帶入袖中，忽一日，帝見天牢，祥雲蓋居，毫光透天。黨曰是異僧顯妖，帝曰令他見朕。祖見曰萬歲何事令見，帝曰朕應謝勞，那黨諫朕冤偏，祖是活佛。祖曰特來護國慶民，怎說虧負。黨又諫曰若果活佛，可設銅柱一圍，內搧紅火，令他懷抱如何，帝准黨奏。祖曰俺身穢污，久不浴洗，將靜室一所，浴後抱柱，帝準洗之。祖浴化真僧抱柱，形容不改，毫光透天，兩班文武盡稱活佛。帝怒黨過輕佛漫法，妄奏朝廷，律斬示衆。祖勸曰爲人寧存夫子三分理，莫犯蕭何六律條，萬歲傍斬，罪免皈我，僧來度人，不可害人。我袖中有經數卷，罰他置列銅版，遺傳後裔。又有天牢犯官鈔錄有功，復他原職。帝準祖勸，黨與犯官謝恩。乃知袖中檢出真經，五千零四十八卷，工資難就。黨本三代尚書，家財英富，經版刊就，併家蕩產，方得完工，即奉帝觀，欽賜五爪金龍經殼龍牌。帝將左旁刊諸惡莫作，衆善奉行，風調雨順，國泰民安，佛日增輝，法輪常轉，皇圖鞏固，帝道遐昌。又刊聖諭條目十六端，共計經五千四十八卷，包封入藏，祖謝化風而去。後丙辰冬季，在朝陽門裏，東四牌樓迤西黨小庵，開起大字經房，又至明末，有李士成作反，焚毀經房，將版搬至山東。到清初有黨門子孫，收版至蘇城閶門內，重開經房。又有屈駕橋北大街，陳子衡新經房，後白縺教混請經懺，恐有累罪，故今賣不時過以至再行天下，銅版藏北京。儒僧真經共五千零四十八卷目錄：皇極經八十卷，妙道經六十三卷，蓮華經十卷，蘊空經四十二卷，透玲經五十四卷，清淨經三十五卷，諸品經八十一卷，圓覺經一百零八卷、明寶經四十八卷、華嚴經二十四卷、皇妙經七十二卷、彌陀經九十九卷、三極經八百卷、大乘經五十三卷、道德經三十二卷、太皇經一百零二卷、三教經三千卷、混沌經九十六卷、三元經二十七卷、了義經九卷、阿羅經二百卷、余家經十一卷。

懺目錄：

皇極懺二卷　觀音百佛懺一卷　法華十　儒童十　十王十　血貧十　昇天十　心經七

金剛四　了義五　朝天二　延壽二　天地二　彌陀一　鑰匙十　消災十　法華神咒一

解罪十　楞嚴廿二　龍華四十八

過去道教爲揀經一藏，見在釋教爲法經一藏、未來儒教爲律經一藏，故名三藏，各五千零四十八卷。

卷目錄：

皇極經三卷三十二品　歸宗卷十品

彌勒出細卷四卷四十分用五爪龍殼，伏魔二卷二十四品

還鄉二卷廿四品，鑰匙二卷五十四分，歸真二卷

金剛，歎世無爲，清淨，諸天，諸品，透玲，大乘蘊空，法華，楞嚴，圓覺，開心，儒童，掃心二卷

地獄，十王，還源，了義，苦功，灶司，正信，泰山。[83]

文中脫字不少，因爲這是民間宗教罕見的經鋪史料，所以引錄全文。《衆喜粗言寶卷》記載的普靜「吐經因由」，是長生教派下長期流傳的傳說，其雛型出現於崇禎三年（一六三〇）刊刻的《彌勒佛說地藏十王寶卷》[84]。《衆喜粗言寶卷》中的普靜「吐經因由」，神話色彩濃厚，僞造的地方也有，如聖諭十六端一事，即爲清康熙九年（一六七〇）才頒布。不過，其中敘述，有幾點值得注意。其一普靜寫「當來」二字，穩定龍位。所謂「當來」是彌勒佛當來下生成佛的代稱。換句話說「當來」反映普靜主張彌勒信仰，這頗能符合《普靜如來鑰匙通天寶卷》記載。現在寶卷中說，普靜以此二字來穩定龍位，意涵彌勒佛下生，朝廷才會安穩，太平。這是彌勒下生有助於王化的具象表現，也是彌勒下生信仰，被普靜派下轉化，產生質變的象徵。以往，彌勒下生一直是民衆反亂的口號，代表變革的意義。在普靜黃天道中，亦是一樣。現今，普靜派下以「當來」來穩定龍位（帝位），輔助王化，顯然，這是與當權者的妥

協。另一方面，普靜標舉的彌勒下生信仰，卻是黃天道中的質變。早期黃天道是信仰彌陀，《普明如來無爲了義寶卷》中，並無半點彌勒信仰的痕跡。至《佛說利生了義寶卷》，仍是主張彌陀信仰而非彌勒[85]。前一部經卷與普賢關係密切，顯見黃天道在普賢時代是以彌陀信仰爲主流。相對於此，普靜凸出彌勒下生信仰，可以說是黃天道中的異端，非主流，以後，長生教主要延續此一傳統。

其二是黨尚書其人。照《衆喜粗言寶卷》記載，指普靜爲妖僧的黨尚書，「家本三代尚書」。在正史中，尚未找到這類的黨姓家族。《三祖行腳因由寶卷》卻記載一位護持羅祖的黨尚書[86]，它可能即是《衆喜粗言寶卷》中黨尚書的祖先。根據檔案記載，這個黨尚書傳說，遲至乾隆十八年（一七五三）六月即已流傳[87]，他與《護道榜文》的製造有密切的關係[88]。

其三是黨小庵經鋪的歷史。明清時代，民間宗教紛起，各種教派寶卷流行。這些爲數衆多經卷的產生與刻經鋪有密切的關連。可惜，卻少有資料言及，因此〈吐經因由〉中黨小庵經鋪歷史的記載，就十分重要。此一敘述，有相當的眞實性，現存寶卷中，有不少刻自黨小庵經鋪，檔案亦有所映。根據〈吐經因由〉，黨小庵經鋪在清初曾搬至蘇州，但版藏北京，可見黨小庵經鋪在蘇州，北京各有印經鋪。嘉慶二十一年（一八一六）山東巡撫陳預，查獲大乘教犯季儀民等，擁有《苦功悟道》，《護道榜文》等。據供，係伊師父張魯彥於乾隆五十五年（一七九〇）於京城都察院衙門後街黨姓經鋪請回的。嘉慶皇帝即喻知順天府尹，追查此黨姓經鋪。據順天府尹報告：在三十年前有一黨姓開設經鋪，後來病故，早已關閉[89]。由此可知，黨小庵經鋪北京店，在乾隆五十餘年中，即已關閉。至於黨小庵經鋪蘇州店，何時停業，不得而知。不過，從現存寶卷題記，倒是可以推知，其經板曾賣給杭州瑪瑙經房。另引文中，提及蘇州屈駕橋陳子衡經房一事，似乎隱含二者有生意往來，關係密切。據檔案記載，陳子衡是康熙時期，蘇州知名的經鋪商，與徐涵輝齊名，二者俱在蘇州販賣羅教經典，乾隆三十三年（一七六八）浙江巡撫永德查獲江蘇羅教徒擁有的經卷，即來自徐涵輝與陳子衡[90]。

其四是普靜吐經之事。根據《衆喜粗言寶卷》記載，普靜吐經五千零四十八卷。五千零四十八卷是佛教大藏經的總數，很明顯，普靜吐經五千四十八卷是誇大之詞。若是如此，實際上，普靜著有多少寶卷呢？《木人開山顯教明宗寶卷》上云，普靜在順聖縣留一百零八部經[91]。這個說法，可有二種解釋，一是他眞的著有一百零八部經，二是普靜設有經房儲存一百零八部經。以現存史料來看，確知普靜僅吐《普靜如來鑰匙通天寶卷》，此外，並無其他著作。若說一百零八部（也可理解多部）經卷全是他所「吐」，恐怕力有未逮，較合理的解釋是他開設經房。明代知名宗教人物，設有經房來儲放、刊造經卷，並非沒有，王森聞香教派下，即在北京附近設有經房[92]。普靜有可能亦設有經房，才有如此衆多的經卷。如此來看，普靜所吐之經會由黨小庵刻印，就可得到合理的解釋。即普靜經房中的經卷，在其卒後，由黨小庵經鋪接收，並於丙辰年（萬曆四四年，一六一六）刊刻。由於普靜是個知名的宗教家，黨小庵經鋪借重其名，編造普靜吐經五千四十八卷，交由黨小庵經鋪老闆的先輩刊印的神話。當然，另一種情況也有可能，即普靜派下與黨小庵經鋪關係密切，普靜所吐經文，交由黨小庵經鋪刊印的神話，即由普靜派下編造。早在萬曆十四年（一五八六），黨小庵經鋪就刻印《普靜如來鑰匙通天寶卷》，萬曆四十四年（丙辰年）又刻有宣揚普靜派下的《古佛當來下生出西寶卷》，而稍後的《彌勒佛說地藏十王寶卷》又是出自黨小庵經鋪[93]，顯見二者關係之密切。

其五是黨小庵所刻的經卷。〈吐經因由〉中所開列的經名，大多無法索解。不過其中一些，倒是可以查出。如《苦功》、《正信》、《嘆世無爲》、《太山》、《鑰匙》即是羅祖的《五部六冊》。而「用五爪金龍伏魔卷二十四品」，就是現存的黃天道經卷《護國佑民伏魔寶卷》[94]。此外據檔案記載《祖明經》、《護道榜文》亦是刻自黨小庵經鋪[95]。現存寶卷《大聖彌勒化度寶卷》，從卷末題記來看，同樣是「板藏黨小庵經鋪」[96]。

根據《衆喜粗言寶卷》記載，普靜在萬曆十二年吐經，卒於萬曆丙戌年（十四年，一五八六）。其後又「性光重化鑰匙佛，是北直隸宣化蔚州人，兄弟三人，父母早亡」。這個鑰匙佛並非普靜，而是以普靜化身自居的普靜門下弟子。此人是誰呢？澤田瑞穗認爲，他是《普靜如來鑰匙通天寶卷》的作者——宣化蔚州的羅睺祖，淺井紀亦表贊同[97]。照《普靜如來鑰匙通天寶卷》相關記載來看，澤田等人的推測，相當正確。前已言及鑰匙佛是普靜的繼承者，與《普靜如來鑰匙通天寶卷》的編纂有關連。但是，他並非作者，而是另有他人。《普靜如來鑰匙寶卷》記載：

1. 弓長爲媒，才顯真祖，新了一部鑰匙道，男女躲輪迴，早得高升。
2. 張先生，他與俺，爲媒作證，展寶卷，逼邪魔，通精三乘……才顯出圓頓教、清淨佛門。
3. 用弓長，他與俺，爲媒作證，古彌陀顯神通，邪魔不侵。[98]

馬西沙解釋說，所謂「爲媒作證」，並非世俗所云婚姻之媒證，而是民間宗教所用隱語，意指弓長承認普靜的宗門和領袖地位。這一點的確可以在弓長所作《龍華寶經》中找到證據[99]。淺井紀贊同馬西沙關於「爲媒作證」的解釋，不過認爲引文中的「俺」並非如馬西沙所言是指普靜，而應是普靜徒弟鑰匙佛[100]。二位學者所說，都有問題。在原本《普靜如來鑰匙通天寶卷》中寫著：

1.古佛陀，北直隸撐船擺渡……長弓爲媒，纔顯正祖，新開了一部兒鑰匙道度男女，躲輪迴早得高超。

2.鑰匙佛，傳寶卷，親臨降世，丙戌年九月內，性下天宮，轉化在邑莫城，埋沒真性，喫五穀，養佛性，隨類化生。久等著，雞王叫，天時催動，有春雷，就地響，振動乾坤，張先生，他與俺，爲媒作證。展寶卷，逼邪魔，通講三乘，度惺他；主人公，諸佛大地，親陞俺，諸佛祖，金榜標名。開金船，到處行，普天知道，纔顯出，圓頓教，清淨法門。

3.普靜僧，戊寅年降臨凡世，丙戌歲，九年滿，轉化三清。鑰匙佛，開天地，從來降世。羅睺羅，轉化在邑莫城中。丙戌歲，從續職，三返四換。領僧卷，度九祖，鑰匙經卷。……纔顯出，圓頓真教。……用長弓，他與俺，爲媒作證，古彌陀，顯神通，邪魔不侵。[101]

對照上引文，明顯可知鑰匙佛就是羅睺羅，他在丙戌歲（萬曆十四年）接續普靜的教權，並傳《鑰匙經卷》，而俺與長弓是證明鑰匙佛爲普靜繼承者之人。此時鑰匙佛以圓頓眞教行世。所謂的「長弓」此人，並非《龍華寶經》的作者弓長，據同寶卷記載，此人是張易明。至於「俺」此人，則是《普靜如來鑰匙通天寶卷》的作者，可能即是與張易明並列同上天宮的「余騰倫」[102]。

綜合上述論証，可知黃天道的傳承是如此：

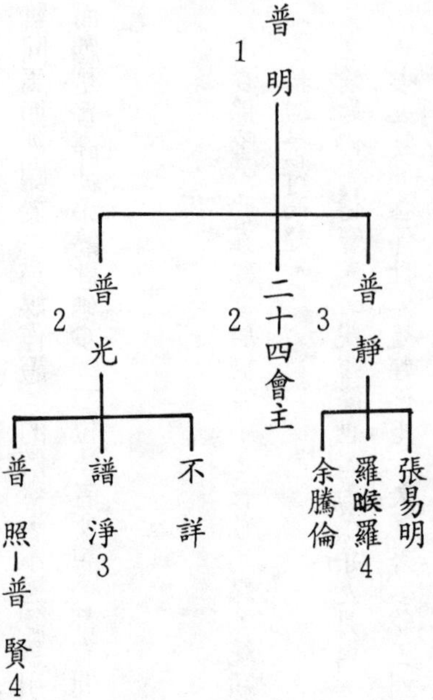


※數字表世代

## 三、黃天道的支派：圓頓教與長生教

自普明於嘉靖三十三年創立黃天道後，其教派的發展一直是多元的，如普明即有「二十四會」徒弟，而普光也有「三十六會」門徒。普靜的崛起是黃天道中，由支派變爲主幹（脈）的例子。由於教派發展成功，普靜在明末民間宗教界，已成爲黃天道的代表，《古佛天眞考證龍華寶經》談及明代各教教主時，即將「黃天教與普靜」並列，可見一般。

根據前面的研究，普靜卒於萬曆十四年，之後其教權由鑰匙佛羅睺羅接掌，以圓頓教行世。不過，在《龍華寶經》中說：「圓頓教，普善祖」[103]，而直承黃天道的《衆喜粗言寶卷》則記載，普靜傳十祖普善，即儒童玉佛下凡[104]。究竟這是怎麼回事？關於圓頓教的普善，馬西沙解釋說：《古佛天眞考證龍華寶經》中稱：圓頓教，普善祖。這裏的普善即指汪長生。但最早以教門爲圓頓教的並不是普善，而是普靜及其親傳弟子。關於圓頓教之名，《普靜如來鑰匙寶卷》中有多處記載。該卷〈鑰匙佛如來開四句妙訣分第一〉開宗明義。

古佛留下圓頓教，普度衆生離紅塵。圓者，十方都圓滿；頓者，頓吾（悟）心意明；教者，教人都成道；門者，門人躲閻君。

正是黃天教普靜一支教派始稱自己爲圓頓教的，這以後，普善汪長生大概繼續闡發了黃天教教義，所以被明末清初問世的《古佛天眞考證龍華寶經》稱爲圓頓教創始人，這顯然是一種誤會。但從中我們也可以看出黃天教普靜一支對汪長生的影響。

汪長生不是普靜的親傳弟子，普靜在萬曆十四年已經「圓滿歸宮」，而是時汪長生還沒有出世。問題只能是這樣，或者是普善曾在崇禎年間在北方學道訪眞，投拜到黃天教門下，或者是黃天教影響已經到了浙江西安一帶，汪長生在浙江投入了黃天教門下」。[105]

根據《衆喜粗言寶卷》記載，汪長生生於萬曆三十二年，而普靜在萬曆十四年歸空，誠如馬西沙所言，汪長生並非普靜的親傳弟子。

根據《三祖行腳因由寶卷》記載，此一汪長生曾加入靈山正派，是姚文宇派下的重要份子[106]。《衆喜粗言寶卷》中有些資料言及此人。其卷五寫著：

> 明普明佛，直隸人是太初佛性光所化，于嘉靖三十七年戊午，是在家修行，同興儒教……第九光化鄭普靜，萬曆十二年吐經文，第十光化汪普善，又化儒教學長生，萬曆三十二年神光現，衢州西安化汪門。[107]

又同寶卷卷三記載：

> ……太初古佛……于嘉靖季年臨凡，居北直隸爲七祖號普明祖……普靜爲第九祖……傳十祖普善即儒童玉佛下凡，又即孔子性化，投衢州西安縣汪正義爲子，母夢觀音孕，于萬曆三十二年，小名和尚，道號長生。[108]

《衆喜粗言寶卷》的記載，並非實錄，而是汪長生派下相傳的祖脈系譜。雖不儘可信，但其中一些敘述，值得注意。其一是普明佛同興儒教部份。從《普明如來無爲了義寶卷》及相關資料來看，普明並不提倡儒教。《衆喜粗言寶卷》的說法，顯然是配合長生教尊崇儒教而作的修改。其二是普善即儒童玉佛，又即孔子性化部份。照《衆喜粗言寶卷》記載，汪長生是因母「夢觀音孕」生，非夢見儒童玉佛而生，顯然似有另一個普善存在。

依據《三祖行腳因由寶卷》記載，姚文宇法名是普善[109]。汪長生在靈山正派中的法名，雖不知道，基於避諱原則其非「普善」則可推知。既然如此，那汪長生爲何又稱「普善」呢？較有可能的解釋是，他借用某人的法名。《古佛當來下生彌勒出西寶卷》云：

普明古佛寶卷開，普光妙法勸衆賢
普靜雲僧化人善，普善法王度皇胎
……………，師留皇極出世間
教立圓頓用置立，……[110]

根據寶卷末尾題記，《古佛當來下生彌勒出西寶卷》，刊於萬曆丙辰年（即萬曆四十四年），甲寅年北儒禮門趙源齋重刊。汪長生生於萬曆三十二年，至萬曆四十四年，年僅十二年歲，似乎尚無能力造這一份寶卷。由此可見，普靜之後，確有普善其人以圓頓教名，接續普靜的法脈。照《古佛當來下生彌勒出西寶卷》記載，普善其號是「儒童玉佛」[111]。

如果我的推測沒錯，《龍華寶經》中的「普善祖，圓頓教」，可能即是指此人。在《龍華寶經》中，提及明代各教教主多爲北方人，圓頓教主普善是北方人較爲合理。

既然如此，那江西衢州西安的汪長生如何歸入其派下並以此自居呢？《彌勒佛說地藏十王寶卷》上一段記載，值得注意：

皈我北儒皇極道，九族先亡盡超昇
要問南北兩儒何年出，萬曆皇帝御頒行
十二年間龍位動，普靜佛祖吐藏經
……
九卿六部同奏議，故稱南北兩儒門
南儒讀書來趕考，喫素歸道北儒行
……
三十二年佛勑旨，儒童玉佛臨汪門
正信正義同一子，小名和尚號長生
崇禎十年祖出定，諸神十王皈佛門
普度弟子三千餘，十三年間八月昇
佛號普善甘露佛，康高姜祖續長生[112]

根據寶卷序文所載，《彌勒佛說地藏十王寶卷》出於崇禎三年。喻松青認爲「《十王寶卷》爲崇禎刊本，全卷爲汪普善說教，當是汪門弟子所撰，較之道光初刊印的《衆喜寶卷》，其說當更爲可靠。《十王寶卷》中稱普靜和普善爲南北二儒佛，可見汪普善在黃天道之地位，與普靜相當，故有十祖之稱。據《彌勒佛說十王寶卷》一段話『差我今來度凡塵，東土東方三星地，投胎趙北與燕南，降下汪家爲男子，九龍崗上造法船』，汪長生可能早年在北方學道，後來再遷到南方衢州的西安縣」[113]。

喻松青的推測並不正確。其一，《彌勒佛說地藏十王寶卷》並非全是崇禎三年刊本，其中「崇禎十年祖如定」以後的文字，顯然是汪長生派下重刊者所添加。其二，對照《彌勒佛說地藏十王寶卷》的相關文脈來看，《十王卷》中「投胎趙北與燕南」的是彌勒佛，並非儒童玉佛。因之寶卷中「降下汪家爲男子」一段，極有可能也是汪長生派下攙入的。如果我的推論沒錯，那汪長生就非北方人，也無北方學道，後遷南方衢州之事。

其實，就《彌勒佛說地藏十王寶卷》的內容來看，整部寶卷敘述的重點，是在宣揚「北儒皇極道」。照文脈來看，「北儒」是指普靜所傳（創）的教法，而「南儒讀書來趕考，喫素歸道北儒行」，意指「南儒」北上科舉時，在京師皈依普靜派下。這個「南儒」即是銜接普靜與普善（汪長生）之間的宗教人物。汪長生會成爲普靜派下，既非如馬西沙所言，他曾到北方學道或黃天道已經影響到浙江西安一帶，亦不是如喻松青推測的北人南遷，而是透過南儒，認識普靜派下所傳的教法。前已言及，汪長生活躍的年代，普靜派下一支即是由一普善領導。在這樣的情勢下，汪長生借重普善的稱號，來吸收門徒。此舉既可爭奪姚文宇（號普善）的弟子，亦是表明他是普靜傳人。

總之，汪長生的崛起，是普靜派下，由支流變爲主流的例子。這個例子，再次顯示民間教派經卷中教主傳承的記載，並非實錄，只是成功者爲祖的反映。另一方面，它也反映了此宗教的重大變革。就汪長生而言，他淡化普靜派下濃厚的彌勒佛下生信仰，鼓吹儒家思想行爲，讓圓頓教，更接近現世生活。另外，在內在修煉方面，汪長生不只延續普靜派下的內丹修煉傳統，更凸顯「長生」的宗旨，以致教外文獻，皆稱其爲「長生教」[114]。

## 四、餘　論

以往，學者大都認爲普明的黃天道，只發展出圓頓教和長生教二個支派。僅有少數人，言及黃天道另衍生了江南齋教[115]。其實，就證據而言，除以普字爲法名的傳統相同外，鮮少史料能證明二者之關連。眞正深受黃天道影響，可以視爲它的另一支派的是金幢教。

金幢教是王佐塘於萬曆年間創立的，其教在天啟、崇禎時代，由董應亮發揚光大。現今仍流傳於福建、台灣的金幢教即源自於此[116]。這是個深具道教色彩的民間教派，教中長期流傳一部《普靜如來鑰匙通天寶卷》。在一些文獻中亦記載王佐塘道號普明，董應亮道號普光[117]。除了這些事實外，金幢教齋堂內還流傳一份普明出在直隸地，普光住在獅子村的文獻[118]，種種跡象顯示金幢教深受黃天道影響。不過要指出的是，這種影響並非透過師徒關係造成的，而是依靠經卷形成的。正是這種經卷傳播，讓台灣的金幢教徒，至今仍保存初祖道號普明，二祖號普光的說法，以及《普靜如來鑰匙通天寶卷》。

## 註釋

❶ 馬西沙、韓秉方著《中國民間宗教史》（上海人民出版社，一九九二年一二月）頁四一〇—四一五。

❷ 李世瑜《現在華北秘密宗教》（台北古亭書屋，一九七五年八月臺一版）頁一〇—一三。

❸ 李世瑜前揭書頁一〇。

❹ 澤田瑞穗〈初期の黃天道〉，收在氏著《增補寶卷の研究》（東京國書刊行會，一九七五年）頁三四三—三六五。

❺ 即 Richard Shek "Millenarianism Without Rebellion: The HuangtianDao in North China" Modern China Vol.8 No.3, 1982, July, pp. 305-336。

❻ 馬西沙〈黃天教源流考略〉，《世界宗教研究》一九八五年二期，頁一—一八。馬西沙、韓秉方《中國民間宗教史》第八章〈外佛內道的黃天教〉頁四〇七—四八八。

❼ 喻松青〈明代黃天道新探〉，收入氏著《明清白蓮教研究》（四川人民出版社，一九八七年）頁一一七—一三〇。

❽ 馬西沙、韓秉方《中國民間宗教史》頁四二八。

❾ 徐珂《清稗類鈔》宗教類〈黃天教〉云：「黃天教原名普聖門之天盤教。……入教者爲衆生，進一步爲天恩，再進爲保恩，爲正恩……」。由此來看，此黃天教與黃德輝先天道頗有關連。

❿ 李世瑜前揭書頁一〇—一三。

⓫ 此即李賓碑，是李蔚所立，見馬西沙、韓秉方《中國民間宗教史》頁四二〇。

⑫ 澤田瑞穗〈初期の黄天道〉頁三四八—三四九。

⑬ 馬西沙、韓秉方《中國民間宗教史》頁四二〇。

⑭ 喻松青〈明代黃天道新探〉頁一一七—一一八。

⑮ 顏元《四存編、存人編》卷二。

⑯ 馬西沙、韓秉方《中國民間宗教史》頁四一九—四二二。

⑰ 喻松青〈明代黃天道新探〉頁一一九。此處引文係節引，全文是「普明佛，為衆生，投凡住世。化男身，性木子，四十余春。娶王門，為結髮，開花二朵」。

⑱ 馬西沙、韓秉方《中國民間宗教史》頁四一五。

⑲ 感謝馬西沙教授惠贈此寶卷。

⑳ 新竹金幢教齋堂所藏的《普靜如來鑰匙通天寶卷》六卷五十四分。六卷，依序是南、無、阿、彌、陀、佛。阿部旁題「竹北二堡大北坑庄盧三源、林東妹和劉和清」。其卷四末尾題「興化樹德堂」，顯見此寶卷抄自樹德堂所藏本，時間是在日治時期。拙文〈臺灣齋教研究之一：金幢教三論〉，《臺北文獻》直字一〇六期，頁九九、一一三，有所介紹，感謝林漢章先生提供此寶卷。

㉑ 西德堂木匣版《普靜如來鑰匙通天寶卷》，係現任堂主蘇木楷之父蘇祖仁（即蘇主愛）根據龔宗、蘇光顯從直隸北柳河金幢教祖堂「瑞清堂」請回的明刊本，抄錄的，此版現已蛀蝕，而明刊本亦遭竊。施銘玄抄本，抄於昭和十年（一九三五）。

㉒ 此處所用是澤田瑞穗《校注破邪詳辯》（東京道教刊行會，一九七二年）頁五六—五八。澤田校注《破邪詳辯》普靜如來鑰匙通天寶卷條，是採用倉田淳之助所藏的一九二七年版《普靜如來鑰匙通天寶卷》。

㉓ 感謝林漢章先生提供。

㉔《普靜如來鑰匙通天寶卷》卷一〈鑰匙佛如來開悟道修行分第七〉：「普明佛，戊午年，通傳大道……普光法，己巳年，通傳妙法」。

㉕感謝林漢章先生提供。

㉖感謝林漢章先生提供。

㉗《古佛天眞考證龍華寶經》（清刊本）卷四〈天眞收圓品第二十三〉：「黃天教，設宗門，度下兒女，黃靜祖，領皇胎，皈依佛門」，此黃靜祖是普靜祖之訛。《木人開山顯教明宗寶卷》又叫《木人開山寶卷》，其前言云：「有靜老祖在順聖縣，留下一百零八部經，設在皇天法門。」，此寶卷係吉岡義豐舊藏本，感謝淺井紀教授提供。

㉘澤田瑞穗〈龍華經の研究〉頁二〇六—二〇七，收入氏校注《校注破邪詳辯》頁一六四—二一八。

㉙馬西沙、韓秉方《中國民間宗教史》頁四一〇。

㉚李世瑜前揭書頁三〇。

㉛澤田瑞穗〈初期の黃天道〉頁三四七—三四八。

㉜馬西沙、韓秉方《中國民間宗教史》頁四一二。

㉝馬西沙、韓秉方《中國民間宗教史》頁四一一。

㉞《萬全縣志》（一九三三年，任守恭編）卷七〈普佛寺〉。

㉟方裕謹編選〈乾隆二十八年萬全縣碧天寺黃天道教案〉頁三一，《歷史檔案》一九九〇年三期頁三一—四一。

㊱轉引自喻松青〈明代黃天道新探〉頁一一九。

㊲方裕謹編選〈乾隆二十八年萬全縣碧天寺黃天道教案〉頁四〇。

㊳喻松青〈明代黃天道新探〉頁一二四—一二五。

39 李世瑜前揭書頁一五、一六。

40 李世瑜前揭書頁一七。

41 同註40。

42 轉引自澤田瑞穗〈初期の黃天道〉頁三五一。

43 《普靜如來鑰匙通天寶卷》卷一〈鑰匙佛如來開悟道修行分第七〉，卷二〈鑰匙佛如來開蘊空妙法分第十六〉。

44 馬西沙、韓秉方《中國民間宗教史》頁四一四—四一五。

45 《衆喜粗言寶卷》（尚德齋主人謝氏重刊，一九二九年）卷三〈佛祖傳記〉，感謝淺井紀教授提供此寶卷。澤田瑞穗校注《校注破邪詳辯》頁一〇五。

46 轉引自澤田瑞穗〈初期の黃天道〉頁三四九。

47 馬西沙、韓秉方《中國民間宗教史》頁四一二。

48 李世瑜前揭書頁一五。碑文中李蔚名字已磨滅。

49 李世瑜前揭書頁一七。

50 李世瑜前揭書頁二七—二八。

51 轉引自喻松青〈明代黃天道新探〉頁一一八、一二〇。

52 馬西沙、韓秉方《中國民間宗教史》頁四一五。

53 李世瑜前揭書頁一六。

54 《普明古佛遺留靈符眞寶經》頁一四。

55 同註54。

56 喻松青〈明代黃天道新探〉頁一二二—一二三。

57 《普靜如來鑰匙通天寶卷》卷一〈鑰匙佛如來開悟道修行分第七〉。

㊽ 李世瑜前揭書頁一五。

㊾ 《普靜如來鑰匙通天寶卷》卷六〈鑰匙佛如來開顯聖分第四十九〉。

㊿ 普光是女性，姓王見《普靜如來鑰匙通天寶卷》卷六〈鑰匙佛如來開諸祖分四十八〉。普光出在順聖縣，見《普靜如來鑰匙通天寶卷》卷五〈鑰匙佛如來開聖境分第四十〉。

61 《普明古佛遺留靈符眞寶經》頁一四。

62 馬西沙、韓秉方《中國民間宗教史》頁四一一。

63 馬西沙、韓秉方《中國民間宗教史》頁四一七。

64 《衆喜粗言寶卷》卷三〈佛祖傳記〉，卷五〈續化儒門〉。

65 澤田瑞穗〈初期の黃天道〉頁三四九。《衆喜粗言寶卷》卷三〈佛祖傳記〉。李世瑜前揭書頁一七。

66 《普明遺留考甲文簿》頁一二。

67 同註66。

68 《普靜如來鑰匙通天寶卷》卷一〈鑰匙佛如來開悟道修行分第七〉。

69 馬西沙、韓秉方《中國民間宗教史》頁四二八。清代李蔚以下省略。

70 喻松青〈明代黃天道新探〉頁一二五—一二七，馬西沙、韓秉方《中國民間宗教史》頁四二五—四二八。

71 《普明遺留考甲文簿》頁二。

72 《普明如來無爲了義寶卷》前言部份。本文所用版本，是萬曆二十七年孟冬重刻本，影自蘇聯。

73 馬西沙對此，早有洞見，見馬西沙、韓秉方《中國民間宗教史》頁四三一—四三二。

74 《普明古佛遺留八牛寶讚》云：「十祖行腳，初祖達摩姓齊，居住西域。……七祖普明姓李，居住牛角堡。八祖普光姓王，居住獅子村。九祖不可明，十祖原來上泉根。普祖九轉下凡。頭一次下生在平定刈塔摩村姓張。弟貳祖下生在榆縣劉志公。弟三次下生在陝西花陰縣陳香子。弟四次下生在海州紅桀縣劉和尚。弟五祖次下生在榆次縣元代村姓田自招。弟六祖次下生在祁縣大王村晶和尚。弟七祖次下生在崞縣坡街陳光祖。弟八祖次下生在眞定付平陽縣九龍崗郭眞。弟九祖次下生在萬全縣牛角堡姓李。」。

75 《普靜如來鑰匙通天寶卷》卷六〈鑰匙佛如來開顯聖分第四十九〉。

76 《普靜如來鑰匙通天寶卷》卷三〈鑰匙佛如來開地湧金蓮分第二十一〉。

77 將此引文與馬西沙、韓秉方《中國民間宗教史》頁四二七所引相比較，即可知差異所在。

78 馬西沙、韓秉方《中國民間宗教史》頁四二七。

79 參見澤田瑞穗〈初期の黃天道〉頁三五六。

80 第一段引文見《衆喜粗言寶卷》卷三〈佛祖傳記〉。第二、三段引文見卷五〈續化儒門〉。

81 《普靜如來鑰匙通天寶卷》卷五〈鑰匙佛如來開聖境分第四十〉。

82 《木人開山顯教明宗寶卷》前言部份。

83 《衆喜粗言寶卷》卷一〈吐經因由〉。

84 《彌勒佛說地藏十王寶卷》上，頁五四。此寶卷香讚後云：「蓋聞大聖彌勒佛說地藏十王寶卷，出在大明御製崇禎三年留傳。」不過寶卷中有部份事蹟係後來重刊者添加的，如卷上「崇禎十年祖出定……」。本文所用版本，係光緒三十年照黨小庵藏版重刊的。感謝淺井紀教授提此寶卷影本。

85 喻松青〈明代黃天道新探〉頁一一八。

86 《三祖行腳因由寶卷》〈山東初度〉（光緒元年重刊本）。

87 《史料旬刊》二十四期〈羅教案〉天八百六十一。

88 參見王見川〈臺灣齋教研究之二：先天道前期史初探——兼論其與一貫道的關係〉（臺北文獻直

字一〇八期，一九九四年六月）頁一二六—一二七。

89 台灣故宮博物院軍機檔，編號四八三二七號，嘉慶二十一年七月初六日，山東巡撫陳預奏摺。

90 《史料旬刊》十三期〈江浙長生教案〉彰寶摺，天四百五十。

91 《木人開山顯教明宗寶卷》前言部份。

92 明岳和聲《餐微子集》（台灣偉文圖書出版社翻印）頁九二二。

93 參見澤田瑞穗《增補寶卷の研究》頁二一七—二一八，以及《古佛當來下生出西寶卷》末尾題記。本文所用版本，係甲寅年，趙源齋重刊本，感謝淺井紀教授提供。

94 《護國佑民伏魔寶卷》上下卷，二十四品，卷中讚揚「皇天聖道」。本文所用版本，是淺井紀教授惠贈影本，在此致謝。

95 乾隆四十九年三月初七，山西巡撫農起奏摺，收在《宮中檔乾隆朝奏摺》第五十九輯（台灣故宮博物院，一九八七年三月）頁四五七。《史料旬刊》二十四期〈羅教案〉天八百六十一。

96 《大聖彌勒化度寶卷》光緒二十六年重刊本，感謝淺井紀教授提供。

97 淺井紀《明清時代民間宗教結社の研究》（東京研文出版，一九九〇年九月）頁一二八。

98 馬西沙〈黃天教源流考略〉頁一三—一四。

99 馬西沙〈黃天教源流考略〉頁一四。

100 淺井紀前揭書頁一二六。

101 第一則史料，見《普靜如來鑰匙通天寶卷》卷一〈鑰匙佛如來開天地命根分第三〉，第二則史料，見卷二〈鑰匙佛如來開七寶妙訣分第十二〉，第三則史料，見卷二〈鑰匙佛如來開蘊空妙法分第十六〉。

102 《普靜如來鑰匙通天寶卷》卷三〈鑰匙佛如來開地湧金蓮分第二十一〉。

103 《古佛天眞考證龍華寶經》卷四〈天眞收圓品第二十三〉。

104 《衆喜粗言寶卷》卷三〈佛祖傳記〉。

105 馬西沙、韓秉方《中國民間宗教史》頁四七七。

106 《三祖行腳因由寶卷》〈慶元三復〉。

107 《衆喜粗言寶卷》卷五〈續化儒門〉。

108 《衆喜粗言寶卷》卷三〈佛祖傳記〉。

109 《三祖行腳因由寶卷》〈慶元三復〉。

110 《古佛當來下生彌勒出西寶卷》前言部份。

111 《古佛當來下生彌勒出西寶卷》〈玉佛授記品選第三〉。

112 《彌勒佛說地藏十王寶卷》卷上，頁五四、五五。

113 喻松青〈初期の黃天道〉頁一二八。

114 《史料旬刊》十三期〈江浙長生教案〉。

115 見最近秦寶琦《中國地下社會——清前期秘密社會卷》（北京學苑出版社，一九九三年一二月）頁二二五。

116 參見王見川〈臺灣齋教研究之一：金幢教三論〉及〈從福建莆田現存史料看台灣金幢教的歷史〉，《台灣史料研究》第四號頁三—一九，一九九四年十月。

117 《齋門金幢派》又叫《三宗五派行腳集》（鳳山孔文堂活版所，日治時期）頁三，另見王見川〈臺灣齋教研究之一：金幢教三論〉頁九九、一一五。

118 前頁不見，姑稱之《無名經卷》，是在台灣台南西德堂發現，將刊於王見川、林萬傳主編的《臺灣齋教史料集成》中。

# 廿世紀初澎湖的善書與社會批判

宋光宇

## 一、前言

民國八十年秋，筆者因執行國科會的「儒宗神教：扶乩活動在台灣」調查計劃，〔編號NSC 81-0301-H-001-09〕前往澎湖，調查當地的有扶乩「作善書」活動的廟宇，在馬公市的一新社，蒐集到《覺悟選新》這部善書。

這部書的前六卷是在清光緒十七、十八年寫的，七、八兩卷是從光緒廿七至廿九年完成。台澎地區在光緒廿一年因甲午戰爭失利而被迫割讓給日本。因此這部善書的成書年代橫跨了清朝及日據時期兩個時段。在王世慶[1]和林永根[2]的著述中，認定這部書是第一本在台灣地區自行撰作的善書。在此之前，流行在台灣的善書，如《太上感應篇》《陰騭文》《白衣大士神咒》等，都是從大陸傳過來的。[3]

這部善書共分匏、土、革、木、石、金、絲、竹等八卷。每卷平均有四十五張摺頁，也就是九十頁左右。第一卷的開頭部份，是「一新社」與「樂善堂」的標記，各有一付對聯。各以「一新」和「樂善」爲聯語的開頭，把設壇立社的宗旨交待清楚。聯語是這樣寫的：

一設鸞堂從此盛傳各地迎聖迎神崇置沙盤木筆
新頒鳳藻藉資普勸群生渡人渡己勤修寶筏慈航

樂得英才雅教施個個凜遵金科玉律
善其明德新民勵年年歌頌舜天堯日

接下去是一新社的舊觀照片以及沿革；關聖帝君和慈濟眞君的神像；三教祖師神位及印信、正主席南天文衡聖帝關牌位與印信、副主席太醫慈濟眞君許牌位與印信、南宮孚佑帝君呂恩主牌位與印信、九天司命眞君張恩主牌位與印信。關聖帝君、孚佑帝君與九天司命眞君合稱「三恩主公」（若加上岳飛和豁落靈官王天君，就成「五恩主公」）。另外有兩幅從事宣講的圖畫。第一幅是一新社從事宣講時的情景，是用四條長凳作支架，上面鋪木版，再搭起一個講臺，講臺的正中央供奉關聖帝君的畫像和神位，前有香爐和一對燭臺。宣講者身穿長袍，坐在左邊的宣講桌後。臺下有八個人在聽講。第二幅是所謂的「古式宣講臺」，臺子也是用長凳木板搭成，臺上供奉關聖帝君的神位。左邊有宣講桌，桌後有一身穿滿清朝服的人坐在椅子上，照本宣科，臺下的六名聽衆也坐在長凳上，其中一人正在哄小孩。並有一童子在爲聽衆泡茶。不過，這幅宣講圖在對聯、橫匾和臺前燈籠方面，卻都改成一新社樂善堂的字樣。

接著是八卷乩文總目錄。正文一開頭，就由關聖帝君降乩說明撰作這部善書的動機，是由於「自世道澆漓，民風擾攘，敗壞心術者，不可勝數。而余也，亦曾飛鸞佈化，則如《明聖經》《覺世經》《陰騭》《戒淫》諸文，無不時深懲勸，末奈人心披靡，世教衰頹。古道日非，習俗相尚，以致穹蒼震怒，災害下臨。」因此，要在一新社「再飛鸞警勸，而挽頹風。」「荷列聖選作佳文，新奇可誦，是以舉而勸世，皆望其覺悟自新也。」

第一卷是在光緒十七年（一八九一）三月開始扶鸞造作，第八卷則是從光緒廿八年十月十三日開始扶乩撰作，到廿九年三月初一日寫完最後一篇。前後一共歷時十二年之久。五年後，也就是宣統元年，這部善書重印了一次。這兩次的刊行究竟發行了多少部，目前已經沒有人知道。民國六十七年正月，澎湖一新社再度印行這部善書。據一新社的執事吳克文先生說，這次刊行一共印了一千部。一部份由捐印者拿去，一部份分送台灣本島各相關的寺廟，剩下的一小部份則放在一新社內供人免費取閱。十多年來，已經送完了。這次調查所看到的本子，是一新社珍藏在佛龕內隱藏在佛像背後的儲藏室中的一部，也是一新社自已唯一保存的一部。徵得一新社吳克文先生的同意，工作人員影印了這部善書。

顧名思義，善書是以勸人爲善爲主要的功能。但是，所謂的「善惡」，其實是一種隨著時代和社會環境而改變的觀念。按照時間去比排各種相關的善書，就可以看出這種「善惡」觀念的改變。[4]在這種認識及前提下，逐本解讀各種善書是明瞭這種善惡觀念變遷的必要手段。《覺悟選新》既是第一本在台灣造作的善書，仔細解讀它的內容，可以對清末和日據初期台灣社會所流行的各種善惡觀念，及其相關的各種社會問題，有所瞭解。同時，透過這層瞭解，我們可以看到某些習俗從清初漢人移入台灣時就已經形成，並且影響到今天的台灣社會。

首先，讓我們先對台灣與澎湖的扶乩活動有一些基本的認識。

## 二、扶乩的傳入

扶乩，又叫扶鸞，是中國一項古老的道術。由乩手（正鸞生）經過「請鸞」儀式後，進入「失神」狀態，用桃枝做成的「Y」形鸞筆，在沙盤上寫字。旁邊有唱鸞生逐字報出，由錄鸞生寫下，就成爲一篇乩文（鸞文）。累積到一定數量之後，就可以集合成書。這就是鸞作善書的源起。

臺灣與澎湖在什麼時候開始有扶鸞活動？在各本方志裡面，只有光緒十八年林豪所寫的《澎湖縣志》卷九〈風俗〉「王醮」一項，提到「各澳皆有王廟，……神各有乩童，或以乩筆指示，比比皆然。」這段記載只告訴我們，在光緒十八年時，澎湖的扶乩活動已經很普及，並沒有涉及最初的源頭。

根據《覺悟選新》卷一的記載，清代澎湖地區的扶乩活動始於咸豐三年（一八五三）。是年，澎湖地方的文人秀才爲祈禱消弭災患與匡正社會人心，於是在農曆六月三日於媽宮（即今之馬公）開立「普勸社」，奉祀南天文衡聖帝（關聖帝君）。並且設有沙盤木筆，從事扶鸞，闡揚教化，同時宣講善書以勸化世人。爲了要設立木筆沙盤，普勸社派人到福建泉州的「公善社」去接受扶乩訓練。因此，澎湖的扶乩活動，可以確信是從福建泉州傳入。

但是台灣本島的扶乩活動卻不是從澎湖普勸社衍生出來，而是另有源頭。有幾種不同的說法：

一、康熙年間說：據光緒二十七年（一九〇一年，明治三十四年）七月，臺北辨務署士林支署長警部朝比奈金三郎的調查，據當地的一位文人說，鸞堂在二百多年前，自中國大陸傳入臺灣。❺但此說沒有任何確實的証據，可資佐証。

二、同治年間說：據日本警察的調查，臺灣本島的鸞堂是同治六、七年時，有澎湖許老太者，在廣東學到扶鸞的辦法，回到臺灣澎湖後，在地方上，爲人祈禱治病。至光緒十三、四年的時候，許老太將此法傳授給宜蘭頭圍街進士楊士芳。並在頭圍創立「喚醒堂」，楊士芳自任堂主，向街民廣傳其法，並祈禱扶鸞施藥方，爲人治病。❻

三、同治九年說：日人井出季和太的《臺灣治績志》上記載，同治九年間，廣東有扶鸞降神之迷信傳入澎湖。由此迷信者祈禱戒除鴉片煙，一時獲得相當好的效果。但不久又有不少人開戒抽鴉片煙。❼李騰嶽在〈鴉片在臺灣與降筆會的解煙運動〉一文中❽，也是採用井出的說法。但事實上，用扶鸞的辦法來戒除鴉片，是在日據初期的事。後文會詳細提到。此說也就不能成立。

四、光緒十九年說：也是根據日本警察之調查，鸞堂的祈禱戒鴉片煙的辦法，是在清光緒年間，起源於廣東惠州府陸豐縣。光緒十九年，宜蘭人吳炳珠、莊國香兩人到廣東陸豐，見有扶鸞戒鴉片的辦法，有益人民，於是效法回臺灣傳法開堂，並與陸豐縣之鸞堂保持聯繫。因此，吳、莊兩人可說是臺灣開設鸞堂從事戒除鴉片煙的鼻祖。❾

五、光緒二十三年說：光緒二十三年（明治三十年，一八九七年）六月，樹杞林街（今竹東）的保甲局長彭樹滋，原係廣東惠州人士，爲了戒煙乃赴廣東陸豐五雲洞彭廷華的家裡，用扶乩祈禱的辦法，治療鴉片煙癮。戒煙成功後，回到樹杞林街，就把這段經歷告知新竹辨務署參事彭殿華，極力宣揚扶鸞戒煙的成效。於是他們兩人從宜蘭請來吳炳珠到樹杞林舉行祈禱、扶鸞、及戒煙。但因方法不熟而效果有限。

至光緒二十四年十月，新竹辨務署參事彭殿華出資數百圓，從廣東請來五位鸞生，即彭錫亮、彭錦芳、彭藹珍、彭錫慶、彭錫瓊五人來臺。光緒二十五年二月，在彭殿華的住宅內設立鸞堂，舉行扶鸞戒煙。結果彭殿華及九芎林（今芎林）庄長數十人的鴉片煙癮都告戒除。彭錫亮等人將此法傳授給九芎林的邱潤河、彭阿健，大肚庄的劉家冀、彭阿石等四人，而於光緒二十五年返回廣東。從此以後，利用扶乩祈禱戒煙的辦法在臺灣到處盛行。[10]

以上所列的五種起源，有兩說因證據薄弱而不堪採信之外，剩下的三種說法都起自同一個來源——廣東。宜蘭和新竹分別成爲在台灣本島的最早起源。再加上澎湖，共同構成台灣地區鸞堂系統的三個源頭。其中以澎湖爲最早。因此，《覺悟選新》的扉頁上明白的寫著「全臺鸞務開基，首著一部善書」。

但是台灣本島的鸞堂卻是奉宜蘭爲正宗源頭。昭和十六年（一九四〇），台中田中的贊天宮所出的一本善書《迷津寶筏》，在它的序言中提到：「然神教之設，起自蘭陽新民堂，繼及碧霞宮，次設頭圍喚醒堂，普及淡水行忠堂，繼傳三芝智成堂，爲道化中興之始。於甲寅（民國三年，一九一四）建堂造書，化及省躬。戊辰（民國十七年，一九二八）開贊修於台北，利南北交通之便。後於石龜溪感化堂而造新書。然欲立一定之法門，及於丙子（民國二十五年，一九三六）著《儒門科範》於贊修。以智成爲根據，敕賜『儒宗神教』。」這段記載清楚的說明，宜蘭進士楊士芳所創的碧霞宮和喚醒堂（都是在清光緒二十二年，一八九六）是後來台灣各地各個鸞堂的始祖。只不過文中所說的新民堂，目前沒有具體的資料可資說明，尚待進一步的考證。同時，這段文辭也說明，台灣的鸞堂在日據末期逐漸整合在一起，號稱「儒宗神教」。這個名號成爲現今台灣鸞堂通用的總稱。

## 三、澎湖鸞務的發展與宣講活動

根據《覺悟選新》卷一的記載，我們知道，澎湖的扶乩活動始自清咸豐三年。起因是由於澎湖媽宮地方的文人爲了「禱天消災」和「匡正人心」，派人到泉州「公善社」學乩。學成回來，才開始設立「普勸社」。一方面扶乩寫一些勸善文章，另一方面沿用「宣講聖諭」的辦法，普遍勸人行善。到了光緒初年，社員大多凋零，又有中法戰爭之役（光緒十一年，一八八五），澎湖成爲交戰之地，以致普勸社完全停止活動。⓫

到光緒十三年，地方生員許棼、黃濟時、林介仁、鄭祖年、郭丕謨、高攀等人鳩資重建普勸社。並取用《尚書・胤征》「舊染污俗，咸命維新」之意，改「普勸社」爲「一新社」。並於次年向地方官府呈文，請求給與告示，通告澎湖民衆在宣講期間，要踴躍前往聽講，並應遵守秩序。得到官府的許可。這份官府所給的告示是這樣寫的：

即補清軍府署臺南澎湖海防糧捕分府龍爲 出示曉諭事。

本年（光緒十四年戊子）二月二十六日，據生員許棼、黃濟時、林維藩（介仁）、鄭祖年、郭丕謨、高攀等稟稱：「竊我澎各前憲，志在牖民。知有政不可無教，偏隅貴被休風。爰懍遵朝典，朔望宣講上諭之餘，復諭諸士子，設立『普勸社』。勸捐資費，採擇地方公正樂善之人，於晴天月夜，無論市鎮鄉村，均就神廟潔淨之處，周流講解聖諭及善書，以冀挽回習俗於萬一。見夫讀法紀於周官，辰告垂諸風雅，則勸勉之條，誠有司之不可缺者也。不謂乙酉（光緒十一年）春，兵疫後，普勸社規程俱已泯沒，諸講生亦大半淪亡。茲舉遂寢。棼等身列膠庠，頗知見義勇爲，不忍坐視頹廢。乃於去年（光緒十三年丁亥）鳩資重整社中。談用取尚書「舊染污俗，咸與維新」之意，更「普勸」曰「一新社」。且遴選樂善不倦、兼以口才素裕，可作講生者，如八品頂戴林陞，及童生郭鶚志、許占魁、高昇、陳秉衡等之數人者，俱有心向善，殊堪勝任愉快。庶乎數十年之美舉，得勃然興矣。第思勸善之設，雖云法美意良，而際此地方更張之日，正兵民雜處之時。非懇蒙出示佈告，當宣講日期，或此欲靜而彼欲譁，豈能肅圜橋之觀聽。且諸講生不奉明諭，其何以藉朝廷之力，振威儀而服衆志哉？於是再四思維，措理無術，爰相率聯名，瀝情陳請。伏乞恩准，據稟出示曉諭，以新耳目。一面諭講生等，俾專責成……等情。」據此，除稟批示，併諭飭該講生等知照外，合行出示曉諭。爲此，示仰闔澎衿耆士庶人等知悉。爾等須知宣講聖諭，解析善書，均係勸人爲善，有益身家，務須環聚恭聽，謹奉力行，切勿喧嘩吵鬧，致干查究。切切毋違。特示。

光緒十四年三月初六日

從這份告示，我們可以清楚的認識到以下幾件事實。第一、組織善社，辦理宣講活動，是地方上的知識份子的社會教育活動。第二、宣講善書，在某種意義上，是跟宣講「聖諭」等量齊觀，都是爲官方所重視的。光緒十八年的《澎湖縣志》卷九〈士習〉條就記載澎湖的宣講活動是規規矩矩的在進行，「而澎海一隅，獨能遵地方官示諭，隨在宣講《聖諭廣訓》及《感應篇》《陰騭文》諸書，而弗染異說也」。《感應篇》《陰騭文》都是宋朝以來，流傳最廣的兩本善書。不過根據扶乩和《覺悟選新》等書來看，當時澎湖地方士紳在宣講的時候，不但宣講聖諭，同時也宣講扶乩而成的善書。

光緒十七年三月十五日地方士紳在一新社成立「樂善堂」，專門用扶乩的辦法來著作善書。同時從事宣講活動。從光緒十七年至二十九年所有的乩文集結成《覺悟選新》八卷。是爲全臺灣最早的勸善書。以後澎湖及台灣各地起而仿效，紛紛成立各種善堂，扶乩著書。在民國六十七年版的《覺悟選新》的末尾，附有從光緒十七年到民國六十六年澎湖地方各善堂和所著善書一覽表。根據這份一覽表，澎湖地方一共先後有五十間善堂，一共扶乩造作了一百四十二部善書，八部眞經。林永根在他的《善書經懺考》則登錄從清光緒十七年到民國七十一年的九十年中，臺灣和澎湖的善堂一共扶乩撰作了五百九十七部善書。可見其盛況於一般。

宣講聖諭是明清兩代官方訂定的社會教育活動。在有清一朝，順治皇帝曾於順治九年（一六五二年）頒布〈六諭臥碑文〉，分行八旗直隸各省。十六年（一六五九年）議准設立鄉約，通令各省地方牧民之官與父老子弟，實行講究。[12]康熙皇帝在康熙九年頒布〈聖諭〉十六條。[13]雍正二年又頒布《聖諭廣訓》[14]。由於清代歷朝屢屢下旨，要地方官確實推行講解聖諭的工作，可見得這種教化政策在執行上並不十分成功。《欽定州縣事宜》更是明白指出清代縣官如何虛應故事：

> 朔望之辰，鳴鑼張鼓，前詣城隍廟中。公服端坐，不發一語，視同木偶。而禮生紳士請頌聖諭一遍，講不悉其義，聽不得其詳。官民雜沓，鬨然各散。[15]

何耿繩〈學治一得錄〉也提到類似的情形：

> 常見州縣每於朔望循序宣講，率皆奉行故事，毫無發明。聽者寥寥，亦復置若罔聞。[16]

正由於官府對於「宣講聖諭」流於形式，於是，地方上有心改革社會風氣的士人假借神明，自行組織善堂，以宣講聖諭和善書為職責，用來彌補地方行政之不足。[17]戴寶村曾經指出：「聖諭強調和諧、勤儉，端正風俗，但平民生活艱苦，常受剝削，易投向祕密宗教和結社，以求得生活物資和精神寄托。」是為宣講聖諭執行不力的原因之一。[18]徵諸澎湖的資料，他的推論是有問題的。實際的情形很可能是地方士人在地方官府的「示諭」之下，自行結社，

用因果報應故事來宣講「聖諭」。（詳見後述）

在清代的臺灣，宣講聖諭是一件重要的事情。康熙六十年朱一貴亂事平定之後，治理臺灣的官員已經注意到應該積極從事社會教化工作。藍鼎元在《與吳觀察論治臺灣事宜》中就說：

> 宜設立講約，朔望集紳衿耆庶於公所，宣講《聖諭廣訓》萬言書及古今善惡故事，以警迷頑之知覺。臺灣四鎮及淡水等市鎮村莊多人之處，多設講約，無徒視爲具文。⑲

清廷批准這項建議，並著手實行。臺灣的各本方志中都記載了有關宣講聖諭的事。鄉約宣講因場地不同可分爲「在城宣講」和「四鄉宣講」兩種。在城宣講通常是由縣官主持，而四鄉宣講因地方官無暇下鄉而由當地的鄉約組織辦理。詳細記錄宣講內容，以備地方官隨時抽查。清末，中央的權力已衰，地方官主持的宣講活動日漸僵化，反而是地方士人與宗教團體結合之後，卻能持續運作，成爲清末宣講的主流。上述澎湖和宜蘭的宣講善書活動就是這股時代潮流的一部份。

在臺灣，民間組織善堂來宣講善書和聖諭，並不是始於光緒二十年前後，也不是偏限於澎湖和宜蘭，而是同光年間普見於臺灣各地的共同現象。在光緒十年新竹的仕紳顏振昆、吳希增、吳淦秋、鄭守恭、鄭養齋、高士元等人在縣城北門外設立「福長社」，設立宣講臺，經常講演善書。⑳也有私人支持宣講活動的例子。如：陳祚年《篇竹遺藝》〈養吾陳太夫人節略〉云：

（陳氏）好覽〈陰騭文〉〈感應篇〉及古今忠孝善惡果報等書，暇則宣講，聽者環堵。㉑

王松《松陽詩話》卷下云：

先慈吳太儒人性善，布施奉佛，兼通經史。……又喜讀因果事以勸人，每逢年節朔望，必延明士設壇宣講聖諭、感應篇等。㉒

清代民間的「秘密宗教」，如齋教先天派，在光緒九年，其在臺灣的領導人黃玉階就在台北大稻埕成立「普願社」，宣講聖諭。民國元年時，龍華、金幢、和先天三教派聯合成立「齋心社」，於朔望宣講清朝的聖諭和前賢處世格言。㉓

從事宣講活動，也是有許多規矩有待各方人士遵守。一新社有〈宣講例言〉十六則。（見附錄一）這些規則明白的規定，在宣講的時候，要衣冠整齊，講員必需要做事前準備，不可以信口胡謅。只要有三五聽衆，就可以開講，不必等到人多之後。

## 四、善堂的組織和運作

就澎湖來說，善堂是獨立於寺廟之外的一種志願性組織，但是借用某個廟宇作爲活動的場所。其任務就是「著善書」（由文乩手在沙盤上寫勸世的文章或詩句）和「濟世」（由武乩童爲人解答各種疑難問題）。

一個善堂的成立，基本上有兩種方式。第一種是有人發心要成立一個善堂，出面號召信徒，共同組成。第二種是由別的善堂不斷的出現乩示，要求某個寺廟成立善堂。被指名的這個寺廟經過一番驗証之後，接受這項上天的「派令」，由廟祝或地方上頭面人物出面號召，成立善堂。

一旦善堂成立，它的名稱的順序是：「地名」、「寺廟名」、和「善堂名」。例如：「澎湖縣馬公南甲」是地名，「海靈殿」是廟名，「兼善堂」是善堂名，合起來就成「澎湖縣馬公南甲海靈殿兼善堂」，這是對外用的正式名稱，一般仍是稱作「海靈殿」。也有把前後幾個名字串連起來，一起使用的情形。澎湖的「一新社」就是個例子。光緒十三年改原先的「普勸社」爲「一新社」，光緒十七年再憑扶乩開號「樂善堂」，於是對外的全名就成了「澎湖一新社樂善堂」。

依據《覺悟選新》上的記載，一新社樂善堂內部各種職位都是用扶乩的辦法派定。光緒十七年正月十五日派定的職位依序如下：

董事兼堂主　林介仁

知客生　黃濟時

正鸞生　黃逢時　蘇根攀

幫鸞生　蔡徵功　鄭祖儀

副鸞生　吴騰飛　許世忠　蕭鴻禧

唱鸞生　李時霖　王邦樞

錄鸞生　鄭祖揚　郭廷光　楊廷瀾　郭清獻

迎禮生　陳秉昭　吴品分

行禮生　鮑顯星　蘇清景　鄭祖基

謄錄生　紀秉修　林其昌

請鸞生　蘇桂芬　郭丕承

效用生　陳睿明　林懷治　謝鴻恩　郭丕觀　陳步青　洪汝明

督講生　鄭祖基

司講生　蔡徵功

宣講生　李時霖　黃逢時　郭清獻　吴騰飛　郭丕觀　許世忠

助講生　蕭鴻禧　楊廷瀾　黃濟時　鮑顯星　陳睿明　陳步青　林長青　洪汝明　謝鴻恩　郭鶚志　高　昇　許　棼　陳秉衡

救濟部勸捐生　鄭祖年　郭丕謨　陳長澤　蘇清景　吴品分　鄭創垂

根據光緒十四年申請成立「一新社」宣講活動的呈文，我們知道，林介仁、許棼、黃濟時、鄭祖年、郭丕謨等人的身份是「生員」，郭鶚志、許占魁、高昇、陳秉衡等人是「童生」。另外有「八品頂戴林陞」，不見於這一份神職名單之內。可見，光緒年間澎湖一新社的扶乩活動，在基本性質上，是由地方知識份子所領導的一種社會教育活動。

再從組織和職責方面來說。

目前，在澎湖的各個善堂都以堂主和副堂主做爲中心。堂主總理一堂之鸞務，副堂主輔助。基本的條件是個人在宗教方面的修爲，而不是論財力或輩份。凡是有扶乩的日子，正副堂主必定要到壇，主持儀式。平時則處理一般信衆的事務。堂主和副堂主是整個善堂的表率。「凡事刻苦持艱，清品敦行，如若不遵聖訓，貪功利己，則上界雖有使命，亦不容易相承。」㉔同時，正副堂主要設法維持「正鸞生」的生計，使正鸞不需要爲生活而奔波。在調查中發現，善堂的停止運作，大都是因爲正鸞生忙著去賺錢養家，不能定時到堂中服務。善堂少了正鸞，就沒了人神溝通的媒介，而且沒人能替代，這個善堂就維持不下去。

「正鸞乃天之使者，身任聖職，手掌鸞筆，神靈降而筆飛舞，以無形神力，沙盤浮現有形之字，而度化衆生也。」這是《鸞堂聖典》上對「正鸞」所作的定義。㉕正鸞不是人人可以充任的。它的選拔是這樣的，通常都是由有心作正鸞的人自由報名，在神壇前宣讀疏文。目前台灣本島通用的疏文是這樣的：

伏以
聖道恢宏普被大千
神機莫測靈通三界

今據

台北市
中華民國臺灣省　市　路　號　堂門生
高雄市

住　市　路　段　巷　弄　號。誠惶誠恐。稽首頓首。

儒宗神教法門。叩爲志願正鸞。效勞濟世事。叩拜洪造證明具陳。言念門生　現庚
歲　年　月　日生。自入鸞以來，深荷　恩師耳提面命。教誨提撕。神光所備。
有感於心。茲願訓練正鸞。至於純萃。體聖傳真。代天宣化。濟世渡人。效勞造功。上
拔九玄七祖昇天。下赦夙世今生業障。修養身心。力行神教。以報鴻恩於萬一也。懇望
玉帝至尊　列聖恩主　諸位恩師　准許所請。特授真傳。降靈光以開竅。匡扶法門。濟物
利生。以盡義務。不敢有始無終。欺師背祖。洩露天機。違規背訓。倘有乖違。願受天
譴。永墮地獄。誓無退悔也。

謹　呈

堂　列聖恩主　座前

監壇護法真君　座前

南天文衡聖帝座前

昊天金闕玉皇大天尊　玄靈高上帝　御前

堂主手印
傳　真　師　　手印等俯伏叩呈
誓約志願人手印

報名之後，隨即展開「練乩」的訓練。通常爲期四十九天，在澎湖則有長達一年者。在這段時間裡面，受訓的乩生每天都要到廟裡練習扶乩，也就是在沙盤上用桃木乩筆畫「8」字，或圓圈。練乩的人最重要的事情就是設法讓自己安靜下來，頭腦中不要有任何雜亂的思想，旁邊有人不斷的唸請鸞咒，幫助他進入安靜，甚至恍惚狀態，直到開始出字爲止。不是每一個志願做正鸞的人都可以練到出字，十個人之中大約只有一兩個人可以練成。而且不是想練就可以報名，一定要在特殊情況下，公開徵求乩手的時候才可以報名。一旦練成，這名乩手就要終生奉獻，爲神明效力，每天晚上都到廟裡扶乩「作善書」，直到神明准他退休爲止。

扶乩時，所有鸞生必需要穿著「禮衣」、「禮鞋」。禮衣以長袍爲主，顏色有淺藍色、白色、米色、褐色等，各堂選定一種爲準。禮鞋則是以黑色平底布鞋爲準。女士們的服裝，在臺灣本島跟男士一樣，在澎湖則是穿黑色類似旗袍的禮服。

善堂一旦成立，就很可能長久持續下去。澎湖由於它是臺灣扶乩活動的發源地之一，另一方面也是由於偏處離島，社會流動性較小、商業氣息較少，善堂的活動可以維持很長的時間。一新社樂善堂已經成立了一百零六年（清光緒十三年至民國八十二年）。今天廟中的執事多是當年發起人的曾孫輩。另外，像海靈殿兼善堂成立於民國五十八年。三官殿自新社三善堂目前這一組扶乩人員也已經維持了十七年（民國六十五年至八十二年）。

善堂也有解體的時候，最常見的解體時機就是乩手過世，後繼乏人；或者是乩手移居外地；或者是乩手忙於自己的事業，沒有時間來爲神服務。

至於善堂的日常運作情形，就調查時所見的情形來說，每天晚上所有的乩手和效勞生（服務執事人員）在七點左右就到廟裡。先是叩頭行禮，諷唸也是用扶乩的辦法所寫成的「大洞眞經」一遍。接下去就由內壇的副乩手們大聲唸（請鸞咒）。咒語的內容如下：

謹請本壇諸猛將　列位金剛兩豎尊
鎮天真武大將軍　五部一切響如雷
普賢真人大菩薩　三大金剛下玄壇
觀音水火威顯現　四洲九道展神通
東海泰山同下降　硃砂符印攝升堂
金闕帝君五大聲　八大金剛六天王
香山雪山二大聖　金硃銀硃讀書郎
都天元帥統天兵　哪吒殺鬼救萬人
三大尊佛同下降　十二哪吒降道壇
弟子壇前一心專請拜請
拜請本殿(堂)列位神聖來扶乩

神兵火急如律令　急急如律令

通常唸到第三遍的時候，正鸞乩手就已哈欠連連，唸到第五遍、第六遍時，乩手就完全進入昏迷狀態，不自主的突然啟動，開始用桃木做成的鸞筆，在塑膠布做成的墊子上寫字。（以前是用白沙做成沙盤，寫一個字就要推平一次，相當耗費時間，而且桃枝寫字近乎飛舞，白沙四濺，常會傷到兩旁報字者的眼睛，於是近二十多年來，澎湖的各個乩壇大都改用塑膠墊子，不僅免去推平沙盤的麻煩，增快寫字的速度，而且也比較安全）旁邊報字的人要全神灌注，看著鸞筆的飛舞，立即報出字來。另一人則逐字記下。寫完之後，再由堂中文學修養較好的先生再順一遍，改正錯字別字，一篇乩文就此告成。通常堂主或某位學問較好的先生會把當天的乩文對殿前的女衆效勞生宣講一遍。

在清代及日據時代的善堂究竟如何運作，現在已經沒有直接的資料可資說明。不過，在調查時，幾位寺廟的主持都強調，他們完全遵照古制進行。在沒有其它資料可資運用的情形下，我們暫且相信在清代和日據時代，澎湖的善堂就是如此運作。

每個鸞堂都會有堂規來約束堂生的行爲，澎湖一新社有堂規十六條：

一、凡堂生宜敦五倫，行八字（疑是「八德」）。諸惡莫作，衆善奉行。以端一生行誼，方堪垂爲榜樣。

二、凡堂生宜尊五美、屏四惡，誦法是書之外，不可誤染邪教。可將列聖之覺世眞經，感應篇文，時時盥誦，實力奉行。期無負列聖教誡之苦心。其它左道異端，概宜屏絕。

三、凡堂生、執事人等，宜修身檢察，而洋煙（係指鴉片）誤人不淺，犯者須設法急除，方好對神對人，不可仍循舊轍，違者等於不孝。

四、凡堂生賭博宜警省，不可視爲無關。雖輸贏無幾，而傾家最易。切莫謂新正（正月初一）無妨，實爲厲之階也。

五、凡堂內諸執事，在壇前效勞，務必小心虔誠，衣冠潔淨，不可奉行故事，以犯神規。

六、凡堂生所有出言，宜防口過，不得談人閨閫，播弄是非。亦不可輕佻戲謔。蓋戲謔即侮慢之漸也。

七、凡堂生善則相勸，過則相規。務須忠告時聞，不得背後私議。至於外人之過惡，與我無關者，絕口不談可也。

八、凡堂生所犯過失，有人密相告者，應當喜悅。不可諱疾忌醫。但良友相規，亦須於無人之時，剴切密語。不可在人前當面搶白，自己沽直，而使人臉上難堪也。

九、凡堂生務須以和爲貴，不得外托愉容，而心存不滿，使睚疵小過積久而成怨對。

十、凡堂生宜各勤本業。若無事之時，宜講究善事、善文，不得聚群結黨，妄說非禮之言。

十一、凡酣酒漁色等事，堂中雖無其事，亦須時存警覺，有則改之，無則加勉。

十二、堂內掌賬之人逐月於費用外，尚剩若干文，務須照錄標出，以杜旁議，方能行之久遠。

十三、凡堂生務必長幼有序，尊卑有別，不得以少凌長，亦不得以下傲下。

十四、凡堂中諸費宜節用有度，不得濫費。借爲公款，無妨。

十五、凡社中，堂中有要事，宜公同斟酌，以衷諸一是，不得挾一己之私，偏見自專。

十六、凡社中、堂中辦公人等，宜實心行實事，不得假公行私，因私廢公，尤要持之有恆，不得始勤終惰。

從這十六條堂規來說，基本上，是概括整個在社會上如何爲人處世的基本原則。反過來說，鸞堂也就是訓練及實踐基本社會倫理的地方。直到今天，臺灣本島和澎湖的各個鸞堂還是強調如何眞正的實踐基本社會倫理。

## 五、成神的條件：有關「善行」的分析

扶乩最大的特色就是在「証明」有「神」的存在，因此，在一般扶乩著作中經常會有神明臨壇，訓誡信徒要如何如何修道，有的時候也會講述他是因爲什麼條件而受封爲神。今天，我們綜合整理這些成神的故事，當可以看出傳統中國社會中普遍流傳的成神的條件，這些條件也可以說是「善行」的最高標準。

《覺悟選新》的內容，自然遵循這個格式。有「行述」二十四則，都是由一些城隍之類的「小神」來講他生前是如何積德行善，死後受封爲神的故事，鼓勵人們起而效法，社會教育意味濃厚，而這些故事正是充分顯示當時台澎社會所流傳的「善行」觀念究竟爲何。

以下，讓我們先來探討清末台灣社會流行的有關「善」的觀念是什麼。

一、宣講事業是代天宣化，積陰騭的事，上蒼會加恩於從事宣講的人士。在他死後，可以受封爲神。

卷一有太醫院慈濟許眞君〈勸捐序文〉云：

竊維世風之日下，異端爭起，而世教衰微。有心天下者，悲斯人之沉溺，恐流蕩而難返。是以四方勸化，而萬教甚周。故宣講之普勸，冀移風而易俗。無如人心不古，而風化變更，作惡者過多，爲善者卒鮮。或謗正道爲訏談，或排真理爲妄說。是以上干天怒，下犯神訶。致災殃迭降，而民命難逃。故余聞之而不忍者，乃伏乞天聽，哀求保奏，以頑民固屬無知，而蒼生甚非識理。願以再行宣講，普勸黎民，庶一十見聞，而百千相從。幸得天心大喜，准以降鸞吩示。適有林吳諸君，請余指教，而一時樂聞者三十餘人，喜捐者四十餘士。故講善之事，於此重與；樂善之堂，亦於此而立焉。然所捐公費，僅用月資，不能作長久之計。爰是商余，再行勸捐，庶可湊合。期世之仁人君子，見而助之，俾得集腋成裘，贊勷美舉，以圖此功，功莫大焉。

這段文辭和前言部份所引的關聖帝君的乩文前後相呼應。把當前社會看成是「人心不古，亂相叢生」，必需要有人來撥亂反正。從事宣講正是從事撥亂反正的具體表現。值得嘉獎。這部善書更舉出實証，來証明一生從事這種宣講活動，必定得到上天的眷顧。在卷八末尾，有故去的一新社創始人陳秉昭臨壇述說受封爲神的乩文：

本堂前迎禮生兼董事陳秉昭降（光緒二十八年壬寅十二月初九戌刻）余客歲杪，蒙白亡神童引至森羅較對，幸生前功過平衡，飭令聚善所候差。嗣後叨蒙　關、許二恩主，謂余昔在一新社樂善堂僉事有年，不辭勞瘁。雖無大功可錄，而作事秉公，兼之司禮虔誠，獎賜三十功，敕在聚善所效力，充爲神童。後來若有微功，方調入南天使用。

陳秉昭的故事清楚的反應，甚至是證明，在善堂中虔敬服務，死後可以成神。這對其他社友來說，是莫大的鼓勵。這種現象不僅清代如此，即使在現今的臺灣社會，民間宗教界依舊保持這種觀念，類似的傳說依舊不斷的產生和流傳。這種觀念前人未曾注意。其實，它就是中國人肯從事各種社會教育與救濟活動的基本原動力。在筆者研究一貫道、道院與世界紅卍字會的歷史時，也清楚的看到這個觀念在主導人們的行爲。像紅卍字會崛起於民國初年軍閥混戰之際，以掩埋屍體、撫輯流亡、照顧傷病、救濟水旱災民爲主要事功。信徒憑扶乩而行事，也憑扶乩來證明他們的事功得到上天的肯定。[26]

二、成神的條件不一定要有赫赫之功，只要能夠持久行善、振興家族、教育子孫得到科舉功名等，都有機會受到上天的垂愍而受封爲神。二十四篇「行述」大都在透露這個道理（詳見附錄二）。這二十四篇行述所表現的善行可以歸納成以下十六項，各項出現的頻率依次如下：

1.子弟入學爲童生，或考取功名……………一六例

2.父母早死，孤苦零丁，白手成家……………一〇例

3.終生行善，戒殺放生，修橋補路……………………一〇例
4.努力工作，家門昌盛……………………………………六例
5.守節，勤儉持家…………………………………………五例
6.救人急難，或者因此而成全婦人名節………………五例
7.忠誠可靠，工作勤奮……………………………………四例
8.求仙學道……………………………………………………三例
9.自己因行善而有科舉功名………………………………二例
10.教導子女成人，不涉邪淫………………………………二例
11.修建廟宇……………………………………………………一例
12.拒絕女色勾引……………………………………………一例
13.武將整飭軍紀……………………………………………一例
14.審明冤獄……………………………………………………一例
15.反對兄弟分家……………………………………………一例
16.周恤鄉里……………………………………………………一例

（由於每篇行述都涉及多項價值觀念，因此每篇行述作多項歸類）

從這項簡單的統計我們可以看出，在清末的澎湖社會裡，把「有科舉功名」「家業昌盛」以及「終生行善」三項，當成是社會上最重要的價值標準。同時我們也可以從此看到，科舉制度對於中下層社會的影響有多麼深遠。何炳棣在他的大作《明清社會史論》一書，把科舉制度

看成是中國人心目中的「成功的階梯」(laddler of success)[27]。意思是說，科舉制度在明清兩代成爲人們社會地位上升的主要管道，任何一個要想要功成名就的人都必需要沿著這個「成功的階梯」向上爬升。換句話說，科舉制度成爲社會上品評一個人社會地位高下的基準。當一個人有了科舉功名，不僅自身躋身士林，受到地方鄉里的敬重，同時也提升整個家族的社會聲望和地位。筆者在討論明清家訓時曾經指出，對明清，以至於現代的中國人來說，人生最重要的責任和價值，就是在維護家門於不墜。對於能夠提升家族社會地位的人給與最高的評價；對於那些敗壞家風，羞辱家門，敗盡家產的人，給予最嚴厲的指責。[28]在《覺悟選新》所舉的二十四個例子中，大多數的例子都在反映這種觀念，不但正面的肯定科舉制度的社會價值，更進一步的指出，凡是能夠辛苦工作，勤儉持家，以致家道豐盈，而且還要能教育兒子讀書，甚至通過科舉考試，死後才能夠受到玉皇大帝的獎賞，受封爲土地、城隍之類的神明。換而言之，要想成神，光靠自己的努力成家和行善積德是不夠的，還要靠兒子、孫子的讀書和科舉功名，才可以達到成神的基本條件。這種觀念透過扶乩和宣講，直接傳播到社會的每一個角落。它的影響是非常的深遠。

同時，這些「行述」也反映出晚清中國人心目中的神明世界，也像人間的官僚組織。城隍、土地之類的小神是調來調去的。更有意思的是各廟宇，甚至各個家庭所供奉的神像，都有一個特定的人來擔任神的職務。於是，天上聖母就不一定是我們所熟悉的林默娘，而是其他有名有姓的人。關聖帝君亦復如此。如此一來，中國人的神明世界就變得複雜有趣，而且跟人世息息相通。

## 六、有關「惡行」的分析

仔細分析《覺悟選新》所批判的「惡行」，幾乎都跟上述「振興家族」「維持家財」等觀念有關。凡是會影響到家族，使之衰敗的行爲都在批判與禁止之列。由於這部善書是十二年中陸續寫成。不同的時間，有其不同的社會問題。在光緒十七、十八年間，主要的社會問題是「械鬥」、「淫逸」和「賭博」，光緒二十七、二十八年時所關心的問題是如何戒除鴉片煙癮。分別討論如下：

### 1、械鬥

這裡所說的「械鬥」，基本上，是指「打架」。打架可以是家裡兄弟間的打架，也可以是族與族、村與村、地區對地區的大規模打架。卷二有〈戒兄弟論〉，指的是家中兄弟打架：

今夫兄弟者，如枝與葉，如手如足。父母養育之恩，惟伯及叔。家門和順之絛，若季與昆。生本同根，何得鬩目牆內。出同一本，奚必鬥忿庭中。

卷五有〈戒械鬥文〉，其批判的對象是混合了家族中的兄弟鬩牆和不同群體之間的打架：

今夫強弱相爭，由於心中之不忍。干戈相鬥，皆因血氣之方剛，則械鬥起焉。或因家中起忿，骨肉嫉妒之端。牆內爭鳴，手足反操刀之醜。爲一言有隙，遂生殘害之心，結千年而莫解。或遇口舌相乖，遂起刀兵之怨，作兩造之仇讎。無他，皆由不忍以致者焉。……恃強壓弱，任欺凌於白日；以多迫寡，受暴虐而難持。乃含怨莫伸，雖死亦必食其肉，而私仇莫訴。對天之呼泣無門，獨不念陽間枉法，則陰律難逃。何必忿起一朝，雖身亡而不顧。仇生一旦，致含血以噴天。血氣方剛，戒之在鬥。

依臺灣的史書、方志來看，從乾隆到光緒年間，全臺灣各地分類械鬥層出不窮，大規模的械鬥就有二十八次之多，死人無數。[29]

造成械鬥的起因是由於清代臺灣的漢人移民社會是以地緣關係爲主。姚瑩在《東槎紀略》中記道：「臺灣之居民，不以族分，而以府爲氣類；漳人黨漳，泉人黨泉，粵人黨粵，潮雖粵而亦黨漳。」[30]各籍聚落壁壘分明。一旦有糾紛發生，常聲應氣同。《鳳山縣志》卷七〈風俗志漢俗考〉也說：「自淡水溪以南，則番漢雜居，而客莊尤夥。好事輕生，健訟樂鬥，從來舊矣。」[31]藍鼎元在〈與吳觀察論治臺事宜書〉中也說：「客莊居民，朋比爲黨。睚眥小故，輒譁然起爭，或毆殺人，瘞滅其屍。」[32]由於風俗如此，勸善書中當然要提倡禁止。

再者，械鬥一起，幾乎是「生靈塗炭」。像咸豐三年（一八五三）台北艋舺地方的械鬥，三邑人把同安人聚居的地方放火燒個乾淨，迫使同安人北遷大稻埕。[33]因此，械鬥會直接妨礙到家族的生存和發展，必需禁止。不過，大規模的械鬥都發生在台灣本島，澎湖不曾有過。因此，在《覺悟選新》中，只是略略提起，沒有大加發揮。

以上所說的「械鬥」，是見諸記載的大規模打架。在台灣民間最常見的小規模「打架」，是迎神賽會中各軒社之間的「拼鬥」。有所謂「輸人不輸陣」的說法。卷五有池府王爺〈示鄉民文〉，提到這種「拼鬥」情形：

且夫邇來之人心不古，而世事多翻變者。或比鄰以相爭，或近鄉以結怨。動輒以迎神相爭較勝，或無故多殺生靈。

這種軒社之間的拼鬥，常會延綿一段很長的時間，怨氣愈結愈深。像是宜蘭、基隆一帶，在清末日據時期的「西皮」與「福祿」兩派的爭鬥，雙方人馬幾乎不能相見，見面就打架。日本警察也拿他們沒有辦法。一直到光復以後才慢慢的沉寂下去。

2、賭博

中國人一向認爲「賭」和「嫖」是危害家族生存的兩大禍害。「賭」是會在很短的時間中敗盡家產，其危險性比「嫖」或「吸食鴉片」要來得高。有心救世的人都會呼籲要戒除「吃喝嫖賭」。在《覺悟選新》的〈文昌帝君序〉中就明白的說：

無如世道其日衰矣。人心其不古矣。或迷於酒色之場，或沉於煙賭之陣，或昧至道，或入異端。

整部《覺悟選新》有數處提到「戒賭」，如卷二〈戒嫖賭文〉：

> 夫天下所最害者，惟嫖與賭耳。若嫖者，能離人之骨肉；賭者，能分人之田產。……賭之害人也，先則謂新正無妨，數文取樂而不畏，再則慾心日起，反思贏得爲家財。後則一文蕩盡，無奈鬻子而賣妻，樑上君子由斯而作，路旁乞丐，爲此而來。

卷二嘉義縣城隍的行述也說他早年狂嫖濫賭，「日則賭館排場，夜則柳巷花街。」以致敗盡家產。卷四有〈戒賭博文〉：

> 自賭博日興，則綱常不振，五倫八字之俗，名教彝倫之內，爲賭博而反惑其真矣。君賭，則國家必亡；臣賭，則明倫必敗。父賭，則家政日衰；子賭，則人倫日變。夫賭，則不綱；婦賭，則不順。兄好賭，則友愛淪亡；弟好賭，則悌恭廢墜。朋友好賭，則信心多闕矣。此五倫中化爲害，於賭博者焉。至於文士好賭，而學問必疏。農夫好賭，而耕耘必廢。事工好賭，則技藝日作而惰心生。商賈好賭，則生理日敗而貿易微。此四民中之害於賭博者焉。人何必貪於賭哉。即賭之大略而論之。吁！四人坐場，而當家得利。一來一往之間，則抽分之利，更失其半矣。然又不特此也。賭之贏者，必曰財非我有，號曰盈餘。則邀朋呼友，住處於賭場排館之中，置酒肉而大呼小叫。爲朋友之需財，無論也。及一旦而輸矣，告貸無門，必行典賣。不幸數文又輸一空，小則鼠竊家內之衣裳，大則狗偷世間之財物。變蕩產業，鬻子賣妻。嗚呼！斯時也，真堪痛心疾首

矣。或因新正無妨，憑數文之取樂，竟臉面而莫存。前爲財主富兒，今竟花子乞丐矣。豈無富有千鍾，爲賭博而蕩盡。豈無家資百萬，爲賭博而一空。嗟乎！人何一愚至此，則賭博亦奚所取樂，雖精神不顧，而性命幾於難保矣。人不成人，鬼不成鬼。安閒無事之人，而甘爲貧苦餓殍之輩也哉。噫嘻！人其細思之。

從清朝領有臺灣之後，賭博一直是個社會問題。各本方志都記載，臺灣地方的人們特別喜歡賭博，無論士農工商，販夫走卒，都嗜好此道，經常放手一博。康熙末年，周鍾瑄在《諸羅縣志》中特別指出：「喜博，士農工商卒伍相競一擲。負者束手，勝者亦無贏囊，率入放賭之家。乃有俊少子弟，白面書生，典衣賣履，辱身賤行，流落而不敢歸者。此風漳、泉多有，臺郡特盛。」[34]

乾隆時，朱景英提到賭博的種類有「壓寶」、「壓字」、「漫抓攤」、「簸錢」等。賭博者率用洋錢。賭注甚大，有的時候一次下注就是上千洋元。[35]

到了光緒年間，臺灣各城市的賭博風氣未嘗稍減，而且花樣翻新。《鳳山縣採訪冊》錄有光緒二年鳳山知縣所給的〈禁賭博碑〉。碑文中說：

照得閩省（當時臺灣尚屬福建省）賭博之風，甲於他省。有花會、銅寶、搖攤、抓攤、車馬砲、擲骰等項，名目繁多。花會則在僻徑山鄉，銅寶、搖攤則在重門邃室，其餘均在城鄉市肆，誘人猜壓。[36]

光緒十七年，台灣府知府唐贊袞在《臺陽見聞錄》中記道，臺灣地方的人民好賭的情形比全國各個地方都要嚴重。賭博的名堂很多，諸如：寶攤、牌九之類。商人尤其好賭。賭場的規模宏大，有專人服務，更有妓女陪侍。所謂「更有曲房密室，銀燭高燒，豔妓列於前，俊僕隨於後，呼盧喝雉，一擲千金。」[37]這種豪華情形，即使在今天，也是不多見的。

在清末及日據初期，有「花會」流行。花會，又名「開花會」。每一局設三十八門，各有一花名，每一花名射一動物。主持人稱爲會頭、頭家、或花會頭。賭客稱爲「花客」。開會之前，會頭將繪有花名所射動物之畫懸掛於閣中，屆時花客蝟集，各猜一花名，並下賭注。每日定時開會，將畫軸拉開，猜中者，會頭即按其賭注給三十倍彩金。開會之處必設於「深居密室，門有防捕之線，戶有觀風之人。」[38]花客都是熟人，可以不請自來。

另一種賭法是預先決定花會的開會時間及地點，由「提封仔」（負責運送賭牌的人）將寫有花名的紙片或木牌，分送給花客。花客依自己的判斷，選定一種花名，寫在紙上，並且加封，連同賭注，一起交給提封仔，轉交會頭。開會之日，會頭事先決定中彩花名，在賭牌的該花名上蓋章。待花客到齊後，順次開封。猜中者，可得賭注的三十倍之彩金。提封仔可得賭注之一成作爲佣金。中彩者須將彩金的百分之五分給提封仔。[39]

據《臺灣新報》的記載，台北地區的花會起自僻處鄉隅的和尚洲（今台北縣蘆洲鄉）。不久，大稻埕也跟進，自一八九六年冬，花會已多達十餘家。其中較著名者有合利、元利、聚利、詳記、祥興、祥春、建春等，每天開會兩次，早上九時與晚上八時各有一局。花客趨之若驚，甚至有數百人。不僅市井小民沉迷追逐，街市商賈亦視爲發財捷徑，因而荒廢事業，不知回頭。爲了追求明牌，男女聚集在墳場祈夢，每夜竟有兩、三百人之多。致使墳場「竟成熱鬧之地，況每夜焚化紙錢，好似迎神賽佛。」報導不禁嘆道：「噫！賭之迷人竟至於斯，安得有心世道者起而阻之耶？」[40]

一九〇六年初，日人列舉「臺灣習俗美醜十則」，仍指出：「臺灣賭博，在舊政府時代最爲盛況，今雖禁令森嚴，而花會之風時有所聞，薰心利慾，爭鬥作非，小則耗人錢財，大則釀成匪盜，其爲風俗之害，胥由於此。」[41]日本殖民政府爲了改善花會，在一九〇一年，有發行彩票的構想，一九〇六年六月十三日正式發行彩票。[42]成爲東亞最早的公營彩票。

從這些史料記載，我們可以清楚的看到，賭博一直是台灣社會的一大問題。清末時，賭風已經很盛。澎湖的地方士子意欲借用神明的力量，來勸世人戒絕賭博，可惜，不成功。日本殖民政府用警察的力量來取締賭博，雖能收一時之效，賭風終究未除，一旦風聲過了，賭博依舊存在。今天，台灣各地流行的「大家樂」「六合彩」等賭法，又很像清朝時的花會。可見賭博這項文化傳統是多麼強韌有力。

### 3、淫逸

《覺悟選新》中，著墨最多的社會問題，當屬「戒淫」這件事。卷二有温天君〈戒淫文〉、清風道人〈嘆世歌〉、關太子〈戒嫖賭文〉、和合大仙〈勸世歌〉、九天使者〈戒嫖文〉；卷三有鳳山縣城隍生前審迫媳賣淫的案子、海靈殿蘇府王爺〈勸世文〉、澎湖水仙尊王〈警世文〉、蓮池祖師〈勸世歌〉、壽石巖大士〈戒溺女與賣花〉；卷四有延平府城隍〈戒酒色財氣歌〉、達摩祖師〈警世歌〉、辛天君〈勸世文〉；卷五玄天上帝〈正鄉規文〉；卷六有馬元帥〈淫爲萬惡首文〉；卷七有韓仙翁〈戒酒色財氣歌〉，福德正神講〈姦淫現報案證〉、大魁夫子〈勸士歌〉、朱府王爺〈訓鄉規歌〉；卷八有澎湖城隍〈姦夫淫婦現報案證〉等二十篇乩文與「戒淫」有關，可見這個問題在當時是一個很重要的社會問題。

仔細分析其中的內容，大致可以歸成三類。第一類是呼朋引伴，流連於秦樓楚館，有十七篇；第二類是逼女（可能爲親生女，也可能爲養女，文中交待不清楚）爲娼，有兩篇；第三類是勾引良家婦女，有兩篇。

在當時人的心目中，認爲嫖妓是會導致「呼朋引伴」，終至耗盡家財。而不是會得性病，危害健康。例如：卷二的關太子〈戒嫖賭文〉提到：

> 嫖之害人也。閉月羞花之容，而反視若天上降來，人間無有也。始恐親朋知覺，而暗地偷香。繼則請朋邀友，而飲酒吹簫。終則手舞足蹈，而逢人不畏。

同卷有〈戒嫖歌〉，也是傳達同樣的訊息：

> 人之初，性本善。色賓開，大相懸。飲美酒，吃洋煙。知快樂，費蕩錢。看妓女，似天仙。一日不見如三年。晝夜顛倒顛。一身衣服不計錢，搖搖擺擺醉華筵。家資不計算，我家百萬田。開不了，出大言。妓女煙花，一看大豬來進前，婊頭叫發彩，鴇母喜得

錢。時玩樂，日流連，吹蕭唱，且免言。邀朋呼友，看戲相牽。家資蕩盡始愧然。

嘉義縣城隍的行述中也說，他年輕時結交朋友，聚賭嫖妓，終將家財耗盡。如上一節所說，明清以降的中國人以「能否振興家門」作爲品評人物高下的標準。在這種條件下，呼朋引伴的到妓院飲酒唱戲，是敗壞門風的行爲。嫖妓也可能導致身體虛弱，於是就要進補。進補的辦法通常是吃雞和吃鱉。這樣子一來，不但犯了殺生的罪孽，也是靡費金錢。卷三水仙尊王〈警世文〉云：

日游乎花街柳巷，夜宿乎楚館秦樓。見美色而關情，視嬌姿而注意。迨至身潰體衰，又思積欲而生，由淫而致。當食鱉以滋陰，宜宰雞以養氣。只知吾體要剛強，不計物命。

這些資料至少說明在清末的臺灣，或者範圍縮小到澎湖，人們對於子弟結黨成群的到妓院飲酒作樂，有一分恐懼之情。造成這種現象的內在原因是擔心這麼作會敗散家產，違背了社會的評價標準。

至於第二類的逼媳婦賣淫事，見於卷三鳳山縣城隍的故事：

忽一日有一奇案，乃姑控媳不孝之事。……其人曰：「實告與君，此吾之妹夫也。彼母極悍，將他逐出。其家中則開賭賣花。吾妹則回家不肯歸。而彼母在家吵嚷，余實難受其鬧，隨即送妹回家。至昨日不知爲何事而控其不孝。……在余度之，昨日必無別事，必有富豪之人到家，而惡姑欲使媳賣花，婦不肯，故有此禍。

同卷〈戒溺女與賣花論〉中，更明白的說：

世又風俗日衰，淫惡成性。生女而不甘配對，設有無女之家，必四處誘買。每得一女，輒曰：「吾家之升斗可以無患矣。」年未及笄，遂望狂童之入室。歲甫十上，則對煙客以周旋。

這種靠「女兒」賣淫，以謀家計的事情，至少是反映台灣在清代是個人口性別比例不均衡的現象。臺灣原本就是一個移民所組成的社會，願意移民來台灣的人當然是以男性居多數，婦女成爲少數。如何解決男人的性慾問題，就是一個大相當棘手的社會問題。在各本台灣志書中，只有唐贊袞的《臺陽見聞錄》中，提到光緒十七年前後，台南地方有雇用妓女裝扮故事，在迎神賽會時，乘坐用兩根長木上紮椅子的簡單轎子，遊行市區的事情。原文是這樣寫的：

臺南郡城好鬼神。遇有神佛誕期，斂費浪用。當賽會之時，往往招攜妓女，裝扮雜劇，鬥豔爭妍，迎春大典也。而府縣各書差亦或招妓裝劇，騎而前驅，殊不成事體。他如民間出殯，亦喪禮也。正喪主哀痛迫切之時，而親友輒有招妓爲之送殯者。種種冶容誨淫，敗壞風俗。余蒞府任後，即出示嚴禁。如有妓女膽敢裝扮游街者，或經訪聞，或各段籤首指名稟送，立准將該妓女拏辦；其妓館查封，招妓之家分別提究。此風漸息。㊸

這段文辭的主旨是在批評在迎神賽會時，雇用妓女裝扮故事遊街，是不當的行為。但是，也明確的肯定，在那時候，妓女是很普遍的。

在同一篇乩文中提到「溺殺女嬰」的事情。這些事情都跟臺灣民間重男輕女和收養「養女」的習俗有關。美國人類學家武雅士（Authur Wolf）於民國五十五年，在三峽作童養媳的調查時，就發現台灣人喜歡把收養的童養媳或養女賣到娼寮。㊹《覺悟選新》的這兩段乩文則說明，在清光緒年間，臺灣已有把「養女」賣入娼寮，或逼養女和媳婦賣淫的事。鄭喜夫曾經指出，在嘉慶年間已經有一位名叫陳崑山的人作戒溺女文，並且廣為流傳㊺。

至於第三類的勾引良家婦女，歷來都認為是極不道德的事情，在此就不特別討論了。

當我們把眼光放大，看近四百年來的中國社會史，就會看到，中國社會在明朝萬曆年間，曾經有過一段色情泛濫的時候，一時之間，諸如：《夜未央》《杏花天》《繡榻野史》之類言情小說充斥。同一時段，也出現了很強烈的反色情的力量。這股力量大都是假藉宗教的名義而行。例如：明末袁了凡的《功過格》中的〈修身格·遏邪〉就一再強調「戒淫」的重要性。例如說：

終日無淫念功。路遇美色不留盼一次一功，反此者一次二過，動人者加倍。人家婦女可窺不窺、聞人說穢事惕然謹避、不問婦女美醜，俱一次一功。遇美色心不動十功，反此者五過，即時制之可免。至以言色調戲失節者五過，全節者五十過。居家能節慾五日一功。不節慾五日一過。妻妾淫褻非時非地一次三過。不輕置妾三十功。妻已生子復置寵妾一人五十過。當可染境不染良家婦女百功，節婦二百功，妓女二十功，勢不能而止者非功。完一婢女百功，淫一婢女百過，強者加倍。拒一女子私奔，善卻之三百功，能使感悟加二百功，終身不使人知再加二百功。完一婦人節三百功，婦人之節多在可成可敗之間，若有機緣牽引，能善爲勸喻，以曲全之，積福德莫有大於此者。宿娼比頑、染一本淫婦俱二十過。淫一失節婦五十過。欲染良家婦百過，成淫十倍。欲染室女孤寡節婦三百過，成淫十倍。感化一人不淫百功。引人於淫百過。好談淫賭趣一言一過。燒毀淫詞淫說一卷五功，出錢另記。撰脂粉詩詞一篇十過。展轉一淫念一時一過。修合房術三十過，傳以害人一人一過。終身守不二色戒千功。刻淫書千過。喜聽淫聲邪曲一次十過。[46]

在清代，《功過格》是一本家喻戶曉的善書，它所說的「戒淫」觀念隨之流傳在民間。《功過格》有許多不同的版本，唯獨袁了凡所作的《功過格》特別強調戒淫，可見在袁了凡生那個時代（明末清初）中國社會上普遍流傳著一股「淫蕩」的風氣。

同時，從明末清初以來，中國的宗教界一直有一個強調「不近女色」的修行方法。像羅祖教、金幢教、先天道等教派都十分強調「清修」（也就是終生不嫁不娶，但不像和尚尼姑那樣的出家）的重要性。甚至連正常的夫妻在入教之後就要分房。這樣的規定是有些矯枉過正，不過也顯示出民間宗教對「淫蕩」「淫逸」行爲的戒慎恐懼。

在乾隆年間，臺灣已經有人吸食鴉片㊼。到了十九世紀末、二十世紀初，臺灣吸食鴉片的人數大約有十六萬人，佔全部二百六十萬人口的百分之六點五四，是一個相當嚴重的社會問題。㊽因此，用扶乩的辦法來戒除鴉片煙癮，在臺灣的近代史上是一件大事。

4、抽鴉片煙

王世慶在〈日據初期臺灣之降筆會與戒煙運動〉一文，曾經詳述關聖帝君扶乩戒鴉片的起源㊾。認爲是光緒十九年曾從廣東惠州陸豐縣請來乩手，傳授扶乩戒煙的辦法。但由於不熟悉操作的辦法而沒有成功。光緒二十四年冬，新竹彭殿華又從廣東陸豐縣邀請鸞生彭錫亮等五人來臺，在今之竹東地方，傳授扶乩祈禱戒鴉片煙的辦法。第二年春就盛行於全臺灣和澎湖。

但是，我們在《覺悟選新》裡，看到卷四有孚佑帝君呂純陽降乩寫成的〈戒吃鴉片文〉，時間是光緒十八年三月十二日。隨後在第五卷又有王禪老祖〈戒洋煙歌〉，同年三月廿四日（書中誤作二月二十四日，據前後文的時間改正）。要比王世慶所說的光緒十九年早一年。不過，大量記載有關戒鴉片的乩文是在卷七，時間是光緒二十七年。很明顯是受臺灣本島的影響。

王世慶的文章強調扶乩戒鴉片對日本殖民政府財稅收入方面的衝擊。並沒有仔細的介紹究竟爲何要戒煙以及如何用扶乩戒鴉片。

在呂純陽的〈戒吃鴉片文〉中，明白的指出必需戒除鴉片的理由：

> 夫遭鴆毒者，祇數刻而身亡，或有方堪救。染鴉片煙者，則畢生之氣損，似無法可移矣。……管他日上三竿，旦夕相違，只伴燈明一點，獨不思：此物能燒田萬頃，斯尤善毀業千般。士人貪此者，則廢棄詩書。農家戀此者，則拋荒畎畝。業工犯此白，則疏慵技藝。爲商染此者，則倦怠經營。甚且爲文臣而罹此害，難求衣紫腰金。爲武將而罹此害，焉望封侯掛印。處富厚而罹此害，必至傾家蕩產。當貧窮而罹此害，定遭落魄喪身。真覺迷途深墮，任喚不回也。迨至囊空金盡，樂極悲生，四壁蕭條，一身狼狽。或無奈何而作穿窬狗盜。或不得已，而爲托鉢沿門。斯時也，貽羞宗祖，玷辱家風，致父母之悲傷，累妻孥之哭泣。饑寒疊迫，恥辱交加。

這裡所舉出的理由，完全符合前面我們所提到過的，以能否振興家族作爲評定一個人的成就高下的傳統。當時人們所擔心的，並不是吸食鴉片會殘害身體，而是會妨礙家庭生計，甚至會敗光家產。敗光家產是大不孝，也是有辱門楣的事。

林滿紅在研究中國人的吸食鴉片的習慣時指出，中國人發展出一套獨特的吸食方式，那就是一種呼朋引伴的活動。[50]一大群人聚在一起，燒一支煙筒，輪流吸食。一七七二年朱景英在《海東札記》，就描述在臺灣人們吸食鴉片的情形：

> 臺地無賴人多和煙吸之，謂可助精神，徹夜不寐。凡吸，必邀集多人，更番作食，鋪席

於地，衆偃坐席上，中燃一燈以吸，百餘口至數百口爲率。51

正因爲吸食鴉片是一種集體的行爲，要藉除鴉片，也就需要運用集體的力量。假藉關聖帝君的名義，來勸人戒除鴉片，正是這種集體力量的表現。光緒二十七年，臺灣本島假借關聖帝君名義來戒除鴉片已經如火如荼，一新社也在五月二十九日依扶乩的辦法公布戒除鴉片條例六條：

一、設置磁缸一大壺，排在壇前。明日卯刻大開木蓋，以便和丹。三日後，准有心者乞求飲用。

二、凡求請之人須在前壇高聲立誓，謂從此心堅意切，改絕鴉片煙，至死不變。若中途異志再吃，願受天誅神譴，如何如何，……由本堂所派執事一名督觀。另一名專責登記其人何社何名，方准其舉筶。

三、凡遇有人來求符沙甘露水者，由本堂另派執事一名，專責分與。依先後次序，不致錯蹤。

四、凡和符水之時，諸生應到齊，跪誦〈普賢尊佛心印經〉七遍，即焚化之。

五、凡戒煙之人，其煙具應同時帶來壇前，立誓後繳交。從此一盡除清，以免日夜覬望，復萌煙癮。其所收煙具，另派兩名執事，負責登記收清。即在壇前公開打碎，使不能再用。另擇日分批送到海邊，盡付汪洋，以杜絕後患。

六、凡經本社立誓戒煙之人，如不終身稟遵，半途廢止，再吃鴉片，而負（關）聖帝之婆心，並諸眞之苦口，即上天不爾諒。神其鑒諸，必應誓誅譴。愼之戒之，勿視爲兒戲也。

《覺悟選新》卷七記載，澎湖各鄉經此辦法而戒掉鴉片煙癮者，數以千計。在據井出季和太的《臺灣治績志》上的記載，到光緒二十七年七月十八日止，在十六萬一千三百八十七名特准吸食鴉片煙者中，在九月底的調查，戒煙者有三萬七千零七十二人，其中男子三萬四千七百四十七人，女子二千三百二十八人。其中自行戒煙者一千四百七十七人，由扶乩戒煙者高達三萬四千三百七十人。[52]換而言之，經由扶乩的辦法而戒除鴉片煙者，佔所有戒煙者之百分之九十二點七；佔全部特准吸食者的百分之二十一點三。由此可見扶乩戒煙運動的效果相當可觀。

日本人佔領臺灣之後，在光緒二十三年（一八九七年）實施鴉片專賣制度。次年，其鴉片收入就有三百四十六萬七千多元，超過預估的三百萬元。是當年田賦收入的三・四倍。到光緒二十六年（一九〇〇年）鴉片收益是四百二十三萬四千多元，而當年的田賦是九十一萬二千多元。由此可見鴉片收入在臺灣總督府的財政收入之重要性。[53]二十七年春，日本殖民政府爲了解決財政上的困難，兩次調高鴉片煙的售價，使臺灣同胞大爲反感。同時，日人據台之後，各項稅捐雜遝而來，比清朝時期的稅賦重很多。因此，當扶乩戒鴉片煙運動經地方士人提倡後，就各地風起雲湧，含有濃厚的「反日」意味。

戒煙運動的成功，嚴重影響到日本殖民政府的稅收。台南縣在光緒二十七年的地方稅收預算中，鴉片稅額爲三萬一千二百七十四元，由於吸食者人數從九百二十四人減少爲四百四十一人，稅收正好減少一半。麻豆地方原可徵收鴉片煙稅九百元，在戒煙運動的影響下，只收到三十元。[54]日本殖民政府在這種財稅威脅下，就大力鎭壓各個地方的扶乩活動。當時的民政長官後藤新平接獲各地有關扶乩戒煙的報告後，鑑於主其事者多爲前清的秀才、辨務署的參事、街庄長、保甲局長等地方領袖，下令各地的警察局，以和緩的手段，勸告民衆不要「迷信」，並切實取締扶乩這種「迷信」活動。55於是，這項社會改革運動就被日本殖民政府鎮壓下去。而扶乩也在日據時期變成非法的活動。

**5、迎神賽會與演戲**

卷五有玄天上帝的〈正鄉規文〉，提到酬神演戲會引起一些糾紛，應該避免：

夫鄉規之壞也，一則恃強毆弱，一則淫風日熾。鄉民多不知體天地好生之德，而以宮中爭彩好勝。獨不思奢華美麗，惹事故而妄費鈔。演戲作醮，欲求福而反招禍。噫嘻，鄉規之紊亂，竟莫可勝道也。夫以演唱之事，何不易講檯而宣講。

卷七有朱府王爺的〈訓鄉規歌〉，對於當時橫行鄉里，魚肉鄉民的衂衅人有所批評：

可惡，可惡，真可惡。可惡民丁心不古。視鄉老無能爲，作閒遊，通社虎。身穿左衽衣褲，相牽手，沿鄉遍社看查某。無廉恥，不忠厚。心愈大，膽愈粗。父母兄弟皆不顧。盜銀錢，飲酒兼嫖賭，不思經營行路，只樂橫行械鬥。……廟中若有慶讚事故，就要鳩資粧藝譜。結隊成群，日夜小叫大呼。吹蕭品，打鑼鼓，熱鬧喧天，驚動山神后土。專尚奢華，不愛樸素。

同卷，眞武大帝的〈訓鄉規三字文〉也提到相同的問題：

若廟中　有慶讚　奢華事　要從簡　三七月　二神誕　不必請　子弟班　恐少女　相聚盼　魂欲飛　魄欲散　丁口費　可減刪

清代的臺灣社會，對於迎神賽會和演戲，相當熱衷。每逢神明生日，地方上就有人出面收丁口錢，雇請妓女裝扮歷史故事，坐在「蜈蚣閣」上，遊行社區。同時，也請戲班子在廟前的空地搭臺演戲，一連十天半個月，甚至更久。

臺灣早期的廟宇都是由一群來自同一地區的移民所共同捐資興建的。因此，每當廟宇舉行祭祀的時候，整個移民群的成員都會動員起來，參與全程活動。推舉一些主事的人，稱之爲「頭家」。這些人出錢出力，極力裝飾廟宇，亟盡華麗之能事。當寺廟稍爲有些圯毀，就立即集資重修。在二月初二、中元盂蘭盆會、中秋、過年，以及神誕之時，一定舉行盛大的祭典，有各種鼓樂和迎神賽會活動。[56]祭祀之後，則一定有大規模的宴客。各家支付這種開銷，動不動就是要花費十多兩金子。[57]

乾隆三十七年（一七七二年），朱景英記述當時府城的拜拜活動時，特別提到有「迎神賽會」的行爲。他說：「俗喜迎神賽會。如天后誕辰、中元普渡，輒醵金境內，備極鋪排，導從列仗，華侈異常。又出金傭人家垂髫女子，裝扮故事，舁遊市街，謂之『抬閣』，靡靡甚矣。」[58]前面，在淫逸一項時也曾提到過，光緒十七年（一八九一年）台南知府唐贊袞曾對當時府城流行的「抬閣」風氣，嚴加禁止。

從以上的記述，我們清楚的看到，從康熙到光緒的兩百五十年中，迎神賽會的熱鬧情形，有增無減。我們不知道康熙年間的迎神賽會是否已有「抬閣」之舉，可是在乾隆以後，確實已經存在。其內容是以妓女裝扮故事爲主。兩根長竹竿上放三、四把椅子，椅子上或站或坐化裝了的妓女。由於是長條狀，又有八名轎夫抬著，狀似蜈蚣，因而稱之爲「蜈蚣閣」。這種蜈蚣閣在日據後期蛻變成「花車」，到了最近二十年，又蛻變成「電子花車」。

「抬閣」「看熱鬧」與「看戲」，基本上是相同的一件事。慶讚神誕時一定要演戲。這是當時人們最主要的娛樂。康熙、乾隆時候的戲班子的唱腔，稱之爲「下南腔」。因爲福建人把漳泉二郡稱作「下南」的緣故。潮州移民則喜歡看「潮州戲」。朱景英記載在乾隆三十幾年時，府城地區演唱的戲班有數十種之多[59]。

婦女尤其喜好看戲。平時非常儉省的婦女，到了看戲的時刻，也變得相當慷慨大方。[60]一地有戲，左右鄰鄉的婦女都會乘坐牛車前來看戲。甚至有遠從數十里外駕牛車來看戲的。這種愛好看戲的婦女必定是濃粧艷抹，打扮一番。她的丈夫親自爲她駕車。[61]

清朝也是一個崇尚禮教的時代。講究女子不可在外拋頭露面。一般良家婦女「應該」耽在家中。臺灣地處荒陲，這種禮教規矩就不是那樣嚴謹。招妓抬閣，基本上是由於妓女是屬公衆的，抬著遊街，可以滿足單身男子的慾望。一般婦女則不是屬於公衆的，就不可以隨便讓別人看。所以，在乩文中，要批評屻衅男子在鄉裡到處偷看良家婦女。也批評這些屻衅人熱衷迎神賽會，讓良家婦女因看戲而外出家門，讓那些無聊男子「魂欲飛，魄欲散」。

在《覺悟選新》這本善書中，還提到不要爲了找尋風水而不葬祖先的棺木（卷四〈戒停柩遲葬文〉）、不要燒紙錢（卷五〈戒世俗謝神論〉）、不要鼓動別人到官府告狀（卷三〈戒唆人爭訟賦〉、卷六〈戒強梁文〉）等事。充份表現當時澎湖的知識份子對當時社會問題的一些看法和意見。

## 七、結語

一般人常以爲扶乩是一件「迷信」的事，連帶的，乩文也是滿紙胡言，不可相信的。當我們單看一段，或一頁，甚至一本乩文時，的確是不容易看懂它究竟在講什麼。惟有當我們把一部用扶乩寫成的善書，擺到成書時的社會結構裡去，才有可能看出一些眉目，然後再抽絲剝繭的找出其中的道理。

這本號稱是臺灣第一本善書的《覺悟選新》，正好由於它的成書背景很清楚，當年著造此書的作者群的孫子、曾孫，仍然在一新社中走動。我們可以訪問他們一些往事。透過這些實地調查工作，對當年的著者群有所瞭解。更何況那些著者的照片懸掛在一新社中。他們都穿著滿清的朝服，顯示，他們確實是有科舉功名的人。這些線索都讓我們可以大膽的朝著清代知識份子的價值觀這個方向去解讀這本善書。

解讀的結果，清楚的顯示，在清末的澎湖，或者說是台灣社會，是以「能否振興家族的財富與聲望」作爲評價一個人畢生成就的標準。在傳統上，中國人相信人因積善而可以成神。可是這本善書告訴我們，單是行善還不能成神，還需要辛苦工作，振興家道，教育兒孫，使他們能夠通過科舉考試，達到社會評價的最高峰，才可以成爲神。這種觀念根本就是反映當時社會流行的人生最高成就。至於禁制惡行部份，也在宣揚同樣的觀念，強調人不可以做那些足以危害整個家族生存的事，否則就是不孝子孫，要受罰的。

換個角度來說，這種觀念，在基本上，是屬於知識分子的。知識分子又藉著神明的名義和宣講活動，把他們的觀念和評價標準傳給一般民衆。使得一般民衆在不知不覺中接受這套觀念，兩者合而爲一。單從這方面來說，清末的中國社會是個同質的社會。

## 註釋

❶ 王世慶〈日據初期臺灣之降筆會與戒煙運動〉《臺灣文獻》37(4)：112-113, 1986。

❷ 林永根《鸞門暨台灣聖堂普作之善書經懺考》，台中：聖德雜誌社，1982:33。

❸ 有關清代臺灣的善書流布情形，請參看鄭喜夫〈清代臺灣善書初探〉，《臺灣文獻》33(1):7-36, 1982。

❹ 有關民間「善」「惡」觀念的改變，可以參看宋光宇〈從地獄遊記看當前台灣的社會問題〉1982;〈地獄之說與道德思想的研究〉1984;〈從玉歷寶鈔談中國俗民的宗教道德觀念〉1984。

❺ 《臺灣總督府公文類纂》元臺北縣，明治三十四年，永久保存第四十六卷，第三門警察，高等警

察，降筆會案卷。

❻ 同註❺。

❼ 井出季和太《臺灣治績志》，1937:242-243。

❽ 李騰嶽〈鴉片在臺灣與降筆會的解煙運動〉《文獻專刊》4(3,4):17-18 1953。

❾ 同註❺。

❿ 王世慶〈日據初期臺灣之降筆會與戒煙運動〉《臺灣文獻》37(4)：112, 1986。亦見於公文類纂降筆會案卷，同註❹。

⓫ 《覺悟選新》卷一，頁一，1891。

⓬ 《欽定大清會典事例》卷三九七，禮部，風俗，講約一，頁一—二。

⓭ 同註❶❷。

⓮ 蔣良騏、王先謙纂修《十二朝東華錄》，雍正朝，卷二，頁一一。

⓯ 引自《清代掌故綴錄》，蔡申之〈清代州縣故事〉(二)。

⓰ 同註⓯。

⓱ 陳兆南〈臺灣的善書宣講初探〉中央研究院民族所「本土歷史心理學研究」，頁一—二，一九九二年二月。

⓲ 戴寶村〈聖諭教條與清代社會〉《師大歷史學報》13:315, 1985。

⓳ 藍鼎元〈與吳觀察論治臺書〉《鹿洲文集》，清代。

⓴ 《台北市志稿》卷七〈教育志〉頁四。

㉑ 轉引自鄭喜夫〈清代臺灣的善書初探〉《臺灣文獻》33(3):22, 1983。

㉒ 同上。

㉓ 《臺灣通志稿》卷二〈人民志宗教篇〉，頁一一一。

㉔《鸞堂聖典》，頁五。
㉕同上，頁四。
㉖有關紅卍字會的研究報告，目前正在撰寫中。
㉗Ho Ping-ti, THE LADDER OF SUCCESS IN IMPERIAL CHINA, New York: Columbia University Press, 1962.
㉘宋光宇〈明清家訓所蘊涵的成就評價與經濟倫理〉《漢學研究》7(1): 195–278, 1989。同樣的理論又見於〈重利與顯親——有關「臺灣經驗」各家理論的檢討和歷史文化論的提出〉《臺灣經驗》(上):48–57，台北，三民書局，1993。
㉙張菼〈清代臺灣分類械鬥頻繁之主因〉，《臺灣風物》24(4)，1974。樊信源〈清代臺灣民間械鬥歷史之研究〉《台灣文獻》25(4):90, 1974。
㉚姚瑩《東槎紀略》，清代同治元年。
㉛《鳳山縣志》卷七〈風土志·漢俗〉。中國方志叢書，臺灣地區13, 1983:332,
㉜藍鼎元〈與吳觀察論治臺書〉《鹿洲文集》，清代。
㉝陳培桂《淡水廳志》卷一四，一八七三。台銀本，1963。王世慶〈海山史話〉《台北文獻》37:73–74, 1973。
㉞周鍾瑄《諸羅縣志》，台銀本，1962:147。
㉟《海東札記》：「無論男女老少，群然好博。有壓寶、壓字、漫抓、簸錢諸戲。洋錢，大者一博動以千數。洋錢，銀錢也。來自咬留吧、呂宋諸國。臺地交易貲費皆用之。」1958:28。
㊱盧德嘉《鳳山縣采訪冊》，台銀本，1960:369。
㊲唐贊袞《臺陽見聞錄》，1958:145。
㊳轉引自吳文星〈日據初期臺灣的「大家樂」——花會〉《歷史月刊》創刊號，1988:62–64。

❸⁹ 同上，頁六三。

❹⁰ 同上，頁六三。

❹¹ 同上，頁六四。

❹² 吳文星〈東亞最早的公營彩票——臺灣彩票〉《歷史月刊》2:78–81, 1988。

❹³ Wolf, Arthur P., "Adopted a Daughter-in-law, Marry a Sister: A Chinese Solution to the Problem of the Incest Taboo." AMERICAN ANTHROPOLOGIST 70:864–874. Wolf, Margery, WOMEN AND THE FAMILY IN RURAL TAIWAN. Stanford: Stanford University Press, 1972.

❹⁴ 唐贊袞《臺陽見聞錄》，台銀本，1958:145。

❹⁵ 鄭喜夫，同註❸，頁二〇。

❹⁶ 袁黃（了凡）《功過格》，在有福讀書堂叢書第十七冊。明萬曆年間。

❹⁷ 朱景英《海東札記》，台銀本，1958:29。

❹⁸ 井出季和太，《臺灣治績志》1937:327–329。並見李騰嶽1953。

❹⁹ 王世慶，同註❶。

❺⁰ 林滿紅〈清末社會流行吸食鴉片研究〉，師大歷史所博士論文，1985: 495。

❺¹ 同註❹⁶。

❺² 井出季和太，《臺灣治績志》1937:327–329。

❺³ 王世慶，1986:128。

❺⁴ 王世慶，1986:128。

❺⁵ 《臺灣慣習記事》第一卷第十號，頁86–87。王世慶，1986:128–129。

❺⁶ 陳文達《臺灣縣志》〈輿地志一・風俗〉：「村莊神廟集多人爲首，曰頭家。廟雖小，必極華采；稍圯，則鳩衆重修。歲時伏臘，張燈結采鼓樂，祭畢歡飮，動輒數十緡。雖曰敬神，未免濫

費。」台灣文獻叢刊第一〇三種，1960:147。

57 陳文達《臺灣縣志》:「家有喜事及歲時月節，宴客必豐，山珍海錯，價倍內郡。置一席之酒，費錢數千，互相角勝。一宴而不啻中人之產也。」1960:59。

58 朱景英《海東札記》，乾隆三十八年(1773)，臺灣文獻叢刊第十九種，1958:28-29。「神祠里巷靡日不演戲，鼓樂喧天，相續於道演唱多土班小部，發聲詰屈不可解，譜以絲竹，別有宮商，名曰「下南腔」。又有潮班，音調排場，亦自殊異。郡中樂部，殆不下數十云。」

60 《臺灣縣志》:「家有喜，鄉有期會，有公禁，無不先以演戲者;蓋習尚既然也。又婦女所好，有平時慳吝不捨一文，而演戲則傾囊以助者。」1960:59。

61 《諸羅縣志》，「演戲，不問晝夜，附近村莊婦女常駕車往觀，三五群坐車中，環臺之左右。有自數十里者，不艷飾不登車，其夫親為駕車。」1960:149。

## 附錄一 《覺悟選新》所載的〈宣講規則〉

一、宣講之期，諸董事、各講生、及有執事效勞之人，務必正衣冠、尊瞻視，使人望而起敬，以立規模。

二、督講之人，務切勸止喧嘩，使聽講者得專所聞，以齊志慮。

三、凡講生及董事之人，平時宜敦品行，使聽講者心悅誠服，不生訾議。

四、凡講生在未講之時，要將所講何書，預先理會，若一登臺上，欲從容開講，句讀明晰，使聽者入耳會心，免得臨時荒唐，以博笑柄。

五、喧講時欲引證旁觀，務要出經入典，不得臆說杜撰，妄談鄙俚，使人厭聞。

六、凡董理宣講諸人，務要各勤本業，照次輪辦，不得於無事之時，在此閒遊而荒於嬉。

七、凡督講之人要靜聽默揣。倘檯上有講錯者，下檯時便當指明，使其日後自知斟酌，不致再錯。

八、凡督講、宣講、助講之人，於開宣之時，宜先漱口、盥手，方可翻閱，不可污褻書卷，致干神譴。

九、凡宣講、助講諸人，於宣講之時，務宜長幼有序，不得亂行非禮，踰階僭越。

十、助講諸人，若自家無事，須於拈香後靜坐恭候，敬聽宣講，使諸善錄篇篇皆熟。

十一、宣講之時或有婦女在旁聽講，凡講至戒淫諸篇，須有嚴正之氣、莊重之色，將顛末略略講通，幸勿道出粗俗醜穢之語，反致不雅。

十二、宣講時所供香花茶果，務須潔淨，不得潦草塞責，以致不恭。

十三、臨講時檯下聽講者，即或未齊，倘有三五群居，亦可先行開講，不必俟候大衆齊集，以致延緩時刻。

十四、宣講必須擇篇而講，或談因果報應，或說子臣弟友，要使人易曉，不得高談元妙，使愚蒙莫知所從。

十五、宣講時諸講生應當照次輪講，使勞逸平均。

十六、講生逐期所講何篇，於講畢下檯時，司講之人，務須一一查詢，登錄篇目在簿，來期自當改換別章，免致重複，使聽者厭常。

# 附錄二　二十四則神明行述

一、澎湖城隍：名叫方聯德，江西人。不滿週歲就死父親，母親在求援無門的情況下，將孩子送往育嬰堂，自己上吊自殺。七歲爲寺廟的小差喚。十五歲那年，住持過世，地方紳董認爲他忠厚可靠，就請他作該廟主持。「余是以爲廟祝，日夜誦經禮佛，罔敢懈怠。……所有寺中之費，一年應用之餘，悉行取出，或買物放生，或捐修廟宇，或修橋造路，或捨藥施茶，事事備作，未有難行。行三十餘載，如同一日。」並且，又曾拿錢救一因失物而尋死的婦人。「年至八十五，一旦歸陰，閻君謂我有善可錄，轉奏玉皇，飭我爲浙西嘉興縣六司，後轉陞爲臺（灣）縣城隍，今陞此任，亦歷有五載矣。」（卷二，光緒十七年十二月十二日戌刻）

二、臺灣縣城隍：名叫黃雲飛，浙江山陰人。年輕時曾拒絕女子的勾引，守身不犯淫孽。因而獲得科舉功名，「列中三甲」。但怕爲官因不懂民情而誤判，就辭官回家，出任書院的山長。「立志教學，罔敢懈怠，十餘載而子女長成，余乃在家，教督子弟，無非爲勸孝戒淫諸訓。至於地方有事，罔不出力營謀。養孤寡，施貧窮，凡諸善事，無失一條。行年九十，無病而終。玉旨封爲江西城隍，後轉調此任，歷時五十餘載。」（卷二，光緒十七年十二月十九日亥刻）

三、嘉義縣城隍：姓名不詳，只說他是明朝正德年間的「士人」。幼年時，完全不知孝順父母。「聚黨呼群，日則賭場排館，夜則柳巷花街，將有數載，家財已破無數。」父母不敢管教，終於敗盡家財，無力殯葬父母。於是痛改前非，不再犯淫孽，拒絕鄰家寡婦的勾引。並且努力向學，在科舉不成的情形下，就在家訓誨子弟，營謀鄉黨公益之事。「立行誓愿，爲善事一百條，日夜累觀功德，不敢稍懈。凡地方有養孤寡、舍孤寡、修橋造路者，罔不出力以爲謀焉。」自己在五十八歲時考取功名，長子也在第二年入泮。死後爲廣東嘉應州城隍百餘年，才改調爲嘉義縣城隍。（卷二，光緒十七年十二月二十二日戌刻）

四、澎湖武廟關聖帝君劉：浙江桃州府人。在提督任內，「整頓軍伍，軍功項內不敢糜費絲毫帑金，賞罰公平。一生敬天地，禮神明，孝雙親。得奉廉，除家用外，或倡修廟宇，或發給貧困、設義渡以濟人。妻子不著絲羅。卹婢僕，和宗族，愛軍民。色之一途，一生不爲所迷。戒子姪，色不可近，酒不必醉，賭之一事，更加嚴矣。」兒子從軍，做到總兵，兩個女婿，一爲遊擊，一爲守備。死後受封爲澎湖武營武廟關聖帝君之職。（卷二，光緒十七年十二月二十三日辰刻）

五、澎湖大媽宮天上聖母林：「收妖怪，除魍魎，以謐乃疆。抛瀑施法，而救失水難民。」（卷二，光緒十七年十二月二十四日戌刻）

六、鳳山縣城隍：名叫周明陽，四川人。從高祖到父親都是書吏。「家嚴而有田千頃。」他的父親在官署中審明婆家逼媳賣淫不成，反控告媳婦不孝的案子，成全媳婦的貞潔。他自己「凡鄉里中有修橋造路，捨粥施飯、矜孤恤寡，給賞貧窮，修廟宇，印經文」等事，統統參加，「行善數十年，未敢怠懈。」兩個兒子入泮遊學。死後先爲南澳城隍，轉爲鳳山城隍。這

是兩代行善，方可成神的例子。（卷三，光緒十八年正月十六日亥刻）

七、彰化縣城隍：也是兩代行善的例子。名叫曹欲修。四川重慶人。他的父親是軍人，在戰亂時，護送一名婦人，使她夫妻相會。他自己也曾出錢救助一名因失錢而尋死的婦人。同時又「招鄉里紳耆，設局施濟，建育嬰堂，恤孤矜寡，戒殺放生。」在全縣募捐放賑的活動中，協助縣裡向地方總督申請，獲得補助。四個兒子之中，前三人都入泮或有科舉功名，幼子繼承家業，從商經營。死後派爲彰化城隍。（卷三，光緒十八年正月十七日戌刻）

八、澎湖南澳館忠勇侯鄒：名叫鄒乾元，山西華縣人。綢緞舖學徒。有一天，路見有無賴要強奪一家人家的小孩，問明是那家的丈夫賭輸了，賭場要拿他的孩子作抵，於是替人家償還賭債，保全一家性命與子嗣。終生行善，晚年時，「子孫十有多人，生員四，鄉舉一，家門頗振。」（卷三，光緒十八年正月二十日未刻）

九、澎湖提標館天上聖母：名叫林雪花，福建海澄人。出身貧家。出嫁後，徵得夫家同意，繼續奉養生母。並且勸丈夫放棄屠夫行業。「又食素念經，印送善書，買物放生。」丈夫死後，辛苦撫養子女成人成家。晚年，子孫滿堂，「長孫中壬午之科，外孫亦有一二人登黌門。」（卷三，光緒十八年正月二十一日未刻）

十、雷音寺採蓮尊者：「余乃漢末一散人，秉性堅剛，不避權貴，每遇不平，輒與相爭。見善人事之如父兄，逢惡黨則惡之若寇讎。」到晚年，碰到仙人，跟他學道。八十五歲時，「棄紅塵而飛升，蒙雷音寺教主提入寺中使喚，纔免輪迴之苦。」（卷四，光緒十八年二月二十日戌刻）

十一、九天姚尊者：廣州人。耕田爲業，不好讀書。事奉父母，「恐娶婦未能孝順而致親憂，故遲遲不娶。」父母過世後，後人指點，終生持齋茹素念佛。七十二歲壽終，爲九天司命眞君收爲部下。（卷四，光緒十八年三月初一日未刻）

十二、澎湖福德祠福德正神：名叫陶德修，山西人。中年以後，積極參與地方公益事業，「雖留一餐之費，亦必檢出施濟貧窮。心存正直之念，克己以待人。」老年時，兒子入泮遊學。八十歲壽終，受封爲澎湖福德祠福德正神。（卷四，光緒十八年三月初四日辰時）

十三、延平府城隍：江南肥州府人士。一生重義疏財，愛兄弟如手足。年輕時，極力反對兄弟分家，不得已分家後，僅守本分，不多爭一文財產。努力耕田，逐漸家道豐盈，見貧窮一定加以周恤，也曾資助一家因貧窮而要新寡的媳婦改嫁的人家，使婆媳兩人都可以生活下去。「行之三十餘年，不敢稍懈。」長子考取科舉，其他兒子也都可以克紹箕裘，繼承父業。先爲土地公，後來才升爲城隍。（卷四，光緒十八年三月初五日戌刻）

十四、嘉應州疹痘聖母：浙江山陰人，李氏。丈夫在參加舉人考試時病逝。在世辛苦守寡，收養一子以續夫家香煙。日夜女紅讓兒子讀書。成爲節孝兩全的模範，子孫也有人入學讀書。（卷四，光緒十八年三月十一日亥刻）

十五、大聖駕前神童：宜蘭人，孤兒，在廟中長大，隨道長修行。曾經救溺水的孩子而拒絕孩子父母的重金酬謝。（卷五，光緒十八年四月初八日子時）

十六、西衛鄉玄天上帝張：名不詳，作「清初時人、原是屠夫，爲替朋友報仇而殺人，被充軍到外地，途中遇王禪老祖的渡化，出家修行。（卷五，光緒十八年四月十一日申時）

十七、媽宮澄源堂觀音佛祖王：生來苦命，自己從小父母雙亡，成爲童養媳。夫家對她很不好，但是她能「問安視膳，孝道認眞」。後來翁姑雙亡，丈夫也染病身亡。孤苦一人。領養一個男孩來繼承香煙。請師課子，終成爲入泮童生，接著考取舉人。家道因而興盛。（卷八，光緒二十八年十月十九日戌刻）

十八、澎湖城隍廟速報司韓：清初時人。少年時風流不羈，流連花街柳巷。後來改過自新，精研醫術。在瘟疫流行時，會同地方紳耆設局賑濟，救人無數。兒子「少舉孝廉長業醫」，成爲地方上受人敬重的家庭。（卷八，光緒二十八年十月廿三日戌刻）

十九、走堂使者何：清初雲南人，姓何名天德。孤兒出身，受人周濟方才能夠活命。於是投身於恩人家中爲僕，忠謹作事。有一天，主人家遭劫，他在從後門走出去向官府報案時，就被歹徒殺害。上天憐愍他的忠心，派他到雲南鄉間的土地廟爲神。在雲南，大治匪徒，保護地方婦儒，威靈顯赫。於是，「蒙上界遊神代奏蒼穹，謂余靈應昭彰，護國佑民有功，玉帝大喜。客歲，乃陞余到此澎湖一新社爲福德正神之任。」（卷八，光緒二十八年七月初九日戌刻）

二十、蘇家天上聖母：李氏，湖南人。先是在家幫助兄長種田賣菜，使父母得以溫飽。婚後，丈夫在參加舉人考試時病故，遺下一子，辛苦教養成人。「常勤女紅，養子養親。」送兒子去讀書，兒子在十八歲時，考取秀才，「回家謁祖，道旁相與並肩，觀者濟濟，莫不嘖嘖而稱羨焉。」後來，兒子考取舉人，朝廷頒給她貞節牌坊。死後，「閻王起恭起敬，嘉余一生節孝，可甲鄉里。」（卷八，光緒二十八年十一月初六日戌時）

二十一、澎湖海壇館天上聖母：名叫王英，山西人。婚後一年，翁姑俱歸，丈夫也染病，三年而亡。帶著兒子回娘家居住，「勤做針黹度世」。兒子成長後，經營生意，逐漸有些資財，方才回夫家居住，爲兒子完婚，接續夫家的香火。「置家業，修屋宇，大振家風。」孫子入學讀書。死後「閻王替余奏奬，一生節孝可嘉。」於是受封爲山東青州天上聖母之職。後轉任澎湖。（卷八，光緒二十八年十一月初九日夜）

二十二、澎湖城隍司禮神：姓謝名忠信，福建人。幼年喪父，母親靠女紅賺錢過活。受長，外出爲學徒。誠實可靠，深受東家信任。東家亡故後，代爲掌管生意，並盡心教導東家的孩子學習帳目，等到東家的孩子可以自立時交還店務。回家奉養母親。兒子成長後，送入學堂，考取秀才。平時在家爲鄉人排難解紛，「不時倡作有關地方善事，積有陰功數條。」死後，閻王轉奏，謂余一生「孝義兼盡」於是玉帝封他爲澎湖城隍掌理福德司之事務。「至前年，（原來的城隍）陶公陞遷嘉義，余又奉本境主調署是缺。因乙未年地方作亂，余極力保民，再蒙玉帝賞余實任本澎善後街福德祠福德正神之職，兼爲一新社司禮神之任。」（卷八，光緒廿八年十一月十三日夜）

二十三、吳家觀音佛祖：清朝嘉慶時人，籍貫雲南，姓呂，名瓊玉。父親是教書先生。十八歲時，父母先後過世。以姊姊身份，負起撫養幼弟的責任。勤作女紅，供給弟弟讀書。後來弟弟考取科舉，獲得功名。等到弟弟成家後，她就出家爲尼，誠心禮佛，終成正果。（卷八，光緒廿八年十一月十六日戌刻）

二十四、本堂新任走堂使者：名叫蔣修文，漳浦人。孤兒，在鸞堂中當小差。做事勤快。吃齋放生。十八歲病故。（卷八，光緒二十八年十二月初三日戌刻）

# 參考書目


王世慶〈海山史話〉《台北文獻》37:73–74, 1973。〈日據初期臺灣之降筆會與戒煙運動〉《臺灣文獻》37(4)：112–113, 1986。

井出季和太《臺灣治績志》，台北，1937。

李騰嶽〈鴉片在臺灣與降筆會的解煙運動〉《文獻專刊》4(3,4):17–18，1953。

朱景英《海東札記》，台灣文獻叢刊第一九種，台灣銀行經濟研究室，1958。

宋光宇〈從地獄遊記看當前台灣社會問題〉《民間信仰與社會研討會》論文集，頁一一六—一三六，臺灣省民政廳與東海大學社會學系，1982。

——〈地獄之說與道德思想的研究〉《漢學研究通訊》3(1)：3–5，1984。

——〈從玉歷寶鈔談中國俗民的宗教道德觀念〉《台灣省立博物館年刊》27：1–15，1984。

——〈從最近十幾年來的鸞作遊記式善書談中國民間信仰裡的價值觀〉『中國人的價值觀國際研討會』論文集，頁七四一—七六〇，臺北，漢學研究中心，1992。

——〈明清家訓所蘊涵的成就評價與經濟倫理〉《漢學研究》7(1):195–278, 1989。

——〈重利與顯親——有關「臺灣經驗」各家理論的檢討和歷史文化論的提出〉《臺灣經驗》(上):11–90，台北，三民書局，1993。

周鍾瑄《諸羅縣志》，台灣研究叢刊第一四一種，台灣銀行經濟研究室，1962。

林永根《鸞門暨台灣聖堂普作之善書經懺考》，台中：聖德雜誌社，1982。

林滿紅〈清末社會流行吸食鴉片研究〉，師大歷史所博士論文，1985。

袁　黄（了凡）《功過格》，在有福讀書堂叢書第十七冊。明萬曆年間。

吳文星〈日據初期臺灣的「大家樂」——花會〉《歷史月刊》1:62-64,1988。〈東亞最早的公營彩票——臺灣彩票〉《歷史月刊》2:78-81, 1988。

姚　瑩《東槎紀略》，清代同治元年，台灣文獻叢刊第七種，台灣銀行經濟研究室，1958。

唐贊袞《臺陽見聞錄》，台灣文獻叢刊第三十種，台灣銀行經濟研究室，1958。

陳文達《鳳山縣志》，中國方志叢書，臺灣地區一三，1983:332。

陳兆南〈臺灣的善書宣講初探〉中央研究院民族所「本土歷史心理學研究」，頁一——二〇，一九九二年二月。

陳培桂《淡水廳志》，台灣文獻叢刊第一七二種，台灣銀行經濟研究室，1963。

張　菼〈清代臺灣分類械鬥頻繁之主因〉，《臺灣風物》24(4)，1974。

蔣良騏、王先謙纂修《十二朝東華錄》，雍正朝。

盧德嘉《鳳山縣采訪冊》，台灣文獻叢刊第七十種，台灣銀行經濟研究室，1960。

樊信源〈清代臺灣民間械鬥歷史之研究〉《台灣文獻》25(4):90, 1974。

鄭喜夫〈清代臺灣善書初探〉，《臺灣文獻》33(1):7-36, 1982。

蔡懋棠〈臺灣現行的善書〉《臺灣風物》26(3)，一九七六年九月。〈臺灣現行的善書（

續）〉《臺灣風物》26(4)，一九七六年十二月。
戴寶村〈聖諭教條與清代社會〉《師大歷史學報》13:315, 1985。
藍鼎元〈與吳觀察論治臺書〉《鹿洲文集》，清代。
《台北市志稿》，台北市文獻會，1972。
《欽定大清會典事例》
《臺灣總督府公文類纂》元臺北縣，明治三十四年，永久保存第四十六卷，第三門警察，高等警察，降筆會案卷。
《臺灣通志稿》卷二〈人民志宗教篇〉，台灣省文獻會，1963。
《鸞堂聖典》，台中聖賢堂，1975。
Ho Ping-ti, THE LADDER OF SUCCESS IN IMPERIAL CHINA, New York: Columbia University Press, 1962.
Wolf, Arthur P., "Adopted a Daughter-in-law, Marry a Sister: A Chinese Solution to the Problem of the Incest Taboo." AMERICAN ANTHROPOLOGIST 70:864-874.
Wolf, Margery, WOMEN AND THE FAMILY IN RURAL TAIWAN. Stanford: Stanford University Press, 1972.

龔鵬程 主編

# 海峽兩岸道教文化學術研討會論文（下册）

臺灣學生書局印行

# 海峽兩岸道教文化學術研討會論文

## 下冊目次


宋元海洋事業的勃興與媽祖信仰形成發展的關係……安煥然……五一三
笨港媽姐之爭：台灣媽祖信仰史上的一件公案……林德政……五八七
我國大陸地區道教研究之現狀……卿希泰……六三七
《九陽關遊記》思想初探……陳昭利……六四七
滿族帝王封禪長白山……劉耿生……六六五
兩漢時期漢醫與方士醫的比較研究……林玉萍……六九一
民雄鄉大士爺信仰初探……郭銀漢……七一三
《正一大黃預修延壽經籙》初研……丁　煌……七五五
葛洪醫藥學成果之探究……謝素珠……八〇三

論「龍驛」……陳昭吟……八五九
成都道教宮觀……沙銘壽……八九九
藏外道書和明清道教……陳耀庭……九一一
The Natural as the Social：A Non-Archic Society……吳光明……九六〇

# 宋元海洋事業的勃興與媽祖信仰形成發展的關係

安煥然

## 前　言

有關媽祖的生平、神蹟、神性內容和神格的高低，在各個時代的文獻中，對她的撰述都會各有不同或增補[1]。因爲媽祖神蹟的演化是結合著各時代的社會條件，是當時政經文化的社會因素使然，也是各時代人對媽祖形象的自我型塑及內在祈望的表達。因各時代的社會因素不同，媽祖遂在各個不同的時代展現其不同的形象。因此我們認爲有關宋元媽祖的文獻，雖不應草率地當成是「神」蹟的歷史事實來看待，但透過這些文獻，卻是反映當時代（撰述者的時代）的社會現象，是研究社會、經濟史中，相當重要的史料。

有關媽祖信仰的研究，對史料彙集的工作，已頗有成果[2]。研究明清媽祖者也很多，但對其信仰的起始和開始勃興的時期：宋元時代的媽祖信仰的研究，卻不多見[3]。而將之放入宋元海洋史領域來進行探討者，則更少。故筆者擬於本文以海洋史（海洋史是一個比較偏重於社經與政治面之間互動關係發展的研究領域）的角度，嘗試對宋元時代媽祖的信仰進行探索，文章著重在探討媽祖信仰何以會在宋元時代得以初始形成，並獲得迅速的傳播發展。再者，又從媽祖信仰的形成發展演變和普及中，回探其與宋元時代的政經社會和海洋事業之間相互發展演變的契機和兩者間的互動關係❹。

## 註釋

❶ 李獻璋就曾對此問題進行過研究。例如李獻璋〈元明地志的媽祖傳說之演變〉《台灣風物》十一卷一期及〈以三教搜神大全與天妃娘媽傳爲中心來考察媽祖傳說〉《台灣風物》十三卷二期等文章。認爲媽祖身世愈來愈顯赫、神格愈來愈高，並納入佛道，甚至是融入三教神系中，實際上是元明清以後，後人的有意或無意的增補。

❷ 李獻璋曾彙有媽祖資料集，收在其《媽祖信仰の研究》，東京：泰山文物社。台灣學者在研究媽祖時，似多以該資料集所引文獻爲據。然一九九〇年大陸學者蔣維錟編校《媽祖文獻資料》，福建人民出版社，一九九〇年四月，所集文獻更完整，搜集宋元明清文獻多達四百篇（而李獻璋所收宋元明文獻僅七十二篇）。此二本資料集對媽祖研究工作而言，提供了不少「捷徑」。惟筆者著文時，並未獲有此二書，實爲「可惜」。

❸ 查林美容編《台灣民間信仰研究書目》（中央研究院民族學研究所台灣史田野研究室資料叢刊之三，民八十年三月）一書，所收有關媽祖研究的書目，就台灣學者方面，專論宋元媽祖信仰者僅石萬壽〈明清以前媽祖信仰的演變〉（《台灣文獻》四十卷二期，一九八九）一文。另外蔡相

煇〈媽祖信仰起源考〉(《高雄文獻》二十二、二十三期，一九八五)一文對媽祖的起源有其一套獨特的解釋(即媽祖摩尼說)。該文後收錄在其著作《台灣的王爺與媽祖》一書中(台北：台原，一九八九)。惟專論明清以前媽祖信仰的研究作品，比較上仍是很少的。反倒是大陸學者方面，尚有數篇文章述及此一範圍。但總的說來，研究明清者要比宋元者來得多。台灣學者可能在地緣上(因台灣的媽祖信仰要到明末以後才出現)而偏向於明清媽祖的研究。而近年來，大陸方面，亦為「突顯」兩岸關係的淵源性，把媽祖娘娘型塑為兩岸「和平女神」的形象，而大搞這自明清以來，「渡航」於兩岸的海神的研究，其中的政治意味是相當明顯的。

❹ 另一方面，以往學者對媽祖研究的分期，常是以「宋」、「元明」來劃分。如李獻璋〈元明地方志的媽祖傳說之演變〉《台灣風物》十一卷一期，以及大陸學者朱天順〈媽祖信仰的起源及其在宋代的傳播〉《廈門大學學報》一九八六年二月及〈元明時期促進媽祖信仰傳播的主要社會因素〉同上，一九八六．四期。均是採用「宋」、「元明」的劃分法來論述。惟以海洋史的角度探之，「宋元」的屬性較近，「明」、「清」則是另外兩個性質不同的時代。故筆者於本文中，採用了海洋史的分期法，著重分析「宋元」時代媽祖信仰與當時海洋事業的相互關係。這樣的分期法，在過去較少為學者注意到。

## 第一節　媽祖的誕生以及有關媽祖文獻記錄的出現之時代背景探討

關於媽祖的誕生以及媽祖文獻的最早出現之時代，是窺探媽祖信仰之形成發展的重要契機。因爲它涉及到媽祖爲何會在當時代才出現的社會因素。

### 一、關於媽祖誕生年代的探討

有關媽祖的生卒年代，主要是(元明清)後人的追記。說法亦衆多紛紜。媽祖誕生主要有數說：

1. 唐天寶元年（七四二年）——（明版）無名氏《三教搜神大全》
2. 五代末北宋初（九四三—九六〇年）

A.《閩書》云後晉出帝天福八年（九四三年）

B.（乾隆版）《長樂縣志》云五代之末

C.《天妃顯聖錄》、《天后聖母聖蹟圖志》、《林氏族譜》（《西河族譜》）均云爲宋建隆元年

D.周英《興化府志》引元張翥《天妃廟序》云宋平五季

3.宋太平興國四年（九七九年）——張燮《東西洋考》卷九祭祀條之小字註引

4.宋元祐八年（一〇九三年）——《東西洋考》卷九祭祀條之正文大字

其卒年，亦有二說：

1.宋雍熙四年（九八七年）——《天妃顯聖錄》、《林氏族譜》、《東西洋考》卷九祭祀條之正文大字

2.宋景德三年（一〇〇六年）——《東西洋考》卷九祭祀條之小字註引

此外，又言媽祖室居三十年而卒（如元倪中〈天妃廟記〉、王元恭《四明續志》、《莆陽志》、《長樂縣志》、《東西洋考》）❶。

而據近人的看法，一般認爲媽祖生於宋建隆元年（九六〇年）三月廿三日，卒於雍熙四年九月九日❷。從歷史的角度觀之，媽祖的生卒年說法紛紜，且全爲後人的追記。其生卒年代不一定正確（況且媽祖是神蹟故事所傳，其眞人眞事爲何，不得而知），我們以爲實沒有必要爲其生卒年代進行非此即彼的「考訂」。但除了《三教搜神大全》認爲媽祖生於唐代天寶元年，屬特例之外❸。綜合言之，一般文獻的追記，媽祖的誕生，籠統的說當在五代末、北宋初年❹。在「人間」活動三十載，卒後羽化成仙，爲世人立祠祭奉。

## 二、有關媽祖事蹟的最早文獻

述及媽祖事蹟的文獻，就目前筆者所知者，當以南宋紹興二十年（一一五〇）廖鵬飛撰

的〈聖墩祖廟重建順濟廟記〉爲最早[5]。其次爲紹興廿一年黃公度的〈題順濟廟〉，光宗紹熙三年樓鑰的〈興化軍莆田縣順濟廟靈惠昭應崇福善利夫人封靈惠妃制誥〉，寧宗嘉定年間李俊甫《莆陽比事》卷七〈鬼兵佐國神女護使條〉，嘉定年間陳宓〈白湖順濟廟重建寢殿上梁文〉，紹定年間丁伯桂〈順濟聖妃廟記〉[6]。寶祐五年黃巖孫《仙溪志》卷三〈三妃廟〉及南宋末李丑父〈靈惠妃廟記〉，劉克莊〈風亭新建妃廟記〉等。

此外，施諤《淳祐臨安志》的祠廟卷[7]，潛說友《咸淳臨安志》卷七三〈順濟聖妃廟〉，《宋會要輯稿》卷一二三一禮卷二〇之五一〈宋會要張天師祠〉等亦有述及媽祖事蹟。洪邁《夷堅志》支景卷九〈林夫人〉和《夷堅志》支戊卷一〈浮曦妃祠〉，以及眞德秀《西山眞文忠公文集》卷五十的〈聖妃宮祝文〉、〈惠安縣管下聖妃宮祈雨祝文〉、〈惠安縣管下聖妃宮再祈雨祝文〉、〈聖妃祝文〉等條，被判斷可能亦是敘述媽祖的事蹟[8]。（以上所引文獻的詳細出處，可參見本文附錄部份，表一〈有關述及媽祖事蹟的宋代主要文獻一覽表〉）。

總而言之，有關述及媽祖事蹟的文獻，就目前所知者，最早是南宋時代的文人集子及方志。媽祖在南宋以前的「靈蹟」，均是南宋以後的追記或附會。要至南宋，才有了當時代的「媽祖文獻」的出現。

## 三、媽祖誕生和媽祖文獻之出現與宋元海洋發展的時代背景之契合

後人追記媽祖的誕生及媽祖文獻之出現，引伸出一個問題：即媽祖信仰之所以會始於這個時期，應是由於這時期具有某種形成此一崇拜的社會因素與歷史條件的。「五代十國末、北宋初年」（後人追記媽祖的誕生年代）以及「南宋」（媽祖文獻之最早記錄）若將它放入中國海洋史來檢視，可發現，這兩個時期（五代末北宋初和南宋）正好是中國海洋發展歷史上一個非常重要關鍵的「革命性」時代。

晚唐五代後，在中國海洋發展史上出現了一個重大的轉折期。在海貿商品上，中國陶瓷開始以頗具規模的「外銷」形式，出現於東西海貿的舞臺[9]。超脫漢晉以來，以仰賴番國進貢或玩賞式的珍奇異寶的奢侈品進口的局限；靠中國外銷陶瓷的催生，開創了大且多量的中國出口導向型的海貿新紀元[10]。晚唐五代及宋元陶瓷遍佈於亞非各地，意示了彼時貿易圈的擴大及蓬勃[11]。而從北宋末徽宗時的《萍洲可談》、南宋淳熙五年成書的《嶺外代答》、寶慶元年的《諸蕃志》至元代大德八年的《南海志》及至正年間所著的《島夷志略》等文獻中，可知宋元時的中國人對當時北起日本朝鮮，南抵東南亞，西跨印度洋至波斯灣，甚至是東非，這一廣大的海洋貿易圈的地域及貿易實況，已有了一定的相當熟絡與認識[12]。

除海貿商品量上遽增與海道貿易交往的頻繁外，更引人注目的是，自五代末北宋初，在這個頻繁的海道上出現了新的主角：「中國海商」。至南宋，中國商人的積極出海已趨成熟，元代更是蓬勃[13]。促使中國商人積極的出海，其因素是多方面的。在航海的物質技術面上，宋元的造船術有著突破性的進展，當時已趨成熟的福建型尖底海船，船體裝載量大且堅，利於破浪，是當時世上技術最先進，最適航行於大海的船隻[14]。北宋末年，羅盤被應用於航海的船隻上，更使航海的安全系數大大提高及在海路貿易上能獲取較高的經濟效益優勢[15]。在內部的社經結構上，五代十國中的閩、南唐、南漢、吳越等國以及南宋政權，因爲地緣關係，更有力的掌握了海洋事業的發展。加上至晚唐以後，中國經濟重心的南下，消費市場和商品供應市場的南移，以及五代十國東南諸國、兩宋和元政府對海洋事業的重視與積極推廣之政策，亦均是促使此時期中國海洋事業蓬勃發展和中國商人取海道廣泛出海經商的重要激素[16]。

中國商人積極出海始於五代十國期間[17]，南宋後中國海商的「船」跡，已經北達日本朝鮮[18]，南活躍於東南亞各地[19]，橫渡印度洋至印度西岸，而且是當時海道上的要角，甚至連當時的阿拉伯商人亦喜乘搭中國的船隻來進行貿易。中國海商的出現以及主扼海洋事業的優勢地位，使中國在宋元期間的海洋發展進入了一個空前的輝煌時代。

另在國內海上交通的往來，更是趨向成熟與頻繁。五代十國中的東南諸國如吳越、閩等，由於地方割據，陸路受阻，國與國間的交涉，多取海道。宋代廣粵閩南浙江一帶的交通和物資運送，不僅通過陸路和內地河運，而且當時的沿海航行亦很普遍，尤其是當地的海商和米商，很多都是經由海道來進行國內貿易的。爾後之元代，因海漕的倡行，更使東部沿海的航行更臻繁盛。

這段中國海洋史上的輝煌時代，其起始於五代十國北宋初年，成熟於南宋期間，這與後人追溯媽祖的誕生年代和有關媽祖文獻的起始時代正好是相吻合的，或許這「巧合」不是一項很「偶然」的「巧合」吧！

「時間」上的吻合，有賴於其他更具體事物的印證。故以下將從媽祖信仰的原形發展及演變和其海神神格地位的確立，其信仰的傳播區域和其賴以傳播發展的原因及宋元官方對媽祖的封賜等諸方面，來探討其間與宋元的海洋事業是否有多少的相爲互動的關連性存在。

## 註釋

❶ 以上表例文獻之資料來源自數篇文章，計有：李玉昆〈媽祖信仰的形成和發展〉（《世界宗教研究》，一九八八．三）、張桂林〈試論媽祖信仰的起源、傳播及其特點〉（《史學月刊》，一九九一．四）、朱天順〈媽祖信仰的起源及其在宋代的傳播〉（《廈門大學報》，一九八六．二）、石萬壽〈明清以前媽祖信仰的演變〉（《臺灣文獻》四十卷二期，民國七十八．六）及泉州海外交通史博物館調查組〈天后史蹟的初步調查〉（《海交史研究》一九八七．一）等數篇文章有關述及媽祖誕生的部份，重新整理、綜合並稍做修訂而成。如上引朱天順一文，朱氏認爲媽祖的出生年代有六種說法，其中一說爲「宋太平興國元年（九七六年）」。其引出處爲「《東西洋考》註引」。然筆者查《東西洋考》卷九祭祀天妃條（王雲五主編，人人文庫，臺灣商務）其「注引」乃言「一云太平興國四年」，而非「元年」，可能是朱氏的誤讀。

❷ 李玉昆〈媽祖信仰的形成和發展〉頁一二四。

❸ 而且《三教源流搜神大全》所述，當爲明代三教人士有意的附會所致而自成其一套神話體系，是以通俗佛教信仰的小說，恣意連接捏造而成。見李獻璋〈以三教搜神大全與天妃娘媽傳爲中心來考察媽祖傳說〉載於《三教源流搜神大全．附搜神記》台北：聯經，頁四（該文原載於《台灣風物》十三卷二期，一九六三）。

❹ 正確的說當在「十國」末北宋初。因爲當九六〇年宋取後周後，東南方諸國尚未滅。閩雖於九四

五年爲南唐所滅，但之後漳泉等地仍爲王審知、陳洪進所割據。直至太平興國三年（九七八年）才納土歸降於宋。而當時莆田並隸陳洪進所據之泉州。見《莆田縣志》卷一輿地志（清廖必琦等修，光緒五年刊本，中國方志叢書第八十一號，台北：成文出版社）。

❺ 以往台灣學者多以爲最早述及媽祖的文獻爲黃公度的〈題順濟廟〉，實乃忽略此廖鵬飛的〈廟記〉。

廖氏〈廟記〉原出處見於《莆田隴西李氏族譜》忠部（或曰清《白塘李氏族譜》抄本）。南宋黃公度的〈題順濟廟〉一詩，乃紹興廿一年（一一五一年）黃氏被貶爲平海軍節度判官時，應白塘李富之邀，遊新建的聖墩順濟廟而作。惟白塘李氏爲莆田望族，《白塘李氏族譜》有特奏名進士廖鵬飛於紹興廿年（一一五〇年）正月所撰的〈聖墩祖廟重建順濟廟記〉一文，記載宣和年間媽祖護使、朝廷敕賜順濟廟額的史實。該文爲至今已知最早的媽祖文獻資料（以上考據說詞乃抄錄自一九九三年十二月間台南正統鹿耳門聖母廟與福建省考古博物館學會聯合主辦的《媽祖信仰民俗文物展》的第三展覽室中的解說文字。該文物展並展示了該本族譜。可惜筆者未得以窺見廖氏〈廟記〉的全部原文，大陸學者李玉昆〈媽祖信仰的形成和發展〉和張桂林〈試論媽祖信仰的起源、傳播及其特點〉二文均引有此〈廟記〉。據李玉昆透露，該廟記乃承蕭一平之示告，見李氏一文頁一二五註之四條。此條文獻的發現，修正以往台灣學者的說詞，把述及媽祖的最早文獻的年代確切知爲南宋初紹興廿年。

❻ 一般學者舉丁伯桂〈順濟聖妃廟記〉的出處，主要云其出自南宋潛說友纂《咸淳臨安志》卷七十三祠祀三外郡行祠順濟聖妃廟條（宋元地方志叢書第七冊，台北：大化書局）及清沈翼機等撰《浙江通志》卷二一七祠祀一順濟聖妃廟條（中國省志彙編之二，台北台灣華文書局）所載。然筆者在收集資料時，偶見比此二書年代更早的宋施諤《淳祐臨安志》亦收有丁氏一文。按阮文達《四庫未收書目提要》云此志今僅存五至十卷，祠廟等卷已佚。惟清胡敬曾輯有《淳祐臨安志輯逸

八卷》，其中包括卷一祠廟等條，該卷亦收有丁氏一文。但其中的個別單字有與《咸淳臨安志》所收有不同之處，筆者以爲《淳》所收，當爲丁氏一文的最早出處。《淳祐臨安志輯逸八卷》收於清《武林掌故叢編》第十二冊。

❼《淳祐臨安志》的祠廟卷見於清胡敬輯的《淳祐臨安志輯逸八卷》中，詳見❻所述。其有關順濟聖妃的文字記錄，比《咸淳臨安志》還多。《咸淳臨安志》所記，或以《淳祐臨安志》爲本而有所刪簡。

❽《夷堅志》之「支景」據《四庫全書提要》云支景實是指支丙，乃因避其曾祖之嫌而諱寫成支景，《欽定四庫全書》乃將支景改爲支丙。

《夷堅志》支戊卷一〈浮曦妃祠〉云崇福夫人於海上協扶福州海商的神蹟，且言「此夫人今進爲妃」。其所指崇福夫人，筆者以爲當爲媽祖。另文中所云之「莆田境浮曦灣」可能就是指賢良港附近之莆禧。

《夷堅志》此二條文獻同亦收在《筆記小說大觀》二十一編，第四冊，《夷堅志》五十卷中，惟該版不分支景、支戊，而分別收於卷十五和卷二十一中。

眞德秀《西山眞文忠公文集》卷五十（四部叢刊正編集部，大本原式，台灣商務，六十一冊）祝文條有數條：〈聖妃宮祝文〉、〈惠安縣管下聖妃宮祈雨祝文〉及〈再祈雨祝文〉、〈聖妃祝文〉等條，其所言均與禦海寇和祈雨有關，其神蹟多與宋代文獻的媽祖神蹟相似。惟宋代敕封媽祖，未見有「聖妃」封號。但查宋代地方志《淳祐臨安志輯逸八卷》卷一及《咸淳臨安志》卷七十三記艮山門外之媽祖廟時，均謂「順濟聖妃廟」，可推測，南宋時人或許亦稱媽祖爲「聖妃」。

❾漢晉陶瓷雖然在東南亞曾有出土，但出土範圍狹小、零散，且量少，至今未超過三十件，詳見唐星煌〈漢晉間中國陶瓷的外傳〉《廈門大學學報》一九八八．三頁一〇九。故它應當不具備有外

銷商品的特性。參見Dawn F. Rooney "Folk Pottery in South East Asia", Singapore: OXFORD UNIVERSITY PRESS 1987. p.33.具有一定規模中國外銷陶瓷的出現應始於晚唐五代，參見三上次男（晚唐五代的貿易陶瓷）《中國古陶瓷研究》創刊號，頁一。

⑩ 王賡武曾認爲晚唐以前，中國的海貿，主要仰賴於阿拉伯、波斯、印度及東南亞諸國商人以「聖物（以佛具、香料爲大宗）朝貢」的方式來進行貿易，當時中國能輸出的商品還很少，僅以絲綢等極高級的奢侈品爲主，且多爲餽贈之用，使在國際貿易的經濟效益上存有極大的局限性。見王賡武《南海貿易與南洋華人》，香港：中華書局，一九八八，有關「聖物朝貢」的部份，頁六十五——九十一，一六八——一七五。

⑪ 有關宋元外銷瓷散佈亞非各地的情形可參見⑩Dawn F. Rooney之前引書以及龜井明德、崔淳雨、矢部良明合著（宋代の輸陶磁）（《世界陶磁全集·十二·宋》東京：株式會社小學館，一九八九年初版七刷，初版一刷爲一九七七年，頁二六六——二九六）、葉文程《中國古外銷瓷研究論文集》（北京：紫禁城出版社，一九八八年）等等。

⑫ 朱彧《萍洲可談》，守山閣叢書本，相關部份主要在卷二。周去非《嶺外代答》，知不足齋叢書本，相關部份在卷二、卷三。趙汝適《諸番志》（馮承鈞校注本，台灣商務）。陳大震《南海志》，元大德刊本，今存唯卷六至十（北京圖書館館藏，見《宋元方志叢刊》第八冊），該文獻所載海外地域名目頗多，計有西洋、小西洋、東洋、小東洋和大東洋等。汪大淵《島夷誌略》（蘇繼，校釋本，北京：中華書局，一九八一年）。

⑬ 宋代以前，中國商人在南海貿易上一直扮演著被動的角色。當時海貿的主角應是阿拉伯及印度商人。見王賡武《南海貿易與南洋華人》，頁一七〇。但這種情勢到宋代以後卻有了突破性的變轉。宋元的中國商人已積極出海，成爲海貿中的要角。並且於當時形成了廣泛的自由貿易圈。河原由郎以爲海外諸國與宋朝的國際修好除了朝貢形式外別無他法（《宋代社會經濟史研究》，東

京：勁草書房，一九八〇年，頁一五五），其論說是值得商榷的。因為在當時以宋朝為中心的國際貿易體系中，朝貢形式僅是對外交涉中的其中一環，而非全部。

⑭ 當時的「海舟以福建為上」（《三朝北盟會編》卷一七六）當時的海船一般有十幾丈長。有關宋元船隻的情況，可參見陳希育《中國帆船與海外貿易》（廈門大學出版社，一九九一，頁三十五——五〇）、陳信雄〈宋元的遠洋貿易船〉（《宋元海外發展史研究》，台南：甲乙出版社，頁一七五——二二七）、王冠倬《中國古船》（北京：海洋出版社，頁二八——三八）等等

⑮ 關於指南針用於海上導航的最早文獻，見於北宋末宣和元年（一一一九年）朱彧的《萍洲可談》卷二。另見於宣和五年（一一二三年）徐兢撰的《宣和高麗奉使圖經》卷三四，〈半洋焦〉（知不足齋叢書本）。

⑯ 參見蔣致潔〈試論絲綢之路貿易的衰弱〉（李明偉主編《絲綢之路貿易史研究》甘肅人民出版社，一九九一，頁一三五——一五一）、孫光圻《中國古代航海史》（北京：海洋出版社，一九八九，頁三四六——三五六）。

另，有關北南經濟移轉問題，可參見張家駒《兩宋經濟重心的南移》（台北：帛書出版社，民七四）一書。

⑰ 如從九〇九——九五九年間，往返於吳越與日本間的海上航行，至少達十五次之多，且多為中國海舶，船主如蔣承勛、鮑置求等等。參見孫光圻《中國古代航海史》，頁三二四——三二五。

⑱ 宋晞〈宋商在宋麗貿易中的貢獻〉《宋史研究論叢（二）》（台北：中國文化大學出版部，民六九，頁一三九——一八六）。

⑲ 宋代在東南亞開始有華人留居，見和田久德〈宋代（九六〇——一二七九）東南亞的華僑社會〉，《東南亞研究資料》中國科學院中南分院東南亞研究所，一九六二．一，頁八九——一〇三。

# 第二節　宋元媽祖信仰的形成發展與海洋事業的關係

## 一、媽祖信仰的初始形貌

各代文獻有關對媽祖的闡釋，反映了各時代的現實及當時人的內在祈望及對媽祖形象的自我設想。故元明以後的文獻，對媽祖的闡釋已經明顯地存有恣意和有意識的附會現象，以致和宋代文獻對媽祖形象的敘述存有諸多的不同❶。故欲研究媽祖的初始形貌，應主要以其最早期的文獻（就目前所知者爲南宋）的資料爲依據。

媽祖的起源及其初始形貌：

有關宋代文獻述及媽祖的初始形貌者，主要有以下數條：

①李俊甫《莆陽比事》卷七〈鬼兵佐國神女護使〉條：

「湄州神女林氏，生而神靈，能言人休咎，死廟食焉。」

②陳宓〈白湖順濟廟重建寢殿上梁文〉：

「妃正直聰明，福同於天道，周匝宏博，利澤覃于海隅。」

③丁伯桂〈順濟聖妃廟記〉：

④李丑父〈靈惠妃廟記〉：

「神莆陽湄洲林氏女，少能言人禍福，歿廟祀之，號通賢神女，或曰龍女也。」

「林氏生于莆之海上湄洲，湄洲之土，皆紫色，咸曰必出異人，禦災患有功德於民……或曰妃，龍種也，龍之出入杳冥無所不寓，神靈亦無所不至。」

⑤《淳祐臨安志》及《咸淳臨安志》〈順濟聖妃廟〉：

「神本莆田林氏女，數著靈異。」❷

⑥廖鵬飛〈聖墩祖廟重建順濟廟記〉：

「世傳通靈神女也，姓林氏，湄洲嶼人，初以巫祝爲事，能預知人禍福，既歿，衆爲立廟于本嶼。」

⑦黃巖孫《仙溪志》卷三〈三妃廟〉：

「本湄洲林氏女，爲巫，能知人禍福，歿而人祠之，航海者有禱必應。」

⑧明弘治周瑛《興化府志》：

「余少時讀郡志，得紹熙初本，亦稱妃爲里中巫。」

⑨黃公度〈題順濟廟〉詩：

「平生不厭混巫媼。」

（以上出處均可參見自本文附錄部份，表一〈有關述及媽祖事蹟的宋代主要文獻一覽表〉）。

有關媽祖的初始形貌及其起源，學者有主巫說，主神靈說❸，主摩尼說❹，主神道說或三教說，又有主張媽祖未必有其人，而是海神的代稱，是大自然之神❺等等多種說法。惟筆者以爲欲探媽祖的原初形貌，應注意到當時中國東南其特殊的歷史背景與當地民俗情況之特性。

其實自古以來，好巫之風，本多處有之，尤其在「江南閩越歷久不替，則又尤盛於它處」❻。巫覡政治在秦漢以前頗有影響力，秦漢以後雖已漸衰，然仍盛行其術於民間❼。自戰國以迄清代，吳越閩粵中國東南濱海之地，向來巫風盛行，多立淫祀，這是民間多神教信仰的特徵之一。雖然在唐代狄仁傑曾有廢淫祀破祠廟之舉（江南一帶被廢者多達一千五百餘處），然到了宋代各地又開始立各種祠廟，奉祀各種神祇，尤其是東南沿海隨著宋元海洋事業的頻勃，濱海諸地奉祀與海事有關的水神系統的神祇之活動更是不斷增多❽。

之後，這種巫覡之術和各地各種新興的神祇，亦漸被宋代以後的道教所吸收，容納，甚而取代之。我們知道，五代以後道教的最大特色是「流傳各地的道教由於同地方各色各樣的民間信仰相接觸，逐漸庶民化了」❾其教法科儀的重心一部份移向依靠咒法謀求治病、驅邪、除災、役鬼等具有現世觀的符籙、祝咒、齋醮等方式。這些方法與儀式，主要是從祀神、詛咒、厭勝的巫術中衍生來的❿。這種咒法系統化，形成理論的過程在宋代起始成形，且如松本浩一所說當時已出現「道教世界觀圍繞著神靈們創造的世界，與民間信仰的儀禮、祭祀等不斷接觸、互相作用的情形」⓫，甚至產生融混巫咒的庶民化僧道取代傳統巫師地位的情形出現⓬。從這個角度觀之，媽祖的信仰很大的可能性是出自於這樣的情境而演變的。

所謂巫者，其先決因素就是「通神」（如同《說文》所解的巫者即「能事無形，以舞降神者也」）。巫具有超越人間力量的能力，透過巫，使「人與神力的結合」，以致使人才能獲知未來，贏得豐收，戰勝疾病，保得平安。故巫者是具有品格純正、智慧超人而又有「明神降之」者⑬。是處於人神之間，而求以人之道通於神明者也⑭。故宋代文獻中，陳宓〈上梁文〉云：「妃正直聰明，福同於天道」，其能「言人休咎」，「言人禍福」，「知人禍福」者，一方面可謂是神靈的神能，從某個角度說，又何嘗不是能通靈，具有異能的「巫」？其實李丑父〈廟記〉說得很明白，說湄洲之土「咸曰必出異人」，又「或曰妃，龍種也」，說明了媽祖的初貌，本身就是多元複雜的。即是神靈，又是「異人」，具備「里中巫」的職能，且「以巫祝爲事」。

因此筆者以爲媽祖最初可能是因「初以巫爲事，能預知人禍福」（廖鵬飛〈廟記〉語），而且很「靈」驗，致使歿後，人以爲「去而爲神」（劉克莊〈廟記〉語），故「衆爲立廟」（廖鵬飛〈廟記〉語）以爲神靈而尊奉祭祀之。是當時中國東南方巫風盛行之下，相當典型的民間信仰之一種。

從文獻可知，她的源起並不出自傳統正統的宗教經典。開始時，僅是民間的私自祀奉，是一種地方上的民間信仰，屬所謂的「淫祀」之類，尚未被官方承認，亦未爲道教或佛教收編，如同南宋末陳淳的「上趙寺丞論淫祀」述及當時漳州的情況一樣，云：

> 某竊以南人好尚淫祀，而此邦之俗爲尤甚，自城邑至村墟，淫鬼之名號者至不一，而所以爲廟宇者，亦何啻數百所，逐廟各有迎神之禮，隨月送爲迎神之會……況其他所謂聖妃者莆鬼也……」⑮

可知這種所謂的民間淫祠崇拜普遍。而媽祖信仰亦是這種民間信仰的典型例子⑯。但這種淫祀隨著民間社會的信仰普及度和得到上奏表揚的機會時，其神格地位是會上下升降的。誠如《宋史》卷一〇五禮八〈諸祠廟〉條所云：

自開皇、寶祐以來，凡天下名在地志，功及生民，宮、觀、陵廟、名山、大川、能興雲雨者，並加崇祀……州、縣嶽瀆、城隍、仙、佛、山神、龍神、水、泉、江、河之神及諸小祠，由禱祈感應，封賜之多，不能盡錄。……諸神祠無爵號者賜廟額，已賜廟額者，初封侯，再封公，次封王。生有爵位者，從其本爵，封夫人，再封妃。

可知只要有人上奏朝廷述神靈感應事蹟，就有被朝廷賜廟額或封爵，爲官方所認可而「收編」的可能。又誠如黃巖孫《仙溪志》卷三〈祠廟條〉云：

祭法云：法施其民則祀之，以死勤事則祀之，能禦大災捍大患則祀之。閩俗機鬼，故邑多叢祠……或以神仙顯，或以巫術著，皆民俗所崇敬者，載在祀典所當紀錄，其不在祀典者，不書。

而媽祖就收在《仙溪志》卷三〈三妃廟〉條中，除湄州林氏女（即媽祖）初爲巫外，其餘二者（昭應廟的順應夫人和慈感廟所祭的女神祇）也均是女巫出身，由於善「咒術」且很「靈」應而以爲「神」，故皆歿後立祠祀之。又云「三神靈跡各異，惟此邑合而祠之。有巫自言神降，欲合三廟爲一邑，人信之」，故立廟合祀，俗名「三宮」。可知媽祖的起源，與巫有關，亦與神靈有關，是當時普遍的民間叢祠信仰之一種。而且如《仙溪志》所云，這時的媽祖祠廟，至少已經是被官方「登錄在案」的神祇了。即媽祖廟已從最初巫風下的淫祠角色轉爲合法祠祀的地位了。之後，媽祖被納入佛道神系中[17]，更甚而被朝廷封爲「夫人」，封爲「妃」，至元代封爲「天妃」，媽祖廟乃由普通祠宇昇爲政府祀典。由茲可知，一些文獻云媽祖初爲巫，實是當時巫風盛行下的一種社會風俗的現實寫照。

## 二、媽祖海神神格地位的確立

媽祖信仰與當時東南沿海一帶的海上活動有著一定的關聯性，茲述如下。

（a） 屬水神系統的神祇，亦是海上活動的守護神：

有關水神的信仰，早在上古時代已有之。掌管河水的神者有河伯，掌大海者有所謂的四海之神也。秦漢時期歷代朝廷多有祭四海神之典。惟四海神不過是對海神的泛稱，是屬於一種自然現象之神的崇拜，並沒有專祠之神。以人歿後因靈應而爲水神者，古亦有之，尤其在吳越多水之地，其俗相沿頗多水神之祀，如對禹帝、伍子胥、曹娥等等之崇信，且亦多與巫道信仰有關[18]。但這些水神系統的神祇主要只是湖河江潮之水神。而其中的伍子胥，雖是錢塘江與海交匯之潮神，但卻是個雷霆震怒的形象。至於人格化，且溫和又能轉禍爲福的海之專神，筆者以爲可能要到宋代以後的東南巫風隨著海洋事業的發達方才產生或增多。

人們對媽祖形象的型塑，一開始就賦予她具有控制海濤風向變幻的靈性，深具庇祐航海者安全順利的神能。這從宋元文獻中就已能看出端倪。

如同丁伯桂〈廟記〉云媽祖「或曰龍女也」，李丑父云「或曰妃，龍種也」，說明她出自水神一系。黃公度〈題順濟廟〉詩云：「萬戶牲醪無水旱」，「千里桅檣一信風」；陳宓〈上梁文〉云她「利澤覃于海隅」，李俊甫《莆陽比事》云「居白湖而鎮鯨海之濱，服朱衣而護雞林之使」，以致對「航海者有禱必應」（《仙溪志》卷三），均說明媽祖除具有免除水旱之神能外，不僅能支配水，而且亦有支配「海」的神力，能預知海上的風濤變幻，能拯救海上遇險之船隻之靈性。顯示了媽祖爲神靈時，就具有水神，而且是海神的特質，是出自水神系統中的海神神祇。

不少宋元文獻記有船隻在海上遇險而獲媽祖拯救的事蹟。例如劉克莊〈風亭新建妃廟〉云「異時，航海梯山者，勤王愾敵者，猝遇颶風，暴虜雪濤，白刃命懸」時，乃默禱之，則「見神於雲煙島嶼之間，莫不獲安穩」。故凡是海上遇有險難，「航海者有禱必應」（宋《仙溪志》卷三〈三妃廟〉）。元代文獻亦追記云：「宋元祐間，邑人祀之，水旱癘疫，舟航危急，有禱輒應。」（程端學〈靈濟廟事蹟記〉）延祐二年的〈昆山靈慈宮原廟記〉曰：「（彼時）勁風起惡，洪濤騰沓，快飄摧撞，束手罔措」時，「於是，吁呼天妃，應答如響，光景赫然見于檣端，而舟中之人如嬰之覩怙恃矣。」。[19]

因此南宋眞德秀〈聖妃宮祝文〉以爲媽祖已成爲「凡航海之人仰恃以司命是用。」因而，「其妃之靈著，多於海洋之中，佑護船舶，其功甚大。」（吳自牧《夢粱錄》卷十四外郡行祠條）而「爲神海下，威福煌著，凡駕海之舟，咸惟以爲命，所到奉祀。」（黃向〈天妃廟迎送神曲〉）更遂使其發源地湄洲嶼媽祖廟在宋元之時出現「飛舸鯨濤波渺冥，祠光壇上夜如星……萬里使軺游冠絕，千秋海甸仰英靈，乘風欲借天風便，彷彿神山一髮青」的盛況（張翥〈湄洲嶼〉）（上引有關元代的文獻之出處，可參見本文附錄部份，表二〈有關述及媽祖事蹟的元代主要文獻一覽表〉）。可窺在宋元之時，媽祖已經在當時中國的東部沿海一帶的人們心目中，成爲了庇祐從事海上活動者的保護神了。

（b）海神徽號的正式確立：

媽祖受到官方政府的重視，當是始於宋宣和壬寅年（一一二二年）給事路允迪出使高麗時遇險，傳爲媽祖所救而獲安濟。次年，時人上奏於朝，乃獲賜「順濟」廟額[20]，是爲媽祖信仰受政府官方重視之始。亦是媽祖從「淫祀」的角色，被羅織收編成官方的宗教體制，成爲合法化的祠祀之始。之後，在宋代，媽祖被封爲「夫人」，封爲「妃」。然至元代後，媽祖海神的形象更獲肯定及爲官方所正式確立。

以正史《元史》爲例，參見下表：

| 時間 | 事項 | 出處 |
|---|---|---|
| 至元十五年（一二七八）八月壬子 | 封泉州神女，號護國明著靈惠協正善慶顯濟天妃。 | 元史卷十世祖本紀 |
| 大德三年（一二九九）二月癸丑 | 詔封泉州海神曰，護國庇民明著妃。 | 元史卷廿成宗本紀 |
| 至治元年（一三二一）五月辛卯 | 海漕糧至直沽，遣使祀海神天妃。 | 元史卷廿七英宗本紀 |
| 至治三年（一三二三）二月辛卯 | 海漕直沽，遣使祀海神天妃。 | …… |
| 泰定三年（一三二六）七月甲辰 | 遣使祀海神天妃。 | 元史卷三十泰定帝本紀 |
| 泰定四年（一三二七）七月乙丑 | 遣使祀海神天妃。 | …… |
| 致和元年（一三二八）正月甲申 | 遣使祀海神天妃。 | …… |
| 天曆二年（一三二九）十月己亥 | 加封天妃爲護國庇民廣濟福惠明著天妃賜廟額曰靈慈，遣使致祭。 | 元史卷三十三文宗本紀 |
| 至正十四年（一三五四）十月甲辰 | 詔加號海神爲輔國護聖庇民廣濟福惠民著天妃。 | 元史卷四十三順帝本紀 |

可知媽祖的「海神」徽號資格在元代時，獲得官方政府的正式確立。而自元皇慶以來（一三一二——一三一三），元代政府幾乎是「歲遣使齋香遍祭」[21]。如同元柳貫〈敕賜天妃廟新祭器記〉所云：「海神之貴祀，曰天妃。天妃有事于海者之司命也。」（《待制集》卷十四）由茲觀之，媽祖「海神」徽號，至遲在元代就已經被正式確立了下來。

（c）元代海上漕運與媽祖：

有關元代海漕與媽祖信仰關係的論說，不少學者已多有述及[22]。惟，爲何海漕會在這時興起？又何以從事海漕之人非常迫切需要型塑一海神（媽祖）的精神寄托崇拜呢？這應與當時的社會、經濟和海漕的實際情況有關。

我們知道，至宋代以後，中國經濟重心開始南移。但元代，政治中心卻在北方。政治中心與經濟重心逐漸分離。彼時「元都于燕，去江南極遠，而百司庶府之繁，衛士編民之衆，無不仰給於江南。」[23]故「南糧北調」實成爲元政府的重要政務之一，甚而攸關到元政權國運的存續亡衰[24]。元初，對於南糧北調的龐大輸送方式，曾因循前代的內河漕運，惟河運路線長而輾轉（部份如黃河逆水至中灤時要改採陸運），運量少，耗力大，效應低[25]。因此遂改採應變措施，其一爲「廣開新河」，「然新河候潮以入，船多損壞，民亦若之」，故其二乃言「海運之舟。悉皆至焉，於是罷新開河，頗事海運。」[26]

大規模的海運漕糧始於元代。至元十九年元丞相伯顏「以爲海運可行，於是請於朝廷，命上海總管羅壁、朱清、張瑄等，造平底海船六十艘，運糧四萬六千餘石，從海道至京師」[27]，是爲元海運漕糧之始。至元廿四年立「行泉府司，專掌海運，增置萬戶，浙二，總爲四府。是年遂罷東平河運糧。」之後江南之糧北調京師者，一年從開始的四萬石增至三百萬石以上，爲國計者大矣㉘。負責海運的專司官員，有正三品和正五品的要員，可知元廷對海漕的重視㉙。

惟航路的初闢階段時，「然剏行海洋，沿山求嶼，風信失時，明年始至直沽」㉚。而當時的海運船「船大者不過千石，小者三百石」㉛，是相當簡陋的平底沙船。當時海運的折損率是相當高的。至元十九年（一二八二年）的第一次運糧，因事故折損者幾近十一%，直至至元二十八年（一二九一年），是年運糧損失率竟高達十六%。從一二八三年至一二九一年年均海運漕糧的折損率約爲五·二%㉜，可窺海上漕糧運輸之艱險。縱使至元二十九年（一二九二年）及三十年（一二九三年）後，朱清、張瑄建言改採更便捷的新航道㉝，「當風信有時，自浙西至京師，不過旬日而已……然風濤不測，糧船漂溺者，無歲無之，間亦有船壞而棄其米者」㉞。運糧的折損率雖有降低，但是一二九三年後仍有一萬石以上，二—三%的折損率，甚而還有損失廿萬石，高達七·一六%的損失率（如至大三年，一三一〇年）。

由於海運漕糧的艱險，折損率不小，行漕之人遂很自然的在心理上欲祈求一個能保護海漕者的海神崇拜的出現。海神系統的媽祖信仰的興起，正好應合了當時人的心理祈盼。另一方面，元帝國的官方政府亦因海漕對其國運之重要性所致，乃頻頻敕封，遣使祭祀媽祖，使媽祖神格提高，媽祖信仰得以更擴大的傳播。

由是，有關媽祖的元代文獻，幾乎大部份都與海漕運有關。例如虞集〈送祠天妃兩使者序〉云，由於海漕的普及，但卻因運輸折損率頗高，如「天曆二年，漕吏或自用，不聽舟師言，趨發達風信，舟出洋已有告敗者，及達京師，會不至者，蓋七十萬」㉟，以致引起元政府的重視，朝臣乃言「或曰有神，曰天妃廟食海上，舟師委輸吏必禱焉」。因此，每值海漕運糧，朱德潤〈江浙行省右丞岳石木公提調海漕政績碑銘〉云：

> 歲兩運，卜吉，每先期祀天妃於郡城崑山路漕廟所，官屬俱集，公（按指岳石木）帥執事，齋祓宿廟下，周眡滌濯，隋釁逆牲，奉幣享神之旦，五鼓樂既奏，公率掾屬漕府官以下，恪虔致禱拜興，肅然罔敢怠譁。由是兩運既發，海無驚濤，舟行如履坦途。

柳貫〈敕賜天妃廟新祭器記〉亦曰：

> 歲運東南之粟三百萬石……舟將發臨，遣省臣率漕府官僚，以一元大武致天子毖祀之，命薦于天妃，得吉卜，而後行，精神肹蠁如父母之顧復其子，無少爽也。

鄭元祐〈重建路漕天妃廟碑〉也云：

> 既開漕府于吳，歲每分江浙省宰臣一人督漕。當漕之際，宰臣必躬率漕臣守臣咸集祠下，卜吉於妃。既得吉卜，然後敢於港，次發舟，仍即妃之宮……

可知媽祖「神於海道嘉績顯著，神之衛民可謂勤矣」（洪希文〈降香祭湄州天妃祝文〉），「初漕事畢集，海波不揚，皆神之力」（宋褧〈天妃廟代祀祝文六道〉）。由是，程端學〈靈濟廟事蹟記〉云：「凡涉大險必有神物效靈以濟之，若海之，有護國庇民廣濟福惠明著天妃是已。我朝疆宇極天地所覆，地大人衆，仰東南之粟，以給京師，視漢唐宋爲尤重。神謀睿算，肇創海運，較循貢賦古道，功相萬也。然以數百萬斛，委之驚濤駭浪，冥霧颶風，騙檣失利，舟人隳守，危在瞬息。匪賴明神，有禱斯答，其罔攸濟，故褒功錫命，歲時遣使致祭，牲幣禮秩，與嶽瀆並隆。」誠爲媽祖信仰與元代海漕關係的最佳寫照。媽祖在元代成爲海漕運糧的守護神。不僅在民間普及傳播，官方政府甚而特別重視媽祖，累敕封，地方官員及中央政府均歲遣祭祀之。

（d）　宋元海洋貿易與媽祖信仰的可能相關性：

學者述及元代媽祖者，多常僅言媽祖與海漕的關係。惟元代時之媽祖信仰，除與海漕有密切關係外，其海神特質，是否亦與當時的海上貿易有關？這點則少被學者述及。一方面可能是因少有直接的文獻可以印證㊱，一或許乃由於受元中央及地方官員的史籍文集所限（因爲站在官方立場言之，海漕運糧實比民間私人的海貿來得重要），以致以爲元代媽祖信仰幾乎全與海漕有關。這或許造成了以偏概全的偏頗盲點㊲。

其實在宋元文獻的一些隻言片語中，仍然可以窺看出宋元媽祖信仰是與當時的海貿有一些可能的相關性存在著的。宋元交際的吳自牧《夢梁錄》卷十四〈外郡行祠〉條言：

> 順濟聖妃廟，在艮山門外，又行祠在城南蕭公橋及候潮門外，瓶場河下，市舶司側…
> …（媽祖）其妃之靈著，多於海洋之中，佑護船舶，其功甚大。

所謂其靈著「多於海洋之中，佑護船舶」，其所指「海洋」，範圍極廣，或指東南沿海，亦可能包括跨國界的海域。所謂「佑護船舶」，或指國內的漁船，漕運船或商船，亦可能包括出航的海外貿易之「船舶」。而其行祠在「市舶司側」，則更意示了媽祖信仰與海貿的可能相關性之存在。

宋丁伯桂亦云：「神雖莆神，所福遍宇內……商販者不問食貨之低昂，惟神之聽」（丁伯桂〈廟記〉）。陳宓〈上梁文〉云：「伏願上梁之後，神人安妥，年穀順成，賈無風雨之災，士有雲龍之慶」。另外，南宋最早的文獻廖鵬飛〈聖墩祖廟重建順濟廟記〉所述更是引人注目。該廟記云北宋元祐時，媽祖在寧海顯靈後，對當地影響頗大，尤爲海商，「商舶尤藉以指南，得吉卜而行，雖怒濤洶湧，舟亦無恙。寧江人洪伯通嘗泛舟以行，中途遇風，舟幾覆沒，伯通號呼祝之，言未脫口而風息。既還其家，高大其像，築一靈於舊西以妥之。」此爲宣和四年商人洪伯通出海經商，得媽祖「顯靈」安全回來之事[38]。其次年，乃是媽祖庇祐路允迪奉使高麗，時人奏於朝而受賜額，是爲受褒封之始。可知媽祖作爲官方「收納」入正統合法祠祀之前，已經早被民間的海商所信仰，成爲海上活動（當然包括海上貿易）的保護神了。所以明代文獻邱濬的〈天妃宮碑〉云：「宋宣和中朝遣使航海於高驪，挾閩商以往，中流適有風濤之變，因商之言，賴神以免難。使者路允迪以聞，於是中朝始知莆之湄洲嶼神之著靈驗於海也。」㊴邱濬一文雖是明代文獻的追記，然其云「挾閩商以往」，「因商之言」，實是相當能符合當時的實際狀況的。故早在宋代，媽祖信仰與海上貿易之間，應當有一定的關連性存在。

以上文獻所述，多無明言是指國內或海外貿易，媽祖與宋元的海外貿易有無關係，由於尚缺乏直接的文獻印證，以致難窺其全貌。但從一些文獻中，仍可看出此端倪來。例如程端學〈靈濟廟事蹟記〉云：「（媽祖）迨自皇元，萬斛龍驤，絶海達畿，東南庶邦，島夷蠻裔，獻琛是職，波晏不揚，如履康莊，神惠孔碩，天子曰嘻。」所謂「島夷蠻裔，獻琛是職」，當與海外關係（或海貿、或朝貢）有關。另外，筆者近來在翻查文獻時，很意外的發現到一則頗有意思的文獻：元張翥《蛻菴集》卷五〈寄題顧仲瑛玉山詩一百韻〉中有云：

……普天均雨露，絶域總梯航，每念京師食，遙需漕府糧，神妃所芘護，颶毋敢飛揚……

……泠飆鼓萬舵，朱火耀連檣，帝敕中嘉惠，祠官按典常……僕本中林士，久陪東觀郎……

……衝流度鄞越，陟險過泉漳，緬彼湄洲嶼，嶄然鉅海洋，蛟穿崖破碎，鯨蹴浪撞搪，震鼓轟空闊，奔帆截渺茫，島衣迎使舸，瘴霧避天香，嘉薦歆芬苾，陰功助翕張，精誠致工祝，景貺答禎祥，賈舶傾諸國，輿圖奄八荒，身雖距閩嶠，志已略扶桑……

文中所述之「神妃」不僅與海漕有關，而且還可能與「賈舶傾諸國」有關，而且又與「略扶桑」有關，可窺其間當與海外貿易有關。此外張翥在另一文章〈天妃廟序〉中亦云「（媽祖）幼而通悟秘法，長而乘席以行。逝而見夢以祠……發光怪於漲海，猝颶風以濟人……」。所謂「漲海」者，其含義泛指今中國南方以外的廣大海洋，包括南海、西海在內㊵。由是可知，此條文獻是更具意義的。而張翥此人亦曾爲元代著名的海洋史專著汪大淵《島夷志略》寫過序㊶，可知他應是對當時的海洋活動有頗多瞭解之人。從「發光怪於漲海，猝颶風以濟人」中，顯示出媽祖信仰在宋元之時，應當已與當時的海外貿易存有某種程度的關連性存在。㊷

此外，前述提到的因頗事海運，「立萬戶府二。以朱清爲中萬戶，張瑄爲千戶」以負責海運事㊸。此朱清、張瑄二人，本乃「久爲盜魁。出沒險阻，若風與鬼，劫略商販」㊹，是些縱橫於海上亦盜亦商的海寇。由於元政府的收編，而成爲元朝官員，專司海運漕糧一事。況且朱、張二人執掌北洋漕運之後，其「巨艘大舶，帆交番夷中」㊺，成爲當時海貿事業的一方雄主。既然其主持的海漕運糧與媽祖信仰有密切關係，則其主控之海貿事業，亦可能應與媽祖信仰有相當的關聯。

其實元代媽祖信仰其突出的特點，若僅「媽祖信仰被朝廷的漕運所利用，主要向北方沿海地區傳播」㊻，此論說是有失偏頗，以偏概全的。因爲元代的海洋事業，除了在海漕事業上有特出的表現外，當時的海上貿易亦是不可忽略的重要現象。

當時的漕運，所用之漕船主要是一種方頭、方艄的平底沙船，是屬於江浙一帶的船型。與當時頗盛行於海上，以福建地區爲主的尖底福船有很大的不同。故海漕多是靠江浙型船隻運糧，確有促進元代媽祖信仰的向北傳播。但是，除向北傳播之外，當時南方福建的媽祖信仰仍是頗盛的，且亦是媽祖信仰的發源地。湄洲媽祖廟成爲當時祭祀媽祖的重點祠廟。而福建的行船人中，除一部份與海漕有關外，應當還與福建盛勃的民間海上貿易有著密切的關係。

況且至唐以來，歷朝政府有所謂祈風之祀，以祈海上之風順，海貿之隆興。惟宋代以來，由於媽祖信仰的興起，尤其在慶元二年在當時對外貿易港口泉州建立妃宮之後，已漸有取代祈風祀禮之勢。而且元代市舶司已不再舉行祈風，只有祭海㊼。不斷遣使祭祀「海神」媽祖，累敕封，一方面固然因為海漕一事而起，但元代當時的海洋貿易似又比唐宋時來的繁盛，祈風的廢祀，航海經商之人的精神寄托不可能就此空缺。故祀海神媽祖，其對元代海洋事業「神蹟」之大，其中應包括海貿事業在內。

因此筆者以爲元代媽祖除與海漕運糧有密切關係之外，亦應當與當時的海洋貿易（包括國內的海上貿易及國際間中國商賈主動出海的海外貿易）有著一定相關的可能性存在。

## 註釋

❶ 可參見李獻璋〈元明地方志的媽祖傳說之演變〉《台灣風物》十一卷一期，一九六一・一，頁二十——三八。

❷ 《淳祐臨安志》及《咸淳臨安志》所述相近。《咸淳臨安志》所述或以《淳祐臨安志》爲本。詳見本文〈第一節〉之❻和❽。

❸ 主巫說，以李獻璋爲代表。但石萬壽曾爲文駁斥，而提主神靈說。可詳見石萬壽〈明清以前媽祖信仰的演變〉《台灣文獻》四十卷二期，民七十八・六，頁二——四。

❹ 詳見蔡相煇《台灣的王爺與媽祖》，台北：台原出版社，民七十八，頁一二二。

❺ 有關此論說者，其最早文獻應是元代之文獻，如柳貫〈敕賜天妃廟新祭器記〉及劉基〈台州路重建天妃廟碑〉等。

❻ 丁煌〈漢末三國道教發展與江南地緣關係初探——（以張陵天師出生地傳說、江南巫俗及孫吳政權與道教關係爲中心之一般考察）〉《國立成功大學歷史學系歷史學報》第十三號，民七十六．三，頁一七八。

❼ 同❻，頁一八一。

❽ 參見林其泉〈關於媽祖神化前的幾個問題〉《思與言》第二十八卷三期，一九九〇．九，頁一三三。

❾ 秋月觀映〈道教史、宋代道教和新道教的出現〉載於福井康順等監修《道教》第一卷，上海古籍出版社，一九九〇，頁四九。

❿ 葛兆光《道教與中國文化》，上海人民出版社，一九八七，頁八一。

⓫ 松本浩一〈道教和宗教儀禮〉載於福井康順等監修《道教》第一卷，頁一五七。

⓬ 松本浩一〈葬禮、祭禮にみる宋代宗教史の一傾向〉《宋代の社會と文化》，頁一七四。此篇文章承張永昇學長示告，經日籍學妹大原美智託人於日本影印該文。僅此致謝。惟因時間匆促而疏忽，以致漏記出版社及出版年月日。在此僅記其書名。

⓭ 葛兆光《道教與中國文化》，頁七九。

⓮ 瞿兌之〈釋巫〉，載於杜正勝《中國上古史論文選集》下冊，台北：華世出版社，民六八，頁九九一。

⓯ 陳淳一文，筆者未見，乃轉引自松本浩一〈葬禮、祭禮にみる宋代宗教史の一傾向〉頁一八三。

⓰ 其他例子尚如劉克莊〈協應錢夫人廟記〉（《後村大全集》卷九二）。另，《仙溪志》卷三〈三妃廟〉除記湄州林氏女外（即媽祖），與其同性質的神祇尚有昭應廟的女巫「順應夫人」和慈感

廟所祭的女神祇等。

⑰ 有關媽祖廟由淫祠轉爲合法祠祀的情形，可參見蔡相輝〈以媽祖信仰爲例論政府與民間信仰的關係〉一文，該文發表於《民間信仰與中國文化國際研討會》，台北漢學研究中心，民八二．四，頁六——七。

至於媽祖被納入佛道神系中，宋元時亦有點滴脈絡可尋。例如李丑父〈靈惠妃廟記〉云該廟「至順三年（金山僧）僧德煥募衆重修」，可知於宋代，媽祖信仰就與佛教有些關係。在道教方面，《宋會要輯稿》禮二十之五一，〈張天師祠條〉云媽祖合祀於張天師廟內。另，元黃四如〈聖墩順濟祖廟新建蕃釐殿記〉云媽祖「即姑射神人之處子」，「即補陀大士之千億化身也」，可知至元代，媽祖信仰已含有道佛之宗教色彩。《道藏》洞神部、本文類（上海書局等印行，第十一冊）收有〈太上老君說天妃救苦靈驗經〉。該文被判斷爲明初永樂七年之文獻（見任繼愈主編《道藏提要》北京：中國社會科學出版社，一九九一，頁四六四），可知至遲在明初，媽祖就已被納入正統道教的譜系之中了。另，據施舟人（Kristofer Schipper）認爲「此經分明爲道士之作，它竭力賦予這位湄州島上的民間女神一個符合道教神學的由來，云太上老君見舟船翻覆，損人性命，乃命北斗星中的妙行玉女降生人間，救民疾苦」，是爲了符合道教的說法而撰述的道經。參見自Kristofer Schipper〈《道藏》所見近代民間崇拜資料的初步評論〉《漢學研究通訊》十二．二（總四六期），民國八二．六，頁九六。

⑱ 丁煌〈漢末三國道教發展與江南地緣關係初探——（以張陵天師出生地傳說、江南巫俗及孫吳政權與道教關係爲中心之一般考察）〉頁一七九。

⑲ 此文獻載於《太倉州志》卷十。筆者未見，乃轉引自金秋鵬〈天妃信仰與古代航海〉《海交史研究》一九八八．二，頁一〇三——一〇四。

⑳ 可詳見丁伯桂〈廟記〉所記宣和遣使遇險，媽祖顯靈一事。

㉑《元史》卷七六，祭祀志名山大川忠臣義士之祠條。另，以上所引《元史》資料，主要參考自韓槐準〈天后聖母與華僑南進〉《南洋學報》第二卷二輯，民三十·六，頁五五——五六整理而成。

㉒例如朱天順〈元明時期促進媽祖信仰傳播的主要社會因素〉《廈門大學學報》一九八六·四，頁十六——十九。李玉昆〈媽祖信仰的形成和發展〉《世界宗教研究》一九八八·三，頁一二八——一二九。石萬壽〈明清以前媽祖信仰的演變〉頁十一。

㉓危素撰《元海運志》，北京：中華書局，一九八五（叢書集成初編，此書據學海類編本），頁一。

㉔參見孫光圻《中國古代航海史》，北京：海洋出版社，一九八九，頁三七七。

㉕《元史》卷九十三，食貨一、海運。

㉖危素撰《元海運志》，頁一。

㉗同㉖。

㉘《元史》卷九十七，食貨五，海運。

㉙《元史》卷九十一，志四十一、百官七。

㉚危素撰《元海運志》，頁一。

㉛同㉚引書之附錄部份，摘錄《廣輿圖》，頁四。

㉜孫光圻《中國古代航海史》，頁三七三——三七四有一〈元代北洋漕運統計表〉。本節所用海漕折損率數據，均參考之。

㉝同㉜，頁三六六——三七〇。

㉞危素撰《元海運志》，頁二。

㉟虞集言損失者「蓋七十萬」，此數據當有誤（或誇）。查孫光圻〈元代北洋漕運統計表〉，天曆

二年漕運之折損量爲一八一八五七，但折損率亦有五·一六％之高。故筆者以爲虞集所記「七十萬」，應是「十七萬」之筆誤。

㊱ 如韓槐準所說的：「宋元間我國與南洋之交通，是否與此神有關，無從稽考。」〈天后聖母與華僑南進〉，頁五十八。

㊲ 例如朱天順〈元明時期促進媽祖信仰傳播的主要社會因素〉頁十六云：「（元代）其突出的特點是：媽祖信仰被朝廷的漕運所利用，主要向北沿海地區傳播。」

㊳ 筆者未見廖鵬飛〈廟記〉原文。此處乃轉引自張桂林〈試論媽祖信仰的起源、傳播及其特點〉《史學月刊》一九九一·四，頁三十二。

㊴ 邱濬〈天妃宮碑〉《重編瓊臺會稿》卷十七（《四庫全書》集部六別集類五。《文淵閣四庫全書》集部一八七，第一二四八冊，台灣商務。

㊵ 陳佳榮〈漲海考〉《中央民族學院學報》一九八二·一，或參見陳佳榮〈「南洋」新考〉《亞洲文化》十六期，一九九二·六，新加坡：亞洲研究學會，頁一五三。

㊶ 詳見蘇繼廎校釋，汪大淵原著《島夷誌略校釋》，北京：中華書局，一九八一，頁一——二。

㊷ 另張翥所提詩中的顧仲瑛是當時的道教人士，亦可推測當時媽祖信仰可能已與道教有著密切的關係。

㊸ 危素《元海運志》，頁一。

㊹ 同㊸引書之附錄部份，摘錄《廣輿圖》，頁四。

㊺ 《元史紀事本末》卷十二，轉引及詳見自陳希育《中國帆船與海外貿易》，廈門大學出版社，一九九一，頁五十四。

㊻ 朱天順〈元明時期促進媽祖信仰傳播的主要社會因素〉，頁十六。

㊼ 詳見李玉昆〈試論宋元時期的祈風與祭海〉《海交史研究（年刊）》五期，一九八三·五·十

五，頁六十九。另見方豪〈宋泉州等地之祈風〉《方豪六十自定稿》下冊，台灣學生書局，民五十八，頁一二三一。

# 第三節　宋元媽祖信仰的地域傳播與海洋事業的關係

## 一、宋代媽祖信仰的地域傳播

一九八五年至一九八七年間中國大陸文化部文物事業管理局和泉州海外交通史博物館調查組曾對媽祖史跡進行調查的工作，以歷代方志和田野訪問方式調查媽祖廟共二八〇多處，並著有〈天后史跡的初步調查〉一文❶。茲摘取其判定爲宋代時建的媽祖廟如下（惟筆者以爲該調查組判定媽祖廟的創建年代者，不少是用後代（明清）方志的追記，有者僅是「相傳」，甚至也有可能是後人的附會，所以此資料僅是提供參考之用）：

A．福建省（共十二座）

1. 湄洲祖廟（北宋）
2. 平海天后宮（北宋咸平二年）
3. 仙游楓亭天妃廟（北宋元符初）
4. 白湖媽祖廟（南宋紹興二十九年）
5. 莆禧天妃廟（南宋紹熙三年已有廟）
6. 泉州天后宮（南宋慶元二年）

7.仙游三妃廟中的順濟廟（南宋寶祐五年已有廟）

8.莆田聖墩媽祖廟（南宋）

9.江口媽祖廟（南宋）

10.港里天后祠（南宋）

11.莆田市文峰宮（南宋）

12.南埔鄉惠安沙格宮（南宋）

B·浙江省（共四座）

1.寧波靈慈廟（南宋紹熙二年）

2.杭州艮山順濟妃廟（南宋開禧年間）

3.台州天妃廟（宋）

4.寧波慶安會館（宋）

C·江蘇省（共二座）

1.丹徒縣天妃廟（南宋淳祐年間）

2.上海小東門外天后宮（南宋咸淳七年）

D·山東省（共二座）

1.廟島天后宮（北宋宣和四年）

2.蓬萊閣天后宮（北宋徽宗時代）

（此二條年代追溯過早，似存疑，筆者以爲有待再查證），共計二十二座。以福建最多，其次為浙江。

E．廣東省（共二座）

1.東莞縣官廳頭天后宮（宋）

2.雷州府郡東東湖村天后宮（宋）

（a）媽祖信仰的發源地

有關媽祖信仰的發源地，目前有兩種說法。有主湄洲說，有主莆田寧海說。主寧海說者，以李獻璋為代表。認為媽祖乃是寧海聖墩開顯之後才開始奉祀，為媽祖信仰的最初發源地。而李氏所用文獻證據是黃公度所題順濟廟的詩曰：「枯木肇靈滄海東」一語。以為「枯木」即漂來水中之桴木，因顯祥光而建廟，與湄洲無關。惟李氏在著此說時，尚未注意到至今所知最早記載媽祖的文獻：廖鵬飛〈聖墩祖廟重建順濟廟記〉。該〈廟記〉云：

姓林氏，湄洲嶼人，初以巫祝為事，能預知人禍福。既歿，衆為立廟于本嶼。聖墩去嶼幾百里，元祐丙寅歲（一〇八六年），墩上常有光氣夜現，鄉人莫知為何祥。有漁者就視，乃枯槎，置其家，翼日自還故處。當夕編夢墩傍之民曰：『我湄洲神女，其枯槎實所憑，宜館我於墩上。』父老異之，因為立廟，號曰聖墩。

不僅明言媽祖是湄洲嶼人，而且記說「既歿，衆為立廟于本嶼」。此條目前所知最早的媽祖文獻的發現，基本上糾正了李氏的傳統看法。湄洲爲海上一嶼，島上居民多從事漁業，也可窺媽祖的最初信仰者與該島的漁民有關。

（b）媽祖信仰在北宋宣和五年（一一二三年）以前的地域傳播：

雖然媽祖信仰起源於湄洲，惟當初其信仰區域僅是侷限在湄洲這一海外孤島上。直至宋元祐丙寅年（一〇八六年）在莆田的陸地上之寧海聖墩建立媽祖廟後，才意識了媽祖信仰開始從海島傳至大陸之始，是爲媽祖信仰向中國東南沿江濱海之地傳播的濫觴。

而聖墩位置可能是在莆田縣城二十里，木蘭溪入海口北岸及寧海鎮東之海邊❷。而寧海在今涵江鎮三江口，在當時也是一個漁業和商業兼盛的港口。故媽祖信仰向大陸傳播，首先在莆田寧海紮根，是有其客觀條件因素的❸。在莆田寧海的傳播，最初可能由於漁民的帶入，爾後更被閩海商「商舶尤藉以指南」（詳見廖鵬飛〈廟記〉），因此莆田濱海之地繁盛的漁業和海上商業，成爲媽祖信仰早期傳播的重要經濟動因。

但媽祖在宣和五年以前，僅是屬於民間私自的神祇宗教信仰，信仰的範圍可能也沒有超出福建，甚至亦可能還未超出莆田❹，或僅是局限於莆田附近，如劉克莊〈風亭新建妃廟〉記，在與莆田毗鄰的仙游錦屏山之風亭在北宋元符初已有媽祖廟的建立。至於上引〈天后史跡的初步調查〉一文說山東有二座媽祖廟，其以廟島天后宮至今存有宋元製作的媽祖神像及以光緒年間的〈重修天后宮記〉所述，以爲二廟創建於北宋徽宗年間。惟筆者以爲其追溯年代可能過早，且又缺其他宋元文獻可以佐證，似存疑，或者當時僅是小廟、或只是附於其他廟中祭祀，則有待查證。

（c）　宣和五年（一一二三年）以後至南宋末的媽祖信仰之地域傳播：

媽祖信仰由「淫祀」轉爲合法祠祀，應當是北宋末宋徽宗宣和四年（一一二二年）路允迪奉使高麗遇險，傳爲媽祖顯靈獲濟，次年（即一一二三年）爲宋政府賜廟額後的事（見丁伯桂〈廟記〉）。至此媽祖信仰得到公開的傳播，致使「莆人戶祠之，若鄉若里悉有祠」（丁伯桂〈廟記〉）。

福建其他地區，除湄洲嶼和寧海聖墩外，至遲在南宋，已有數座大廟。其中南宋名臣陳俊卿於紹興二十九年（一一五九年）獻地所建的白湖順濟廟，成爲湄洲行祠後，即有「居白湖而鎭鯨海之濱」（李俊甫〈鬼兵佐國神女護使〉），「今仰白湖香火，幾半天下」（陳宓〈上梁文〉）的盛況，❺其勢已有取代湄洲媽祖廟之趨。

白湖在莆田縣城的東門外，《莆田縣志》卷一〈輿地〉云：「東引滄海，介延壽木蘭二水間，南北商舟會焉。」是當時一個河海交匯的重要港口市鎭，相對於湄洲，當時不過是一海上孤島的漁村，因此白湖廟建後，成爲湄洲行祠，且更甚而有取代湄洲祖廟之勢，實亦有其河海交匯的經濟動因所致的。

另，就宋代一手文獻所知在南宋嘉定年間，李俊甫〈鬼兵佐國神女護使〉就已云：「今湄洲、聖屯、江口、白湖皆有祠廟。」而慶元二年（一一九六年）泉州媽祖廟成立，更意識了這「番舶客航聚集之地」的國際大商港與媽祖信仰所存有的密切關係。總之，宣和五年媽祖廟成爲合法化的祠祀之後，至南宋，其傳播範圍已遍及福建東部沿海之地。

在福建以外的省份，在浙江有建於開禧年間的臨安（杭州）艮山門外的順濟聖妃廟（見丁伯桂〈廟記〉）。在江蘇省的丹徒，於淳祐間亦建有一媽祖廟（見李丑父〈廟記〉）。在廣東省，劉克莊於嘉熙四年到廣東上任時，見到「廣人事妃，無異于莆，蓋妃之威靈遠矣」（見《後村居士集》卷三十六所寫祝文〈到任謁諸廟〉之「謁聖妃廟」）。而且劉克莊亦云：「番禺之人祀妃尤謹」（劉克莊《後村先生大全集》卷九十一〈風亭新建妃廟〉）❻。

總之宋代時媽祖廟的分布，誠如丁伯桂〈廟記〉所言：「神之祠不獨盛於莆，閩廣江浙淮甸皆祠也。」且又以福建最多，浙江次之，江蘇和廣東亦有廟，大多分布於沿江濱海或河海交匯地的水路交通中心或碼頭。而更值注意的是，誠如李丑父〈記文〉所言的：「妃之廟于此，又宜浙閩廣東南，皆岸大海。風颿浪舶焉，依若其所天。比年輦下江潮爲患，賴妃竟弭災患。」可窺其之間實與河海航運事業存有相當的互動關係。

## 二、元代媽祖信仰的地域傳播

至元代，由於海運漕糧的關係，媽祖信仰更有向北傳播的趨勢。泉州海外交通史博物館調查組〈天后史跡的初步調查〉所判定的元代新建媽祖廟共有八座，茲摘列如下：❼

A．福建省（一座）

1. 黃石清江靈慈宮（元大德元年）

B·浙江省（二座）

1.鎮海天后宮（元至正十六年）

2.平陽聖妃廟（元至正年間）

C·江蘇省（三座）

1.劉河鎮靈慈宮（元至元二年）

2.太倉靈慈宮（元至元二十九年）

3.吳縣天妃宮（元泰定四年）

D·山東省（一座）

1.牟平縣天妃宮（元至元四年）

E·河北省、天津（一座）

1.天津天后宮（元泰定三年）

由上可知元代福建以北，新建的媽祖廟開始增多。另《元史》卷七十六祭祀志又云：「（媽祖廟因海運的關係）直沽、平江、周涇、泉、福、興化等處，皆有廟」[8]。而據《天妃顯聖錄》〈歷朝褒封致祭詔誥〉節中，曾載有元天曆二年朝廷遣使致祭各地重要的媽祖廟，計有直沽、淮安、平江、崑山、露漕、杭州、越、慶元臺州、永嘉、延平、閩宮、莆田白湖、湄洲、泉州等十五座廟（按淮安當爲宋代的淮甸）[9]。這十幾座廟（有些是宋代已建、有者元代新建）當是元代重要的媽祖大廟。另根據大陸學者張桂林考定，在福建以南的廣東省，元代新建之媽祖廟也有三座[10]。

元代，媽祖廟有北傳之趨，這當與元海漕運有關。元初，曾一度因循前代的內河漕運，自浙江入淮，經黃河逆水至中灤（今河南省封丘縣），再以陸路至淇門（今河南汲縣）入御河（今衛河）以達京城⓫。但由於此運河漕線過長且輾轉，不堪實用，至元十九年（一二八二年）乃倡海運。而在今河南省並沒有元代媽祖廟的創建，也可知媽祖信仰與這北段的內河漕運線無涉。

至元十九年的海漕航線是由平江劉家港（今江蘇太倉縣劉河鎮）入海經揚州路沿海岸線作近海航行，途經密州、膠州（今山東省一帶）至直沽（今天津）。但此航線仍過長，故至元二十九年和至元三十年修改航線，從平江劉家港開洋，經黑水大洋直達直沽，不僅縮短航程，也使元海運進入成熟階段⓬。而元代的媽祖廟大部份是在至元十九年海運倡行之後才興建的（見上表），可窺其間與海漕之互動關係。

元代在今江蘇省新創建有三座媽祖廟，是各地新建最多者。其中今之太倉和劉河鎮均是當時海上漕運的出海港口。另元代慶元路治鄞縣、平江、崑山、露漕，以及宋代已建有的臨安艮山（即杭州）和丹徒等地的媽祖廟，也都是在當時河海交匯的漕運南段線上。故元代媽祖信仰的傳播分佈更與元代漕運南段的海漕航路重疊。

而建於泰定三年（一三二六年）的直沽（天津）媽祖廟座落於北運河與海運河交匯的三叉河口西岸⓭，更是當時海漕運的終站。江南漕糧由海道運至直沽御存，再經通惠河轉運北京，故直沽實是元代河海漕的中轉站。由茲觀之，可窺媽祖信仰更已是波及這元代的河海漕運的交匯之地了。

另，在較內地的延平，不在漕海運線上，但卻是當時閩江上游的水運中心⓮，亦可窺元代媽祖信仰不僅與海漕運有關，而且其信仰亦已傳播至內河水運之地。

而除了與漕運有關之外，有些元代新建的媽祖廟，其實亦非在主要的漕運線上，而是在更廣泛的海洋活動（包括海上貿易）線上。例如在廣東省，如前述元代新建之廟就有三座，另，泉州等國際性大商港，其地位，部份扮演海漕作用外，其更大特色是在於當時的海上貿易上。故筆者以爲，元代媽祖信仰的地域傳播，很大因素因海漕的關係，而有向北傳播之趨，但不少地點實是與當時的海貿商港有重疊之處。且不僅向北，亦有向南更廣泛的傳播痕跡。故從元代媽祖信仰的地域來看，固然大部份與海漕有關，但卻不是全然爲海漕所涉，其中當有海貿的因素存在。⓯

總而言之，宋元以來，從媽祖信仰的傳播地域來看，其分佈從福建湄洲、莆田一帶向南北輻射，北至浙江、江蘇、山東到天津，南至泉廣等沿江濱海水路交匯之地。此中國東部沿江濱海據點式的分佈，實與宋元河、海活動，或漁業、或海貿、或漕運、或水運的據點相重疊，而有著密切的互動相關性。

## 註　釋

❶ 泉州海外交通史博物館調查組〈天后史跡的初步調查〉《海交史研究》一九八七·一，頁四十六——六十五。

❷ 參見石萬壽〈明清以前媽祖信仰的演變〉《台灣文獻》四十卷二期，民七十八．六，頁六。

❸ 朱天順〈媽祖信仰的起源及其在宋代的傳播〉《廈門大學學報》一九八六．二，頁一〇六。

❹ 詳見蔡相煇〈媽祖信仰起源新考〉《高雄文獻》二十二、二十三期合刊，民七十四．六，頁五十五。

❺ 據說此白湖媽祖廟的神像於元至正間遷至城內文峰宮。該宮已遷城內東岩山，目前還保存南宋紹興年間的木雕媽祖像二尊，是世界上現存媽祖廟中最早的木雕媽祖像。參見自張桂林〈試論媽祖信仰的起源、傳播及其特點〉《史學月刊》一九九一．四，頁二十八——二十九。此其中一尊宋代神像，目前正在由台南正統鹿耳門聖母廟及福建省考古博物館學會主辦的《媽祖信仰民俗文物展》中展出。（展出時間：民八十二．十二．二十五至民八十三．六．二十五）。

❻ 韓槐準〈天后聖母與華僑南進〉一文，頁六十六引《廣東通志》卷一四六所載吳國光及王應華〈赤灣天后廟記略〉云：「廣之有天后廟建自征南將軍廖永忠，赤灣地濱大海，永樂八年欽差中貴張源使暹羅，始立廟。」此當不實。若據宋人丁伯桂、劉克莊等文士之言，廣東至遲在南宋之時，已建有媽祖廟。

❼ 泉州海外交通史博物館調查組〈天后史跡的初步調〉，頁四十六——六十五。

❽ 《元史》卷七十六，祭祀五〈名山大川忠、臣義士之祠〉。

❾ 轉引自石萬壽〈明清以前媽祖信仰的演變〉，頁十一。

❿ 參見張桂林〈鄭和下西洋與媽祖〉《福建師範大學學報》一九八八．二，頁一〇二。

⓫ 孫光圻《中國古代航海史》，北京：海洋出版社，一九八九年，頁三六五。

⓬ 同上，頁三六六——三六八。

⓭ 危素〈河東大直沽天妃宮舊碑〉云：「慶國利民廣濟福惠明著天妃祠，吳僧嗣慶福主之。泰定

間，弗戒於火。福言於都漕運萬戶府，朝發官帑錢，使更作焉。」《元史》泰定本紀所說「泰定三年八月作天后宮於海津鎮」，與危素所說泰定間弗戒於火，朝廷發官帑錢使更作一回事，該宮當建於泰定三年之前，轉引自泉州海外交通史博物館調查組〈天后史跡的初步調〉《海交史研究》一九八七．一，頁五十八。

⑭ 石萬壽〈明清以前媽祖信仰的演變〉，頁十一。

⑮ 至於海外如琉球和東南亞等地的媽祖廟，目前所知全是明清（尤爲明中葉）以後所建。筆者以爲此乃與明中葉後，大量華人的移民海外有關。至今尚未發現海外有宋元時建的媽祖廟。筆者以爲此或許由於宋元華人移民至海外者可能尚不多，宋元海外商人當時多僅是於各地做短暫停留而已。另一可能原因乃年代過久，至今不存所致。因爲不僅不見有廟，即使是宋元中國人的證物，在海外發現的也不多。這與文獻所述宋元中國人的海上盛勢似不應合，實有賴往後考古之發掘印證。另，據〈天后史跡的初步調查〉一文云香港於南宋咸淳年間始建天后祠，惟其所據不明。

## 第四節　媽祖信仰勃興傳播的特殊激素及宋元政經、社會、海洋政策的關係

媽祖信仰的源起和傳播興勃，如前所述，與當時宋元興盛的海洋事業之發展的客觀環境條件有著密切的關係。除此之外，媽祖信仰的興勃傳播，同時亦還有其他的特殊激素所致，茲論述之。

### 一、閩莆人的積極傳揚媽祖信仰

媽祖信仰的早期傳播，如前所述，主要是因在當時東南巫風盛行之下，民間私自的信仰。其信仰者亦主要是一般的漁民和海商。即使是媽祖信仰於宣和五年獲朝廷賜廟額，得到公開化的發展後，其「早期信仰中心仍在莆田地區」❶。媽祖信仰的廣佈傳播，還得有賴於當地莆田士宦知識份子階層之提倡。故「要至陳俊卿出面提倡以後，始漸成全國性之信仰。」❷丁伯桂〈廟記〉云：

紹興丙子，以效典封靈惠夫人。逾年，江口又有祠。祠立二年，海寇憑陵，效靈空中，風掩而去。州上厥事，加封昭應。其年白湖童邵，一夕夢神指爲祠處。丞相正獻陳公俊

卿聞之，乃以地券奉神立祠，於是白湖又有祠。

陳俊卿（一一一三——一一八六），《宋史》有傳。興化軍莆田縣人。紹興八年進士亞魁，授泉州觀察推官。秦檜死後，累升官至中侍御史、權兵部侍郞。孝宗時，授尚書右僕射同中書門下平章事，兼樞密使。後以少師魏國公致仕。❸實是當時朝中之要員大官。陳俊卿此舉（指獻地建白湖媽祖廟一事）對媽祖信仰的傳播，是頗具影響性的。以致李俊甫（鬼兵佐國神女護使）云「（媽祖廟）居白湖而鎭鯨海之濱」，陳俊卿之子陳宓（一一七一——一二三〇）〈上梁文〉亦曰「今仰白湖香火，幾半天下」，顯示出白湖媽祖廟不僅成爲媽祖信仰的中心，其信仰同時亦已廣佈各地，而「幾半天下」了。

其實媽祖信仰的傳播與宋元福建地區的政經社會背景有關。至北宋以來，以長江爲界的南北經濟開始移轉。以人口而論，北宋初年（九八〇——九八九）南北戶口之比大約是六比四，但到元豐年間（一〇七八——一〇八五），兩者之比已經擴大到六十六比三十四❹。但所謂南方，各地的開發度又各有程度上的差距。其中以江西、兩浙開發度、人口之密度爲最高。但屬開發較晚的福建，人口戶數卻是直線上升。且在紹興二十二年後，兩浙、江西的戶口曾有所下降，唯有福建持續上升，尤其在開禧以後，福建是最主要的移民遷入區。到南宋中期的嘉定十六年（一二二三年）以後，福建地區的戶數已僅次於江西、兩浙而居第三位❺。反觀同樣是南方的廣東部份，當時據點式的海貿商港雖仍頗盛，但其開發度及人口密度，卻遠不及福建來得發展迅速❻。

更引人注目的是，根據莆田市與城鄉區文化館顧問蕭一平於一九八五年九月的一次座談會中，闡明說：「莆田人在宋代出了六個狀元（熙寧九年狀元徐鐸、端平二年狀元吳淑告、紹興八年狀元黃公度、乾道五年狀元鄭僑、咸淳四年狀元陳文龍等），八百二十四名進士，加上恩賜九名，這些人在朝廷做官，積極向皇帝宣揚家鄉神媽祖靈驗的故事，求賜封號，所以媽祖才會受到朝廷那樣重視。」❼蕭氏所言是頗有道理的。例如紹興八年的狀元黃公度就曾贊頌過媽祖的神蹟（見黃公度〈題順濟廟〉詩）。故，宋元媽祖信仰的傳播，除前幾節所述與海洋事業有密切關係之外，閩莆地區其文風之盛，其政治影響力之微妙，莆田出身的官僚階層之提倡，人口及開發度之速，均在一定程度上加速了宋元之時，媽祖信仰的更廣泛之傳播。

## 二、自然界不可測的海神與人格化能轉禍爲福的母性海神媽祖之比較分析

從神能的角度看，媽祖的神能，亦有其特殊之處。茲以唐代以來被廣東崇祀的南海神與媽祖做一比較分析。所謂「南海之墟宅祝融，湄江之島神所宮」（洪希文〈降香祭湄州林天祀祝文〉），按祝融即指南海神），此二神之間實存著有趣的比照。

### （a）廣東的南海神信仰與唐代海洋事業發展之關係

自周代以來，古時已有所謂的「四海之祭」（如《詩序》云：「巡狩而四岳河海」）。但當時的四海之神，可能並無名號，僅是對海神之泛稱（四海神指東海神、南海神、西海神、北

海神）。其中又以南海神爲最貴。至天寶年間，封南海神爲廣利王，是爲南海神有封號之始。唐代的韓愈任袁州刺史時撰有〈南海神廣利王廟碑〉，說得頗詳，曰：

> 海於天地間爲物最巨，自三代聖王莫不祀事。考於傳記，而南海神最貴，在東、北、西三神、河伯之上，號爲祝融。天寶中，天子以爲古爵莫貴於公侯，故海岳之祀，犧幣之數，放而依之，所以致崇極於大神。今王亦爵也……由是冊尊南海神爲廣利王，祝號祭式，與次俱昇。因其故廟，易而新之。在今廣州治之東南，海道八十里，扶胥之口，黃木之灣。常以立夏氣至，命廣州刺史行事祠下，事訖驛聞。❽

可知至唐代，在廣州一地，南海神的信仰是相當崇高的。廣州之南海神廟，即是著名的波羅廟。但所謂的南海神，其所指亦不過是對南方海神之泛稱，也還不是專神。即使是韓愈撰碑，亦僅云南方之神曰祝融，並沒有給予人格化。這種情形直至明代尚如此，要到清代以後，才有比較明顯的人格化神形的型塑❾。在明代以前，南海神，或祝融，或廣利王，基本上仍是屬於大自然界神祇的形象。而人們對此神之崇祀，基本上亦是抱著「敬畏」的態度來進行祭祀的。誠如韓愈〈廟碑〉所云，必須「治人以明，事神以誠」，否則，若「吏滋不供，神不顧享，盲風怪雨，發作無節，人蒙其害」❿。實是對自然界中種種不可測之「盲風怪雨，發作無節」的現象，深感畏恐，而產生之敬誠之祀，深怕弗虔而觸怒這主宰南海，且常變化無常之自然界海神。

故筆者以爲明代以前，廣州之人崇祀南海神，一方面是因自唐代以來，廣州海貿之地位崛起所致，但另一方面所反映的現象卻是彼時（唐代）中國人之出海尚未成熟（中國人的積極主動出海當在五代以後，如本文第一節所述），對海上作業發作無常的盲風怪雨，實無可奈何，僅能祈求主宰自然界之海神切莫「發怒」，是故彼時之南海神亦未人格化，是主宰自然界之神，人對自然界無法預測，出海之人僅能「敬畏」之，祈求海神息怒。但是此種敬畏不可預測之海神的宿命心態，至宋代（尤爲南宋以後），隨著媽祖信仰的傳播，而大有改觀之勢。

### （b） 人格化的母性海神媽祖與宋元海洋事業發展之關係

媽祖的神格，與唐代興起的南海神不一樣。媽祖一開始就是以人格化的神祇之姿態出現的。宋元文獻多云她是林氏女，是在東南巫風盛行下所型塑起來的神祇。這種人格化的神祇，其神能與神格與唐代之南海神不同。唐人祭南海神是怕海神發怒，但宋元人祀媽祖，則是祈求媽祖能在變幻莫測的茫洋中，遇有盲風怪雨時，希望能「轉禍爲福」，祈望能扭轉厄運。有關媽祖的這種神能，宋元文獻述及者不少，參見如下：

1. 宋、丁伯桂〈順濟聖妃廟記〉：

莆之水市，朔風彌旬，南舟不至，神爲反風，人免艱食。

2. 宋、李丑父〈靈惠妃廟記〉：

比年輦下江潮爲患，賴妃，竟弭災患。

3.元、黃四如〈聖墩順濟祖廟新蕃鳌殿記〉：

若夫妃禦大菑捍大患。

4.元、洪希文〈降香祭湄州天妃祝文〉：

(媽祖)轉禍爲福須臾中，海波安流天無風，漕引獲利舟楫通。

5.元、程端學〈靈濟廟事蹟記〉：

(媽祖)生而神異力，能拯人患難。

6.元、馬澤修，袁桷纂《延祐四明志》卷十五〈鄞縣神廟〉天妃廟條：

(媽祖)當宏往納來之際，有轉禍爲福之功。

所謂「爲反風」、「禦大災捍大患」、「轉禍爲福」，均是指人在遇險時，祈求能改變其宿命之「奢求」。而媽祖就具有這種改變厄運的神能。如前幾節所述，宋元以後，中國人主動積極出海的頻率已很高。出海的頻繁，遇海上風險的機率自然增多，但此時已成氣候的海上商民，已不願一味只是宿命式的任憑海上怒濤怪風之擺佈，而急切希望能獲得一能改變厄運之神的扶救。於是媽祖的神性正好應合了當時頻頻出海之漁、商民的心願。因此宋元時人對媽祖的崇祀態度，是非常親切的。誠如元人柳貫〈敕賜天妃廟新祭器記〉云：

……命薦於天妃，得吉卜而後行，精神肹蠁如父母之顧復其子，無少爽也。

另外，元人黃四如〈聖墩順濟祖廟新建蕃釐殿記〉說得更爲貼切，曰：

所謂神者，以死生禍福驚動人，唯妃，生人福人，未嘗以死與禍恐之。故人人事妃，愛敬如母。

這種「未嘗以死與禍恐之」，使人倍感親切而「愛敬如母」的神格，實是在很大的心理因素上，加速了媽祖信仰的傳播。

誠如明人邱濬〈天妃宮碑〉所云：「在宋以前，四海之神，各封以王爵，然所祀者，海也，而未有專神」⑪。要至媽祖信仰公開化後，才有海洋專神的出現。宋元以後，這人格化，且能轉禍爲福的親切母性海神媽祖之信仰的崛起，已漸有取代四海神之地位。故李丑父〈廟記〉記丹徒媽祖廟時，云：「（該廟）東廡魁星有祠……西則奉龍王」。宋元以後，媽祖信仰已傳佈中國東部沿海諸地，而唐代盛行之廣州的南海神卻始終只是地域性神祇，除了珠江三角洲一帶，別的地方是沒有的⑫。且即使是在廣東一帶，媽祖信仰亦滲透其間，致使元人王沂〈詠天妃廟馬援銅鼓〉亦云：「南海天妃廟，今存馬援銅，……海祠難獨立，神物會當逢。」⑬

由是之故，媽祖神格中的人性化，尤其是其母性化神格，加上其能轉禍爲福的神能，實亦是促使媽祖信仰於宋元海洋事業頻繁之時，得以迅速傳播發展的重要激素之一。

## 三、宋元政府的敕封媽祖及宋元立國的海洋性特質

宋元明清，媽祖均曾受過官方政府敕封多次，惟各朝政府均是居於不同的原因來敕封媽祖的。整理及再分類、分析出宋元媽祖受敕封的諸種類型，有助於窺探宋元官方政府對這一民間信仰神祇所持有的態度爲何？爲何要推崇媽祖？推崇媽祖又與其立國之本色有些什麼關連性存在？

有關宋代政府敕封媽祖的情形，可參見下表：

## 宋代政府敕封媽祖表

| 年代 | 封號 | 事因類型 | 出處 |
|---|---|---|---|
| 1.宣和五年（一一二三） | 賜「順濟」廟額 | 護佑國家公使出國航行之安全 | A |
| 紹興二六年（一一五六） | 始封靈惠夫人 | 郊典（是爲受封之始） | A |
| 2.紹興三〇年（一一六〇） | 加封昭應夫人 | 神助破海寇 | A |
| 3.乾道二年（一一六六） | 加封崇福夫人 | 湧泉醫疫 助破海寇 | A，B |
| 4.淳熙一一年（一一八四） | 加封善利夫人 | 助破海寇 | A，B |
| 5.淳熙一四年（一一八七） | （〃） | 救解旱夏，因靈而具聞於朝 | A |
| 紹熙一七年（一一九〇） | 易爵爲妃，號靈惠妃 | | A |
| 淳熙三年（一一九二） | 封靈惠妃 | | B |
| 6.慶元四年（一一九八） | 加封助順妃 | 久雨大霽 助平大溪寇 | A |
| 7.開禧二年（一二〇六） | （〃） | 因助退淮甸金寇及助平海寇，而奏聞於朝 | A |
| 嘉定一年（一二〇八） | 加封顯衛妃 | 由於以上之神蹟 | A，B |
| 8.嘉定一〇年（一二一七） | 加封英烈妃 | 救旱 助平海寇 | A，B |
| 9.嘉熙三年（一二三九） | 加封嘉應妃 | 阻錢塘堤決洪水 | B |
| 10.寶佑二年（一二五四） | 加封協正妃 | 旱禱霖雨 | B |

| | | | |
|---|---|---|---|
| 11.寶佑三年（一二五五） | 加封慈濟妃 | 不詳 | B |
| 12.寶佑四年（一二五六） | 封靈惠協正嘉應慈濟妃 | 不詳 | B |
| 13.寶佑四年（一二五六） | 封靈惠協正嘉應善慶妃 | 錢塘堤成有功 | B |
| 14.景定三年（一二六二） | 封靈惠顯濟嘉應善慶妃 | 助平海寇 | B |

@出處：A：宋、丁伯桂〈順濟聖妃廟記〉

B：元、程端學〈靈濟廟事蹟記〉

※以上凡共十四封，「夫人」凡四封，「妃」凡十封。

△有關媽祖歷代之封號，不少明清文獻多有纂輯，例如周煌《琉球國略》卷七〈祠廟〉天后封號條（《史料叢編》，台北：廣文書局），以及丁午撰《城北天后宮志一卷》歷朝敕封條（《武林掌故叢編》第四冊，台北：台聯國風出版社和華文書局聯合印行）等等。惟筆者以爲欲探宋元時媽祖敕封，應以當代文獻爲準。故筆者所用，乃以宋元文獻所述爲據。

有關元代政府敕封媽祖的情形，亦可參見下表：

## 元代政府敕封媽祖表

| 年代 | 封號 | 事因類型 | 出處 |
|---|---|---|---|
| 1.至元一八年（一二八一） | 護國明著天妃 | | B |
| 2.大德三年（一二九九） | 封護國庇民明著天妃 | 以漕運效靈 | B |
| 3.延佑一年（一三一四） | 加封廣濟 | | B |
| 4.天曆二年（一三二九）<br>天曆二年（一三二九） | 封廟靈慈<br>封護國庇民廣濟福惠明著元妃 | 庇護漕運 | B<br>C．1 |
| 5.至正一四年（一三五四） | 封輔國護聖庇民顯佑廣濟福惠明著天妃 | | C．2 |

@出處：B：程端學〈靈濟廟事蹟記〉

C．1：《元史》卷三十三〈文宗本紀二〉

C．2：《元史》卷四十三〈順帝本紀六〉

※凡共五封。元代，媽祖封號由「妃」昇格為「天妃」。

*另《元史》卷十〈世祖本紀七〉有云，至元十五年（一二七八）封護國明著靈惠協正善慶顯濟天妃。封媽祖號共十二字，比至元十八年的封號還多，以封謚習慣，似不可能。可能此「至元」年號為修《元史》者所誤記。又查元末順帝的另一個「至元」年號，卻發現順帝「至元」僅及六年，故筆者以為此條文獻當有誤。

從以上二表，可窺探出宋元政府與媽祖信仰之間的一些相當妙微的關係。以宋代而言，宋政府之敕封，凡十四封，是歷代官封媽祖最多的一個朝代（其中僅在南宋就有十三次之多。而明廷之晉封僅四次，清廷晉封亦不過八次）⓮。而宋代敕封媽祖，其封敕的事因類型卻也是最多元的。茲統計如下（有些在一次的敕封中就有數項事因類型）：

| | |
|---|---|
| ①護佑遣使出國 | 一次（即宣和年間路允迪使高麗一事） |
| ②助平海寇及民間叛亂 | 六次（包括平民間叛亂大溪寇） |
| ③賜泉、霖雨、久雨大霽及其他利國利民的民生事業 | 七次 |
| ④抵抗金兵 | 一次 |

從上述統計，可探出一些獨特的現象。其中抵禦金兵，是南宋政權的重要事務，將媽祖牽入，是有其客觀因素所致。而護佑遣使出國，很「意外」的，卻僅有一次。這與明清的敕封情形有很大的不同（清朝敕封與遣使出國有相當關連，而明朝的每次敕封，則幾乎全是與遣使出國有關，如鄭和下西洋。這是個很值得再探究的問題，筆者擬另爲文著之）。宋代遣使出國與這海上女神媽祖的關係是不顯明的。可窺在有宋一朝，在其海洋事業的發展中，政治性的朝貢貿易或遣使行爲的朝貢體制，是不佔有多大重要的地位。宋代這種對海外的涉外關係，與明清有很大的不同。

另，值得注意的是，宋代對媽祖的敕封中，與民生事業有關的事因佔了最大比例。包括賜泉、霖雨、久雨大霽及其他利國利民的民生事業等有關。可知宋代官方敕封媽祖，是與當時民間人民生計的普遍意願相結合著的。官方收編，並更甚而提昇媽祖這民間信仰的神格地位，基本上是官方統治階層與民間大衆的意願相結合所致，之間並無所謂的「官民對立」這二元化論調的存在。

至於平海寇，則更值得重視。有關南宋海寇的問題，是與當時的海洋事業有著密切的關係的。有關此方面的論述，全漢昇和李東華已有頗爲精闢的見解⑮。誠如李東華所述的：「閩廣之海寇幾與南宋一代相終始，具有愈演愈烈之趨勢，高宗建炎、紹興時閩廣海賊已多……海寇猖獗，劫掠海上來往商賈以取財，因此來往泉、廣間商賈，屢爲彼等所侵襲，嚴重影響當時對外貿易。而廣杭間米穀運輸，亦常爲海寇掠奪，對南糧北運也影響頗大」⑯。因此海寇問題，實是關係南宋海洋事業的暢通上，令南宋政府頗爲棘手的大問題。南宋政府的敕封媽祖，因神助平海寇者，亦佔有頗大的比重（共六次，佔六／十五），可知南宋政權對媽祖的敕封，很大的因素是與當時的海洋事業有關。希望藉此民間信仰，海上女神之威，一方面祈求海上交通運輸之暢通，收海洋之利，以充國用，另一方面，亦藉此得以籠絡東南沿海人民之向心，實有其政治和經濟上的意圖。

至於元代政府之敕封媽祖，則幾乎均是與海運漕糧有關。誠如《元史》卷七十六名山大川忠臣義士之祠條所云：

> 凡名山大川忠臣義士在祀典者，所在有司主之，惟南海女神靈惠夫人，至元中以護海運有奇應，加封天妃。神號積至十字。廟曰靈慈。直沽、平江、周涇、泉福、興化等處皆有廟。皇慶以來，歲遣使齎香遍祭。⑰

元代政府對媽祖之重視，亦是實乃因當時的海洋事業所致（亦如本文前節所說，此時不僅與海運漕糧有很大的關連性，甚至亦與海上貿易有著一定程度的可能相關性存在）。

其實，宋元的立國精神是頗爲特殊的，其中深具有很強的海洋性基因。劉子健就曾指出，南宋的立國特質，在於它是以整個東南靠海地區做根本，來控制從長江北岸以南，一直到廣東，這樣的一個幅地，用「靠海地區做根本」，是中國歷史上，在近代以前，所絕無僅有的。基本上言之，南宋是個「背海立國」的國家[18]。以杭州臨安爲中心的南宋政權，由於其政經中心的南遷，南方沿海，或爲治安，或爲維護及收取海上市舶之利，都成了南宋政府必須要去重視的問題。而媽祖這民間信仰的神祇，由於其在海洋之靈性，正好符合了南宋統治階級的意願。於是積極收編媽祖爲官方認可的民間神祇，同時亦積極加封媽祖神格之地位，其作用是頗具當時的政經意圖的。至於元代，南北漕運的暢通更是元政權命脈之所繫，故加封媽祖封號至「天妃」，每遣使祭之，更積極推動媽祖信仰的傳播。故媽祖累受宋元政府的敕封，一方面固乃由於民間信仰之漸趨頻廣所致，但亦因爲媽祖累受宋元政府的敕封，同時也就更帶動和加速了媽祖在民間之信仰的廣佈。兩者間是互動的。因此宋元特殊的海洋性立國本質，其官方的累敕封，亦是加速媽祖信仰傳播的重要激素之一。

## 註釋

❶ 蔡相煇〈媽祖信仰起源新考〉《高雄文獻》二十二、二十三期合刊，民七十四·六，頁六十八。

❷ 同❶。

❸ 參見❶。

❹ 葛劍雄《中國人口發展史》，福建人民出版社，一九九一，頁三四五。

❺ 參見葛劍雄《移民與中國》，香港：中華書局，一九九二，頁一四五——一四六。

❻ 參見葛劍雄《中國人口發展史》，頁三四六——三四八。

❼ 轉引自朱天順〈媽祖信仰的起源及其在宋代的傳播〉《廈門大學學報》一九八六．二，頁一〇八。

❽ 韓愈〈南海神廣利王廟碑〉載於《廣東通志》卷二〇三，金石略五唐三（陳昌齋等撰，清・同治三年重刊本，《中國省志彙編之十》，台北：華文書局）。

❾ 詳見羅鎮邦〈波羅廟史話〉《嶺南文史》一九八九．二，頁三十二。

❿ 同❽。

⓫ 邱濬〈天妃宮碑〉《重編瓊臺會稿》卷十七（《四庫全書》集部六別集類五。《文淵閣四庫全書》集部一八七，第一二四八冊，台灣商務）。

⓬ 參見羅鎮邦〈波羅廟史話〉，頁三十二。

⓭ 清、屈大均《廣東新語》卷六海神條云：「上海人，下海神，蓋言以海神爲命也。粵人事海神甚謹……每當盛夏，海飄颶作，西北風挾雨大至，海水溢溢十餘丈，漂沒人畜屋廬，莫可勝計，蓋海神怒二郡民之弗虔也……然今粵人出入，率不泛祀海神。以海神渺不可知，凡渡海自番禺者，率祀祝融、天妃。」（載於《筆記小說大觀》第二十四編，台北：新興書局，民六十八）屈氏一語實道出了自然界神祇與人格化的神祇之差別。惟屈氏已是清代時人，彼時所謂的祝融者，已演變成較具有人格化的神性。故以爲媽祖和祝融均與泛指的自然界海神有所不同。

⓮ 詳見泉州海外交通史博物館調查組〈天后史跡的初步調查〉《海交史研究》一九八七．一，頁五

十一。

⑮ 有關此問題的論述，可參見全漢昇〈宋代廣州的國內外貿易〉載於《中國經濟史研究（下）》，香港：新亞研究所出版，台北稻鄉出版社印行，民八〇年，頁五三二——五四九。另見李東華《泉州與我國中古的海上交通》，台灣學生書局，民七十五，頁一四六——一五二，一七四——一七八。

⑯ 李東華《泉州與我國中古的海上交通》，頁一七七。

⑰ 《元史》卷七十六，祭祀五、名山大川忠臣義士之祠條。

⑱ 詳見劉子健《兩宋史研究彙編》，台北：聯經出版事業公司，民七十六，頁二十三。

## 結論

五代末北宋初，是中國海洋事業，中國人主動出海的濫觴時期。南宋及元代，則是海洋事業頻勃，中國人積極主動出海的成熟期。而媽祖信仰正好是在這段時期成形而發展，在「時間」上，與中國海洋事業興勃時代相吻合。在「地域上」，均在中國東部沿江濱海之地，是海洋活動的重要港口，亦是媽祖廟宇的建起之處，地域上，媽祖信仰的據點亦與宋元海洋活動的據點相重疊。

媽祖信仰最初是在宋代東南巫風盛行之下發展而成的。而且一開始就是以水神系統中之海神神祇的姿態出現。之後，由於宋元海洋事業之頻勃，致使民間信仰之普及，甚而爲佛道系統容納，也受宋元政府之重視，「收編」爲官方合法之祀祠，並積極推崇之，致使媽祖信仰得到更擴大化的發展傳播。其中的激素，有閩莆人的提倡，有因媽祖人格化親切母性的神性所致。而更爲重要的還是宋元之時的政治社會經濟條件動因所致。

南宋以後，經濟重心的南移，海洋事業所收之利又已成爲宋元國運的重要命脈資產，福建浙廣，中國東部沿海一帶已有迎向海洋，積極經營海洋事業之趨。或漁業、或海漕、或海上貿易（其中當包括國內的海上貿易及國際間的海外貿易），成爲了勢不可退之趨。海洋事業的頻繁，宋元時人除了在一方面不斷追求航海物質技術上的改進，以提高航海上的安全系數和企圖提高經濟效應的同時，另一方面，自然祈求一個能在海上能「轉禍爲福」，可賴以依靠的精神依托的海上神祇的出現。媽祖海上靈驗神蹟的產生，正好應合了宋元濱海時人之心理期盼，致使媽祖信仰得以在海洋事業發達的宋元時期，獲得成形而廣佈。另一方面，也由於海洋事業在宋元二代所佔有的重要性。宋元二朝之官方政府對海洋事業的重視，是相當積極的，故宋元官方的政策方向是與當時的海洋事業（其中包括民間的海洋事業）緊密相結合著的。這與明清以後官方對海洋事業的態度很不一樣。不是「禁海」，不視討海之人爲「奸民」，朝貢貿易亦在宋元的海洋政策中不佔有重要的地位。當時民間興起的海洋事業是和宋元政府的政策相結合的。故，由於這種特性，宋元官方政府也自然就對這攸關海洋事業的海神媽祖特別的重視而積極推崇了。

當然媽祖的神能及其影響力不僅僅是在護佑海洋事業這單一功能上（其實媽祖還有祈雨、醫病等神能。而且媽祖在明清以後傳至台灣時，更成爲台灣拓植地區的地方守護神。故基本上，媽祖的神能是多元的），惟本文僅是以海洋史這一面相，來對媽祖信仰與宋元海洋事業的勃興所存在的關係進行探討罷了，從而提出媽祖信仰其在此個面相中的特質。

從宋元的政經社會及海洋事業的現象，可探索媽祖信仰的形成發展之實況；另一方面，從媽祖信仰的形成發展中，亦從而可窺探印證宋元政經、海洋事業，其中的特殊性質。故兩者間是互動相契合的。

# 附錄

## 表一〈有關述及媽祖事蹟的宋代主要文獻一覽表〉

1.丁伯桂〈順濟聖妃廟記〉：

出處：①宋施諤撰，清胡敬輯《淳祐臨安志輯逸八卷》（《武林掌故叢編》第十二冊，台北：台聯國風出版社、華文書局聯合印行）。

②潛說友纂《咸淳臨安志》卷七十三祠祀三〈外郡行祠〉（宋元地方志叢書第七冊，台北：大化書局）。

③清沈翼機等撰《浙江通志》卷二一七祠祀一（中國省志彙編之二，台北：台灣華文書局）。

△以上三書所收丁伯桂〈廟記〉一文，均在一些隻言片語間各有增刪及不同。

2.李俊甫〈鬼兵佐國神女護使〉：

出處：《莆陽比事》卷七（《宛委別藏》五〇，江蘇古籍出版社）。

3.李丑父〈靈惠妃廟記〉：

出處：《至順鎮江志》卷八〈祠廟〉天妃廟條（《宛委別藏》四十六，江蘇古籍出版社）。

4.吳自牧《夢粱錄》卷十四〈外郡行祠〉：

出處：《百部叢書集成》之四六（原刻景印本，台北：藝文印書館）。

5.《宋會要輯稿》禮二十之五十一〈宋會要張天祠〉：

出處：《宋會要輯稿》第十九冊（楊家駱主編本，台北：世界書局，民五十三年）。

6.洪邁《夷堅志》〈林夫人廟〉：

出處：①《夷堅志、支丙》卷九（《文淵閣四庫全書》子部三五三，小說家類，一〇四七冊，台灣商務）。

②《夷堅志五十卷》卷十五（《筆記小說大觀》第二十一編，第四冊）。

7.洪邁《夷堅志》〈浮曦妃祠〉：

出處：①《夷堅志、支戊》卷一（《文淵閣四庫全書》子部三五三，小說家類，一〇四七冊，台灣商務）。

②《夷堅志五十卷》卷廿一（《筆記小說大觀》第二十一編，第四冊）。

8.眞德秀〈聖妃宮祝文〉、〈聖妃祝文〉、〈惠安縣管下聖妃宮祈雨祝文〉、〈惠安縣龍宮山聖妃祠等再祈雨祝文〉：

出處：《西山眞文忠公文集》卷五十祝文（《四部叢刊正編集部》，原式大本精印，〇六一冊，台灣商務）。

9.黃公度〈題順濟廟〉：

出處：《知稼翁集》卷上（《文淵閣四庫全書》集部七十八，別集類，第一一三九冊，台灣商務）。

10. 黃巖孫《仙溪志》〈三妃廟〉：

出處：趙與泌修，黃巖孫纂《仙溪志》卷三祠廟（《宋元方志叢刊》第八冊，北京：中華書局，一九九〇年）。

11. 陳宓〈白湖順濟廟重建寢殿上梁文〉：

出處：《復齋先生龍圖陳公文集》卷七（日本靜嘉堂文庫藏有抄本。筆者未見原文。乃轉見自蔡相輝〈媽祖信仰起源新考〉《高雄文獻》二十二、二十三期合刊，民七十四・六一文。惟蔡氏亦是轉引自李獻璋《媽祖信仰の研究》之〈媽祖文獻資料宋代篇〉）。

12. 陳淳〈上趙寺丞論淫祀〉：

出處：原出處不詳，轉見自松本浩一〈葬禮、祭禮にみる宋代宗教史の一傾向〉（《宋の社會と文化》，頁一七四）所引。

13. 廖鵬飛〈聖墩祖廟重建順濟廟記〉：

出處：《白塘李氏族譜》抄本（原文筆者未見。其部份文字，筆者乃轉見自張桂林〈試論媽祖信仰的起源、傳播及其特點〉《史學月刊》，一九九一・四）。

14. 劉克莊〈風亭新建妃廟〉：

出處：《後村先生大全集》卷九一（《四部叢刊正編集部》，原式大本精印，〇六二冊，台灣商務）。

15.劉克莊〈謁聖妃廟〉：

出處：《後村居士集》卷三六〈到任謁諸廟〉之〈謁聖妃廟〉（原文筆者未見，所見部份引文乃轉見自吳金棗《江海女神媽祖》，江西人民出版社，一九八九年，頁六八）。

16.樓鑰〈封靈惠妃制誥〉：

出處：《攻媿集》卷三四、外制（《四部叢刊正編集部》，原式大本精印，台灣商務）。

## 表二　〈有關述及媽祖事蹟的元代主要文獻一覽表〉

1.《元史》：

有關述及媽祖的卷數，計有卷十、廿、廿七、三十、三三、四三、七六等。（台北：鼎文書局）

2.王沂〈詠天妃廟馬援銅鼓〉：

出處：《伊濱集》卷十（《文淵閣四庫全書》集部，第一二〇八冊，台灣商務）。

3.朱德潤〈江浙行省右丞岳石木公提調海漕政績碑銘〉：

出處：《存復齋文集》卷一（《涵芬樓秘笈》四，台灣商務）。

4.危素〈河東大直沽天妃宮舊碑〉：

出處：出處不詳。轉見自泉州海外交通史博物館調查組〈天后史跡的初步調查〉《海交史研究》一九八七．一，頁五八。

5.宋褧〈天妃廟代祀祝文六道〉：

出處：《燕石集》卷十一、表（《四庫全書珍本》二集，一三〇五冊，台灣商務）。

6.〈昆山靈慈宮原廟記〉：

出處：《太倉州志》卷十。（原文筆者未見，轉見自金秋鵬〈天妃信仰與古代航海〉《海交史研究》一九八八．二，頁一〇三——一〇四。

7.柳貫〈敕賜天妃廟新祭器記〉：

出處：《待制集》卷十四（《文淵閣四庫全書》集部一四九，別集類，第一二一〇冊，台灣商務）。

8.洪希文〈降春祭湄州林天妃祝文〉：

出處：《續軒渠集》卷十雜著（《四庫全書珍本》六集，集部五，別集類四六）。

9.洪希文〈聖墩宮天妃誕辰箋〉：

出處：《續軒渠集》卷十雜著（同上）。

10.馬澤修，袁桷纂《延祐四明志》〈天妃廟〉：

出處：《延祐四明志》卷十五〈鄞縣神廟〉（《宋元方志叢刊》第六冊，北京：中華書局，一九九〇年）。

11.黃向〈天妃廟迎送神曲〉：

出處：原出處不詳。原文筆者未見，轉見自金秋鵬〈天妃信仰與古代航海〉《海交史研究》一九八八·二，頁一〇三。

12.黃溍〈天妃林氏父母加封制〉：

出處：《金華黃先生文集（三）》卷七續稿四詔（《叢書集成三編》原刻景印，台北：藝文印書館）。

13.黃四如〈聖墩順濟祖廟新建蕃釐殿記〉：

出處：《莆陽黃仲元四如先生文稿（一）》卷一記（《四部叢刊三編》集部，五二九冊，台灣商務）。

14.張翥〈天妃廟序〉：

出處：《興化府志》卷三一藝文志（原文筆者未見，轉見自李獻璋〈元明地方志的媽祖傳說之演變〉《台灣風物》十一卷一期，一九六一·一，頁二十四）。

15.張翥〈代祀湄洲天妃廟次直沽〉：

出處：《蛻菴集》卷二（《文淵閣四庫全書》集部，別集類，第一二一五冊，台灣商務）。

16.張翥〈湄洲嶼〉：

出處：《蛻菴集》卷三（同上）。

17.張翥〈寄題顧仲瑛玉山詩一百韻〉：

出處：《蜆菴集》卷五（同上）。

18. 程端學〈靈濟廟事蹟記〉：

出處：①《積齋集》卷四（《文淵閣四庫全書》集部一五一，別集類，第一二一二冊，台灣商務）。

②王元恭修《至元四明續志》卷九祠祀神廟條（《宋元方志叢刊》第七冊，北京：中華書局，一九九〇年）。

19. 程端學〈重修靈慈廟記〉：

出處：《畏齋集》卷五（《文淵閣四庫全書》集部一三八，別集類，第一一九九冊，台灣商務）。

20. 虞集〈送祠天妃兩使者序〉：

出處：《道園學古錄》卷六（《文淵閣四庫全書》集部一四六，別集類，第一二〇七冊，台灣商務）。

21. 劉基〈台州路重建天妃廟碑〉：

出處：原出處不詳，筆者未見，轉見自蔡相煇〈媽祖信仰起源新考〉《高雄文獻》二十二、二十三期合刊，民七十四・六，頁七十一。

22. 鄭元祐〈重建路漕天妃廟碑〉：

出處：《僑吳集》卷十一（《文淵閣四庫全書》集部一五五，別集類，第一二一六冊，台灣商務）。

a 自治 治己 治身
b 天下治 天下自化
c 性 朴 天地 天下
d 然 固然 常然 自然 可
e 天放 削性 獨全 德全 神全
f 適 放風而行
g 自聞 自見 自得
h 不得不 固 所外免 不可卻不可止 不能禦 不可奈何 不得已
i 常性 自視 見己 性命之情
j 自適 自爲 自聰 無爲 貴身
k 無治 天遊 遊於天地 虛己 哀我
l 淫性 亂性 攻性 遷性
m 無情 無慮 無欲 無知 不知
n 養中 保身 存身 完身 抱一 入於天
o 虛而待物 清
p 物物而不物於物 隨 從 因 緣
q 反之無窮 無淫性 無遷德
r 與時俱化 因以曼衍 順天理 循道而趨 合天德
s 不知 自生 天化 自化
t 命 天 聖治 順 循同 自壯 自喜
u 無爲爲之 爲無爲 教德 無爲而無不爲 出爲無爲

v 治天下 天下治 順物自然 物物 機 種 太平

w 不仁 棄聖 絶知 無

x 不 勿

# 笨港媽祖之爭：臺灣媽祖信仰史上的一件公案

林德政

新港與北港，現時行政區域分屬嘉義縣與雲林縣，中間隔著一條河流，即古名笨港溪的北港溪，兩地相隔才五公里多而已，新港在溪之南，北港在溪之北，在清光緒十三年（一九八七年）以前，兩地均是笨港縣丞管轄，均屬嘉義縣，目前兩地，各自擁有一座大媽祖廟，爲臺灣地區媽祖信仰的重鎭，北港的朝天宮過去有很長一段時間，被稱爲臺灣地區媽祖廟的龍頭，分靈廟宇遍佈各地，新港奉天宮則以「開臺媽祖」聞名，號稱奉祀全臺灣最早蒞臺的「船仔媽」，香火之盛，僅次於北港朝天宮。

兩地地名，均冠上一個「港」字，均是媽祖信仰之重鎭，可是兩廟在過去四十年來，並不和睦，一直是處在爭論之中，原因爲的就是爭奪一個現已不存的地名和廟宇——「笨港」和「笨港天后宮」，北港原來叫「笨北港」，新港原來叫「笨新南港」，兩地的人民與地名，大抵皆從「笨港」而來，兩座媽祖廟也從「笨港天后宮」而來，雙方均自稱自己才是笨港天后宮正統，即所謂笨港媽祖。爲明兩廟爭論之原委，本文從笨港的開發與變遷，以及笨港地區居民宗教信仰的建立述起。

## 一、笨港的開拓

笨港的開發，一般認定始於明朝天啟四年（一六二四年），這一年十一月底，福建漳州府海澄縣人顏思齊（字振泉）率鄭芝龍等人登陸臺灣，開始墾拓，江日昇《臺灣外志》卷一記載：

> （八月）十五日，……思齊船中號砲三響，各魚貫隨行，計八晝夜到臺灣，安設寮寨，撫卹土番……天啟五年……九月，思齊因往諸羅山打圍回來，……隨感風寒，自知不起……嗚咽而死。❶

這是漢民族在臺開拓的最早根據地，比荷蘭人入據安平還要早。至於「笨港」這個名詞，首次出現於臺灣的文獻上，則始自季麒光康熙二十三年的「客問」，云：「至如……蚊港、笨港、新港、後港、竹滬、三林，或依山回泗，冒沒騰流，或聚石奔衝，昂澎湧溢，千里雷馳，萬潮煙洶」❷，康熙二十四年蔣毓英纂修的「臺灣府志」「敘川」之「諸羅縣水道條記載：「山疊溪，源流有三，至笨港入於海」❸，除了這樣的記載，別無其他，顯然當時的笨港尚未繁榮到成爲街市，九年後，即康熙三十三年，高拱乾抄襲蔣毓英原著，並沒其名，修成新的「臺灣府志」，有關笨港的記載一樣，記載一樣的理由有二，一則因爲高志是抄蔣志，沒有認眞地實地去踏勘和調查，二則是笨港確實還沒有發展起來。周鍾瑄主修，陳夢林實地寫成的「諸羅縣志」一書，周鍾瑄在序文中，就說到：「諸羅僻處臺之北鄙，……乙亥、丙子之間，其時草昧初開，法制未備」，乙亥及丙子，即康熙三十四年，三十五年。

「諸羅縣志」，於康熙五十六年（一七一七年）成書是有關臺灣文獻中，最早對笨港提出詳細而具體的一本書，此書卷一封域志川條記載笨港：

> 牛朝溪之北曰山疊溪，發源於阿里山，南至雙溪口，合尖山仔（山名）殿仔林溝之流，西過白沙墩（莊名）之南爲笨港（蘭船輳集，載五穀貨物）。出土獅仔（莊名），至揖仔寮（莊名），入於海。曰石龜溪，發源於奇冷岸（山名），北灌於他里霧（社名）之加冬腳，南灌於打貓（社名）之大埔林（地名），走豬（地名），或云走豬圳尾有小溝，流至雙溪口，與山疊溪合。

雙溪口就是今天的嘉義縣溪口鄉，距離今之新港鄉五公里，土獅仔在今之嘉義縣六腳鄉，揖仔寮在東石鄉，地名仍舊，他里霧爲今之雲林縣斗南鎭，打貓爲今之民雄，大埔林今之大林。

同書卷二規制志街市條記載有關笨港街市及其周遭之聚落如下：

笨港街（商賈輳集，臺屬近海市鎮，此爲最大）

土獅仔街

猴樹港街

井水港街（俱屬外九莊）

鹹水港街（屬大奎壁莊，商賈輳集，由芳港尾至笨港市鎮，此爲最大）

以上俱縣西南。

打貓街（在打貓莊）

他里霧街（在他里霧莊）

斗六川街（在柴裏社）

半線街（在半線莊）

以上俱縣北。

「橋樑條」記載笨港街有笨港橋，但止在各春之間架木爲之，以利行人。

卷二「坊里條」記載，諸羅縣九個莊當中的「外九莊」，其名稱是：北新莊，大小槺榔莊，井水港莊，土獅仔莊，鹿仔草莊，龜佛山莊，南勢竹莊，大坵田莊，龜仔港莊。這外九莊即在今天臺南縣鹽水鎮，嘉義縣鹿草鄉，太保鄉，朴子鎮，布袋鎮，六腳鄉、東石鄉一帶。

卷二規制志「衙署條」記載笨港街設有「笨港公館」，爲康熙五十五年，由士民公建。

「水利條」記載笨港及外九莊地區的水利灌溉設施爲：

△牛朝莊陂，在外九莊，源由井水港頭出，康熙五十六年莊民合築。

△土獅仔陂，在外九陂，源由牛朝溪出，南灌六加佃莊，北灌獅仔莊，康熙四十九年，莊民合築。

△咬狗竹陂，源由牛朝山坑流出，長二十餘里，灌本莊及番婆莊、月眉潭、土獅仔、北勢等莊。康熙三十二年莊民合築，五十六年，知縣周鍾瑄捐穀六十石，助莊民重修。

△打豬大潭陂，有泉，淋雨時，新莊，柴頭港，打貓一帶，流水注焉，灌本莊及青埔仔二莊，康熙四十二年，莊民合築。

△雙溪口大陂，在打貓崙仔莊，源由山疊溪分流，康熙五十六年，知縣周鍾瑄捐穀五十石，助築民合築。

△西勢潭陂，在打貓莊西北，源由山疊溪分流，灌西勢潭，柴林腳二莊，康熙四十五年，莊民合築，五十六年，知縣周鍾瑄捐銀一十兩，助莊民重修。

△坂頭厝陂，在打貓西，康熙四十七年，莊民合築。

△槺榔莊陂，在外九莊，灌大小槺榔二莊，康熙五十三年，知縣周鍾瑄捐穀五十石，助莊民合築。

△竹仔腳陂，在外九莊龜仔港北，康熙五十五年，莊民合築。

以上諸陂圳，始建於康熙三十二年的咬狗竹陂，止於康熙五十六年的西勢潭陂，身爲諸羅知縣的周鍾瑄，或助銀兩，或助米穀，用以築陂，一則表示重視水利灌溉、勤政愛民，二則表示在康熙三十二年以迄五十六年中間，即清朝領有臺灣的最初三十三年裡，（按清領臺灣是在康熙二十三年），諸羅縣笨港及外九莊地區，人口日漸稠密，農業漸趨發展，所以要開闢那麼多的陂圳，以利灌溉。

上舉陂圳所經地區，其地迄今仍在，且地名仍舊沿用，如「咬狗竹陂」。

> 所經番婆莊、月眉潭、土獅仔、北勢莊等，番婆莊即今之新港鄉安和村，當地世居民衆，仍叫其地「番婆莊」，月眉潭即今新港鄉月眉村與月潭村，當地居民也不分村，仍叫其地月眉潭，西勢潭陂所灌溉的西勢潭與柴林腳，前者爲今之新港鄉古民村、中莊村、埤子頭村，後者爲今之溪口鄉之柴林村與林腳村。

又如「坂頭厝陂」，即位今新港鄉板頭厝村，要之，從這些陂圳之位置及其流經地區來觀察，今之新港鄉，其開發可遠溯至清朝康熙三十二年，也可證明新港位在笨港及外九莊範圍內。而從諸羅縣志所載諸水利設施不及於今之北港看，顯然當時的北港尚未開發。

諸羅縣志卷六賦役志「水餉條」記載，笨港設有「水餉所」，徵銀十四兩四錢六分四釐八毫，這表示笨港的港口屬性。卷七兵防志「水師防汛條」記載：「笨港在縣治西北三十里，南與猴樹港毗連，北至海豐港水程一潮，商賈船隻輳集之所。輪防安平協左營遊擊、守備一員，隨防千、把總一員，目兵一百三十名，哨船二隻，設砲臺三，煙墩三、望高樓一」。接著又記：「內分猴樹港，在縣治正西三十里，南至蚊港水程一潮，目兵十名，屬笨港隨防千、把總兼轄」。同條也記載「笨港地方廣闊，內港紆迴，爲縣以北扼要之地」，同卷「陸路防汛條」記載：「秀才莊，笨港船隻出入必經之地，多匪類出沒，康熙五十四年，參將阮蔡文詳請添設目兵八名。」

從以上記載看，可知笨港是當時諸羅縣以北扼要之地，也是重要港口，所以派駐重兵防守，但從「地方廣闊，內港紆迴」之字句看，笨港的港口，似有內、外港之分，登陸地，可能也有幾處。

明顯可見，康熙五十六年的笨港及外九莊，以當時的歷史條件而言，已經是非常繁榮街市和聚落了。在那樣的狀況下，自然地在居民之間，有了宗教信仰的建立。

## 二、笨港與外九莊居民宗教信仰的建立

根據諸羅縣志卷十二「雜記」「寺廟條」的記載，笨港街只有一間廟宇，即稱做「天妃廟」的媽祖廟，另外靠近外九莊的鹹水港街也一間，諸羅縣志的記載是：「天妃廟……一在外九莊笨港街，（康熙）三十九年，居民合建。一在鹹水港街，五十五年，居民合建……」，而當時諸羅縣治所在地的諸羅縣城（今嘉義市），也有一間媽祖廟，諸羅縣志記道：「在城南縣署之左，康熙五十六年，知縣周鍾瑄鳩衆建」，以這三間媽祖廟而言，笨港街建立的爲最早，其次是鹹水港街（今臺南縣鹽水鎮），再其次才是縣城，據此可以推知，漢人抵達笨港地區，

要早於諸羅縣城。

「天妃廟」是笨港地區最早出現的第一間寺廟，有很長一段時間，也是此地區唯一的一家寺廟，一直到乾隆四年（一七三九年），笨港街才出現另外一間寺廟，亦即「水仙宮」，從康熙三十九年到乾隆四年，一共是三十九年，即這段時間內，媽祖的祠祀是笨港地區人民唯一的宗教信仰，天妃廟則是其信仰中心。乾隆四年水仙宮的建立，代表笨港地區逐漸發展，人口增加，不同信仰或需要增加另種崇祀的族群加入。

天妃廟，是列入「祀典」的寺廟，照例，地方官在天妃誕辰等重要節慶時，都要親臨與祭，地方官與民衆一樣，和天妃的祠祀，均有關聯，只是民衆的日常生活，與之關係更爲密切而已。

康熙年間已有，如同「諸羅縣志」所記的簡便「笨港橋」，到了雍正年間，因應人口增加及商旅需要，設置了「笨港渡」，設渡時間是雍正二年（一七二四），余文儀的「續修臺灣府志」卷二則制「橋樑條」記載：「笨港渡」在笨港街，縣西三十里，雍正二年，（諸羅）知縣孫魯，批允本街天后宮僧人，設渡濟人，年收渡稅，充爲本宮香燈」。

「笨港渡」的設立，代表著兩層含義，一爲笨港溪以北的對岸，漸次開發和發展，可能農業人口及商業人口均已增加到一定的程度，南北往來，漸趨頻繁，是以設渡。二爲笨港天后廟有尊崇地位，知縣特別批准由廟的住持僧，設立津渡，所收的渡船費用，均歸天后廟所有，當做廟的收入。

笨港街的第二間寺廟「水仙宮」，據余文儀「續修臺灣府志」記載，建於乾隆四年，地點是「在笨港南港街」（卷一九雜記「寺廟條」），余文儀此書，宗成於乾隆二十五年，即此時，笨港街兩間寺廟，均在笨港街的主體「南街」，到乾隆五六年（一九七一年），笨港街建立了第三間寺廟—南壇「水月庵」❹，崇奉觀音佛祖，地點還是笨港街主體的南街，於是最南端。

笨港天妃廟，後改名笨港天居宮，是當時笨港街及外九莊人民的信仰中心。這媽祖廟早於縣城的十七年，早於鹹水港的十六年，建廟時，應已有媽祖神像才對。今古笨港範圍內的北港朝天宮及新港奉天宮，各有傳說，朝天宮雖早年說有僧人於康熙三十三年，奉大陸湄州廟香火登陸，建祠祭祀，奉天宮則說明天居二年，船中劉定國奉「船仔媽」登陸，神示永保臺疆，乃在信衆之間輪流奉祀，其後建廟。

不管如何，正式建廟之前，已有神像，這是合理的。大抵而言的，媽祖神像，應是移民從大陸渡海到臺時，就已攜帶。

諸羅縣志未記載笨港街及外九莊信衆，如何進行媽祖的崇祀活動，但一年之中的春、秋二祭，即媽祖誕辰（三月二十三日）及昇天紀念（九月九日），理應祭祀。但縣志倒是詳細記載了笨港人民如何過「端午節」這個節日。此卷八「風信志」「漢俗」「歲時條」記載古笨港人民，在此節日時：

家製角黍，懸艾及菖蒲於户，以五色長命縷，繫兒童臂；復以繭作虎子，帖頭上，至午脫之。笨港、鹹水港等處，划舟競渡，遊人雜遝，亦有置竿掛錦，捷者奪標以去。

## 三、笨港的蓬勃發展

諸羅縣志卷十二「雜記志」「外記」記載：「由郡治北至雞籠，無投宿之店，唯茅港尾、笨港新設二公館，行人借宿莊社，有露處者」。「大甲溪以北無市肆醫藥，人死無棺斂」，無疑，笨港街市是康熙末年，臺灣北部最大的城市。

進入雍正年間以後，笨港街市有更大的發展，有關這方面，李獻璋所寫「笨港聚落的成立及其媽祖祠祀的發展與信仰實態」一文，有深入的研究，本文以下多所取資，並增益之。

首先是雍正九年二月，吏部議覆福建總督劉世明等人的條陳臺灣事宜，言「笨港地方，煙戶繁多，姦良莫辨，請添設縣丞一員，令其查拏巡緝」，本年便添設「笨港縣丞」，縣丞地點在「磚仔窰」，但設立才三年，便移到坂頭厝，即今天新港鄉的板頭厝村，「磚仔窰」一地在何處，沒有肯定地點，但可以確定的是在笨港溪南岸的笨港街主體內。到了雍正十一年，福建總督郝玉麟奏准將笨港、鹹水港二汛改歸陸路，以千總一員帶兵一五〇名，分防笨港，此與縣丞署之移駐有關，也表示笨港的防務，隨其發展而逐漸加重。

劉良璧「重修臺灣府志」卷一〇，「兵制」，記載：

> 雍正十一年，福建總督郝玉麟等會奏，爲敬陳臺灣善後事宜等事……北路地方，番社衆多，稽察宜嚴，官兵分防不足以資防範，……以左營守備一員、把總二員、兵四百五十名駐劄諸羅縣治……其笨港、鹹水港二汛，改歸陸路，以千總一員帶兵一百五十名，分

防笨港……。至移駐……笨港縣丞……給民壯八名。

同卷又記載：

臺灣水師協鎮標中、左、右三營，副將員，駐劄安平鎮汛。……左營……分防內海笨港汛守備一員，把總一員，兵二百三十名，戰船三隻，砲臺一座，煙墩一座。

笨港的繁榮，再從其倉廒數目的增加，可以印証，乾隆六年時，笨港有倉廒六九間（劉良壁重修臺府志卷十二，公署，倉廒條），到了乾隆二五年，則增加爲一〇九間（余文儀續修臺灣府志，卷二，規制，倉庫條），短短二十年，增加了四〇間，其進步之快可見，又據余文儀續修臺灣府志，卷四，賦役(二)，陸餉條記載，笨港街有店五九九間，（每間徵銀不等），共徵銀二百兩零五錢，商店有近六百間，人口當然不止此數，被徵店銀的商店，當時除了府治與其附郭的臺灣縣之外，鳳山，諸羅兩縣則只有笨港一街而已❺，竟連諸羅縣城也沒包括在內。茲做成統計表如下：

表一　清乾隆二十五年臺灣三大街市店舖徵銀數目比較表

| 項目＼地名 | 府治 | 臺灣縣 | 笨港街 |
|---|---|---|---|
| 商店 | 五三五〇間 | 二六九四間 | 五九九間 |
| 徵銀 | 一四六六兩六錢九分五釐 | 八一八兩四錢三分七釐 | 二〇〇兩五錢 |

據此表，我們可以有充分的証據，宣稱乾隆二十五年許，笨港街是當時臺灣的第三大城市。諸羅縣城固落其後，鹿港則還在發展之中。

笨港街既有如此的發展，則其周遭的外九莊等鄰居地區，必定也有連帶的進展，乾隆六年時，諸羅縣有四里、七保、十七莊（據劉良璧重修臺灣府志，卷五，城池「坊里條」），到了乾隆二十五年、二十六年時，諸羅縣新增三十九保，一莊，已進展到擁有四里、四十六保、十八莊了（據余文儀續修臺灣府志，卷二，規制「坊里條」）。茲將有關笨港及其鄰近的外九莊地區，其擴充情況，表列於下：

表二　笨港及鄰近地區乾隆中期行政區劃擴充表

| 乾隆六年 | 乾隆二十五年 | 乾隆二十五年新增置 |
|---|---|---|
| 笨港街 | 笨港街(笨港南街、笨港北街) | 笨港南保、笨港北保 |
| □□□ | □□□ | 牛稠溪保 |
| 北新莊 | 北新莊 | |
| 猴樹港街 | 朴子腳街 | 大槺榔東保 |
| 大小槺榔莊 | 大槺榔莊 | 大槺榔西保 |
| 鹹水港街 | 鹽水港街 | 鹽水港保 |
| 井水港莊 | 井水港街 | |
| 土獅仔莊 | 土獅仔莊 | 鹿仔草保 |
| 鹿仔草莊 | 鹿仔草莊 | |
| 龜佛山莊 | 龜佛山莊 | |
| 南勢竹莊 | 南勢竹莊 | |
| 大坵田莊 | 大坵田莊 | 大坵田東保、大坵田西保 |
| 龜仔港莊 | 龜仔港莊 | |
| 打猫莊 | 打猫莊 | 打猫東保、打猫南保、打猫北保 |
| 打猫街 | 打猫街 | |

※鹹←乾隆六年用此字
鹽←乾隆二十五年用此字

於是，乾隆六年劉良璧的《重修臺修府志》，卷五，城池「街市條」記載的「笨港街在笨港，爲大市鎮」，如此聊聊數字，到了乾隆二十八年的余文儀「續修臺灣府志」，卷二，規制「街市條」，就變成這樣的描述：

> 笨港街，距縣三十里。南屬打貓保，北屬大糠榔保。港分南北，中隔一溪。曰南街；曰北街。舟車輻輳，百貨駢闐，俗稱小臺灣。

從乾隆六年到乾隆二十八年，二十年左右的時間，笨港街市有飛躍的進步，這是毫無疑問的。

乾隆三十八年（一七七三年）成書的朱景英「海東札記」，在卷一「記巖壑」中記載：

> 郡境通海之處，各有港澳，定例只許廈門、鹿耳門商船往來，此外，臺灣縣有大港……諸羅縣有……笨港、猴樹港，彰化縣……淡水廳……凡十有七港……笨港列肆頗盛，土人有南港北港之穩，大船間有至者……大牽笨港、海豐、三林三港爲油糖所出。[6]

最遲到乾隆三十八年爲止，笨港已是一個非常繁華的城市，位於臺北市的國立中央圖書館，珍威著一幅珍貴的乾隆年間繪製的「臺灣地圖」[7]，在這幅地圖有關笨港的部份，清清楚楚地標示著笨港街市的地理位置、街道、官署、軍事設施、河流及海岸等，可以說是彌足珍貴。地圖上，三疊溪與石龜溪乃匯合成笨港溪，河流出海口標示者「笨港」，河流南岸有「笨港後街」、「笨港前街」、「（笨港）縣丞署」、「縣倉」、「南港汎防」，南岸靠海處，標示著「臺地」，河流北岸則有「笨港北街」，北岸靠海處，則標示著「笨港汛」。另外，在地圖上可以看見橫垮笨港溪的一座橋，即此笨港橋。

## 四、笨港的沒落與笨新南港笨北港的興起

笨港的發展，到了乾隆中期，已到了一個相當繁榮的地步，但從乾隆末年起，接連幾次的變動和災難，使得它漸漸地沒落，乃至於蕭條。

### （一）

首先是發生於乾隆四十七年十月的械鬥案件。

乾隆四十七年十月的械鬥案件，彰化縣與諸羅縣均受波及，諸羅縣則以笨港最爲嚴重，時福建水師提督黃仕簡奉命辦理善後事宜，他報告給清高宗的案情中說到：

> 自十一月初十日抵諸羅搜捕各要犯……後，續將各餘犯研審，查諸羅界連彰化，起畔由笨港之北港糾搶南港，漳民未獲首縣兇犯尚多，臣現會同楊廷樺，親赴笨港及彰化一帶

督拏，笨港已拏獲八十五名，務期全數擒獲，按律重治❽。

這次械鬥的性質屬於漳、泉械鬥，笨港之南街，居民以漳民爲主，北街則以泉民爲主，起因由於「笨港之北港糾搶南港」，即泉民糾搶漳民，黃仕簡言已抓到八十五人，漏網者尚多，顯見械鬥規模不小。

乾隆皇帝批諭黃仕簡：「徹底根查，務將未獲……各犯，逐一擒獲，從重懲治，永除後患」❾，黃仕簡繼續追查，又抓到一〇五人，他報告辦理情形。

連日督拏泉匪，在於北港、東莊、土庫、麥仔寮等處，捕獲首夥吳妹等一〇五名❿。

從黃仕簡的報告中，前後兩次的緝捕，共抓到兇犯一九〇人，其餘未抓或從臺灣逃到大陸者，尚未計算在內。顯然這次械鬥對笨港街，特別是南街，其所造成的傷害是很大的，黃仕簡的報告中，透露出南港受創嚴重，房屋毀損，居民四散，他因此貼出告示「招回南港商民，修築房屋，仍前交易，共敦和好」⓫，但是，在械鬥大創之後，南港街市大受蹂躪，四散的商民，雖然清朝政府極力勸撫，心理上都難免驚悸猶存，而即使有部份商民回去，笨港街市主體的南街，也斷難在短時期之內，恢復往日繁榮景況了。

「嘉義管內采訪冊」一書記載笨新南港居民來源，說到：「新南港街……居民先世多由舊南港街移來者，故名新南港街，道光（按爲乾隆之誤）四十七年，漳泉分類，舊南港甚受蹂躪，嗣因笨溪沖陷房屋街市甚多，故移至是地。」

（二）

其次是乾隆五十一年十一月爆發的林爽文抗清之役。

林爽文抗清之役，是清朝統治台灣二百多年當中，規模最大，歷時最久的一次反清事件，清廷動員四省兵力，花了將近兩年的時間，才將之平定，而這次事件，笨港也受波及，飽受燒殺擄掠，被佔據了四個多月。

林爽文是彰化縣大里杙人，乾隆五十一年十一月中間，以官逼民反，藉天地會起事，十一月二十九日攻陷彰化縣城，隨即南下，十二月六日攻破諸羅縣城，一面南攻府城，一面北攻鹿港。進攻府城分二路，一從諸羅山下茄苳進攻府城北門，一從笨港沿鐵線橋南下，其部衆分屯於諸羅縣城及鐵線橋附近。進攻府城的部衆，因署理臺灣知府楊廷理準備得當，未能得手，諸羅縣城於乾隆五十二年一月二十三日，經總兵柴大紀率兵收復。

諸羅縣城爲清兵收復後，即陷入林爽文部長期的包圍。林爽文一面回師北攻，再陷彰化，一面則派部集結於牛稠山，攻取大莆林、打貓、斗六門、水沙連及菴古坑，泉、粵義民村莊，破其攻陷者，不可勝計，只在海口一帶，稍得安穩，唯位於諸羅縣城以西三十里的笨港，因其地位重要，爲諸羅通海要口，經林爽文部長期包圍，乾隆五十二年五月中旬，終被攻陷[12]。

笨港被攻陷後，遭受到燒殺搶掠，無論是南港或北港，均受創嚴重，北港受害「竟成片土」，南港則在燒殺後，林爽文部搭蓋二百餘間草寮，當做根據地，清廷視爲賊巢⓭。南港被當成林部的根據地，以便續攻諸羅，南取鹹水港和府城，這乃是南港的大不幸，因爲四個月後，清軍普吉保爲攻取笨港，亦大肆焚燒，南港再受一次災難。

清軍普吉保於九月領兵五千五百人，連同理番同知黃嘉訓所募義民數千人，自鹿港南下，由大突溪前往笨港，往援諸羅，他於十三日抵麥仔寮，遇林爽文軍，殺數百人，奪獲器械米穀無數，十五日剳營元長莊，探知林爽文軍均屯集在笨港及前途一帶村莊，是夜兵分三隊，進攻笨港，槍砲並施，打死林部數百人，更放火焚燒笨港坂頭厝等莊七處，九月十六日，笨港經林軍佔領四個月，居民飽受林軍焚殺擄掠，勒派銀米之苦後，再經所謂「官軍」的清兵放火焚燒賊莊，終於收復。⓮然而，而四年前才受漳泉械鬥之害的笨港，現又經林爽文部及清兵先後燒殺，北港固然損害嚴重。以南港爲主體的笨港街，以至此民力更弱，更加殘破，以至於逐漸式微。

要之，林爽文反清之役，帶給笨港的災難是雙重的，一方面是清廷視爲「賊匪」的林爽文部，爲攻取笨港，肆行燒搶；另一方面則是自命爲「官兵」的清軍普吉保部，爲收復笨港，大肆焚燒。

（三）

乾隆五十二年十一月初三日，清高宗下詔將諸羅縣城改爲嘉義縣，十一月初三日，嘉義被清軍解圍。

最後則是一次天災，其造成的災難，使笨港整個沒落。

嘉慶二年八月二十八日及八月二十九日，臺灣遭受猛烈颱風襲擊，造成巨大災害，關於這次災害，臺灣各縣廳方志，多語焉不詳，嘉義縣自雍正年間以迄同治年間，均無修纂縣志，固不用說，即使修有縣志的縣，也或不記，或聊聊數語。續修臺灣縣志卷二政志祥異賑恤嘉慶二年條記載：「詔蠲本年正供租稅」，彰化縣志則未記，唯根據同治十年陳壽祺的「福建通志」，卷五二，國朝蠲賑條，則詳細記載：

> 嘉慶二年，以臺灣颶災，除淡防、臺、鳳、嘉、彰五屬，本年應行輸免供穀外，再將本年應徵錢糧，分別蠲益，緩徵各有差。……
>
> 嘉慶二年，臺灣府屬颶災，撥解司庫銀二十萬兩接濟，並應運內地兵穀三萬四千餘石截留，以備賑糶。

曹永和曾根據「明清史料」戊編，將該年全臺灣各地受災戶數及人口，統計成表，茲錄之如下：

表三　嘉慶二年颶災臺灣各地受害情況表

| 受災地域 | 應賑災戶 | 應賑人口 | | |
|---|---|---|---|---|
| | | 大口 | 小口 | 合計 |
| 淡防廳竹南保等鄉 | 九、八八八 | 二二、四〇〇 | 一八、〇八二 | 四〇、四八二 |
| 彰化縣大肚保等鄉 | 一九、一二〇 | 四一、七〇一 | 三三、一〇〇 | 七四、八〇一 |
| 嘉義縣大槺榔保等鄉 | 二一、九八一 | 四三、〇九〇 | 三九、〇〇〇 | 八二、〇九〇 |
| 臺灣縣大穆降等鄉 | 一五、三五九 | 三四、二五二 | 二五、〇〇〇 | 五九、二五二 |
| 鳳山縣竹山里等鄉 | 一七、六三四 | 三六、六八九 | 二九、〇〇〇 | 六五、六八九 |
| 合計 | 八三、九八二 | 一七八、一三二 | 一四四、一八二 | 三二二、三一四 |

（資料來源：曹永和，臺灣早期歷史研究，頁四一六，臺北，聯經公司，一九七九年。）

從表三統計數字看，嘉義縣受害之嚴重，無論是應賑戶數，或是應賑人數，都是高居全臺灣之冠。災戶達二萬一千九百八十一人，應賑人數，大人和小孩，更高達八萬二千九〇人，以笨港濱臨笨港溪，受颶風帶來洪水氾濫之影響，笨港避免得了巨大的災害？嘉義縣境，其時自南而北，有八獎溪、牛朝溪、笨港溪等主要河川，再北則有虎尾溪，凡是颱風帶來豪雨，造成水災，則近河川地帶，以及河流下游靠近出海口一帶，其受害必定更嚴重，笨港的地理位置，剛好符合上述條件，其受害嚴重，也就無可懷疑了。

現存新港兩塊古碑，可以補充有關這次巨災文獻記錄的不足，其一是新港奉天宮內的「景端碑記」，其二是新港鄉南港村的水仙宮裡的「重修水仙宮碑記」。

奉天宮的「景端碑記」，立於嘉慶十七年，碑文中說到：

> 溯自我天后聖母，在笨之宮，因烏水氾濫，橫遭沖毀，我笨亦幾至蕩然無存，毀於一旦……

水仙宮的「重修水仙宮碑記」，立於道光三〇年，碑文中說到：

> 吾笨南港有水仙尊王，關聖帝君二廟，由來舊矣，不意嘉慶年間，溪水漲滿，橫溢街衢，浸壞民居者，不知凡幾，而二廟蕩然無存……

前碑提到笨港天后宮，因烏水氾濫，「橫遭沖毀」，後碑提到水仙宮與關聖帝君廟，因溪水漲滿，「橫溢街衢」，而「蕩然無存」，由此敘述，均可想見其時水患之嚴重，以此兩塊古碑所述，再印証表三嘉義縣受害戶數與人數爲全臺之冠，可以斷定笨港遭到嚴重的損害。

以碑文所述三廟（天后宮、水仙宮、關公廟）「蕩然無存」字句看，那次的水患必定也使許多建築物「蕩然無存」，水仙宮的碑記說「溪水漲滿，橫溢街衢，浸壞民居者，不知凡幾」，語雖籠統，但仍提供後人相當的証據，試想，洪水流到街市，「浸壞」民間住宅，房子是不是要倒下去？能不能住？而碑文所述「不知凡幾」，亦即民間住家被洪水「浸壞」，不堪居住者，多到不能計算，因此，可從碑文這些描述，看出那次水患，是整個「笨南港」都破洪水所淹，笨南港遭到全面性的破壞。

水仙宮被洪水「浸壞」「蕩然無存」之後，在嘉慶十九年重建，重建的地點據其重修碑記，是在「港之南隅」，這個「港」指的就是「笨南港」，也就是被洪水「橫溢街衢」的「笨港南街」，更是「笨港街」的主體。嘉慶十九年水仙宮欲新建廟宇，廟地不是在老廟故址，因爲老廟已經「蕩然無存」，亦即在洪水後新形成的河道中了，河道已經南移了，新廟爲遷就現實並顧慮安全，遂建在「港之南隅」。

依常理判斷，當年水仙宮欲建新廟，它會遠離橫遭洪水摧毀，「蕩然無存」的故址遠一點，歷來學者均判斷固有笨港街，在今北港溪中，亦即北港北壇碧水寺與新港南壇水月庵之間的地方[15]。

因有笨港街被洪水所毀，笨港溪道南移，北岸則形成新的河川浮覆地，原位於舊河道北邊，今之北港鎭新街里的「笨港北街」（即嘉慶以前通稱的北港，此非今之北港，姑稱之爲舊北港），遂向南邊新的河川浮覆地上，建立新的市集和民居，歷史的「笨北港」正式出現，且日益繁榮，此笨北港才是今天的北港。而固有笨港街的笨港南街，在歷經三次天災人禍之後，居民四散，漳州籍商民，往鄰近的蔴園寮遷移，形成新的街市，改以「笨新南港」的名字，出現於歷史舞台上。

笨港毀滅了，笨港的歷史、文化與宗教信仰，將由新形式的笨北港與笨新南港，分別來繼承，推算兩地繼承舊笨港的時間是清朝嘉慶四年（西元一七九九年）左右，大約發展了一百年後，即一八九四年至一八九八年之間，兩本書分別對笨北港及笨新南港的景況，做出如下的描述：

> 北港街，即笨港 因在港之北，故名北港。東、西、南、北共分八街，煙戶七千餘家，郊行林立，廛市毗連。金、廈、南澳、安邊、澎湖商船，常由內地載運布疋、洋油、雜貨、花金等項，來港銷售，轉販米石、芝麻、青糖、白豆出口；又有竹筏為洋商載運樟腦前赴安平，轉載輪船，運往香港等處。百貨駢集，六時成市，貿易之盛，為雲邑冠。⑯

> 新南港街，在嘉義城西北二十五里……居民先世多由舊南港街移來者，故名新南港街。按道光（乾隆之誤）四十七年，漳泉分類，舊南港甚為蹂躪，嗣因笨港溪沖陷房屋街市甚多，故移至是地，人煙輻輳，百貨充集，笨港海船運糖米者，半購於此焉，地當衝要，街分六條，近附鄉村，買賣皆會於是，雖不可此濱海之都會，亦嘉屬之一市鎮也。相傳其地初建，皆殷富世家，故街里之名稱，略擬同於臺南焉⑰。

## 五、新港奉天宮與北港朝天宮的爭論

笨北港興起之後，因地利的關係，迅速繁榮，浸浸乎取代了昔日笨港的地位，遂有北港即笨港的訛稱[18]。笨新南港以離原笨港稍遠，經濟活動不若笨北港，然亦所謂「嘉屬之一市鎮」「街市昌隆，貨財殖焉」[19]之地。兩地居民很快地建立了新的宗教信仰，笨新南港建立了「奉天宮」，笨北港則建立「朝天宮」，繼續笨港媽祖的祠祀。

如果不是「媽祖信仰」在那之後於臺灣有更大的發展，變成臺灣地區民間信仰中的翹楚，則北港朝天宮與新港奉天宮，均不會成爲媽祖信仰的重鎭，兩廟或許就不會有什麼爭執，然而，恰恰相反的是，媽祖信仰在臺灣地區有著廣泛深入的基礎，且因愛護家鄉的關係，兩廟結合地方人士，爲爭「笨港」與「笨港天后宮」正統，自一九五五年起，業已爭論了四十年，茲分五階段，述其原委。

### (一) 第一階段：一九五五年～兩廟爭論初起

新港奉天宮與北港朝天宮二廟爭奪「笨港天后宮」正統，始自於一九五五年（民國四十四年）。這一年，一塊題名「重修諸羅縣笨港天后宮碑記」的石碑，在新港鄉板頭厝村彎仔內的北港溪岸浮出，石碑迅即被北港朝天宮取去，經修改碑名，在碑之上方碑名處，加上「北港」兩個字，使成爲「重修諸羅縣笨港北港天后宮碑記」，一九五六年二月，豎立於朝天宮內，對外宣稱是剛從廟壁中挖出[20]，自此，開啟了奉天宮與朝天宮的無休止的爭端。

四年後，適逢媽祖千年聖誕紀念，二廟爲了慶祝，各自出版特刊，爲此正式拉開了四十年文字爭論的序幕，茲將二宮爭論焦點，列表於下，予以比較，因新港奉天宮書先出，北港朝天宮書後出所以奉天宮列於前：

表四　一九五九年兩廟爭執言論對照表

| 宮名／項目 | 新港奉天宮 | 北港朝天宮 |
|---|---|---|
| 建廟時間 | 嘉慶四年（一七九九年） | 康熙三十三年（一六九四年） |
| 建廟原因 | 嘉慶二年洪水沖毀笨港，僧景端從笨港天后宮遷至麻園寮，重建廟宇。 | 僧樹壁由湄州奉媽祖分靈來台，遇颱風，船覆，漂至下湖口；登陸建祠。 |
| 廟名來由 | 取新廟名爲笨新南港奉天宮 | 仿湄州朝天閣名稱，命名爲北港朝天宮。 |
| 與笨港關係 | 笨港已毀，新港繼承笨港 | 笨港是北港古名，並非新港。 |
| 與笨港天后宮關係 | 言明繼承笨港天后宮 | 只刊印一九五五年獲得的「重修諸羅縣笨港天后宮碑記」相片，其餘未提。 |
| 神格 | 自稱「大媽」，指朝天宮是「二媽」 | 自稱「祖媽」 |
| 批評對方 | 無 | 指新港奉天宮混淆視聽，考據失靈，別有用心，實屬錯誤。 |

（資料來源：①天上聖母正傳，新港奉天宮，一九五九年印行
②北港朝天宮簡介，媽祖千載聖誕紀念，北港朝天宮，一九五九年印行）

北港朝天宮在一九五九年出的這一本簡介裡，將一九五五年獲得，一九五六年豎立的「重修諸羅縣笨港天后宮碑記」，修改碑面，在碑名中加了北港兩字於笨港之後，將之照相，印在簡介內頁。簡介封底則拓印了一個廟寶印，這個紅色大印內容是：「臺嘉笨北港朝天宮褒封天上聖母之寶」，旁邊說明文字，注明「北港媽祖廟聖母之寶璽」。這顆印章的本身告訴世人，第一，北港朝天宮本來就叫朝天宮；第二，北港朝天宮建廟於乾隆五十二年之後，因爲嘉義本名叫諸羅，乾隆五十二年十一月，清高宗才下詔改嘉義。可是朝天宮一面刊登這顆印章，宣稱爲己之廟寶印，一面卻又說它自己是康熙三十三年建廟，這顯然是自相矛盾，於是在此年之後，新港奉天宮開始抓住北港朝天宮這個漏洞，加以質問。

實際上，從表四的言論對照內容看，新港奉天宮未以激烈言辭指責北港朝天宮，但奉天宮刊印的「天上聖母傳」，卻是兩廟爭論的起點。北港朝天宮的言論，則明顯自相矛盾，如說自己是康熙三十三年建立，仿湄州朝天閣名稱，命名「北港朝天宮」，卻又刊於新近獲得的石碑「重修諸羅縣笨港天后宮碑記」相片，以及「臺嘉笨北港朝天宮褒封天上聖母之寶」印章，且以情緒化的言辭，抨擊新港奉天宮「混淆視聽，考據失靈，別有用心，實屬錯誤」。

從表四兩宮言論看，北港朝天宮被新港奉天宮挑起的爭端激怒，反應可說相當激烈，分析原因，是北港朝天宮在此之前，獨享臺灣媽祖廟盛名將近一百年，沒有他廟足以動搖其地位，而今與它有地緣關係，且近在呎尺的新港奉天宮，卻膽敢提出自己是「大媽」，朝天宮是「二媽」，神格位在朝天宮之上，朝天宮當然無法忍受，因爲，這會影響它的地位，進而可能影響它的香火。

北港朝天宮的言論，既然是矛盾重重，漏洞百出，那新港奉天宮的言論又如何呢？基本上，奉天宮提出的諸項論點，大多是第一次公開提出，例如嘉慶年間洪水沖毀笨港的說法，在一九五四年奉天宮第一版簡介提出後，此番擴大了影響力，這項被北港朝天宮稱爲「笨港毀滅論」的論點，在一九五九年的臺灣學術界，無論是歷史學界或是考古學界，均無人深入研究過，實則是第一次聽見，提出這項論點的是現年八十一歲的李安邦醫師，當年四十五歲的他，根據新港地區古老代代相傳下來的傳說，將之整理成文字。歷史傳說如果不整理成文字，那就注定要永遠停留在傳說之中，甚且會逐漸失眞，以至於無，但第一次整理成文字的歷史傳說，卻要大受質疑，新港奉天宮在李安邦努力研究之下提出的論點，便是如此，這個「笨港毀滅論」，首先對北港朝天宮造成極大衝擊，開啟了兩廟長達四十年的論爭，但也引起了歷史學者的興趣，開始認眞研究笨港史與笨港媽祖去向的問題。

此後，兩廟論爭進入第二個階段。

## (二)第二階段：一九六三年起～省文獻會加入兩廟爭論空前激烈

兩廟爭論的第二個階段，雙方言論漸趨周延，並引來學術界及文獻主管機構的注意和參予。

一九六三年二月，嘉義縣文獻委員會纂修完成的「嘉義縣志稿」卷首，因載雍正九年笨港縣丞署舊地笨港，即今雲林縣北港鎮，引起新港奉天宮不滿，指正其錯誤，當年十二月，奉天宮發表聲明，認爲笨港不是北港，北港朝天宮是嘉慶年間笨港天后宮被洪水沖毀後，於道光年間新建的廟宇，又說，凡是恭請北港與新港媽祖的，必先請北港朝天宮來新港奉天宮候駕，然後一起出發，回駕時，朝天宮媽祖必伴新港奉天宮媽祖回宮，然後自己回歸北港，這是小大之禮的傳統習俗，奉天宮又舉彰化南瑤宮返宮謁祖，必定駐奉天宮兩天，且在子時行交香之禮，子時是一天之中的大時（另外是午時、卯時、酉時），且是最大時，交香選在子時，表示對神靈的最高敬意㉑。

對於新港奉天宮的論點，嘉義縣文獻委員會表示，在未發現可資相信的史料前，縣文獻委員會不能指笨港即是新港㉒，唯嘉義縣文獻委員會也承認應該重加考証，因縣文獻會無人勝任該項工作，乃於一九六三年十二月十九日函請臺灣省文獻委員會，請代爲考証。

結果，省文獻會於一九六四年二月做出的答覆竟是：「今之北港又稱笨港，並無錯誤」㉓，這個答覆顯然未經周詳的考慮和查証，是很草率的，新港奉天宮大爲失望和不滿，二度去函嘉義縣文獻委員會，聲明笨港街始終在笨港溪南岸，笨港縣丞署始終在北岸，北港絕非笨港，並要求縣文獻會再度去函省文獻會詢問。

省文獻委員會旋即委派編纂廖漢臣及洪敏麟，到北港與新港勘查笨港故地及相關問題，他們兩人於一九六五年九月到北港鎮的府番仔及元長鄉的三塊榔地區（客仔厝）調查㉔，一九六六年七月到新港鄉調查，經多年研究，往返踏勘，七月二十八日，廖、洪兩先生發表初步踏勘結果。他們說，現仍在搜集資料及考証階段，新港鄉舊南港是否就是笨港故址的一部份，尚未獲得証實，廖漢臣說，北港溪河道多次變遷，那裡是笨港，要看當時河道情形來判斷，清代地圖上所記載的「北埔莊」、「三棟榔」是研究笨港故址的關鍵。洪敏麟則認爲從地形學上研究，乾隆十五年以後，北港溪可能有三次大改道，這「都是由北而南」，第三次變遷後，繼續侵蝕，成爲現在的河道，他認爲在經過北港鎮內的舊河道曲流窪地痕跡，就有多處，由此可以得到証明㉕。

廖漢臣與洪敏麟的研究與踏勘，集中在笨港故址的蒐尋，這個蒐尋的大前提，即是認定笨港已遭洪水沖毀，不在世間，省文獻會並未明白發表言論，說笨港已被沖毀，但從派員到北港、新港兩地勘查的行動言，實際上是間接承認新港奉天宮李安邦醫師所提的「笨港毀滅論」，而且不敢再說「北港又稱笨港」。

就在省文獻會派廖、洪兩位編纂到兩地踏勘、研究的當中，新港奉天宮與北港朝天宮也積極地進行論戰，各提有利於己的証據，並盡力駁倒對方。

首先是北港朝天宮發動攻勢，一九六四年四月六日，朝天宮在嘉義發行的「商工日報」第六版，版名「觀察臺」刊登全版的特稿，在這全版的特稿中，北港朝天宮首次提出「笨港天后廟即朝天宮」，對於一九五九年新港奉天宮刊行「天上聖母正傳」言論，繼續批評，言新港奉天宮如果是嘉慶四年從笨港遷過去的，則同治年間重修的臺灣府志及諸羅縣志，一定會提及，但均無，所以証明其不確，朝天宮提出「笨港北港合而爲一，天后朝天兩廟不分」，對於笨港變遷問題，証爲嘉慶年間，黑水氾濫，洪水於府番仔彎道附近，將南岸農田沖毀，浸淹笨港街，成爲今之河道，所謂「黑水突氾濫，南街變港灣」，朝天宮說，今北港市區的崩溪缺，是當時笨港街爲黑水沖積的決口，笨港南街變成港灣，新溪道之北變成笨北港，溪之南爲笨南港，笨北港即今北港，笨南港即今新港鄉南港村，泉州商人居笨北港，漳州商人居笨南港，漳泉兩幫因生意競爭常生鬥毆，漳人無法抗衡人多勢大的泉人，乃棄商耕農，遷居麻園寮，改稱「笨新南港」。

新港奉天宮對於朝天宮在商工日報上的語論，立即發表反駁言論，四月二十三日，奉天宮自己刊印奉天宮特刊：「新港媽祖與笨港」，對朝天宮論點，逐項反駁，並刊印自己廟內保存的笨港天后宮香爐，笨港縣長贈匾等等歷史文物，証明朝天宮非笨港天后宮，自己是繼承笨港天后宮的正統，這份特刊，對朝天宮「笨港北港合一，天后朝天不分」的說法，指爲不明事實，感情用事，欠缺超然客觀，乃是大膽的論斷。

新港奉天宮如此指責北港朝天宮，引來朝天宮更大的反彈，朝天宮於一九六四年四月二十六日，在聯合報第五版刊登二分之一版面的廣告，題爲「北港朝天宮是媽祖廟的正朔！請看歷史，不容其他廟宇作混淆視聽的解釋」，字體碩大茲將一九六四年四月，兩廟的論戰要點，整理成表，列之於下，這次戰火是北港朝天宮先發，所以朝天宮列於奉天宮之前，此時爭論重點是互爭笨港天后宮之正統。

表五　一九六四年四月兩廟爭論對照表

| 項目＼廟名 | 北港朝天宮 | 新港奉天宮 |
| --- | --- | --- |
| 建廟時間 | 康熙三十三年，僧樹壁自諸州請神像來，登陸建廟「朝天宮」。 | 天啟二年船戶劉定國奉請船仔媽來臺登陸笨港，居民輪流奉祀，此爲最早蒞臺的「開臺媽祖」，康熙三十九年，建立笨港天妃廟，嘉慶四年重建於新港。 |
| 與笨港天后宮之關係 | 第一次自稱其所擁有的「重修諸羅縣笨港天后宮碑記」，證明古笨港即北港，笨港天后宮即今之北港朝天宮。 | 笨港天后宮在嘉慶年間被洪水沖毀，遷建新港，改名奉天宮，第一次自稱其擁有之「景端碑記」，證明笨港天后宮已毀，自己就是笨港天后宮之繼承者。 |
| 笨港毀滅與否 | ①承認笨港溪在嘉慶初年氾濫成災，浸淹笨港街，河流改道；笨港南街變北街，南岸形成新南街。<br>②但指笨港被毀是「無誌可考」，同治年間的台灣府志，諸羅縣志均不載。 | ①笨港被洪水沖毀，故址在新港鄉板頭厝與舊南港附近溪流中。<br>②指北港朝天宮舉同治年間的台灣府志，諸羅縣志不載笨港沖毀一事爲對歷史的無知，因同治時未修志。 |

| | | |
|---|---|---|
| 神格 | 指新港奉天宮是北港朝天宮的分靈，奉天宮開山和尚景端是朝天宮住持禪宗的徒弟，奉天宮惺朝天宮一二一年朝天宮是奉天宮的祖廟。 | 道光年間，笨北港要建媽祖廟，來奉天宮請廟內最稱靈顯的三媽神像，王得祿調停，北港請去二媽，始建朝天宮，新港奉天宮是笨港媽祖的祖媽和大媽，朝天宮是二媽。 |
| 歷史文物 | ①指新港奉天宮視日皇壽牌爲至寶，是屈服異族，卑劣可恥，喪失民族精神。<br>②又指自己擁有雍正帝賜的「神昭海表」匾，何需七品小宮的笨港縣丞贈匾。<br>③自稱「重修諸羅縣笨港天后宮碑記」自古已有。<br>④未對「臺嘉笨北港朝天宮褒封天上聖母之寶」印之質疑，提出解釋，且以後朝天宮出版品，再也未出現此印。 | ①指北港朝天宮沒有笨港縣丞的贈匾，證明與笨港天后宮無涉，立廟在道光之後。<br>②指「重修諸羅縣笨港天后宮碑記」非朝天宮所有，係在北港溪浮出，被朝天宮移去。<br>③對朝天宮原始廟寶印「臺嘉笨北港朝天宮褒封天上聖母之寶」質疑。 |
| 批評對方 | 指新港奉天宮蓄意編造建廟由來，欺騙世人，歪曲歷史，向祖廟北港朝天宮爭笨港媽祖正統，做出「忘祖」的卑鄙事情，遺笑萬年。 | 指北港朝天宮說不出爲何從笨港天后宮改名，對歷史無知，朝天宮與奉天宮爭正統是無理取鬧，無知說比奉天宮歷史悠久，更是笑話。 |

綜觀表五所列之內容，可知一九六四年時，兩廟之爭執，不僅激烈，且已近於情緒化了，而朝天宮之批評字眼，比奉天宮激烈，如說奉天宮「卑劣可恥」、「欺騙世人」、「歪曲歷史」、「忘祖」、「卑鄙」、「遺笑萬年」等，幾近失去理性，反觀奉天宮說朝天宮用詞，如「無理取鬧」、「笑話」等，可要温和多了。

兩廟爲爭笨港正統，爲爭廟宇神格，花費大量金錢在報紙上刊登廣告，或自行印刷刊物，所費不貲，比較表四的一九五九年與表五的一九六四年言論，顯然爭執言論，轉趨複雜，也轉趨周延，當然如前所說，更轉趨激烈，但是，明顯可見，北港朝天宮的言論，除了傾向情緒化之外，歷史的認知有素養不足，如說清同治年間有刊印「臺灣府志」及「諸羅縣志」，被奉天宮指出錯誤，言爲對歷史無知，北港朝天宮不敢就此回應。

兩廟一九六四年四月的爭論，新港奉天宮所提有關笨港縣丞的贈匾，新港奉天宮內有清嘉慶二十年笨港縣丞龐周獻的「思流海嶠」匾，有咸豐七年笨港縣丞白鸞卿獻的「福庇雁行」匾，北港朝天宮確實一塊北港縣丞的匾也沒有，而奉天宮擁有的王得祿獻匾「聖慈母德」，係嘉慶二十年所獻，朝天宮也擁有王得祿獻匾「海天靈貺」，時間卻是道光十七年，比奉天宮慢了二十六年，對於這些匾額的質疑，朝天宮回答說它擁有雍正皇帝賜的「神照海表」，言如縣丞之七品以下小吏，豈敢獻匾與皇帝御筆賜匾並掛一起，對王得祿贈匾比奉天宮慢一節，朝天宮未回答。對於「重修諸羅縣笨港北港天后宮碑記」之質疑，朝天宮辯稱自古已有。

持平而論，這年兩廟之爭論，奉天宮所提諸多証據。比較具有說服力，朝天宮則傾向情緒之辯。以「神昭海表」匾來說，「天妃顯聖錄」一書明白記載，這是雍正四年五月十一日，內閣交出天妃神祠匾額御書「神照海表」四字，奉旨交給福建提塘送往知照水師提督敬謹製造，該年九月十二日，此四字送到廈門，即召匠繪成匾式，懸掛在「湄州」、「廈門」、「臺灣」等三處媽祖廟，共各地大小媽祖廟摹刻的，並非專門賜贈某某媽祖廟，臺灣的「神照海表」匾式，當時是放在首府臺南，臺灣各地媽祖廟有此匾者，皆從臺南摹刻，新港奉天宮與北港朝天宮各自擁有此匾，其來源皆是如此。

雖然表面上看，北港朝天宮言論似佔下風，但是，在這個階段，這一點都不影響它的龍頭地位，更不影響它的香火，它還是全省媽祖廟的龍頭老大，香火依舊鼎盛。根據朝天宮的統計，一九六六年度該宮收入總數是新台幣三百十二萬四百八十六元㉖，毫無疑問，它是一間大廟。在這三百多萬的收入中，信徒所添的油香錢，即佔了新臺幣一百十四萬五千一百零五元。

新港奉天宮方面，一九六四年四月，首次將傳說經年的「開臺媽祖」自稱形諸文字㉗，兩廟論爭前，奉天宮已著手興建鐘鼓樓—「思齋閣」與「懷笨樓」藉以紀念開發笨港，開發臺灣的先賢顏思齊，並用以追懷「笨港」往史，並爭笨港正統。一九六四年四月奉天宮刊印的特刊裡有「思齊閣」與「懷笨樓」的相片，建築結構已經完成，二年後，一九六六年五月十三日正式落成，舉行落成典禮，當時的內政部長連震東先生（今行政院長連戰先生之父親）蒞臨新港奉天宮，主持剪綵典禮，奉天宮並蒙當時擔任副總統的嚴家淦先生頒贈「開臺媽祖」匾，嚴副總統又贈「思齊閣」與「懷笨樓」二匾，五月十三日這一天，新港奉天宮冠蓋雲集，極一時之盛，參予盛典的，除了內政部長連震東夫婦，省議長謝東閔，還有省新聞處長周天固，國民黨省黨部主任委員薛人仰，美國新聞處長郭登，嘉義縣長何茂取，嘉南大圳主任委員林蘭芽等。

毫無疑問，新港奉天宮在一九六六年五月十三日，榮獲嚴副總統「開臺媽祖」匾，在聲勢上，得到極大的進展，「開臺媽祖新港奉天宮」這九個字，此後愈叫愈響。「思齊閣」與「懷笨樓」的建造。歷時五年，共費新臺幣六十餘萬元㉘。顯然這時的新港奉天宮，財力愈趨雄厚；李安邦醫師撰寫的「漢族開臺基地笨港舊跡及其歷史文物流落考」，也在一九六五年，由奉天宮鉛印刊行。此書重點在笨港毀滅，所有治笨官署及歷史文物均遷新港，笨港天后宮遷建成新港奉天宮。

### ㈢ 第二階段：一九六七年～笨港史研究的學術化

一九六七年十月，旅居日本東京的學者李獻璋，經過多年研究，並實地到新港與北港兩家媽姐廟及北港溪鄰近地區踏勘，發表了「笨港聚落的成立及其媽祖祠祀的發展與信仰實態」一文㉙，對奉天宮與朝天宮與兩廟之爭論，做了學術的考查和論証，這是第一篇學院中人，以史學專業素養和方法寫就的笨港史和笨港媽祖去向的論文，此書採納李安邦前舉著作諸多觀點。

茲將李獻璋該文，就有關對笨港毀滅與否及新港奉天宮北港朝天宮諸相關論點。表列於下：

表六　李獻璋論笨港天后宮、新港奉天宮及北港朝天宮

| 項目＼廟名 | 建廟時間 | 香火旺盛原因 |
|---|---|---|
| 笨港天后宮 | 康熙三十九年，是由先入該地的南街漳人所建。水仙宮與關帝廟也都建在南街，北街泉人在乾隆初年，尚無獨立建廟的經濟基礎。天后宮於嘉慶初年被烏水氾濫陷沒，笨港的媽祖廟便分爲二，一爲遷祀的新港奉天宮，一爲北港朝天宮。 | |
| 新港奉天宮 | 嘉慶十七年，由遷往笨新南港的住民，在王得祿協助下所重建。 | |
| 北港朝天宮 | 道光十七年許，爲笨港南街被洪水沖壞，南街住民他遷後，在北街重新建立的廟宇。廟名係爲對抗奉天宮而取。 | 其建廟後，從祠祀的村落史的背景看，便是它取代南港的表示。從道光末年以後，日漸成爲全臺香火之冠，幾項事蹟，使其香火愈旺：①道光十三年，陳辦之亂，清軍盛傳城上有紅面及婦女持刀助戰。此促成建廟。 |

| | | | |
|---|---|---|---|
| | | | ②道光十七年，王得祿助平焚搶糧舘事件，王獻匾。經過這些危機局面的證明與空傳，北港媽祖陡然顯赫起來。到同治初年，因戴萬生事件，確立了決定性的地位。 |
| 石碑 | 乾隆四十年所立的「重修諸羅縣笨港天后宮碑記」，於嘉慶初年崩陷溪底。 | 嘉慶十七年「景端碑記」碑文中所寫王得祿頭銜與建立年度，有些許矛盾，可能是北港朝天宮建立，得王得祿獻匾，爲對抗上才把它刻碑，但不損其資料價值。 | 「重修諸羅縣笨港天后宮」碑記，係八七水災時浮出，被撈起放在北港朝天宮。雲林縣采訪冊的編輯者，敘述朝天宮歷史，妄引此碑，乃是張冠李戴，不足憑信。 |
| 廟史證物 | | 乾隆五年三郊所獻大香爐，乾隆五十九年王得祿所書柱聯，嘉慶二十年笨港縣丞鹿周獻「恩流海嶠」匾。 | 以道光十七年王得祿獻「海天靈貺」匾爲最早，另有光緒十三年光緒帝「慈雲灑潤」匾。 |

李獻璋這篇論文，引述各種論証，說明笨港被洪水沖毀，對於嘉慶初年嘉義及笨港地區所受港水災害的嚴重性，他引用的是「臺灣府輿圖纂要」山水嘉義縣虎尾溪條的記載：「嘉慶七年間，風雨暴漲，他里霧北，復沖一溪，由笨港入海，又名新虎尾（溪）」，他認爲溪流的氾濫，似是連年相繼而至，分數年間，逐漸把南岸侵蝕，最後來了一次洪水，南街才完全的被沖毀，而陷沒溪底。

以上面這條史料看，所謂「復沖一溪」，就是河流改道，就中國歷史上黃河的十三次大改道看，鮮有不造成大災難的，幾乎都是村莊與街市淹沒，流民四徙，如果我們再對照本文前面所引曹永和先生「清代臺灣之水災與風災」，從其引用明清史料戊編所做出的災害統計表看，得知嘉慶初年的大水災，嘉義地區受害最嚴重，由此，可以說笨港確實毀於嘉慶年間的洪水，所謂「笨港毀滅論」，持平而論，並非憑空杜撰，也非虛構，而是根據各種証據提出，要駁倒它，必得提出相當強而有力的反証才行。另李文提「重修諸羅縣笨港天后宮碑記」是八七水災時浮出，這是錯的，實際上是民國四十四年浮出，中華日報南部版，民國四十五年二月六日第五版，刊有此碑來由「新港奉天宮志」一書頁一七，登有剪報影本，可參閱。

李獻璋論文發表後次年，即一九六八年，世居嘉義著名的詩詞大家張李德和女士，寫了一闋詞，名〈詣新港奉天宮〉：

放眼乾坤，玉山阿里，景色美麗宜人，翻思當昔，蕃族占橫陳，根據臺灣府誌，地區大，笨港繁頻，多先漢，來臺最早，文政賈軍倫，因循原壑跡，毀沖氾濫，文物遷伸，

縣署分新港，嘉義重春，詣新港奉天宮謁祖，榮顯赫，歷史忠純，深研究，左評簡朗，
事實保天真。

張李德和是嘉義女才子，擅詩詞，工書法，她親自用毛筆寫了這闋詞，書法蒼勁之中，帶著靈秀之氣，新港奉天宮將之拓刻於石碑上，立於該宮㉚。這塊碑記，認定笨港已毀，所有歷史文物以及治笨官署，均已遷到新港。

整體說來，李獻璋這篇論文，引經據典，他以公正客觀的態度從事研究，對笨港史的研究，具有貢獻，不意因點出歷史事實，傷了北港朝天宮的顏面，引來二〇年後朝天宮的攻訐。

### (四) 第四階段：一九八九年～朝天宮全力反擊

自李獻璋論文發表後，以迄一九八九年，前後二十二年間，北港朝天宮與新港奉天宮之間，未再發生論爭。

一九八九年一月，北港朝天宮出版了由蔡相輝編撰的「北港朝天宮志」，開始反擊新港奉天宮，此書共六篇，共計二七七頁，先據嘉義管內采訪冊，說新港奉天宮建於嘉慶二十三年，而康熙三十九年建的笨港天妃廟，爲今之北港朝天宮，然後開始敘述笨北港歷史。在該書頁五五，未根據任何文獻，說顏思齊入墾笨北港，立十寨，其地分佈在今北港鎮及水林鄉一帶，又說「外九莊」在今鹽水港以北，至雲林縣北港、虎尾一帶。

對於嘉慶年間的水災，則在頁六十三說，嘉慶二年，笨溪氾濫，溪流南移數十公尺，介於笨港南街之前、後街之間，水仙宮全毀，前後街之部份街肆已遭沖毀，居民遷往麻園寮。

蔡相輝言論在「爲北港連接笨港尋找証據，言顏思齊建「十寨」，其地在今北港鎭與水林鄉，唯並未註明史料來源，又爲替北港朝天宮與笨港天后宮相連畫上等號，雖承認嘉慶二年有大水災，有沖毀笨港部份街市，但沖毀的地方在於笨港南街的前、後街之間，說水仙宮全毀，卻未說及笨港天后宮，言只在天后宮東南方形成一水堀。

此書對笨新南港若干史實，有胡亂臆測之處，例如頁六十二，提林爽文事件發生，言「笨南港坂頭厝附近七莊居民起而響應」，這「起而響應」四字，不知根據何種文獻？類似沒有史源，逕行論斷的例子尚有，暫不多舉。或許作者是北港人，因熱愛鄉土，難免會有此表現吧。

一九九〇年六月，由笨港媽祖文教基金會刊印的「笨港史的眞象」，對於新港奉天宮及李獻璋論文，全面的攻擊和反駁，用詞激烈，兩廟爭論，達於頂點。

這本「笨港史的眞象」，副標題是「笨港毀滅論天妃廟正統三十年公案之廓清」，全書共一三一頁，第一頁到第五十七頁是轉載蔡相輝的「北港朝天宮志」，第五十八頁至到一一六頁則分㈠批駁新港奉天宮歷版簡介之言論。㈡批駁李獻璋「笨港聚落的成立及其媽祖祠祀的發展與信仰實態」一文。第一一八頁到一二八頁，則影印兩廟爭論的報紙報導。

由基金會董事長陳家湖具名的該書序文說到：李獻璋大作「笨港聚落的成立及其媽祖祠祀的發展與信仰實態」一文，「實是造成此三十年公案之始作俑者」，下面這段話，尤其嚴重，其引朝天宮前總幹事楊茂松言：

民國四十六年，李獻璋博士……前來朝天宮……云擬出版一本媽祖歷史事蹟……因缺經費，請本宮予以援助新臺幣參萬元……本宮無法答應援助……。

陳家湖接著說：

致使李先生懷恨於心，轉而扶持對自家歷史、沿革不甚清楚的奉天宮，挑撥唆使奉天宮執事，吹膨自大，攻訐朝天宮，李先生以一史學專家，……不能因之以其專業知識扭曲史實，挑起釁端，造成兩宮之間三十餘年來之閒隙裂痕，媽祖在上有知，必定慨嘆不已。

陳家湖長期擔任北港廟天宮管理委員會的委員，護廟心切，上面這段對李獻璋的抨擊，完全是莫須有的，對一位學者的人格，實在是莫大的侮辱與傷害，爲此，遠在日本東京新宿的李獻璋，在聞訊後，一九九〇年十二月，即委託律師，控告其毀謗，妨害名譽。

其實，李獻璋發表於民國五十六年的該篇論文，很容易在學術圖書館找到，任何受過史學專門訓練的人，只要細讀該文，就會知道那是完全在學術規範內進行並完成的嚴謹之作，引經據典，有言有據，只因爲那是第一篇完全用學術角度寫出的笨港史和新港奉天宮、北港朝天宮歷史的論文，等於是公開否認北港朝天宮的龍頭地位，說它的歷史沒那麼悠久，大大傷害了北港朝天宮的自尊心，犯了北港朝天宮之大忌，於是在隱忍和等待二十二年之後，以這樣的言論和批駁其文，來對待他。

有關批駁李獻璋論文的那篇，沒有署名是誰所作，批駁文中，情緒化字眼比比皆是，如指李獻璋「治學態度輕率」、「心態早已預設立場」、「無法了解其用心為何」、「不惜出賣史家良知，抹煞朝天宮，袒護奉天宮纂奪天妃廟正統，其居心已昭然若揭」，以上激烈、偏頗之措詞，充斥批駁文之中，令人不忍卒讀，或許作文的人，自覺不當，所以沒敢署名。

至於李獻璋委託律師，控告北港朝天宮、楊茂松、陳家湖等一事，後來不了了之。

分析北港朝天宮及相關人士，所以反應如此激烈，並逾越學術範疇，對李獻璋做缺乏理性的漫罵和人身攻擊，實是積了二十二年的怨恨所致，另外則是一九八八年，與北港朝天宮來往數十年的大甲鎮瀾宮，中斷了北港進香，改往新港奉天宮進香之故，北港朝天宮可能充滿危機感，擔心香火受到影響。

㈤ **第五階段：一九九三年～奉天宮全力反擊**

新港奉天宮在看到「笨港史的眞象」後，未做有系統的反駁，僅在報刊的地方版——「嘉義縣市版」和「雲嘉南版」，隔著河流——北港溪，與北港朝天宮，你來我往，有一搭沒一搭地，打著筆戰。直到一九九三年十月，由林德政主修，李安邦、鄭朗雲協修的「新港奉天宮」出版，才有全面性地和系統性地反駁。

「新港奉天宮志」一書，共計十五卷（含卷首及卷尾），總共四七○頁，其中卷首及卷一，專門討論笨港史及笨港天后宮等問題，仍主笨港已毀，笨港天后宮遷建成新港奉天宮，北港朝天宮也是嘉慶年間大水災以後新建的廟宇，卷首開拓篇——笨港與新港，敘述笨港源起及其開發經過，笨港街毀滅笨新南興起，北港絶非笨港，新港乃是笨港的化身，卷一繼承篇——奉天宮是笨港天后宮眞正繼承者，敘述北港朝天宮向新港奉天宮「刈半路香」，再據彰化縣鹿港天后宮的資料，說北港朝天宮曾向鹿港天后宮進香，提出北港朝天宮乃是新港奉天宮的分靈廟宇，這個說法算是對朝天宮一大回敬，又敘北港朝天宮原始廟寶印「臺嘉笨北港朝天宮褒封天上聖母之寶」，証明朝天宮建廟在乾隆五十二年之後，且本來廟名就叫朝天宮，與笨港天后宮無涉。奉天宮有嘉慶年間笨港縣丞匾，朝天宮一塊也無，而笨港媽祖三媽廟的「溪北六興宮」，其媽祖大符中註明「道光六年，湄州來臺三尊媽祖，元住笨港，分居新港大媽，北港二媽，溪北三媽」，彰化南瑤宮史料証明其進香原叫「往笨港天后宮進香」，後因嘉慶年間笨港天后宮毀於洪水，無祖家可歸，乃改名字叫「往笨港進香」，到繼承笨港天后宮的新港奉天宮進香，並到有姊妹廟關係的北港朝天宮會香。

新港奉天宮志於一九九三年十月問世，是全面性整理有關奉天宮的歷史，文物人事組織及其宗教信仰活動，如其廟會活動，也有專章探討並對其與朝天宮的關係和爭論，做系統而深入的討論，書中對兩廟之爭論，完全以史料爲論証之依據，絶無缺乏理性的攻擊、漫罵字眼。傳聞北港朝天宮正在積極研究如何對新港奉天宮志所指陳者，做出回應，唯至今（一九九四年五月），尚未見其出書，學界樂觀其成。

《新港奉天宮志》一書由曾經擔任臺灣省文獻委員會主任委員的林衡道教授書寫序文，他是國內的史蹟專家，史學界的前輩學者，今年高齡八〇歲，序文中，他說：「鄙見以爲，嘉慶年間毀於洪水的笨港天后宮，與今日的新港奉天宮乃至於北港朝天宮，均無關聯」，這段話，等於是各打新港奉天宮與北港朝天宮一個嘴巴，不過，這個嘴巴可能打北港朝天宮比較重，爲什麼呢？因爲朝天宮數十年來始終說笨港天后宮未毀，它就是原地的笨港天后宮，倒是奉天宮說法較圓融，說它是笨港天后宮毀後，遷建而成。

當然，筆者經多年研究，仍認定新港奉天宮是笨港天后宮的眞正繼承著，北港朝天宮自然也繼承一部份原笨港天后宮，筆者認爲兩間廟宇與原笨港天后宮，都有關聯，至少在「地緣上」，在「精神上」，兩廟都繼承了一些東西，我想，兩廟和兩地的人士，都是努力地在追求三百年前或三百二十年前，自明朝天啟四年以迄清朝康熙年間、雍正年間，漢人祖先自大陸陸續渡海來臺開拓疆土的冒險犯難精神吧。

林衡道教授的序文，他是大家最尊敬的老師，他也是精熟笨港歷史及奉天宮朝天宮情況的專家學者，他之所以寫笨港天后宮與兩廟均無關聯，其用心可能良苦，乃是爲調和兩廟而發。

## 結　論

奉天宮與朝天宮爭執的焦點在笨港與笨港天后宮的正位，到底笨港毀滅與否？曾經擔任臺灣省文獻委員會主任委員的林衡道教授，認爲笨港故址是在「今天新港鄉南壇水月庵與北港鎮北壇碧水寺之間的區域，就是清代笨港街市的故址」[31]，這句話其實明白表示北港不是原笨港，而新港奉天宮主張的笨港故址，正是如林衡道教授所說的地方。

另洪敏麟以地理學的方法和觀點，對笨港的變遷提出如下的看法：

> 古笨港從其發端，即受歷史時代後之大自然營力所困擾，即嘉南平原緩慢的隆起，山疊溪之輸沙配合下，沿岸流磯浪之協力下，循環著由潟湖而湖沼，由湖沼而海埔新生地（新海岸平原）的威脅，而且屢受北港溪洪水、曲流之滲蝕或地震、水災、械鬥等之脅迫，爲適應此等時勢變遷或二度覓取外港，或紛紛遷移，使街市得以隨腹地之擴大，維持港務機能，或追隨或規避曲流之發展，使三百多年來，街域在核心地帶，或被截斷爲二，在屢次消滅或更生循環下，四分五裂，故以光緒年代以前，曾爲古笨港街區地域而言，較今日最大殘餘街區，要超出幾倍，板頭厝、灣仔內、舊南港村、頂菜園，即皆爲古笨港的零存遺跡，北港即築在最大塊殘存遺跡上，新舊建築物參雜的地點，新港在歷史、文物以及居民來源而言，是笨港的化身，是居民受時勢境遇的變化後，漳籍移民的集體遷移地點，可視爲笨港的延長聚落。[32]

文中明白表示北港是築在最大塊殘存遺跡上，新舊建築物參雜的地點，新港在歷史文物及居民來源而言，是笨港的化身，是笨港的延長聚落。

對於笨港天后宮毀不毀的問題，林衡道教授說：

清朝嘉慶年間毀於洪水的笨港天后宮，與今日之新港奉天宮乃至於北港朝天宮，均無關聯。

他明白主張笨港天后宮已毀了。

筆者認爲笨港天后宮固然已毀，但是其精神及部份歷史文物，由兩廟直接或間接繼承下來了，新港奉天宮繼承的歷史文物較多，北港朝天宮除了一塊一九五五年撈獲的笨港天后宮石碑外，別無其他相關歷史文物，但朝天宮及北港既然也位在笨港範圍內，當然，它也繼承了笨港天后宮的精神文化，至於新港奉天宮慣稱自己是大媽，指北港朝天宮是二媽，北港人不同意，但現存溪北六興宮的「媽祖大符」，卻明白顯示「道光六年，湄州來臺三尊媽祖，原住笨港，分居新港大媽，北港二媽，溪北三媽」，顯然大媽，二媽之說，是有根據的。

綜上所述，新港奉天宮與北港朝天宮，彼此之間爭了將近四〇年，其實誰也沒贏，誰也沒輸，誰也沒服誰，反倒是，愈吵彼此的名氣愈大，要說笨港天后宮沒毀，恐怕北港朝天宮自己都要心虛，自己文物以道光十七年王得祿所獻「海天靈貺」匾爲最早，確是事實，廟內除「重修諸羅縣笨港天后宮碑記」（又自行加上北港兩字）可與笨港天后宮掛鈎以外，其餘均不足憑信，廟祝住持僧的蓮座，有可能是笨宮毀後移來者，而「重修諸羅縣笨港天后宮碑記」，又被指証是民國四十四年浮出移去者，所以北港朝天宮斷難理直氣壯地，說它自己就是原地的笨港天后宮，說笨港天后宮未毀。以新港奉天宮指陳的北港原始廟寶印「臺嘉笨北宮朝天宮褒封天上聖母之寶」而言，自一九五九年被揭發之後，北港朝天宮始終不敢回應，迄今將近三〇年，可見其心虛。

再說新港奉天宮，它也不能夠讓人百分之一百信服，其廟內重要証物的「景端碑記」，提到王得祿的官銜是「太子少保」，景端碑記立於嘉慶十七年，而王得祿獲太子少保則在道光十三年，這就自相矛盾了，李獻璋在前引文中，早指出這個疑點，他認爲可能是笨北港廟要建立，爲對抗上，才把它刻碑，一面裝做落成時物，一面卻加新銜，致生齟齬。雖然這個解釋合理，但這總是奉天宮在兩廟爭執中，讓人難以信服的一個弱點。

四〇年的爭論，使兩廟的名氣，因爭吵而增大，兩地人士因此而重視自己的鄉土歷史，使學術界，包括歷史學界及考古學界，把焦點放到笨港史的研究上面來[33]，這些都是兩廟相爭的意外收穫。

兩廟長年的爭論，在過去因文獻不足，且無學術界人士參與，所以對自家歷史，難免有前後不一致的說法，這種情形，乃是在文獻不足的狀況下，想把「口頭傳說」轉換成「歷史」的必然現象，這就如同中國上古史的研究一樣，其實，兩廟的歷史，像是層累造成的史觀。但是，民間傳說，本來就是珍貴的文化資產，朝天宮相傳是康熙三十三僧樹壁奉香火來臺，奉天宮說是天啟二年船戶劉定國奉請媽祖神像來臺，這兩項都是珍貴的民間傳說，我們不應輕忽。

要之，笨港繁華已盡，業經走入歷史，笨港天后宮也已崩陷溪底，然則誰才是眞正的笨港媽祖？誰才是笨港天后宮的繼承者？筆者在去年完成的《新港奉天宮志》一書裡，認爲新港奉天宮才是笨港天后宮的眞正繼承者，是正統的笨港媽祖，但是年來，重新研究笨港以及兩廟歷史，重新整理兩廟爭執言論，細心思考，得出新的論點：北港朝天宮也繼承了一部份的笨港天后宮的歷史，兩廟都可以說是笨港天后宮的繼承者。兩廟實不應該再互相排斥，相互攻擊。

## 註釋

❶ 江日昇著，吳德鐸標校，臺灣外志，上海，古籍出版社，一九八六年四月。

❷ 李獻璋〈笨港聚落的成立及其媽祖祠祀的發展與信仰實態〉，一九六七年十月發表，現收在李著《媽祖信仰の研究》，日本，東京，泰山文物社，一九七九年八月出版。

❸ 蔣毓英《臺灣府志》，廈門大學出版社，一九八五年十一月。

❹ 〈嘉義管內采訪冊〉，臺灣銀行經濟研究室。

❺ 李獻璋先生係引用乾隆六年，劉良璧之《重修臺灣府志》，卷八「戶役」。經查乾隆二十五年，余文儀《續修臺灣府志》，卷五，賦役㈡，統計數字，完全一樣。

❻ 朱景英，《海東札記》，臺灣銀行經濟研究室。

❼ 這幅乾隆年間繪製的「臺灣地圖」，並未標明何年所繪，已故的黃典權教授撰〈臺灣地圖考索〉，認定此圖應是乾隆五十二年以前所繪製。該文發表於臺灣省文獻委員會慶祝四十周年紀念論文專輯，省文獻會，一九八八年六月。

❽ 《清高宗（乾隆）實錄》，乾隆四十七年十一月，辛酉條。

❾ 同上。

❿ 同上。

⓫ 同上。

⑫《欽定平定臺灣紀略》，卷四〇，十月二十三日條。

⑬同上。

⑭同上。又參見周璽《彰化縣志》，卷十一雜識志，兵燹。

⑮前臺灣省文獻委員會主任委員林衡道教授即持此主張。另洪敏麟教授亦持相同看法。

⑯《雲林縣采訪冊》，此書光緒二十年宗成。

⑰《嘉義管內采訪冊》，此書完成於清光緒二十四年，日據明治三十一年。

⑱有關北港非笨港，可參見林德政主修，新港奉天宮志，頁十九～二一，財團法人新港奉天宮董事會，一九九三年八月。

⑲同⑰。

⑳一九五六年二月六日，中華日報南部版，第五版，刊出北港朝天宮掘明清故物專稿，圖文並茂，文中稱於土壁中掘出重修諸羅縣笨港北港天后宮碑記。

㉑徵信新聞報，一九六三年十二月二〇日。

㉒徵信新聞報，一九六三年十二月二十一日。

㉓臺灣省文獻委員會民國五十三年二月二十六日，致嘉義縣文獻會文編字第二六七號函。

㉔聯合報，一九六五年九月二十四日。

㉕聯合報，一九六六年七月二十九日，第六版。

㉖北港朝天宮民國五十五年度收支決算表。

㉗新港媽祖與笨港——奉天宮特刊，一九六四年四月二十三日出版。

㉘徵信新聞報，一九六六年，五月十日，第六版。

㉙刊登於大陸雜誌，第三十五卷第七～九期，一九六七年十月～十一月。此文現收入李獻璋著，媽祖信仰の研究一書，日本，東京，泰山文物社，一九七九年出版。

㉚ 張李德和詣新港奉天宮碑記，相片及拓本，見林德政主修，李安邦、鄭朗雲協修之新港奉天宮志，頁一九八～一九九，一九九三年八月出版。
㉛ 〈臺灣史蹟調查座談會記錄〉，刊臺灣文獻，二十六卷二期，一九七五年六月。
㉜ 洪敏麟，笨港之地理變遷，臺灣文獻，二三卷二期，一九七二年六月。
㉝ 中央研究院歷史語言研究所考古組研究員劉益昌，一九九一年八月二十三日到北港溪考查，表示將進行笨港故址的考古挖掘。

# 我國大陸地區道教研究之現狀

卿希泰

道家和道教，二者既有區別，又有聯繫。先秦道家，是以老莊爲代表的一個哲學派別，而道教乃是東漢形成的一種宗教，二者並不是一回事。但道家哲學乃是道教的思想淵源之一。道教創立的時候，奉老子爲教主，以老子《道德經》爲主要經典，規定爲教徒們必須習誦的功課。東漢以後，研究老莊思想的學者，相當多的人都是道教信徒。闡述和注釋老莊的許多寶貴著作，都集中在道教典籍的大叢書《道藏》當中。這些道教徒對老莊思想的闡述和注釋，雖不免有些宗教性的曲解成份，但其中也包含了不少的精華，不可忽視。事實表明，道家文化在漢代以後就被道教所繼承和發展了。如果沒有道教的繼承和發展，道家老子及其學說在中國歷史上的地位和影響恐怕將是另外一回事了。正因爲道教與道家老子及其所說的確實具有如此密不可分的淵源關係，所以歷來人們便把道教也稱爲道家。

改革開放以來中國大陸學者對道教研究的大概情況。

道教產生於一千八百年以前，在歷史上曾對我國的政治、經濟、哲學、文學、藝術和科學技術以及社會生活、民族心理等各個方面，都產生過深刻的影響。魯迅先生曾經說過：「中國根柢全在道教」。爲了全面地總結中國文化遺產，爲社會主義的兩個文明建設服務，有必要深入開展道教的研究。遺憾的是，國內對道教的研究工作，在很長時間都未引起足夠的重視。一九四九年前，雖有一些學者如陳寅恪、湯用彤、蒙文通、王明，陳垣、陳國符、劉鑑泉、許地山、傅勤家等，對此曾作過些研究，寫過一些文章和著作，其中有些文章或著作具有很高的學術價值，如陳寅恪的《天師道與海濱地域之關係》、陳垣的《南宋初河北新道教考》、劉鑑泉的《道教征略》、陳國符的《道藏源流考》、王明的《黃庭經考》、《周易參同契考證》、《老子河上公章句考》、《論太平經鈔甲部之僞》等，這些文章或著作至今仍是我們研究道教的重要文獻，非常寶貴。但當時除少數著名學者之外，其他從事道教研究的人並不多，和其他有些學科如哲學、歷史甚至和佛教、基督教、伊斯蘭教的情況相比，無論是在研究力量或研究成果方面，都顯得非常單薄，尚未形成一支研究隊伍，研究成果也僅是鳳毛麟角。

一九四九年後，直到一九七八年十二月中共十一屆三中全會之前，或者說在改革開放之前，在很長的時間內，由於極左思潮的影響，道教研究在大陸一直被視爲禁區，從事這項研究工作的學者也很少，成果也不多。在這段時間，雖然也出過一些很有學術價值的著作，發表過一些很有科學水平的文章，如王明先生的《太平經合校》，湯用彤先生的關於道教史和道教經典的幾篇考證文章，以及袁翰青先生關於外丹方面的幾篇論文，任繼愈先生主編的《中國哲學史》教科書中有關道教的一些章節，還有其他一些學者的有關文章，但總共大約僅有五十篇左右，其中專著特別少。研究的人不僅不多，而且是分散的、自發的，也未正式形成一支隊伍。

自從一九七八年十二月中共十一屆三中全會召開之後，情況就發生了很大的變化，隨著各個方面的撥亂反正，各項工作都就蒸蒸日上，科學的春天亦從此到來，道教研究也得到了黨和政府的重視和支持，有了很大的發展，步入了一個新的時期，主要事實如下：

第一、建立了專門的道教研究機構。一九七九年和一九八〇年，經過政府批准，相繼在中國社會科學院世界宗教研究所建立了道教研究室，在四川大學建立了以道教研究爲主的宗教學研究所。前幾年，華東師範大學又建立了道教文化研究室。這種國家的研究機構的建立，便使道教研究工作從此能夠有計劃，有組織地開展，改變了過去僅僅是由學者個人分散地、自發地進行研究的這種狀況。

第二、道教研究的課題，正式列入了國家哲學社會科學「六五」、「七五」和「八五」規劃當中，由國家撥出研究資金予以保證，這也是史無前例的事。

第三、在中國社會科學院世界宗教研究所和四川大學宗教學研究所都先後招收了以研究道教爲專業的碩士研究生和博士研究生，已培養出一批年青的研究人員，其中有些人已在道教研究工作中嶄露頭角，成爲重要的骨幹研究力量，晉升了教授、副教授的高級職稱。

第四、在各地的許多高等院校、科研單位和其他工作部門，湧現出了一大批積極從事於道教研究的學者。他們結合自己的專業和工作，從各自熟悉的方面，對道教的許多領域進行了廣泛的探討。這種類型的研究人員的數量，比以道教究爲專職的研究人員的數量更多。把二者加在一起，已經初步形成了在宗教研究工作上的一個方面軍。這個方面軍和從事於佛教、基督教、伊斯蘭教等方面的研究力量相比，無論在數量上和質量上都還有一定地差距，但和十一屆三中全會以前的道教力量相比，不能不說是一個很大的進步。隨著年青一代學者的逐步成長，這個方面軍將會日益不斷地加強和發展。

第五、在許多地方，都建立了一些關於道教文化研究會之類的群衆性的學術組織。湖北省已經成立了道教學術研究會，名譽會長是武漢大學的蕭䒟父教授，會長是武漢大學的唐明邦教授。上海、福建、陝西都先後建立了類似的組織。成都這裡，也建立了民間性質的道教文化研究所，負責人是省社科院的黃海德和川大宗教所的李剛教授。這種民間的群衆性的研究組織的建立，對於開展道教文化研究是一個有力的推動。

第六、開展了道教研究的學術研討會，交流了學術成果，活躍了學術氣氛。最近幾年來，各地各單位所舉行的關於道教研究的小型學術討論會較多。除此之外，一九八一年七月在北京和山舉行了全國宗教學術討論會，道教這個組有將近二十人參加，會上就《太平經》的評價和葛洪的評價等問題進行了專門的討論。一九八三年七月，在北京大學勺園就《道藏》編目問題作了專題討論，到會的代表也有近二十人。一九八七年十一月，在成都召開了《道藏提要》的一些問題進行了專題討論，到會的代表約四十人。一九八九年四月，在杭州就《道教與中國傳統文化》的討論會，到會的代表有五十餘人。一九九〇年七月，在湖北襄陽召開了《道家（道教）文化與當代文化建設》的學術討論會，到會代表七十九人。此外，一九九二年八月，在西安還舉行了海峽兩岸道家思想與道教文化研討會，出席人數大陸三十七人，台灣二十五人。僅接著，在四川都江堰市又舉行了兩岸中國傳統文化學術研究討會，出席的有大陸學者二十餘人，台灣學者十餘人。道家與道教文化仍是這次會議討論的中心。一九九二年九月和十月，中國道協還先後在湖北武當和陝西西安召開了道教文化的國際討論會，道教界和學術界、中國人和外國人，大家坐在一起各抒己見，共同探討有關道教的學術問題，這是一種別開生面的學術會議，在我們大陸，過去還比較少的。從以上這些學術會議的情況來看，參加的人數一次比一次增加，代表的方面也越來越多，討論的問題也一次比一次廣泛，反映了我國道教研究正在日益不斷地發展和深入。

第七、創辦了關於道教研究的學術刊物。四川大學宗教學研究所於一九八二年創辦了以刊登道教研究文章爲主的《宗教學研究》雜誌，先在內部交流，出了六期。從一九八五年第七期起，改爲公開發行，受到了國內外同行學者的重視。此外，上海於一九八八年創辦了《上海道教》，陝西省也創辦了《三秦道教》，這是屬於學術界與道教界共同辦的刊物，爲內部發行。陳鼓應教授於一九九二年創辦了《道家文化研究》，是與香港道教學院共同辦的，是論文集的形式，內容包括道家與道教，每年出版兩輯。安徽還在籌辦《老莊文化研究》，計劃今年創刊。這些刊物的創辦，也反映了道教研究工作的蓬勃發展。

第八、出版了一些專著、論文集、工具書和通俗讀物等書籍。其中屬於《道藏》研究方面的有《道藏提要》，任繼愈主編，中國社會科學出版社一九九一年出版；《道藏源流續考》，陳國符著，香港明文書局一九八三年版。屬於道教碑刻的有《道家金石略》，陳垣編，陳啟超校補，文物出版社一九八八年出版。屬於通史方面的有《中國道教史》，任繼愈主編，上海人民出版社一九九〇年出版；《中國道教史》第一卷，卿希泰主編，四川人民出版社一九八八年出版；《中國道教史》第二卷，卿希泰主編，四川人民出版社一九九二年七月出版；《道教通論——兼論道家學說》，牟鍾鑒、胡孚琛、王葆玹主編，齊魯書社一九九一年出版；《中國道教思想史綱》第一卷，卿希泰著，四川人民出版社一九八〇年出版；《中國道教思想史綱》第二卷，卿希泰著，四川人民出版社一九八五年出版；《道教精萃》，劉國梁著，吉林文史出版社一九九一年出版；《道教文學史》，詹石窗著，上海文藝出版社一九九二年出版。屬於斷代或教派史方面的有《魏晉南北朝時期的道教》，湯一介著，陝西師範大學出版社一九八八年出版；《魏晉神仙道教》，胡孚琛著，人民出版社一九八九年出版；《南宋金元的道教》，詹石窗著，上海古籍出版社一九八九年出版；《天師道史略》，張繼禹著，華文出版社一九九〇年出版。屬於道書校釋方面的有《抱朴子內篇校釋》，王明著，中華書局一九八〇年出版；《無能子校注》王明著，中華書局一九八一年出版；《悟眞篇淺解》，王沐解，中華書局一九九〇年出版；《道德經釋義》，任法融注，三秦出版社一九九〇年出版；《黃帝陽符經、黃石公素書釋義》任法融注，三秦出版社一九九二年出版；《玄珠錄校釋》，朱申溥著，巴蜀書社一九八九年出版；《周易參同契新探》，周世一、潘啟明著，湖南人民出版社一九八一年出版；《穆天子傳通解》，鄭杰文著，山東文藝出版社一九九二年出版。屬於修煉方術方面的有《中國煉丹術與丹葯》，張覺人著，四川人民出版社一九八一年出版；《道教氣功養生學》，李遠國著，四川省社會科學出版社一九八八年出版；《道教氣功百問》，陳兵著，今日中國出版社一九八九年出版。屬於道教名山方面的有《青城山志》，王文才編著，四川人民出版社一九八二年出版。屬於專題性質的有《道教與中國傳統文化》，卿希泰主編，福建人民出版社一九九〇年出版；《道教與中國文化》，葛兆光著，上海人民出版社一九八七年出版；《中國道教文化透視》，劉仲宇著，學林出版社一九九〇年出版；《道教與超越》，徐兆仁著，中國華僑出版社一九九一年出版；《道教與科學》，金正耀著，中國社會科學出版社一九九〇年出版；《道教與女性》，詹石窗著，上海古籍出版社一九九〇年出版；《道教與仙學》，胡孚琛著，新華出版社一九九一年出版；《中國十大名道》，唐代釗、蔡東洲、劉傳航著，延邊大學出版社一九九一年出版。屬於論文集方面的有《道家與道教思想研究》，王明著，中國社會科學出版社一九八四年出版；《道教與養生》，陳櫻寧著，華文出版社一九八九年出版；《道教論稿》，王家祐著，巴蜀書社一九八七年出版；《道教文化新探》，卿希泰著，四川人民出版社一九八八年出版；《道教與傳統文化》，文史知識編輯部編，中華書局一九九二年出版。屬於工具書方面的有《宗教詞典》，任繼愈主編，卿希泰任編委兼道教分支學科負責人，上海辭書出版社一九八一年出版；《中國大百科全書》宗教卷，羅竹風主編，卿希泰任編委兼道教分支學科主編，中國大百科全書出版社一九八八年出版（一九九〇年該社又將道教分支以《道教》爲書名單獨出版了分冊）；《簡明道教辭典》，黃海德、李剛編著，四川大學出版社一九九一年出版；《中國道教氣功養生大全》，李遠國編著，四川辭書出版社一九九一年出版。屬於介紹道教基礎知識和通俗讀物方面的有《道教基礎知識》，曾召南、石衍豐編著，四川大學出版社一九八八年出版；《道教概說》，李養正著，中華書局一九八九年出版；《道教問答》，朱越利編，華文出版社一九八九年出版，《道教文化面面觀》，中國社會科學院世界宗教研究所道教研究室編，齊魯書社一九九〇年出版；《仙話文學》，詹石窗、連振標編著，學林書店一九八九年出版；《歷代遊仙詩文賞析》，詹石窗、連振標編著，學林書社一九八九年出版。屬於譯著方面的有《道教史》，蕭坤華譯，上海譯文出版社一九八七年出版；《道教諸神》蕭坤華譯，四川人民出版社一九八八年出版；《道教》第一卷，朱越利譯，上海古籍出版社一九九〇年出版。屬於資料選編方面的有《氣功精華錄》，李遠國編著，巴蜀書社一九八七年出版；《中國古代房室養生集要》，宋書功編著，中國醫藥科技出版社一九九一年出版。

以上各種著作共五十五本，這僅是個初步統計，此外，從改革開放以來，每年所發表的有關道教研究的各種論文，其數量就更多了，據初步統計，大約有五百到六百篇，平均每年三十到四十篇。這些論文涉及的內容非常廣泛，不少論文具有相當高的科學水平，有重要的學術價值。由此可見，最近不到十五年來的研究成果，已大大超過了一九四九年以後到十一屆全會之前近三十年的十倍以上。

還應特別指出的，是文物出版社、上海書店和天津古籍出版社配合出版了《道藏》，巴蜀書社出版了《藏外道書》，這些道教從書的出版，爲道教研究工作的廣泛開展提供了重要的條件。而且《藏外道書》實際上還起了續道藏的作用，它的出版，將大大有利於明清道教研究工作的開展。

以上八個方面的事實說明，自從大陸改革開放以來，道教研究工作也和其他各項工作一樣，正處在一個蓬蓬勃勃地向前發展的時期。不僅有了專門的學術研究組織，而且有了專門的學術刊物，一支由老、中、青構成的研究隊伍已經初步形成，並正在茁壯成長，道教學術研究之活躍，研究內容之廣泛，研究成果之豐碩，都是以往任何時候所不能比擬的。展望未來，我們充滿了無比的信心和喜悅。當然，在前進當中我們應該清醒地看到，道教研究工作，現在仍處在草創階段，道教學這個學術領域，現在還是一塊極待開墾的處女地，還需要全國廣大學者來共同耕耘，今後的任務還十分艱鉅。希望熱心於道教學術研究的廣大學者，彼此同心同德，互相支持，互相學習，團結一致，爭取今後作出更多更好的成績，爲繼承和發揚祖國的優秀文化遺產，繁榮祖國的民族文化而共同奮鬥。

最後，應當特別聲明兩點：一是中國道教協會和全國的許多道教徒，在道教研究方面也有許多貢獻，是道教研究工作中的一支重要力量。他們還辦有自己的研究機構和自己的刊物，如中國道協即辦有道教文化研究和《道協會刊》，這個會刊創刊於一九六二年，出了二十期，一九八七年改名《中國道教》，並公開發行。他們的著作除正式出版者在上面已介紹一些我們所知道的以外，其他有些僅在他們自己內部流傳，沒有正式出版，則不便介紹。二是許多台灣、港、澳以及海外華人學者，在道教研究方面也發表了許多極其重要的論著，我們也拜讀過部分，但由於圖書資料的缺乏，我們對這方面的情況還不夠全面瞭解，也只好暫付闕如。在此，我們謹向他們一併表示歉意。

# 《九陽關遊記》思想初探

陳昭利

## 一、淺介「九陽關遊記」

民間新興宗教大都標舉爲天立言，代天宣化，承天運普化衆生。在教義的內容上，不外是勸化世道人心與挽救社會頹風，以符合信仰者的心理需求。

《九陽關遊記》由台中重生堂林重修扶鸞而成，扶鸞時間由一九八二年十月廿七日至十一月九日，全書共十四回❶，以九陽關爲探討的重心。

「九陽關」第一關「磨眞關」，修道人唯我獨尊，目空一切者入此關；第二關「化氣關」，未能改變後天剛愎之修道者入此關；第三關「寒池關」未存有平等心之修道者入此關；第四關「暑池關」尚有業障之修道者入此關；第五關「了凡關」未能了卻塵緣之修道者入此關；第六關「固容關」奢侈浮華之修道者入此關；第七關「誠敬關」尚談玄論虛之修道者入此關；第八關「練性關」妄言效應之修道者入此關；第九關「成聖關」禮儀不威嚴之修道者入此關。

《九陽關遊記》設立的動機乃是鑑於「近代修道之人雖多，總因後天習性未能除盡，而不能證道成眞，因此乃有九陽關之設」（頁六）「九陽關」介於天堂、地獄之間，專以磨鍊功多過少，但後天習性未能除盡，導致未能全眞至聖的修行者，強調「變化氣質」、「修心悟道」的教化宗旨，雖是神道以設教，但強調內在心性的啟發，「九陽關」第一關「磨眞關」、第九關「成聖關」—磨成眞人，成就聖道，正是本書的宗旨。在性質上，本書屬於遊記類鸞書，鄭志明先生敘述此類鸞書的特質說：

> 天上神界類的遊記側重在積極性的人格啟發，在清靜性天人合一的涵養下，以身體力行來提昇自我的生命境界，但是不可避免的是道德自覺的主體精神，仍必須以天上福報的果位來加強求道的信心，以克服在現實環境壓迫下困惑、矛盾與衝突等心理問題。❷

重生堂是以鸞書的著作或出版爲主要宗教活動的專業化鸞堂，供奉的主神爲瑤池金母，屬於明代無生老母信仰❸，《九陽關遊記》的正鸞生（即通靈者）林重修，其導師爲濟公活佛，以鴻鈞始祖的大鵬鳥爲交通工具，借地獄府明珠爲助力，閉目之後，魂魄出遊，是其通靈方式。強調神蹟與神力的宗教行爲，以吸引虔信者的心靈，藉此達到教化民心的效果，正是民間宗教的特質。

自民國六十五年《地獄遊記》採用對話體的文學形式，流風所及，各民間鸞堂亦起而效之，《九陽關遊記》亦屬於此類作品。在每一回開始有濟公活佛所降的七言絕句，接著是濟佛與鸞生（重修）的對話，之後濟佛帶領鸞生參訪九陽關，每一關訪問三位受刑的修行，由受刑人分別敘述在陽間的不良習氣，以親身的經驗警惕信仰者。對話式鸞書的優點在於：神靈降尊與人溝通，耳提面命，宣說教化，更具親和力、說服力，另一方面在鸞生的帶領之下，受訪者口述事實經驗，以證因果報應之不虛，更易撼動信仰者的心靈，達到警惕或鼓舞的效應。

本文茲以《九陽關遊記》爲引題，探討三教合一思想及民間宗教修行觀念的概況。

## 二、「三教合一」之思想特色

以「九陽關」負責考核修道功過，並非《九陽關遊記》首先提出的觀念，以「三教歸一」思想爲特色的民間宗教——先天道，有術語曰：

九陽關，係磨鍊修行人，使其後天習氣盡除，俾證道成真。九陽關共分磨真關、化氣關、寒池關、暑池關、了凡關、固容關、誠敬關、鍊性關、成聖關等九關，每關又分九小關，計八十一小關。凡修行者，在世功多過少，歸空後，靈性則經由金橋入九陽關，就其過失入各關磨鍊，以糾正、規過之。通過了九陽關的磨鍊則入加修堂習禮儀及養性之道，之後，再送至樂善堂核對功果，劃分果位，呈奏天庭，送往天界享福。倘若在九陽關不能懺悔改過者，則遣送地府，轉世爲人。「九陽關」一詞，沿用既久，早已爲各教門引用作修行者歸空後，考證心法及功果之關口。[4]

《九陽關遊記》的基礎源於先天道的經典，先天道的創始者黃德輝所著《皇極金丹九蓮正信歸眞還鄉寶卷》[5]云：

九陽關，荅查號，追究根本。照修行，前後對，不順私情。

（開示明山品第九）

文憑寶號還鄉表　九陽關上啟迴文
三曹檢看功德簿　凡提聖選不差分

（正宗顯理品第十九）

九陽關，考修行，凡察聖選。三元神，合同對，較證殘零。

（九聖朝眞品第二十）

大羅清淨祖　普渡衆仙賢　各門學道客
同至九陽關　各認朝源號　分枝續九蓮

（十地修行品第二十四）

又《歸原寶筏》二十一❻：

> 死後三官對號，好歹簿上記清。九陽關口不順情，指示各人覺惺。

《換骨仙丹》❼一書敘曰：

> 遵之者可度九九陽關，違之者難免十八地獄。

《九陽關遊記》前有序曰：「九陽關之設，乃是爲了修行之人裁定功過之所。」爲求修行者根除不良習性，早日全眞歸位，故有「九陽關」之設，以考證修道者的平生功過。這與先天道經典中所述的「九陽關」功能是相同的。

《九陽關遊記》每一關有十小關，然每關之首「審明到此之修行者而不磨人」（頁十七），九小關「只磨人而不審問修行者」，「九陽關」恰好構成八十一難。《九陽關遊記》八十一難的觀念，推測其來有二：

一係受先天道信仰的新龍華三會的教義影響，其教義內涵大約是說衆生之靈性本與無生老母同在極樂之鄉，逍遙自在，後迷失本性，墮入三道輪迴，在極樂之鄉的無生老母，爲拯救原人返鄉，遂設三會（青陽會、紅陽會、白陽會），定劫數，派佛輪流執掌，其中白陽會居三會之末，降八十一劫，派彌勒佛掌天盤，三會預渡九十六億原人回天，白陽一會，則佔九十二億。先天道的經典中屢屢提及八十一難：如《喫緊銘箴》有「天定八十一劫，九九魔考災星，一難未滿道不明，吉凶隨人感應。」❽。《六字催文一段》其九「考魔謹愼」云：「修道不考不成，古云八十一難，自魔道魔人魔。」❾，《歸原寶筏》有「九九魔考分眞僞」、「若不降，九九魔考，四億中，選萬靈，怎分高低。」❿，不勝枚舉。

二是附會《西遊記》唐僧西天取經的八十一難。民間宗教以小說爲取材之對象，因此小說與宗教的混淆亦成爲民間宗教的一大特色。

「九陽關」出自先天道的經典，先天道以「三教歸一」思想爲中心，其認爲「三教歸一」的思想源自全眞教，《重陽詩集》⓫云：

儒門釋戶道相通，三教從來一祖風。
悟徹便令知出入，晚明應許覺寬洪。
釋道從來是一家，兩般形貌理無差。
識心見性全真覺，知汞通鉛結善身。

宋明以來，三教思想由長期的爭論、排斥走向融合的道路：以儒家的「人皆可以爲堯舜」、佛教的「一切衆生皆生皆有佛性」，再加以重陽眞人的「以道德性命之學，唱爲全眞」，遂建立起以道德性命之學爲主的融合思想，三教一理，皆以心爲宗，所謂「三教聖人，不昧本心而已！」。《九陽關遊記》第七回〈遊九陽第五關　了凡關〉詩偈曰：

舉念心經透骨寒　看經容易悟經難
若人參透經中意　三教幽微一理談

第十一回〈遊九陽關　加修堂〉有詩偈曰：

道法無邊遍三千　佛法無私化紅蓮
三教一家一理同　同化紅塵上瑤天

民間宗教「三教合一」的主張，並未能將三教的思想精義完全融合，而只是任意的拼湊取捨。「五教合一」思想則是「三教合一」思想的進一步發展。《九陽關遊記》玉詔（即玉皇大帝的聖旨）曰：

學道之人雖多、雖虔，卻是後天惡習難改，身在聖門但歸空之時卻難以入聖成真，甚是可惜。經五教至尊共議非著一部教化修行之聖書不可。

「五教至尊」在《九陽關遊記》中並沒有明指五教教主確為何人，然五教同源之說早已是各民間宗教之教義，五教教主通常以儒教孔子、道教太上老君、佛教釋迦牟尼、基督教耶穌、回教穆罕默德。台中聖賢堂著作的《天界傳眞》云：

> 各教門之法則有異，但均以儒爲宗，以神爲教，因而儒以「仁德」、道以「善良」、釋以「慈悲」、耶以「博愛」、回以「惻隱」爲教之中心，以啟發「人心向善」也。⑫

由儒釋道三教，再增回、耶二教之理由，乃爲普化西洋之民衆，民間宗教源於中下層社會，具有兼容並蓄的「宗教大同」思想，萬教皆是一理所生，具因時而設，皆負有代天宣化，挽救世道人心的使命。

基於三教合一的主張，《九陽關遊記》對於只執著佛教義理而不能認同民間宗教者，一律判入「九陽關」受刑。如第三回〈再遊磨眞關　訪黑風小關〉修行人甲因「執著心性未悟五教同理」、「固執自己的修行之道，而不採納他教教義」，因而被判入黑風關懺悔三十日。第五回〈遊九陽第三關　寒池關〉修行人乙爲一佛教高僧「因執著我佛之教義，未曾深悟三教同源之理，每當有人談及其他教門之時便說那是邪派，如有說某堂仙佛扶鸞闡教很有教化，便說那是著相、入魔，可是本身未曾將鸞堂的善書加以深研，一味的阻擋信徒奉他教。」故被判入寒池關懺悔一年。更有趣的是，寒池關竟借高僧之語「奉勸世上佛門弟子今後當攜手和其他教門一同普化，勿執著心性和分門別戶將來則免踏我之後塵也。」再如寒池關的修行人丙，爲一虔誠的佛門居士「謂我佛最大，不肯再拜其他之神，否則令人恥笑，因此對於其他神佛均認爲是下等的鬼神」，故被判入寒池關懺悔三個月。

由《九陽關遊記》中對佛教徒的批判正可見民間宗教之信仰者和佛教徒的衝突，因爲佛教徒對民間宗教的不認同，所以在《九陽關遊記》中特別凸顯此一問題。

## 三、民間宗教修行方式概觀

民間宗教修行觀念之方式，有二：

1 以數量單位計算道德行爲，決定昇天堂或墮地獄的功過格思想。

2 以變化氣質、涵養心性，決定昇天堂或墮地獄的「九陽關」修眞觀念。

前者按照一定的道德規範，利人濟世，後者則側重於心性的啟發。在過去，功過格的思想普遍而深刻的影響民間百姓，這點可從以「功過格」思想爲主的善書廣泛流傳而看出，然而近年來，民間新興宗教似有偏重心性問題探討的趨勢，不僅止於以量化的方式來計算功過，更進一步要求心性的變化及涵養。外在的積功累德，不再是昇天堂的保證，而必須通過「九陽關」——心性的考核。民國七十一年高雄市聚星宮護法堂扶鸞的《天界透視》分論「修」與「行」兩個觀念，指出修是修心養性，行是行功立德，修行並重，始登極樂之境。「九陽關」修眞觀念與功過格思想分別代表民間修行觀念，重「修」及重「行」的部分。本節據此理論架構，探討民間宗教修行觀念與道教之關係，以明其義理特質；並附論佛教「帶業往生」的觀念。

《尚書》曰：「積善之家必有餘慶，積不善之家必有餘殃」，在中國傳統社會中，善惡功過的因果報應，一直支配百姓日常行爲的生活規範與價值標準。「天道福善而禍淫」的觀念深植於民心，《悟眞篇》詩說「若非積行修陰德，動有群魔作障緣。」積善的意義，在消除惡行，廣積陰功，藉著行爲表現來修德，功過格思想，便是受道教積善派影響的產物。《抱朴子對俗篇》曰：

> 或問曰：「爲道者當先立功德，審然否？」抱朴子答曰：「有之。按《玉鈐經中篇》云：立功爲上，除過次之。爲道者以救人危使免禍，護人疾病，令不免死，爲上功也。……欲求仙者，要當以忠孝和順仁信爲本。若德行不修，而但務方術，皆不得長生也。」……又云：「人欲地仙，當立三百善，欲天仙，立千二百善。」……又云：「積善事未滿，雖服仙藥，亦無益也。若不服仙藥，並行好事，雖未便得仙，亦可無卒死之禍矣。」吾更疑彭祖之輩，善功未足，故不能昇天耳。⑬

積德累行之重要性，竟在修鍊諸方術之上，且證道成仙之果位亦與修行善事之多寡成正比，《抱朴子　微旨篇》又云：

> 欲求長生者，必欲積善立功。⑭

積善立功，是證道成仙的保證，爲使修行者有一定的道德規範可以依持，以作爲判斷道德行爲善惡的準則，遂有「功過格」的編寫及流傳。十二世紀的《太微星君功過格》是最早集大成的作品，其修行方式是：

> 凡受持之道，常於寢室床首置筆硯簿籍，先書月分，次書日數，於日下開功過兩行，至臨臥之時，記終日所爲善惡，照此功過格內各色數目，有善則功下注，有惡則過下注之，不得明功隱過。至月終計功過之總數，功過相比，或以過除功，或以功折過，折除之外者，明見功過之數，當書總計訖，再書後月，至一年則大比，自知罪福，不必問乎休咎。[15]

功格以勸善，過格以止惡，重視日常生活的倫常規範，據客觀的行爲標準以涵養道德。明末之後，受中國重客觀事勢之理的趨勢影響，功過格思想，普遍流行。[16]成爲民間善書最具影響力的修行模式。臺灣民間善書亦可見《功過格》的彙編，如儒宗神教的《玉律金篇》、一貫道的《白陽佛規功過格》、武廟明正堂的《文衡聖帝功過律》皆是此一系思想的產物。

以功過格作爲修行模式的優點在於將一切道德教條化，一般民衆有客觀的行爲標準可以依據，且功過格之內容大都以生活倫常爲規範，對於社會風氣有正面的導引價值。陳主顯先生在《功過格倫理思想試探》一文中云：

> 功過格帶有群體的道德動力，對世俗的社會提出實踐道德的見證。同時，也藉由功過格

對當代的道德問題做判斷，這對世俗社會的道德風氣具有積極的意義。⑰

提出具體的行爲規範，鼓勵信仰者藉以涵養道德的修行模式，固然可喜，然導引修行者建立固定化與習慣化的宗教人格，最大的缺憾便是容易僵化，且善惡行爲容易淪爲「只是個體存在的工具價值或交換價值，因此任何行爲的表現都可轉換成有效率的數字，以決定其個體存在的禍福。」⑱，功過格思想偏重於行功立德的修行模式，並不能點醒人性良知良能的自覺，且僵化的道德訓式，隨著時代的劇烈變遷，已無法因應道德價值多元化的發展，要改善社會的諸多弊端，袪除不良風氣，端正人心，正本清源之道乃在反求諸己，自我淨化，以內在的自我明照，改變外在的行爲；因此如何導引修行者變化氣質，涵養心性，便成爲當前鸞書共同關懷的問題，以此展開「九陽關」修眞觀念的探討。

「九陽關」一詞，早已有之，《九陽關遊記》卻是第一本專門探討「九陽關」修眞觀念的鸞書，「九陽關」的功能，在於考核修道者之心性；以經驗事實爲例，將所有不良行爲，歸結於後天習氣未除，藉此強調「變化氣質，涵養心性」的工夫，這一主題思想貫串全書，茲舉數例爲證，第三回〈再遊磨眞關　訪黑風小關〉詩偈曰：「曠古奇書於今頒，天道慈憫由此觀。警惕原人改氣質，方免難過九陽關。」（頁二〇）第四回〈遊九陽第二關　化氣關〉濟佛曰：「修行之人雖有善道之行，可是本身之氣質未能盡化，而導致不能入聖成眞。」（頁二六）第七回〈遊九陽第五關　了凡關〉此關之住持曰：「要成爲一個全眞至聖的修行者，必須要將後天的不良喜好予以除掉，如此方算一位『完人』也。」（頁五七）「九陽關」專以磨鍊惡習難改之修行者，明示「以補天堂、地獄之不足」（頁三），其著重心性涵養的修行理念顯然有別於功過格的思想，功過格思想將善惡行爲量化，經過計算，積善多則昇天堂，積惡多則墮地獄。而「九陽關」之修行者的特質則是功多過少，但未能立即昇天堂，必須將後天的惡習除盡方能昇天堂，若在「九陽關」中仍未能除盡惡習，只有墮入地獄一途，第六回〈遊九陽第四關　暑池關〉藉濟佛之口強調後天之惡習若未能革除，最後仍將被送往地府再輪迴。《九陽關遊記》重視心性的涵養，文中處處是「學道修心」、「修持心性」、「改變氣質」、「以正道規勸世人修心養性」之語，「九陽關」修眞觀念，一言以蔽之，即道即心，即心即道，修道即修心，修心即修道。

如前所述《九陽關遊記》的基本架構，源自先天道的經典，而先天道係以金丹道（全眞教）爲內涵[19]，《九陽關遊記》修道即修心的主張，即受道教內丹家的影響，何謂金丹大道：

> 金丹大道，實非外道旁門所謂燒鉛煉汞之事，亦非小乘旁支所謂長生不老之事，實即儒家之所謂聖功神化，與佛家之所謂圓明覺性是也。古真好用隱語喻言，若顯明言之，則金丹大道，實即心性大道。煉丹之事，即煉心煉性之事，即心見性之事，亦即存心盡性之事。丹學即心學。即心即道，即道即心，即性即道，即道即性，三家上乘要旨與最後一著，了無分別。[20]

宋代以來，道教內丹學出現以明心見性爲上，修性兼命的「上品丹法」，全眞道及明清以來多數內丹家皆以修心煉性爲築基煉己之首要工夫，張伯端《悟眞篇序》云：

> 欲體夫至道，莫若明乎本心。夫心者道之體也，道者心之用也。㉑

察心觀性爲修心修道之首要工夫，「九陽關」的修眞觀念受全眞教之影響尤深，第十四回〈遊九陽關 樂善堂〉藉仙君言設立「九陽關」之終極關懷曰：「希望世人須知學道修心，必須以人道接天道，如此方是正道。若欲成仙作佛，則必須將後天不良習性完全根除，如此方能入聖成眞」（頁一〇八），這與全眞教之教旨吻合，所謂「全眞者，即以我之眞性，應天地之眞理，其法稱爲清靜丹法」㉒，全眞的目的在「一以全我之眞，以應天地之眞。」㉓，故全眞教傳道，以煉心煉性爲始基，以悟道全眞爲上乘。

《太上靈寶淨明洞神上品經》云：「人有先後，上學通眞，中學積行，下學著功」㉔「九陽關」修眞觀念開展的人格生命在層次上高過於功過格的思想，將所有的不良行爲收攝於心性的晦暗不明，固執難通，透過自我觀照而實踐道德，內在人格在不斷的自省中超拔，以至全然純善。除了《九陽關遊記》，臺灣民間鸞書中，亦有提及專以考核修道之「九陽關」，如《三界傳眞》第六回〈遊地獄參觀第一殿審虛心假意案〉中考核修道的「九九紫陽關」即同於「九陽關」㉕罪魂因修行過程沒有誠心保守所求大道，違背實心懺悔的宗旨，對天對佛虛心假意，故被貶落在第九磨眞小關，刑罰三旬之日，被貶落地獄，可見其視正心誠意爲修道之首要工夫，不同的是磨眞關在《九陽關遊記》屬於第一關，在《天界傳眞》則是第九關，如此並無太大的影響。又臺中聖賢堂刊印的《聖賢眞理》，亦有「九陽關」負責考核修道（第一輯　頁四八）。由九陽關修眞觀念在鸞書中逐漸被採用的情況看來，可知民間宗教有愈來愈重視心性問題的趨勢。

不論是功過格思想或九陽關的修眞觀念，其修行模式皆可溯源與道教之關係，讀者亦可知道教對民間宗教影響之深遠。此外佛教「帶業往生」的觀念別具特色。唐君毅先生以爲此一思想係受明末清初重客觀事勢之理流行與重淨土之佛學潮流相連之產物。淨土乃客觀實在之佛土，帶業往生，更仗佛力轉業，亦因勢理爲功也。㉖民間鸞書亦多敘及此一修行觀念：「帶業往生」據《天堂遊記》釋義，並非免去一切罪業，帶業往生者，係指未唸佛前所造之業，皈依佛門之後，一心唸佛懺悔前業，佛感其誠，自會相渡。㉗修淨土法門者，在任何環境之下，不退道心，死後自可往生天堂，《寬淨法師神遊極樂世界》㉘指出極樂世界有九品蓮花之別，分上中下三品，每品又分三等，帶業往生之修行者，死後即被接引至下品下生蓮花，凡於下品下生蓮花的衆生，雖需歷十二劫，共計二億一百五十七萬六千年方能成佛，卻能保證循級而上，而無退轉墮落三惡道、四惡趣之虞，整個修行過程，皆在「極樂」狀態中度過。「九陽關」修眞觀念之修行者，死後仍須受心性之考核，飽受九陽關刑罰之苦痛，在痛苦中反省自覺，方能決定未來前去天堂或地獄。「功過格」則是計算功過之後，即能前往天堂或地獄。而「帶業往生」則是強調放下屠刀，立地成佛，在自覺的體證中，尚有佛力的加持，在極樂之境，邁向成佛之路。值得注意的是，「帶業往生」的觀念，更強調在娑婆世界勤修苦鍊的重要，若在人間修行有成，死後可直往上品上生蓮花成佛，不須如下品下生蓮花之修行者，需歷十二劫的漫長修行。這正是人身難得，人身可貴的思想，諸佛皆於人間成佛，而非在天上成佛，唯有生於人間，方能稟受佛法，以佛法開拓人性內在的無限超拔。

## 四、結　論

或許有人認爲鸞書爲荒誕不經，義理淺薄的作品，但是這些任意拼湊而成的作品卻對民間有極大影響力時，我們不得不重新對其作一番新的評估。本文以《九陽關遊記》爲主題，乃因其完整而有系統的呈顯「九陽關」的思想特質。儒家有「道問學」及「尊德性」的衝突，佛教有重悲行及重智解之不同法門，以九陽關修眞觀念與功過格思想分論民間宗教重修及重行的不同，並非強化二者之對立，而是透過比對以說明民間信仰著重心性啟發之趨勢。然而將自我生命的努力修行建構在神明權威之下，理性自覺與功利心態互相揉合，九陽關修眞觀念仍在民間信仰的涵蓋之下是無庸置疑的。民間思想有自成的文化體系，它能就其所需轉換上層文化思想以滿足其固定的文化特質，就民間信仰而言，不論如何消融三教思想或五教思想，其功利心態，因果報應的觀念，懾於神明權威之心理是不會改變，只不過宣化方式會隨著時代而有所變遷。因此儘管鸞書的內容偏重於怪力亂神之說，但其對民間的影響力，卻是不容忽視的，它成爲安定社會，淨化人心的一股力量。這正是鸞書存在不可抹滅的價值。

# 註釋

❶ 九陽關分指磨眞關、化氣關、暑池關、了凡關、固容關、誠敬關、練性關、成聖關，加上「下幽冥借明珠」、「再遊磨眞關 訪黑風小關」、「觀陽人別逝情形」、「加修堂」、「樂善堂」，共十四回。

❷ 鄭志明〈遊記類鸞書所顯示之宗教新趨勢〉一文，收錄於《臺灣的鸞書》頁一七九 正一善書出版社

❸ 鄭志明在〈遊記類鸞書所顯示之宗教新趨勢〉一文中指出無極老母、王母娘娘與瑤池金母三者異名而同實，與一貫道的明明上帝同屬於明代的無生老母信仰。

❹ 見《先天道研究》第三章第二節〈先天道術語〉 頁一—六七林萬傳編著 靝巨書局 一九八四

❺ 見《先天道研究》第二篇〈先天道經典彙編〉，下文所引「開示明山品第九」見頁二—七四，「正宗顯理品第十九」見頁二—一〇八，「九聖朝眞品第二十」見頁二—一一四，「十地修行品第廿四」頁二—一三一。

❻ 同❹，見頁二—三九一。

❼ 同❹，見頁二—五〇九。

❽ 同❹，見頁二—四八一。

❾ 同❹，見頁二—三九九。

❿ 同❹，見頁二—三七四、三三五。

⓫ 《重陽全眞集》卷一 《正統道藏》太元部 枝字 藝文印書館。

⓬《天界傳眞》 臺中聖賢堂刊印 頁八三。
⓭《抱朴子 對俗篇》《正統道藏》太清部 守字 藝文印書館。
⓮《抱朴子 微旨篇》《正統道藏》太清部 守字 藝文印書館。
⓯《太微星君功過格》《正統道藏》洞眞部 雨字 藝文印書館。
⓰唐君毅《中國哲學原論 原教篇》頁六九三 臺灣學生書局。
⓱陳主顯〈功過格倫理思想試探〉收錄於《神學與教會》十六 一九八五。
⓲鄭志明《中國善書與宗教》第四章〈功過格的倫理思想初探〉頁六七 臺灣學生書局。
⓳同❹，頁一—二七。
⓴引自《金丹大成輯要》第五篇〈仙學指微〉頁一八三 收錄於《歷代古眞傳述》 自由出版社 一九七四。
㉑張伯端《悟眞篇》後序 見《道教五派丹法精選》第五集 王沐選編 中醫古籍出版社。
㉒黃公偉《道教與修道秘義指要》頁七三四 新文豐出版公司一九八二。
㉓同㉒，頁七四五。
㉔《太上靈寶淨明洞神上品經》〈列班入等篇第十〉《正統道藏》太平部 奉字 藝文印書館。
㉕《三界傳眞》 高雄市修身社養性堂著。
㉖同⓰。
㉗《天堂遊記》 頁一四九 臺中聖賢堂聖賢雜誌社印行。
㉘《寬淨法師神遊極樂世界》 臺中聖天堂印。

# 滿族帝王封禪長白山

劉耿生

「封禪」二字，《史記》中解釋爲：「此泰山上築土爲壇以祭天，報天之功，故曰封。此泰山下小山上除地，報地之功，故曰禪」❶即：祭天爲封，祭地爲禪。「言禪者，神之也」❷，是說祭地也就是封某山爲神祇。

關於滿族帝王封禪長白山的檔案史料，主要保存在北京故宮內的中國第一歷史檔案館內，在《上諭檔》、《軍機處錄副奏摺》、《宮中硃批奏摺》中，均有這方面內容，尤其在清代掌官禮儀祭祀的禮部祠祭司的檔案中，有專門記載這項祭祀活動的檔案，但數量都不多，內容卻彌足珍貴。此外，作者還查閱了北京圖書館保存的善本書《封長白山記》、《滿州祭天祭神典禮》等圖書。研究此專題，應當先介紹漢族帝王封禪泰山和道教之聯繫，以尋根溯源。

## 一、漢族帝王的封禪泰山及與道教之聯繫

漢族的封禪起於何時？一般的說法是：「封山之典，肇始唐虞」；「虞廷受命，泰岱先巡；周室肇基，岐山是倚」❸，認爲自唐虞時代就已經有了，但僅是傳說，缺乏檔案文獻記

載。據有文字可考的載，最早出身《史記》〈封禪書〉：

> 秦繆公即位九年，齊桓公既霸，會諸侯於蔡丘，而欲封禪。管仲曰：「古者封泰山禪梁父者七十二家，而夷吾所記者十有二焉。昔無懷氏封泰山，禪云云……」。❹

司馬遷講的是，齊桓公稱霸諸侯後，想舉行封禪大典，管仲說，古代封泰山、禪梁父者七十二家，而管仲自己記載的只有十二家：無懷氏、伏羲氏、神農氏、炎帝、黃帝、顓頊、帝嚳、堯、舜、禹、湯和周成王。在此，認爲早在伏羲氏之前的無懷氏，就已經有了封禪。

由於上述十二人多爲上古傳說中人物，無檔案文獻可考 因而馬端臨在《文獻通考》中認爲管仲的話乃「陋儒之見」，「詩書所不載，非事實」。他說始於秦始皇。但從《史記》中看，最起碼在齊桓公時代（公元前六八五年至六四二年）就已經有了封禪。

公元前二一九年秦始皇泰山封禪，則是最著名的一次。是年，始皇「征從齊魯之儒生博士七十人，至乎泰山下」問封禪的禮儀，諸儒生也不甚了了，但又想在皇帝面前顯示自己的才學，則胡說八道：古代天子的封禪乘「蒲車」（大約是用蒲草裹車輪），以避免傷害「山之土石草木」，並「埽地而祭，席用葅稭」❺。秦始皇聽後認爲這些話「各乖異，難施用，由此絀儒生」❻，自己定封禪儀式，他乘車從泰山南坡上至山頂，「立石頌秦始皇帝後，明其得封也」❼，然後從山北坡下，禪於梁父山。封禪儀式類似太祝之祀雍上帝，但「封藏皆秘之，世不得而記也」❽。這回秦始皇只封禪一次，是爲「一封一禪」。

秦始皇這次封禪泰山，準備周密，規模宏大，可惜他上泰山後，遇上暴風雨，在一顆大松樹下避雨，雖然封此樹爲「五大夫」，號「五大夫松」，但仍遭到當時儒生和後人的譏諷，尤其十二年後秦亡，更增加了不吉祥色彩。

秦始皇之後，漢武帝也舉行過一次盛大的泰山封禪，封禪之前，也召集儒生探討封禪的禮儀，大家仍然衆說紛紜，莫衷一是，不懂裝懂，漢武帝聽得不耐煩了，將準備好的「封祠器」讓他們看，「群儒既已不能辨明封禪事，又牽拘於詩書古文而不能騁」❾，胡說此「封祠器」「不與古同」❿，但不同在何處，如何才能與古同，誰也說不出來。漢武帝也只好自定封禪儀式，他到梁父山祭地，在泰山下東方設壇祭天，壇高九尺，周長一丈二尺，下埋「玉牒書」。漢武帝在泰山下封禪後，又和少數大臣登上泰山頂，再次祭天，翌日從北山坡下，在泰山下的肅然山再次祭地，如祭后土禮。祭時用江淮一帶所產的「一第三脊草爲神藉，五色土益雜封，縱遠方奇獸蜚禽及白雉諸物，頗以加禮」⓫。在隆重的樂曲聲中，漢武帝身穿黃色衣袍，親自跪拜，是爲「兩封兩禪」。封禪畢，他下詔改元，並「令諸侯各治邸泰山下」。以後歷代封禪儀式，基本如此。

爾後泰山封禪的主要帝王有：漢光武帝、唐高宗、唐玄宗、宋眞宗等，他們「封」都在泰山，據說因爲泰山是東岳，東方主生，乃萬物之始，陰陽交替之所；還有一種說法：因爲泰山上有「金篋玉策」，能知人壽命長短。「禪」，在泰山下的雲雲山、亭亭山、梁父（甫）山、杜首山、肅然山，以及會稽山。封與禪皆同時進行，但封禪的儀式要隆重，因爲天比地更偉大。

自南北朝開始，泰山封禪和道教聯繫在一起了。《南史・沈攸之傳》中說：沈少事天師道，能記人吉凶，自稱爲「泰山錄事」，是主掌鬼簿的官。泰山神稱泰山府君，也就成了道教之神。道書說他服青袍，戴蒼碧七稱之冠，佩通陽太平之印，乘青龍，從羣官，儼然一位道教的大神。

唐朝皇帝自稱老聃之後，尊崇道教，也封泰山爲道教之神，如，唐武后垂拱二年（六八六），封東岳泰山爲「神岳天中王」，萬歲通天元年（六九六）尊泰山爲「天齊君」；唐玄宗開元十三年（七二五）加封爲「天齊王」，「禮秩加三公一等」，近山十里，禁其樵采」。北宋皇帝崇信道教掀起一次高潮，封禪泰山也十分熱衷，宋眞宗大中祥符元年（一〇〇八）封禪泰山加號「仁聖」；四年，又加號「天齊仁聖帝」，東岳神開始稱帝。因成吉思汗和邱長春的關係，元代敬重全眞道，至元十八年（一二八一）元世祖詔加泰山爲「天齊大生仁聖帝」，從此泰山便成東岳大帝，全國相繼興建東岳廟，封禪泰山和道教緊密地聯繫起來。

南宋以後，皇帝到泰山封禪已經不可能，逐漸也就廢止了，只能將封禪與郊祀合在一起舉行，因而明代在北京建天壇和地壇，泰山或其它山的封禪基本結束。

## 二、金代封禪長白山

漢族皇帝封禪泰山，而滿族帝王重視封禪長白山。滿族祖先女眞人早在一萬多年前的舊石器時代就生活在南起長白山，北至外興安嶺的廣大地區，和中原地區始終保持密切聯繫，深受中原文化影響。十二世紀，完顏阿骨打統一了女眞各部落，建立了金朝，視長白山作「興王之地」、「舊邦之鎭」。效法漢族皇帝封泰山爲東岳大帝之舉，亦封長白山爲王、帝和神，並建廟宇，歲時奉祀，在客觀上，也就納入了道教儀式的行列。後來隨著女眞民族的逐漸強大，封禪長白山的規格也逐步提高。《金史》〈禮志八〉〈長白山〉條載：

> 大定十二年（一一七二），有司言：長白山在興王之地，禮合尊崇，議封爵，建廟宇。十二月，禮部、太常、學士院奏奉勅旨封「興國靈應王」，即其山北地建廟宇。大定十五年（一一七五）三月，奏定冊封儀物，冠九旒，服九章，玉圭、玉冊、函、香、幣、冊，祝。遣使副各一員，詣會寧府。行禮官散齋二日，致齋一日。所司於廟中陳設如儀。廟門外設玉冊、衮冕、幄次、牙杖、旗鼓從物等。視一品儀，禮用三獻，祭如岳鎭。⑫

在《大金集禮》中，金人張瑋等對封長白山有更爲詳細的記載：

> 大定十二年二月三日，檢討到長白山建廟典故下項，敕旨准奉行。《尚書》〈舜典〉：封十有二山，注謂每州之名山殊大者以爲其鎭。《通典》載：唐天寶八載，封太白山爲神應公，其九州鎭山除入諸岳外，并宜封公。又《通典》：秦有名山大川祠，漢修山川群祀，唐宋岳鎭海瀆及名山皆有廟。今來長白山在興王之地，北之秦漢諸鎭山，更合尊

崇，擬別加封爵，仍修建廟宇。十二月一日，禮部、太常寺、學士院檢定到爵號名稱，及差官相視到建廟地步下項，奏奉敕旨封王，仍以興國靈應爲名，唐天寶八載，封太白山爲神應公，并九州鎮山除入諸岳外，并封公。唐清泰初，封吳山爲靈應王；宋元封七年，封吳山爲成德王。擬具到爵位名稱：王公開祥應德、興國靈應、開聖永寧。山北地一段各面七十步。可以興建廟宇。⑬

關於金代封長白山的禮儀，《大金集禮》如此記載：

（大定）十五年三月二十三日奏稟封稟儀物：冊、祝文，并合差使副選定月日、行禮節次、春秋降香等事，從之。其餘擬定事理并准呈封冊儀物：九旒冠冕，板廣七寸，長一尺二寸。琉玉三采、朱白蒼玉笄。九章服一，五章在衣，山、龍華、蟲、火，宗彝；四章在裳，藻、粉米、黼、黻。玉圭一，同桓圭，長九寸，廣三寸，厚半寸。玉冊一，用次玉，長九寸，廣九分，簡數視冊文多少。節二，持節擬依於本處差官二員，合降冊文祝文。香用黃香，幣用青幣，一丈八尺。奉冊使副各一員，五品、六品內奏差（宣判張國基充副使，起馬前去，咸平府少尹婁室充使），進發日，冊匣、衮冕等各置於輿，約量差軍人援護，所過冊縣更替。每行，節在輿前，使副在後，逐程置於驛之正廳（無驛廳處即於屋宇岩潔處安置）。冊案在路，人皆避路，至山下安置潔淨去處，行禮官并散齋二日於公館，至齋一日於祠所。前一日所司於廟中陳設如儀。於廟門內外設玉冊，衮冕幄次及設使副幕次，設登鼓、鍾磬兩架（

無即以長樂充）及用導從人（本處軍人內差）、牙杖旗鼓從物等，視一品儀。持節者乘馬前導，冊使副騎從，就本處官屬差三獻官，并選定土官一十員導引冊輿。如不足，以次官充，并公服。本處差捧冊官二員，讀冊官一員，至廟門外，步入廟中玉冊幄次，冊使副奉玉冊、袞冕入次，訖，改服公服。禮生贊禮，三獻官致祭，樂作，降神，如今祭岳瀆之儀。應本處官屬并公服，陪位立班北向，以西爲上。三獻官致祭，訖，禮生引冊使副出自幄次，奉玉冊、袞冕，由正門入。持節者去節，依前導，樂作，升殿，上門西褥位，樂止。玉冊在前，袞冕次之，使副立於其後。禮生贊拜，殿下官屬并再拜。禮生引冊使當神座前立，具銜某奉敕冊長白山神爲「興國靈應王」。賜玉冊、袞冕。言訖，少西立，副使奉冊案詣神前，置褥位，訖，少退，西立。禮生引冊使至案南，捧冊官跪捧冊，讀冊官跪讀冊，訖，樂作。副使及捧冊官同奉冊匣入殿內安置，訖，出立殿外，少西，樂止。禮生又引副使奉袞冕至殿門外褥位北向。冊使副同奉入殿，樂作。至殿內奉安，訖，置於匱，出立殿門外，少西，樂止。少頃，禮生引使副降殿，持節者加節，衣前導以出，復門外位，送神，樂作一成止。禮生贊拜，殿下祀官及群官皆再拜，以次退。祝官焚祝板、幣如儀。

封冊用八月二十日戊辰，如有妨礙，用二十四壬申。每歲於春秋二仲月擇日降香致祭。

冊文維年月日皇帝若曰：自兩儀剖判，山岳神秀，各鍾於其分野。國將興者，天實作之，對越神麻，必以祀事。故肇基王迹，有若岐陽。望秩山川，於稽虞典。厥惟長白，載我金德。仰止其事，實惟我舊邦之鎮。混同流光，源所從山。秩秩幽幽，有相之道。列聖蕃衍熾昌，迄於太祖，神武征應，無敵於天下。爰作神主，肆序沖人。紹休聖緒，四海之內，名山大川，靡不咸秩。矧王業所因，瞻彼旱麓，可儉其禮，服章爵號，非位於公侯之上，不足以稱焉。今遣某官某，持節備物，冊命茲山之神爲興國靈應王，仍敕有司歲時奉祀，於戲廟食之享，亘萬億年。維金之禎，與山無極，豈不偉歟？（祝文蓋以發祥靈源作鎮東土，百神所震群玉之府勢王吾邦日隆丕緒祀典肇稱寵章時舉顯顯真寺岩岩祠宇神之聽之永膺天祐）。⑭

雜錄載：（大定）十四年六月，建畢正殿三間，正門三門，西夾廊各二間，北廊准上，惟不設門，東西兩廊各七間，東廊當中三間就作齋廳，神廚二間，并添寢殿三間，貯廊三間。（大定）十三年十月初錫遣千戶下差人丁，多者兩戶，看官免雜役浮泛差使。（大定）十五年閏九月，看廟二戶，於上戶內輪差，周年一替，千戶謀克行禮。（大定）十五年五月敕長白山興國靈應王，依五岳鎮每年止是一祭，各以五郊迎氣日祭，如立春祭東岳是也。又，大定四年祭五岳，禮儀內下內藏庫，進請祭岳。御封香合，依奉今年正月初九日，敕旨長白山興國靈應王，仰每歲兩次降香，比准唐開元間霍山祠廟。春秋二仲月，致祭典禮。長白山係興王之地，如每歲兩次降香，嚴奉祭祀。可以副國家尊崇名山之意，若依五岳例降香，亦合爲藏庫，進請御封香合外，五岳爲是。號祝板進，諸御署，海鎮并不進署。今來長白山王合進請御封香。牢醴用羊一、豕一、酒一、籩豆簠簋依常禮，其祝板止合依海鎮一體。⑮

《金史》〈禮志〉八中對於封長白山禮儀亦有記載，尤其珍貴的是記載了封長白山爲「開天宏聖帝」的情況：

明昌四年（一一九三）十月，備衮冕、玉冊、儀物、上御大安殿，用黃麾立仗八百人，行仗五百人，復冊爲「開天宏聖帝」。其冊文云：皇帝若曰，古之建邦設都，必有名山大川以爲形勝。我國既定鼎於燕，西顧郊圻，巍然大房，秀拔混厚，雲雨之所出，萬民之所瞻，祖宗陵寢，於是焉依。仰惟鎮岳，古有秩序，皆載祀典！矧茲大房，禮可闕矧？其爵號服章，俾列於侯伯之上，庶足以稱。今遣某官某，備物冊命神爲保陵公。申敕有司，歲時奉祀。其封域之內，禁無得樵采戈獵。著爲令是後，遣使山陵行禮畢，山陵官以一獻禮致奠。⑯

金代在長白山修建的開天宏聖帝廟，已蕩然無存，找不到其確切遺址，但有關專家學者根據長白山現存的文物古跡和史料加以考證，認爲在吉林省安圖縣二道白河鄉寶馬村（亦稱報馬屯）有一座古城遺址，正處於長白山之北七八十里，在長白山以北的平原上，這是唯一的一座古城遺址。此城平面呈長方形，東牆長一百二十六米，西牆約長一百三十二米，南牆長一百零三米，北牆長一百零四米，周長四百六十五米，城垣、牆基以石塊壘砌，上部土築。城牆破壞嚴重，南半部幾乎湮沒無存，門址已看不清，北牆保存較好，寬四米，高一米二，城內中部從南牆三十六米處開始，由南往北依次排列著三個土台，最北部的距北牆十四米，土台面積東西長二十二米，南北寬二十米左右，高一至二米，南部土台最高。這些土台可能就是開天宏聖帝廟址，此乃金代封禪長白山和道教密切聯繫之實證。

在土台上及城內外散存很多礎石、瓦片、陶片等遺物，其中有許多是遼金時期的。從其地望、遺址規模、年代及特點等判斷，很可能是金代建廟之也。

除了開天宏聖帝廟之外，在今長白山天池東四十米的釣鰲台上，尚存有一「女眞祭台」遺址。釣鰲台是火山岩形成的曼坡狀台地，東距滾石坡一華里許。女眞祭台的方位，在白岩峰（原華蓋峰）南，它是由大小近似的玄武岩石塊人工壘成的，略呈圓形，南北略長，東西略窄，最大直徑二米五，高約〇・七米。《長白山江志略》載：「台上有一石堆，相傳女眞國王登白山祭天池曾築石於台上，故今尚有遺跡」。[17]

## 三、康熙朝封禪長白山

滿族在關外時信奉薩滿教，這種原始宗教主張「泛神論」，講究自然崇拜、英雄崇拜、神話崇拜、祖先崇拜乃至動物崇拜等等。這種「泛神論」也將長白山崇拜包括在內。最初，無非繼承了金代封長白山的傳統，認爲：

> 地靈人傑，發祥必自山川；乾始坤成，毓秀實資河岳……惟茲長白之山，實屬大淸之望，五岳而外特立，稱雄三代以前，獨尊無偶。[18]

但是滿族後來爲了證實長白山是其發揮地，盛傳開一個美麗的傳說：在遠古時代，有七位仙女到布勒湖（長白山天池）「浴躬」，一仙女呑食一枚「朱果」，產下一子，便是滿族祖先。清初，統治者又將此子說成是愛新覺羅家族的祖先，因此，祭「長白山之神」，就含有祭祖的成份，十分神聖。 祭長白山之禮，是「供七仙女長白山神，及遠世始祖位」，「以誌幽冥之意，其祝詞舞刀進牲，祝詞如朝儀，惟伐銅鼓，作淵淵聲，祝詞聲調各異焉，名曰祭天還願」。[19]

自從努爾哈赤成爲首領後，先後開展了統一滿洲各部落及對明王朝的戰爭，「長白山發祥之始，乃滿洲開國之初，每逢征討，無不先行告祭」於長白山，「無不深蒙默佑」，因此有後來的祭長白山之禮。說明祭長白山在清入關前也是由於戰爭的需要。[20]

此時祭長白山，還有一個重要原因，是防止瘟疫的漫延。當時天花是滿族的大敵，人們只有靠乞求長白山之神給予保佑。

> 原係滿洲住居東土時，因忽遇瘟疫最盛，曾經在前明，請去關帝、菩薩二像祭供後，隨皆蒙庇感佑，所以立願，世世不忘，至今祭供（長白山神），以成報本之形耳。並見御制全韻詩內所論，滿洲肇基始祖，原係天降神女降生，所以今有祭長白山神之禮。[21]

一六四四年，清王朝入主中原，政治中心也隨之轉移到關內，祭長白山之禮曾一度中斷。康熙十六年（一六七七），有個叫武默納的，滿州正黃旗人，「景祖翼皇帝第三兄索長阿之元孫」㉒，順治四年（一六四七）援予他雲騎尉職，康熙六年（一六六七）晉升爲內大臣。他於康熙十六年四月上奏本，請封對禪長白山。四月十五日康熙帝傳諭，曰：

> 內大臣覺羅武默納、侍衛費耀色等曰，長白山乃祖宗發祥之地，今無確知之人，爾等（四人）前赴鎮守烏拉地方將軍處，選熟識路徑者導往，祥視明白，以便酌行祀禮。爾等可於大暑前馳驛速去。至是。㉓

奉上諭，由武默納、費耀色，一等侍衛塞護禮及文學侍從方象瑛（字渭仁，遂安人）率領，五月四日自京師啟程，十四日至盛京，二十三日到烏拉（今吉林市），向烏拉將軍宣讀了上諭，並詢問通往長白山的路途，在獵人喀拉的帶領下，各攜三個月的口糧，另有一船轉門運米，六月三日啟行，水陸並進，於十一日到達長白山下的訥陰。

訥陰這裏「一望林莽，迷不得路」，由固山將軍薩布素派二百旗甲伐木開道，大隊人馬於十二日向長白山前進。自訥陰行了百數十里，「登一山，升樹而望，遙見遠峰，白光片片，殆長白山也」。㉔又登山三天，十六日黎明登上長白山。方象瑛在《封長白山記》中如此描繪當時景象：

> 十六日黎明，聞鶴鳴六七聲，雲霧迷漫，不復見山，乃從鶴鳴處覓經，得鹿蹊，循之以進，則山麓矣。始至一處，樹林環密，中頗坦而圓，有草無木，前臨水，林盡處，有白

樺木，宛如栽植，香木叢生，黃花爛漫，隨移駐林中，然雲霧漫漫，無所見也。衆惶惑，前誦綸音，禮甫畢，雲披霧捲，歷歷可覩，莫不歡呼稱異，遂攀躋而上，有勝地，平敞如台，遥望山形長闊，近視頗圓，所見白光，皆冰雪也。

山高約百里，五峰環繞，憑水而立，頂有池（即天池），約三、四十里，無草木，碧水澄清，波紋蕩漾，繞池諸峰，望之摇摇若墜，觀者駭焉。南一峰稍低，宛然如門，池水不流，山間則處處有水，左流爲松阿里烏拉河，右流爲大小訥陰河。瞻眺之頃，峰頭游鹿一群，皆駭逸，惟七鹿忽墜落，衆喜曰：神賜也。蓋登山適七人，時正乏食，拜而受之。回首望山，倏復雲霧，遂於十八日南回。至前登山高望處，一氣杳冥，并不見有山光點。㉕

本文很細緻地描寫了往返長白山路途情況及長白山自然景色，可惜關於封長白山禮儀，一筆帶過，文章最後的描寫，給長白山增添了神秘色彩。武默納等於八月二十一日還京，上奏復命，康熙帝再次傳諭：

長白山發祥重地，奇蹟甚多，山靈宜加封號，永著祀典，以昭國家茂膺神貺之意。著禮部會同內閣，詳議以聞。㉖

禮部官員和武默納等幾經磋商，十一月庚子議復：

> 長白山係本朝發祥之地，祀典宜崇，但民舍遼遠，不便建廟，請封爲「長白山之神」，初次往封，遣大臣詣山擇地，設帳幄立牌致祭，其每年春秋二祭，道遠路濘，或雨水阻隔，應交寧古塔官員在烏拉地方望祭。凡遇恩詔，差京官往祭者亦如之。(得旨：是)㉗

庚熙十七年正月庚寅，康熙帝遣內大臣覺羅武默納，一等侍衛對秦齎再次卦烏拉地方，不必上長白山，在遠處「望祭」，並「敕封長白山之神，祀典如五岳」㉘，此後成爲定制，每年交由寧古塔官員，在大烏拉地方望祭。

康熙二十一年（一九八二）三月二十五日，康熙帝首次到吉林東巡，在大烏拉地方向遠方的長白山遙遙「望祭」。《康熙起居注》載：

> 二十五日癸酉，午時，上至烏拉吉臨地方，烏拉將軍、副都統以下武職官員跪迎。上率皇太子及扈從諸王、貝子、公等，蒙古諸王、台吉等，內大臣、侍衛，京師、烏拉文武官員詣松花江岸，東南向，望秩長白山，行三跪九叩頭禮，以係祖宗龍宗之地也。

對於這次望祭長白山，康熙帝說：

> 因思長白山乃祖宗發祥重地，臣叨繼大統，不能躬行祭祀，故於烏拉地方遙拜名山，以展望祀之典，暫停一、二日即可回盛京矣。㉙

康熙望祭長白山之後，還曾作詩文以紀念。

康熙二十三年（一六八四），特命頒封祭長白山典禮如儀，是年十月甲戌，康熙帝遣內閣學士范承勳等望祭長白山，自此，祭長白山有一套官方規定的儀式，但仍很簡陋，甚至原始，正規化、系統化則是乾隆四十一年以後的事。

康熙三十五年（一六九六）祭長白山，開始由禮部作〈祭長白山文〉，望祭官員在烏拉地方代表康熙帝宣讀：

> 維神天作鐘祥，地靈啟運。肇基王跡，誕錫鴻休。朕勤恤民依，永期殷阜。邇年以來，群縣水旱間告，年穀歉登，蚤夜孜孔，深切軫念。用是專官秩祀，為民祈福。冀雨暘之時若，庶稼穡之屢豐，惟神鑒焉。[30]

康熙五十二年（一七一三）四月丁卯，康熙帝遣一等侍衛覺羅外山祭長白山，同時還令其他官員分別祭遼太祖陵、南海、顓頊、高陽氏、黃帝軒轅氏陵，西岳華山，會稽山，禹陵，明太祖陵，泰山，少昊金天氏陵，孔子闕里，中岳嵩山，太昊伏羲氏陵，南岳衡山，炎帝神農氏、女媧氏陵及北岳恆山。[31]康熙帝這道上諭，說明清王朝穩定地統治全中國後，已經從陝隘地僅僅祭祀自己祖先發祥地長白山，擴大為祭祀全中華民族祖先的發祥地和陵寢，以證明自己是全中國各民族名正言順的統治者；這道上諭還說明滿族最高統治者已經漢化，完成了從奴隸制狀態向封建制的轉化。在這些祭祀中，長白山仍居首位。

康熙六十一年（一七二二）十二月癸酉，康熙帝生命的最後一年，國事家事，紛繁複雜，他仍沒有忘記祭長白山一事，命遣散秩大臣覺羅諾爾遜祭長白山以及五十二年規定的名山和陵寢。

## 四、雍正朝封禪長白山

清代康、雍、乾三朝，雍正帝是個承上啟下的人物，他在位時間不長，只有十三年（一七二三—一七三五），卻頗多建樹，其勵精圖治精神，有的連乃父亦所不及。他一登基。即派員到長白山，宣讀他的〈祭告長白山文〉：

維神天作崇高，地鍾靈異，發祥有自，延祚無疆。朕纘受丕基，新承景命，竊念皇考。膺圖以來，百靈効順，四海從風。坐享升平，六十餘載，茲當嗣位之始，宜隆祀享之儀，時遣專官，虔申昭告。惟冀時和歲稔，物阜民安。淳風遍洽乎寰區，厚德長敷於率土。尚其歆格，鑒此精誠。㉜

雍正十年（一七三二）閏五月辛丑，經禮部議復，寧古塔將軍常德奏言：「長白山為發祥福地，神跡顯著，請於烏拉之板山望祭處，蓋造享殿，以肅祀典。應如所請」㉝。得到雍正帝同意後，於次年在烏拉城西南的温德亨山（今小白山）建成望祭殿。

據《奉天通志》記載，因長白山在小白山之東南，因而望祭殿爲西北向，該殿「正殿五楹，祭器樓二楹，牌樓二座」，在望祭殿神案上立起一塊高大的黄色木制牌位，上面用滿漢文書寫著黑色大字「長白山之神位」。在望祭殿周圍是漫山遍野的鈴蘭花，滿族人稱這種花爲「捻紫香」，因爲本花呈紫藍色，開花早，花期長，滿族人採摘其花葉，曬乾後碾成粉末，每在日常祭祀時，把紛末捻在祭器上燃作香火，這種習俗一直延至清末。

雍正十一年望祭殿建成以後，每年春分和秋分，由吉林將軍、副都統率領地方官員，在這裡代表皇帝望祭長白山神，備上青牛二十條、肥豬二十口、羊二十隻、鹿一頭，作爲祭祀的牲品。此外，每月朔（初一）望（十五）兩日，由吉林將軍和副都統輪流到望祭殿拈香致祀。

因望祭殿乃欽命所建，在平日，吉林將軍也不敢怠慢，倍加維護和修葺，并派人種植和保護山坡上的鈴蘭花，小白山因此得天獨厚，成爲月月冠纓往來，歲歲香煙繚繞的勝地。雍正十三年（一七三五）十月癸未，遣翰林院侍讀學士保良代表雍正帝，到望祭殿致祭長白山。

## 五、乾隆朝封禪長白山

乾隆朝乃有清一代鼎盛時期，封禪長白山亦達到高潮。乾隆八年（一七四三）開始派官員到烏拉望祭長白山，代表乾隆帝致〈祭長白山神文〉：

> 維神天作崇高，地鍾靈秀，巍峨有象，自著神奇。寥廓無垠，獨涵清淑。緬發祥之所，自知延祚以無疆。朕纘受丕基，撫監寰宇，每切懸冰之懼，時深水之思。茲當御極八年，聿展謁陵鉅典。維庶徵之協應，爰群祀之交修。特遣耑官，用昭殷薦。神其默鑒，來格來歆。㉞

乾隆十四年（一七四九）五月己酉，乾隆帝再次遣內閣學士世臣到烏拉望祭殿，致祭長白山之神，同時還派官員往祭五岳及中華民族祖先各陵。乾隆十六年（一七五一）十二月己酉，乾隆帝傳諭，遣赫赫到長白山等處致祭。

比較盛大而隆重的一次，是乾隆十九年（一七五四）祭長白山。是年八月乙卯，乾隆帝巡遊吉林期間，到溫德亨山望祭殿，望祭長白山神，又到松花江畔，祭江神。此次望祭長白山「祀典彌隆」㉟，乾隆帝令禮部擬制了一道很長的祭文，很有乾隆盛世的氣魄：

> 維神極天比峻，鎮地無疆，象著巍峨，表神奇於瑞應，勢雄寥廓，秉清淑於扶輿。鍾王氣之鬱葱，休徵畢集，奠坤維而鞏固，厚德彌貞。緬帝業之肇基，荷山靈之篤慶。朕纘承丕緒，臨撫寰區，念凝命之無窮，溯發祥之有自。肇稱殷禮，時已越乎十年；載考□章，禮更行於茲歲。恭展謁陵之鉅典，兼修望秩之隆儀。躬薦明禋，用申祇敬。惟冀根蟠靈壤，冠五岳而畢集麻嘉；彩煥鴻圖，亘萬年而永安盤石，神其默鑒，來格來歆。㊱

這一年八月壬子，太常寺曾奏道：「望祭長白山神，應設立神牌，並請於祭祀後，安奉殿內，令將軍、都統一員，每月朔望拈香行禮。」[37]獲得乾隆帝批准，自此，每月初一和十五，吉林將軍或都統輪流在望祭殿望祭長白山神後，還要向殿內供奉的長白山之神牌位拈香行禮。祭長白山的儀式在正規化的同時，也愈來愈繁瑣。

乾隆二十一年（一七五五）六月己巳，乾隆帝傳諭，派世貴等大臣再次到烏拉城望祭長白山。乾隆二十四年（一七五九）十一月丁卯，禮部奏請遣官告祭岳鎮海瀆，得旨：「長白山等處遣儲麟趾致祭」。[38]

乾隆三十二年（一七六七）七月辛卯，盛京工部侍郎兼官奉天府尹雅德奏稱：長白山望祭殿是雍正十一年建成，迄今已迄三十四年，「查望祭長白山神殿，柱木糟爛，牆院倒塌，柵欄柱木亦俱朽損，業經委員勘估，懇請動項興修」。乾隆帝令工部議覆，工部同意，上奏乾隆帝：「應如所請」，硃批：「可」。[39]立即動工修整望祭殿。

乾隆四十一年（一七七六）六月，禮部奉旨重新制定了祭長白山之禮儀，獲得乾隆帝同意後，立即咨呈吉林將軍，規定每年春秋致祭長白山神的禮儀，並成定制：

> 春秋致祭長白山之禮，前期省牲，視牲，文武各官俱穿常服掛珠。祭日，承祭、執事各官均穿朝服。地方官陳設登一、鉶二、簠二、簋二、籩十、豆十、牛一、羊一、豕一、爵三、燭二、鐙十盞（祭品由盛京禮部頒到）畢，贊引官引承祭官至盥洗所盥洗畢，引至行禮處立。典儀唱：執事官各司其事。贊引官贊：就位。承祭官就位立。典儀唱：迎神。司香

官捧香盒跪香爐左，贊引官引承祭官就爐前立。贊：上香。承祭官上炷香爐內，又三上瓣香畢。贊引官贊：復位。承祭官復位立。贊引官贊：跪叩，興。承祭官、陪祀官行三跪九叩禮，興。典儀器：獻帛。行初獻禮。捧帛官跪獻畢，三叩頭，退。執爵官立，獻爵於案上正中，退。讀祝官至祝案前，一跪三叩頭，捧起祝文（祝文讀祝官例由盛京禮部來）立。贊引官贊：跪。承祭官及陪祀官，讀祝官俱跪，贊讀祝文（祝辭係滿文）。讀祝官讀畢，捧祝文跪安案上帛匣內，三叩頭，退。贊引官贊：叩，興。承祭官行三叩頭，興。典儀唱：行亞獻禮。執爵官獻爵如初獻儀，獻於案左，退。典儀唱：行終獻禮。執爵官獻如亞獻儀，獻於案右，退。典儀唱：送神。贊引官贊：跪叩，興。承祭官、陪祀官行三跪九叩禮，興。典儀唱：捧祝帛恭詣瘞位，捧祝帛官到案前行一跪三叩禮，捧祝帛依次送至瘞所。承祭官轉立兩旁，俟祝帛過，仍復拜位立。贊引官贊：詣望瘞位。承祭官至瘞所，望祝帛瘞畢。贊引官贊：禮成。各退。[40]

乾隆四十二年開始在春秋望祭長白山神時採用上述儀式。四十三年（一七七八）乾隆帝又令禮部擬制祭長白山文：

維神安土常敦，極天比峻閬門。府注鴨江，實濬靈源，布庫東蟠鵲果，宏昭瑞應。仰坤維之式，莫悠久無疆。緬王跡之肇其，誕興有自。朕寅承統緒，永憶艱難。撫茲磐石之模，敢望作山之烈。儀隆望祀，曾展敬於重臨。慕切深禋，已淹時於二紀。爰卜清秋之吉，載抒盥薦之忱。祇告靈岑，聿循令典。惟冀貞符丕煥，并五岳以延祥；景祚遐冒，★億齡而翊運。神其默鑒，尚克來歆。[41]

## 六、康雍乾之後封禪長白山

自康熙朝開始，從盛京到吉林烏拉城，修有驛道，春秋致祭之時，沿途驛站接待過往官員，好不熱鬧。道光朝以後，對此有了明文規定。道光元年（一八二一）九月甲戌，吉林將軍升寅奏道：「春秋致祭長白山，執事人員請給驛馬」[42]。道光帝閱後頒諭曰：

向來派員告祭長白山執事人員俱准馳驛，其每年春秋二季致祭，由盛京派往執事人員則係自備馬匹，長途跋涉易形疲乏。著加恩嗣後由盛京派往吉林之讀祝官一員、典儀官一員、對引官一員，准其照告祭之例，往返一體馳驛，并准每員隨帶跟役一名，由盛京兵部填給火牌，沿途更替以示體恤。[43]。

從此，每年春秋兩季由盛京派往祭長白山的官員，憑盛京兵部發給的火牌，在沿途驛站可以得到飲食，更換馬匹，此制度直到清末。

宣統二年（一九一〇），東三省總督錫良奏請建長白山神祠，其奏摺敘述了封長白山神之原委，全文如下：

奏爲恭請勅建神祠於長白山，以保靈區而照聖跡，并將山景全圖進呈御覽，恭摺仰祈聖鑒事。

竊長白山乃國家發祥之地，鴨綠、圖們、松花三江皆導源於是，北達俄而南連韓，爲今日中外國界所關。我朝誕膺景命，備迓天庥，神鵲朱果紛綸藏蕤之符，天池龍岡磅礴蜿蟺之氣，聲靈有赫，馮冀無疆。舊傳天女降臨，神聖載誕，浴池靈跡實在布勒湖里，居中位而定一尊，絶地通天，人跡亦罕至。自奉聖祖仁皇帝諭，遣內大臣覺羅吳木訥（武默納）等看驗，遥祭之後，百年神秘，攸久莫宣。近似等邊設治，長白、安圖分設府縣，臣前委員勘查國界，特飭調查山境，攝影全圖，嗣經安圖設治委員劉建封具圖帖説，呈送前來。臣敬謹捧觀，詳稽神聖，良非偶然，謹將全國恭裝成冊，近呈御覽。

臣伏念太皞降生，紅彩繞華胥之渚，姬周受籙房心，應蒼帝之精，自昔興王恆征瑞，應我朝發祥基業，媲美豳岐，天玄神靈，萬年作佑。臣下曷取妄議禋祠，竊考金時封長白山神爲「興國靈應王」，即其山北地建廟宇；又冊爲「開天宏聖帝」。本朝康熙十七年尊爲「長白山之神」，歲時致祭，崇報特隆。今擬恭請勅建神祠於布勒湖裏，擬名爲勅建長白山之神之祠，以保靈區，而昭聖跡。

查東省邊防，孔亟國界，待勘黑水白山，正天之所以限中外，今誠建設神祠。立碑正界，既明主權之有，而亦足爲界務之先徵，如蒙諭允，當由臣飭令興工修建，早觀厥成，庶皇圖鞏固，合神契在耀祥符，聖奧莊嚴隆上都，而光萬國山川毓秀，河岳效靈，一祠千秋，與國家億萬年有道之基，并垂百世矣。所有請建長白山神祠，并恭呈山景全圖緣由，謹恭折具陳，伏乞皇上聖鑒訓示。謹奏。（宣統二年十一月初九日奉硃批：著照所請，該衙門知道，圖留覽。欽此。）㊹

錫良的請求雖然得到清廷的批准，但第二年清朝滅亡，建長白山神祠的打算落空了，錫良將本奏摺內容及殊批刻成碑文立在長白山，以示紀念。

清亡之後，祭長白山活動曾一度冷落。當年鈴蘭花蔽地，冠蓋雲集的名山秀野，轉捩成亂石咸集，無人問津的荒山野谷，一九三四年十月二十四日，僞滿州國傀儡皇帝溥儀「巡幸」吉林市，登小白山望祭殿焚香叩拜，遙祭長白山神，這是愛新覺羅家族最後一次親臨望祭殿。日僞統治東北期間，將小白山古樹全部砍光，望祭殿和牌樓全遭破壞，至此，小白山山石依舊，景物全非，清代一切建築均慘遭浩劫，無一幸免。

## 七、餘論

封禪源於原始社會末期，生產力極其低下，人類在大自然面前軟弱無力，任其支配，爲人類自身的求生，謀命和安寧，便對賴以生存的自然環境頂禮膜拜，此乃封禪產生的社會原因。人類對自然的崇拜，還由於當時人們的認識水平亦很低下，總感到在自己賴以生存的周圍環境中，存在一種超自然力量的神靈，認爲自然界乃至整個宇宙間一切都是有生命的，一切都是活的，一切都跟人一樣，尤其認爲最遙遠的神祇觀念即是靈魂觀念，因而將整個宇宙都視爲神祇的殿堂，此乃封禪產生的思想原因。

但是人類進入階級社會以後，封禪活動成了統治者用以宣揚皇威、鞏固皇權的一種手段，成爲「君權神授」的佐證，他們祭山時，新的帝王告訴山神，已經改朝換代，新的帝王接受天命，「受命然後得封」，即易姓之主才能改封。康熙帝屬中興之主，只能修封，按慣例，有德政的皇帝才能有資格封禪，因此，誰封禪，就意味著誰有政績，達到「封禪以告太平」的目的。清代帝王封長白山之神，還有感念長白山神保佑滿族得天下之意。以封禪方式致謝，同時祈望長白山神繼續保佑大清江山永固，因而清代封禪活動非常隆重、正規，越來越複雜。

封禪從本質上說是一種自然崇拜，因而和道家的宇宙學說很自然地聯繫在一起，二者的共同點是都有創世神的超越性和神秘性，無論是道家尊崇神，亦或封的長白山神，皆具有無限威力的宗教崇拜偶像，成爲具有人格的最高神靈。在祭祀的儀式上，二者共同點也很多，道教崇拜群仙所聚大山名岳之間和眞人修持所處清靜超凡的洞天瓊林，這些，和被封禪的大山完全一致，因而，自司馬遷作《史記·封禪書》起，就將歷代帝王封禪泰山和道家方術之士的活動相提並論。因而，隨著道教的產生和發展，人們將歷代帝王的封禪活動認作是道教的一個組成部分，就是順理成章的了。

## 註釋

❶、❷、❹——⑪《史記》卷二十八〈封禪書〉六、〈正義〉。

❸、⑱、㉔、㉕ 方象瑛，《封長白山記》（清說鈴刻本）第四冊。

⑫、⑯《金史》、〈禮志〉八。

⑬、⑭、⑮（金）張瑋等，《大金集禮》（清繆荃孫校勘本）卷三十五。

⑰ 王季平，《長白山志》（長春，吉林文史出版社，一九八九年六月版），頁六八。

⑲、⑳、㉑《滿州祭天祭神典禮》（清嘉慶六年刊滿州四體集本）〈文獻篇〉頁三十七。

㉒ 北京中國第一歷史檔案館藏，宗人府檔案《玉牒》（覺羅）副本。

㉓、㉖、㉘、㉙、㉚、㉛ 同上藏，康熙朝上諭檔。

㉗ 同上藏，康熙朝禮部奏摺。

㉜ 同上藏，雍正朝上諭檔。

㉝ 同上藏，雍正朝禮部奏摺。

㉞、㉟、㊱、㊳、㊶ 同上藏，乾隆朝上諭檔。

㊲、㊴ 同上藏，乾隆朝宮中硃批奏摺。

㊵ 同上藏，乾隆朝禮部呈文副本。

㊷ 同上藏，道光朝軍機處錄副奏摺。

㊸ 同上藏，道光朝上諭檔。

㊹ 同上藏，宣統朝宮中硃批奏摺。

# 兩漢時期漢醫與方士醫的比較研究

林玉萍

## 一、前言

《古今圖書集成》藝術典・卷五二四・醫部醫術名流列傳，選錄漢代名醫三十六人，西漢十九，東漢十七；編輯者雖未說明取捨的依據，但與當前相關書籍比較，此處所列人數最多，資料也頗詳盡❶。從此源頭追溯，筆者發現三十六人雖然皆被稱爲醫者，但在醫承、醫術，甚至出身、動機各方面卻呈現有趣的現象，大致上它可分兩條主線：一是從公孫光、淳于意開始，以診脈、針灸、方藥等醫術行醫救人的傳統漢醫；一是以李少君、陰長生爲首，熟習導引、辟穀、調息、房中、煉丹等養生術，用以教人自我修煉，或以祭祀禳解法進行醫療，宣導神仙思想的方士❷。

以往，學者們談到漢代醫學發展時，多以「漢代醫學受方士影響很大」一語帶過，並不將方士醫學納入其系統；實際上，就文獻史料的觀察，漢代人是常將醫巫並提，且將方士醫學與一般醫學放在同等地位的❸。本文爲了重現史實，在此將二者以「漢醫」、「方士醫」區別之，並從師承、出身、動機、醫術傳授等方面比較研究二者的異同，用科學史的外部史研究角度，尋找出漢代醫學發展的另一面貌。

本文研究的方法是以《古今圖書集成》藝術典・醫部的三十六人爲出發，佐以史書如《史記》、《漢書》、《後漢書》及《列仙傳》、《神仙傳》、《搜神記》、《抱朴子》等文獻搜尋各師承系統，再由此系統觀察兩者的異同。必須指出，由於部份醫者的師承無法察出，及其他師承追溯，使得本文討論的對象或有增減，與《古今圖書集成》所提已不盡相同。再者，方士醫的師承，由於史料的傳說性很高，其眞實程度筆者有所保留，雖然如此，我們仍可因此看出方士醫在醫學發展上的一些模式。

## 二、漢醫與方士醫的師承系統

### (一) 漢醫

漢醫的主要特色是以脈診、針灸、方藥等醫術爲人治病；朝廷的醫官也絕大多數爲漢醫，漢醫是不用咒語、祈禳一類巫術替人治病的❹。以下先就此類醫者的師承關係作一介紹：

【淳于意】《史記．扁鵲倉公列傳》是史遷對漢醫的專述，雖僅論及扁鵲與淳于意（倉公），但對二者醫術有詳細的敘述，使讀者能對兩漢醫學有概括的認識。淳于意是漢初名醫，他先前從菑川唐里的公孫光學醫，受陰陽之術、傳口訣，後由公孫引介，拜同郡元里的公乘陽慶爲師，慶有古代禁方書如，黃帝、扁鵲之脈書、談五色診、奇咳術之書、揆度陰陽外變之書、藥論、石神等，意盡習之。爾後，意授臨菑人宋邑以五色診術，授齊北王的太醫高期、王禹以經絡及針灸之學，授菑川王的太倉馬長馮信以案論藥之法，授高永侯家丞杜信經脈五診，授臨菑召里唐安以五診上下經脈、奇咳、四時陰陽❺。

【公孫光、公乘陽慶】公孫光與公乘陽慶師承何人，史書未交代，但從二者收藏很多醫書來看，他們的醫學知識有一部份是自習來的，如此，黃帝和扁鵲可以說是其間接的老師；黃帝，因年代湮遠是否有其人不可考，扁鵲則文獻交代清楚較爲可信。他姓秦名越人，是戰國初年齊國渤海郡鄭州人，本爲舍長，因遇見長桑君者傳授給他禁方書，並勸他以上池之水和藥飲，鵲從此盡見人五藏癥結，用之視病，且以診脈爲名。其中受什麼書、喝什麼藥不得而知。扁鵲有弟子：子陽、子豹、子容、子明、子儀、子越、子游，能用藥、針灸、按摩、反神、反形❻。

【張仲景】東漢時，另三位名醫：張仲景、華佗與郭玉。范曄《後漢書》並未立張傳，後世則有人考撰，如清陸懋修《世補齋醫書》中有《補漢書張機傳》，章太炎撰《張仲景事狀考》，陳存仁撰《張仲景史事考證》❼。張仲景又名張機，南陽棘陽人，靈帝時曾任長沙太守，博通群書，潛樂道術，學醫於同郡張伯祖，著作《傷寒卒病論》、《金匱要略》、《黃素藥方》、《辨傷寒》、《療傷寒身驗方》、《評病要方》、《療婦人方》、《五臟論》，後世推爲醫中亞聖❽。其師張伯祖亦爲南陽人，篤好方療病十全，爲當時人所重；景有弟子杜度，不知何郡人，尚救濟弟子衛沈，好醫術，曾撰《四逆三部》、《厥經》、《婦人胎藏腦經》等行於世❾。

【華　佗】　華佗，字元化，沛國譙人，一名專，據《後漢書》方學徐土，兼通數經，曉養性之術，精於方藥，開藥不過數種，心識分銖不假稱量，又能以「痲沸散」爲人施行外科手術。其《中藏經》序中有言，佗喜方書，多遊名山幽洞，一日因酒息於公密傳方書，論多奇怪但施試無不神效❿。佗傳醫術給廣包括類似體操的「五禽之戲」，普亦研究神農本草，撰《吳普有彭城的阿善》，善鍼術，且由佗處得「漆葉青粘散」藥方，服壽；另一弟子李當之，亦曾撰《李當之本草》、《藥錄》、《藥》⓫。

【郭　玉】　郭玉，和帝時的太醫丞，師事程高學方診六徵之技，據說，程高之術來自一乞丐老人涪翁，他不但爲人治病，還撰鍼世⓬。

漢醫的師承在長桑君之上，張仲景認爲還有：神農、黃帝、岐、少俞、少師、仲父⓭。皇甫謐於《鍼灸甲乙經》序則農、黃帝、岐伯、伯高、少俞、雷公、伊尹，中古醫有俞跗、醫，但他們並無直接的師承關係，僅爲各時代的代表⓮。

**秦醫師承簡表：**

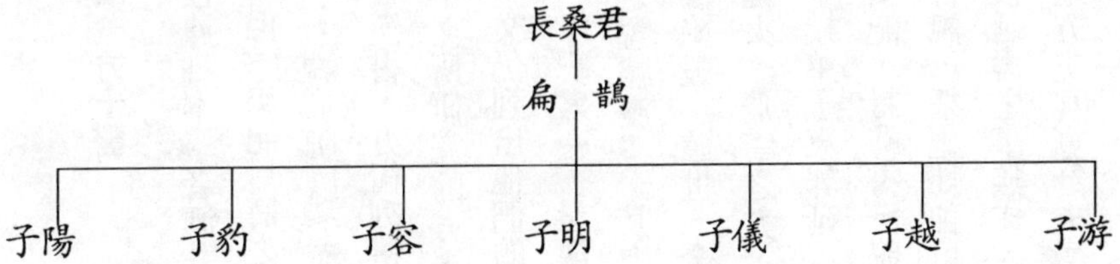


**漢醫師承簡表：**

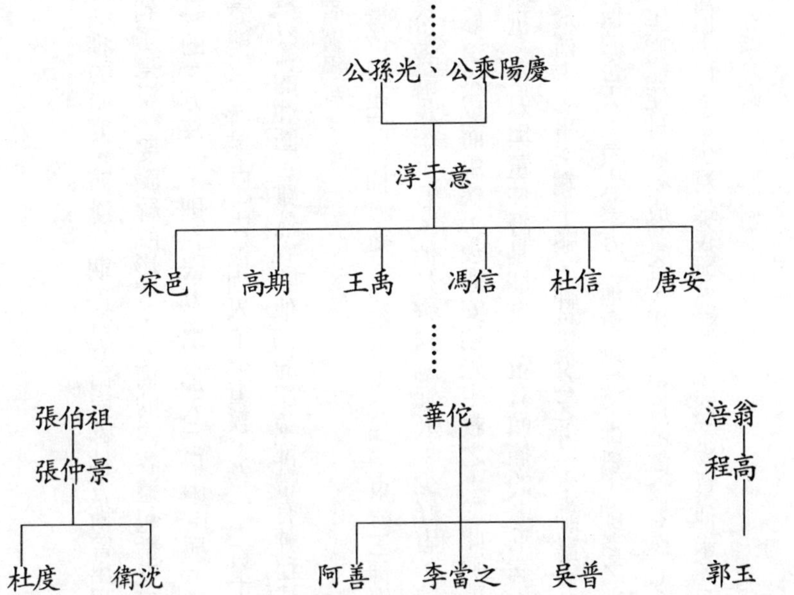


（按：文獻中另有提及樓護。護家爲世醫，他雖曾誦習醫經、本草、方術、但後改行從政，故本文不列）

## (二) 方士醫

根據日本學者酒井忠夫、福井文雅的研究，西漢時期，醫方術與神仙方術曾出現混同的趨勢⑮，但《史記》將之分爲二類，到了東漢，受讖緯說影響，方術的內容還包括五行、巫術、讖緯……等，所以《漢書·藝文志》的「方技」，則在醫方術中加入「房中」與「神仙」；到了《後漢書·方術列傳》，一些「蓍龜」、「雜占」皆被列入了（道教，卷一，頁十六）。

本文所研究的方士，僅限於醫方術的範圍，雖然有關他們的記載都帶有神秘或神仙的色彩，本文仍列出他們的師承關係與習醫過程：

【李少君】 秦漢之際，由於皇帝的迷信神仙方術，使得方士充斥，東海三神山及神仙不死藥之說彌漫⑯；其中有方士醫身份者應爲李少君。他是齊國臨淄人，少好道，曾入泰山採藥，修絶穀、遁世、全身之術，但修道未成而患疾，後遇安期先生救之，從此師事先生學神丹、爐火、飛雪之方，日後爲醫救世。少君與董仲舒是朋友，董有頭痛的老毛病，李將之治癒。李授弟子東郭延六甲、左右靈飛術十二事；蒯子順，神丹飛玄之方；子訓崑崙神州貞形⑰。《史記·封禪書》說少君是深澤侯的舍人，負責藥方，他會祠灶，卻穀、卻老之術，曾向武帝進言說，祭祀灶神可以引鬼神，鬼神能使丹砂變成黃金，用黃金打造飲食器皿而食，則可延壽，後延壽之事無成，但武帝仍相信不已，李少君最後雖然病死，武帝認爲他未死只是成仙，並派地方史官寬舒去學他所遺留的方藥之術。

【東郭延】東郭延，山陽人，少好道，從少君學，服靈飛散，能於黑暗中讀書，臨死前以神丹方、五帝靈飛祕要傳尹先生；蒯子訓，與少君同邑，從君學治病、作醫法，以及道家的胎息、胎食、不老、無常子幻化之術，⑱傳弟子劉京，劉從前向邯鄲張君學過餌藥，張君何許人則不可考。

【陰長生】陰長生，新野人，是武帝陰皇后的族人，生富貴之家不好榮位專務道術，與另十一名弟子師事鳴生，只有他未半途而歸；後學得煉丹術與《太清神丹經》，⑲並授弟子魏伯陽、呂子華、朱璜。安期先生，瑯琊阜鄉人，賣藥於東海邊，秦始皇遇之，相語三天三夜，後入蓬萊山。⑳《高士傳》稱其師爲河上丈人，餘不可考。安期有一弟子馬鳴生，是齊國臨淄人，本姓和字君，少爲縣吏，因傷得安期救，便拜師學長生之道，受《太清神丹經》，並傳弟子陰長生。㉑

【魏伯陽】魏伯陽，會稽上虞人，性好道術，後蜀．彭曉著《周易參同契通眞義》序言：「不知師授誰氏，得古文龍虎經，盡獲妙旨乃約周易，撰參同契三篇，……密示青州徐從事，……後漢孝桓帝時，復傳授與同郡淳于叔通，遂行于世。」㉒；《歷代神仙史》則說，伯陽從陰長生得受金丹大道，且有一名姓虞的弟子。㉓

【呂子華、朱璜】呂子華，不知何許人，他有一弟子鮑鶄是葛洪的岳丈。朱璜學自黃阮丘，又傳術給王思眞，王又傳給葛玄，玄是葛洪的從祖。㉔

【封君達、左慈】另一較晚的方士醫系統從封君達開始，他是隴西人，服黃精、煉水銀，並以丹藥爲人治病㉕，授弟子左慈以《五岳眞形圖》㉖。左慈，字元放，盧江人，少有神道，明五經，兼通星氣，後學道，知房中、補導術、尤明六甲，曾于天柱山受神人金丹仙經，葛玄爲其弟子[27]。

【費長房】 費長房，汝南人，曾爲地方文書官，於市場中遇壺翁，隨其學道，後來以行符收鬼之術爲人治病。壺翁，是一不知名的賣藥老翁，以藥爲人治病，皆癒。自稱神仙，傳費長房封符一卷以消災治病，壺翁師承何人不可考[28]。

【張道陵】 張道陵，字輔漢，沛國豐縣人，本太學書生，能博採五經，後來感歎此無益於年命而學長生之道。據《神仙傳》載，張從老君學煉丹，老君又遣清和玉女教授吐納、清和之法，張以後多以符籙咒術爲人治病[29]。

**方士醫的師承簡表：**

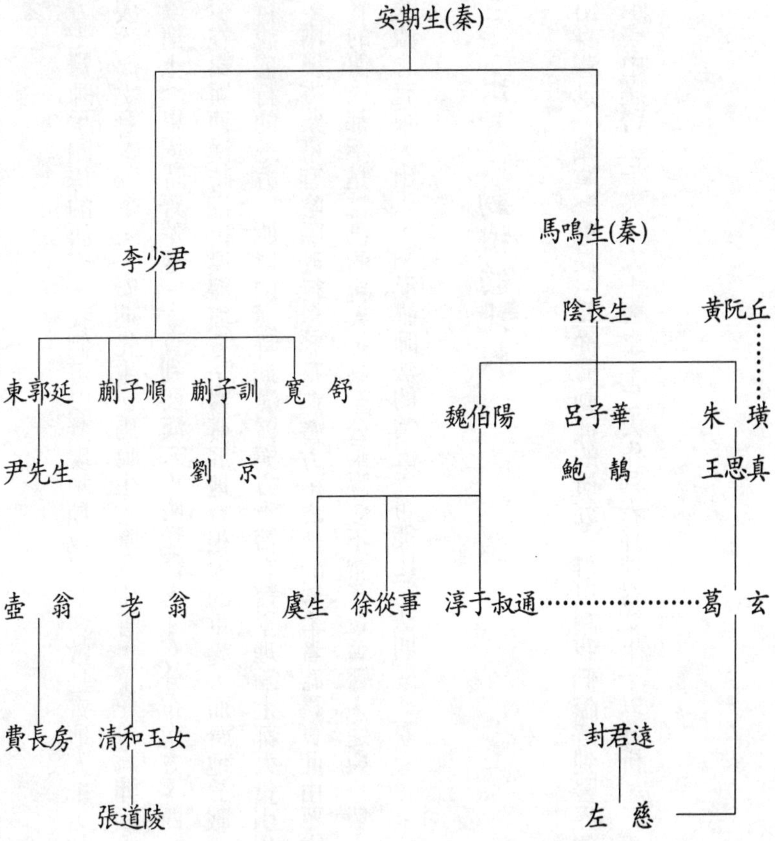
安期生(秦)
李少君
馬鳴生(秦)
陰長生
黃阮丘
東郭延
蒯子順
蒯子訓
寬　舒
魏伯陽
呂子華
朱　璜
尹先生
劉　京
鮑　靚
王思真
壺　翁
老　翁
虞生
徐從事
淳于叔通
葛　玄
費長房
清和玉女
封君遠
張道陵
左　慈

東漢時期有名的方士醫還有韓康、李常在、葛越、王遙、沈建等㉚，因師承關係無交代，本文只有割捨之。

從漢醫與方士醫師承關係的研究，我們可以發現兩類成員中多數是齊地人士，如扁鵲、公孫光、公乘陽慶、淳于意及其學生，安期先生、馬鳴生、陰長生等，華佗雖爲沛國人（今安徽省），但曾遊學徐土（東周時齊楚地）。直到西漢末，兩類醫者才有分布南方、西方的趨向；這現象說明至少在秦與西漢時期，漢醫與方士醫發展地有很大的重疊，而齊地於戰國時，是稷下學派陰陽五行說盛行的地方，所以兩漢時期漢醫與方士醫在醫學理論上都大量引用此說。近人李漢三認爲，兩漢方藥染有陰陽五行色彩是燕齊方士導致的㉛筆者認爲實此由單方面造成。再者，兩類醫者的傳人都不是自己的親人，甚至公乘陽慶不讓子輩習醫，這與一般人認爲中國醫術多爲祖傳的觀念有很大出入，兩漢講師法的情況，可能比家法明顯。

## 三、出身、動機的比較

對醫者作出身背景，職業（專長）及從醫動機的研究，可以讓我們瞭解到醫界的一些現象下文先針對師承表中漢醫二十人、方士醫二十二人作列表整理對結果予以分析。

## A、漢醫

| 姓名 | 職業（或專長） | 習醫動機 |
|---|---|---|
| 公孫光 | 善爲古傳方 | 不詳 |
| 公乘陽慶 | 富人，善醫有禁方 | 興趣，富而不願替人醫病 |
| 淳于意 | 齊太倉長 | 興趣，但好遊諸侯，不敬業 |
| 高期 | 濟北王太醫 | 不詳 |
| 王禹 | 濟北王太醫 | 不詳 |
| 馮信 | 淄川王太倉馬長 | 興趣 |
| 杜信 | 高永侯家丞 | 自身有病 |
| 唐安 | 齊王侍醫 | 興趣 |
| 涪翁 | 乞丐，曾著鍼經 | 不詳 |
| 程高 | 不詳 | 不詳 |
| 郭玉 | 太醫丞 | 不詳 |
| 張伯祖 | 民醫，療病十全 | 篤好方書 |
| 張仲景 | 長沙太守，精醫術 | 曾因族人受傷寒死衆，而研究之 |
| 杜度 | 民醫 | 尚於救濟 |
| 衛沈 | 民醫，曾撰醫經 | 興趣 |
| 華佗 | 民醫，兼通數經 | 常自悔從醫 |
| 李當之 | 民醫，撰本草書 | 不詳 |
| 吳普 | 民醫，撰本草書 | 不詳 |
| 樊阿 | 民醫，善鍼術 | 不詳 |
| 宋邑 | 民醫 | 興趣 |

## B、方士醫

| 姓名 | 職業（或能力） | 習醫動機 |
|---|---|---|
| 陰長生 | 貴族 | 求度世之道 |
| 魏伯陽 | 貴族 | 興趣 |
| 呂子華 | 不詳 | 不詳 |
| 朱璜 | 不詳 | 少時有病 |
| 黃阮丘 | 賣藥者 | 不詳 |
| 虞生 | 不詳 | 不詳 |
| 徐生 | 青州從事 | 不詳 |
| 淳于叔通 | 不詳 | 不詳 |
| 鮑鶄 | 南海太守，博學 | 興趣 |
| 王思真 | 不詳 | 不詳 |
| 葛玄 | 不詳 | 求不死之道 |
| 李少君 | 方士 | 興趣，遇安期生治疾 |
| 東郭延 | 不詳 | 興趣 |
| 蒯子順 | 不詳 | 不詳 |
| 蒯子訓 | 駙馬都尉 | 求不死之道 |
| 寬舒 | 地方史官 | 興趣，武帝遺受方于少君 |
| 尹先生 | 不詳 | 不詳 |
| 劉京 | 侍郎 | 求道術 |
| 封君達 | 民醫 | 不詳 |
| 左慈 | 軍吏，明五經 | 見天下亂，乃求道術 |
| 費長房 | 市掾 | 求道術 |
| 張道陵 | 太學書生 | 求延年之術，拯求世人 |

從上表的職業欄中，我們可看出四十二位漢醫與方士醫，有十五人任公職，或曾任公職，民醫有九人；出身貴族不仕者二人；不詳者絕大多數為非公職人員。動機欄中，基於興趣習醫者共十二人，因本身有病或族人病者三人，方士醫中另有六人是為求不死之術。另外，值得提出的是，漢醫中的淳于意雖為醫，但常周遊于諸侯間，不敬業，華佗曾為士人，對業醫常有悔意。

這樣的統計必須考慮到，史料記載的局限性，一般民間人士不易被登錄的，故不詳者多，而有資料者多是公職人員。即使如此，吾人也可從中得到幾點訊息：一、習醫者一定是知識份子，因為醫術的傳授除了老師的面受機宜，有一大部分靠閱讀師傳的相關經書，故識字外，必要一定的理解力；漢醫與方士醫中，就有五位兼通數經。二、出於懸壺濟世動機者少；史料上僅明確記載杜度是「尚於救濟」，張道陵之救世動機，不單純只是為人治病，還有「拯危佐世」之意。其他多出於興趣或為己求不死之術，這情況可能與兩漢時期，知識份子認為醫人為小技，醫國方為大志的觀念有關㉜。醫者的地位在當時並不崇高，所以公乘陽慶、淳于意、樓護、華佗對醫業的不重視，是可以理解的。

## 四、醫術傳授方式的比較

### (一) 相似處

## 得人乃傳，密而不宣

兩漢時期，無論是漢醫或方士醫，皆認爲傳授醫術是件須要愼重的事，不但得人乃傳，傳授之方也不宜公開。長桑君傳術給扁鵲時說：「我有禁方，年老，欲傳與公，公毋泄。」；公孫光對淳于意說：「吾方盡矣，……悉以公，毋以教人。」意答曰：「……幸甚。意死不敢妄傳人。」㉝。方士醫的例子也隨手可得，陰長生本與十一位弟子同師事馬鳴生，馬考驗衆人的耐心，最後才留下陰授術；魏伯陽惟恐三位弟子不盡心，乃設計裝死試弟子，惟見虞生忠心乃授眞傳㉞。

爲何會有這樣的觀念呢?晉·葛洪認爲因爲並非人人皆有學醫的誠心，《抱朴子·黃白篇》：「道必當傳其人，得其人，道路相遇則教之，如非其人，口是而心非者，雖寸斷支解，而道猶不出也。」；清·徐大椿也爲「醫愼傳人」作一可能的解釋：「醫之爲道，乃古聖人所以洩天人之祕、奪造化之權，以救人之死，其理精妙入神，非聰明敏哲之人不可學也。」㉟。

再者，「禁方」一詞，漢醫與方士醫皆用以形容醫書或藥書，「禁止公開」之意非常明顯，徐大椿說得好：

「然而，方之有禁則何也?其故有二：一則懼天下之輕視夫道也；夫經方之治病，視其人學問之高下以爲效驗，故或用之而愈，或用之而反害，變化無定，此大公之法也。若禁方者，義有所不解，機有所莫測，其傳也往往出於奇人、隱士、仙佛、鬼神，其遇之也，甚難，則愛護之必至，若輕以授人必生輕易之心，所以方家往往愛惜，此乃人之情也。一則恐發天地之機也；禁方之藥其製法必奇，其配合必巧，竊陰陽之柄，竊造化之機，其修合必虔誠敬愼少犯禁忌，則藥無驗，若輕以示人，則氣洩而用不神。」㊱

雖然這是清代人的說法，但反觀兩漢醫術傳承，徐說仍相當貼切，只是東漢以後，這種祕傳的情形已有改善了，至少醫藥書籍公諸於世者漸多。㊲

### 唸唸有詞的口訣

漢醫與方士醫教授方法的特點之一，是「口訣」，此情形在方士醫中特別明顯；筆者認爲其存在的原因有三：一、方士向有巫祝的色彩，古代巫祝在祭祀或治病時，都會唸禱文、咒語以加強當時的神秘氣氛，這種神秘性是方士醫在煉藥時所須要的；二、丹經之類的書籍，爲了愼重，常以艱澀詰拗的文字出現，唯有口訣的配合才能讓人理解，於是口訣成爲保護知識的門檻；三、口訣極少被文字記錄，它必須由師父背誦出來傳給弟子，如此師父的重要性被提高，醫術的獲得也變得珍貴；四、採用押韻或精簡的文字，容易背誦，有助學習。

公孫光授醫術給淳于意時，曾傳語法，即口訣，「臣意聞菑川唐里公孫光善爲古傳方，……得見事之，授方化陰陽及傳語法。」㊳；方士醫口訣傳授的例子很多，如陰長生曾說：「爲漢延光元年，新野山北子受和君神丹、要訣。」；安期生授李少君術時「因授神丹、爐火、飛雪之方，誓約口訣畢，……安期乘羽車而昇天也。」；蒯子訓授劉京「五帝、靈飛、六甲十二事，神仙十洲眞形諸密要，京按訣行之，甚效。」㊴；鮑靚「嘗見仙人陰長生，得授道訣」㊵

。

《抱朴子》曾詳述口訣對方士醫的重要：

> 夫醫家之藥，淺露之甚，而其常用效方，便復祕之，故方有用後宮遊女僻側之膠，……冬鄒齋之屬，皆近物耳。而不得口訣，猶不可知，況於黃白之術乎？（黃白篇）
>
> 房中之法十餘家，……此法乃真人口口相傳，本不書也，雖服名藥，而復不知此要，亦不得長生也。（釋滯篇）
>
> 豈況金簡玉札神仙之經，至要之言，又多不書，登壇歃血，乃傳口訣，……雖得其書而不師授，猶仰不見首，俯不見跟。（明本篇）[41]

總言之，口訣像一把鑰匙，無論藥方、煉丹術、房中術或神仙之經，必須有它才能打開學習的大門。

## (二) 相異處

扁鵲授徒是將學生帶在身邊，邊看、邊學，類似今日的實習醫生；淳于意則花一、二年的時間，分科教授已有醫術基礎的學生；華佗授徒也似有分科；他們傳授的內容包括脈診、湯藥、針灸[42]。方士醫授徒則不然，他們以養生（或稱長生）術、煉丹藥或咒符爲主，若有分科，也是以養生術中導引、辟穀、調息、房中等來區分，與漢醫有極大的不同；並且師徒傳授的地點多在塵世外的名山，一般來說，學習的時間比漢醫長得多，平均十幾二十年左右[43]。

之所以有如此的差別，如前文所述，是因爲兩者的目的不同。漢醫要醫人療病，學療的時間不可能太長，又面臨疾病的種類很多，也必須有多種的治療方法，醫療對象是人，就更不可能待在荒無人煙的山中了。方士醫主要爲自己的身體；空氣新鮮，無凡人俗事的深山是很好的環境，同時，丹藥的藥材不管植物類、礦物類、動物類，在名山大澤中是較易取得的，既然修煉爲己，時間長短便不重要了。

## 五、從《漢書．藝文志》看漢醫與方士醫的關係

《漢書．藝文志》是班固依劉歆的《七略》整理而成；成帝時，使謁者陳農求遺書於天下，劉向總責編校，向卒，哀帝使其子歆完成父業，而奏《七略》。[44]班固於章帝建初年間完成《漢書》，至和帝時，書中八表與天文志有缺，其妹班昭乃補之，[45]所以藝文志中所列的書籍與分類的方式，至少可以代表東漢和帝之前，宮廷藏書狀況及史家對學術分類的態度。

《藝文志》中的《方技略》本由侍醫李柱國編校，班固取其旨要分醫經七家、經方十一家、房中八家、神仙十家。這樣的分類，很明顯地將漢醫與方士醫的醫術放在同等位置，李柱國看法如此，班固亦如是。班固言：

> 醫經者，原人血脈經絡骨髓陰陽表裡，……而用度箴石湯火所施，調百藥齊和之所宜，

……

> 經方者，本草石之寒溫，量疾病之淺深，假藥味之汁，……以通閉解結，反之於平。

可見當時的醫療技術包括血脈、經絡、骨髓等內外科，及湯藥、本草，這是當時漢醫的專業；又

> 房中者，情性之極，……樂而有節，則和平壽考。
>
> 神仙者，所以保性命之真，而游求於其外者。

房中與神仙之術不在治病，在預防，這屬於方士醫的範疇；班固認爲它們「皆生生之具」，所以同列於《方技略》。

從書名來看，《方技略》中有「黃帝」之名者，醫經（2）、經方（2）、房中（1）、神仙（5）；另經方家有「泰始」、「神農」各一，神仙家有「泰壹」（2）、神農（1）。「泰始」、「泰壹」與陰陽五行關係密切，「黃帝」、「神農」又是兩漢醫家、方士共同崇拜的遠祖，由此可看出，至少在思想上，漢醫與方士醫有融合之處[46]。而經方中的《湯液經法》、《神農黃帝食禁》，與神仙家中的《黃帝雜子芝菌》、《泰壹雜子黃治》都與湯藥、本草有關，表示兩類醫者在藥學應用上亦同。

總言之，《漢書·藝文志》除了認同房中、神仙之術屬醫學範疇外，也清楚地分別了漢醫

與方士醫在醫術上的差異，並且，兩者皆有陰陽五行、黃老之說的色彩；藥學，在此時也同被重視，只是煉丹術較爲方士醫所喜好。

## 六、結論

漢醫與方士醫同屬醫學範圍，這從當時人的著作如《黃帝內經》、《漢書·藝文志》中即可得知，但兩者在師承、醫術、動機與目的、傳授方式等方面都有異同之處；就地域言，漢醫與方士醫同出於齊地者多，使得戰國時代齊的稷下學派思想如陰陽五行，在兩漢時被大量運用於漢醫與方士醫界，但兩者的傳承系統仍不同。漢醫從事公職者多，習醫的動機除興趣外，有因自己體弱，或生計的；方士醫於民間者多，習醫動機除興趣外，多爲求不死之道，兩者出於懸壺濟世之動機者極少。

就醫術傳授言，漢醫與方士醫各有異同之處，漢醫的分科是以診脈、針灸、湯藥爲主，學習時間不長，地點都在城市中；方士醫多是以養生、煉丹術爲主，少數分科（內容屬導引、房中……類），學習時間長，地點幾乎皆在山中。在傳授方法上，兩者皆有的「口訣」，但方士醫的例子較多。兩者最大的共同點則是「得人乃傳，密而不宣」的觀念，但四十二人的範例中，卻少有父子相傳的情形，可見一般人認爲中國人的技藝多爲「祖傳」的想法，在此並不成立。

漢醫的對象主要爲社會大衆，方士醫則是自己（漢初，兩者服務的對象以上層統治階級爲主），這目的物的不同，造成兩者的差異，但由於師承與醫學理論的源頭有限多重疊，所以在醫學思想上，兩者又有相同處。東漢末，道教的教團組織成立，道士們以符籙、咒語及其他宗教療法替人治病，方士醫「巫」的成分才又被強化。總之，兩漢醫學的風貌就是在漢醫與方士醫交錯複雜的關係中形成，直到今天，中醫技術仍表現了那些風貌，這種傳統醫學的探源，國人不可不察。

## 註釋

❶《周禮》卷一・天官家宰下，醫師以下分有食醫、疾醫、瘍醫、戰醫等。

❷吉元昭治，〈道教和中國醫學〉，載于福井康順等監修，《道教》卷二，頁二〇三，上海古籍，一九九二年一版。

❸例如：英・李約瑟、日・岡西爲人、中・那琦、李漢三、陳勝昆等人。

❹此可參閱鄭曼青、林品石編著，《中華醫藥學史》，臺灣商務，民七十六年二版，頁三二七。

❺參閱《史記》卷一五〇・扁鵲倉公列傳第四十五，台北鼎文，民七十九年十版。

❻《史記》，同前引書。

❼轉載于《中華醫藥學史》，頁六五。

❽參閱《古今圖書集成》藝術典・醫部，及王濟陽，《中國科技家列傳》，台北蓮坊，一九八五年初版，頁九九。

❾《古今圖書集成》，同前引書。

❿《古今圖書集成》第四六四冊，頁五五。

⑪ 參閱《中華醫藥學史》，頁三五。

⑫ 參閱《古今圖書集成》第四六四冊，頁五四。

⑬ 參閱《中華醫藥學史》，頁六十六。

⑭ 參閱《古今圖書集成》醫部，另《左傳》、《世本》有各人的記載。

⑮ 參閱《道教》卷二，頁二〇一。

⑯ 《史記》中的〈封禪書〉、〈秦始皇本紀〉、〈孝武本紀〉、《漢書》的〈郊祠志〉皆有記載。

⑰ 葛洪《神仙傳》卷六—七，轉載自《四庫全書》子部十四，道家類。頁一〇五三—二五三。

⑱ 《神仙傳》，頁一〇五九—二九三。

⑲ 參閱李約瑟，《中國之科學與文明》節本，第十五冊，臺灣商務，民七十二年三版，頁三九；王建章，《歷代神仙史》，台北新文豐，民七十六年二版，頁三十三，《神仙傳》，頁一〇五九—二七八。

⑳ 參閱《古今圖書集成》醫部，第四六四冊，頁五一。

㉑ 《神仙傳》前引書，頁一〇五九—二七八。

㉒ 參閱彭曉，《周易參同契通眞義》序，鄭州中州古籍，一九八八年一版

㉓ 參閱《歷代神仙史》，頁三十八。

㉔ 《中國之科學與文明》，第十五冊，頁三十二。

㉕ 參閱《神仙傳》、《古今圖書集成》醫部。

㉖ 參閱《武帝內傳》，載自《道藏》第七冊，上海書店。

㉗ 參閱《神仙傳》、《後漢書》卷八十二下．方術列傳第七十二。

㉘ 《神仙傳》、《後漢書》前引書。

㉙ 《神仙傳》、《歷代神仙史》前引書。

30 參閱《古今圖書集成》醫部。

31 參閱李漢三，〈陰陽五行對於兩漢醫學的影響〉（上），載于《大陸雜誌》，第三十卷第一期，頁六。

32 這樣的觀念從春秋戰國時期即有，王符·《潛夫論》、清·徐大椿《醫學源流考》皆有提及。

33 參閱《史記》，前引書。

34 參閱《神仙傳》。

35 參閱徐大椿，《醫學源流考》，頁七〇一，轉載《四庫全書》子部五，醫家類。

36 《醫學源流考》，前引書，頁六六〇。

37 由《隋書》卷三十二·經籍志第二十七中，醫方有二五六部之多，即可看出。

38 參閱《史記》，前引書。

39 參閱《神仙傳》。

40 參閱陳國符，《道藏源流考》影印本，台北古亭書屋，民六十四年一版，頁七十六。

41 關於師授、口訣的研究可參閱吉川忠夫，〈師受考〉，載自《東方學報》？期，頁二八五—三一五。

42 參閱《史記》、《後漢書》，前引書。

43 參閱《神仙傳》。

44 參閱《漢書·藝文志》，台北鼎文，民七十九年十版。

45 參閱王樹民，《史部要籍題解》，台北木鐸，民七十七年初版，頁三六。

46 參閱《道藏》卷二，頁二〇六，及〈陰陽五行對於兩漢醫學的影響〉，頁七。

# 民雄鄉大士爺信仰初探

郭銀漢

## 壹、前言

「大士爺」，並非普通廟宇所供奉之神靈。平時並無雕像或塑像，僅在祭典時，才由師傅用竹骨架及紙糊成之「頭生雙角、青面獠牙、火炎舌舌、吐出一尺餘長」，並身披紅甲之面目猙獰的「鬼王」。

在台灣民間信仰中，「大士爺」通常在爲慶祝建廟落成、祈求五穀豐收、消除瘟疫、禳災及酬神還願之建醮或中元普渡等祭典上出現，其用途在規範及管理孤魂野鬼之工作，使其遵守醮場秩序，達到普施之目的。

「大士爺」由於其造型及功能特殊，通常不在廟宇供人祭祀與膜拜，而是在每年祭典結束時，即隨燒紙錢之熊熊烈火被「送回」西方。但筆者所服務之國立中正大學所在地——民雄鄉，卻有一座「大士爺廟」，而且名列三級古蹟。其每年七月二十一日至二十三日所舉辦之「大士爺」祭典，更是全鄉之盛事。

本文擬依據地方方志文獻、日據時期之寺廟台帳及八十二年實地田野調查所得之資料進行初步整理與紀錄，做爲日後從事「大士爺」信仰深入研究之基礎。

## 貳、民雄鄉生態環境與人文概況

### 一、自然環境

㈠位　置

民雄鄉地處嘉南平原中央，位於東經120° 21′ 50″至120° 30′ 35″，北緯23° 30′ 1″至23° 35′ 8″之間，東鄰竹崎鄉、梅山鄉、西界新港鄉、太保市、南隔牛稠溪與嘉義市相連，北接大林鎮、溪口鄉，南北長十二公里，東西寬十六公里，總面積八五・五〇〇五平方公里❶。計分爲東榮、中樂、西安、寮頂、福權、頂崙、東湖、豐收、三興、東興、鎮北、菁埔、中和、平和、西昌、興中、興南、福興、文隆、山中、中央、北斗、雙福、大崎、秀林、松山等村。其中東榮、中樂、西安三村爲昔日「打貓街」之所在，也是「大士爺」信仰之中樞。

㈡地　形

民雄鄉東部爲丘陵地帶（約佔全鄉四分之一土地），地勢由東向西緩降至平原，最高海拔一六二・六公尺，最低海拔九・八公尺。丘陵土質係屬酸性紅壤，作物以果樹及造林爲主。平原地帶以中性粘質土爲主，適合水稻等作物栽培❷。鄉境南端爲牛稠溪（即朴子溪上源），東北角有三疊溪源流，全鄉水利系統以好收、興中兩圳，東勢湖、民雄、鴨母水土等大排水系統及內埔子水庫（俗稱虎頭崁埤）、曾文水庫之灌溉系統爲主，約可灌溉二、四二一公頃之農田❸。

### (三) 氣　候

民雄鄉位處亞熱帶，依柯本氏（W.Koppen）（一八四六-一九四〇）分類法，係屬西部温暖冬季寡雨型（CWA）氣候❹。，全鄉平均氣温以一月最低（攝氏15.5℃），七月最高（攝氏29℃），全年平均氣温在攝氏20℃以上達八個月之久，頗適合農業發展。在雨量方面，除氣旋雨、雷雨及颱風以外，大多受季風氣候支配，年雨量達一三、四七八公厘，因地處中央山脈以西，故東北季風盛行期間雨量較少，西南季風盛行期間則雨量充沛，一般以每年三月至九月雨量最多，十月至翌年二月雨量最少❺。

另外，對民雄鄉歷史人文影響最大的災害爲地震，自雍正十三年至今（一六〇四—一九九四年），民雄鄉計發生十四次大地震，其中以光緒三十二年（1906年）三月十七日大地震爲烈，其地震規模達七·一級，當時地殼發生地裂、斷層、噴砂等現象，計有一、二五八人死亡，二、三五八人受傷，房屋全倒六、七六九❻間。當時民雄鄉計慶成宮、保安宮騎虎王廟、保生大帝廟、五穀王廟等二十二座廟宇震毀❼。這也是慶成宮所祀之「天上聖母」、陳聖王廟所祀之「開漳聖王」與「大士爺」合祀而成慈濟寺（民國七十六年改登記爲大士爺廟）之緣由。

## 二、名稱之由來及行政沿革

民雄鄉舊稱打貓，據安倍明義著之《台灣地名研究》云：「民雄，原爲平埔蕃羅茲亞（Tzurosan）Taneaw社所在地，打貓就是其近音譯字」。康熙五十六年（一七一七年）《諸羅縣志》中，已有打貓莊之設置，當時係隸屬於諸羅縣。乾隆二十九年（一七六四年）改置打貓保，下轄打貓東保、打貓南保、打貓北保。光緒五年（一八七九年）打貓各保再調整爲打貓東頂堡、打貓東下堡、打貓南堡、打貓北堡，此時打貓街位於打貓南堡。

日據初期，實施軍管，日本殖民政府於明治三十年（一八九七年）於民雄鄉設置打貓辨務署、打貓警察署及打貓撫墾署三個統治機關。明治三十一年（一八九八年），鑒於三署並立，有礙行政效率，遂將三署合併成爲單一之打貓辦務署。明治三十四年（一九○一年），打貓辦務署再改制爲打貓支廳，大正九年（民國九年）七月二十七日，台灣行政區域大幅調整。嘉義置郡，隸屬於台南州管轄。郡之下設街、庄。當時日吏認爲「打貓」之地名不雅，乃藉日語讀音打貓（Dabyo），改稱爲日語近音之民雄（Tamio），並置庄治，爲民雄庄。台灣光復後，依民國三十四年十二月所頒佈之「台灣省鄉鎮組織暫行條例」之規定，成立民雄鄉至今[8]。

## 三、墾拓史

### (一) 原住民

民雄鄉原爲平埔蕃羅茲亞族（tzurosan）打貓社（taneaw）棲息之地，依《諸羅縣志》地圖顯示，打貓社位於打貓街之西。而《嘉義管內打貓各堡采訪冊》云：「乾隆年間，有生番歸順潘姓，打貓街西門外爲社，約一百餘戶。……番子莊一零七番戶，四百九十六丁口。……番子陂，在打貓，西距打貓二里，灌溉水田四、五十甲。」。另就舊地名考察，清治時期打貓街（今日之東榮、中樂、西安村）以西之福權村舊名爲番仔莊及其東鄰今日民雄國中附近昔稱「番社口」[9]來研判，今日民雄鄉福權村應爲昔日打貓社之所在。

明鄭以前，雖有漢人移民入台，但當台灣尚停留在以原住民爲主体的「部落社會」（tribe society），社會型態閉塞、生產力低微，無法收留太多外來人口，此時來台之漢人多爲逃難者、逃犯或以向原住民收購鹿皮等土產之小貿易商，並無久居台灣之意。根據荷蘭人於明朝永曆四年（一六五〇年）所做之戶口統計資料顯示，民雄鄉當時爲打貓社平埔蕃聚居之地，計有一百二十二戶，三百七十九人[10]。

永曆十五年（一六六一年）鄭成功入台，其目的是要建立一比較安定的根據地，以圖匡復大陸上的漢人統治權，故入台的首要措施，是安撫居民，使爲己用，同時亦要安頓入台的軍隊及其眷屬，使其有安土重遷之感，不致離異。當時台灣的居民，以土著爲多數，故鄭成功登陸不久，就親自巡視各社，並賜正副土官袍帽靴帶，於是南北各路番社聞風歸附[11]。

但眞正有對打貓社平埔族具有教化功能之政策，應以康熙五十四年（一七五一年），諸羅知縣周鍾瑄創建於打貓社之社學，以教化蕃童[12]，並啟用番童當差，遞送公文等稱之爲「貓踏」[13]。故至乾隆十七年，周芬斗任諸羅知縣，巡視打貓社時，曾留有「嘉義馴良首打貓，我來三歲息喧囂，肩輿絕跡官音解，踏月清歌度洞簫。」之詩句[14]。可見打貓社當時漢化程度應爲諸羅各社之冠。

另乾隆二十三年（一七五八年），清朝頒佈賜姓政策，平埔族各族可以姓潘、劉、陳、戴、李、錢、斛、林[15]。其中潘姓因有田、有水，故打貓社平埔族可能改姓爲潘。故光緒年間《嘉義管內打貓各堡采訪冊》，尚有「百餘戶潘姓平埔族聚居於打貓街西門外」之記載[16]。但平埔族之文化及經濟能力均無法與漢人相抗衡，故至光緒二十一年（一八九五年）只存十餘戶，並雜處漢民間與平民無異[17]，故現今民雄鄉已很難找出平埔族之蹤跡。

㈡ 漢人之移入與墾拓

漢人移墾台灣，雖早在荷蘭据台之時（一六二四—一六六一年），但眞正奠定漢人移民台灣之基礎是在鄭成功驅逐荷蘭人以後。明鄭除承襲荷蘭時代「王田」以外，並實施軍屯制度，即所謂「營盤田」，相傳民雄鄉雙援莊（今之平和村）爲明鄭營盤之所在[18]。另外，鄭氏宗黨、官員及有力者亦合力招募佃農從事開墾，爲「文武官田」和「私田」[19]。永曆十五（一六六一年）即有潮州府饒平縣人丘騰魁入墾民雄鄉[20]，葉子寮（今之東興村）亦在此時由鄭氏屯弁薛氏所開墾[21]。

康熙二十二年（一六八三年）明鄭降清，明鄭之舊部以及兵勇、流寓大量返回大陸，今嘉義地區大半土地因而陷於荒蕪。康熙三十六年（一六九七年）郁永河由府治（台南）出發，行經二十餘日，抵淡水，據其所撰《裨海遊記》云：「佳里興以北，皆爲平埔蕃人的部落，殆不見有漢人足跡」[22]。康熙四十三年（一七〇四年）諸羅縣自佳里興（今台南縣佳里鎭）奉文歸治諸羅山（今之嘉義市）以後，在官府介入及大墾首的帶動拓墾下，民雄鄉先後完成新陂（康熙三十一年），打貓大潭陂（康熙四十二年）、頭橋陂（康熙四十三年）、新莊陂（康熙四十三年）、打貓山腳大陂（康熙四十二年）、虎尾寮陂（康熙四十七年）、及好收圳（康熙四十二年）、中興圳（康熙四十四年）等水利設施㉓，並普建「官莊」及由薛允珍、薛浦父子、詹陞、翁應瑞等大墾首，招募閩粵佃戶墾拓，故到了康熙四十三年（一九〇四年），漢民開墾已漸過斗六門（今斗六市）以北㉔，打貓街因位處南通諸羅縣，西通笨港街之交通要衝，故發展成市街㉕。

據姚瑩之《台北道里記》所載：「打貓霧，大村市，有汛」㉖可見民雄鄉當時已爲諸羅山（今之嘉義市）以北之大村市，另依《諸羅縣志》記載，當時打貓街建有倉廒四十三間，貯藏半線（今之彰化）以南正供之粟，以便兵米之供給及預防災亂以濟民食之需。另爲教化當地漢童與番童，先後設立社學與番社學各一所。爲對外連繫及維持社會治安，成立打貓舖，辦理郵傳業務。另派駐目兵，設置打貓塘，及編練保甲二甲㉗，以防範及追捕盜賊、編查戶口及其他雜務等，㉘此時民雄鄉基本街庄組織規模已大備。

由於清廷統治台灣初期，不許移民攜眷入台，因此當時來台拓墾都是流民，故當時入墾移民都是以原居地「祖籍」關係爲基礎建立聚落，即同一祖籍的人，親如族人，疾病相扶持，喪葬由鄰人料理，因此，以地緣關係爲基礎之社會結合是當時一個很顯著的現象㉙，其中漳州府人和泉州府人所墾拓及居住的地方大多是海濱或平原（海口多泉，內山多漳），職業大多是田主或營商。客家人來台較晚，故只好居住在附山地帶且初時大多爲佃戶。

以今日民雄鄉何、劉、許、陳、賴五大姓氏分析㉚，第一大姓之何姓渡台祖由漳州府平和縣入墾菁埔（今之菁埔村），據《何氏族譜》記載今日至少有何柴（十一世）、何禮（十一世）、何寢（十一世）、何笑（十二世）何天超（十二世）、何顯瑞（十二世）等六系子孫居住在民雄鄉。第二大姓之劉姓始祖則來自漳州府南靖縣或潮州府饒平縣，其中南靖縣之劉興、劉穆爲崙仔頂（今頂崙村）開基祖㉛，饒平縣之劉玉岡開拓義橋（今之興中村）、劉太陽開拓頂寮（今之寮頂村）、劉玉欽開拓竹仔腳（今之西昌村）、劉炳進開拓山仔腳（今之豐收村）、劉清義開拓江厝店（今之興中村）㉜等。第三大姓之許姓祖先來自漳州府南靖縣係東勢湖（今之東湖村）、許厝（今山中村）之開拓者。第四大姓之陳姓始祖以來自漳州府平和縣居多，其中陳青山（12世）係火燒莊（今之豐收村）開基祖㉝。第五大姓之賴姓祖先，以來自漳州府南靖縣爲多，現大多居住在福權村，可見民雄鄉早期爲漳州府人聚集及墾拓之地，其間雖雜有客家人，但今日除江厝店（今之興中村）留有「客人庄」之舊名及三山國王之祀神信仰外，大多變爲「福佬客」與漳人無異㉞。

至於清初台灣民間因家族意識與地域觀念所衍生之分類械鬥㉟，民雄鄉亦不能倖免。乾隆四十七年（一七八二年），彰化漳泉械鬥，禍延諸羅，及乾隆四十九年（一七八四年）大墾首翁裕縱佃羅瓦等焚搶引發漳泉械鬥㊱。造成漳泉移民死傷甚衆，遂由翁裕等人倡議，以普渡方式舉行祭典、慰藉亡魂。此亦爲今日民雄鄉「大士爺」信仰緣由之一。

## 四、人口結構

### (一)人口成長與組合

清治初期，因赴台墾拓者不許攜眷，在此情況之下，來台移墾之漢人大多爲年青力壯之男子，婦女奇缺。據《諸羅縣志》云：「男多於女，有邸庄數百人而無一眷口者」。在此種異常的社會，人們即沒有家庭之樂趣，也沒有家庭之累贅，自然而然容易挺而走險，這也是清初「三年一小亂、五年一大亂」之原因㊲。此種現象一直光緒元年（一八七五年），禁止移眷來台的規定完全廢除㊳，本地男女人口數不成比例的現象，才逐漸獲得改善。

民雄鄉之人口統計，首見於《嘉義管內打貓各堡采訪冊》，該書據考證成於光緒二十三年（一八九七年）五月至光緒二十七年（一九〇一年）十一月之間㊴。其所統計之人口，僅記載年滿十六歲以上之男丁，不納丁稅之婦孺，則不予計算，當時民雄鄉計有一三、五八九丁口㊵，但此項統計，並未註明係何年所查記之資料。而民雄鄉眞正較詳細及確實之統計資料，應以光緒三十一年（一九〇五年），日據政府所實施第一次臨時戶口調查所得，當時民雄鄉計有一七、一九八人㊶，其中性比例爲一一二·三，可見當時民雄鄉之男女人口比例已趨平衡。

在日本據台時期，舉行全台性戶口調查計有七次，民雄鄉人口隨農業經濟發展有所增長，至民國三十二年（一九四三年），本鄉人口已達二四、五三〇人，性比例亦降爲一〇〇·三㊷。台灣光復以後，由於醫學技術進步，衛生設施改善及政治安定，因此出生率逐漸增高，而嬰兒夭折率與死亡率亦相對降低，故台灣光復後二十年內民雄鄉人口激增，至民國六十年已高達四七、六三一人。民國六十二年（一九七三年）嘉義縣政府爲促進地方工業發展，增加就業機會，在民雄鄉先後開發頭橋、民雄兩工業區及設立國立中正大學等大專院校，吸引衆多外來人口，因此至民國八十年底止，民雄鄉人口高達六一、二八九人，成爲嘉義縣人口最多的鄉鎮㊸。

另依民雄鄉近二十年人口發展之年齡結構與性比例分配比較，其人口金字塔（population

pyramid）依sund baerg所訂之標準分析，已由民國六十年之增進型人口（extended population）逐漸走向穩定型人口（stationary population）㊹，顯示出民雄鄉近二十年來因受到家庭計劃影響而造成出生率下降，另由於醫藥衛生改善及社會安全制度發達，使老年人口的比例逐年增加，同時亦因鄉民壽命的延長，使青壯年人口比例也增加至六七%。相對的，鄉民之扶養率（依賴人口÷生產人口×一〇〇）也降低二六%，顯現出鄉民之經濟負擔正逐年獲得改善。

## ㈡經濟活動人口

民雄鄉自明鄭以來，經濟一直以農業爲主，間有少數蔗車製糖，故留有溪底廍（今之三興村）、頂寮廍（今之寮頂村）、廍尾（今之山中村）等地名㊺。日據時代，由於日本政府基於「工業日本，農業台灣」之政策，對於台灣農業之推行相當積極，如設置農業改良場改良作物品種，進行荒地開墾，並頒布水利組合令，故民國十四年（一九二五年），本鄉亦成立民雄及江厝店水利組合，後併嘉南大圳水利組合（今之嘉南農田水利會）管轄。而對民雄鄉農業經濟影響最大爲日據政府於光緒二十六年（一九〇〇年）所建立之製糖工業，其中「新高製糖株式會社」亦在隔鄰大莆林（今之大林鎭）亦設有製糖工廠，由於民雄鄉土質適合種蔗，故蔗與米逐漸成爲民雄鄉之重要經濟作物㊻。台灣光復後，政府除實施三七五減租、耕者有其田之土地政策外，更由於外銷食品罐頭加工業興起，民雄鄉松山村原赤司農場之林地，遂逐漸開發成爲全鄉鳳梨、柑橘之生產基地。民國六十二年（一九七三年），頭橋及民雄工業區相繼設立以後，使民雄鄉之經濟活動就逐漸由農業轉爲以工商服務業爲主之產業結構。以民雄鄉人口鄉人口職業結構爲例，民國八十年之第一級產業（農、林、漁、牧）就業人口，即較民國六十年大幅減少，而第二級產業（製造業、營造業、水電業等）就業人口，則顯著激增，與同期嘉義縣總平均值來比較，民雄鄉近二十年整體經濟活動及人口職業結構變化相當大。民雄鄉在此經濟及人口職業結構大幅改變狀況下，鄉民對宗教信仰態度與參與宗教祭典之熱心程度亦發生影響㊼。

## 叁、大士爺信仰之緣由

「大士」之名稱，原爲儒家對於有德行者之尊稱，如《韓詩外傳》云：「孔子與子貢、子路、顏淵言志，謂顏淵曰：『大士哉』」。另據《辭海》引「四教儀集解」云「運心廣大，能通佛事，故云大士，大論以菩薩爲大士，金光明經以佛爲大士，諸文不一」，而台灣民間宗教信仰中「觀世音菩薩」亦常稱之爲「觀音大士」或簡稱爲「大士」㊽。但在台灣民間宗教信仰中「大士」亦常出現在爲慶祝建廟落成、祈求五穀豐收、消除瘟疫、禳災及酬神還願之建醮祭典或中元普渡祭典中。據《安平縣雜記》云：「普度前夕，必先豎燈篙，放水燈，請大士。大士俗稱觀世音菩薩化身」㊾。而《增訂台灣舊習慣信仰》一書中，也有「中元祭……請觀音，請孤魂……」的記載。「大士爺」之造型一般爲青面獠牙、怒目吐火、生角、頭戴觀音像及執旗之紙紮神像㊿

### 一、大士爺信仰之傳說

民雄鄉大士爺信仰之傳說甚多，茲列舉如下：

㈠據《嘉義管內打貓各堡采訪冊》（一九八七年）云：「自乾隆年間，設此觀音大士，當其未設之先，迨七月一日起……，嘗聞鬼聲啼哭、人人畏懼、戶戶驚惶，時有觀音大士屢次顯身，……。高一丈餘，頭生雙角，身穿紅甲、青面獠牙、火炎舌舌、吐出一尺餘長。若見大士，陰風輒止，鬼聲皆息，人知大士足以壓孤魂。由是衆街祈禱必應，威靈顯赫，街中衆舖公議，每年七月一日以紅緞塗大士像一身，奉祀壇中。又延僧五人，誦經懺三天，超度孤魂，普醮陰光。……祭罷之時，將大士像焚化」。

㈡據《嘉義廳寺廟調查書》（一九一五年）云：「大士爺並無常設廟宇及常置神像，可供民衆膜拜。傳說係由觀音佛或鬼王化身而成。在打貓街每年陰曆有三次祭典（第一次初一至初三，第二次二十一日至二十三日，第三次爲二十九日），其祭祀方式爲先造竹骨架後糊紙成大士爺像，安置一定場所供人謨拜，祭後與銀紙一併燒毀」。

㈢據《民雄庄宗教團体台帳》（一九二〇年）云：「康熙年間，當閩粵移民大量來台之時，疫癘及災禍頻仍，死者無數，人心惶惶，衆議驅除之策，有人謂大陸有大士爺能驅厲鬼消災，乃派鄉耆一行赴大陸請教道教張天師，天師卜曰：『大士有驅疫逐災之能力』，即奉迎綴塗大士爺像返台，果然疫癘災禍皆消除，衆人以爲大士爺顯靈，被其恩澤，故信仰有加」。

㈣據《嘉義縣志》云：「傳聞乾隆間，北港之泉州人與打貓（今之民雄）之漳州人，祇爲一文錢細故起釁，漳州翁裕、薛蒲、楊逞等，與泉人三股首率衆械鬥，致死傷無數。事後協議，乃以普渡方式，舉行祭典，超渡因械鬥死傷之亡魂，爲民雄鄉大士爺普渡之始」。

㈤據《民雄鄉志》云：「相傳嘉慶儲君遊台灣，路過打貓筆架山（今民雄鄉協志商職旁）歎曰：『可惜倒筆架只出大士，倘豎筆架能出眞主（帝王）』時，旁有一女魂忙跪謝叩恩受封」。從此神靈益顯，香火鼎盛，昔日民雄鄉除林子尾（今之秀林村），大崎腳（今大崎村）外，均爲大士爺之祭祀區。

## 二、大士爺信仰之形成

依據上述地方文獻之記載，我們對「大士爺」有初步之印象，其信仰之形成，與台灣其他民間宗教信仰一樣，是揉合中國傳統佛教與道教信仰而形成，茲歸納分析如下：

㈠「大士爺」係由「觀世音菩薩」化身形成之「鬼王」。此傳說與佛教「觀世音菩薩」爲救衆生苦難之三十二應化身信仰有關。根據《妙法蓮華經觀世音普門品》解釋，「觀世音菩薩」爲普度衆生，以其眞身法力來救度衆生之七種難（即水難、火難、風難、枷鎖難、黑風難等）、解除衆生之三毒（即貪、瞋、癡）及滿足衆生之二求（即求男、求女）。「觀世音菩薩」以現三十二種應化身，來教化衆生。其中現「毗沙門」身，即現領有夜叉、羅殺等惡鬼，守護北洲之「鬼王」身[51]。今日民雄大士爺廟係供奉是「觀世音菩薩」，菩薩旁另立「民雄觀音大士牌位」，且廟內所印製之令符上書明：「打貓大士」，並有「觀世音菩薩」及「鬼王」（大士爺）像，在在可說明民雄鄉「大士爺」係由「觀世音菩薩」化身而成之「鬼王」。

㈡「大士爺」係鄉耆爲驅逐地方疫癘，赴大陸向道教張天師請教所迎回以鎭壓疫癘之神像。此傳說與先民墾台之艱苦歷程有關。台灣漢人大多由大陸福建或廣東省移民而來，在移民的過程大致可分為渡海、開拓、定居及發展四個階段[52]，其中入台開拓初期，移民首先面臨的問題，即遭遇瘴癘瘟疫的侵襲，且當時醫療衛生設施相當缺乏，人們才有派代表赴大陸請教張天師逐癘之道，並依其指示迎回緞塗「大士爺」像鎮壓疫癘之舉。另據《諸羅縣志》〈番俗考〉云：「婦生產，偕嬰兒以冷水浴之，病不知藥餌鍼灸，輒浴於河，言大士置藥水中，以濟諸番」。就當時漢人之觀點言，大士應具有醫療之能力。筆者在民雄田野調查中發現，民雄鄉奉祀保生大帝吳真人之廟宇高達十座，約佔全鄉廟宇之半數，可見民雄鄉墾拓之初，環境之惡劣，疫癘之頻仍，且當時醫療衛生設施落後，人們只能依恃大士爺或保生大帝吳真人等神靈之力量來驅逐瘟神與癘鬼。這與台灣其他民間宗教信仰活動如「鹽水放蜂炮」等之緣起相同，均具有驅逐疫癘，為民祈福等效能。

㈢大士爺信仰與台灣民間宗教信仰之中元普渡有關。台灣民間宗教信仰每年陰曆七月初一，俗稱「開鬼門」，民間相信像「乞食鬼」、「好兄弟」這些無祀孤魂饑餓時會作祟，使人生病[53]。因此家家戶戶都在大門口掛「普渡公燈」的燈籠，上面書寫「普渡陰光」或「超生普渡」或「慶讚中元」等字句，門前則擺上供桌，上面擺上菜飯、粿、粽、果品、雞鴨、豬羊肉等，以便招待這些餓鬼大吃大喝、點燭焚香、燒銀紙祭拜，這就叫做「普渡」[54]。在普渡的過程，為避免孤魂野鬼分配不均，特別糊個「大士爺」，來管理眾鬼，祭品統由其點收，再分配給眾孤魂享用[55]。此時「大士爺」通稱為「普渡公」。民雄大士爺廟現存光緒八年（一八八二年）原「頂街大士爺會」所遺留之〈頂街中元碑記〉名稱，可說明「大士爺」信仰與中元普渡之關係。

但筆者在民雄鄉田野調查期間，鄉民一直強調，民雄鄉之「大士爺」，非一般所謂「普渡公」。兩者有明顯的差異，一般普渡公係站姿，手舉三角旗，上書「慶讚中元」或節慶文字。而民雄鄉「大士爺」造型係坐姿，神格較高，手持令旗，且頭部可活動。至於正史上未證實之「嘉慶君遊台灣」之典故，也在「大士爺」身上留有痕跡，即據報導人李文理（九十二歲）指稱「大士爺」腳戴有「腳環」，係向嘉慶君跪謝叩恩之女魂化身而成。

綜合上述而知，民雄鄉在開拓之初，疫癘頻仍，人們知識有限及醫療設施缺乏，故至大陸向道教張天師迎回「大士爺」，來驅逐疫癘。另爲避免孤魂野鬼作祟，使人生病，每年七月就有所謂「大士爺」（即頭生雙角，身穿紅甲、青面獠牙、火炎舌舌、口吐出一尺餘長舌頭之鬼王）現身，來鎮壓孤魂野鬼，驅逐疫癘。因此可知「大士爺」之由來，除揉合道教醫藥神靈之傳說外，並融入佛教「觀世音菩薩」爲救度衆生所現之「毗沙門」鬼王身之典故。

眞正促使民雄鄉「大士爺」信仰興盛的原因，應屬乾隆四十七年（一七八二年）及乾隆四十九年（一七八四年）二次漳泉械鬥後，地方士紳倡議舉辦慰藉亡靈之「普渡」活動開始。依據《嘉義縣志》記載，乾隆四十七年（一七八二年）彰化縣莿桐腳（今之雲林縣莿桐鄉）漳泉移民發生械鬥，該次械鬥亦禍延諸羅縣（今嘉義縣）。而民雄鄉民參與本次械鬥較可信的原因，應爲《清高宗實錄》（乾隆四十七年十一月二十八日辛酉條）所記載之「笨港之糾搶南港」[56]事件較爲可能。當時居住在笨北港（今之雲林縣北港鎮）泉州人糾衆搶劫居住在笨南港（今之新港鄉南港村）漳州人，造成漳州人房舍毀損，無家可歸。引起身爲同屬漳州人的民雄鄉民，爲聲援隔鄰之新港人與北港人發生械鬥。另外乾隆四十九年（一七八四年），民雄鄉大墾首翁裕放縱佃戶羅瓦等焚燒搶劫，亦引起漳泉械鬥[57]。二次械鬥造成漳泉移民死傷無數。事後遂由當時地方士紳翁裕、薛浦、楊逞等人倡議以「普渡」方式來慰藉因械鬥死傷之亡魂，而形成每年固定舉行之「大士爺」祭典。

## 肆、大士爺信仰之祭儀組織與行爲

### 一、大士爺信仰之祭祀組織

民雄鄉「大士爺」信仰，在民國十二年普濟寺建廟落成以前，一直是「有祭無廟」。即大士爺並無常設廟宇及常置之神像，供民衆日常膜拜與祈福。僅在每年祭典前由各祭祀組織，聘請師傅紮竹骨架及用紙糊成造型爲「頭生雙角、青面獠牙，吐出一尺長之舌頭」，面目猙獰的「大士爺」像，並於祭典結束後，隨熊熊之烈火「送回」西方。

民雄鄉「大士爺」信仰之祭祀組織，相傳最早係由鄉民自願性的組織神明會，辦理「大士爺」祭典有關之事務及經費之籌募。據日據時期大正九年（民國九年）《民雄庄宗教團体台帳》記載，當時民雄鄉各村落計組成「頂街大士爺會」、「下街大士爺會」、「小普大士爺會」、「下街蘭盆會」等祭祀組織來辦理「大士爺」祭祀事務及祭儀經費之籌募。此祭祀組織，通常稱爲神明會。

所謂神明會，顧明思義，是以奉祀神靈爲主要目的的宗教團体。除此之外，神明會尚有維持會員相互間之親睦，籌措寺廟或祭典之經費等作用[58]。據日據大正八年（民國八年）《台灣宗教調查報告書》記載，神明會之形成之因素。計有下列情形[59]：

㈠爲祈求平安或避免災難。

㈡渡台之際，遭遇風浪，因免於沉船之厄，爲感謝神恩。

㈢爲避免某邪神之作祟。

㈣因神靈夢告或團体進香媽祖途中遭遇奇瑞。

㈤因拾得飄流船隻上之王爺或洪水中飄流之神佛。

㈥因對私人祭神發生信仰。

依據當時調查之統計資料，全台灣之神明會組織高達五、三四〇個團体，其中以祈求平安或避免災難爲目的之神明會最多，計有三、九一四個團体[60]。可見先民來台墾拓之初，地理環境之惡劣及人們亟求精神上解脫之殷切。故由同祖籍、同村落的人，以共同崇拜相同神靈之居民結合組成之神明會，就應運而生。據《民雄庄宗教團体台帳》之統計，至日據時期大正九年（民國九年），民雄鄉之神明會組織即達四八個團体之多。

至於以「大士爺」爲崇拜對象之神明會，計有四個團体，其創立緣起，綜合日據時期之《民雄庄宗教團体台帳》（大正九年、民國九年）及《台南州祠廟名鑑》（昭和八年，民國二十二年）之記載資料摘錄如下：

㈠「頂街大士爺會」：乾隆年間，由劉嵎星等一二八名信徒，爲祈求「大士爺」顯靈庇護，以會員每人出金一元及募款所得計四八〇元組織神明會。光緒元年（一八七五年），以貸放利息收入，購置田地八甲九分五厘六毛，旱地一甲五分零九毛，贌耕年收入四五〇元，做爲神明會維持之費用。

㈡「下街大士爺會」：乾隆年間，由林義盛等八六名，以會員每人出金一元爲標準，籌募經費組織神明會。光緒元年（一八七五年），以捐款及貸放利息收入計三三〇元。購置田地三甲四分零七毛，旱地三甲五分六厘，建地一厘七毛，以贌耕年收入三四二元，來維持會務之開支。

㈢「小普大士爺會」：乾隆年間，由劉元泰等二三名，以每人出金一元及其他捐款計五八元，組織神明會。以貸放利息及捐款，於光緒元年（一八七五年），購置田地三分一厘六毛，建物基地三分四厘六毛五，以贌耕年收入五二元，充作祭祀費用。

㈣「下街蘭盆會」：乾隆年間，打貓街辦理「大士爺」祭典，並到達該街西部，由於該街西部地方之祭典較爲冷淡，頗爲遺憾。故由曾遙等六名捐資創立本會。來振興當地祭典，使其熱鬧。光緒元年（一八七五年）購置旱地六分五厘，以贌耕年收入一五元，來維持祭典之花費。

依據上述日據時期，地方宗教團体台帳、祠廟名鑑等文獻可知，當年民雄鄉下街（今之中樂村）、頂街（今之東榮村），西部（可能爲西安村）之居民，爲祈求「大士爺」顯靈庇護，驅逐地方疫癘，以免除人們之疾病，因此各村落就形成以祭祀「大士爺」爲目的之神明會，雖然名稱不一，但宗旨與目的均相同。其祭祀經費之籌措，大多以一元爲單位向會員徵集而來，其次是募捐（即所謂寄付金）。並以此經費進行貸放之利息所得，來維持祭典費用之開支。並在每年「擲筶」選出爐主後，辦理經費結算與移交。光緒元年（一八七五年），清廷採納「辦理台灣等處海防兼理各國事務欽差大臣」沈葆禎之奏請。解除施行達一百九十餘年之「內地人民入台耕墾例禁」[61]，即解除所謂「渡台禁令」。使先民渡海拓墾過程，正式進入定居及發展之階段。依照中國傳統習俗，購置土地是農業社會最安全可靠的投資方式，故一般廟宇會購置旱地及建地等，並以贌耕及出租之收入，做爲維持神明會祭祀費用之來源。以民雄鄉大士爺廟所存之光緒八年（一八八二年）《頂街中元碑記》（如附錄一）所記載之碑文內容可看出，當時頂街大士爺會已頗具規模，各項祭祀事務已達分層負責程度，且對祭典事前之籌備工作，亦有相當周延之規劃[62]。

至於造成日後神明會組織式微之原因，係日據時期明治三十五年（一九〇二年），日本以台灣總督府第二十九號訓令，辦理土地調查，以增加稅收。當時規定凡神明會必須選任管理人，負責土地申報與管理[63]。使各神明會組織，原由每年經「擲筶」產生之爐主，負責全年祭祀及會產管理的制度，產生劇烈變化，並使神明會之財產管理與祭祀事務從此分途。

日據時期明治三十九年（一九〇六年）三月十七日，民雄鄉發生地震規模達七·一級之大地震，造成全鄉二十二座廟宇震毀。大正十二年（民國十二年），當時「頂街大士爺會」、「小普大士爺會」、「下街大士爺會」共同管理人簡貴、許滄明及地方人士劉廷輝、何立、蔡麟、許仁和、劉容如等人，以原「頂街大士爺會」、「小普大士爺會」、「下街大士爺會」、「開台聖王會」、「開漳聖王會」等宗教團体及慶成宮之財產爲基礎，興建一合祀廟，以安置遭地震震毀之慶誠宮、開台聖王廟、開漳聖王廟之神靈。該廟於民國二十六年落成時，正值日本侵華戰爭，日據政府爲消滅台灣同胞之民族意識，大力推動所謂之「皇民化運動」，企圖推毀台灣同胞之語言、服裝、風俗習慣及宗教信仰。發動改稱日式姓名，強迫台灣同胞焚毀祖先牌位、拆毀各地寺廟，及解散神明會。故民雄鄉民原計劃設置之大士爺廟，只好命名爲慈濟寺。將「大士爺」信仰之精神及神明會會產，暫以佛寺身份保存。一直至民國七十六年，該廟始經內政部核准重新正名名爲大士爺廟[64]。

目前民雄鄉大士爺廟共分三進，左右兩邊各有邊殿。正殿中央供奉「觀世音菩薩」、旁有「觀音大士牌位」。其左右供奉「韋馱」、「伽藍」兩大護法及「十八羅漢」山，後殿中央供奉「天上聖母」，供桌上之石香爐，係原道光二十五年（一八四五年）所製造之原慶誠宮之遺物。「天上聖母」左右配祀「城隍爺」和「註生娘娘」。左側殿，供奉漳州人的守護神「開漳聖王」（陳聖王）。右側殿，則供奉「開台聖王」鄭成功。

至於今日「大士爺」信仰之祭祀組織，係在每年七月二十三日（即祭典最後一天），在大士爺面前，以民雄鄉東榮、中樂、西安三村「題緣金」名冊，一一擲筊產生爐主、副爐主、頭家（每村各五人），來負責下年度祭典之籌備。另外爲使祭典更完善，並設置五大柱，即「主普首」、「主壇首」、「主會普」、「主醮首」、「三官首」等職務，來主導祭典之事務工作，通常係按捐款或對神靈奉獻程度來遴派，係屬榮譽之職位。其中「主普首」係負責普度事宜。傳說，萬一餓鬼吃不好，就會向「主普首」理論，並有因此招來孤魂餓鬼的危險，所以一般「主普首」通常由寺廟團体來擔任，萬一孤魂餓鬼吃不好，那就只有找主普的寺廟團体理論，寺廟自然有辦法和孤魂野鬼折衝，以免讓熱心之信徒，蒙受無由之災害[65]。這也是財團法人大士爺廟董監事會擔任「主普首」之原因。

綜合上述可知，民雄鄉「大士爺」信仰之祭祀組織，係乾隆年間由各村落鄉民捐資組織神明會來辦理祭祀事務，起初以貸放利息收入來支付祭祀費用。光緒元年（一八七五年）「渡台禁令」癈止以後，各神明會轉以購置田產，及以贌耕或出租之收入，來維持祭典費用之支出。每年經由「擲筶」產生爐主，便成爲值年之祭典籌備與執行及各神明會產之管理人。但日本據台以後，強制規定各神明會需設管理人，負責神明所屬之土地申報與管理，造成至今日廟產管理與祭祀組織分途之現象。無論是日據時期神明會之組織型態，或慈濟寺落成以後之管理委員會之組織型態，或今日財團法人大士爺廟董監事會之組織型態，均不負責大士爺祭典之籌備與規劃。而由每年「擲筶」或「卜頭家爐主」方式產生之值年頭家（每村各五名），爐主及副爐主等，並遴派熱心人士以擔任「主普首」、「主壇首」、「三官首」、「主醮首」、「主會首」等職務。來推動每年「大士爺」祭典之事務。

## 二、大士爺信仰之祭典

### (一) 昔日之大士爺祭典

有關昔日民雄鄉「大士爺」祭典盛況之記載，首見於清朝光緒年間《嘉義管內打貓各堡采訪冊》。當時民雄鄉「大士爺」祭典分別爲「頂街」（七月一日至七月三日）、「下街」（七月二十一日至二十三日），小普（又稱童子普）（七月二十九日）。皆以紮竹骨架糊紙而成之「大士爺」爲祭拜對象。其起源，「頂街」、「下街」均爲乾隆年間，爲鎭壓孤魂爲設。「

小普」則至道光年間始設，設置原因係街內兒童嬉戲，在「大士爺」祭典之孤坪下，收錢買兒童用品致祭童子孤魂，連祭二年。一年不祭，街上遍聞鬼聲啼哭，皆屬童子之聲，且街內兒童，多不平安，始增設「小普」。

就其祭典規模，以「下街」最爲熱鬧。其與「頂街」相同，皆用紅緞糊紙成「大士爺」像乙尊，奉祀壇中，並請道士（紅頭司公）五人，誦經懺三天，即所謂「三朝法會」，以超度孤魂，普醮陰光。

當時在「祭壇」外，並搭有「孤坪」乙座，約高六七尺，上置米飯、牲禮、菜料、果子、生豬羊，並有不少日常用品，以祭孤魂，祭罷即將大士爺像隨燒紙錢熊熊烈火「送回」西方。另外「小普」規模較小，僅實施「乙朝法會」，來超度童子孤魂。

至於「大士爺」之信仰圈66，至日據時期大正四年（民國四年）《嘉義廳寺廟調查書》記載，基本上東至梅山、西至新港、溪口、南至嘉義、水上、北至斗六、竹山67。每年前來參拜之信徒，以七月二十一至二十三日「下街大士爺祭典」最多，約有數萬人及遠從桃園、新竹前來參拜者。當時「台灣鐵道部」（今台灣鐵路局）每日均需加開列車疏運，並實施「優惠票價」，可見當時大士爺祭典之盛況。

日據末期，由於實施「皇民化運動」、辦理大士爺祭典之祭祀組織如「頂街大士爺會」、「下街大士爺會」、「小普大士爺會」均遭到解散之命運。「大士爺」祭典，亦在禁止之列，人們只能於每年七月份至慈濟寺向「觀世音菩薩」膜拜，以達對「大士爺」之虔誠信仰。

台灣光復以後，民雄鄉「大士爺」祭典馬上恢復盛況，且隨著經濟進步，國人生活水準提升，祭典規模愈辦愈大，且呈舖張浪費之現象。故內政部於民國六十七年，頒布「改善民間節約辦法」，其中規定各祭典，以統一一天舉行爲原則，以收節約祭儀費用之功效。民雄鄉各界遂研議以每年七月二十一、二十二、二十三三天爲「大士爺」之祭典日。集中「頂街」、「下街」、「小普」三大祭典特色，共同舉行。這也是今日民雄鄉「大士爺」祭典，孤坪供桌上亦供奉玩具之原因。

㈡ 今日大士爺祭典

筆者曾於八十二年七月二十日至二十三日，至民雄鄉大士爺廟做實地觀察與記錄[68]，發現民雄鄉與年一度的「大士爺」祭典盛況依舊，仍保有文獻所記載之祭儀程序及內涵，茲分述如下：

1.大士爺祭典之準備：

(1)祭典費用之籌募：祭典前，由爐主陳榮燦召集各村之值年頭家按責任區前往各信徒家中「題緣金」，金額不一。凡有出緣金者，即表示對「大士爺」信仰之認同，並取得「卜頭家爐主」之資格。並可循古例在家門口貼上一張「民雄鄉主神節—觀音大士千秋」之紅紙祈福。另外，邀請地方熱心人士出任五大柱，並捐獻及分攤部份經費。由於「大士爺」廟董監事會循例擔任主普首，負擔普渡之全般事宜，故也須贊助大量經費，但該項經費補助額度及收支情形均須提報該廟信徒代表大會通過。

(2)祭典場所之準備：七月二十日，未開眼之大士爺像及三界亭（提供天、地、水三界神靈休息之場所）、「翰林院」（提供生前爲官或知識分子宴宿之處所）、「男堂女室」（收容死後無祀之男女孤魂）、「觀音亭」、「土地爺騎黃虎像」及「山神騎青獅像」等均已糊好，並放置在大士爺廟旁院內，準備明日清晨分別迎入內、外壇。大士爺廟右側殿上，佈置有佛像，正中央爲「釋迦摩尼佛」，兩旁爲「彌勒佛」及「阿彌陀佛」。最旁邊爲「普賢菩薩」及「文殊菩薩」，佛像前爲供桌，供桌上設有「主壇首」、「主普首」、「主醮首」、「主會首」四個斗燈及香爐乙個。斗燈內盛臼米、古銅鏡、古劍、小秤、剪刀、尺、涼傘及「三昧眞火」（小油燈），表示避邪之意。左側殿，則佈置「上元天官大帝」、「中元地官大帝」及「下元水官大帝」像。供桌上設「三官首」之斗燈及香爐。斗燈內亦盛有臼米、古銅鏡、古劍、小秤、剪刀、尺、涼傘及小油燈等避邪之物。

2.大士爺祭典之進行：

(1)七月二十一日：清晨二時三十分儀式開始，稱之爲「打通」（敲鐘打鼓）。三時由道士發表疏文通知「四大部洲」（即指天府、地府、水府、獄府）之神靈，轉知所轄之無人奉祀之孤魂、前來參加民雄鄉「大士爺」祭典之三朝法會。此時「大士爺」在道士引導及「頭家爐主」護持下，至「內壇」就位，即安放在「觀世音菩薩」前面。另「三界亭」、「翰林院」、「男堂女室」、「觀音亭」、獅虎等則至「外壇」就位。最後由道士恭請「釋迦摩尼佛」蒞壇主持法會，稱之爲「請佛臨壇」。以督導「三官大帝」所轄天地水三界之衆神靈，辦好此次法會。此時壇外豎起高達三丈，橫掛正面書有「民雄鄉中元慶讚」及背面書有「日月金火土木水」等字燈籠之燈篙。據說只要燈籠點著以後，那些在七月初一因「開鬼門」而從陰間來到陽間的餓鬼，就會以燈篙上之燈籠爲目標，齊集會場接受盛筵之招待。

清晨五時三十分，爲「開眼大士」之儀式，大士爺廟聚集許多達官顯要，除大士爺廟全體董監事及爐主、副爐主、頭家外，嘉義縣前縣長何嘉榮先生，省議員連錦水先生，民雄鄉長張松樹先生等地方政壇人士前來參加。「大士爺」在敲鐘打鼓聲中，接受全體信徒「獻供」後，卸下臉上紅紙。此時道士邊唸咒語，邊以紅硃筆點大士爺身體，據道士劉朝雄表示係代表大士爺的神靈正式降臨紙像，如「點左眼，觀天象；點右眼，察人間；……點心，七孔開竅。顯威靈……點左手抓，右手拿，各顯神通；……點腳，騰雲駕霧於人間」等。並且高誦「梁皇寶懺」（第一卷）。在三天法會中「梁皇寶懺」[69]必須誦完十卷。以感悟超渡亡魂，使之改過向善而登之極樂世界。誦經懺期間，需由頭家爐主輪值，持香在內壇隨道士舉行儀式。由於聘請前來誦經及主持科儀之道士係屬「紅頭司公」。祭典所進行之「誦梁皇寶懺」、「過金山」、「放瑜珈焰口」等儀式均屬佛教科儀，故主祭道士著「迦娑」，頭戴「五佛寶冠」，餘道士仍著道士服裝。顯現出台灣民間宗教信仰係揉合中國傳統佛教與道教而形成之特殊現象。

上午八時，大士爺廟出「西竺國勝因」之榜文（如附錄二），正式以書面榜文向陰間通知，本地有連續三天法會，並備盛筵，以供無祀之男女孤魂享用。並進行所謂「內烘」、「外烘」儀式，「外烘」係至大士爺祭典「五大柱」（即主普首、主會首、主醮首、主壇首、三官首）家中祈福。內烘係向「大士爺」及天、地、水三界神靈敬奉供品，供其享用。

下午二時誦「梁皇寶懺」（第二、三、四卷）。晚上八時爲「鬧壇」，又稱「扮仙」，由小道士以鼓、鑼、嗩吶等奏樂聲，讓壇內「熱鬧」，以博得神靈之高興。

(2)七月二十二日：清晨五時敲鐘打鼓（打通），開始第二天之儀式，由道士誦讀「梁皇寶懺」（第五卷），並一一至「翰林院」、「男堂女室」超度無祀孤魂。上午八時，繼續至「五大柱」家中祈福（外烘），及向「大士爺」及衆神靈敬奉供品（內烘）。下午二時，續誦「梁皇寶懺」（第六、七卷）來感悟超渡孤魂。下午四時「放水燈」。所謂「放水燈」，就是歡迎水府裡的孤魂野鬼上岸接受款待。當時由道士率領輪值頭家爐主，由「慶誠宮天上聖母」燈籠杖及鼓吹樂隊前導，繞行中樂、西安、東榮村，即「大士爺」祭祀區域，再至文隆橋邊，先供上三牲、經衣白錢、鼓仔紙、壽金金泊等，並施放由竹骨架糊成之「紙厝」至河中，由道士唸招魂之偈，引導水中孤魂上岸，並由道士及「媽祖」引領，並以鑼、鼓、嗩吶開道，至「大士爺」祭典外壇之「翰林院」及「男堂女室」，供享盛筵招待。晚上八時，援例「鬧壇」，以慰勞衆神靈之辛勞。

(3)七月二十三日：上午五時照例敲鐘打鼓（打通），展開最後一天的儀式。首先續誦「梁皇寶懺」（第八卷），及循例至外壇超度孤魂及進行第三天的外烘（至五大柱家中祈福）。上午十時爲「做金山」，據道士劉朝雄先生表示，三朝法會必做「金山烘」，以普渡更多的亡魂。「做金山」係在內壇（左側殿）舉行，道士在祭儀程序開始前，於內壇門口左右各置代表男女孤魂的毯子，毯子上男孤魂以小男孩圖形爲代表，女孤魂以鳳凰圖形爲代表，毯子上面以草蓆遮住，上撐黑雨傘，前有供品，供桌前面則各有一臉盆，各裝男女日常用品。請來之孤魂，必先在此淨身，才可至「釋迦摩尼佛」面前，受人們奉敬。「金山烘」爲最高引魂祭儀，其請來之孤魂除天、地、水、獄府四大部洲以外，尚包括戰亂戎衣、拜將封侯、五陵才俊、出塵上士、黃冠野客、飢寒形戮、雜類孤魂等。上至帝王，下至乞丐，一切有靈魂的萬物，全部邀請來此。其所謂金山，在佛教經典中，鐵圍山內之世界即有七金山，七金山與須彌山之間有七海，故其招引孤魂範圍，高於四大部洲（佛教所指爲南贍部洲、東勝神洲、西牛貨洲、北瞿盧洲）。經引魂而來之孤魂，聽畢誦懺及接受人間盛筵招待後，即由「釋迦摩尼佛」引回西方極樂世界，故稱爲「過金山」。其儀式程序，首先由道士在內壇地上鋪「蓮花座椅」及「行十方禮」，請釋迦摩尼佛及五方佛祖降臨，再將座椅折形帶狀，由道士行頂禮，並誦懺文，感化各地孤魂，使其改正向善，日後不再擾民，並請釋迦摩尼佛引回西方極樂世界。而「金山烘」道士之朝拜的次序、方位，繞毯子的腳步及所誦之懺文，據劉朝雄先生表示，均奉守漢唐以來之法則。

下午一時，由值年爐主陳榮燦主持「卜頭家爐主」儀式，由值年爐主、頭家依「題緣金」名冊——「擲筶」，請「大士爺」遴派下年度之頭家爐主，計卜出頭家每村五人合計十五人及爐主何煥然、副爐主蔡仁總計十七人，負擔下年度「大士爺」祭典之籌辦事宜。

下午三時由道士續誦最後兩卷之「梁皇寶懺」，誦讀完畢後，就將神佛圖像移往孤坪南方所搭之祭壇，並貼出「甘露法席」示文（如附錄三），以約束衆孤魂之行止。並開始奏鐘鼓音樂，稱之爲「鬧座坪」。做爲祭典開始前的信號。「大士爺」祭典所搭之孤坪長達一百公尺，高一丈寬二丈，舖以木板的木台做爲供桌。上有各信徒所提供的祭品有雞、鴨、魚、粿、米飯、水果、菸酒等極爲豐盛。因爲信徒認爲孤魂平常無人祭祀，因此供品應準備豐盛，使其吃飽，才不會擾民，危害人間。故孤坪中的祭品常堆積成數層，稱之爲「肉山」。由於「大士爺」祭典係由原「頂街」、「下街」、「小普」三大祭典合併而成。故供桌上亦有不少爲奉祀童子孤魂之玩具、捏麵人及時下最行之「侏羅記恐龍」等。

晚上八時，「大士爺」座像在鑼鼓聲中，自正殿由信徒接力傳至三川殿，並爲其穿上信徒所捐贈或還願戰袍外套九件。著裝後之大士爺顯得十分威嚴，由信徒持火把、敲鑼及道士引導下，正式自廟內請出，經過外壇，信徒再依「觀音亭」、「三界亭」、「翰林院」、「男堂女室」、「山神」、「土地公」之順序抬起，由「大士爺」領軍，沿著孤坪中間走道抬至孤坪北方之廣場，並將披戰袍之「大士爺」坐像安在預先安裝好升降滑輪之竹竿架上，兩旁放置「觀音亭」及「三界亭」，前面再擺置「翰林院」及「男堂女室」，並以「山神騎青獅像」及「土地騎黃虎像」做前衛，而呈半圓狀。「大士爺」在道士引領頭家爐主前祭拜及燒金紙後，緩緩昇起。至竹竿架頂端，俯視普度會場全景，藉以監視衆孤魂之活動，使其遵守紀律，接受人們之敬奉。此時「大士爺」坐像四周蜂炮大起，信徒紛紛向「大士爺」像膜拜，使「大士爺」祭典達到最高潮。

「大士爺」安座完畢後，道士們轉回祭壇上，開始施行「瑜珈放焰口」，除唸「瑜珈放焰口」經咒外，並做出手印，爲衆孤魂化食。據說罪孽重大的孤魂，進食時，口中會吐出火餤，食物不能下咽，必須唸咒消除火餤，才能普施。另外因孤魂衆多，惟恐祭品不敷供應，乃唸「變食咒」。據主祭道士劉朝雄先生表示，其「坐座」可見到白霧朦朧的景象，孤魂會一波波的前來，須唸「變食咒」，才可以一化十，以十化百，將供品愈變愈多，使孤魂得以飽食。待白霧漸散，才俟機停止。壇上所貼「甘露法席」示文中，亦明自寫明「瑜珈餤口外備甘露斛食一筵，恤無祀男女孤飢等，既已召到壇前受財享食，各守約束，勿得喧嘩，靜聽海潮音，得食甘露味，願皆飽滿，以得生方」。道士唸完「瑜珈放焰口」經咒及變食咒後，又「走孤坪」，請「大士爺」監視孤魂是否守規矩，並普施衆孤魂，以祈求地方安寧。

晚上十二時，開始進行「謝三界」，由值年爐主頭家焚香，燒五色金，並由道士唸送神讚偈，向天、地、水三界衆神靈謝恩。緊接著，將祭壇上之神佛圖像送回廟內，稱之爲「謝壇」。此時「大士爺」坐像亦在孤坪北方廣場竹竿架上緩緩降下。並由道士前導及「山神騎青獅」、「土地騎黃虎」開道下。依「翰林院」、「男堂女室」、「三界亭」、「觀音亭」順序抬起，此時蜂炮四起，鞭炮聲不絕於耳，「大士爺」坐像以「押陣」之姿態繞行市區，沿中樂路、西安路、保生街、安和路方向前進。最後安置在安和路旁預先闢好之空曠地上。

身披戰袍之「大士爺」坐像安置在最前面，旁有「山神」及「土地公」護衛，後有「翰林院」、「男堂女室」、「三界亭」、「觀音亭」等。至此時「大士爺」之階段任務已經完成。「大士爺」遂在熊熊烈火中，由「土地公」及「山神」等護衛下返回西方，結束爲期三天之「民雄鄉大士爺祭典」。

## 伍、結　語

人類學家芮克里夫布朗（A. R Radcliffe-Brown）認爲宗教係存在於自然界的一種偉大的道德力量，宗教可使人們心靈獲得平靜，並創造出一種信仰體系。這種信仰體系往往建立在人們對大自然神靈、鬼魂的解釋及信仰之上，且透過宗教儀式，可使這種信仰體系一代一代傳承下去[70]。

民雄鄉「大士爺」信仰緣由，起於先民爲克服墾拓初期之惡劣地理環境、驅逐瘟疫瘴厲及普渡因漳泉械鬥死傷之無祀孤魂。揉合中國傳統「觀世音菩薩」救渡衆生及道教醫藥神靈等宗教思想所發展出一種獨特之信仰體系。二百多年來，「大士爺」之傳說及一再顯現之靈驗事蹟(如附錄四)，深植民雄鄉民的心靈。從民雄鄉民早年自動自發捐錢籌組之地域神明會，來祭祀及舉辦「大士爺」祭典，及至今日仍保留傳統之「題緣金」及「卜頭家爐主」之制度，在在顯示出民雄鄉民對「大士爺」信仰之認同感及參與祭典事各之高度熱誠。

當然，民雄鄉每年一度之「大士爺」祭典，更是「大士爺」信仰之重要傳承因素，其間除因日據末期「皇民化運動」之影響，而遭受短暫之禁止外，無論清治時期、日據初期及今日，每年一度之「大士爺」祭典之盛況，均爲民雄鄉民所津津樂道，並引以爲傲之重要觀光資源。近年來，由來台灣面臨工業化、都市化、世俗化、功利化之社會意識轉型之衝擊，衍生之不良風俗如電子琴花車脫衣舞表演及大開宴席之奢靡風氣，亦在「大士爺」祭典出現，但瀆神之表演均安排在大士爺「視線」以外之處，似乎對「大士爺」之神力，仍有所顧忌[71]。整體而言，民雄鄉「大士爺」祭典，仍保存方志文獻所記載之祭儀程序與內涵，值得我們從事長期觀察及多面向之深入研究。

最後，筆者在八十二年度七月份田野調查期間，承蒙民雄鄉公所、大士爺廟董監事會、東海大學中文研究所楊棠秋小姐及中興大學歷史學系黃大展同學提供詳實訪談資料及寶貴意見，中表謝忱。

## 註釋

❶ 楊萌芽：《民雄鄉志》，（民雄，民雄鄉公所，一九九三），頁五九。

❷ 同❶，頁六〇。

❸ 同❶，頁三五五。

❹ 李汝和：《台灣省通志─土地志》，（台中，台灣省文獻委員會，一九六九），頁三一八。

❺ 有關氣温及雨量資料，係由中央氣象局嘉義測候站所提供之一九九三年氣候統計資料。

❻ 有關地震資料係由國立中正大學地震研究所陳朝輝教授提供。

❼ 同❶，頁四七六─四九二。

❽ 同❶，頁三三─五〇。

❾ 據報導人蔡卦（八十三歲）表示，幾年前，民雄國中附近蓋公寓，曾挖出類似平埔族之古花瓶等遺物。又據《民雄鄉志》作者楊萌芽先生表示，民國五十八年民雄國中興建校舍時，曾挖出全身著番服之「蔭屍」。

❾ 賴永祥：《台灣史研究─初集》，（台北，三民書局，一九七〇），頁一〇三。

⓫ 曹永和：《台灣早期歷史研究》，（台北，聯經出版事業公司，一九七九），頁二六二─二六三。

⓬ 周鍾瑄：《諸羅縣志》，（台北、台灣銀行經濟研究室，一九五七），頁六一。

⓭ 同⓬，頁九六。

⓮ 賴柏丹：〈嘉義詩社沿革〉，《嘉義縣詩苑》一九七二，第一號，頁二五。

15 楊碧川：《簡明台灣史》，（高雄，第一出版社，一九八七），頁九六。

16 不著纂輯人：《嘉義管內打貓各堡采訪冊》，（台北，成文出版社，一九八四）頁三〇。

17 賴子清、賴明初等：《嘉義縣志》，（台北，成文出版社有限公司，一九七六），頁三四一。

18 同❶ 頁三三。

19 陳其南：《家族與社會》，（台北，聯經出版事業公司，一九九〇），頁五九。

20 邱奕松：〈尋根探源談嘉義縣開拓史〉，《嘉義文獻》一九八二，第十三期，頁一五四。

21 林衡道，《台灣史》，（台中，衆文圖書公司，一九九〇），頁一七三。

22 同⓫，頁二八三。

23 同⓬，頁四四—一五

24 宋增璋：《台灣撫墾志》上冊，（台中，台灣省文獻委員會，一九八〇），頁一五一。

25 同⓬，頁四一、六一、七七。

26 宋永清、周元文：《增修台灣府志》，（台北，成文出版社，一九八三），頁四五。

27 戴炎輝：《清代台灣之鄉治》，（台北，聯經出版事業公司一九九二），頁四五。

28 黃秀政：《台灣史研究》，《台北，台灣生書局，一九九二），頁四〇。

29 陳紹馨：《台灣的人口變遷與社會變遷》，（台北，聯經出版事業公司，一九七九），頁四五六。

30 潘英：《台灣拓殖史及其族姓分布研究》下冊，（台北，自立晚報社，一九九二），頁一〇五。

31 《劉氏族譜》，劉國華先生提供。

32 邱達梅：〈開拓者〉，《嘉義文獻》一九九〇，第二十期，頁四六—四八。

33 《陳氏族譜》，陳乾午先生提供。

34 同㉚，頁九二。

㉟樊信源：〈清代台灣民間械鬥歷史之研究〉，《台灣文獻》一九七四，第二十五卷第四期，頁九七。

㊱a梁志輝：〈清代嘉義地區之社會變遷〉，《史聯雜誌》一九九三，第二十三期，頁九一。
b台灣銀行編：《台案彙錄癸集》，（台北，台灣銀行經濟研究室，一九五九），頁二九。

㊲李汝和：《台灣省通志》，〈卷二人民志人口篇〉，（台中，台灣省文獻委員會，一九七二），頁五九。

㊳同㉙。

㊴同㊲，頁四二。

㊵同㊲，頁六八—七〇。

㊶同❶，頁二〇〇—二六五。

㊷同❶，頁二〇六。

㊸內政部編：《台閩地區人口統計》，（台北，內政部，一九九二），頁。

㊹同㊲，頁一七九。

㊺同❶，頁四五—五六。

㊻同❶，頁三三〇—三五二。

㊼筆者曾參加五穀王廟信徒代表大會，該大會即有人提案討論，對於頭家之義務，表示力不從心，建議取消。

㊽a丁福保：《佛學大辭典》，（台北，天華出版事業股份有限公司，一九八四），頁三七六。
b林文龍：《台灣古蹟叢編》，〈面目猙獰大士爺—台灣民間變態的觀音信仰溯源〉，（台中，國彰出版社，一九八七），頁二一六。

㊾撰者不詳：《安平縣雜記》，（台北，台灣銀行經濟研究室，一九五七），頁六。

(50) 沈平山：《中國神明概論》，（台北，新文豐出版公司，一九八七），頁三三三。
(51) 孫繼之：《佛學小辭海》，（台北，常春樹書坊，一九八五），頁三七，三一三。
(52) 李亦園：《信仰與文化》，（台北，巨流圖書公司，一九七八），頁七八。
(53) 片岡嚴著，陳金田譯：《台灣風俗誌》，（台北，衆文圖書公司，一九九〇），頁五一六。
(54) 鈴木清一郎著，馮作民譯：《增訂台灣舊慣習俗信仰》，（台北，衆文圖書公司，一九八九），頁五七九。
(55) 劉還月：《台灣民俗誌》，（台北，洛城出版社，一九八六），頁一二一。
(56) 林德政：《新港奉天宮誌》，（嘉義，財團法人新港奉天宮董事會，一九九三），頁一〇。
(57) 同(36)。
(58) 同法行政部編，《台灣民事習慣調查報告》，（台北，司法行政部，一九六九），頁六〇六。
(59) 同(58)，頁六二一。
(60) 同(58)，頁六二二。
(61) a黃秀政：《台灣史研究》，（台北，台灣學生書局，一九九二），頁一五八。
b同(56)，頁四五六。
(62) 參見附錄一《頂街中元碑記》。
(63) 同(58)，頁六一三。
(64) a陳清誥：《台灣省嘉義縣市寺廟大觀》，（嘉義，文獻出版社，一九六四），頁一〇三。
b〈大士爺創建沿革〉。
c〈大士爺法人登記書〉。
d同(1)，頁四七六。
(65) 同(54)，頁五八九。

66 所謂信仰圈，依林美容〈由祭祀圈至信仰圈〉一文中，認爲，是以某一神靈和其分身之信仰爲中心，信徒所形成的志願性宗教組織，信徒的分布有一定範圍，通常必須超越地方社區的範圍，才有信仰圈可言。

67 竹山之正覺寺，相傳係光緒二十六年（一九〇〇年），有林祀埔陳姓人士，在打貓街臥病不起，經服用大士爺祭典香灰而痊癒。並攜帶大士爺香火返回竹山興建而成。

68 有關大士爺祭典祭儀過程部份紀錄係由楊棠秋小姐提供，其記錄內容，亦發表於《第三級古蹟民雄大士爺廟調查研究修護規劃報告書》。

69 梁皇寶懺，相傳梁武帝因原配郗夫人，妒忌側室，動心發上，死後受苦，梁武帝請寶誌禪師，依經律懺要義，製成懺文十卷，爲夫人懺悔，郗氏得蒙佛力脫蟒身，至極樂世界，此懺法遂得流天下，以超度孤魂，至極樂世界。

70 黃應貴編：《見證與詮釋》，〈結構功能大師芮克里夫布朗〉（台北，正中書局，一九九二），頁九七—九九。

71 在大士爺祭典期間，亦僱有傳統歌仔戲、歌星大會串，及電子琴花車表演節目來酬神，無論大士爺坐鎮大殿或孤坪，較傷風敗俗的表演大都安排在其「視線」以外之地，例如殿前所表演係歌仔戲，而電子琴花車則安排在孤坪北方遠外，背對大士爺坐像，以免直接發生瀆神之行爲。

# 附錄一：〈頂街中元碑記〉

謹將打貓頂街中元建置田業並鳩捐姓名

鳩金生放　何聯記　信　劉瑞益　鄭啟明　吳文香　何□□

首事職員　捐　金　何聯記　林義盛　何協成　劉□□

建置祀田　劉瑞星　士　王太原　簡藏珍　劉協源　徐士芳

一買邱福記田壹宗址在虎尾寮四股大車路下東至車路西至余許田南至李劉田北至在溝邊東南俱至蔡田西至李田北至圳岸　壹坵東至文昌寮田西至蔡田南北俱至銀紗拾大員正年小租　四拾四石納大租銀伍員四角

一買張成田壹宗址在虎尾寮四股圳尾東北俱至劉田西至林田南至圳四至明白契價銀壹佰員□參拾陸石納大銀貳員柒角

一買林瓊田壹宗址在三疊溪在後並東北俱至劉田西至觀音會田南至圳溝四至明白契價銀捌拾伍□年小租　貳拾四石納大租銀壹員

一買何朝記田壹宗址在好修庄洋四圳頭東至王田西至劉田南至魏田並至圳北至許田並至圳四至明白契價銀壹佰貳拾大員年小租　貳拾陸石納大租銀貳員柒角玖

一買何三園貳股址在大衆廟前東至簡園西至許園又至竹腳南至車路北至許園又一股址在大

衆廟後東至蔡園西至陳園南至洪田北至路四至明白契價銀貳佰壹拾員年稅銀伍拾員納大租銀伍員伍角

一約中元入壇之日爐主應赴首事之家請出斗燈一座升壇供獻以誌鳩金生放建置祀田旁永遠仍例批炤

一約中元醮事明白爐主遵將來往帳目算明如有剩餘將所剩銀項立交付首事收存以補置公用器具批炤

光緒壬年捌年卯月

## 附錄二：「西竺國勝因」榜文

恭　聞

佛　眞法猶若虛空應物現形如水月　　今據

中華民國台灣省嘉義縣民雄下街恭就慈濟寺建壇　　奉

佛　設醮慶讚中元普度祈安植福　主會首：青果、飲食商一仝　主辦何金顯　主醮首：劉協泰　主辦劉祺恩　主普首：大士爺廟董監事會洪嘉泳　郭木省　翁坤絹　許英訓　周過春

王耀城　何登科　洪啟宗　莊金景　何坤澤　許榮星　劉詹輕煙　主壇首：桶伯養豬場郭永隆

群富國際事業有限公司何昆湖　口福排骨小吃孫振盛　特維企業有限公司李明慧　三官首：福安祠管理委員會陳萬教　吳賴秀雪　洪永昌　盧清發　古義琴　湯賢貴　葉茂彬　洪陳芳雅

詹正雄　暨衆信士等丹誠拜千金相慈尊俯納癸情伏以金風扇野五露平疇慈逢地方赦罪之期正迺
能仁度幽之際于蘭會啟普度筵涓今吉日仗僧啟連三天醮事暨列五彩神旛披宣慈悲妙典敬獻天廚
淨烘演揚瑜珈燄口虔備甘露法食賑恤無祀男女孤魂等衆
佛　恩祈求吉今則道場初啟切恐外道神么未知其由侵犯壇界致放醮事合榜仰仗當境土地
仰叩祇迎
異域正神　五道將軍　監壇主吏　肅清垢穢　蕩滌妖邪　三寶臨軒列眞降駕法事云週不昧
神府須至榜者　右諭幽顯周知
秉教伽持主行法事緇門　釋子　宏定
南無三洲感應護法韋馱尊天菩薩　恭請證盟
太歲　癸酉年七月廿一、廿二、廿三給

## 附錄三：「甘露法席」示文

是日奉
佛　設醮慶讚中元普渡祈安植福　主普首：大士爺廟董監事會　洪嘉泳　郭木省　翁坤絹
許英訓　周過春　王耀城　何登科　洪啟宗　莊金景　何坤澤　許榮星　劉詹輕煙　主會首：
青果、飲食商一仝　主辦何金顯　主醮首：劉協泰　主辦劉祺恩　主壇首：桶伯養豬場郭永隆
群富國際事業有限公司何昆湖　口湖排骨小吃孫振盛　特維企業有限公司李明慧　三官首：福

安祠管理委員會　陳萬教　吳賴秀雪　洪永昌　盧清發　古義琴　湯賢貴　葉茂彬　洪陳芳雅
詹正雄　爐主：陳榮祿　副爐主：蔡江波　頭家：孫昭文　許英仁　連燃炎　何煥然　曾照林
洪福財　江哲夫　何永泉　林　龍　徐明勳　林官龍　林　騫　黃啟亮　林文勝　宋慶榮　總
催：謝河森　　暨合會眾信等仗僧奏上乘唐音，宣慈悲妙典，消災集福
仰叩
佛　恩祈求吉祥，今則未夜就于壇前演揚，瑜珈焰口外備甘露斛食一筵恤無祀男女孤飢等
眾已召到壇前受財享食，各守約束勿得喧嘩，靜聽海潮音得食甘露味醮皆飽滿以得生方，倘有
違規益罹咎須至榜者
右仰無祀男女孤魂知悉
太歲癸酉年七月廿一、廿二、廿三日給

## 附錄四：大士爺靈驗事蹟

有關「大士爺」靈驗事蹟傳說如下：

### 一、據《嘉義廳寺廟調查書》（一九一五年）記載

㈠日據時期明治二十九年（一八九六年），日軍徵調民夫搬運軍糧，有一民夫不堪其苦，逃入打貓街。日軍在找尋無著的情況下，將正在祭拜「大士爺」之男信徒抓走，以代替其工

作。事後該民夫，受到「大士爺」之責罰而病死。

㈡有一小偷竊取正在祭拜「大士爺」之婦人頭簪，被「大士爺」現身感化而向警察自首。

㈢某內地人，有一次登上神壇漫罵，對「大士爺」沒有禮貌，被神力摔下神壇而受傷。

㈣有一年執行祭祀人員，冒領「大士爺」會之基金，被神譴發瘋在街上亂走，繞圈說明其罪刑至死。

## 二、據《面目猙獰大士爺》一文中之記載

㈠日據時期明治三十三年（一九〇〇年），林杞埔陳某，在打貓街臥病不起，適逢該地「大士爺」祭典，乃服用其香灰，忽然痊癒，他深感神恩，回鄉時帶「大士爺」香火，懸於今日竹山正覺寺前龍眼樹上，朝夕膜拜。這也是今日竹山正覺寺建廟之緣起。

## 三、八十二年七月田野調查所得之靈驗奇蹟

據乩童賴津女士（六十歲）表示：「大士爺」於七月二十日附其身表示，希望借其身体向廟方表達意見，但她認爲本身係媽祖的乩童，不同意「借乩」。隔天，她的孫女即無故騎車受傷，疑被「大士爺」強制拖行而跌倒。她沒辦法只好同意「大士爺」「借乩」。七月二十二日上午十時，她被「大士爺」附身，跑到大士爺廟，此時「大士爺」藉其口，要求在七月二十三日下午三時移駕，以便監視衆孤魂之活動。當時爐主認爲「大士爺」移駕時辰已排定在晚上八

時，且「大士爺」太早移出，會影響信徒之參拜，故未同意「大士爺」之要求。晚上八時，當「大士爺」披好多件戰袍準備移駕。（當時筆者也在場）。在移駕那一剎那，大士爺廟突然連續停電三次。有人說這是「大士爺」生氣之表徵。（註：賴津女士，並非大士爺廟所承認之乩童。其身軀常常爲神靈所降臨，代替傳達神諭。據其表示，她自民國七十八年開始，常常被神靈附身，元神經常隨神靈雲遊四海，有一次被帶到地府，碰到一位黑白臉之判官，告訴她前世因果係番邦三公主轉世，此點與觀世音菩薩起源於妙善公主之傳說相類似。之後神靈經常半夜附其身上，她在無意識中自行練習打坐及起乩腳步。目前已達到可以與神靈直接溝通對話之境界。）

# 《正一大黃預修延壽經籙》初研

丁煌

## 壹、《正一大黃預修延壽經籙》的來歷

這部經經籙是台北市商賈許進林氏身前所佩奉的，此籙全宗完整無缺。它當係目前所知，現存於世唯一完整的佩身經籙實物了。

許氏出生於清宣統辛亥（三年，西元一九一一）十月初二日未時，籍貫台灣省台北市，家道殷實，爲人豪放熱忱。二次世界大戰結束，許氏至上海，以家世累代崇奉道教，謁訪正寓居滬上第六十三代天師張鶴琴（恩溥，一九〇四—一九六九），求爲門下弟子，是年中元節（農曆七月十五日）天師授此《正一預修延壽經籙》壹宗，付之，命佩奉、供養，以冀其保命延年，許氏大約二十年前亡故，享齡六十餘歲。

許進林應是鶴琴天師門下臺籍首足。其後，大陸陷落，天師知隨國民政府播遷至台灣，與他在臺灣有此門生不無關係。許氏母，亦奉道，鶴琴天師渡臺，曾攜此同樣經籙三部，交付許

母一部、許氏一部，另一部自存。許母與天師所存之籙，皆隨二人之歿而焚化。進林先生今已身歿。此宗籙，本當隨其殯葬時，焚化商得其子同意出借，暫存中華民國道教會庋藏。

民國七十六年二月間，我訪道教會副秘書長張檉兄晤談。檉兄以此全宗籙見示，並委我攜回研究。次年，我請何培夫君協助將全宗籙內各種文件、圖板一一拍製成幻燈片，放置在研究室中。民國七十七年，日本筑波大學博士生丸山宏君與帝冢山女子短大畢業生山口多壽子小姐先後來成大進修，我煩請他們兩位，將全部文件、圖板仔細丈量尺寸。這三位友人的辛勤勞苦，是應該在這兒表達我由衷地謝意的。

這初步工作完成後，我又以其中若干文件裏，字跡不甚清晰，故在強燈照射下，用放大鏡爲輔，逐件逐字，親自抄錄一份留存備用。原經籙，則送還道教會。此後數年，一直忙碌於它事，始終未能將宗經籙的發現、內容及研究心得，撰寫成一重大發現，及初步研究心得，以就教於在座諸位學界同道先進。

## 貳、本宗經籙主人及其請籙等有關問題研索

籙主許進林氏，身前爲一殷實商賈。當年居台北市博愛路壹伯零陸號，以糕餅店生意興隆，家道富裕，兼爲紅樓戲院主人。性豪爽慷慨，樂助友濟貧。天師渡臺後，初生計艱困，許氏每饋贈厚金，以助其度厄，天師甚爲感念，乃折節改禮，與之締結金蘭，以兄弟交。天師居長，趙家焯爲次，許進林又次，龔乾升爲幼末，四人爲異姓昆仲立盟誓。

許氏後因結交之韓國友人某，詐去巨貲新台幣貳佰餘萬元，由是，亦陷窮窘艱厄境地，戲院遭法院查封拍賣。未幾，竟抑鬱而卒，享壽六十餘歲。

許氏一生，未曾以道士爲業，讀其籙中諸項文書，僅稱其爲「信士」，而無道階法位，其符事實。許氏請籙之時，當早於民國三十六年陰曆七月十五日。籙中文書，言其在中元令節拜受經籙，蓋依道家慣例，三元日受籙、傳度、奏職爲久沿之習。籙中部份文件，有署「民國三十六年九月十五日」日期者。實際全宗經籙完整交付許氏，當在鶴琴天師蒞達台灣之後。

許氏請籙之保舉師，係「金籙大齋擅」法師曾宏省。曾法師籍里、事跡不詳，係江西龍虎山道士。籙中文書天師給牒〈牒付請籙弟子許進林執照〉後，署款有：「龍虎山太上清宮掌理宮事提點曾；龍虎山太上清宮協理宮事提舉曾」云，是證。另最終落者，爲「大眞人府法籙局掌理局事提舉汪」，汪疑係近數年羽化於龍虎山之汪少林法官。天師、曾、汪爲許進林受籙之證盟、保舉、堅度「三師」。其經、籍、度「三師」，應爲（六十一、六十二、六十三代天師）張仁晸、張元旭及鶴琴天師。

鶴琴天師，一生顛沛貧困，曾在上海以籙高價出售。但無論如何，許氏此宗經籙，是依道門禮儀，經過瑣繁的手續，方得之者，非屬買賣行爲。日本人澤村幸夫在他的《中國民間的諸神》，（《支那民の神ウ》，「象山閣」出版，昭和十六年）一書裡「天師」部分中，提及他在昭和五年（民國十九年）九月間，來上海與鶴琴天師會晤。當時，天師身側，有一駱姓老年侍者，曾展示此宗籙和另一宗籙給澤村幸夫一睹，但以開價過高，澤村氏因此未能購得，這段記載，未見村澤氏原書（筆者手邊無此書），大淵忍爾教授在其《中國人的宗教儀禮，佛教、道教、民間信仰》一書裡，曾經引錄澤村氏之記載，相關文字轉譯成中文如次：「近來，關於籙，在澤村幸夫的《中國民間的諸神》的〈天師〉項下，六十三代天師於昭和五年（民國十九年，西元一九三〇）九月來上海時，曾經會見的記事中，出現〈籙〉的名稱。亦即內記：侍者駱老人，『將製成卷軸物的五雷符予以展開，讓我看到用於凶事的太上拔亡經籙全節（節字，係衍文。）部四十八卷及用於吉事的太黃預修延壽經籙全部七十二卷。』。說是由於價格高，因此沒有買下。在此所見經籙合計有一百二十卷，而且分別凶事用及吉事用，可見和前面（筆者注，大淵書中，前文論及天理大學所藏乾隆十九年經籙十九道。）所提上清與太清兩種經籙，很清楚地，並非同性質的東西。不過詳細內容爲何，無法具體明知。（筆者注，大淵教授指太黃預修延壽經籙內容爲何無法詳知。）」

許進林所得之籙，即是澤村氏及大淵書中，提及之《太（大）黃預修延壽經籙》。筆者所見，該籙之名稱，係《正一大黃預修延壽經籙》，未見以五雷符外裹包全宗經籙。再者，許氏經籙中，各項文書、圖像、亦未以卷軸裝潢，呈現長幅捲成卷筒狀，或摺疊數折，短幅成張，上下放置。許氏經籙，未經裝潢，應是維持原始初型。黃籙齋，目的，本係「並爲一切拔度先祖」（《唐六典》）卷四），道教信徒於生時，求預修黃籙之經籙，即爲能「超越死亡」，不僅企求在世之刻能卻疾、避災、降福、延年而長壽，至身歿而後，得以出煉獄，免輪迴之苦，更冀飛昇位列大羅金仙之伍。故預修黃籙，爲「吉事用」，道理在此。全部經籙中，各項文書、圖像等，即呈現出保障生時福壽康寧，死後迅速無罪脫離陰曹罪罰，直上「無上三天」之上的大羅天，整個過程的平安順利臻達。就此一觀點而言之，許氏身前所佩奉之經籙，雖然其中若干文書題目名稱及文辭與天理大學所藏之《乾隆十九年經籙十五道》有不同，但兩者實屬性質、目的相同之物。這是筆者與大淵教授觀點之歧異處。

## 叁、略論「預修黃籙」

黃籙齋法，起源甚早，當受佛教之影響，本文不擬考其源流及儀軌之演變。大抵言之，黃籙齋係靈寶法。南朝劉宋時代道士陸修靜，整飭諸種齋儀，其所著《洞玄靈寶五感文》（新文豐本第五十五冊，正一部，笙字號五），已述及黃籙齋法與宗旨，其行齋宗旨在「拔九祖罪根」與宋、張君房等集《雲及七籤》卷三十七〈齋戒敘、六種齋〉「第二靈寶有六法，……，第二，黃籙齋救世祖宗。」同義。不過，因齋儀的複雜化，其行齋的宗旨（目的）也擴張起來。也包含了其它如「明眞齋」、「三元齋」、「八節齋」等行齋的宗旨進去，亦隱有上清齋二法的精神在內。

唐宋以下黃籙齋法儀軌，衍化踰加繁雜。預修黃籙的風習，也愈演愈盛。（宋）寧全眞、林靈眞《靈寶領教濟度金書》裡所述的黃籙齋更有「祈禳」、「青玄」、「開度」、「預修」諸種目的和齋法區分。（宋）金允中的《上清靈寶大法》裡，更引杜光庭之說，以爲「黃籙總兼死生，人天同福，上至邦國，下及庶人，皆得修奉」，故於齋法以黃籙爲主。

「預修黃籙」的儀軌和文字的嚴整性，明初正一教大師周思得《上清靈寶濟度大成全書》其卷三十六〈文檢立成門・析禳品〉及卷三十七同題目敘述記錄極詳盡。周思德所纂集的此書，刊於明宣德七年（一四三二），共四十卷，是明代正一道派科儀的總集。它上承杜光庭、王契眞、金允中等科儀的歷史傳統，在道教科儀史上具有重要的地位。同時，對於明清以後，直至今天的江南地區的正一派科儀也都有直接的影響。

根據上書記載，道師要爲請「預修黃籙」的弟子，舉辦正式的儀式，要「貼黃」、「倚黃」、修建「靈寶預修黃籙大齋壇」。所謂「貼黃式」，就是由道師書寫類似以下的文字：「臣奏爲弟子某人投臣，崇建無上預修黃籙大齋，上資宗祖，旁及幽靈，仰祈天澤保安、見在，津染未來，特乞行下三界、十方，咸令照應、施行，伏候　敕旨。」張貼在壇場。師爲齋主（弟子）「奏」三清、玉帝、天皇、星主、后土、九宸、太乙、九幽拔罪天尊、十方靈寶天尊、五老帝君、九天生神、三十二天，「啟」十一曜、南斗、北斗、都省、五師、三官、上清童初五府，「申」玄一三眞人、太極仙翁、九天曹、三天曹、三天降聖掌醮司、天曹降聖掌醮司、天曹較量功德院使眞君門下、上清黃籙院使眞君、九天金籙無量壽生眞君、南昌上宮主宰眞君、東嶽（中界合屬眞司岱嶽曹僚）、四嶽府曹僚諸司、水府（海、瀆、江、河、溪、湘、川、澤下界司水卿）、酆都十王，「牒」法靖、社令、太歲、城煌、預修籙中仙吏、南昌煉度司、上清天醫院、地府掌預修功德案主者、東嶽掌預修功德案主者、諸獄、符使功曹、土地神、九煉靈官等，表關（上表文陳太一救苦天尊、直日功曹使者），給付弟子牒，以爲執證（功德陽牒、執照、功德陰牒）、皈依道、經、師三寶、傳授九眞戒、給付仙簡（金籙、白簡）及合同環卷一封並公牒一道，發篭關（投寄功德錢財，封作幾篭並公牒一道，前詣東嶽府掌預修功德，案投進交收，須至發關者，關地道功曹、搬運功曹、神吏將上項財篭，前赴該司，分明投寄。）、給付受生陽牒、受生陰牒（並立兩種合同卷）……演練繁雜的儀式，準備各式文書，自建壇、宿啟直至散壇、設醮一處文字具備。道師亦能斟酌增減改換，這是道教儀軌所以複雜之一因。尤其宋、明間，正一派天師受了皇帝的恩遇，命總領三山（龍虎山、茅山、閣皂山）符籙，正一派的儀軌變化，更加複雜起來。

許進林的受籙，根據道教正一派的數位長老言及，他是經過天師在上海爲其正式建壇設醮，按照黃籙齋的儀軌進行完畢後，才將全宗經籙傳授給他的。這從籙裡的文書皆有朱書或墨跡寫眞或畫記，得到了印證。並非將空白未塡及用印鈐的經籙賣給許氏。另從許氏經籙裏的資料觀察，周思德《上清靈寶濟度大成金書》中記載關於黃籙齋的儀式和文書題目名稱，雖稍有變動改易，但大致上是相同的。由此可見，明、清至於民國時期，江南正一派的儀式傳統，大致上是被完整地保留下來了。

## 肆、《揚州志》中有關明代內府頒出黃籙的珍貴記載

（清）嘉慶十五年刊行阿克當阿（修）、姚文田（纂）的《重修揚州府志》和（清）同治十三所刊刻英傑（修）、晏端書等（纂）的《續纂楊州府志》，無意間記載了有關黃籙的可貴史料。前者，記載了在楊州城南門外，運河東，用里莊有座天寶觀，是明萬曆中山西之經商於楊州者公建。觀內有《黃籙》，頒自內府。每於歲朝，懸設，群人往觀者踵接。後來，此籙被守觀者盜賣於肆。道教的經籙不僅在教內被視爲珍貴之物，在藝術上亦屬瑰寶。《重修揚州府

志》卷之二十八〈寺觀・天寶觀〉條：「天寶觀，南門外，運河東，用里莊。明萬曆中，山西之經商於揚者，公建。內有黃籙，頒自內府。每於歲朝，懸設，群人士往觀者踵接，素稱名勝。後，爲守觀者盜質，觀亦荒敗。國朝乾隆二年，晉人復修之，郡守高士鑰有記，並勒碣，誌其圖、籙、地畝之數。國朝高士鑰《重修天寶觀記》：『揚州爲東南都會，四方之托業者輻輳焉，祈報各有其所。城南天寶觀，則晉人之所以肅禱祀也。考其舊石，肇始於明萬曆中。入國朝，一再修之，棟宇巍煥，不啻如金臺玉局照耀人間。內藏圖籙百四十六軸，出自名筆歲時懸設，都人士縱觀，以爲寶。觀有田一百七十五畝，亦晉人所置，香供於是乎出，道流餼廩於是乎資，觀之常新，其丹雘者，亦於是有藉焉，蓋期以要久遠而不廢也。無何，圖籙質諸肆矣，福田易其主矣。觀且傾圮於別風、准雨之侵，頹然不治，皆主持之奸匪者，饕餮於酒食，流毒至此，其人而存，法奚貰哉？賴有世者，倡爲功德會，贖圖籙以還之觀，而堂、廡、齋、廚，亦次第就理，可嘉尚已！丙辰冬，賀君召爲晉匪司年，慨然有興復之志，特以宏其原力籌經費，立常法，欲使彼晉人之前徽閱弗替，其鄉里諸君欣然從之。歲朝具牘以聞，余方典領是邦，崇善所，宜有事也。因爲查盜鬻之福田，謹圖籙於是，守碣石以流示將來。嘗聞三晉之士風期古處見義勇爲，即此一舉，蓋亦有足多者，語曰：莫爲之後，雖盛復傳，尤願晉人之踵美於今，俾此觀之巍然常存，則其壯我疆里景色也，不亦有厚幸矣夫！爰攄筆而爲之記。』」

從上引記錄中，可知揚州天寶觀的黃籙，出自於明內府，由觀供養、懸設，其籙百四十六軸。原籙主爲何人，未有記載。其後爲觀住持盜賣，嗣經贖回還本於本觀。據《續纂揚州府志》所載，此籙造於明崇禎十年，係前軍都督府右都督田宏遇、妻一品夫人吳氏同造，道光二十年，道士徐問松得其籙，藏貞一觀爲百八軸，至咸豐三年。太平天國軍焚觀，籙亦無存，《續纂揚州府志》卷五〈寺觀志・江都縣・貞一道觀〉條言之頗詳：「貞一觀在南門外，康臨六年民人楊日堯、強蕙等建。道光二十年，道士徐問松募脩，並收得天寶觀黃籙一百八軸，每軸各有標題，並誌諸天神位業。其中款者十軸，下方右題崇禎十年六月六日造立，左題恭據前軍都督府右都督田宏遇、妻一品夫人吳氏同造。如元始、靈寶、道德各天尊並玉皇聖像，皆大幅。田爲椒房親，《明史》言，田妃陝西人後家揚州，即今東關門內之田家巷。此籙，當從京師出，施觀中者。前志於天寶觀下，但云領自內府，未詳田氏，特備述焉。又有眞武神像，下方題歙西黃爾類供奉唐吳道子《元帝聖像》一軸，不在黃籙內。咸豐三年，粵匪竄後，此觀、此籙、皆無存。」，按田宏遇係明思宗（崇禎，莊烈帝）恭淑貴妃田氏之父，《明史》卷一百一十四（后妃傳，二），有田貴妃傳，則此籙出自內府當無誤。

田宏遇與妻吳氏所造立之黃籙中，有大幅之元始、靈寶、道德天尊及玉皇像，恐係手繪而非雕板印製者。筆者八年前，於台北市已故忘年之交詹總義博士私寓，擕其珍藏明內府大幅彩繪立軸絹本玉皇座像。神情莊穆祥藹，衣帝王冠服，目光鑠燦，鬚眉髮絲清朗，潔然可數，容顏膚色潤鮮生動，宛若眞人在前。畫像未有題款，推測係宮中懸設禮祀用物，或親貴籙中所有。檢視許進林黃籙中，大幅圖像亦多，類皆板印，鮮有手繪者。又許籙中，圖像大幅者，幾屬多軀衆神眞官並在一幅之內，而無元始、靈寶、道德及玉皇單軀造形彩繪。以故推之，宮中帝王貴胄所佩之籙，其精緻考究，自非庶黎所用可堪比擬者。田宏遇與妻吳氏所造立之黃籙，原有一百四十六軸，中經盜賣，至道光二十年，道士徐問松收之得一百八軸，軸數少三十八，亦未必籙中文書圖像已散失如此之多，以歷時甚久（崇禎十年，西元一六三七年至清道光二十年，西元一八四〇年），達貳佰零參年，原裱裝必已破損或經重新裱背，致軸數有所差異。

## 伍、日本天理大學所藏《乾隆十九年經籙十五道》

日本天理大學圖書館所藏《乾隆十九年經籙十九道》，殘缺不全，非全宗經籙。該籙主人，爲康熙第二十四子允秘，雍正帝之幼弟，乾隆帝叔父。此籙亦爲正一天師所授付。乾隆十九年，其時，應爲五十六代天師張遇隆。《補漢天師世家》裡，敘其生平說他：「字輔天，號靈谷，仁祉（五十五代天師錫麟字，煌案）之子。生而岐疑，英俊軼倫。欽差劉公，以神童目之，居恆與弟子員闡明道典，究理法秘及先儒書冊，精勤不懈。乾隆七年，奉旨承襲，入覲，召見圓明園。賜克食緞疋，宴賚視舊制有加，復賜御書『教演宗教』額並朝服袍套筆墨等物。壬戌（乾隆七年），入覲圓明園，賜『山莊避暑詩集』一部，花緞二端，各親王皆有予賜。乾隆辛未（十七年，西元一七五一），聖駕南巡，召見行在，賜緞二端，荷包等物。十七年，以梅御史劾，部議改爲正五品。厥後，優游山中，悉心任化，陶然以終。三十六年辛卯，覃恩誥贈通議大夫。」云，遇隆天師卒年何時，雖未記載，但同書第五十七代天師張存義傳裡，說存義「乾隆三十一年（一七七六），年十五襲爵入覲，以法官品秩較崇，復由五品升爲正三品，……。」，大概遇隆天師是死於乾隆三十、三十一年間，因此允秘是受遇隆天師所傳籙的。根據大淵忍爾教授書中抄籙的年月，知允秘請籙的年月，是乾隆十九年七月十五日。其法名爲「沖穆」，所授籙名是《上清三洞經籙》，而且他有仙職：「太極始祖御前都雷帝省神霄東臺上仙、兼統六闕仙官、總判五雷便宜行事。」，這是允秘佩身籙與許進林籙的大不相同處，而二籙內，經文名稱、內容亦多相異。

就道教內部授籙的傳統制度而言，允秘所得《上清三洞經籙》屬較高階之經籙，故在此之前，彼必已授過其它如〈正一經籙〉一類者，事屬顯然。允秘雖有仙職、法名，彼無道階，亦未有辭爵出宮修道之舉。故允秘所佩奉者與許進林籙，同爲信士籙。允秘雍正十一年正月，受封爲誠親王，經籙中，「誠親王」前，有「和碩」二字。康熙帝第二十一子允禧，封愼郡王，工詩畫，自署「紫瓊道人」，必亦信奉道教。允秘之二子弘旿，亦工畫，師董邦達，自署「瑤華道人」，名與紫瓊並。允禧、允秘及秘子弘旿奉道誠篤，滿洲貴冑中，實屬罕有。允禧死於乾隆二十三年正月，允秘卒於（乾隆）三十八年，弘旿歿在嘉慶間。

一九七六年夏，七、八月間，我在日本作進修，曾赴天理大學參觀訪問，以停留時刻短暫，未能親攜此宗經籙而細加研究。大淵忍爾教授書中，抄錄了十五道文書的部分文辭（僅編號一，題稱〈上清三洞飛仙眞經〉之文書，錄抄全文，繪圖部分未能提供眞跡照片。），繪圖部分皆未附照片，令人無從詳識其原貌。

大淵教授書中，經籙十五道之題目名稱，僅係爲行文方便而立者，若就內容而論，其題目名稱並不相宜，其目錄如下：

| <簡　題> | <詳　題> |
|---|---|
| 1.上清三洞飛仙真經<br>就其內容觀之，實是天師授允秘《　上清三洞上元檢天洞飛仙真經》、《上清三洞經籙》並奏封其仙職之「牒文」。前述《上清三洞飛仙真經》經文未抄籙於牒文內。此部真經同時授之。 | （上清三洞上元檢天洞真飛仙真經） |
| 2.上清三洞玉素真經<br>非此經之經文，亦係牒文。以下諸號，皆儀式用文書，題「真經」之名，實非抄錄經文。 | （上清三洞中元檢仙洞玄玉素真經） |
| 3.上清三洞妙道真經 | （上清三洞下元檢地洞神妙道真經） |
| 4.太清三洞通神真經 | （上清三洞清徽天寶悟道通神真經） |
| 5.太清三洞生神真經 | （太清三洞禹餘靈寶護道生神真經） |
| 6.上清三洞通元真經 | （太清三洞太赤神寶合道通玄真經） |
| 7 上清三洞至寶真經法詞內當有合同契券 | （上清三洞九微八道至寶真經法詞） |
| 8.太清三洞元妙真經法詞內當有合同契券 | （太清三洞九微八道玄妙真經法詞） |
| 9.上清三洞飛仙寶籙 | （上清三洞清微靈書洞真飛仙寶籙） |
| 10.上清三洞通靈寶籙 | （上清三洞太微黄書洞玄通靈寶籙）<br>（大淵書原附照片，在寫真93。） |
| 11.上清三洞虛皇寶籙 | （上清三洞九天真書洞神虛皇寶籙） |
| 12.太清三洞延年寶籙 | （太清三洞九天開元洞真延年寶籙） |
| 13.太清三洞護命秘籙 | （上清三洞中元地皇儲福護命秘籙） |
| 14.太清三洞保命秘籙 | （太清三洞下元人皇度厄保命秘籙） |
| 15.太清三洞延靈寶籙法詞內當有合同環券 | （太清三洞九微八道延靈寶籙法詞） |

允秘籙今存十五道文書（有圖有文），大抵爲木板印刷物，圖像部分，神、人像襟和袖邊緣以粗線著紺色（毛筆繪），此情形與許進林籙相同。元、明以來，正一大眞人總領三山符籙，此後，張天師咸具上清最高經籙及道階法位，可視狀況爲羽流及信士授正一、靈寶、上清之經戒法籙，於此一點，治道教學者不可輕以忽視之也。

允秘與許進林之佩身籙，基本而言，咸屬「吉事用」，皆籙主在世時，奉道請授，佩身以冀消災祈福，保命延年於生際，期免淪長幽永獄於身亡，更望成仙飛詣金闕，蒙上帝旌功加秩，而臻正果。自與「凶事用」之拔亡籙，有別。臺北市館前街臺灣省立博物館亦藏有清代人籙中部分文書十六、七件，內有屬拔亡籙者，其來源（籙主）不詳，筆者亦製成幻燈片，近期，將許氏籙撰成專書內有比較研究。

## 陸、《正一大黃預修延壽經籙》全宗目錄

許進林之經籙中，文書與圖像有純屬文字者，或僅爲圖像者，或圖文相參雜錯，間有符書廁入其內。全宗或圖或文，均係印板刷製於紙。紙質或棉、麻、竹不一，其色或黃或白。文書多係墨色印製，姓氏、籍里、生辰及日期等文字，乃以毛筆墨書。其人物、神祇及部分法信器用，或有砂筆線條揮畫之痕，但其主體則屬板印。間有黃色著染，毛筆點繪者，著色後益顯生動眞實。

全宗籙外裹以紅布巾，其邊緣有赤色棉布帶，以爲繫綑之用。揭開赤色布巾，則見全宗籙

由兩幅深赤色紙包裹在外，摺疊成長斜條，成上、下兩段式繞綑全宗籙。深赤色紙面，毛筆墨書有《正一大黃預修延壽經籙全部》字樣。此赤色紙以摺疊開合之長久，故破損度大。揭開赤紙，則全宗籙在目。內中文書則多有題目，而圖像未標立題目者居多。以經人多次翻閱，圖文放置先後順序，已錯亂無復原初之秩。筆者稍加理次，正確之順序，猶待稍後依齋醮儀軌之歷程節序，一一詳加排定，暫按放置先後為順次編號（見七六九至七九六頁），其未有原題名者，亦始為暫立假題，容有未妥恰處，俟圖錄研究書冊纂編之制，予以釐正。

| 編號 | 名稱 | 原題或假題 | 圖或文 | 形制規格（公分） |
|---|---|---|---|---|
| 001 | 《群神衆仙證盟傳授經籙圖像》 | （假題） | 圖 | 紙寬×長34.2×209.5<br>板寬×長28.7×209.5<br>（紙背紅紙墨字《正一大黃預修延壽經籙》 |
| 002 | 《神虎圖》 | （假題） | 匹虎圖 | 紙寬×長34.5×33.8<br>板寬×長27.9×33.8 |
| 003 | 《天師牒付許進林執照》 | （假題） | 文略云：全籙大齋壇法師曾宏省保舉許氏於中元令節，仰叩龍虎山萬法宗壇天師教主大真人門下，拜受《上清正一預修延壽經籙》一宗生身佩奉。 | 紙寬×長31.7×56.2<br>板寬×長27.0×52.9<br><br>（首行《天師門下》四行字，佔板四行寬，後有《正一嗣教大真人掌天下道教事六十三代天師張》，又次行，低二格有《龍虎山太清宮掌理宮事提點曾》，再次行（亦低大真人署稱之行二格。）署曰：《龍虎山太上清宮協理宮事曾》，終行有《大真人符法籙局掌理局事提舉汪》云，同低二格，蓋此三人爲許進林之三師也。 |
| 004 | 《保舉師執笏啟天師圖像》 | （假題） | 圖中一白鬍老者著道官服（絳衣）執笏而立。 | 紙寬×長34.5×33.8<br>紙寬×長27.9×33.8 |
| 005 | 《正一元壇牒籙中仙官將吏》 | （假題） | 文字十九行，又版尾題：《正一嗣漢六十三代天師張告行》，前一行題：「民國三十六年九月十五日給」。 | 紙寬×長19.5×23.2<br>紙寬×長17.7×20.5<br><br>（版首題「正一元壇」四字，下有元壇圖案。） |

| | | | | |
|---|---|---|---|---|
| 006 | 《虛無自然六合通天金符籙祖》 | 原題 | 長幅圖文橫卷，內有《玉格奏封圖》（假題），內中央三清並列座，左右各二帝座像。另有祖天師至六十三代天師並侍者像；像下，每代天師各一首讚詩；次爲請籙信士像及讚詩，又次爲岳《忠勇報國岳元帥像》及《地祇上將温元帥像》，又次有文及詩，署「民國三十六年九月（闕）日，末行「正一宏化大真人張告行」。 | （全幅）寬×長34.3×430.0（文書，前） 25.0×14.5（三清像） 29.0×50.0（天師、元帥）28.3×351.5（後、文書） 28.0×14.0 |
| 007 | 《諸神下降巡行護持籙主圖像》 | （假題） | 圖 | 紙寬×長34.2×205.4<br>板寬×長28.3×205.4 |
| 008 | 《靈寶大法司劄付住宅司命大神》 | （假題） | 板首題《靈寶大法司》，文字凡二十三行。 | 紙寬×長19.7×22.7<br>板寬×長16.5×20.8 |
| 009 | 《司命大神像》 | （假題） | 圖中，一白鬍老神官身立執朝板。 | 紙寬×長34×33.8<br>板寬×長27.9×33.8 |
| 010 | 《靈寶大法司劄付本屬里社之神》 | （假題） | 板題《靈寶大法司》，另文字凡二十一行，又版尾有《正一嗣教大真人六六三代天師張》文字一行。 | 紙寬×長19.5×23.3<br>板寬×長18.0×19.9 |
| 011 | 《農師圖》 | （假題） | 圖（像似神農氏） | 紙寬×長34×33.8<br>板寬×長27.9×33.8 |

| | | | | |
|---|---|---|---|---|
| 012 | 《本屬里社神圖像》 | （假題） | 圖（一官人座像）。 | 紙寬×長34.5×3.8<br>板寬×長27.9×3.8 |
| 013 | 《靈寶大法司牒上本境城隍主者》 | （假題） | 板首題《靈寶大法司》，次文字二十行，板尾稱《正一嗣教大真人六十三代天師張告行》。 | 紙寬×長19.5×3.2<br>板寬×長17.7×20.5 |
| 014 | 《城隍神像》 | （假題） | 圖（一白鬍老神座像）。 | 紙寬×長34.5×33.8<br>板寬×長27.9×33.8 |
| 015 | 《太上正一延生保命秘籙請法詞》 | 原題（在板首） | 板首、板尾各一行外，另文字四十行。板尾云：「太上正一延生保命秘籙請法詞畢」。 | 紙寬×長31.8×24.2<br>板寬×長27.6×42.0 |
| 016 | 《告盟天地、立贊三官、破券分環》 | （假題） | 據上號請法詞中，稱有此項文件，但於籙內未見，殆已遺失。 | 不詳 |
| 017 | 《太上正一延生保命秘籙》 | 原題（在板首） | 有文字、圖像及符，板尾亦題《太上正一延生保命秘籙》十大字。 | 紙寬×長34.3×63.0<br>板寬×長26.5×60.7 |
| 018 | 《授太上正一延生保命秘籙圖像》 | （假題） | 圖（一年輕官人手執文卷像） | 紙寬×長34.5×33.8<br>板寬×長30.0×33.8 |
| 019至042 | 《靈寶大法司牒地府》 | 原題（在板首） | 原有地府一宮至十宮，凡十張；又有空白未填寫者十四張，總 | 紙寬×長24.3×22.8<br>板寬×長20.5×18.5 |

| | | | | |
|---|---|---|---|---|
| | | | 計廿四張，惟張樫云，籙中爲某人取去兩張，今僅剩廿二張。按地府僅十宮，原籙應爲十張，其多出者，當係六十三代天師配置此籙時，多置放者，編號暫以廿四之數列之。 | |
| 043 | 《正一元壇十宮預修黃籙都攢功德牒》 | 原題（在板首） | 本件第一行「大清國」，「清」字改「民」字，板尾「正一嗣漢六十三代天師大真人張」，中六十一字加「二」毛筆墨書，故知爲清六十一天師舊物也。 | 紙寬×長24.8×50.0<br>板寬×長23.0×47.2 |
| 044<br>至<br>053 | 《太上洞玄靈寶金籙度命冥府十宮預修真經》 | 原題（據本宗籙內《正一元壇預修黃籙諸宮功德文牒》中稱此爲《太上洞玄靈寶金天度命冥宮預修黃籙真經》，然板首原題如前，或係省稱。）又本件云，除受此經外，並 | 有文、圖、符自一宮至十宮，凡十張內容皆同，僅其宮號數之異而已。 | 紙寬×長34.5×81.3<br>板寬×長24.1×73.5 |

| | | | | |
|---|---|---|---|---|
| | | 受「詞文環券一宗」，但未見附有，恐失之。 | | |
| 054至063 | 《元始符命金籙白簡長生靈符圖》 | 原題。（在右板上横欄右一，題作此）。 | 有文、圖像、符。自左而右，從上欄至下欄，首爲板題，次爲圖「元始天尊在右，朱陵火府度命天尊執華蓋揚旛欠身在左側。」次爲「告南方」相關文書，其左爲符。左板上欄左方爲合同券（由許進林存者），下欄左方亦爲合同券由天師收存者（但其券內文字，作六十一代天師張，足證此宗籙爲清代龍虎山舊物，非新鐫者也。）左板上欄左側爲《上帝削死上生真符》云：「……佩奉真符用備宫，將來身謝，不經地獄，睹見光明……。」，冥府十宮，凡十張，皆同。 | 紙寬×長22.8×18.4<br>板寬×長20.5×35.0 |
| 064 | 《靈寶大法司十宮功德文牒》 | 原題 | 文。此文牒以下，又有嶽宮及一至十宮文牒，並十二張。內容皆相同者，係自嶽至十宮，凡十一張。 | 紙寬×長25.4×20.2<br>板寬×長20.2×19.2 |

| | | | | |
|---|---|---|---|---|
| 065至074 | 《正一元壇預修黃籙宮功德文牒》 | 原題（在板首） | 僅文字。（自嶽宮，一宮至十宮，共十一張，內容皆同，僅各宮真君自有其名，稱號不同而已。）末署「民國三十六年九月日謹具。」板尾題「正一嗣教天師掌天下道教事宏化大真（人）張告行」。 | 紙寬×長24.9×21.8<br>板寬×長22.3×20.5 |
| 075至085 | 《太上洞玄靈寶金籙度命冥府嶽宮預修真經法詞》 | 原題（在板首） | 僅文字。（自嶽宮、一宮至十宮，凡十一張，文字內容皆同。）文中有「經、籍、度三師法諱」，度師有二人，監度及保舉師未列名，云：「經師，上清三洞經籙清微領教元道真人都天大法主天師張；籍師，上清三洞經籙清微靈寶元化真人都天大法主天師張；度師，正一嗣教大真人六十一代天師張、正一嗣教大真人（原缺未填寫）十（亦缺未填寫）代天師張。監度師（缺）、保舉師（缺）。」。 | 紙寬×長31.5×36.3<br>板寬×長24.8×34.0 |
| 086 | 《東嶽府掌七十二司秘籙》 | 原題（在板首） | 有文有圖像。圖有「東嶽大帝」、冥府一宮「素妙廣真君」、 | |

| | | | | |
|---|---|---|---|---|
| | | | 「功曹」（像在真君下），冥府二宮「陰德定修真君」、「功曹」，三宮「洞明普靜真君」、「功曹」四宮「元德五靈真君」、「牛頭將軍」，五宮「最勝曜明真君」、「光輪、斧、蓮座、席」（圖在真君像之下）、六宮「寶宿昭成真君」、「一囚頸、手梏以枷鎖，目流淚雙行之狀圖」，七宮「神變萬靈真君」、「馬面將軍像」，八宮「無上證度真君」、「一囚繫綁於鐵柱，目流淚雙行狀圖」，九宮「飛魔寅慶真君」、「登嶽城山圖」，十宮「五化威靈真君」、「法輪氤氳圖」（假題），「金銀寶庫」（上）、「庫屋圖」（中）、「如意鎖片（下）、「望鄉仙臺」、「籙士圖」、「神虎何元帥圖」、「神虎喬元帥圖」、「冥府七十二掌功德案主者圖」（名案主者一圖，凡七十二圖）。 | |
| 087 | 《靈寶二十四嶽功德文牒》 | 原題（在板首） | 僅文字。 | 紙寬×長26.5×21.6<br>板寬×長24.3×19.8 |

| | | | | |
|---|---|---|---|---|
| 088至098 | 《太上洞玄靈寶金籙度命冥府宮黃籙請法詞》 | 原題（在板首） | 僅文字。（有嶽宮一宮至十宮，凡十一件，內容皆同。）文中云，與此有關之經籙符命爲《太上洞玄靈寶經錄》度命預修黃籙》一軸、《金籙白簡長生靈符》、《救苦真符》一道、《九真妙戒照牒符命爲《太上洞玄靈寶經籙》一道、《盟真合同環券》一道。 | 紙寬×長26.5×21.6<br>板寬×長24.3×19.8 |
| 099至109 | 《太上洞元靈寶金籙度命冥府宮預修黃籙》 | 原題（在板首） | 有圖有文，圖假題爲《元始天尊説法圖》（天尊座下，見三人。），本件自嶽宮、一宮至十，凡十一張，但缺一宮，僅十張，暫以十一號數列之。 | 紙寬×長34.6×56.8<br>板寬×長24.0×55.0 |
| 110至120 | 《靈寶大法司牒冥府宮掌功案》 | 原題（在板首） | 僅文字。此件應在《太上預修延壽經籙》後。自嶽宮至十宮，凡十一張內容皆同。 | 紙寬×長25.1×20.6<br>板寬×長20.5×18.9 |
| 121至144 | 《靈寶大法司牒地府地嶽》 | 原題（在板首） | 僅文字。同牒應有廿四張，僅廿三張（少一張）。又唯一張填第二宮三字 | 紙寬×長24.3×22.5<br>板寬×長20.4×19.0 |
| 145 | 《太上中天北斗七元秘籙請法詞》 | 原題（在板首） | 文字，內有祖、玄、真三師，經、籍、度三師，正應天師（名守真，三十二代天師 | 紙寬×長31.9×44.4<br>板寬×長27.0×39.9 |

| | | | | |
|---|---|---|---|---|
| | | | ，宋高宗賜號《正應先生》。）、虛靖天師（三十代天師張繼先，宋徽宗賜號）等名諱。 | |
| 146 | 《太上中天北斗七元星君秘籙》 | 原題（在板首） | 內有文、圖像、符書。圖像先後有《北斗巨門星君》、《北帝及二侍》、《延齡益算天尊》、《北斗燈》、《鏡、秤戥、天蓬尺》、《北斗第一天英貪狼星君圖像》、《北斗第二天任巨明星君圖像》……至《北斗第七破軍魁星天尊圖像》，圖像上皆有符篆，右側有文字述其服冠衣裳履乘（騎）質色之制。 | 紙寬×長34.2×63.2<br>板寬×長27.8×63.2 |
| 147 | 《紫白交帶　赤（紫）文帶》 | 原題《紫白交帶赤交帶》（在板首） | 內有文字及符篆。符篆有《高上虛玄元始符》、《高上玉虛元始符》等十二符。 | 紙寬×長52.5×10.9<br>板寬×長44.9×9.5<br>（長方形，橫窄、寬幅長，赤紙墨印，亦有毛筆書寫部分。自上而下，凡分七欄。一、二、四、六欄爲文字；三、五、七欄爲符篆。） |
| 148 | 《紫白交帶　白交帶》 | 原題（在板首） | 同上號。 | 同上號。 |

| | | | | |
|---|---|---|---|---|
| 149 | 《高上神霄玉清真王勅赦寶章三元三宮輔化秘籙法詞》 | 原題（在板首及板尾）板尾題作「請法詞」 | 文字 | 紙寬×長31.9×44.3<br>板寬×長27.4×42.6 |
| 150 | 《高上神霄玉清真王勅赦寶章上元天官輔化秘籙》 | 原題，在板首，末有「卷上」二字，蓋以《上元天輔化秘籙》爲卷上，《中元地官輔化秘籙》爲卷中，《下元水官輔化秘籙》爲卷下。板尾亦有題目，其末有「終」一字。 | 內有文、圖像、符書。圖有《上元天官曹，延壽、益算等功曹、仙吏像》、《上元天官曹，司祿、定命功曹仙吏圖》，兩圖之中，並有天官符訣及文字。 | 紙寬×長32.0×43.6<br>板寬×長27.6×41.8 |
| 151 | 《高上神霄玉清真王勅赦寶章中元地官輔化秘籙》 | 原題，在板首，末有「卷中」二字，板尾亦有題目，末有「終」一字。 | 有文、圖、咒。《地官乘馬圖》地官乘馬，馬前伕執轡，先行侍者二人，後衛侍者、左右各一人。另有《北帝解厄圖》帝居中央，下左側一聖，下右側一龍。帝後左、右各有一聖。二圖之間有文字二行，蓋係《神霄總召地宮咒》 | 紙寬×長32.0×43.6<br>板寬×長27.6×42.5 |

| | | | | |
|---|---|---|---|---|
| 152 | 《高上神霄玉清真王敕赦寶章下元水宮輔化秘籙》 | 原題，在板首尾。板尾末有「卷下」二字。 | 有文、圖符、訣。有《高上神霄玉府司權主管水官曹官姚思敏結帶紫色皂袍仗劍圖》，其中央水官，側有二仙吏，另側有水府功曹。符有《洞陰大帝賜名神君平波符》（假題）、《神符役使挑天丁真符》、《神符役使衍天丁真符》、《神符役使江天丁真符》諸符篆、文、訣。諸符之後有《水官經》文。 | 紙寬×長31.6×43.9<br>板寬×長28.1×41.7 |
| 153 | 《度人無量尋聲赴感太乙救苦天尊青元上帝圖像文》 | 假題。 | 有圖、有文。文字在雙環同心圓黑框之外，成兩圈繞刻。文字裏側爲雙圓黑環，其中，救苦天尊垂衣拱手坐像。天尊長鬚，載冠，其首、肩之後方有光環輝芒外射。一龍，環護在天尊周身幾垂及壇座。外環文字云：「志心皈命禮、青華長樂界、東極妙嚴宮、七寶芳騫林、九色蓮花座、萬真環拱內、百億瑞光中、旡（下有闕刻之字）清靈寶應尊化元（應作玄）、元、始浩、劫存慧濟大千甘露、門妙道真、身系 | 紙寬×長24.8×22.0<br>板寬×長21.5×20.3<br><br>板框略呈正方形，其框內外環，有文字成圓周狀兩行繞刻。 |

| | | | | |
|---|---|---|---|---|
| | | | 金瑞相、隨機赴感、誓願無邊、大聖大慈大悲大願十方化號，普度衆生億億劫中、度人無量、尋聲赴感、太乙救苦天尊青元上帝。」 | |
| 154 | 《三元三百六十應感天尊神號名諱》 | 原題（在板首） | 圖文長卷。板題居首，後有文字十二行。次爲《元始天尊像》，尺幅最寬大，元始天尊居圖上方中央，半身現於雲端，下爲地，置有香案，案上香爐插香一隻，爐旁兩花瓶，入香花爲供，圖右，有三官執笏座像，左前一人爲天師，著清官朝服。身後一人，爲請籙信士，捧籙而立。此圖之後，爲諸天尊像。上方爲上元賜福天尊等名諱懸牌，書諸天尊之名，下爲各天尊拱手而立之像。 | 全件<br>紙寬×長34.2×575.7<br>板寬×長28.3×569.3<br><br>天尊像（元始天尊圖像較大，與上記板寬同，爲28.3公分。其餘三百五十九天尊像，上有懸牌，書其神諱名號，圖像爲25.7公分寬高） |
| 156 | 《祖師上相正一青詞》 | 原題（在板首） | 文字及《上帝真符》，後有詩一首云：「帝勅煇煌耀紫泥，金龍騰駕疾如風，十方聽令咸伏依，三界聞風悉仰依」，次跋云 | 紙寬×長22.9×63.2<br>板寬×長21.1×59.0 |

| | | | | |
|---|---|---|---|---|
| | | | ：「准教奉行謹跋。」，後書「民國三十六年九月　日給。」，板尾記「正一嗣漢天掌天下道教事六十三代大真人張　告行。」。此件內有曰：「右依玉格，奏封玉堂掌善大夫知降福集禧事爲任，……。」，殆係許進林之「仙職」。此件，另有圖像別紙墨印，襟、袖、玉帶朱色繪線條。 | |
| 157 | 《祖師上相正一青詞圖》 | 假題 | 圖（一男子拱手而垂袖像） | 紙寬×長34.5×33.8<br>板寬×長27.9×33.8 |
| 158 | 《正一道祖延壽金章》 | 原題（在板首） | 文字。板尾題「六十三代大真人張　告行。」，其板印部分作「六十一代」，「一」字上毛筆墨書添「二」，故知爲六十一代天師舊物。 | 紙寬×長24.4×75.8<br>板寬×長21.5×76.8 |
| 159 | 《出入三界執照》 | 假題 | 僅文字。內有詩一首云：「寶籙初頒翰墨香，幽明兩度兆禎祥；三元輔化災殃脱，從此身名達上方。」文字凡十九行，板尾一行。 | |

| | | | | |
|---|---|---|---|---|
| 160 | 《南極長生延齡壽書》 | 原題（在板首） | 文字，板首、尾而外，凡三十六行。第三十四、五行爲七言絕句詩，其曰：「壽域層開天地中，延齡齊會樂無窮；時積陰功常修德，日醉蟠桃幾度。」云，後記「民國三十六年九月　日給。」板尾題「正一嗣漢天師掌天下道教事六十三代天師大真人張　告行。」，「六十三代」數字，「六十」爲板刻字，「三」字爲毛筆墨書填寫。 | 紙寬×長24.9×76.2<br>板寬×長22.4×76.2 |
| 161 | 《混元道祖元符文帖》 | 原題（在板首） | 本件有圖、文、符。前段文書；中附《飛天玉女圖》，紙寬×長34.5×33.8，板寬×長27.9×33.8；後段文書紙寬×長爲21.7×30.2，板尾印「六十一代大真人張告行。」，毛筆墨書添「二」，作「六十三代」云。 | 紙寬×長22.9×63.2<br>板寬×長22.1×26.2 |
| 162 | 《昊天玉皇宥赦赦》 | 原題（在板首） | 文字。內赦三十六罪愆敕書，詳記諸罪，每罪一赦，並云：「已上赦條，事理如或有、無，已發覺、未 | 紙寬×長25.5×87.2<br>板寬×長23.1×81.8 |

| | | | | |
|---|---|---|---|---|
| | | | 發覺，已結證、未結證，毋分大小，概行赦除……。」板尾「六十三代大真人張告行」，其中「六十一」字爲板印，上添墨書「二」字，成「六十三」，故本件應爲六十一代天師舊物。 | |
| 163 | 《宥罪敕赦書箱圖》 | 假題 | 圖（一方形箱子） | 紙寬×長34.5×33.8<br>板寬×長27.9×33.8 |
| 164 | 《上帝寬恩宥恤十刑》 | 原題（在板首） | 文字及《上帝真符》，文字除板首尾外，凡三十九行。 | 紙寬×長22.9×63.2<br>板寬×長21.1×56.4 |
| 165 | 《上帝寬恩宥恤十刑圖》 | 假題 | 圖。（另紙墨印。） | 紙寬×長34×33.8<br>板寬×長27.9×33.8 |
| 166 | 《上帝敕賜免罪金牌》 | 原題（在板首） | 有文及符篆。此件後有詩一首。 | 紙寬×長24.3×75.8<br>板寬×長22.7×69 |
| 167 | 《上帝敕賜免罪金牌圖》 | 假題 | 圖（一官人持金裨） | 紙寬×長34.5×33.8<br>板寬×長30.0×33.8 |
| 168 | 《上帝敕賜陽府文憑》 | 原題（在板首） | 文字三十九行，另有一符。板尾「六十一代大真人」，添「二」字，成「六十三」。 | 紙寬×長22.9×63.2<br>板寬×長21.7×56.4 |
| 169 | 《上帝敕賜陽府文憑圖》 | 假題 | 一官人持文憑圖像 | 紙寬×長34.5×33.8<br>板寬×長27.9×33.8 |

| | | | | |
|---|---|---|---|---|
| 170 | 《東嶽紀勳陰陽查考》 | 原題（在板首） | 文字三十九行，內有詩一首。又有符篆一道，板尾「六十一」添「二」字 | 紙寬×長22.9×63.2<br>板寬×長21.7×56.4 |
| 171 | 《東嶽紀勳陰陽查考圖》 | 假題 | 圖（一男神坐，雙手捧卷子圖像。） | 紙寬×長34.5×33.8<br>板寬×長30.0×33.8 |
| 172 | 《冥府十王功德庫書》 | 原題（在板首） | 板首、尾外，文字凡四十一行，內有詩一首。本件疑爲六十代天師舊板。（板尾「六十」下，毛筆添寫「三」字。） | 紙寬×長25.4×86.8<br>板寬×長25.5×84.0 |
| 173 | 《財篭圖》 | 假題 | 圖中有一房屋形龕，下有火燄赤燃。旁有金銀寶蓄。明周思德《上清靈寶濟度大成金書》中，稱預修黃籙儀，有「發篭關」一節：「……並公牒一道，前詣東嶽府掌預修功德案，投進交收。須至發關者，關地道功曹、搬運功曹將上項財篭，前赴該司，分明投寄。」故此圖暫定此題目。 | 紙寬×長34×33.8<br>板寬×長27.9×33.8 |
| 174 | 《上帝敕賜通真劄付》 | 原題（在板首） | 文字。內有符篆。板尾，「六十一代大真人」，添「二」成「六十三代」，知係六十一代大真人故物。 | 紙寬×長22.9×63.2<br>板寬×長21.1×56.4 |

| | | | | |
|---|---|---|---|---|
| 175 | 《上帝敕賜通真劄付圖》 | 假題 | 圖中有一官人台形之物。 | 紙寬×長34.5×33.8<br>板寬×長30.3×33.8 |
| 176 | 《天壇總制旌封敕任》 | 原題（在板首） | 有文、詩及符篆。 | 紙寬×長24.9×76.2<br>板寬×長21.5×73.6 |
| 177 | 《天壇總制旌封敕任圖》 | 假題 | 上號文書云：「……雷部官君，出入匡扶，永保長生景福。」；此圖中有一官人擒執四足獸狀，故假題爲此文之附圖。 | 紙寬×長34.5×33.8<br>板寬×長30.0×33.8 |
| 178 | 《無上玄元金書玉璽》 | 原題（在板首） | 文字除板首、尾外，有四十一行，內有《玉帝真符》，又有詩一首。 | 紙寬×長22.8×63.2<br>板寬×長21.0×56.2 |
| 179 | 《太上三天玄都總誥》 | 原題（在板首） | 板首、尾外，文字三十五行，內詩一首。其文有：「……籙中官將出入匡扶，永保長生，一如帝令。」云。 | 紙寬×長25.0×84.0<br>板寬×長23.3×82.6 |
| 180 | 《太上三天玉符仙秩》 | 原題（在板首） | 板首、尾外，文字凡三十七行，內有詩一首。 | 紙寬×長25.5×86.5<br>板寬×長22.3×86.5 |
| 181 | 《太上三天玉符仙秩圖》 | 假題 | 圖中央有一臺，其上置一圓形盛器，內有鹿（或係「祿」之諧音。）及二捲軸狀物（文書？）。 | 紙寬×長34.5×33.8<br>板寬×長27.9×33.8 |

| | | | | |
|---|---|---|---|---|
| 182 | 《無上三天錄功繳呈》 | 原題（在板首） | 板首、尾外，文字三十九行，有《上帝真符》及詩一首。 | 紙寬×長22.9×63.2<br>板寬×長21.1×56.4 |
| 183 | 《無上三天錄功繳呈圖》 | 假題 | 圖中，一童子身立，持圓形旙（華蓋？）。 | 紙寬×長34.5×33.8<br>板寬×長27.9×33.8 |
| 184 | 《上帝敕賜錄功繳聯》 | 原題（在板首） | 板首、尾外，文字三十九行，內有《上帝真符》及詩一首。板尾記「六十一代大真人張　告行。」「六十一」上添「二」字成「六十三代大真人」。 | 紙寬×長22.9×63.2<br>板寬×長21.1×56.4 |
| 185 | 《上帝敕賜錄功繳聯圖》 | 假題 | 圖 | 紙寬×長34.5×33.8<br>板寬×長27.9×33.8 |
| 186 | 《昊帝金闕請恩御表》 | 原題（在板首）。板尾有「飛雲捧表官」五大字。 | 板首、尾外，文字四十四行。第一、二行爲天師具稱法位，云：「上清三洞經籙、九天金闕侍御、上相、總督清微、靈寶、雷霆、酆獄、都天大法主、正一嗣教大真人、六十三代師臣張恩薄俯拜……。其六十「三」字，原爲「二」字，添「一」，成「三」，故知爲六十二代天師舊物也。 | 紙寬×長24.7×75.5<br>板寬×長20.8×60.2 |

| | | | | |
|---|---|---|---|---|
| 187 | 《上帝敕賜天府文憑》 | 原題（在板首） | 板首、尾外，文字三十九行，內詩一首，有《上帝真符》一道。 | 紙寬×長22.9×63.2<br>板寬×長21.7×56.4 |
| 188 | 《上帝勅賜天府文憑圖》 | 假題 | 圖中，有一三眼飛神，一手拿文憑。 | 紙寬×長34.5×33.8<br>板寬×長27.9×33.8 |
| 189 | 《上帝敕賜地府文憑圖》 | 原題（在板首） | 板首、尾、外，文字三十九行。 | 紙寬×長22.9×63.2<br>板寬×長21.7×56.4 |
| 190 | 《上帝敕賜地府文憑圖》 | 假題 | 圖中，一鬼卒拿圓形火焰狀物。 | 紙寬×長34.5×33.8<br>板寬×長27.9×33.8 |
| 191 | 《上帝敕賜水府交憑》 | 原題（在板首） | 板首、尾外，文字三十九行。 | 紙寬×長22.9×63.2<br>板寬×長21.7×56.4 |
| 192 | 《上帝敕賜水府交憑圖》 | 假題 | 圖中，一白鬍官人手持文憑。 | 紙寬×長34.5×33.8<br>板寬×長27.9×33.8 |
| 193 | 《都天無極金函御詔》 | 原題（在板首） | 板首、尾外，文字三十四行。板尾「六十三代天師張告行。」，「六十三」，係「六十一」加添「二」字毛筆墨書。 | 紙寬×長24.4×75.6<br>板寬×長23.0×73.2 |
| 194 | 《上帝敕旨照身文憑》 | 原題（在板首） | 板首、尾外，文字凡四十二行，內有《上帝真符》並詩一首，其云：「敕旨文憑煥九重，仙風吹下五雲東，能消夙世今世業，益著清都紫府功。 | 紙寬×長25.0×86.3<br>板寬×長23.8×85.7 |

| | | | | |
|---|---|---|---|---|
| | | | 」，本件文書應係六十代天師時，刻行者，板尾「六十代大真人張　告行」，其「十」字，豎筆挖削短去，加添「三」字，可證知。又本件，後四行中央有「陽平治都功」篆文正方朱色大印記。 | |
| 195 | 《上帝敕旨照身文憑》 | 假題 | 圖中一男子立身像 | 紙寬×長34.5×33.8<br>板寬×長27.9×33.8 |
| 196 | 《上帝敕賜隨身公據》 | 原題（在板首） | 板首、尾外，文字三十九行。板尾「六十一代大真人張　告行」，其「六十一」添「二」成「六十三」。 | 紙寬×長34.5×33.8<br>板寬×長27.9×33.8 |
| 197 | 《上帝敕賜隨身公據圖》 | 假題 | 圖中一男子座像。 | 紙寬×長34.5×33.8<br>板寬×長27.9×33.8 |
| 198 | 《上帝敕賜長生仙草》 | 原題（在板首） | 板首、尾外，文字凡三十九行。 | 紙寬×長22.9×63.2<br>板寬×長21.7×56.4 |
| 199 | 《上帝敕賜長生仙草圖》 | 假題 | 圖中，一童子捧仙草。 | 紙寬×長34.5×33.8<br>板寬×長27.9×33.8 |
| 200 | 《上帝敕賜雲夢仙床》 | 原題（在板首，此八字在右板框外。） | 文字三十九行（板首、尾除外。）板尾「六十二代大真人張告行」，「六十二」上添「一」字。 | 紙寬×長22.7×63.4<br>板寬×長21.1×57.0 |

| | | | | |
|---|---|---|---|---|
| 201 | 《上帝敕賜雲夢仙床圖》 | 假題 | 圖中有一仙床。 | 紙寬×長34.5×33.8<br>板寬×長27.9×33.8 |
| 202<br><br><br>203 | 《上帝敕賜隨身勘合》 | 原題（在板首） | 板首、尾除外，文字三十九行。板尾「六十一代大真人告行」，添「二」字，成「六十三」。 | 紙寬×長22.9×63.2<br>板寬×長21.7×33.8 |
| 204 | 《上帝敕賜隨身勘合圖》 | 假題 | 圖中，一人立，側視捧卷黑巾男子。 | 紙寬×長34.5×33.8<br>板寬×長27.9×33.8 |
| | 《玉帝御製旌功敕書》 | 原題（在板首） | 板首、尾外，文字三十九行。板尾「六十一代大真人張　告行」，「六十一」爲板印，添「二」字毛筆墨書。 | 紙寬×長22.9×63.2<br>板寬×長21.7×56.4 |
| 205 | 《玉帝御製旌功敕書圖》(一) | 假題 | 圖中，一年輕官人持文卷。 | 紙寬×長34.5×33.8<br>板寬×長30.0×33.8 |
| 206 | 《玉帝御製旌功敕書圖》(二) | 假題 | 圖中，一男子立像。 | 紙寬×長34.5×33.8<br>板寬×長27.9×33.8 |
| 207 | 《都天無極金函御詔》 | 原題（在板首） | 板首、尾外，文字三四行，有詩一首云：「五雲深處彩鸞迴，遙見金童捧詔來；御墨淋漓垂雨露，承恩敬慎拜仙階。」，板尾「六十一代天師張　告行。」「六十一」添「二」字，毛筆墨 | 紙寬×長24.4×75.6<br>板寬×長23.0×73.2 |

| | | | | |
|---|---|---|---|---|
| | | | 書成「六十三」，故知爲六十一代天師故物。 | |
| 208 | 《福地龍虎山青元路引》 | 原題（在板首。此標題在全幅上端，橫楣大字，每字圈以圓框。自右而左「福地龍虎山青元路引」） | 此幅，極寬長。內有圖、有文。橫眉下，有「靈寶大法司嗣漢六十三代天師大真人府　張出給。」數字在右第一行。其後文字十二行，次有三圖。上圖上方圖案，似示真火自雲端放射光明，輝耀人間及幽冥。中圖，太上老君中央座像，其首左右兩側有旛垂懸而下擺微揚飄盪，左旛書「九幽拔罪天尊」，右旛書「慈悲接引天尊」。老君座下，侍立二仙女，左右各一女，皆在雲端。下圖爲「太乙救苦天尊牌位座」。圖左文字一行云：「中華民國三十六年歲次丁亥九月　日給　右給付承恩領引信弟子許進林執。」，板尾題：「三天扶教輔元體道大法師張證盟。」。 | 紙寬×長112.5×63.0<br>板寬×長88.7×48.9 |
| 209 | 《福地龍虎山　波 | 原題（在該 | 該件中央爲圖，左右 | 紙寬×長108.1×39.1 |

| | | | | |
|---|---|---|---|---|
| | 》 | 件上端，橫書自右至左「福地龍虎山　波」七大字。） | 兩側似對聯，唯讀之末句終字非「平收」者，蓋左右二聯乃慢聲一長闋也。中央上圖爲《三清像》，中段爲《祖、玄、真三師像》、下段爲《星辰斗宿圖》及《二獅爭綵球圖》。 | 板寬×長99.1×36.7 |
| 210 | 《關承——符驗總關文》 | 假題（本件板首無題目，唯內中文字云：「准天師府爲應付事、奉泰玄都省照會、准天曹考功司咨、欽奉玉帝敕旨、頒賜符驗關文、給付世間夙參法籙皈正修行善信男女受持，但照功滿德就離幻登真之日，隨身執據，經過冥司驛傳，遵奉施行，欽此。」，又云：「……伏念 | 板尾外，文字二十行。板尾有「關承」兩大字，二字間有「掌書」二小字。文中云，許氏登真昇仙時，給「敕印官貳員、吏書肆名、金童貳名、玉女貳名、提者貳名、廩給壹份、口糧肆份、大轎壹乘、傘二把、吹手（缺）副、皂隸（缺寫）名、民快（缺寫）名、門廚肆名、神夫（缺寫）名、坐馬貳匹、中馬（缺寫）、座船壹隻、站船貳隻。」以迎送。 | 紙寬×長57.6×48.3<br>板寬×長46.7×46.0 |

| | | | | |
|---|---|---|---|---|
| | | 進林 精修善果，恭佩靈文，奏進籙銜，擢階仙品，請降玄恩，以榮身後，爲此，合給符總關文一道，付身執照俟天年限滿，所過冥途官司驛遞衙門遵照敕旨內事理應付後關……。，故定此假題。 | | |
| 211 | 《上帝欽賜口糧關文》 | 原題（在板首）板尾有「關憑」兩大字。板首尾外，文字凡三十六行。 | 文字，無圖。第三十六行，文字云「民國三十六年九月十日給」。文中云，許進林昇真之日，給「計開敕印官貳員、吏書拾名、廩給貳分、火車參輛、大轎壹乘、口糧拾分、中轎壹、乘、旌幢貳對、涼傘貳把、坐馬四匹、中馬拾匹、吹手貳付、皂快壹隊、神夫百名、提香壹對、坐船壹隻、站船貳隻、水手參拾名、金童接引、玉 | 紙寬×長24.3×76.3<br>板寬×長22.8×74.5 |

| | | | | |
|---|---|---|---|---|
| | | | 女迎送。右關仰冥司沿途水陸驛遞衙門准此。」 | |
| 212 | 《上帝敕賜起馬關文》 | 原題（在板首）板尾有「關憑」二大字。 | 板首、尾外，文字凡三十一行，內有詩一首云：「起馬關文出玄元，弟子恭參不老仙；異日榮歸身佩受，他年廣種福心田。」。 | 紙寬×長24.2×75.3<br>板寬×長22.5×75.3 |
| 213 | 《先天無極照會通關》 | 原題（在板首） | 板首、尾外，文字三十九行，有詩一首云：「無名無極是先天，歷劫相傳道法玄；給此通關為照會，幽顯同參證善緣。」 | 紙寬×長24.2×75.5<br>板寬×長22.5×73.8 |
| 214 | 《上帝敕賜護道玉印》 | 原題（在板首） | 板首、尾外，文字三十九行。有詩一首及《上帝真符》一道，板尾題《正一嗣漢天師掌天下道教事六十三代大真人張　告行。」 | 紙寬×長22.9×63.2<br>板寬×長21.7×56.4 |
| 215 | 《上帝敕賜護道玉印圖》 | 假題 | 圖中，一男神立，持玉印之袋。 | 紙寬×長34.5×33.8<br>板寬×長27.9×33.8 |
| 216 | 《上帝敕賜五花官誥》 | 原題（在板首） | 板首、尾外，文字凡四十行。板尾題作「……六十一代大真人張　告行。」，而「 | 紙寬×長22.7×63.4<br>板寬×長21.1×57.0 |

| | | | | |
|---|---|---|---|---|
| | | | 六十一」未改成「六十三」 | |
| 217 | 《上帝敕賜五花官誥圖》 | 假題 | 圖 | 紙寬×長34.5×33.8<br>板寬×長27.9×33.8 |
| 218 | 《上帝敕賜魚鬣仙衣》 | 原題（在板首） | 板首、尾外，文字凡三十九行。 | 紙寬×長22.9×63.2<br>板寬×長21.7×56.4 |
| 219 | 《上帝敕賜魚鬣仙衣圖》 | 假題 | 圖中，一男子持仙衣。 | 紙寬×長34.5×33.8<br>板寬×長27.9×33.8 |
| 220 | 《上帝敕賜步雲仙鞋》 | 原題（在板首） | 板首尾外，文字凡三十九行。 | 紙寬×長22.9×63.2<br>板寬×長21.7×56.4 |
| 221 | 《上帝敕賜步雲仙鞋圖》 | 假題 | 圖中，一男子手捧仙鞋。 | 紙寬×長34.5×33.8<br>板寬×長27.9×33.8 |
| 222 | 《上帝敕賜九玉雲冠》 | 原題（在板首） | 板首、尾外，文字三十九行。 | 紙寬×長22.9×63.2<br>板寬×長21.7×56.4 |
| 223 | 《上帝敕賜九玉雲冠圖》 | 假題 | 圖中，一男子立持冠之像。 | 紙寬×長34.5×33.8<br>板寬×長27.9×33.8 |
| 224 | 《上帝敕賜追風寶帶》 | 原題（在板首） | 板首、尾外，文字三十九行。 | 紙寬×長22.9×63.2<br>板寬×長21.7×56.4 |
| 225 | 《上帝敕賜追風寶帶圖》 | 假題 | 圖中，一男子立持冠之像。 | 紙寬×長34.5×33.8<br>板寬×長27.9×33.8 |
| 226 | 《上帝敕賜降魔寶劍》 | 原題（在板首） | 板首、尾外，文字凡三十九行。 | 紙寬×長22.9×63.2<br>板寬×長21.7×56.4 |
| 227 | 《上帝敕賜降魔寶劍圖》 | 假題 | 圖中，童子立，持劍之像。 | 紙寬×長34.5×33.8<br>板寬×長27.9×33.8 |

| | | | | |
|---|---|---|---|---|
| 228 | 《上帝敕賜珍珠涼傘》 | 原題（在板首） | 板首尾外，文字凡三十九行。 | 紙寬×長22.9×63.2<br>板寬×長21.7×56.4 |
| 229 | 《上帝敕賜珍珠涼傘圖》 | 假題 | 圖中，男子手撐三層涼傘。 | 紙寬×長34.5×33.8<br>板寬×長27.9×33.8 |
| 230 | 《上帝敕賜千里雲馬》 | 原題（在板首） | 板首、尾外，文字三十九行。 | 紙寬×長22.9×63.2<br>板寬×長21.7×56.4 |
| 231 | 《上帝敕賜千里雲馬圖》 | 假題 | 圖中，雲與馬（半身）圖像。 | 紙寬×長34.5×33.8<br>板寬×長27.9×33.8 |
| 232 | 《上帝敕賜隨身旱程》 | 原題（在板首） | 板首、尾外，文字三十九行。 | 紙寬×長22.9×63.2<br>板寬×長21.7×56.4 |
| 233 | 《上帝敕賜隨身旱程圖》 | 假題 | 圖中，有一匹馬。 | 紙寬×長34.5×33.8<br>板寬×長27.9×33.8 |
| 234 | 《上帝敕賜沿河水程》 | 原題（在板首） | 板首、尾外，文字三十九行。 | 紙寬×長22.9×63.2<br>板寬×長21.7×56.4 |
| 235 | 《上帝敕賜沿河水程圖》 | 假題 | 圖中，船一隻。 | 紙寬×長34.5×33.8<br>板寬×長27.9×33.8 |
| 236 | 《上帝敕賜上天雲梯》 | 原題（在板首） | 板首、尾外，文字三十九行。 | 紙寬×長27.9×63.2<br>板寬×長21.7×56.4 |
| 237 | 《上帝敕賜上天雲梯圖》 | 假題 | 圖中，一梯。 | 紙寬×長34.5×33.8<br>板寬×長27.9×33.8 |
| 238 | 《上帝敕賜昇仙寶橋》 | 原題（在板首） | 板首、尾外，文字三十九行。 | 紙寬×長27.9×63.2<br>板寬×長21.7×56.4 |
| 239 | 《上帝敕賜昇仙寶橋圖》 | 假題 | 圖中，一橋。 | 紙寬×長34.5×33.8<br>板寬×長27.9×33.8 |

| | | | | |
|---|---|---|---|---|
| 240 | 《無上三天證果都攢》 | 原題（在板首） | 板首、尾外，文字三十九行。板尾「六十三代大真人張　告行。」，「六十三」，原爲「六十一」，毛筆墨書添「二」字。 | 紙寬×長27.9×63.2<br>板寬×長21.7×56.4 |
| 241 | 《無上三天證果都攢圖》 | 假題 | 圖中，一男子立手執奏板。 | 紙寬×長34.5×33.8<br>板寬×長27.9×33.8 |
| 242 | （不知名）圖㈠ | 暫未定題。 | 圖中，一馬與男子持圓形物。 | 紙寬×長34.5×33.8<br>板寬×長27.9×33.8 |
| 243 | （不知名）圖㈡ | 暫未定題。 | 圖中，一男子立像。 | 紙寬×長34.5×33.8<br>板寬×長27.9×33.8 |

## 柒、許氏籙中材料所反映的道教史實

察考許氏佩身籙中材料，可確知道教的授籙，並非一次同時將籙中所有物件，具交付給被傳授者。必須在繁細費時的儀式過程中，依科範序秩，逐次交付籙中的相關物件。

史籍道書裏，於授籙制度、儀式，雖每有記述，畢竟非其全貌。記錄內容，所以呈現片斷或星亂之因，一、以自來道門視拜師立誓告盟天地之儀的神聖私秘屬性，外人難窺其詳；二、道教發展史漫長的歲月中，其制度儀軌的敷飾損益不已，紀錄固難盡周全；三、籙中圖文符咒，原即僅係師、徒二人共同擁有之秘密文件，自亦不容對外展示洩露。四、史籍道書於不同時期，某些道派授籙儀制，亦間或述及。但僅係從單方面（道師或請籙弟子）宜知事項，稍作略記。學者欲對此問題作整體性理解，必須就儀制問師與弟子雙方面之一切行事和文書，予以全面考察，並就籙中所有物件，仔細研究。據《明正統道藏》、《明萬曆續道藏》中，雖蒐有部分時期授籙儀制的記錄或籙中某些材料。以其不僅殘缺不全，且多半的文獻撰作年代不明和實際用法難以確知，學者至今無法詳究受籙儀制、源流、演變的內容。

許氏籙中，若干文書的板尾，刻有（「六十」、「六十二」代大眞人告行。）的字樣。鶴琴天師輒用毛筆墨書，添加「三」、「二」或「一」，以符其「六十三代大眞人」的身份。就此一點，即可確證本宗《正一大黃預修延壽經籙》，至遲在六十代天師張培源掌教時，即已流用。往後的六十一、六十二、六十三代天師亦相沿，以之傳付信士。事實上，本宗經籙的使用，可能早在五十六代天師張遇隆已開始，容於後文討論。

查考史料，得知：六十代天師張培源，張鈺之子，字育成，號養泉。養泉，於清道光九年（西元一八二九年），嗣教；卒於感豐八年（西元一八五九年）十月。許氏籙中，部分文書刊印在此時期。六十一代天師係仁晸，字炳祥，號清嚴，培源子。他嗣教權於同治元年（西元一八六二），卒於光緒二十九年（西元一九〇三）。六十二年代天師張元旭（字曉初，仁晸子），光緒二十九年繼立（一說，光緒三十年掌其教，死不確），民國十三年（西元一九二四），他死於上海。六十三代爲張恩溥，字瑞齡，號鶴琴，民國十三年立，至五十八年（西元一九六九）歿於台北。

就許氏籙中文書，有六十至六十三代天師數度刻印的事實考察，可以推測《預修黃籙延壽經籙》請籙者必衆，此一風習自必盛行。授籙傳度、給牒同爲道教宗派一項重要經濟收入來源。於此課題，乃待學者用力探索、研究。

爲何我認爲本宗經籙的開始使用，是早在五十七代天師張存義時呢？因爲根據，前文目錄中（編號〇〇六）題目名稱《虛無自然六合通天金符籙祖》的圖、文長幅橫卷。這件資料，是全宗籙裏最重要的物件，其名稱「籙祖」云，或即係此緣故。此件板首名題後，有文字十七行，次接「玉格奏封圖」（筆者所暫擬之圖名）。圖後，有三行文字，繼之有祖天師張陵至六十三代天師並侍者圖像、名諱（天師）一行，後刻有許進林像，其身後，侍者一人持傘。像下，亦有讚詩一首，嗣接「忠勇報國岳元帥」字樣一行，並岳飛坐像臺軀，次爲「地祇上將溫元帥」題名一行，並溫瓊坐像臺軀。像後，有文字四行，又有詩一首。張 告行」云。此一文件長卷大幅，仔細檢視，乃係兩塊雕板刷印後，貳紙再黏接者。前段紙，刷印至五十六代天師張遇隆圖像、詩讚止，究其雕工精緻，爲舊鏤板。自五十七代張存義大眞人圖像、詩讚以下，爲新鐫，其技法稍粗率。本件前段紙幅，當刻於張遇隆掌教之時，應無疑問。此巧與天理大學圖書館所藏十五道經籙（原主人允秘），爲同時期之正一教文物。

從許氏籙裏，看見若干《道藏》史未蒐的文書，其辭藻清逸絕俗，必出高道兼擅駢偶及散文者之手筆。天理大學所藏籙中，其文辭亦如是。清康、雍、乾三帝，皆有召龍虎山大眞人陛見之事。雍正帝於道教，頗爲瞭解，亦如攏絡。雍、乾二朝，龍虎山正一宗道士婁近垣最親帝室貴冑。婁近垣（西元一六八九—一七七六）清江蘇松江府婁縣人，字三臣，號朗齋，又號上清外史。祖、父皆爲道士。近垣幼出家龍虎山，拜上清宮提點周大經（字子篆，南城人。明習五雷正法、諸家符秘，度弟子數百人，江浙間羽士精道法者，多出其門下，年七十卒。）爲師。雍正五年（一七二七），隨五十五代天師錫麟入京。以應對稱旨，留京。八年，雍正帝疾，近垣卻之，由是恩遇特隆。近垣以藥石療帝疾，並設醮壇爲之禱祝。婁近垣是否傳籙於帝，史籍並無明確記載，但可肯定有此事實。婁氏所修撰的《龍虎山志》裏，微露了此一消息，雍正八年十二月初八日，帝「賜近垣御筆對聯一副：《靈函自秘金壇籙，仙牒常繙石室書》」，九年正月二十九日，又「賜婁近垣御筆匾額一《清吟恬淡》、對一副：《種花春掃雪，看籙夜焚香》、……。」，顯然雍正帝是受過道籙的，他的一些詩也顯露出道教學問已窺堂奧，在他所作多首與道教相關的詩篇中，最令我注意的是詩題《授法》（一首）、《碧霞祠題寶旛步虛詞》（二首）的三首詩，這是與受籙醮科有關聯的。這三首詩，和其它各首被蒐於《世宗憲皇帝御製詩文集》卷二十七內「集，見乾隆「欽定四庫全書」本），玆錄雍正《授法》五律詩於次「太上乘龍降，群眞曳佩參；靈科宣玉簡，秘籙發金函。傳訣開丹鼎，焚香結紫嵐；侍仙通古篆，援筆錄元京。」這應該是雍正帝親身受籙的臨壇經驗實記。

婁近垣著有《南華經注》一卷、《御選妙正眞人語錄》一卷、《重修龍虎山志》十六卷、删定《黃籙科儀》十二卷，校訂《先天奏告玄科》一卷等書，其後兩種（《黃籙科儀十二卷》、《先天奏告玄科》一卷）著述，足以證明他對醮儀必有變革於往昔，當於允秘及許氏籙中文書內容及他們受籙時的禮制，產生一定的影響。雍正帝對其幼弟諴恪親王允秘，甚是喜愛，封他爲「諴親王」（恪字，當爲謚；受謚「恪」，應在乾隆三十八年，既薨之後賜予。），在（雍正）十一年正月，《清史稿》引上諭說：「朕幼弟允秘，秉心忠厚，賦性和平，素爲皇考所鍾愛。數年以來，在宮中讀書，學識亦漸增長，朕心嘉悅，封爲諴親王。」，而此刻正是婁近垣承蒙聖眷優渥，出入宮廷之時。雍正九年二月初四日，皇上在欽安殿面賜婁近垣「御筆匾額《澡雪心神》」，奉上諭：「這匾與你江西龍虎山提點司那裡去掛，欽此。」，三月初四日，又賜御筆對一副、御製六言詩御書一幅。十年，以婁奏請給江西龍虎山上清宮提點、提舉二司「俱給與劄付，提點頒有印信。」，准之。次年六月初一，婁近垣面奉上諭：「大光明殿現在整修與你，作子孫常住，上清宮去選些法官來。若上清宮人少，在蘇州選幾個來，你好好教他學法。將來光明殿你就是第一代開山的人了。欽此」；「大光明殿」由婁近垣任住持，副住持四名，道衆四十四名，法衣、法器交蘇州織造海保辦送，每月香燈、供獻及住持焚修、錢糧均向蘇州織造支領。修殿工程十月初十日告竣。雍正帝頒給大光明殿「雍字二千二百七號　鈐記」一顆；十六日卯時，神像開光，午時近垣受封。是日，所辦之「開光吉祥道場」，爲一永日。嗣後，每年應辦道場，均令大光明殿道衆辦理。

婁近垣「道法精通，行止端方，居心坦白」而「祈禱雨暘，禮誦法事，備極誠敬」，又兼善揣上意，時雍正嗜禪宗，問政之餘，爲諸王、近臣說佛法，近垣亦傾聽，豁然覺悟，帝譽之「竟能直透重關，而於三教一源之理，更能貫徹，實近代玄明中所罕見。」婁能深體雍正帝內心欲融匯三教於一爐之私意，故益得見重，除賜四品龍虎山提點、供奉內廷欽安殿及大光明殿住持。乾降即位，於凡婁氏請奏，亦必敕許。婁氏爲署大眞人張昭麟生祖母揚氏、嫡母牟氏、繼母翟氏、生母殷氏及昭麟與妻塞氏請授誥命，均得之；乾隆又授婁氏通議大夫，晉三品矣，並命兼掌道錄司印務事、東嶽廟等處住持。乾隆二年冬十月十二日，婁氏五十壽辰，以詩百餘章刻成《知非贈言錄》一卷，以賀；二十二年，婁七十壽誕，帝賜素珠、蟒服與御書匾額「養素延齡」，署大眞人印務昭麟率侄五十六代正一眞人張遇隆亦蒞前拜賀。於允秘婁氏不僅久已熟稔，爲秘授籙者，非婁氏爲誰？實不能有第二人之想矣。

# 葛洪醫藥學成果之探究

謝素珠

## 前言

中國醫藥學究竟始於何時？相關之傳說頗多❶，這些傳說雖不無誇大處，卻說明了祖先們經由採集、漁獵、畜牧而累積了不少關於植物、動物、礦物藥的知識，並於長期生活中懂得利用原始醫療器具治病的技術。

而道教的養生術與中國醫藥學發展之間，一直有著相當密切的關係。一些著名的醫藥經典，如《黃帝內經》、《難經》等，都被收入《道藏》中。道士多兼修醫術，以便傳教與保身，故有不少著名的醫藥學家多爲道士❷。

葛洪爲西晉時期的著名道士與煉丹家，在中國化學與醫藥學發展史上有其不容忽視的重要地位。葛洪，字稚川，自號「抱朴子」，晉丹陽句容（今江蘇句容縣）人；晉武帝太康四年（西元二八三年）生，卒於晉康帝建元元年（西元三四三年），享年六十一歲❸。他的從祖葛玄爲東吳之著名道士，將丹經傳於弟子鄭隱；葛洪師事鄭隱，獨得金丹經及《三黃內文》、《五嶽眞形圖》等[4]。後葛洪又向南海太守鮑靚學習丹術與醫術，並娶其女鮑姑爲妻[5]。

葛洪之著作很多，《抱朴子》爲其傳世之重要著作；與醫藥有關之著作，有《玉函方》、《救卒》等。然其作品散佚之情形嚴重，現仍留傳且與醫藥有關者，以《抱朴子·內篇》與《肘後備急方》爲著。

本文即專就《抱朴子·內篇》與《肘後備急方》有關醫藥學之記載，加以探究葛洪在醫藥學方面的成果。

## 一、葛洪之醫藥思想

由《抱朴子·內篇》、《肘後備急方》之內容，我們可知葛洪醫藥思想的範圍廣泛，包括了成仙、陰陽五行、氣等基本思想，以及疾病之成因、預防、醫療與藥物之採集、炮製、運用，且涉及醫者之醫治觀念與態度。以下，僅就人體觀、病因說、疾病預防論、醫療觀四方面，說明葛洪之醫藥思想。

### (一) 人體觀

#### (1) 生命本於氣

葛洪對於「氣」之理論，實承繼了先秦兩漢以來之《管子》、《淮南子》、《黃帝內經》、《論衡》、《太平經》等論氣學說，從而構成其氣一元論之思想。

葛洪認爲天地萬物皆須氣而生，人類的生命也是靠氣而存在。他說：

> 夫人在氣中，氣在人中，自天地至於萬物，無不須氣以生者也。❻

又認爲人類生命的終止，乃是因「氣竭」、「氣損」，故云：

> 身勞則神散，氣竭則命終。……氣疲欲勝，則精靈離身矣。❼

又說：

> 氣損之候也。……血減之證也。二證既衰於外，則靈根亦凋中矣。❽

另外，葛洪又提出人之存於天地，乃是受自於父母之氣血。他說：

> 夫人生先受精神於天地，後稟氣血於父母。❾

又云：

> 授氣流形者父母也，受而有之者我身也。❿

而對於人類生命的長短問題，葛洪認爲全因個人所受氣量之多寡而定，受氣多者壽長，受氣少者壽短。因此，葛洪主張人當善養其氣，且提出了「長氣」、「益血」之養生法⓫。

(2) 形神並重

「形」與「神」之間的關係，本爲哲學問題，葛洪承先秦、兩漢以來之道教哲學思想，將之置於人體而論。他認爲具實存在的人體爲「有」，亦即「形」；抽象存在的精神爲「無」，亦即「神」。而「有」與「無」即「形」與「神」須相輔相成，如此，一個人才算完整，也才能發揮其能力。他說：

> 夫有因無而生焉，形須神而立焉。有者，無之宮也。形者，神之宅也。故譬之於堤，堤壞則水不流矣。方之於燭，燭糜則火不居矣。⓬

證之以現代醫學理論與事實，一個人的形體不存，生命根本無所存在；形存而無神之人，實乃一活死人，無法發揮人的能力。《黃帝內經・靈樞・邪顏》亦云：

> 心者，五臓六腑之大主也，精神之所舍也。

可知葛洪之「形神並重」想法，實與醫學上的理論相合。

胡孚琛先先覺得葛洪「形須神而立」之說有誇大精神的作用，認爲與佛教形神相合爲人、形神分離爲鬼靈的想法不同，並認爲道教之形神觀乃屬二元論之範圍⑬。事實上，現代醫學不太承認鬼靈之說，若以純醫學的角度而言，現代醫學不太承認鬼靈之說，若以純醫學的角度而言，道教之形神觀似較佛教之形神觀來得實際，不如佛教以佛法攝鬼靈抽象。

葛洪承襲先秦、兩漢各家之氣論，而構成其人體醫學之思想，且實際運用於醫療上。《肘後備急方》中，常見「噓則氣通」、「氣通則活」、「氣通則治」之結語，並提出「補氣益血」以養生的觀念與方法。

由上，我們可知葛洪對人體生命的看法，乃根基於其氣一元論，再參酌醫學知識與實際醫療經驗，而建構出其對人體生命的想法和理論系統，並具體提出實踐的方法，較其他養生論者之言，具科學性和實用性。

## (二) 病因說

### (1) 氣血虧損

由於葛洪認爲「氣」、「血」是構成人類生命的基本因素，因此，將人體產生疾病的原因，歸諸於氣血之虧損。他說：

> 夫吐故納新者，因氣以長氣，而氣大衰者則難長也。服食藥物者，因血以益血，而血垂竭者則難益也。夫奔馳而喘逆，或欬或滿，用力役體，汲汲短乏者，氣損之候也。面無光色，皮膚枯臘，唇焦，白，腠理萎瘁者，血減之證也。二證既衰於外，則靈根亦凋於中矣。⑭

對於世人將致病因素全歸諸於風冷暑濕，葛洪持反對的觀點，該爲風冷暑濕只是會令體虛氣少之人得病，而無法傷及身體壯健者，風冷暑濕不過是誘使氣血虛虧者發病的原因而已。他且舉例說：

設有數人，年紀老壯既同，服食厚薄又等，俱造沙漠之地，並冒嚴寒之夜，素雪墮於上，玄冰結於下，寒風摧條而宵駭，欬唾凝，於唇吻，則其中將有獨中冷者，而不必盡病也。⓯

葛洪以上的觀點，與《黃帝內經》之病因說近似，皆認爲疾病的形成有其內、外因素，而內因實爲主因。因此，我們可推知葛洪之病因說，實承襲了《黃帝內經》之病因說。

(2) 病因可知

葛洪認爲各種致病因素皆可辨知，而人之所以會死，不外是「諸欲所損也，老也，百病所害也，毒惡所中也，邪氣所傷也，風冷所犯也。」⓰

這種說法，未詳論如何辨知病因的方法，而僅將人體各種致病因素，歸之於可用他所假設及認爲可知的某種事物來了解。雖然在說法上過於抽象、不實，在範圍上也較廣義些，但是觀念卻是正確的。

事實上，引發人體產生疾病的因素雖然很多，但是每一種因素皆可藉由人類不斷的研究而被發現。證之以現代醫藥學的發展，一些令人致病的因素，如細菌、濾過性病毒等，雖然因它們而導致的疾病在早期可能被冠以其他致病因素或不知病因，但是經過人類長時期的努力研究下，終能發現它們才是令人致病的眞正因素。

丁貽莊先生就《肘後備急方》各篇之內容加以整理、分析，指出葛洪對病因的認識與了解層面，約可概分爲自然、生物、物理、化學、精神等五類，實涉及了今日人體的呼吸、消化、神經、循環等系統以及一些流行病、皮膚病、寄生蟲病、婦兒科疾病、五官科疾病等⑰。而由《肘後備急方》按症分篇的寫法，我們也可清楚地知道葛洪對病因與疾病症狀、醫方之間的關係相當重視。

綜上所述，葛洪之病因說與其人體觀有直接而密切的關係，故認爲「氣血虧損」爲人體致病之主因，風冷暑濕等氣候上的變化只是誘因。而「病因可知」的想法，當可說是其按症論治之基礎。

## (三) 疾病預防論

### (3) 治未病

葛洪重視疾病預防，認爲應在疾病未產生之前即消除引發疾病的因素。他說：

> 至人消未起之患，治未病之病，醫之於無事之前，不追之於既逝之後。⑱。

《黃帝內經》也有相同之主張，《素問・四氣調神大論》有言：

不治已病治未病，不治已亂治未亂，……。

《靈樞・逆順》亦云：

上工治未病，不治已病。

由此可知，葛洪對疾病預防之觀念，實應承自《黃帝內經》之「治未病」思想。

(2) 保養正氣

由於葛洪認爲人類的生命是靠氣與血來維持，又認爲疾病的產生是源於氣血之虛虧和外來之風、濕、暑、熱等邪氣的侵襲。所以，他主張應「保養正氣」以避引發疾病的邪氣。他說：

苟能令正氣不衰，形神相衛，莫能傷也。⑲

又說：

養其氣所以全其身。……氣竭即身死，死者不可生也，亡者不可存也。……割嗜慾所以固血氣。⑳

而基於「保養正氣」之主張，葛洪特別注意精神上的保養，認為一個人若能養正其精神，則福來而禍去。他論道：

> 人能淡默恬愉，不染不移，養其心以無欲，頤其神以粹素，掃滌誘慕，收之以正，除難求之思，遣害真之累，薄喜怒之邪，滅愛惡之端，則不請福而福來，不讓禍而禍去矣。㉑

(3) 不損不傷

葛洪基於其「治未病」的疾病預防觀念，提出「不傷不損」之疾病預防法。他主張「養生以不傷為本」㉒。且認為「禁忌之急，在不傷不損而已。」㉓他並指出十三種易使人體損傷之事，即：

> 才所不逮，而困思之，傷也；力所不勝，而強舉之，傷也；悲哀憔悴，傷也；喜樂過差，傷也；汲汲所欲，傷也；久談言笑，傷也；寢息失時，傷也；挽弓引弩，傷也；沈醉嘔吐，傷也；飽食即臥，傷也；跳走喘乏，傷也；歡呼哭泣，傷也；陰陽不交，傷也；……。㉔

又認爲這些造成人體損傷之事，常不易爲人們所察覺，總是在積累長久時日且造成損傷後，人們才有知覺，然此時身體已受傷損，故其壽命亦將因傷損而減矣㉕。因此，葛洪強調：

治身養性，務謹其細，不可以小益爲不平而不修，不可以小損爲無傷而不防。㉖

(4) 身體保健

葛洪認爲也應注意飲食、起居上的節制與保養，才能預防疾病的發生，也才能增進身體健康而延年益壽。他且列舉了一些養生之方，即：

唾不及遠，行不疾步，身不極聽，目不久視，坐不至久，臥不及疲，先寒而衣，先熱而解，……不欲甚勞甚逸，不欲起晚，不欲汗流，不欲多睡，不欲奔車走馬，不欲極目遠望。……不欲數數沐浴，不欲廣志遠望，不欲規造異巧。冬不欲極溫，夏不欲窮涼，不露臥星下，不眠中見肩；大寒大熱，大風大霧，皆不欲冒之。㉗

而葛洪對於飲食方面之保健尤其注重，除強調極肌不食、極渴不飲外，且主張食不過飽、飲不過多，並要人們少吃生冷食物、飲酒後避免吹風㉘。此外，葛洪又主張五味不可偏食過多，否則易傷內臟而致病生，他說：

五味入口，不欲偏多，故酸多傷脾，苦多傷肺，辛多傷肝，鹹多則傷心，甘多則傷腎，此五行自然之理也。[29]

此說法與《黃帝內經》對五味偏嗜而傷內臟之論述相同。

葛洪於《肘後備急方》中，又專門記載了有關避免食物中毒之飲食禁忌，現將之整理如下表[30]：

| 雜鳥獸他物諸忌 |
| --- |
| 白羊不可雜雄雞。 |
| 羊肝不可合烏梅及椒食。 |
| 豬肉不可雜羊肝。 |
| 牛腸不可合犬肉。 |
| 雄雞肉不可合生蔥菜。 |
| 雞、鴨肉不可合蒜及李子、鼈肉等。 |
| 生肝投地，塵芥不著者，不食。 |
| 暴脯不肯燥及火炙不動，並見水而動，勿食。 |
| 鳥獸自死，口不開者，不可食。 |

## 水中魚物諸忌

| 水中魚物諸忌 |
| --- |
| 魚頭有正白，連諸脊上，不可食。 |
| 魚無腸、膽及頭無鰓，勿食。 |
| 生魚目赤，不可作膾。 |
| 鼈目凹者，不可食。 |
| 魚不合烏雞肉食。 |
| 魚勿合小豆藿。 |
| 青魚鮓不可合生胡荽。 |
| 鼈肉不可合雞、鴨子及赤莧菜食之。 |
| 妊姬者，不可食鱠魚。 |

## 雜果

| 雜果 |
| --- |
| 羮半夏、葛蒲、羊肉、細辛、桔梗，忌菜。 |
| 甘草忌菘菜。 |
| 牡丹忌胡荽。 |
| 常山忌蔥。 |

| 菜諸忌 |
|---|
| 黃蓮、桔梗忌豬肉。 |
| 茯苓忌大醋。 |
| 天門冬忌鯉魚。 |
| 李子不可合雞子及臨水食之。 |
| 病人不可食生胡芥菜。 |
| 妊娠勿食桑椹，並鴨子、巴豆、藿。 |
| 五月五日不可食生菜。 |

其所載是否屬實，尚有待醫學界予以實驗之證明。

葛洪還重視華佗「五禽戲」，並用以預防齒、耳之衰老。他相信「能養以華池，浸以醴液，清晨健齒三百過者」[31]，能令齒堅，「能龍導虎引，熊經龜咽，鷰飛蛇屈鳥伸，天俛地仰，令赤黃之景，不去洞房，猿據兔驚，千二百至」[32]則能耳聰。而行氣、房中術、服食金丹與仙藥等，也是葛洪認爲能預防疾病、保健身體，以及達到長生、成仙之目的的好方法。

綜上所言，葛洪之疾病預防論述，是以「保養正氣」爲其基本原則，故其特別重視精神上的保養，認爲收心養神即可正氣而可避諸邪。若能對飲食起居有所節制，則可使形與神不傷不損而至壽全，自然不會有疾病的產生，也就能達到其「治未病」的疾病預防目標。

今日醫學上也強調精神的鬆弛有助人體的健康，而飲食、起居上能加以注意，對身體健康更是有益處。此與葛洪之疾病預防理論相較，當可說其具有現代醫學上之防治思想。

### (三) 醫療觀

#### (1) 重視臨床症狀

葛洪之所以重視臨床症狀之鑑別，實與其「救人第一」的濟世思想有關。他曾批評當時一些醫者說：

> 醫多承襲世業，有名無實，但養虛聲，以圖財利。……使之者乃多誤人，……。㉝

葛洪對疾病症的辨別相當仔細，且能簡明的加以敘述清楚。例如區別人之死亡與否，他指出：

> 尸蹶之病，卒死而脈猶動，聽其耳中循循如嘯聲而股間暖是也。㉞

對於癲狂病的發作情形，葛洪將之分爲「癲發」、「狂發」：

> 凡癲疾發，則仆地吐涎沫，無知彊，掠起如狂。凡狂發，則欲走，或自高貴稱神聖。…

> ……若或悲泣呻吟者，此爲邪魅，非狂。……。[35]

葛洪所云之癲狂病，實指癲癇和精神失常，所述之症狀，與現代西方病理學中所言近似[36]。又如論「五尸」：

> 其狀腹痛脹急不得，氣息上衝心胸，旁攻兩脅，或磥塊湧起，或攣引腰脊。[37]

對於「大腹水病」的病症變化，敘述得更是詳細，他說：

> 水病之初，先目上腫起如老蠶色俠頭，脈動股裡冷脛中滿，按之沒指，腹內轉側有節聲，此其候也。不即治，須臾身體稍腫肚盡脹，按之隨手起，則病已成。[38]

對於同一種疾病的不同症狀，葛洪亦皆能一一描述出來。如論「中惡卒死」、「中風」等疾病，所述不同症狀有達十七種者，而葛洪也皆能按症療治[39]。

### (2) 重視醫療效果

由於葛洪撰者《肘後備急方》的目的是爲了供貧家野居者急救之用，因此對於醫方的選擇相當注意。

葛洪對醫方療效的標明，常用「佳」、「大效」、「立效」、「並佳」、「差」、「大良」、「尤佳」、「亦佳」等詞。如「治卒魘寐不寤方」云：

又方，以蘆管吹兩耳，並取病人髮二七莖作繩，納入鼻孔中，割雄雞冠取血，以管吹入咽喉中，尤效。

又方，末灶下黃土，管吹入鼻中，末雄黃並桂，吹鼻中，並佳。[40]

又如論「卒心腹煩滿」：

又方，搗韮菜汁，服一二升水煮乾薑，亦佳。

又方，即用前心痛支子鼓湯法，差。[41]

而醫方除了要有療效外，葛洪也要求所使用的藥物多是能方便取得者。因此，除了一般藥物外，最常使用生薑、乾薑、大豆、巴豆、豉、蒜、鹽、艾等俯拾易得之藥物，以便於急救時能立即取得治病，不致因求藥而枉送人命。

(3) 重視急救法

原本葛洪編撰《肘後備急方》之目的即是爲「備急」之用，故其醫方皆以配合急救爲選擇原則。而在其所有急救醫方中，除藥物、針灸外，尚有按摩、熱熨、吹鼻、冷敷、熱敷等方法。以下略述其按摩、熱熨、吹鼻法，以見葛洪對急救法認識之多且運用之熟悉。

①按摩法

葛洪記載了膏摩法和多種按摩手法。膏摩法屬於「藥摩法」之範圍，是利用藥物配合按摩法而產生療效。《肘後備急方》之「治有病備急丸散膏諸要方」中，即記載了八種膏摩藥方，以治療多種臨床病症。

| 膏名 | 功能 |
|---|---|
| 裴氏五毒神膏 | 中惡暴百病 |
| 蒼梧道士陳元膏 | 療百病 |
| 華陀虎骨膏 | 主心腹積聚、四肢麻痺 |
| 芽草膏 | 療諸贓風腫痺、恍惚 |
| 蛇銜膏 | 癰腫、金瘡、瘀血、產後血積……等 |
| 神黃膏 | 諸惡瘡、頭瘡、百雜瘡 |
| 青龍五生膏 | 天下雜瘡，主贓疸、痔、惡瘡 |
| 神明白膏 | 青盲、耳聾、中風惡氣 |

而所載之按摩手法，有抓腹法、抄舉法、拍法、爪掐法等，用以治卒中惡死、卒、不止、卒腹痛之病患㊷，這些按摩法至今民間仍沿用。

② 熱熨法

《肘後備急方》中，熱熨療法常見，實屬原始之物理療法。書中多運用熱熨法以治客忤、心痛、五尸、傷寒、毒病、中風、心腹症結、虛損、腰痛、乳癰、蛇螫等病症。如論「救客忤」：

以二重衣著腹上，銅器著衣上，少許茅於器中燒之；茅盡益中，取愈乃止。㊸

又如論中風身中掣痛不仁，不隨處者……

取乾艾葉一斛許，丸之，內瓦甑下，塞餘孔，唯留一目，以痛處著甑目下，燒艾以熏之。㊹

③ 吹鼻法

吹鼻法是應用「氣通」之醫療基本原理，認爲「嚏通則氣通」，是一種簡易的急救法。如論「治中惡」、「尸蹶」等，均有以皂莢、半夏、菖蒲、桂屑、淳酒、雄黃等製成粉末或如大豆狀，以管吹入患者兩鼻中㊺。

綜上所述，葛洪之醫療觀，實以急救和實踐爲其基本內容，其編撰醫書之取醫方原則與描述病症之仔細，其目的即爲了能在人人覽其書而可自行治病。詳、簡、便、驗，可說是對葛洪醫療觀之最好詮釋。

## 二、葛洪在醫藥上之具體成果

《抱朴子・內篇》繼承了戰國以來的「方仙道」傳統，且總結了秦漢時期的神仙理論與方術，是一部內容富有宗教性哲學與科學性技術史料價值的書㊻；《肘後備急方》是一部提供貧民百姓救急之用的方書。整理這兩部書的內容，我們可得知葛洪有關醫藥方面的不少論述，以下即選擇其較特出且資料較明確的化學製藥、生藥學、針灸學、疾病學四方面，加以探究葛洪在醫藥學上的具體成果。而有關房中術、行氣等方面，因所學有限，暫不擬探究。

### (一) 化學製藥

葛洪繼承左慈、葛玄、鄭隱、鮑靚等人的煉丹理論與成就，積極煉丹，而成爲西晉時期一位著名的煉丹家。其有關煉丹術之資料，集中於《抱朴子・內篇》之〈金丹〉、〈黃白〉、〈仙藥〉三篇。然〈仙藥〉以介紹藥物爲主，因此，欲了解葛洪之煉丹術成就，應由〈金丹〉、〈黃白〉二篇中探究。

葛洪於《內篇》中，除記載其所廣爲搜集而得之經文和煉丹書外，且具體地將各煉丹家煉製丹藥的方法記錄下來，大致可分爲金丹大藥和黃白丹術二類。金丹大藥包括了《太清丹經》、《黃帝九鼎神丹經》、《五靈丹經岷山丹法等二十六種[47]；黃白丹術僅《神仙經黃白之方》就有二十五卷之多，另外尚有《金銀液經》、《玉牒記》、《銅柱經》、《龜甲文》等，也記載不少有關黃白術者[48]。這些記載，正彌補了《周易參同契》對煉丹過程的記錄不足，使我們得以略知古代煉丹術的梗概。

此外，葛洪也記載了煉丹時所涉及的藥物，有銅青、丹砂、水銀、雄黃、礬石、戎鹽、赤石脂、胡粉、曾青、慈石、太乙禹糧……等二十二種之多，亦較《周易參同契》所提及之藥物多。

葛洪於煉製丹藥時，除了丹砂等汞化合物外，以雄黃等之砷化合物爲最多。此外，還包括了鉛、銅、鐵等與其化合物，以及鋁、鈉、鈣、鉀、鎂等化合物，還有金、銀、硫黃、硅石等。

葛洪煉丹之目的，在於煉製長生不老之仙藥，但在煉丹過程中，卻無意中促成了製藥化學的開端。他利用了所繼承的諸多煉丹術成果與當時的化學知識、治煉設備，在經過無數次實驗中，完成了不少化學反應過程，且從中得到一些新發現，並因而擴大了化學藥物的應用範圍[49]。

《神農本草經》中，早載有以水銀治疥瘻、痂瘍白禿、殺皮膚中虱等病症。在葛洪之《內篇》中，也記載了不少經由煉丹過程而產生之化學藥物，如砒霜（AsO）的性熱有大毒，本作爲強壯劑之用，有蝕瘡、去腐、平喘、化痰、解熱毒、治瘧疾之功效，成爲後來醫療上之常用藥物。鉛丹（PbO）與油脂化合後，配以一些藥物，可製成用途廣範的鉛膏藥。白降丹主要含氯化汞（HgCl），有消腫、潰膿、脫腐、治癰疽、發背、瘰毒的功能，爲有名之外用藥、紅生丹主要含氧化汞（HgO），具有去腐拔毒、生肌長肉、治瘡瘍潰後堅硬及內黯紫黑，也是有名的一種外用藥[50]。

而魏晉時所風行的寒食散，被認爲是一種長生藥，葛洪在〈金丹〉中也提及五石，即：丹砂、雄黃、白礬、曾青、慈石。然而服食寒食散而中毒者，不知其數，輕者傷殘，重者喪生。因此，當時醫籍中出現了不少治療寒食散中毒的藥劑。

## ㈡ 生藥學

《抱朴子·內篇》中，記載了不少藥物，且有葛洪對於藥物的種類、生長地、形態、功效、服食等之論述。以下即就其內容加以整理、分析，以明葛洪在生藥學上的具體成果，而《肘後備急方》所載藥物雖多，然應屬方劑學故不擬論及。

### (1) 藥物分類

《內篇·極言》中有言：

> 先服草藥以救虧損，後服金丹以定無窮，長生之理盡於此矣。

此正說明了葛洪的藥學思想是屬於煉丹家藥學觀，「長生不老」是其主要目的。因此，他對煉製丹藥所常用到的金石藥特別重視。

《神農本草經》，首列能令人經身益氣、不老延年之藥　且以煉丹家所常使用之丹砂爲第一，此外尚有雲母、石鐘乳、消石、曾青、禹餘糧、太乙餘糧、白石英、紫石英等十七種玉石上品藥[51]。葛洪亦承襲了這種藥物分類法，將煉丹時常用之金石藥與具滋補強身功效的藥物置於上品藥中。

葛洪將其所謂的仙藥，大致分爲三類：金石礦物類、五芝、具滋補功能之草木藥。金石礦物藥，包括了丹砂、黃金、白銀、五玉、明珠、石腦、曾青、雲母、雄黃、石硫黃、石桂、松柏脂、石中黃子、石英、太乙禹餘糧、石飴；五芝有石芝、木芝、草芝、肉芝、菌芝，各有百許種；草木藥，包括茯苓、地黃、麥門冬、木巨勝、重樓、黃蓮、石韋、楮實、枸杞、天門冬、黃精、甘菊、松實、朮、九節石菖蒲、桂、桃膠、胡麻、寧木實、槐子、遠志、五味子等，多是《神農本草經》中具滋補強壯作用之植物藥[52]。

由葛洪對仙藥的分類，可知其分類法是以《神農本草經》之分類法爲依據，且多是取其具有長生功能之上品藥物，基本上其範圍較《神農本草經》爲狹。然五芝的種類較《神農本草經》所載者爲多。《神農本草經》中被列爲中品藥的雄黃、石硫黃，則被葛洪列入仙藥中，由此亦可證明他對煉丹藥物的特別重視。

(2) 藥物辨識與服食法

由《內篇·仙藥》之記載，可知葛洪對於藥物的形態、功效、採集、服食法都做了相當仔細的敘述，尤其對五芝的描述更是清楚。以下即就《內篇》所載了藥物與分類法，列表舉例之。

①金石礦物類

| | 種類 | 辨識法 | 服食法 | 功效 |
|---|---|---|---|---|
| 雲母 | 雲英、雲珠、雲液、雲母、雲沙。 | 當舉以向日，看其色，詳占視之，乃可知耳。正爾於陰地視之不見其雜色也。五色並具而多青者名雲英，……五色並具而多赤者名雲珠，……五色並具而多白者名雲液，……五色並具而多黑者名雲母，……。但有青黃二色者名雲沙，……晶晶純白名璘石，……。 | 或以桂蔥水玉化之以爲水；或以露於鐵器中，以玄水熬之爲水；或以硝石合於筒中埋之爲水；或以蜜搜爲酪；或以秋露漬之百日，韋囊挺以爲粉粉，或以無巔草樗血合餌之；雖水餌之，皆當先以茅屋霤水，若東流水露水，漬之百日，淘汰去其土石，乃可用耳。雲英宜春服，雲珠宜夏服，雲液宜秋服，雲母宜冬服，雲沙宜季夏服，磷石可四時長服。向日看之，晻晻純黑色起者，不中服，令人病淋、發瘡。 | 服之一年，則百病除；三年久服，老公反成童子；五年不闕，可役使鬼神，入火不燒，入水不濡，踐棘而不傷膚，與仙人相見。……五雲以納猛火中，經時終不然，埋之永不腐敗，故能令人長生也。……服之十年，雲氣常覆其上，服其母以致其子，理自然也。 |

②草木類

| 天門冬 | |
|---|---|
| 又名 | 地門冬、莚門冬、顛棘、淫羊食、管松，楚人呼爲「百部」。 |
| 辨識法 | 其生高地，根短而味甜，氣香者善。其生水側下地者，葉細似薀而微黃，根長而味多苦，氣臭者下，……。 |
| 服食法 | 若有力可餌之，又可蒸，煮，亦可作散、絞其汁作酒、以服散尤佳。 |
| 功效 | 服之百日，皆丁壯倍使持射駛於朮及黃精也。……煮啖之，取足可以斷穀。 |

③ 五芝

| 石芝種類 | 生長處 | 辨識法 | 採集、服食法與功效 |
|---|---|---|---|
| **石象芝** | 海隅名山及島嶼之涯有積石者。附於大石，喜在高岫峻之地，或卻著仰綴。 | 如肉象，有頭尾、四足。赤者如珊瑚，白者如截肪，黑者如澤漆，青者如翠羽，黃者如紫金。皆光明洞徹，如堅冰，晦夜去之三百步，便望見其光。大者十餘斤，小者三、四斤。 | 擣之三萬六千杵，服方寸匕，日三，盡一斤，則得千歲；十斤，則萬歲。 |
| **玉脂芝** | 有玉之山，常居懸危之處。 | 玉膏流出，萬年以上而凝者。有似鳥獸形，色無常彩，多似山玄水蒼玉；亦有鮮明如水精者。 | 末之，以無心草汁和之，須臾成水。 |

| 石芝種類 | 生長處 | 辨識法 | 採集、服食法與功效 |
| --- | --- | --- | --- |
| 七明九光芝 | 臨水之高山石涯之間。 | 狀如盤碗，不過徑尺以還，有莖蒂連綴，起三、四寸。有七孔者，名七明；九孔者，名九光。光皆如星，百餘步內，夜皆望見其光，其光自別，可散不可合。 | 常以秋分伺之得之。擣服方寸匕，入口則翕然身熱，五味甘美。盡一斤則得千歲，令人身有光，所居暗地如月，可以夜視。 |
| 石蜜芝 | 少室石戶中，去戶外十餘丈，有石柱，柱上有偃蓋石，高度徑可一丈許，望見蜜芝從石戶上墮入偃蓋中。 | | 服一斗者，壽萬歲。 |
| 石桂芝 | 名山石穴中。 | 似桂樹，高尺許，大如徑尺。光明而味辛，有枝條。 | 擣服之一斤，得千歲。 |

| 石芝種類 | 生長處 | 辨識法 | 採集、服食法與功效 |
|---|---|---|---|
| **石中黃子** | 所在有之，沁水山爲尤多。 | 在大石中，石常潤濕不燥。破一石，多者一升，少者有數合。 | 未堅時飲之，凝之則末服。服合成三升，壽千歲。 |
| **石腦芝** | 滑石中。 | 如石中黃子狀，但不皆有之。破大滑石千許，乃可得一枚。初破，其在石中，五色光明而自動。 | 服一升，得千歲。 |
| **石硫黃芝** | 五岳皆有，而箕山爲多。 | | |

| 木芝種類 | 生長處 | 辨識法 | 採集、服食法與功效 |
| --- | --- | --- | --- |
| **木威喜芝** | 松柏脂淪入地久而生。 | 松脂淪入地千歲，化爲茯苓，茯苓萬歲，其上生小木，狀似蓮花。夜視有光，持之甚滑。 | 燒之不燃，帶之辟兵。以帶雞而箭射之，不傷。從生門上採之，於六甲陰乾之，百日，末服方寸匕，日三，盡一枚，則三千歲。 |
| **千歲栝木** | | 其下根如坐人，長七寸，刻之有血。 | 以血塗足，可以步行水上不沒；塗鼻以入水，水爲之開，可以止住淵底；塗身則隱形，欲見則拭之。病在腹內，刮服一刀圭；腫痛在外者，隨其所在刮一刀圭，即其腫痛所在以摩之，皆手下即愈；左足有疾，刮塗左足。刮以雜巨勝爲燭，夜遍照地下，有金玉寶藏，則光變青而下垂以鍤掘之可得。末之，服盡十斤則千歲。 |

| 木芝種類 | 生長處 | 辨識法 | 採集、服食法與功效 |
|---|---|---|---|
| **飛節芝** | 三千歲松樹枝的皮中。 | 松樹枝皮中有聚脂，狀如龍形，大者重十斤。 | 末服之，盡十斤，得五百歲。 |
| **樊桃芝** | 名山之陰，東流泉水之上。 | 其木如昇龍，其花葉如丹羅，其實如翠鳥，高不過五尺。 | 以立夏之候伺得之。末服，盡一株，得五千歲。 |
| **參成芝** | | 赤色有光，扣其枝葉，如金石之音，折而續之，即復如故。 | |
| **木渠芝** | 寄生大木之上。 | 如蓮花，九莖一叢，其味甘而辛。 | 服之，白日昇天。 |
| **建木芝** | 實生於都廣。 | 皮如纓蛇，實如鸞鳥。 | |

| 木芝種類 | 生長處 | 辨識法 | 採集、服食法與功效 |
|---|---|---|---|
| 黃盧子 | 泰山要鄉及奉高。 | | 服之，令人壽千歲。 |
| 尋木華<br>玄液華 | | | |
| 黃蘗檀桓芝 | 千歲黃蘗木下根。 | 根有如三解器，去本株一、二丈，以細根相連，狀如縷。 | 末服之，盡一枚則成地仙不死。 |

| 草芝種類 | 生長處 | 辨識法 | 採集、服食法與功效 |
|---|---|---|---|
| 獨搖芝 | 高山深谷之上。 | 無風自動，其莖大如手指，赤如丹，素葉似莧；其根有大魁如斗，有細者如雞子十二枚，周繞大根之四方，如十二辰，相去丈許皆有細根，如白髮以相連，其所生左右無草。 | 得其大魁末服之，盡則得千歲；服其細者一枚百歲。懷其大根即隱形，欲見則左轉而出之。 |
| 牛角芝 | 虎壽山及吴板上。 | 狀似蔥，特生如牛角，長三、四尺，青色。 | 末服方寸匕，日三，至百日，則得千歲。 |
| 龍仙芝 | | 狀如昇龍之相負，以葉爲鱗，其根則如蟠龍。 | 服一枚，則得千歲。 |
| 麻母芝 | | 似麻而莖赤色，花紫色。 | 皆陰乾服之，令人與天地相畢，或得千歲、二千歲。 |

| 草芝種類 | 生長處 | 辨識法 | 採集、服食法與功效 |
|---|---|---|---|
| 紫珠芝 | | 花黃、葉赤；實如李而紫色，二十四枝輒相連，而垂如貫珠。 | |
| 白符芝 | | 高四、五尺，似梅，常以大雪而花，季冬而實。 | |
| 朱草芝 | | 九曲，曲有三葉，葉有三實。 | |
| 五德芝 | | 狀似樓殿，莖方，其葉五色各具而不雜，上如偃蓋，中常有甘露，紫氣起數尺。 | |
| 龍銜芝 | | 常以仲春對生，三節十二枝，下根如坐人。 | |

| 草芝種類 | 生長處 | 辨識法 | 採集、服食法與功效 |
|---|---|---|---|
| 青雲芝 | 名山之陰，大青石間。 | 青蓋三重，上有雲氣覆之，味辛甘。 | 以陰乾食之，令人壽千歲不老，能乘雲通天見鬼神。 |
| 黃龍芝 | | 狀如黃龍，味辛甘。 | 以四時採，陰乾治。日食一合，壽萬年，令人光澤。 |
| 金蘭芝 | 名山之陰，金石之間。 | 上有水蓋，莖出。 | 入秋旬求之，飲其中水，壽千歲，耳目聰明。 |
| 赤雲芝 | 蒼山岑石之中。 | 狀如人豎，豎如連鼓，其色如澤。 | 以夏採之，陰乾食之，令人乘雲，能上天觀見八極，通見神明，延壽萬年。 |
| 丹芝 | 名山之陰，崑崙之山，大谷源泉，金石之中。 | | |
| 火芝 | | 葉上赤，下莖青。 | 常以夏採之。赤松子服之，常在西王母前，隨風上下，往來東西。 |

| 草芝種類 | 生長處 | 辨識法 | 採集、服食法與功效 |
|---|---|---|---|
| | 名山陽。 | 色黃，大如車蓋。 | |
| 人芝 | 名山之陰。 | 青蓋白莖。 | 治乾食，日半合，則使人壽，入水可久。 |
| 月精芝 | 秋生山陽石上。 | 莖青上赤，味辛苦。 | 盛以銅物，十月食之，壽萬歲。 |
| 黑芝 | 山之陰，大谷中。 | 白蓋赤莖，味甘。 | 秋採之，陰乾。日食，令人身輕齒堅，與天地無極。 |
| 金芝 | 金石之中。 | 青蓋莖，味甘辛。 | 以秋取，陰乾治食。令人身有光，壽萬歲 |
| 萬年芝 | | | 令人不老，壽九千。 |
| 夜光芝 | 名山之陰，大谷源泉中金石間。 | 上有浮雲翔其上，有五色，有兩目如兩日。 | |

| 草芝種類 | 生長處 | 辨識法 | 採集、服食法與功效 |
|---|---|---|---|
| 白雲芝 | 名山之陰的白石上。 | 石上有白雲覆之白蓋二重。味辛甘，小苦。 | 以秋採之，陰乾治食，日一合，不中風雷令人色澤光。 |
| 雲母芝 | 名山之陰。 | 青蓋赤莖，味甘。 | 以季秋竹刀採之，陰乾治食，使人身光，壽千歲，醮以牛脯。 |
| 葉芝 | 名山之陽、央山大谷源泉水中。 | 赤蓋白莖，上有兩葉三實。 | |
| 鬼芝 | | 青蓋長莖。 | 陰乾屑之，日食五合，令人長生。 |

| 肉芝種類 | 辨識法 | 採集、服食法與功效 |
| --- | --- | --- |
| 萬歲蟾蜍 | 頭上有角，頷下有丹書八字再重。 | 以五月五日中時取之，陰乾百日，末服之，壽四萬歲。以其左足畫地，爲流水；帶其左手於身，辟五兵。若敵人射己者，弓弩矢皆反還自向。 |
| 千歲蝙蝠 | 白色如雪，集則倒戀，腦重故也。 | 陰乾末服之，壽四萬歲。 |
| 千歲靈龜 | 五色具，其雄額上兩骨起，似角。 | 以羊血浴之，乃剔取其甲，火炙擣服方寸匕，日三，盡一具，壽千歲。 |
| 山中小人 | 乘車馬，長七、八寸者。 | 捉取服之即仙矣。 |
| 風生獸 | 似貂，青色，大如狸，生於南海大林中。 | 取其腦以和菊花服之，盡十斤，得五百歲。積薪數車燒之，其在灰中不燃毛不焦，斫刺不入，打之如皮囊；以鐵鎚鍛其頭數十下乃死，死而張口向風，須臾活而起走，以石上菖蒲塞其鼻即死。 |
| 千歲鷰 | 窠戶北向，色多白而尾掘 | 陰乾，末服一頭，五百歲。 |

由上可知，葛洪對藥物的辨識不但敘述清楚，對於藥物的功效也載之甚詳，然有些描述卻太過誇大。其對五芝的記載最爲仔細，或與五芝在魏晉南北朝道教醫藥學中甚受重視有關[53]。〈遐覽〉中，尚收錄了《石芝圖》、《木芝圖》、《肉芝圖》、《菌芝圖》、《大魄雜芝圖》各一卷[54]。

### (三) 針灸學

葛洪有關針灸療法的論述，僅見之於《肘後備急方》。因此，將《肘後備急方》關於針灸學部分的內容加以整理與分析後，我們可知葛洪在針灸學上的成果，主要有以下幾項：

#### (1) 重灸療法

葛洪編撰《肘後備急方》的目的，主要是爲了便於貧野人家急救之用，是以在選用醫方時即考慮了療法簡便易行、藥物價賤易得等因素，而灸療法正符合這些原則。

葛洪認爲灸療法的操作方式簡單，任何人皆能見之即懂，而且艾葉隨處可得、取用方便；針療法則「非究習醫方、素識明堂者」[55]，難以了解與應用。

因此，《肘後備急方》中，灸療法占了針灸醫方的過半數，全書提及灸療法者，共十八篇。所述之七十二種病症中，有三十多種採用灸療法，涉及了猝死、霍亂、傷寒、中風、狂、癲、腹致病、上氣咳嗽等方面。以其論治中風爲例，葛洪所述之十七種不同症狀中，有八種以灸療法單獨治療[56]。此外，葛洪也詳盡地敘述了依症選穴與灸治的方法、效用、宜忌，而使灸療學的理論基礎大爲充實。

#### (2) 以灸療法治急症

《肘後備急方》所述及之灸療法，多用以治療緊急病症，而所選之穴位，主要以操作簡便、快速致效爲原則，故常以一穴治兩種或多種疾病。如卒癲疾與狂走欲砍傷人、自殺或謾罵不停等之卒中風，均選陰囊下縫處灸療[57]；又如卒中五尸與卒得霍亂而先吐者，皆灸心下的部位[58]。

而其所選用的灸療穴位，以在鼻下、臍下、乳下、心下者爲多，尤其以灸鼻下人中以治急症爲最多見：

| 病名 | 醫法 |
|---|---|
| 救卒死惡死 | 灸鼻人中三壯也。 |
| 救卒死尸蹶 | 灸鼻人中七壯，又灸陰囊下去部一寸百壯，若婦人，灸兩乳中間……。 |
| 救卒客忤死 | 灸鼻人中三十壯，令切鼻柱下也。以水漬粳米，取汁一、二升飲之，口已禁者，以物強發之。 |
| 治卒得鬼擊 | 灸鼻下人中一壯，立愈；不差，可加數壯。 |
| 治卒中邪鬼恍惚振噤 | 灸鼻下人中及兩手二大指爪甲本，令艾丸在穴上各七壯，不止，至十四壯愈。 |

證之以今日的針灸學，刺激人中確實是能使人立刻甦醒[59]。

此外，葛洪也以灸療法防治急性傳染病，如「治瘴氣疫癘温毒諸方」載：

斷温病令不相染，……密以艾灸病人床四角，各一壯。

(3) 隔物灸療

《肘後備急方》中所論之隔物灸療法，爲目前已知醫書中之最早記載[60]。書中所敘述之隔物灸療法，如下：

| 隔灸物 | 所治疾病 |
| --- | --- |
| 蒜 | 腫癧、射工水弩毒 |
| 鹽 | 霍亂、毒蛇咬傷 |
| 椒、麵 | 一切毒腫疼痛不可忍者 |
| 瓦甑 | 卒客忤死 |

目前臨床上多以隔蒜灸法治療肺癆、其療效似乎頗爲顯著；有人主張以隔蒜灸法治療癌腫、流注、蟲蛇咬傷等症狀，因其能解毒、消腫、化結、定痛。隔鹽灸法只適用於臍部，故又

稱之爲「神闕灸」，今日臨床上也早已證實其對疝痛、腹痛、繞臍痛、下痢、急性腸胃炎具有療效[61]。以上二隔物灸法，後世之《千金要方》、《醫宗金鑒》、《外臺秘要》、《古今錄驗》等醫籍皆有記載。

隔椒灸法今日多用以治療胃寒所引起的嘔吐、腹瀉、風寒濕痺、臉部麻木等。隔麵灸法現在主要用以治療腹部冷痛等症狀[62]。而隔瓦甑灸法今日未見其運用之記錄，或當加以更仔細的對照有關針灸醫療的資料方能確知。

此外，《肘後備急方》還有以黃蠟灸療犬咬的記載：

凡犬咬人，火灸蠟以灌瘡中。[63]

今日臨床上除用以治療狂犬咬傷外，主要在治療一切無明腫毒[64]。

(4) 灸療劑量與操作法

《肘後備急方》依實際的症狀和灸治的部位而確定艾炷的「壯」數。大致可分爲下列幾項說明：

①施灸的穴位，一般灸七壯以下，但有時灸至數十壯以上。如：

| 病名 | 灸法 |
| --- | --- |
| 卒腫滿身面皆洪大 | 灸足內踝下白肉三壯。 |
| 卒客忤死 | 灸鼻人中三十壯。 |
| 諸癰疽發背及乳 | 灸其上百壯。 |
| 卒中射工水弩毒 | 葫蒜，令傳以搨瘡上，灸蒜上千壯。 |

②壯數在七以下者，多以一、三、五計；七壯以上者，以二七、三七、四七計算。③施灸壯數，若依部位而定，則一般灸身軀部位的壯數較多，頭、面、四肢末梢則灸壯數較少。若按病情而論，則重病灸壯數多，輕者灸壯數少。葛洪且指出施灸時，應把握「不損皮肉」、「勿令太熱」的原則。④病者若有多處須灸療，有時可同時起火，但要依次序施灸。如「治霍亂神秘起死方」謂：

以物橫度病人人中，屈之，從心鳩尾飛度以下灸。先灸中央，畢，更橫灸左右也；又灸脊上，以物圍，令正當心厭，又夾脊左右一寸各七壯，是腹背各灸三處也。

又如「治風毒腳弱痺滿上氣方」云：

必先從上始，若直灸腳，氣上不泄，則危矣。

以上幾項，多爲後世醫籍所收載，在今日臨床灸療上仍被採用。

(5)針療方面的成果

《肘後備急方》中所收載之針療法，有以下幾條：

| | |
|---|---|
| 救卒中惡死 | 視其上唇裡絃絃者，有白如黍米大，以針決去之。 |
| 救卒死尸蹶 | 又云爪刺人中良久，又針人中至齒立起。 |
| | 針百會，當鼻中入髮際五寸，針入三分，補之針足大指甲下肉側去甲三分，又針足中指甲上各三分。大指之內去端韭葉，又針手少陰銳骨之端各一分。 |
| 治卒狂言鬼語 | 針其足大母指爪甲下，少入許即止。 |
| 治卒大腹水病 | 若唯腹大下之不去，便針臍下二寸，入數分，令水水出，孔合須腹減乃止。 |
| 氣痛之病 | 有赤點點處宜鑱去血。 |
| 癰疽丹軫毒腫惡肉 | 其丹毒須針鑱去血。 |
| 狂病 | 針刺鼻下人中近孔內側空停針，兩耳根前宛宛動停針；又削鼻直上入髮際一寸橫針，又刺鼻直上入……。 |

這些簡便有效的針療法，其運用之針刺法，大致可歸納爲挑針、放血、放水三種方法，多爲後世醫家所重視[65]。

葛洪所論述之灸療法，不但充實了灸療學的內容，更具有推動灸療學發展之功，而使晉以前針灸學忽視灸療法的情況爲之轉變，令世人開始重視灸療法。因此，後世有關灸療學之醫書不斷產生，而令其理論更爲詳備。

傳聞葛洪之妻鮑姑精於醫藥，且尤擅灸療法[66]。若此傳聞非假，則葛洪之重灸療法，其豐富的灸療法論述，當與其妻實際從事灸療工作所得之經驗有關。

### (四) 疾病學

《肘後備急方》記載的疾病，種類很多，包括霍亂、痢疾、傷寒、結核、瘧疾等傳染病與寄生蟲病，飲食困難、食物中毒等胃腸道疾病，癲癇、狂躁等神經精神病，膿腫、腫塊、蟲獸咬傷、疥瘡等外科疾病，還有營養缺乏的腳氣病、五官疾病、皮膚病，以及酒醉、溺水、誤吞異物等。葛洪對於這些疾病的記述非常詳細，有些還成爲世界醫學史上的最早記錄。

以下說明《肘後備急方》中一些記述較清楚且在世界醫學史上被重視的疾病，以期瞭解葛洪在病學上的成果。

(1) 肺結核病

在《肘後備急方》中，稱肺結核病爲「尸注」、「鬼注」，對其症狀、傳染性及危害情形敘述得非常清楚，和現代醫學對肺結核病的記載十分近似。其云：

> 尸注、鬼注病者，……即是五尸之中尸注，又挾諸鬼邪爲害也。其病變動乃有三十六種至七十九種，大略使人寒熱淋瀝，恍恍默默，不的知其所苦而無處不惡，累年積月，漸就頓滯，以致於死。死後復傳之旁人，乃至滅門。[67]

葛洪認爲病者一發現此病之初期症候，宜急治之。《肘後備急方》中，列有五種治療藥方，運用了蒸、淋、食等方式，以治患尸注、鬼注之早期病者[68]。

西方於西元一八六八年，方由Villemin證實結核爲一種傳染性疾病；至一八八二年，R. Koch 才發現結核桿菌，並證實其爲結核病之病原體[69]。

而據現代醫籍所載，肺結核病的發作爲漸進式的，患者多難確述其感染時間。患病初期，病狀並不明顯，然多營養不良而日漸消瘦，且極易疲勞而懶於活動，體溫微熱，有乾性短咳、盜汗現象，至痰中帶血或有咳血情形，結核病之危險性方露[70]。而其治療時期之長短不一，大抵持續數年，甚有致數十年者。今日雖有特效藥的出現，然仍須花數月時間方能治癒[71]。

葛洪對肺結核病症狀的記載，實與現代醫學所知者相去不遠。且不論其所載藥方是否眞具療效，僅就其對疾病的認識與了解，在今日看來實深具價值。

(2) 天花

天花是一種傳染性強烈的疾病，《肘後備急方》對其症狀有詳細的描述，此描述可能是世界上最早的記錄[72]。據說此病是源於南陽擊虜所得，所以又叫做「虜瘡」。葛洪云：

> 此歲有病時行，仍發瘡頭面及身，須臾周匝，狀如火瘡，皆戴白漿，隨決隨生。不即治，劇者多死；治得差後，瘡瘢紫黑，彌歲方滅。[73]

此記載對於天花的症狀、體徵、發病的過程敘述得非常詳細，對於治療後的情形也有所記錄，且將其傳入中國的途徑也有所說明。

現代醫學所知之天花症候：初期會突發惡寒而戰慄、三九—四十度高熱及全身沉重，又有劇烈的腰痛、四肢痛、頭痛，頗似流行性感冒的初期現象。發病第四日，於額部及有髮處出現暗紅色丘疹。然後向軀幹、四肢蔓延。第十二日，體皰漸乾涸而結成棕色痂皮，有劇癢。第十六日起，痂皮開始脫落，然凡眞皮被破壞部分，癒後皆遺扁豆大之圓形而有凹陷疤痕[74]。此與葛洪所言之「虜瘡」症候相近，然是否確爲今日所謂的「天花」，實有待更詳細的研究。

(3) 痲瘋病

《肘後備急方》稱痲瘋病爲「癩病」，對其初期的症狀有詳細地描述。其云：

> 初覺皮膚不仁，或淫淫若癢，如蟲行；或眼前見物，如垂絲；或癮軫赤黑……。[75]

又言：

> 一旦得疾雙眼昏，咫尺不辨人物，眉髮自落，鼻樑崩倒，肌膚有瘡如癬，皆謂惡疾，勢不可救，……。[76]

現代醫學認爲痲風病爲一種特殊的慢性傳染病，是由痲風桿菌寄生而起身體各處產生「傳染性肉芽」的組織。其臨床症狀極爲複雜，一般依其主要變化所在，大致分爲結節痲風、神經痲風二型[77]。其症皆首見棕紅色且呈圓形或蛇形狀之斑疹，多發生於面部、手背、足背、軀幹、四肢之伸側等處，以面部爲明顯。後斑疹逐漸變大至如黃豆且呈銅色之堅緻皮膚。此後患者眉鬚日漸脫落、手足畸形、鼻樑塌陷、失音、失明等。發病期約十年，其常見一時小康復，然終難免一死[78]。此與葛洪所述者相同，此可知葛洪對痲瘋病的認識甚爲清楚。

(4) 恙蟲病

恙蟲病是一種以恙蟲的幼蟲爲媒介而傳播的急性傳染病，《肘後備急方》中記載得非常詳細，其見解與目前臨床所見大致相同。

當時將恙蟲病稱爲「沙虱毒」，葛洪認爲沙虱多在山水之間，不易爲人所見。人若入水浴或以水澡浴，沙虱便會附在人身；陰雨天，人若行於草叢中，沙虱亦會鑽入皮膚裡。待人覺得昏沈，方知得病。此症初得之，皮上會出現如小粟之紅色小顆粒，觸之會痛，後乃發瘡，蟲且入骨而至殺人[79]。

現代醫學認爲恙蟲病爲一種以東方立克次體爲病原體的急性傳染病，恙滿爲此病原體之傳染媒介。並一致認爲恙蟲病爲日人橋本伯壽於一八一〇年首先發現的[80]。就目前所知，恙蟲多集居雜草叢生的野地或叢林裡，最易於洪水爲患時流行。發病初期，皮膚局部發生丘疹、潰痂或潰瘍，立克於體會經由淋巴系統侵入血液中，患者之體溫會迅速上升且持續不退，並伴有寒顫、劇烈的頭痛，且疲倦想睡，嚴重者常有譫妄、昏迷等現象[81]。

由此看來，葛洪對於恙蟲病的傳播媒介—恙蟲的幼蟲（恙滿）的生活環境、傳染方式與症狀的記載，實較日人爲早，且與現代醫學所知者相去不遠，具有進一步研究之價值。

(5) 狂犬病

葛洪於《肘後備急方》中，談及狂太病有其潛伏期，「凡猘犬咬人，七日一發，過三七日不發，則脫也。要過百日，乃爲大免耳」[82]，這與現代醫學的說法一致。

現代醫學認爲狂犬病是一種特殊的急性創傷傳染病，本流行於犬類與牛、馬、貓、豬等動物之間；人類之受傳染，多因犬噬之故。其病原體爲一種濾過性菌，常生存於病獸之涎腺、涎液、中樞神經、末稍神經幹等處[83]。人受病犬噬傷後，不一定會發病，據統計僅百分之十五的發病率。大致噬傷較大或近於中樞神經、富於神經部位者較易感染，其危險性極大。患者一般約有兩星期至數月之潛伏期，偶可達一、二年者，然平均約爲一、二月[84]，此正與葛洪之言相符。

此外，葛洪還提到了一種「以毒攻毒」治狂犬病的療法，他說：

殺所咬犬，取腦傅之，後不復發。[85]

此與西元一八八五年Pasteur以抽取自狂犬病獸脊髓製成之乳劑注射患者[86]的方法相近，頗具免疫醫學之概念。

(6) 腳氣病

葛洪對於腳氣病也有相當的認識，《肘後備急方》中即詳細地記載了其發病時的症狀。葛洪云：

> 腳氣之病，先起嶺南，稍來江東，得之無漸或微覺疼痺，或兩脛小滿，或行起忽弱，或小腹不仁，或時冷時熱，皆其候也。不即治，轉上入腹，便發氣，則殺人。[87]

現代醫學將腳氣病分爲數種，其中有因「絲蟲病」而得，亦有因缺維生素B所引起。胡孚琛先生認爲葛洪所稱「風毒」者，應爲「絲蟲病」所致之腳氣病，非全爲缺乏維生素B所致之腳氣病[88]。然不知胡孚琛先生所言，以何者爲依據？「絲蟲病」眞與葛洪所提之「風毒」相同嗎？此應待醫者予以證實。

腳氣病常以地方病之狀出現，其症候複雜，目前醫學上將其分爲四種病型：知覺運動型、乾腳氣或萎縮型、濕腳氣或浮腫型、急性或衝心型。然病者大致皆先漸覺兩腳沉重而無力，且有噁心、胸悶等現象產生；不外，發生神經性障礙，雙足知覺漸失[89]。

而關於腳氣病的治療，醫者多主張攝取富含維生素B的食物，如新鮮蔬果、豆類、牛乳、雞卵、鮮肉等。葛洪所列治療腳氣病之醫方中，亦運用了豉、牛乳、小豆等食療藥物[90]。

# 結　論

由《抱朴子・內篇》與《肘後備急方》之內容，我們可以清楚地知道葛洪所具有的醫藥學知識與能力，也可知道其對疾病的認識與治療方法。以下，即總結前述之結果，將葛洪在醫藥學上的成果，做一簡單的陳述。

## ㈠醫藥學思想方面

葛洪對於人體的觀念，其實是一種在道教哲學思想影響下所生成的，認爲人之存在主要是靠氣與血，並且由此而衍生出形與神須相輔相成方能展現人之能力的思想。此種說法並無相當之科學依據，主要是承自道教哲學中的氣論，雖也加入了魏晉南北朝以來的醫學理論，但是並非其創見，只是傳承前人之說而已。

而基於此種對人體的觀念所生成之病因說，實亦多承自於《黃帝內經》之病因說，亦無獨特創新之處。然其對內因的強調，則具有今日醫學上之正確觀念。其疾病預防的思想雖亦承自前人，但卻提供一個如何達到養生保健的具體可行觀念——治未病、不損不傷，此應肯定其價值。

葛洪的醫療觀念，以今日之醫藥學標準觀之，我們應對其加以稱讚。由其對臨床症狀之重視，可知他對人命的尊重；而其對醫藥效果與急救法的重視，亦可看出他關心貧窮百姓之疾苦所做的努力。

而由《抱朴子・內篇》與《肘後備急方》中的藥物記載，我們可得知葛洪在用藥觀念上深受道教成仙思想的影響，因此採用了不少金石類藥物於醫方中。此種藥學觀雖不足取，但也無可批評，因其畢竟是一位以煉製金丹以求長生之道士，若以純科學或儒家道德觀論之，實有失公允。

綜而言之，葛洪在醫藥學思想上，並無特殊之創見，但具有傳承與擴大之功，在論其醫藥學成果時，實不應將其忽略。

## (二)醫藥學成果方面

葛洪雖受成仙思想之影響而重視煉製金丹時所使用到的金石類藥物，並誇大仙藥之功能，但是卻也因此而擴大了醫藥學上的用藥種類與用藥範圍，使患病者能享有更多治癒疾病之藥物。而菌科植物的受到重視，葛洪對五芝之重視與詳細描述，應有宣傳之功。

葛洪對於部分藥物的辨視、採集、炮製、服食、功效做了清楚的記錄，提供後世對藥物的認識資料，此應爲其在醫藥學上最主要也最大的成果。而其在煉丹的過程中所應用或製造的化學藥劑，更是對中國化學製藥上有重要的促進之功。

《肘後備急方》中，記載了許多運用針灸急救的方法，而其最大的特色是不載穴名，但言治療之具體位置。此乃葛洪細心照顧貧民百姓之另一證明。其所載之針灸法，與今日針灸學所言相符，而其所運用的隔物灸法，使用了各種不同藥物隔灸，實爲灸法運用範圍的擴大出了力。此外，葛洪對灸法的論述，使人們對灸法重新重視與研究，對灸法之發展有推動之功。

葛洪對於疾病的認識相當深入，對症狀的記載更是仔細。《肘後備急方》中記錄了不少疾病的症狀，包括了傳染性、經神性、寄生蟲疾病及腸胃病、藥物中毒、外傷、蟲咬等，可說包括了臨床醫學各科。其中，對傳染性的肺結核、天花、麻瘋、恙蟲等病症之描述甚詳，而對腳氣病的症狀與治療也敘述地相當清楚。此外，對狂犬咬傷的治法，實具現代免疫醫學之概念。

在由上所述，我們可說葛洪在中國醫藥學的發展史上，具有一相當重要的地位。其在醫藥學上的諸多成果，實有賴更多專業人員的進一步探究，方能使其成果爲今日病者提供更多的治療方式與藥物。如此，也才能使醫藥史之研究與實際醫療結合，成爲一實用之學問。

## 註釋

❶ 或言源於伏羲氏，或謂始自神農氏，或以爲起於黃帝、岐伯，或云肇於巫彭。參見晉・皇甫謐、《帝王世紀》、宋・羅泌《路史》、韓非《韓非子・五蠹篇》、唐・司馬貞《史記補三皇本紀》、漢・劉安《淮南子・修務訓》、漢・許愼《說文解字》。

❷ 如葛洪、皇甫謐、陶弘景、孫思邈、楊上善……等人。

❸ 葛洪之生卒年月，史料上有六十一歲和八十一歲之不同記載。經多位學者之研究、考證，以六十一歲較爲正確。參見葉論啟著，《葛洪學術思想研究》，國立臺灣師範大學國文研究所集刊第二十四號（下），頁七～一〇；陳飛龍著，《葛洪年譜》，國立政治大學學報第四十一期，頁一四九～一八〇；錢穆撰，〈葛洪年譜〉，收錄於《中國學術思想史論叢（三）》。

❹ 參見《抱朴子・內篇》，卷四〈金丹〉，王明校釋，頁七一。

❺ 有關葛洪遇鮑靚、娶鮑姑之年代，查現存資料，均乏明確記載。目前計有三說：一是葛洪二十五歲（永嘉元年——西元三〇七年）左右，與鮑靚相遇於廣州；二是葛洪三十歲（永嘉六年——西

元三一二年）以後，於廣州與鮑靚相遇；三是葛洪三十七歲（太興二年——西元三一九年）左右，鮑靚於句容與葛洪相遇。

依《太平寰宇記》引《羅浮記》、《晉書》卷九五〈鮑靚傳〉之記載，第三說最不可信。

參見《晉書》，卷九五〈鮑靚傳〉；卷七二《葛洪傳》。

❻ 《抱朴子·內篇》，卷五〈至理〉，王明校釋，頁一四四。

❼ 同❻，頁一一〇。

❽ 《抱朴子·內篇》，卷十三〈勤言〉，王明校釋，頁二四四。

❾ 《抱朴子·內篇》，卷十四〈勤求〉，王明校釋，頁二五五。

❿ 《抱朴子·內篇》，卷七〈塞難〉，王明校釋，頁一三七。

⓫ 同❽，頁二四〇、頁二四三—二四四。

⓬ 同❽，頁一一〇。

⓭ 參見胡孚琛，《魏晉神仙道教—抱朴子內篇研究》，頁二六〇~二六一。

⓮ 同❽，頁二四三—二四四。

⓯ 同❽。

⓰ 同❻，頁一一二。

⓱ 參見丁貽莊，《試論葛洪的醫學成就及其醫學思想》，頁一九。

⓲ 《抱朴子·內篇》，卷十八〈地眞〉，王明校釋，頁三二六。

⓳ 同❽。

⓴ 同⓲。

㉑ 《抱朴子·內篇》，卷九〈道意〉，王明校釋，頁一七〇。

㉒ 同⓳。

㉓《抱朴子‧內篇》，卷六〈微旨〉，王明校釋，頁一二五。
㉔同❽，頁二四五。
㉕同❽，頁二四五。
㉖同❽，頁二四〇。
㉗同❽，頁二四五。
㉘同❽，頁二四五。
㉙同❽，頁二四五。
㉚《肘後備急方》，卷七〈治防避飲食諸毒方〉。
㉛《抱朴子‧內篇》，卷十五〈雜應〉，王明校釋，頁二七四。
㉜同㉛。
㉝同㉛，頁二七二。
㉞《肘後備急方》，卷一〈救卒尸蹶方〉，頁四。
㉟《肘後備急方》，卷三〈治卒發癲狂病方〉，頁五六。
㊱參見葉曙編著，《最新簡明病理學》，頁五九九～六一〇。
㊲《肘後備急方》，卷一〈治卒中五尸方〉，頁十。
㊳《肘後備急方》，卷四〈治卒大腹水病方〉，頁九二。
㊴同⓱，頁一六。
㊵《肘後備急方》，卷一〈治卒魘寐不寤方〉，頁八。
㊶《肘後備急方》，卷一〈治卒心腹煩滿方〉，頁二三。
㊷參見《肘後備急方》之「治卒心痛方」、「救卒中惡死病方」、「治卒腹痛方」、「治卒諸物鯁不下方」。

43 《肘後備急方》，卷一〈救卒客忤死方〉，頁五。

44 《肘後備急方》，卷三〈治卒中風諸急方〉，頁六一。

45 參見《肘後備急方》之「救卒中惡死方」、「救卒尸蹶死方」、「治卒胃反嘔 方」。

46 參見王明，《抱朴子內篇校釋》，頁三；胡孚琛，《魏晉神仙道教—抱朴子內篇研究》，頁一四〇～一四一。

47 同4，頁七八～八二。

48 參見《抱朴子・內篇》，卷十六〈黃白〉，王明校釋，頁二八三及二八七。

49 參見傅維康，《中國醫學史》，頁一二五。

50 同49。

51 參見清・黃奭輯，《神農本草經》，頁一～二。

52 參見《抱朴子・內篇》，卷十一〈仙藥〉，頁一九六～二〇八。

53 參見胡孚琛，《魏晉神仙道教—抱朴子內篇研究》，頁三一六。

54 參見《抱朴子・內篇》，卷十九〈遐覽〉，頁三三三。

55 參見《肘後備急方》，〈葛仙翁肘後備急方序〉，頁三。

56 參見《肘後備急方》，卷三〈治卒中風諸急方〉，頁六一～七一。

57 參見《肘後備急方》，卷三〈治卒發癲狂病方〉，頁五六；〈治卒中風諸急方〉，頁六一。

58 參見《肘後備急方》，卷一〈治卒中五尸方〉，頁十；卷二〈治卒霍亂諸急方〉，頁二五。

59 參見王新明主編《針灸學》，頁一八九、頁一九一。

60 參見傅維康主編，《針灸推拿學史》，頁九〇。

61 參見章逢潤、耿俊英主編，《中國灸療學》，頁一四～一五。

62 同61，頁一五～一六。

63 《肘後備急方》，卷七〈治卒爲猘犬所咬毒方〉，頁六七。

64 同61，頁一六～一七。

65 同60，頁九一。

66 同60，頁九一～九二。

67 《肘後備急方》，卷一〈治尸注鬼注方〉，頁一三。

68 同67，頁一三～一四。

69 參見趙師震編著，《近世內科學》上冊，頁三三六。

70 同69，頁三四四。

71 參見廖瑞銘主編，《大不利顛百科全書》第七冊，頁三七四。

72 參見陳勝崑，《中國疾病史》，頁二一一。

73 《肘後備急方》，卷二〈治傷寒時氣温病方〉，頁四〇。

74 同69，頁三五～三八。

75 《肘後備急方》，卷五〈治卒得癩皮毛變黑方〉，頁二六。

76 同75，頁二八。

77 同69，頁一五八。

78 同69，頁一六〇。

79 參見《肘後備急方》，卷七〈治卒中沙虱毒方〉，頁八六。

80 參見胡孚琛，《魏晉神仙道教—抱朴子內篇研究》，頁三二一。

81 參見高興華、馬文熙合著，《試論葛洪對古代化學和醫學的貢獻》，頁三六。

82 《肘後備急方》，卷七〈治卒爲猘犬所咬毒方〉，頁六六。

83 同69，頁一九〇。

84 同69，頁一九〇～一九一。

85 同82。

86 同69，頁一九二～一九三。

87 《肘後備急方》，卷三〈治風毒腳弱痺滿上氣方〉，頁七二～七三。

88 同80。

89 同69，頁三〇〇～三〇五。

90 同87。

# 論「龍驛」

陳昭吟

## 前言

古時候，人欲來往於神仙居處，與之朝言夕談，似乎並非難事。《山海經・大荒西經》袁珂注引龔自珍《壬癸之際胎觀第一》云：「人之初，天下通，人上通，旦上天，夕上天，天與人，旦有語，夕有語。」此正是「民神雜揉」之謂。而《淮南子・墜形訓》言：「建木在都廣，衆帝所自上下。」又《山海經・海內經》亦有建木之載，袁珂認爲「古人質樸，設想神人、仙人、巫師登天，亦必循階而登，則有所謂『天梯』者存焉。」在這種樸素的想法之下，便以自然物中的「昆侖」和「建木」做爲攀登的天梯。然而，晉代的郭璞注《山海經・海內經》：「柏高上下於此，至於天」句云：「言翱翔雲天，往來此山也。」雖然袁珂在校注此文時，已明確指出郭璞之誤❶，但由「循階而登天梯」和「任意翱翔」的不同，卻可發現漢晉觀念中的登仙方法和先民並不相同。尤其是重黎絕地天通後，人、神更是失去了賴以往來的「天梯」❷，此後，究竟神仙們是憑藉著何種能力或工具，使他們得以「翱翔雲天」呢？而人，又是藉著什麼方法與天溝通？從郭璞這段注解看來，人和天的關係無疑的已脫離遠古神話的世界，而呈現出兩漢以來升天入地的仙家氣息。

道教傳說中，神仙和龍往往是密不可分的伴侶。典型如《史記・封禪書》中所載，並略變於舊題劉向《列仙傳》中之同一故事：黃帝在荊山下鑄鼎之後，德成，便有龍來迎之昇天。而道經云：「黃帝……白日昇天，登太極宮，號曰中黃眞人。」[3]成爲眞人的黃帝，龍是他順理成章的坐騎。類似的乘龍故事在神仙傳說中屢見不鮮，如〈馬師皇〉、〈蕭史〉、〈陶安公〉、〈呼子先〉、〈陵陽子明〉等等[4]。上列傳說中，馴獸般的龍騎擔任著扶搖登天的重責，由此言之，龍是驛運神仙登天的必要交通工具。

又，唐代以降，投龍風氣日熾，祈安求福的齋儀中，每以龍簡象徵「飛龍騎吏」，期望龍能高飛，傳達祈福者的願望於天帝之庭。由此，龍似乎又是扮演了天人之間的「郵差」角色。

如此說來，所說「龍驛」者，實包含了運載神仙及人的祈求兩項職能。然而，這不禁令人產生好奇——爲什麼這些工作的驛運者都是龍呢？它又將負載物驛運至何處？如何昇天？又，在仙境裏，它究竟扮演著那一種角色呢？這些，都是本文企圖揭開的謎題。

## 一

漢許愼《說文解字》釋「龍」云：「春分而登天，秋分而潛淵」。加拿大Raymond A. Dragan據以說明龍的飛翔能力，認爲龍是隨著春季來臨而飛上天庭，並在天上移棲至秋季[5]。

這個啟發，讓我們得以進一步去找尋龍所能停留和經過的地點。

首先要了解的是宇宙的構造。基於直觀，古人眼中的天地是個「天依地，地附天，天似蓋笠，地法覆槃」的世界。到了漢代，揚雄對此蓋天之說提出質疑，從此「天包地外，地在天中，形如鳥卵」的渾天觀念便成爲架構宇宙的重要的理論❻。日人山田慶兒在〈空間、分類、範疇〉一文中認爲：「蓋天說是把天地上下的觀點來把握，渾天說則是從內外的觀點來把握的。」依據這個說法，山田氏對老子「道生一，一生二，二生三，三生萬物」的理解是：

> 「一生二」都不是把空間分割爲上下，而是分割爲內外，「二生三」則是把外部空間分割爲上下。……我認爲空間分割的基本構造是二極構造和三極構造。……按四方分割了空間，再將各個部份空間反覆地二分、乃至三分，並可按原理一直細分下去。在這裏就產生二極構造系列。……三極構造系列的分割也同樣是在外部空間細微分化的過程中產生的。

宇宙空間的配置，是按照上述的空間分割而來，二極構造系列形成四方、八卦、十二支，三極構造系列則形成了九州說。這樣的空間配置涵蓋了天……地……地下，規定秩序，分類萬物。❼這裏，已充分顯示出蓋天和渾天二說在傳統宇宙空間上的融混。而山田氏對空間的探討，將幫助我們進入道教神仙世界的宇宙架構裏。

關於道教在天地空間配置上的記載，如唐段成式於《酉陽雜俎前集卷之二，玉格》云：

道列三界諸天，數與釋氏同，但名別耳。三界外曰四人境，謂常融、玉隆、梵度、賈奕四天也。四人天外曰三清：大赤、禹餘、清微也，三清上曰大羅，又有九天波利等九名。

天圓十二綱，運關三百六十轉爲一周，天運三千六百周爲陽孛。地紀推機三百三十轉爲一度，地轉三千三百度爲陽蝕。天地相去四十萬九千里，四方相去萬萬九千里。名山三百六十，福地七十二，崑崙爲天地之齊。又九地、四十六土、八酒仙宮、言冥謫陰者之所。

段氏於序中言其撰述目的爲「偶錄記憶」❽，因此由上文大抵可知唐人對道教天地的認識，然因是載實，故未見其解說與討論。假若以山田氏的空間分割法檢視上文，則「道列三界諸天」條顯爲內外分割，天外有天的同心圓；「天圓十二綱」條則爲上下十二等份的分割法；而「名山三百六十」條所言在地，仍依二極、三極構造加以配置的空間架構。

今查諸《雲笈七籤》卷三〈道教本始部〉及卷二十一、卷二十二〈天地部〉，由其所列天地之名，約可得如下❾：

最上天（有四）：大羅天

三清：清微天（三天）

禹餘天（三天）

大赤天（三天）

中四天（有三十二）：四梵天：太極平育賈奕天　龍變梵度天

太釋玉隆騰勝天　太虛無上常融天

三界：無色界四天：秀樂禁上天　翰寵妙成天

淵通圓洞天　皓庭霄度天

色界十八天：無極曇誓天　上楪阮樂天

憮思江由天　太黃翁重天

始黃孝芒天　顯定極風天

太安皇崖天　元載孔昇天

太煥極瑤天　玄明恭慶天

觀明端靜天　虛明堂曜天

竺落皇笳天　曜明宗飄天

玄明恭華天　赤明和陽天

太極濛翳天　虛無越衡天

慾界六天：七曜摩夷天　元明文舉天

玄胎平育天　清明何童天

太明玉完天　太皇黃曾天

九地三十六音：第一疊色潤地正音　第一疊色潤地行音
第一壘色潤地遊音　第一壘色潤地梵音
第二壘剛色地正音　第二壘剛色地行音
第二壘剛色地遊音　第二壘剛色地梵音
第三壘石脂色澤地正音　第三壘石脂色澤地行音
第三壘石脂色澤地遊音　第三壘石脂色澤地梵音
第四壘潤澤地正音　第四壘潤澤地行音
第四壘潤澤地遊音　第四壘潤澤地梵音
第五壘金粟澤地正音　第五壘金粟澤地行音
第五壘金粟澤地遊音　第五壘金粟澤地梵音
第六壘金剛鐵澤地正音　第六壘金剛鐵澤地行音
第六壘金剛鐵澤地遊音　第六壘金剛鐵澤地梵音
第七壘水制澤地正音　第七壘水制澤地行音
第七壘水制澤地遊音　第七壘水制澤地梵音
第八壘大風澤地正音　第八壘大風澤地行音
第八壘大風澤地遊音　第八壘大風澤地梵音
第九壘洞淵無色剛維地氣正音
第九壘洞淵無色剛維地氣行音

第九壘洞淵無色剛維地氣遊音
第九壘洞淵無色剛維地氣梵音

天地之名大抵如上。必需注意的，是它如何被安排在這個如雞子一般的空間之中。若以山田氏的空間分割法視之，則最上四天在圓頂，平分東西南北四等份，其次爲四梵三界平分圓頂之外的空間爲三十二等份，至於地，則被包在天中，各壘以四方並同心圓方式分佈。

關於這樣的配置法，其實在《雲笈》中早有討論，書卷二十一辯《靈書正經》之誤曰：「言三十二天上下重疊，亦爲一天二十八宿，即錯將中斗而攝北位。」又辯《三界圖》：「三十二天四傍並，分列四方，一重四天。積氣相承，扶搖而上，其天獨立，亦無八方。」之誤曰：

今言扶搖者，三十六天上下相承，中爲天關，皆爲中斗，璇璣四方，二十八宿漸次昇上，故言扶搖，故云玄階與扶搖臺在東北方玄天也。又明上下三十二天，皆有七宿璇昇四方，亦言四天也。今言四天者，東方有九氣青天，南方有三氣丹天，西方有七氣素天，北方有五氣玄天，四方四天，故言四天，非是天外更別四天也。故《度人經》云：旋斗歷箕，迴度五常，三十五分，總氣上元。……今按《赤書》及《九天譜》等經云：三十二天上下相去各有氣數，上及四梵，合爲三界，三十六帝不同一天，四方傍並也。

又云：

《三清圖會》云：將以玄氣始三氣以爲三境三天。又以《生神經》九天，乃於三天之下各並著三天。又以四方三十六天，而取二十七天各於九天之下，各並著三天，一單三並，以爲九天。未審九天各生八方，上下應會，何所分立？故《大洞經》云：玄元始三氣各生八方而爲二十四帝，九宮各生八方而爲七十二宮，即明生神九天無有一單三並。九氣天關上下不應，言三洞生化，故立三光三乘各三，故立九帝九氣分化各生三天，故爲三境三十六天也。

《雲笈》成書，兼收備錄。因此，由上述引文中的論辯，大抵可得出幾個關於天的看法：1.有以爲天是重疊的，每天各自獨立，各有星辰。2.有以爲天以四方五帝、八方九宮的形式存在，故曰「傍並」。3.有以爲三十六天上下相承，中爲天關，二十八宿扶搖而上。這些看法更回證了山田氏的空間分割理論，事實上，天地的配置是既上下四方八野的分割，但同時也是內外相疊的同心圓。若以現實環境來做比喻，則我們生存的空間裏，既是天，也是地，更是地下的世界。因此，依山田氏所言：「天不外是被映象在高處的另一個地」、「天國就是翻過來的地獄」，那麼：「死者的存在空間不是沿垂直方向下落到『無限之穴』，而是和活人存在的空間相同的平面。」❿如果畫成圖形，便如下：

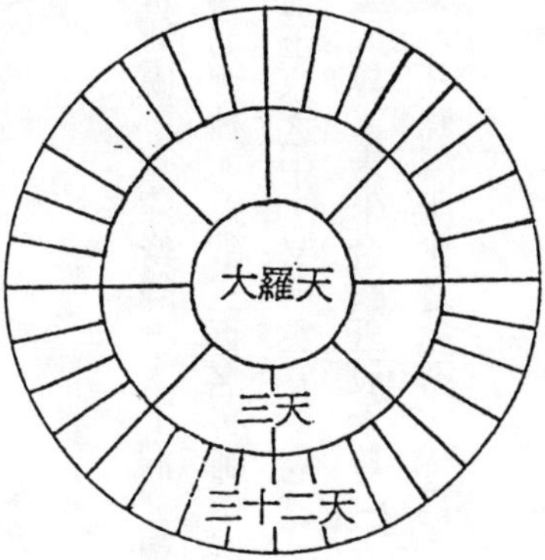


了解空間佈置後，我們便要從這空間中找出龍在何方，以及它可以到達什麼樣的地方。以下便分別說明之。

## (一) 龍的棲息處

依據道經所載，群龍聚集之處有二：一在方丈洲。《雲笈》卷二十六云：

> 方丈洲在東海中心西南東北岸，正等方丈，面各五千里，專是面龍所聚者。金玉琉璃之宮，三天司命所治之處。群仙若欲升天者，往來此洲，受太上玄生籙。仙家數十萬瓊田芝草，課計頃畝如種稻狀。亦有石泉，上有九原丈人宮主，領天下水神及龍蛇巨鯨、陰精水獸之輩。

此處所謂「東海中心西南東北岸」不知爲何方，衡諸同卷形容扶桑在「東海之東岸一萬里」，蓬丘（即蓬萊山）則「對東海之東北岸，周迴五千里，北到鍾山北阿門外，乃天帝君總九天之維，貴無比焉。」查同卷「昆侖」條，鍾山是「天帝君治之處也」，因此，方丈、扶桑、蓬萊三處約在三清九天之境的東方。引文中提到「群仙若欲升天者，往來此洲，受太上玄生籙」，可見方丈一地乃是升仙必經之處，群龍聚此，則是神仙往來之需也。

一在七寶林。《本相經》⓫曰：

吾昔赤明元年，與高上大聖玉帝於此土中鍊其真文，以火瑩發字形。爾時真文火漏餘處，氣生化爲七寶林，是以枝葉成紫書金地，銀鏤玉文其中，及諸龍禽猛獸一切神蟲，常食林露，真氣入身，命皆得長壽。三千萬劫當終之後，皆轉化爲飛仙，從道不輟，亦得正真無爲之道。

文中「此土」未審何處。查陸脩靜《太上洞玄靈寶授度儀》云：「頭腦禮金闕　攜手邀玉京。騫樹圓景園，煥爛七寶林。天獸三百名，師子巨萬尋。飛龍躑躅吟，神鳳應節鳴。」⓬此文明言七寶林位於上清玉京之中，又《雲笈》卷三〈道教本始部〉云：「三代天尊者，過去元始天尊，見在太上玉皇天尊，未來金闕玉晨天尊」，則「高上大聖玉帝」應是元始天尊。天尊於三清境中以火鍊眞文，其餘澤所化之林露，時爲「諸龍禽猛獸一切神蟲」所食，則知三清境中亦多龍獸也。

又《雲笈》卷二〈混元混洞開闢劫運部〉載：

地機在東南之分，九泉之下……水母促會於龍王，河侯受封於三天。

此處「龍王」與「河候」並舉，同在「九泉之下」，可知九壘中有水處，亦有龍王居宅。又此文以「龍王」名龍，未如前文之以「龍蛇巨鯨、陰精水獸」或「龍禽猛獸」名龍，可知此處之龍的身份應高於上述諸地之龍，由此說來，龍龍之間亦有身份等級的差別，此當另以專文述之。

此外，龍常常逗留的地方，還有與二十八宿相應的二十四治⓭。查《雲笈》卷二十八所載的二十四治中，並未條條提到龍的出現，今列出所見者如下表（見八七〇頁）。

二十四治中的上品八治，除上所列五治應蒼龍星座外，餘葛璝山治應心宿，秦中治應箕宿，皆是蒼龍，另眞多治則應玄武星座的斗宿。又《太平經》云：「龍有文章，家在辰。」辰位正在角亢龍首處，則上品八治中之「龍門」、「龍穴」等，皆是龍所經常停留出沒的地方。又角宿爲東方首宿，角二星爲天門，中爲天關，凡日月五星，皆從天關行⓮。上品陽平治正應角宿，即表示此地便爲天關，凡與天中各星相應的列仙，都要由此出入，其地位之重要可想而知。陽平治爲二十四治之首，良有以也。另外中品八治有三處，下品八治有二處亦提到「龍門」、「龍穴」等，表示龍亦常出沒於此。

| | | |
|---|---|---|
| 上 | 陽平治……治道東有龍門拒守，神水二柏生其上，西南有大泉，決水歸東。治應角宿。 | 蒼龍 |
| 上 | 鹿堂山治……山有松柏五龍仙穴，龍通船渡，持火入穴，三日不盡。治應亢宿。 | 蒼龍 |
| 上 | 鶴鳴神山上治……治前三水共成一帶，神龍居之。治應氐宿。 | 蒼龍 |
| 上 | 漓沅山治……又有四龍起騎之門。治應房宿。 | 蒼龍 |
| 上 | 庚除治……山有二石室，三龍頭，淮水遶之。治應尾宿。 | 蒼龍 |
| 中 | 昌利治……山南有一石室，容八十人，前有三龍門爲誌。治應牛宿。 | 玄武 |
| 中 | 本竹治……陌北有龍穴地道通峨嵋山。……後有林竹，西去十五里通鶴鳴山前，水中常有神龍遊戲。治應壁宿。 | 玄武 |
| 中 | 平蓋治……中有龍門。治應婁宿。 | 白虎 |
| 下 | 瀘口治……東有流海帝王所住，有青龍門。治應昴宿。 | 白虎 |
| 下 | 後城山治……北有青龍。治應畢宿。 | 白虎 |

在此要說明的是：神秘的宗教想像往往奠基於巨細靡遺的科學觀察及理論，在天文觀測中用以標明星位的蒼龍星座，在宗教的需求下被化成具體的龍形，因此，蒼龍星座所在位置，便是龍停留之處：其迴旋天穹，便是龍行諸方。而在天地交疊的空間裡，便可處處有龍的蹤跡了。

## (二)龍可到達之處

所謂「龍可到達之處」，主要在找出龍可飛行的範圍。因此，在道經中並沒有特別提出龍的穿梭空間，因此我們只好藉由驅使龍的神仙所到之處來探索。

### 1.泛　遊(降昇天地)

如《太上飛行九神玉經》⑮云：

> 策駕雲龍，遊眄五嶽……某乘龍上遊九天，下飛地元。景雲丹輿，玄華翠裳，腰佩龍策。頭巾虎文，包生萬物。教訓飛仙。脫某死名，天地長存。乘龍步斗，所向受恩。

又《雲笈·天地部》載：

> 第九壘土皇……一年四過，乘五色雲輿，九色飛龍，執中元命神之章，從億老仙宮耀天羽騎萬二千人，上詣波梨答恕天，奏九地學道得仙人名，言於四天之主。

又《太上昇玄三一融神變化妙經》⑯云：

時乘九龍之車，遊歷三界……或隱在大泉之中，呼吸精炁，乘駕六龍，遊往龜山；或乘靈波，以御九龍。

由上文觀之，龍乃從九地深處飛梭三界、四梵、九天，任騎驛者之願所行，無所阻攔。又所謂「九龍」者，當從三極空間結構的分配而來的相應，既然天有九天，地有九州，那麼要飛行天地，自必有九龍之車，始能擔起負載之責，其義便在於龍能周遊上下之謂。而「六龍」或可作兩項推測。一者如上述，乃爲六天之相應。再者可視爲《周易》六龍之象徵蒼龍星座在空中的春秋推移⑰，將星象做乘輿的宗教想像，亦取龍行天下之意。

2. 遊　天

如《太玄都四極盟科》⑱云：

西王母云：昔黄帝登峨嵋山，詣天真皇人，請受此法，駕龍生玄。帝嚳之時，九天真王駕九龍之輿，降牧德臺。

又《大洞眞經》⑲云：

太極元君乘凌羽之車　結雲氣以雕華，控九龍以齊驟，揚威於高上之天。

又《釋太上大道君洞眞金玄八景玉籙》⑳云：

子欲爲真，當存日中君駕龍驂鳳，乘天景雲東遊桑林，遂入帝門。若必昇天，當思月中夫人駕十非龍，乘我流鈴，西朝六領，遂詣帝堂。

又《上清黃庭內景經》㉑云：

黃帝九鼎神丹經云：乘龍駕雲出入太清。

又《雲笈·日月星辰部》云：

太素真人……皆乘雲車羽蓋，駕命群龍，而上昇皇天紫庭也。……以日月五精之神，乘龍步空，足躡景雲，遂與五帝上入天門。

上列諸龍，大抵隨仙眞行於九天之中，出入天門。比較「泛遊」、「遊天」所列諸文，可以發現道經中形容龍負載神仙穿梭於天地間，以遊「天」較常被描述，入「地」之描述顯然較少，此或係在九天之上的神仙品級較高，遂成爲慕道者之嚮往及模範，因此被提及的機會顯著增加。

## 二

接下來要討論的是龍的驛運職能：

### (一) 驛運神仙

在宗教的想像裡，我們是生存在交疊的空間之中，只有神仙可以自在的穿梭於這些不同的空間。而生存於六天內的俗民，卻沒有這個福份。若想登天，最好的辦法就是入道、修道，但除非仙籍錄名，否則未必能修煉成仙。然，若果如此，豈不遺憾？早在遠古時期，人們便有「乘蹻」的想像，冀望藉蹻登天，死而若生㉒。這種想像在道教中得到極度的發揮，道經中較早記錄「乘蹻」者，首推葛洪的《抱朴子內篇·雜應》，其文曰：

> 凡乘蹻道有三法：一曰龍蹻，二曰處蹻，三曰鹿盧蹻。……龍初昇階雲，其上行至四十里，則自行矣。……又乘蹻須長齋，絕葷菜，斷血食，一年之後，乃可乘此三蹻耳。雖復服符，思五龍蹻行最遠，其餘者不過千里也。

在道教中，「乘蹻」的工夫乃靠修煉而來，悟性高而能專一心思者，得之便速。《太上老君大存思圖訣》㉓云：

是故爲學之基，以存思爲首。存思之功，以五藏爲盛。藏者何也？藏者成也，潛神隱智不炫耀也。智顯慾動，動欲日耀，耀之則敗，隱之則成。光而不耀，智靜神凝，除慾中淨，如山玉內明。得斯勝理，久視長生也。……能讀五千文萬遍，太上雲龍下迎。萬遍畢未去者。一月三讀之，須雲駕至便昇仙。

苦學修煉是成仙的第一步。上文言「能讀五千文邁遍。太上雲龍下迎」，其意應如《太上登眞三矯靈應經》所言：「夫龍蹻者，氣也；氣者，道也。長視龍蹻，煉身爲氣，與道相合，眞足生雲也。」㉔在這裏便牽涉到修煉者如何登仙乘龍的問題。從上列諸段引文中，可以清楚的看見修煉過程，須煉至「身、氣、道」相合爲一，始得雲龍來迎，於此便是成仙矣。蓋依葛洪之言，「五龍蹻行最遠」，故所費努力亦較學習他蹻爲巨。然而，龍如何得知有修道者功成，而來迎之昇天？此一龍蹻又從何處飛來？理應有跡可尋。前文曾提到第九壘十皇在一年之中，必四次上告天庭以學仙有成者之名，是以天帝已知修道者爲何人。又《古今圖書集成・神異典》卷二二五〈神仙部〉「蘇林」條載：蘇林被召爲眞命上卿，「旦有雲車羽蓋，驂龍駕虎，侍從數千人迎林即日登天。」又同書卷二三〇「李少君」條載漢武帝夢「有使者乘龍持節，雲中來言：『太乙請少君』。」武帝醒後知李少君卒，而曰：「少君不死，故化去耳」。㉕此皆言成仙者有上天派遣使者迎之昇天，故知道經每謂「龍來迎之」之龍，固是天帝遣來迎接成仙者之驛使，而三清境及方丈洲皆多龍獸，遂便於天帝之差遣也。

又問：道經中載成仙者多，未必人人都以龍爲乘，然爲何以龍驛特佳？關於這點，可分數點說明之。

1.神仙的品級

神仙品級之高低，關係著該神仙座騎的種類。《古今圖書集成・神異典》卷二三〇〈神仙部〉「周義山」條記載了周義山好學神仙，遇中嶽仙人授其延壽仙藥，並勸其求取上仙之道，云：

> 仙有數品。有乘雲駕龍，白日昇天，與太極真人爲友，拜爲先宮之主，其位可司真公、定元公、太生公及中黃大夫、九氣丈人仙都公，此皆上仙也。或爲仙卿大夫，上仙之次也。遊行五嶽，或造太清，役使鬼神，中仙也，或受封一山，總領鬼神：或遊翔小有，群集清虛之宮，中仙之次也。若食穀不死，日中無影，下仙也。或白日尸解，過死太陰，然後乃仙，下仙之次也。我受涓子秘要，途中仙耳，子名上金書，當爲真人，我之道非子真人所學也。

其後，周義山從其所勸，向衍門子學龍蹻經，又多方求仙，十一年後「遂乘雲駕龍，白日昇天，上詣太微宮，受書爲紫陽眞人。」㉖由此觀來，便只有上仙才能乘雲駕龍了。在《神仙傳·劉根》中亦有類似說法，並言：「藥之上者，有九轉還丹、太乙金液，服之，皆立登天，不積日月矣。其次有雲母雄黃之屬，雖不即乘雲駕龍，亦可疫使鬼神，變化長生㉗。」此爲服食昇仙，亦以乘雲駕龍爲高。又鑒諸《雲笈》卷五所載〈晉茅山眞人楊君〉云：

> 若專心向道，後二十二年將乘龍駕雲，白日昇天，今若不耐風火之煙，可尋劍解作告終之數也。

引文中之楊君（楊羲）修煉不輟，終得仙眞降授，諭以劍解。然「劍解」不同於「白日昇天」，由道經中屢將「乘龍駕雲」與「白日昇天」並提，如《靈寶洞玄自然九天生神章經》云：「馳騁龍駕，白日登晨。」㉘等等敘述，可知能白日昇天者自然最佳。《酉陽雜俎前集卷之二·玉格》云：「白日去曰上解，夜半去曰下解」。又曰：「白日尸解，自是仙」。另外，《雲笈》卷五所載〈唐茅山昇眞王先生〉云：「王遠知……吾昨見仙格，以小時誤損一童子吻，不得白日昇天。」王遠知因童年的誤失，以至失去了最好的昇仙方式以爲懲罰，而上天更不可能派遣龍驛來迎接了。

道教中描寫三清境的仙眞出遊或降臨，往往鋪排出浩大的場面，宛若人間的帝王，如《太上飛行九神玉經》云：行玉清之道者，有「紫雲飛軿十二瓊輪，前導鳳歌，後從玄鈞。六師啟路，飛龍翼[車枼]。」若行上清之道，則「駕飛雲丹輿，前吹鳳鸞，後奏天鈞。玄龍啟道，五帝參軒。」行太清之道，則「駕龍輿飛煙，前嘯九鳳，後吹八鸞。白虬啟道，太極參軒。」㉙由此可知，能驅策龍驛者，大多是三清上仙，此蓋如《元錄經》所言：「上清九天玄神八聖驂駕九鳳、龍車、玉輿、金輦，皆先人之服器。」㉚也。

2.仙途的艱險

前文言昇仙的過程，需要天人雙方之配合。一是自我的修煉，二是等到功德圓滿之後，成爲上仙，天帝自然派遣龍驛來迎接昇天。在自我修煉的過程中，已然充滿艱辛，精思去欲的淨心仍嫌不足，還需周行仁義禮智信五德以濟度世人，否則得道無望㉛。一日龍驛來迎，固然欣喜，若否，則無緣上九天了。蓋仙境周圍往往圍繞著深水大澤，以阻止凡夫或修道未成者冒然進入。如《拾遺記》中記載的「員嶠山」，山上有浣腸之國，其國的周圍有：

甜水繞之，味甜如蜜，而水強流迅急，千鈞投之，久久乃沒。其國人常行於水上，逍遥於絶岳之嶺。

活水食之味甜，對定力不足的人來說，是一極大的誘惑。其水流復強急而深，搭船或涉水均屬不可能。因此，要登上浣腸之國，就必需設法度過甜水的隔阻。又載「岱輿山」，言此山：

有員淵千里，常沸騰。以金石投之，則爛如土矣。孟冬水涸，有黃煙從地出，起數萬丈，煙色萬變。山人掘之，入數尺，得燋石如炭滅，有碎火。以蒸燭投之，則然而青色，深掘則火轉盛。……南有平沙千里，色如金，若粉屑，靡靡常流，鳥獸行則沒足。

岱輿山又是另外一種型態的險惡，圍繞在山周圍的深淵是沸騰的水，投入堅固的金山猶爛如土，何況穿渡之人？冬季的來臨，更使員淵成爲黃煙四起的火坑，行走於上，亦不免危險。山南的流沙，也常令行遊的鳥獸走失足而亡。這看來可怖的地方，卻有璨爛的園林，仙人居其玉樓，食之仙果，十分自在，而凡人卻不得一窺其奧㉜。此外又有「鳳麟洲」，《雲笈》卷二十二載：

鳳麟洲在海中央，地方一千五百里，四面有弱水，鴻毛所不浮，上有仙家數千，鳳麟爲群。

所謂弱水，能使鴻毛不浮，因此決不可能以濟渡的方式通過，唯一的辦法只有飛翔了。而水所保護的，便是洲中仙家的安寧。此外，在仙境中佔最重要位置的崑崙山，也有同樣的地理保護，同卷又載：

中國四周百二十億萬里下極大風澤五百二十億萬里，崑崙處其中央，弱水周匝繞山，山高平地三萬六千里，上三角面，方長萬里，行似偃盆。

崑崙是天地的樞紐，《大洞隱注經》云：「崑崙山上接九氣，以爲璇璣之輪，在太空之中。中斗既在崑崙山上，即大羅天。」[33]大羅天境在三清之上，要登上此山，自非等閒之仙可入，必得修得龍蹻之上仙始可。水深，再加上山高，要進入衆神往來的閬風臺、玄圃臺、崑崙宮、天墉城、安金臺，除了乘雲駕龍之外，別無他法。

這種仙境的描繪，曾大量出現在漢代的畫像磚中，特別是西王母以及崑崙山的圖案，最常成爲墓室磚畫的主題。兩漢時期，道教的理論和組織未必如後代之綿密，但一般反映在墓室中的登仙圖，卻眞實的說明了不死的希望。墓中主人雖然不是宗教的嚴修者，但基於不死的想像，其子孫仍按照當時的喪葬觀念，在墓室中佈置了死後的生活必需品。另外，墓室牆壁更繪以仙境，以加強生人與死者的信心。其中最不可或缺的圖案，就是西王母統理的崑崙山，以及龍車、龍舟圖。崑崙山代表墓主昇仙後的去處，即所謂的神仙極樂世界。龍車、龍舟乃是上天派來迎接死者的交通工具，以仙界之艱險難渡，有此工具，始得順利登天。因此，日人曾布川寛在討論到漢代磚畫的意義時，便說：「崑崙山前繪龍，即表示了昇仙至崑崙山的意志。」又在山「兩側的龍、騶虞、吉祥神獸、鶉鳥、羿、及圍繞在崑崙山旁難以越渡的弱水，都是在比喻崑崙山的危險及攀巖的困難。」而「龍是被分配的唯一能渡過危險的弱水，而抵達崑崙山的乘坐物」。雖然曾布氏隨後又舉出墓中以馬車昇仙的圖案，並認爲馬車代替龍車成爲昇仙的工具，乃是「宣告神話時代的終了，而進入到現實的神仙時代。」[34]然而從上列諸段引文中所記載各種仙境外圍的危險看來，這種以「龍」爲乘，越渡艱險的弱水障礙以抵達仙境的神話想像，在道教的昇仙路程中被保留下來，並且成爲上仙的榮譽象徵。至於以馬爲登仙工具的想像，在後來道教天人溝通的作用上，更是與龍融合無間，這點將詳於後文。

### 3.星宿的升沉

前文曾經提過有關蒼龍星座對宗教想像的影響，將星宿的升沉做爲龍飛翔於天地之間的具體行動，便是這一類型的想像作用。首先要做爲例證的是在前文中已談過的「扶搖臺」，蒼龍隨著中斗的璇璣而旋轉四方，這在三十六天的空間移轉上是顯而易見的，讀者可參閱前文的相關解釋，此處不再複述。這裏，我們要談的是關於蒼龍的移轉在「時間」上的問題。

當蒼龍星座做爲星象觀測的座標時，它便如夏含夷[35]所說的：

> 當春分黃昏時，「蒼龍」之角（即角宿）始現於東方地平線之上。此後，「蒼龍」順時逐漸地上升，至夏至則全體陳列於天。流極之後，又開始下降。到了立秋和秋分之間（約現在八月中），角星降至西方地平線之下，亢宿就處於西方地平線之上。最後，到了秋、孟冬之時，龍體全部位於地平線之下，不見於夜空。

一年之中，蒼龍星座是以東方爲起始點，順著北斗斗柄的指向橫越天空，龍角乍現，表示春已來臨。這種天象氣候的觀察，對農業國家而言是非常重要的，由於對氣象天文變化的敏感，才可能及時耕作、收穫、及預防農害，此即爲「觀象授時」，而蒼龍星座在這現實的意義上，便代表了萬物勃發的生機。時光荏苒，蒼龍星座越過中天，炎夏漸去，秋冬降臨，而帶來生機的蒼龍星座也沈入地中，不復再見。帶著寒氣的秋冬，使得萬物蟄伏，大地蕭瑟，一切都顯得毫無生氣。越明年，龍角又現，生機再起。如此年復一年，彷彿是蒼龍星座更新了世界，帶來希望。而當宗教的想像加入時，蒼龍的隱與現，便是受到天帝意志的影響。《黃帝陰符經》[36]云：

> 秋冬陰氣嚴凝，天之張殺機也，故龍蛇畏而蟄伏。冬謝春來，陰退陽長，天之弛殺機也，故龍蛇悅而振起。

在引文中「殺機」的張弛，完全受到天的控制，同時也影響了龍蛇的出沒。對生存於六天之中的芻民來說，龍是按照天帝既定的時間起伏的，四季的消長，暗示了龍在時間上的穿梭。春夏是龍遊走到「天」的時候，生存於「天」這個空間的生命均可得到龍的滋潤，秋冬是龍蟄伏於「地」的時候，事實上，應是龍遊於「地」中，所以不現於天。因此，在宗教的想像裡，龍的昇天入地，是一種時間和空間交疊的結果。當然，對於求長生的奉道者、修道者而言，穿越時空的限制，而到達一永恆的境界，是他們最高的要求，而唯一能帶著他們突破時空限制的希望，就是龍。這也可以說明爲何「龍蹻」要獨獲修仙者的青睞了。

### (二) **驛運禱文**

前文的討論大半是屬於仙界的情況，而這裡則主要討論「龍」在天人溝通上的運用。

竊觀齋醮科儀所諷頌的宣詞告牒中，每多「驛龍騎吏」、「飛龍騎吏」、「攝龍驛傳」、「驛龍風馳」、「金龍驛程」、「金龍驛傳」等語，似乎龍在齋儀中扮演了「郵差」的角色。又觀《靈寶玉鑑》云：「神龍驛使可達重泉，玉簡金符必資驛傳，故祭祀龍吏以次之。」[37]在齋儀中同時祭祀「龍」，原來眞的是認爲龍有能力潛抵人所無法到達的九重深泉，因此託其驛傳「玉簡金符」，轉達人們的祈禱。關於這一點，法國的沙畹教授（Edouard Chavannes）撰《投龍簡研究》（Le Jet Des Dragons），敘之甚詳。其文由被農夫偶然間拾到的投龍簡牌說起，討論到龍簡的樣式、作用，投龍的原因、儀式等等，使我們對「投龍」這項宗教儀式有更深一層的了解[38]。在沙畹教授的研究之後，我們所想知道的是，儀式中爲什麼使用「龍」來幫助人們傳達訊息？而龍又是由何種「驛道」抵達人們「希望它到達的地方」？它的旁邊有「控馭者」嗎？是誰？這些問題，《靈寶玉鑑》的說辭和沙畹教授的研究仍是無法提供解答。因此，筆者只得以蹇鄙之能力，試著去尋找答案。

利用「龍」來幫助人們傳達訊息，主要是把它看做像「郵差」一樣的使者。因此，這裏首先要提到人在現實生活上的「郵驛」需要。古代擔任兩地溝通的交通工具，以「馬」最爲重要。《周禮．校人》云：「校人掌王馬之政」，又云：「巫馬掌養疾馬而乘治之」。在墨家的宮苑中，特別設置了養馬及醫馬的官吏，主要是因爲馬在祭祀、餽贈、喪儀、田獵、巡守、聘使中均是主要的使用品。驛傳之制大約在春秋戰國時代就有，使用工具中有車和馬等，主要爲軍事政治之用途。漢代置驛，有驛卒，每三十里設一處。「驛」只提供傳書者以車、馬的交通工具，但仍以馬爲原則。另有「傳」，以車爲原則，驛、傳皆同設於一地。唐驛承漢，亦三十里一置，包括陸驛和水驛，陸驛有驛馬，又有傳馬。水驛爲驛船。依唐律，凡奉命乘用驛馬及止宿驛館者，皆稱驛使。唐驛多兼有館舍性質，主要亦爲行政及軍事之用而設，並只專供公爵及政府官員等貴人止宿，庶民不得入驛，宋以後驛置亦大抵不脫於此。除了政府制訂的驛傳外，歷代亦有私驛的經營，其主要目的則在於營利，卻提供來往行旅許多的方便[39]。

從歷代政府置驛的制度看來，馬匹在驛的使用上具有不可動搖的重要性。若將「驛」、「驛傳」、「驛使」等政府制訂的官位官名與齋儀宣詞中的「驛龍騎吏」、「金龍驛傳」等詞相對照，可以發現二者之間有明顯的雷同。沙畹教授以爲投龍儀式的大量舉行大約自唐開始。翻閱道經科節，「金龍驛傳」等詞在唐以前的道書中的確少見，而「驛傳」的制度卻由來已久。因此，筆者幾乎可以斷言「金龍驛傳」等詞的出現，應是將大衆沿習成慣的驛傳制度運用到宗教裏，以爲溝通天人的一種方式。但另一問題是政府的驛傳多用馬，而所謂「金龍驛傳」用的卻是龍，這又將如何解釋呢？因此接下來就要討論到龍和馬的關係。

龍和馬在神話中或者有密切的關係[40]，但這並非此處所要討論的重點。龍在遠古時分就已逐漸被神化，以致到了後代，已經沒有人知道它的眞象[41]。但是馬，卻是眞眞實實存在於人們的生活中，並且被時常的使用著。這裏，筆者並不企圖去探討龍的原始是否和馬有關，而只是想藉由人們對龍和馬在觀念上的相混，來找出二者互相爲用的痕跡。

古人的觀念裏，龍和馬常常是被互相比並的，特別是好將良駒比爲龍，如《呂氏春秋・本味》云：「馬之美者，青龍之匹」。又《周禮・庾人》云：「馬八尺以上爲龍」。影響所及，畫龍也以馬爲藍本，如《論衡・龍虛》云：「世俗畫龍之象，馬頭蛇尾」。另外，在星象的製定、五行的秩序配置上，亦莫不相混，如《爾雅‧釋天》郭注云：「龍爲天馬，故房四星謂之天駟」。又《通占大象曆星經》：「房四星，名天府，管四方。一名天旗，二名天駟，三名天龍，四名天馬，五名天衡，六爲明堂。」㊷五行配置之例證如隋蕭吉《五行大義》卷五㊸云：

> 馬之爲義，不獨乾坤。震又爲善鳴之馬。以震有雷聲，故震雷之象。又爲馵足馬，亦曰白頭，爲的顙之馬，取其顯曜之義。坎爲美脊之馬，以有居中之閏，故說卦龍馬，以配者多。以爲行天莫若於龍，行地莫過於馬，故多所象也。

蕭吉這段解釋，已經明白的表示馬有「善鳴」、「顯曜」的特點，故得與龍互配，而有「行天莫若於龍，行地莫過於馬」之說。又進一步解說云：

> 問曰：乾亦稱馬，震亦稱馬，何不竝取其合？答曰：行地莫過於馬，坤既是地，取其正用。乾天震木，非是地體，故不取合。問曰：若如所解，乾之六爻，皆稱爲龍，行天不過於龍，龍德應乾，何忽居辰？答云：未若爲馬，成如來難。馬既在午，正取其合，乾位居戌，戌衝在辰，所以龍配於辰。

五行的配置本是空間劃分後規定秩序的產物，性質相同或類似的抽象與具象被分配爲同類；否，則爲異類㊹。從上二段引文中，已讓我們了解龍和馬的關係只是一種「類似」，並非完全相同的，但這份「類似」已足以讓陰陽家把它們配在一起，而規定出「龍行在天，馬行在地」的結果。那麼，站在「馬在地的職務在於傳驛，龍在天必也負責類似的工作」的想法上，龍當然是擔起溝通天人之間「郵務」的最佳選擇，因爲平常易得的馬只在凡俗的「地」行走，而具有神性的龍卻可遊走「天地」。把這樣的想法拿來檢視「龍驛」，問題就明朗多了。如唐張萬福《傳授三洞經戒法籙略說》[45]云：

> 龍者，鱗蟲之長，稟少陽之炁，含歲星之精，木之靈。獸變化自在，故東方七宿象爲青龍。炁轉五方，或遍九方，隨處言之，則有五龍、六龍、九龍之號。得道者馭之，如世之乘馬。所以世事云：龍以馭天，馬以行地是也。

龍因爲有神性，故可自在變化，遊走九方，若「得導者馭之，如世之乘馬」，此即前文所言修成龍蹻者。而「世事云」則表明了大衆的觀念，那麼龍和馬便因爲「驛傳」性質的相同，而在「溝通」這一定義上被畫上了等號。（龍蹻，在昇仙中也代表了由人到仙的過程，也可算是一種溝通。）同文又云：

> 今所以用龍者，傳言驛奏，聞諸天曹地司，狀學道者之功過也。紐以馭龍，猶馬之銜勒也。

儀式中使用龍的目的在驛奏，已毫無疑問。比較有意思的是要「聞諸天曹地司，狀學道者之功過」，前文我們曾經討論到龍驛如何得知那位修仙者得道而來迎之，在此終於得到一完整的「迎接昇仙」的過程，原來是高道舉行齋儀，祭告天地，並準備龍器，請求龍驛傳達修道者的功過。天曹地司知曉後，各傳達其主。隨後，一年四次，第九壘土皇更以告天帝，雙方檢覈無誤，天帝遂遣龍往迎德成之修道者。儀式中除了準備龍器以象徵龍驛外，還準備了金紐以駕馭龍，引文中以爲其物「猶馬之銜勒」，直是以龍爲馬了。金紐之外，還有龍簡、龍璧（玉璧）等物，同文云：

簡者求事之詞，璧乃質誠之信，龍即傳奏之驛，猶諸方奏貢，列詞狀物，馳於闕庭耳。

龍簡爲長方形的銅牌或玉牌，上書祈禱內容，外圍環繞著從水中延伸到天上的龍㊻。璧多是玉器，上刻龍形，乃以珍貴物貢取信於天，《上清黃庭內景經》以結盟立誓換錦爲白絹羅、青布，鈕爲金環，認爲「亦足以誓信九天，制告三官矣。」其文旁注云：「諸經中信用金魚、玉龍之例，多是寶貴。」經文以爲古多用極爲珍貴之雲錦金簡貢天，只取其寶貴，然而齋儀應主誠信，只要有誠，使用次等貢物其實無妨㊼。這些物品都需託龍以驛傳於天地的。

投龍儀式之名歷代演變不同，但大抵不脫爲帝王求長生，爲百姓祈福祉，爲死者消厄脫困時，沙畹教授解之甚詳。此依據《唐六典》㊽所列而概述之：

一曰金籙大齋，調合陰陽，消災伏害，爲帝王國土延祚降福。

二曰黃籙齋，並爲一切拔度先祖。

三曰明真齋，學者自齋齊先緣。

四曰三元齋，正月十五天官，爲上元；七月十五地官，爲中元；十月十五水官，爲下元，皆法身自懺愆罪焉。

五曰八節齋，修生求仙之法。

六曰塗炭齋，通濟一切急難。

七曰自然齋，普爲一切祈福。

投龍時，有四種驛傳的方式，即「四驛」：蛟龍驛、金龍驛、風火驛、金馬驛。蛟龍驛爲陰，金龍驛爲陽，風火驛以火，金馬驛以飛馬[49]。四種傳驛方式中，龍佔了兩項，而由於龍和馬在觀念上融混，飛馬亦可視爲龍的變形，此外還有「非生物類」的風火。使用風火，依沙畹教授言，是因爲認爲燒符時，風能將煙吹開，而將禱文送到天庭。

投龍的時間則在「五星失度，四氣變常。二象不寧，兩曜孛蝕。天傾地震，川竭山崩。水旱爲災，螟蝗害稼。疫毒流布，兵革四興。猛鷙侵凌，水火漂灼。冬雷夏雪，彗孛呈妖」這種天災地變的時候。投龍的地點則選在「名山洞府，古跡神鄉」[50]。依照沙畹教授所考，即是在十大洞天、三十六小洞天、七十二福地、五嶽四瀆、二十四勝境。因爲這些地方有神鳳飛虬，天麟澤馬棲息，是「天地之關樞」、「陰陽之機軸」，並有「大聖上眞主宰其事」，「主御罪福，典錄生死」51。再依照空間分割原理來看，這些地方正是和三十六天仙境相應的地方，並如上文所言，各有上仙主宰，舉行投龍儀式可便於靈驗。

至於驛龍身旁是否有控馭者隨它到有司之處呢？由於上引諸文並沒有明顯的告訴我們關於「驛使」是「人」的記錄，從「紐以馭龍」句，我們可以推測可能是主持儀式的高道以「金紐馭龍上告有司」，但在「龍即傳奏之驛……馳於闕庭耳」句中，又彷彿是有靈的龍獨自馳驛天庭，上告有司。由於資料無法提供更明確的說法，關於這一點，在這裏也只好存疑。

最後，再試者找出龍行的驛道。龍如何昇天入地？無疑的，飛翔是最直接的答案，有的龍的確擁有足以負載它飛行千里的翅膀，但是這翅膀除了飛翔之外，它最大的功用應還是在於招來風雨52。然而從神話傳說、典籍、道經，甚至於畫像磚、歷代圖畫中可以知道，不管龍是否有翼，飛翔似乎就是它的天性。依照它可泛遊天地的宗教想像來說，飛翔就是它神性的必然！但負載神仙遨遊天地是一回事，由驛馬想像而來，在儀式中爲擔任運送禱文的工作而奔馳的驛龍，則又是另外一回事。奔馳的驛龍身負重責，它是辛苦的。如果依照漢唐驛制，每三十里便設一驛站，那麼我們是否也可推測這些運送禱文的驛龍，便是一站一站的，以接力的方式傳驛禱文，以免累壞了？我想，這應該是個合理的推測53。那麼，接下來便是找出「驛道」和「驛站」位於何方。

這眞是一項艱難的工作，因爲並沒有明顯的資料透露任何相關的訊息。所以目前只得根據少數篇章來略作討論。首先看的是《太平廣記》所引的《梁四公記》中之〈震澤洞〉。文記有長城乃仰公⿰目他曾誤入龍宮，歸後以告梁武帝曰：「此洞穴有四枝，一通洞庭湖西岸，一通蜀道青衣浦北岸，一通羅浮兩山穴谿，一通枯桑島東岸，蓋東海龍王第七女掌龍王珠藏。」[54]引文說明了在地底深淵之處，仍有通達的隧道可利行走。震澤即洞庭，乃今之太湖。《山海經》郭璞注[55]曰：

洞庭，地穴也，在長沙巴陵。今吳縣南太湖中有包山，下有洞庭，穴道潛行水底，云無所不通，號爲地脈。

郭璞爲晉人，因此最晚至晉時，地脈的說法已經存在。這種說法到了唐代仍被接受。如陸廣微撰《吳地記》，也採用了郭璞之說[56]：

太湖……郭璞云：今吳縣西南太湖，即震澤也。中有包山，去縣一百三十里，其山高七十丈，周迴四百里，下有洞庭穴，潛行水底，無所不通，號爲地脈。

太湖的洞庭山即林屋洞天，其「周迴四百里，號曰尤神幽虛之洞天，在洞庭湖口，屬北嶽眞人治之。」[57]此地傳即禹藏眞文之所，一名包山[58]。而從郭璞的說法看來，那包山底下的「洞庭穴」，似乎便是地脈的入口。又，日人三浦國雄於《洞天福地小論》一文中，亦曾討論了關於「地脈」的問題。其文引陶弘景《眞誥》曰：「句曲洞天，東通林屋。北通岱宗，西通峨嵋，南通羅浮，皆大道也。其間有小徑雜路，阡陌抄會，非一處也。」這段記載，很清楚的說明了洞天之下所連接的四通八達的地脈，其相互距離之廣，如三浦氏所言爲：「從句曲山（茅山）到最近的林屋山，直線距離約一百公里，到最遠的峨嵋山，約達一千五百公里，是驚人的地底通道。」而林屋洞天更是地脈的中心[59]。另外，同是漢代張陵在巴蜀所設的二十四治中之本竹治，亦有「陌北有龍穴地道通峨嵋山」（參前文）之文，可見至少在漢代的時候，就已有了「龍行地脈」的說法。雖然至唐時的《梁四公記·震澤洞》故事[60]把「無所不通」的地脈說成「四通」，但仍說明「龍行地脈」的觀念依然存在。那麼，當龍驛要運送禱文時，這「無所不通」的「地脈」就是它的驛道。

至於「驛站」應在何方呢？依照《洞天福地天地宮府圖》言，名山洞府是眞靈上下之處，又「其天元重疊，氣象參差，山洞崇幽，風煙迅遠。」[61]換言之，這些名山洞府便是眞靈神仙們在翱遊天地時的「驛站」。而這些地方同時也是高道認爲最適合投龍的地方。不論是做爲神仙的座騎，或者爲驛運禱文而奔忙，被認爲能飛翔三界的龍若要休息，當然也該在此。那麼，所謂「驛站」，就是在投龍的洞天福地。

## 結論

不知道古時候是否眞的像神話裏所說的，是個「民神雜揉」的社會？但起碼在信史時代開始時，溝通天地的責任已落在巫的身上。到了宗教興起，更能藉由各種宗教理論來襯托出溝通天地的形式。龍之爲神的騎乘，的確曾存在於遠古的神壇裏、神話中[62]，但「龍驛」的產生，卻是道地的宗教產品。因爲「龍驛」這名詞是隨著昇仙的需要，以及投龍儀式的舉行而不斷的出現。

當修道者在造構天地時，由「無」而「太初」、「太始」、「太素」，而「混沌」、「九宮」、「元皇」、「太上皇」、「地皇」、「人皇」……而「伏羲」、「女禍」……，一天倚一天，一天重一天，層層架構。是時間，也是空間的重疊。在這種緊密的空間中，六天是最多「劫」的地方，這裏除了居住著善男女之外，也有很多下凡歷劫的神仙。這些歷劫的神仙下凡後，完全成爲一個凡人，如果他想再歸列仙班，就得努力於修仙的工夫；又如果他是個名列青錄紫章的上仙，那麼他就有幸修得龍蹻，乘龍登天。因此，所謂「龍驛」也者，在昇仙的意義上來說，完全成爲一個「上仙」的榮譽表徵。這項榮譽表徵的內涵大約可分爲二：

1.由於龍被賦予能周遊天地的特性，並且只有龍能度過那圍繞在上仙仙境旁險惡的弱水，龍的能力是其他神獸所不及的，能得到龍的幫助，當能襯托出神仙的神通。

2.代表神的能力和神格極高，因此能自在的駕馭龍。而在出巡時，有龍爲之駕車、導路，更顯身份與常仙不同。

雖然昇仙在宗教說詞裏是個歷劫後的回歸，但其實也是個「由人到天」的溝通方式之一。而另外一種人天的溝通法，便是藉由「龍驛」將人間的訊息傳達於天地。投龍的驛傳工具雖有四種，但還是以龍爲主，可見在人的心目當中，還是認爲龍的神通足以信任，將重要的禱文交給驛龍，必能不負所託。這些驛龍平常潛伏在名山洞府的深淵之中，當投龍儀式舉行時，龍被喚醒，並且立刻負起責任，在著人們的禱文，經由地脈，飛快向天地主宰者所居處馳去，有時路途遙遠，它便在另一洞天福地的驛站中，將禱文交給另一條龍，這龍便又負責的向前馳去，如此反覆，以至闕庭。

經由龍驛的探討，可以更清楚的了解龍在道教中的重要性。原始信仰中的龍在道教嚴密的組織下，更盤據了極其重要的地位，成爲神仙和人共同依賴的神獸，而這種依賴，是沒有任何神獸可取而代之的。

## 注釋

❶ 袁珂《山海經校注》，台北里仁，民國七十一年初版。頁四四四、四五〇。

❷ 袁珂《山海經校注》，台北里仁，民國七十一年初版。頁四〇三。

❸ 《雲笈七籤》卷三。齊魯，一九八八年一版。

❹ 以上同見於舊題劉向《列仙傳》。《中國神仙傳記文獻初編》第一冊，台北捷幼，民國八一年初版。

❺ Raymand A. Dragan <The Flight of the Dragon: Theoretical Understandings in Classical China> at the 34th ICANAS.

❻ 可參清黃鼎編著《天文大成管窺輯要》卷二。台北老古，民國七三年初版。又參康南海《諸天講》卷一。蔣貴麟主編《康南海先生遺著彙刊十八》，宏業。又參《中國天文史話》頁一六—二七，台北明文，民國七四年再版。又參鄭文光、席澤宗《中國歷史上的宇宙理論》，北京人民，一九七五年初版。

❼ 山田慶兒〈空間・分類・範疇……科學思考的原初的基礎的型態〉，劉相安、沈揚譯。收於《日

本學者論中國哲學史》，台北駱駝，民國七十六年初版。

❽ 唐段成氏《酉陽雜俎》，台北漢京，民國七十二年初版。

❾ 除道經外，清末康南海作《諸天考》，以近代西方天文學觀念審視傳統的天文理論，並列出天的數目及名稱，然其所列天的數目已滲入近代的天文觀測，堪如其言：「無數量，不可思議」，頗能表示天的觀念在清末所受的衝擊與改變。近人李養正撰《道教概說》，對道教的天地化分說明頗爲清晰，但猶言：「關於諸天之劃分及諸天數目與名位，地域之劃分及諸洲諸國之數與名，以及仙境、地府陰朝之名位，在道經中說法不一。」故其書僅依據《雲笈七籤》所載介紹。（北京中華，一九八九年一版。頁二三一。）另外，鄭有土撰〈仙界：中國人理想中的「極樂園」……論仙界的產生、發展及其文化功能〉，將仙界歸納爲天宮、海中仙島仙山、洞天福地、特殊型仙界四種類型。（收於《中國民間文化第二集》，上海學林，一九九一年一版。）亦可參考。

❿ 山田慶兒〈空間·分類·範疇……科學思考的原初的基礎的型態〉。

⓫ 《雲笈七籤》卷七。

⓬ 《雲笈七籤》卷二七。

⓭ 《老君音誦誡經》曰：「吾本授二十四治，上應二十八宿，下應陰陽二十四氣」又陸先生《道門科略》曰：「天師立治置職，猶陽官郡縣城府，治理民物。」依《三國志·張魯列傳》，則治爲張陵所設。詳見陳國符〈南北朝天師道考長編〉，收《道藏源流考》，北京中華，一九六三年一版。

⓮ 《通占大象曆星經》卷上，出《漢魏叢書》，北京吉林大學，一九九二年一版。

⓯ 《雲笈七籤》卷二〇。

⓰ 《太上昇玄三一融神變化妙經》，（洞眞部本文類·辰），《道藏》第一冊，文物。

⓱ 夏含夷〈《周易》乾卦六龍新解〉，《文史》二十四輯。

⑱《雲笈七籤》卷六。

⑲《雲笈七籤》卷八。

⑳《雲笈七籤》卷八。

㉑《雲笈七籤》卷一二。

㉒張光直〈濮陽三蹻與中國古代美術上的人獸母題〉，收《中國青銅時代第二集》，台北聯經，民國七九年初版。

㉓《太上老君大存思圖注訣，（洞神部方法類·夙），《道藏》第十八冊。

㉔《太上登眞三矯靈應經》、（洞眞部衆術類·薑），《道藏》第五冊。

㉕《中國民間信仰彙編》第一輯《古今圖書集成·神異典·神仙部》，台北學生，民國七八年景印初版。

㉖《中國民間信仰彙編》第一輯《古今圖書集成·神異典·神仙部》

㉗《神仙傳》。《中國神仙傳記文獻初編》第一冊。

㉘《雲笈七籤》卷一六。

㉙《雲笈七籤》卷二〇。

㉚《雲笈七籤》卷一二。

㉛《太上老君大存思圖注訣》、（洞神部方法類·夙）。

㉜《漢魏叢書》，北京吉林大學，一九九二年一版。

㉝《雲笈七籤》卷二一。

㉞曾布川寛〈漢代畫像石にずける昇仙圖の系譜〉，《東方學報》京都第六五冊，一九九三年，頁二三—二二一。

㉟夏含夷〈《周易》乾卦六龍新解〉。

㊱《雲笈七籤》卷一五。

㊲《靈寶玉鑑》卷二。胡道靜、陳蓮笙、陳耀庭選輯《道藏要籍》第八冊，上海古籍，一九八九年一版。

㊳法沙畹教授（EDOUARD CHAVANNES），《投龍簡研究》，（LE JET DES DRAGONS），文收"Mē MOIRES CONCENANT L'AISE ORIENTALE", L' ACADEMIE DES INSCRIDTION ET DELLE-LETTRES, 1920。以下凡提到沙畹教授之見解，皆出此文。

㊴白壽彝《中國交通史》，臺灣商務印書館，民國七六年臺五版。

㊵蘇雪林〈龍馬〉，《大學生活》四卷二期。

㊶關於龍的種種問題的探討，近代學者頗費心力，如聞一多的〈伏羲考〉、何新的《龍的眞相》等等，的確開創了後學的視野。

㊷《漢魏叢書》，北京吉林大學，一九九二年一版。

㊸中村璋八著《五行大義校註》，台北武陵，民國七五年初版。

㊹山田慶兒〈空間·分類·範疇……科學思考的原初的基礎的型態〉。

㊺唐張萬福《傳授三洞經戒法籙略說》，（正一部·肆），《道藏》第三二冊。

㊻沙畹教授《投龍簡研究》。

㊼《雲笈七籤》卷一一。

㊽唐李林甫等撰，陳仲夫點校《唐六典》卷四，北京中華，一九九二年一版。

㊾關於「四瀆」的說法，因限於個人時間和能力，在此暫依沙畹教授所錄道藏文列出。

㊿唐杜光庭《金籙齋啟壇儀》，（洞玄部威儀類·禮），《道威》第九冊。

51 唐杜光庭《洞天福地嶽瀆名山記序》，《全唐文》卷九三二。

52 Raymand A. Dragan <The Flight of the Dragon: Theoretical Understandings in Classical China>。

53 關於這點，沙畹教授亦曾於其文之前言中略略提及，是項推測乃受其文之啟發。

54 《太平廣記》卷四一九·八。

55 《山海經·海內東經》，卷一三。

56 唐陸廣微《吳地記》，景印文淵閣四庫全書第五八七冊，台北商務。

57 《洞天福地天地宮府圖》，《雲笈七籤》卷二七。

58 《雲笈七籤》卷三〈靈寶略紀〉。又陳國符《道藏源流考》引《越絶書》，書頁六三。

59 三浦國雄《洞天福地小論……附三淵國雄教授簡介》，王賢德譯。《道教學探索第陸號》，民國八十一年十二月出版。

60 《梁四公記》的時代依王國良師《唐代小說敘錄》所定。台北嘉新水泥，民國六八年初版。頁五三。

61 《洞天福地天地宮府圖》，《雲笈七籤》卷二七。

62 龍最早出現於祭祀神壇，學者以爲乃在遼寧牛河梁紅山文化的女神廟中。參遼寧省文物考古研究所〈遼寧牛河梁紅山文化「女神廟」與積石冢群發掘簡報〉，《文物》一九八六年八期。至於龍出現在神話中則多矣，如《楚辭》、《山海經》等皆俯拾可尋，此不贅舉。

# 成都道教宮觀

沙銘壽

道教是產生於我國土生土長的傳統宗教。淵源於古代的巫術，秦漢時的神仙方術，方仙道，黃老道是早期道教的前身。

創始於東漢的「五斗米道」、「太平道」是早期的民間道教。五斗米道爲天師張道陵在成都地區鶴鳴神山治創立，奉老子爲教主，以《老子千文》爲主要經典，立二十四治（教區）設祭酒以領教民，亦稱「天師道」。後經寇謙之、陸修靜等人對天師道進行改革，使道教在理論和組織上愈臻完備。唐宋時期道教興盛。其後天師道與上清、靈寶、淨明各宗派逐漸合流，到元代歸併於符籙派爲主的正一派。金代大定七年（公元一一六七年）王重陽在山東寧海（今牟平）創立以道爲主，兼融儒釋的全眞道，此後道教正式分爲正一、全眞兩大教派。現在成都地區各宮觀的出家道士均爲全眞派道士。

隨著道教的發展，道教宮觀也逐步建立。宮觀，是道士修道、祭祀和舉行宗教活動的場所。它源於張道陵的「二十四治」，即二十四個教區。這些治有陽平治、鹿堂治、鶴鳴治、灕沅治、葛璝治、庚除治、秦中治、眞多治、昌利治、隸上治、湧泉治、稠稉治、北平治、本竹治、蒙秦治、平蓋治、雲台治、浕口治、后城治、公慕治、平崗治、主簿治、玉局治、北邙治等。當時的「治」所很簡陋，不過是「置以土壇，戴以草屋」。至晉，或稱治，或稱廬，或稱靖（又作靜）。東晉稱館。北朝始稱觀。「三十六靖廬」的稱呼，疑爲南北朝時所定，杜光庭編撰的《洞天福地·岳瀆名山記》中有三十六靖廬的記載，唐代。改館爲觀。唐宋以後宮觀大興。歷宋、明、清諸代，興建之風尤盛。至今日，成都地區保存完整而開放的道教宮觀還不少。現將其主要的介紹如下。

青羊宮位於成都市西南角一環路西二段，是成都市現在最大的道教宮觀。始建年代不詳，唐時名「玄中觀」。唐僖宗中和三年（公元八八三年）下詔改玄中觀爲青羊宮，並賜庫錢二百萬，大修殿堂。五代時，改稱青羊觀，宋代時復稱青羊宮，明代稱青羊萬壽宮，清代仍復稱青羊宮至今。

明末，青羊宮毀於兵火，清康熙六年（公元一六六七年）四川巡撫張德地重修青羊宮，查明宮中財產，清出土地招佃，一年可收租二百石，修建前後歷十七年。乾隆六年（公元一七四一年）華陽知縣安洪德重修。其後道士秦復明於嘉慶十三年（公元一八〇八年），道士陳教忠於同治十二年（公元一八七三年）均重事增建。其後光緒及民國年間，也進行過修建。一九四九年後又多次修葺。

青羊宮現主要建築有山門、靈祖樓、混元殿、八卦亭、三清殿、斗姥殿、唐王殿，及降生台、說法台等。

山門爲近年新建（原大山門因一環路擴建拆除），緊靠靈祖樓，重檐歇山式建築。重疊飛檐，龍虎等吉祥動物雕嵌在飛檐壁柱上，脊頂裝飾有兩龍戲珠雕塑。山門上方正中高懸「青羊宮」三大金字匾額。門外一對大石獅。門內左右壁上，繪有青龍、白虎神像。

靈祖樓重建於清光緒年間，面積三一四平方米。殿面闊五開間，單檐硬山式建築。殿宇爲樓底式結構，殿寬二四・九米，深一三・七米，高約二〇米。前後撐弓及挑方上雕刻有各種圖案。樓下神龕內供奉道教護法「先天王靈祖師」神像。殿背後影壁繪一太極圖，兩旁有聯爲：「道生一，一生二，二生三，三生萬物；人法地，地法天，天法道，道法自然。」

混元殿重建於清光緒年間，面積五五三平方米。殿面寬五開間，單檐硬山式建築。寬二七・六米，深二〇米。有二十六根石柱，兩根木柱，高約二三米。撐弓上雕刻有鹿、鳳凰望月、雙獅戲珠等圖案，殿門懸《玉帝寶誥》金字匾額，全文一五七個字，爲民國甲戌年（即公元一九三四年）立。殿內正中神龕內供奉混元祖師神像。背後神龕供奉慈航眞人。殿內左右書籍旅遊紀念品服務部。

八卦亭建於清同治十二年至光緒八年（公元一八七三—一八八二年）。整體建築共分三層，建於石台基上，石台基下層。爲正方形，中層爲八角形，上層爲圓形，其象爲天圓、地方陰陽相生、八卦相合成萬化，亭高二〇米，寬一四・一米，兩重八角飛檐，四周沒有墻壁，只有龜紋隔門和雲花鏤窗，向南正門地下腳爲月形石門坎，石基上有太極圖，十二屬相和八卦的石刻浮雕。東西兩側又各有一門，門皆用雙扇扉。整座亭都是木石結構，相互逗榫銜接，不加一栓，不同一楔，而是用枋、梲、拎、桷等手法鑿成穿孔，斜穿直套，縱橫交錯，絲絲入扣。亭四周以石板欄杆。亭頂兩層均爲八角形，每層飛檐等精雕著獸吻鑲嵌在雄峙的翹角上。黃綠紫三色琉璃瓦覆蓋於屋面上，有八根琉璃空鏤釉瓷花方磚鑲砌的亭脊，流線型向下延伸，亭脊尾端上，各盤繞著一條琉璃金龍。亭頂琉璃桃，葫蘆狀三層寶頂，高約三·六米。亭柱由一六根巨石鑿成內、外雙排擎檐石柱。高四·九米，直徑〇·五米。外柱爲立在外檐八角角端之上的八根盤龍柱，柱上盤繞著八條騰雲駕霧，栩栩如生的浮雕鏤空金龍，氣勢磅礴，色彩分明。在八卦亭外檐東、西、南三方的龍柱上有著紅底金字的三幅楹聯。南西聯文爲：「西出函關佛子拜，東來魯國聖人參」。西面聯文爲：「無極而太極，不神以爲神」。東面聯文爲：「星躔井絡垂眾靈，卦位坤維萃列仙。八卦亭內供奉太上老君騎牛神像。神像兩旁有一對聯，聯文爲：「問青牛何人騎去，有黃鶴自天飛來。」整座亭共雕塑有八一條龍，象徵老君八十一化。

三清殿，又名無極殿，是青羊宮的主殿，始建於唐，重建於清康熙八年（公元一六六九年）。殿面闊五開間，單檐硬山式。寬三七·四米，進深三一·一米，面積一一六三·一四平方米。殿前有石板欄杆圍起的台階，向南的台階石基上有太極圖和十二生肖石刻浮雕。台階的南、西、東三面有石階可上。整座殿有三十六根大柱，其中八根木柱，二十八根石柱。前後撐上雕刻有六合童兒、雙獅戲球及花草圖案。殿前門額上懸「三清殿」三大金字匾額，左右還懸有「紫氣東來」、「靈霄香藹」匾額。殿前左陳一「幽冥鐘」，明代鑄造，重約三千多公斤。右配一應鼓。殿內神座龕內供奉三清尊神坐像。神像前的供桌前沿，雕有精美的八仙渡海圖浮雕。殿內左右壁上繪有十二金仙彩色畫像。殿內還有兩通畫像碑，一爲《呂祖碑》，碑上刻有唐吳道子繪呂祖像。另一爲《三豐碑》，碑正面刻張三豐像，碑後刻三豐祖師傳。二碑原在二仙庵內，現移立於此。殿中還有一對銅羊陳列左右兩側，銅羊長九〇厘米，高六〇厘米，左邊一隻是獨角羊，造型奇特，形象生動，爲十二屬相化身，即鼠耳、牛鼻、虎爪、兔背、龍角、蛇尾、羊鬚、猴頸，雞眼、狗腹、豬臀，稱之爲「神羊」。右邊雙角銅羊爲道光九年（公元一八二九年）後配的。

斗姥殿建於明代。爲懸山式樓底建築。青羊宮內的建築，只此還有點明代風味。殿爲全木結構，近年經過修葺。殿前有石板欄杆圍起的台階，南、西、東有石階可上。殿門懸「斗姥殿」匾額。殿內正中供奉斗姥神像；左邊祀奉后土皇地祇神像；右邊供奉西王母神像。殿內東，西兩側還塑有北斗七星、南極星君及南斗六星神像。殿後現爲坤道院。坤道院背後有一「壽」照壁。

後苑有三台建立在土坡之上。中間一台是唐王殿，又名紫金台。三開間，兩層有樓，建於清康熙年間。從台下有石階而上，兩側有風火墻。殿上正中繪李淵夫婦及李世民彩色畫像。左壁彩繪兩文臣；右壁彩繪兩武將。左台降生台建於清康熙年間。台上殿內新塑太上無極聖母像（即李老君之母）和李老君降生像。右台說法台亦建於康熙年間，殿內新塑有李老君說法神像。

青羊宮中軸線右側有一排房屋，它們是道士住房、大廚房、祖堂、客堂、茶園有新建的道教餐飲招待所。

三清殿左側有一四合院，裡面珍藏有《道藏輯要》經版。此經版以梨木爲材料，兩面雕刻，共雕刻一萬四千多版，以二十八宿爲次序，印刷成書便爲二百四十五本。現四川省道教協會和成都市道教協會，也在這個院內辦公。

成都地區比較集中的道教宮觀在青城山。青城山位於都江堰市（原灌縣）西南一五公里，距成都市區六十八公里。現完整保存開放的道教宮觀有天師洞、祖師殿、上清宮、圓明宮、玉清宮、朝陽洞和建福宮。

建福宮在丈人峰下，青城山山門旁邊，是入山必經之處。原名丈人洞，祀奉青城丈人寧封眞君。古丈人觀原址在天國山中，唐開元十八年（公元七三〇年）遷建於今鬼城山下。南宋淳熙二年（公元一一七五年）賜名「會慶建福宮」，簡稱建福宮。建福宮於清光緒十四年（公元一八八八年）重建，建築面積一一九六平方米。建築中軸線與進山路約成四十五度交角。現前山門已新改建爲仿古牌坊式門坊，左有茶園與道家食堂，右有小賣部。拾級而上，小折兩次，穿過前山門，步入內山門。門額上有一九四〇年國民政府主席林森所題「建福宮」三字。現前院與正殿於一九九二年改建。殿內龕內供奉寧封眞人，杜光庭眞人兩尊神像。隔天井石梯上爲後殿，重建於八〇年代。殿前掛有長聯，共三九四字，爲清代通江縣人李善濟撰並書。此聯原掛在天師洞「龍蹻仙踪」，後移掛於此。此聯概括了青城山歷史地理，是一部山志佳作。殿內供奉太上老君、東華帝君王重陽祖師神像。

天師洞又名常道觀，位於青城山第三混元頂下，白雲溪和海棠溪之間的山坪上。因觀後有天師洞窟，一般人稱之爲「天師洞」，也稱「第五洞天」。古名黃帝祠，隋名延慶觀唐稱常道觀，宋名昭床觀。

天師洞現存建築，係清康熙年間，由住持陳清覺主持重建。後由彭椿仙於一九二〇年至一九三九年改建而成。整座建築群由天師洞、黃帝祠和古常道觀組成，占地約七二〇〇平方米。古常道觀的山門、三清殿和黃帝祠布置在中軸線上，整座道觀東向略偏北。

山門騎建在高高的陡坎上，爲重檐歇山頂樓閣式建築。上懸「古常道觀」金字匾額。石柱上有一幅石刻貼金楹聯，文爲：「勝地冠兩川，放眼岷峨千派繞；大名尊五岳，驚心風雨百靈朝。」山門前一小坪，左側有青龍殿，右側有白虎殿，分供青龍、白虎神像。山門梯道兩旁鑲細砂石板，上刻黃炎培、謝無量、吳稚暉等人的詩文。門中間匾額大書「第五名山」。山門內額「天谷中心」四字爲余沙圓居士法書。山門樓上爲靈祖樓，供有道教護法王靈官神像。靈官後面供有道教財神趙公明神像。靈祖樓欄下有「留侯遺徽」等匾額及多幅楹聯。進山門到三清殿之間有一大天井。

三清殿是天師洞的主殿，爲重檐歇山頂樓式建築。建於一九二三年。殿堂橫列五間，共五八〇平方米。前後通廊九級石階，石階上立有三層八角寶塔形鐵香爐。前檐排列六根大石圓柱，立在高一・二米雕五精緻的石獅、麒麟和獨角獸柱礎上。前後檐柱和經柱共有高四・四米的大石柱二十八根，均用整石製作。石柱上方的撐弓、彎門全係鏤空雕花，上刻飛禽走獸、花草人物。殿內神龕內供奉玉清元始天尊、上清靈天尊、太清道德天尊神像。樓上是「無極殿」，有清康熙時（或稱明末）的浮雕木花屏八扇，全係鏤空雕刻的芙蓉、荷花、孔雀等。樓正中開有八角形「樓井」，既能採光通風，使人無壓抑之感，又能使人不用登樓，就能看到浮雕。大殿正額有「丹台碧洞」匾額，爲清康熙皇帝御書賜與道士陳清覺，後複製於此。無極殿右有著名道士易心瑩大師藏書室。後有樓閣小院（苢爲坤道院），前樓上爲昔日供歷代方丈牌位之「祖堂」三清神像後繪：刻有《青城山全圖》和《黃帝陰符經》、《老君說清靜經》、《太上大通經》等經典。經柱側面各開一門，是通向黃帝祠和天師殿的必經之路。

殿前銀杏閣側，有一株古銀杏，高數十米，周圍約七米。枝葉繁茂，樹乳下垂有如石鐘乳。此樹傳爲東漢張天師（道陵）手植。

大殿右旁爲西客堂，懸掛「第五大洞定仙九室之天」門額。內仿園林布局，結構精巧。客堂後廳有迴廊，可憑欄縱觀天倉山，白雲溪風光。此處接待過不少中外重要人士。客堂外與「祖堂」相間處有花圃，內有一奇樹「公孫枯」及數株紅山茶，爲清代所植。

三清大殿後有石梯上台至黃帝祠，石梯轉彎處有杜甫咏丈人山詩及青城一〇八景名的石刻。台壁與大殿後壁間有小道通往三島石與上天梯。

黃帝祠在三清殿後，殿宇重檐迴廊，橫額上有于右任先生手書的「古黃帝祠」四個金字匾額。兩旁楹聯亦爲于右任先生手書，聯文爲「居草昧而興，有四百兆兒孫飛騰世界；問龍蹻何道，是五千年文化翊衛神州」。祠前廊左有馮玉祥將軍一九四三年撰並書的《軒轅黃帝祠碑》。祠內供奉軒轅黃帝金身塑像。祠右有龕，供救苦天尊騎虎神像。旁有民國八年（公元一九一九年）四川省長楊庶堪題贈「道在養生」石碑。傍岩處有「古六時泉」。

出黃帝祠右門上緩坡小徑至後院，小徑左壁有近代名人書法刻石多塊。前行爲三皇殿，內供伏羲、神農、軒轅三皇石雕神像。像各高九〇厘米，供於神龕之上。神座前有《大唐開元神武皇帝敕書碑》，碑高一·四米，寬〇·七米。殿內還有《龍門派碧洞宗道脈淵源碑》、《彭椿仙眞人重修常道觀碑》。另有張大千繪天師像，趙蘊玉繪呂祖像、邱祖像碑刻三通及翻刻唐碑一通。殿右側有吊足樓小閣名「白雲閣」，旁有宋代植「九株松」，今存三株尚茂。

三皇殿左爲天師殿，前有清代建木結構牌坊，牌坊上懸清人黃雲鵠書「龍蹻仙踪」匾。兩旁層層飛檐，用木板空花封口。牌坊前有兩棵岐棕，爲唐代植。入門上石梯有第三十代天師張繼先（虛靖天師）塑像，像和氣文雅。右向經「棧道」至混元頂下岩龕天師洞，閣樓是懸岩棧閣，可俯覽常道觀全院。石龕內供奉有隋刻張道陵天師及二神將石雕像，天師像有三目，神態威嚴，左手掌向外直伸，掌上有「陽平治都功印」。

祖師殿又名眞武宮，也有人稱儲福宮，位於青城山白雲溪畔，軒轅峰下。始建於晉代，傳說晉代名洞天觀，宋宣和年間更名清都觀。南朝劉宋大明年間（公元四五七—四六四年），有逸士費元規讀書於此。唐天寶七年（公元七四八年），有道士薛昌煉丹於此，其浴丹井猶存，宋張愈亦隱居於此。此觀以後曾一度荒圮。

現存殿宇建於清同治四年（公元一八六五年），爲小巧玲瓏的四合院。八十年代新建住宿樓，一九九二建成王靈官殿。四合院門上懸「眞武官」三字匾額。正面殿神座有三，左神座供奉東岳大帝；正中神座供奉眞武大帝；右神座供有神三尊，依次爲張三豐、呂洞賓、李鐵拐。

朝陽洞在青城第三峰下，這裡山嶺起伏，洞穴開朗。有大小朝陽洞，小洞僅容十餘人；大洞可容百餘人，後依崖作殿。中供寧封、邱長春、呂洞賓；左供天官、地官、水官；右供斗姥。清人黃雲鵠曾在小朝陽洞結茅而居，與弟子講《易》。抗日戰爭時蔣介石先生曾有別墅在此，今重建爲住宿樓。

上清宮位於高台山之陽。始建於晉，後廢，唐玄宗時重建，五代王衍時再建，明末毀於兵火。現存殿宇爲清同治八年（公元一八六九年）起至民國間，由道士楊松如、龔仰之陸續重建，其建築面積四二〇二平方米。

宮門爲石砌卷洞，上有門樓，如一座城堡式的城門洞口，傳爲馮南軒所修防禦工事。一九九二年蕭明孝道長將其擴建加寬。大門門額「上清宮」三個大字爲蔣中正先生題。門聯爲于右任書：「於今百草承元化，自古名山待聖人」。還有一聯，爲馮玉祥將軍書：「上德無爲行不言之教，大成若缺天得一以清。」門前有石階二十餘步及小坪。石階兩旁各有一株古銀杏直聳雲霄。高幾十米，銀杏由許多細幹叢生合爲巨圍（右側一株係十三棵合成）。

進山門後左右爲青龍、白虎殿。再上石階爲前殿，殿頂爲六角亭，上有「別一洞天」四個貼金大字，樓上前爲靈官殿，背後是三官殿，供有靈官和三官神像。後龕三官殿有「花宮絢璨」匾額爲清同治戊辰（同治七年，公元一八六八年）立。小天井兩旁有茶社小閣。

再上石階爲大殿，人稱老君殿。殿內供奉太上老君、張三豐、呂洞賓神像。殿內高懸三道匾額，「廓落光明」爲同治七年立；「經參道德」爲同治六年立；正中一道「道絶萬天」爲同治七年戊辰菊月谷旦，牛樹海題書。

老君殿繞迴廊可上玉皇樓。老君殿左側是「文武殿」。文武殿上層即是玉皇樓，原則劍仙樓。文武殿內供奉孔子和關羽，神座下有九龍浮雕，甚爲精美。天花板上繪有墨龍、二十四孝圖及三國故事圖頗佳。殿內還有張大千繪麻姑、王母、三豐祖師、花蕊夫人畫像石刻和黃雲鵠詩碑。文武殿台下道院爲清末建。道院再前部（左院前部）是一九九二年建成的新樓（包括素食堂）。左院與正殿間有麻姑池，像爲麻姑浴丹處，形如半月，深廣數尺，水色碧綠，一年四季，不竭不溢。池旁「麻姑池」三字爲張大千題。

老君殿右側是「道德經堂」，原爲道士會集之堂。堂正壁有木板刻《道德經》全文。堂下左側有鴛鴦井。兩井一方一圓，一清一濁。

由文武殿前長廊左前行，出院門沿道可至聖燈亭，可夜觀「萬盞明燈朝聖山」旁有小徑沿岩通至右岩青城最高峰呼應亭。由第一峰下至宮右外有輦道，傳爲前蜀王衍與太后太妃來遊時所修，石輦道雖多朽，但仍覺寬舒。下輦道石階右玉皇坪今爲茶圃，茶叢中有巨石柱礎，傳爲舊殿遺址。

圓明宮位於丈人山北木魚山下，以寶圓山爲屏。始建於明萬曆年間，後歷代皆有建修，由「大聖圓明道母天尊（斗姥）」得名。

殿宇建在中軸線上，正對寶圓山。宮門不在中軸線上，而在前殿（靈官殿）左側房一邊開門。外山門爲一大照壁，上書「圓明宮」三個大字。由照壁「紫氣」門進入宮內後前行爲內山門。

入門是靈官殿，建於清同治十二年（公元一八七三年）。神座上供奉道教護法神王靈官，神座爲浮雕石座極精美。靈官殿背後供慈航眞人。

正殿斗姥殿建在十四級石階後。正中神龕供奉斗姥坐像，兩旁陪祀一壽星，一童兒。神龕上繪有八仙圖。殿內左供地母，右供金母。斗姥殿後有迴廊，在「別一洞天」匾上面是玉皇樓，供有玉皇大帝塑像。

再上石階是後殿，俗稱三官殿，殿堂寬闊，正中供奉天官、地官、水官、火官神像；左奉文昌帝君、鍾離權、呂洞賓；右奉張紫陽、邱長春、孫思邈。神座雕刻龍鳳、如意、寶劍等極精美。

三殿之中均有庭院。栽有高達數米的山茶花和杜鵑花。殿兩廂修有住房和小庭院。

玉清宮位於丈人峰北坡，古名天眞觀，祀天皇眞人。現建築爲一九三八年在舊址重建。前殿爲天尊殿，建在台基上，前面敞開與廂房形成三合院。殿內正中供奉元始天尊；左奉救苦天尊；右奉邱長春。殿內左右壁上有「紫氣東來」、「文殊普渡」、「大乙乘蓮」等壁畫。

由迴廊經中庭爲後殿，也是玉清宮的大殿，名純陽殿，殿內正中供奉呂洞賓；右祀寧封；左奉孫思邈。

成都地區的開放宮觀，除以上的外，還有都江堰市的二王廟、八角廟；彭縣的葛仙觀、審魂殿；新津縣的老子廟；大邑縣的迎仙閣；崇慶縣的上元宮等。

# 藏外道書和明清道教

陳耀庭❶

一九八九年到一九九四年，四川成都的巴蜀書社出版了一部《藏外道書》這部《藏外道書》共三六冊，其中第三六冊是總目錄和一字索引（引得），從第一冊到第三五冊，匯集了《道藏》外的道書，有單本、有叢刻。共計一〇四二種。

《藏外道書》出版以後，在內外得到了不小的回響。第一批已經銷售一空。訂購該書的有法國、荷蘭、意大利、日本、美國以及中國各地道教宮觀和圖書館、學術研究機構。一些日本學者的文章已經引用該書收集的道書。中國學者的文章中也已經引用該書。它對於推動中國道教特別是明清道教的研究，已經開始發揮作用。

最近，田誠陽道長《〈藏外道書〉書目略析》一文評稱，「迄今爲止，將衆多藏外之道書搜羅起來匯於一編，除了這部叢書之外，還沒有其它書籍可以替代，功不可沒」。該文希望《藏外道書》能逐步完善，能成爲與《道藏》、《道藏輯要》並列的三大道教文化叢書。❷

作爲《藏外道書》的主編之一，作爲這部叢書的發起人和主持運作人，讀到這些評論是感到很慚愧的，總感到工作沒有做好。《藏外道書》有許多不足，留有許多遺憾。不過，對於藏外的道書的收集和編纂工作，並不是結束，而是剛剛開始。因此，這些不足之處，今後還是有機會繼續修正和補足。當然，這是後事，而不由我等來主持了。

那麼，爲什麼要編纂和出版《藏外道書》呢？

首先，我們是爲了給開展明清和近代道教研究準備材料。由於衆所周知的原因，道教經籍損毀和散失十分嚴重。八十年代初，大陸道教開始恢復和道教研究開始活躍起來的時候，普遍感到沒有「道書」。正是在這樣歷史背景下，文物出版社、上海書店和天津古籍出版社聯合重印了涵芬樓道藏。上海古籍出版社出版了由胡道靜先生、家父陳蓮笙先生和我編選的《道藏要籍選刊》十冊，《道藏》印數超過千部。《道藏要籍選刊》印了二千部，有些分冊還有添印。可見，道教經籍需要的迫切程度。正是在這種情況下，胡道靜先生和我提出要再編一套《藏外道書選刊》，將一些明清時期流傳很廣，影響很大而如今在大陸很難找到的道書編集起來，供應道教界和學術界急需。道士沒有經書念，學者沒有道書研究，那麼恢復道教是句空話，推動道教學術研究也是一句空話。四川巴蜀書社願意挑這個重擔。當時就有人提出搞《再續道藏》，我們沒有同意，其原因：一是《道藏》的編纂和續修應該由「道士」來做，我們的編委會裡雖然有一些高道參予其事，但是由於目前道教事務繁忙，他們沒有時間來過多地關心此事；二是《道藏》的編修歷來是由皇家決定和撥款，舉國道門給予支持。而這次是由民間自發搞的，而且也沒有驚動舉國道門。正因爲如此，我們沒有採用《再續〈道藏〉》，而採用《藏外道書》之名。我們編集《藏外道書》的目的，主要是文獻學的，就是爲了讓這些道書能夠廣泛流傳，便於道教界和學術界的使用，推動道教的恢復以及學者們對於道教的研究工作，毫沒有自居「再續」之意。

第二，出版《藏外道書》也是爲了中國學術界在國際競爭中取得主動。當我們中國的學術界開始重視道教，並且起步認眞研究道教的時候，我們就意識到，在道教的研究工作中，我們面對著一個國際競爭的局面。日本學術界從常盤大定、小柳司氣太等人算起，法國從馬伯樂算起，他們對於道教的學術研究都已有了上百年的歷史。他們在我們還很不重視道教的時候，就採用各種手段從中國搜羅了大量道教研究材料，包括敦煌卷子、各朝的刻本和抄本。美國的蘇海涵編印了《莊林續道藏》二十五冊。《莊林續道藏》，說明了一個事實，那就是外國學者已在著手編集《道藏》以外的道教文獻。到了一九八五年，日本道教學會成立三十五周年紀念研討會上，日本大谷大學的尾崎正治提出了「新修道藏」的想法，日本學術界企圖搞一個象佛教「大正藏」那樣的道教的「昭和道藏」，他們搜集了道藏未收的日本所在道書的目錄，提出了新的分類方法等等，依照日本的財力和物力、人力，日本要著手昭和新修道藏的工作是很容易的。美國、日本和法國的學術界的工作和計劃，給了我們中國學術界很大的壓力。現在已經不是「大正」時代，那時候，我們經濟落後，軍事軟弱和政治上依附於列強，國力衰微，我們的佛教經典讓日本人去編排成「大正藏」，流傳於世。現在我們的經濟發展，軍事強大，政治上不依附於任何大國，國力已經強盛了，我們的道教經典決不能讓外國人去編排行世。也正是在這樣一個國際競爭的背景上，我們着手編集《藏外道書》，平心而論，我們掌握的道教經籍的數量。掌握的財力和人力，是不足以應付這樣的大工程的，也因此，成書以後有許多不足。但是，爲了給我們的祖先，也爲了給後代有個交代，我們還是咬著牙，硬著頭皮着手《藏外道書》的工作。

因此，我們編集《藏外道書》的目的，就是爲了弘揚道教文化，弘揚中華文化，爲道教的恢復工作和推動道教研究服務，同時，也爲了在道教研究的國際競爭中，爭取主動。《藏外道書》的編集和出版工作，得到了大陸的道教界、學術界和圖書館界的大力支持。任繼愈先生將北京圖書館館藏的明代道書刻本和內府抄本都交給《藏外道書》編委會使用。顧廷龍先生將上海圖書館藏的抄本《玉笈全箱》和《道家詩紀》以及明刻本《大成金書》等也交給《藏外道書》使用。四川青城山道教協會將從未傳世的《廣成儀制》也拿了出來。因此，《藏外道書》匯集了許多國內現存的道書珍本。

《藏外道書》雖然已經出版了三十六大冊（其中第三十六冊是目錄和索引），但是繼續收集「藏」外的道書的工作並沒有結束，還要繼續做下去。隨着條件的改善，我想今後的工作或許會做得更好一點。另外，對於《藏外道書》的研究工作剛剛開始。我在《藏外道書》的「後記」裏說到，「《藏外道書》的事業是今天的，更是屬於未來的。如同對於明《道藏》的認眞而全面的研究只是近四五十年的事一樣，現在對於《藏外道書》的研究只是剛剛起步。我們現在所作的一切努力，都只是爲了給後人的成功作好鋪墊」。❸

從《藏外道書》，我們可以對明清道教有個初步的認識：

一是關於明中葉以後道教漸趨衰落的問題。現在各家對此的分析大致有五個方面，一是對於朝政的影響減弱；二是朝廷不再扶植道教還不時加以限制；三是經論教義缺乏創新；四是很少出現傑出的高道；五是組織發展衰降。其實，這些分析的標準是很不一致的，一和二是從政治學角度而言的，三和四是從哲學角度而言的，五是從組織角度而言的。在我們對當代宗教學理論有了一些理解以後，我們對它有了疑問，一個在全世界還有一億三千萬以上的人信仰的宗教恐怕不能說是衰落的宗教。一個在全世界還有幾萬名神職人員和幾千座道觀的宗教也不能說是衰落的宗教。歷史上道教曾經有過公認的唐朝輝煌的時期，但是據杜光庭《歷代崇道記》的記載，唐代的道觀一千九百餘所，道士一萬五千餘人。這個數字，估計同今天大陸道教經過十年恢復以後的情況大致相當，如果把香港，澳門和台灣以及海外的道觀和道士數量加在一起，其道觀和道士的數量恐怕遠遠超過唐代道教極盛時期的數量。

在道教和政權關係方面，人們往往只注意到了政權支持道教，道教得到朝廷允許，擴大影響的一個方面。而沒有注意另一個方面，中國傳統的政教關係歷來是君權控制神權，皇帝允許宗教存在但是總不允許宗教的充分發展，無論在行政上，思想上和經濟上都要控制宗教，包括道教。宗教是一種民衆的信仰，宗教的力量也在民衆之中，宗教受到政權的支持，往往也使宗教內部出現腐敗，一些投靠政權的道士追逐名利、封賞，捲入朝內紛爭，以致身敗名裂，而危害更大的是引導宗教目光向上，放鬆對群衆的影響，以致脫離民衆。因此，認爲道教得不到朝廷支持或者對朝廷沒有影響，就是道教衰落的表現是不全面的。問題是我們道教中人能否認識到，道教的生命力是在民衆之中，而不去企盼朝廷的支持。從明中葉以後，道教中有人意識到這一點，因此，把重點轉向民衆，從各地方志和《藏外道書》中收集的山志中都可以看到道教發展的規模，廟觀衆多，道士數量增加等等。道教在民衆中的活力並未消失。

在高道和教義方面，在道教和政權關係密切的時期，道士中的領袖人物受到王朝封賜，於是正史裏就有記載，因爲中國的正史是官修的正史。另外，道教在草創、形成和發展的時期，道士著作不多，稍有規模的，自然就受到後世的重視。明代中葉以道教的影響力轉移到民衆之中，和朝廷關係疏遠，自然在官修正史中就少有記載了。至於教義的創新發展，我們也沒有去認眞研究。就拿清代道士來說，劉一明就有《道書十二種》；閔小艮就有《古書隱樓叢書》；傅全銓就有許多內丹著作。這些道士和道教學者自然可以列爲高道，從數量上說也不能說不多。至於教義思想發展的問題，由於道教將其對民衆的影響作爲主要活動，因此，教義思想發展的側重點也同過去不一樣，也就是同整個明清思潮相一致的以三教融合爲其特點。對於明清道教評價爲衰落，恐怕並不妥當。只要看看當今大陸道教，經過十年恢復，每逢香期之日宮觀前人山人海的景象，就可以知道，直到今天，道教對於中國民衆仍保持很大的影響力。

二是明清道教有四個明顯的特點：一個特點是隨著明清思想三教融一的潮流，道教也大量吸收儒家思想和佛教思想。這一點在劉一明和閔小艮的著作中是十分明顯的。劉一明的《道書十二種》中有《周易闡眞》和《孔易闡眞》。這二本書是易理應用學的著作，上承魏伯陽的《周易參同契》。劉一明「自序」稱，「《易》非卜筮之書，乃窮理盡性至命之學也。予不敢自私，爰於三易注略之後，體二師之旨，述伯陽之意，盡將丹法，寓於周易圖卦系辭之中」。劉一明還說：「在儒則謂明善復初，在道則謂還元返本」。這就是利用儒家經典來闡述道教的教義。第二個特點是爲了適應明清時期內丹修身方法逐漸普及，道教中人也對道教內丹方法作了大量宣傳和弘揚的工作。流傳於明清之間的《性命圭旨》（全稱《性命雙修萬神圭旨》），詳細論述了內功修煉過程及細節手法，以圖配文，描述具體，雖然其中仍有不少難解的隱語，但是比較唐宋元三代的有關內丹的著作是要豐富、具體、充實得多了，因此，一直爲修習內功丹法的人所推崇。另外，還有《張三豐先生全集》，東派陸西星的《方壺外史》和西派李西月的《無根樹注解》、《道窮談》、《三車秘旨》，以及伍守陽、柳華陽的《伍柳仙宗》（包括伍守陽的《天仙正理眞論》、柳華陽的《慧命經》、《金仙正論》等），如果我們從道教轉向民間，尋求民衆的信仰這樣一個角度去理解，是很可以理解爲什麼明清之間道門中會湧現如此大量的內丹學的普及著作的。第三個特點，道教科儀在明清之間也有適應民間信徒需要的大量變化。如果，我們將青城山古常道觀的《廣成儀制》對照杜光庭和宋代出現的《無上黃籙大齋立成儀》、《上清靈寶大法》等書作個比較，齋醮科儀應用範圍擴大了。幾乎覆蓋了整個明清時期民衆生活的內容，生老病死，喪壽等紅白喜事等等。另外，民間醮事規模越來越大，而每一個科儀的程式則越來越簡化，時間也漸趨縮短，即使是一些大型的法事，也往往同時存在一種簡化的式樣，顯示出越來越大的靈活性。這種內容擴大，程式簡化，時間靈活和醮事規模多樣等等特點，體現了從唐宋到現代道教科儀發展中的一個重要環節。第四個特點，道教在轉向民間時，隨著社會的發展變化特別強調道教的教化功能，也就是在《太上感應篇》後，明清時期出現了大量的功善書。一些儒生也十分重視道教勸善書，惠棟、俞樾乃至於王國維都注了《太上感應篇》，至於道士自己的集注，在《道藏輯要》中就有收錄。到了清代和民國時期，民間流傳的勸善書就更多了。《太上感應篇圖說》、《陰騭文圖說》和《太上寶筏圖說》等等，都是以圖配文，加上各種具體事例，圖文並茂，以便於向低文化層次的民衆宣傳道家和中國傳統的倫理道德觀念，達到教化民衆的目的。

明清時期的道教，作爲一種失去朝廷支持的宗教，同以前歷朝的道教具有明顯不同的特點。它的包容性和民俗性的內容發揮得越來越充分。於是，變得越來越像民間宗教，並且繼續在民衆的宗教生活中尋找其生存和發展的力量源泉。這一個轉折，已經發生並仍在演進之中。當代中國道教的現狀，正是這一演進過程的重要一環。把握它，順應它，健全它，才是我們道門子弟的歷史責任。

## 註釋

❶ 陳耀庭，男，上海市人，生於一九三九年一月二三日，一九六三年畢業於北京大學中文系。現任上海社會科學院宗教所副研究員，中國宗教學會理事。

❷ 《中國道教》，一九九五年第一期，四二頁。

❸ 《藏外道書》，第三六冊，「後記」。

# The Natural as the Social:A Non-Archic Society

Kuang-ming Wu
吳 光 明

## A

Contrary to common impression, ideas in the book of *Chuang Tzu* are anything but those of a lonely, defeatist recluse. Vivacious allegories and anecdotes are told in the context of hilarious *dialogues,* and that not infrequently in a political milieu. His vision of Utopia ( "The Age of Perfect Virtue, " ❶ "The State of Established Virtur" ❷ ) is unquestionably that of an ideal *society.* Thus contrary to common impression, Chuang Tzu is a social thinker. And yet, common impression is not without its foundation. Side by side with such laconically hilarious sociality is the frequent image of a lone tramp, or rather, vagabond, seemingly unaffected by the vicissitudes of life. As one reads the strangely stirring book of *Chuang Tzu* , the book seems to come alive and chart an elliptical orbit of life with two loci-rugged individualism and nonchalantly vivacious sociality.

In fact, this essay argues that those two foci are not at all logically irrelevant to one another. For Chuang Tzu, to come back to one's

nature is to come home to nature in general; Nietzsche's dictum, "Read only your own life, and form this understand the hieroglyphs of universal life" might well have come from Chuang Tzu's mouth. Carefully guard oneself, and things will of themselves grow vigorous and sturdy; to take care of oneself is to care for all things under heaven. To be selfish in this manner, to be self-ish, is to be naturally non-selfish. He can, therefore, be entrusted with the world who, like the turtle, would rather drag the tail in the mud than being embalmed in the temple; who values and cares for his own self more than the management of the world. In short, self-government leads to the world governing itself, ❸which is the best government there is. It is the utopic society of Chuang Tzu. Thus Chuang Tzu's ideal is twofold; (1) It is imperative to come back to oneself, for (2)this ontological homecoming is what constitutes trus sociality.

First, to come home to one's nature is for each self to return to its root, re-turning to the Primitive through non-doing, to its own unwrought Simplicity. Such a reverting to the true form of everyone's innate Beginning is , in the final analysis, for one to act anturally of oneself, from the very nature of oneself. It is the natural way to go back to Life pure and simple, "finding rest in Heaven."

Secondly, This ontological retrieve is a homecoming to a natural society, which is nature in general. Nature is thus *the* vale beyond all joy and sorrow, all good and evil, Nature is the true authority that keeps society alive, in which individualities thrive of themselves; there truly to

be oneself is truly to be social.

For "Nature" (or "Heaven") can mean two things, the one related to the other. First, it means one's own nature, the natal, the innately primitive, the genetically endowed. ❹ Secondly, it means nature in general, the nature of "ten thousand things," the universe as a whole. ❺ Chuang Tzu's point is that to go back home to the former is to self-thrive the latter, and that not by specifically appealing to the brotherhood or affinity of things but simply by being enlightened to the nature of the self and live it truly and fully. Such a linguistic sleight of hand proves little, to be sure, but it certainly captures the conclusion of this essay-that to be at home in one's nature is to be at home in nature, that self-government is the true form of world-government because nature in one sense is ultimately nature in another, and nature in both senses is the supreme authority (in its natural, non-authoritarian manner) of true sociality.

## B

such a view usually assumes a principle of pre-established harmony, or/and mystical monism of all in all. Mencius, for instance, seemed to have assumed a ready-made principle of cosmic harmony, without which the following crucial proposals and metaphor are meaningless; the extension of respect for the elders in one's own family to those in others, such extension as the essence of *Jen* -government, and the metaphor of

the Bull Mountain. What is novel in Chuang Tzu, however, is that his view does not require for its operation such prior cosmic principle of harmoney, which will be produced, and not presupposed, by one's coming back to one's inborn nature.

Nor is Chuang Tzu's naturalism to be identified with a simple mystical monism, into which Mencius' ideal of sociality almost merges when it is said that " all things are already complete in oneself." In contrast, even Chuang Tzu's rather guarded statement, "Heaven and earth were born together with me ," was preceded by a confession of his ignorance abourt whether there exists(much less where and who) the true Lord to this cosmic Event of co-births of things. In other words, a radical sociality is what Chuang Tzu proposed. Although he continued, "all things and I are one," ❻ the " one " here means each thing in its own "[that which is] so," its own peculiar, constant and selfsame "so." Each entity in its own manner of existence is "O. K. " ❼*That* each existent is justifiably what it is and differs from others, this fact is *one* in all. That is why immediately after declaring that the ten thousand things and I are one, Chuang Tzu can turn this "one" into *two* and then into *three* , and then go into a discussion about "letting things be" as they are.

Things are thus "one" in their respective peculiarities. Everything is one as many, and the same in (the fact of ) their (mutual) differences. When theyare themselves, then they are one (in being such). This oneness is thesociality which, far form dissolving individualities, depends upon them toobtain. Chuang Tzu alone has the radical sociality that is in

nature.

## C

1. Now, to such seemingly unbridled optimism it is quite natural to object: But if human nature is as has been reputed to be--nasty, brutish and contentious (Hsum Tzu, Hobbes), then such human nature, when left to itself, shall tear itself to extinction. It shall be a far cry indeed form an automatic, that is, natural, idyllic harmony (in their individual differences). In other owrds, Chuang Tzu's view of oneness in manyness requires that the many be at least mutually compatible, if not already harmonious.

To this objection Chuang Tzu, responds by reminding us calmly: Perhaps so, but one does not know about *cosmic* compatibility. All one knows is that even before the human race arrived on the scene, the Heaven and earth have been in existence from time immemorial, placid, non-active and non-intruding. Such non-action of Heaven in its encompassing purity was combined with the non-action of the earth in its motherly peace, and all things were brought into existence. This is the situation neither of harmony, nor of compatibility, nor yet of incompatibility. This is just the way things have been and still are. And things obviously are (and not extinct), without any unnatural interference. "…in an Age of Perfect Virtue…the ten thousand things live species by species, one group settled close to another…men live…

[and]group themselves side by side with the ten thousand thigs. " Therefore, it is ontologically best to let things be as they are in all their unwrought Simplicity. All imposition of one's notion or requirements for co-existence, such as morality, harmony, compatibility or humane government, merely succeedin mutilating what it is as it innately is.

2. Yet how would Chuang Tze deal with human cruelties and cruelties of nature? How does living naturally survive them? Chuang Tzu would reply, again nonchalantly, that the so-called cruel contentiousness of human nature is hardly the original nature of man, but a consequential one. Human contentiousness is consequent upon a psychic disturbance, that is, one's original intentionality swayed by sensory and cognitive inputs, by various worldly desires, *away* form natural inevitability, both subjective (the self) and objective (the world).

Human contentiousness comes form a too much--being too wildly and too farther away from what one innately is. That is to say, human " cruelties" appear when when some things are inordinately desired, some sights or soundscraved; for only then will men strive after them in a violent exclusion ofothers. Such is the occasion for an " objective" appearance of cruelties. andhuman cruelties appear subjectively, that is, they are recognized as such,when some behaviors are branded (and praised) as *not* cruel, in the light of which some others are as curel. All in all human cruelties are a consequent nature of man.

If human cruelties are consequent human nature, then " cruelties of nature" are consequent upon consequent nature of man. For only to those

whohave become cruel and learned how to feel "cruel" can judge nature as "red intooth and claw, " and look upon floods, earthquakes and tornadoes as "cruel", When one is alone, ❽ foreign to disturbances wrought by such consequential nature, one is integral, ❾ that is , one's inner dynamics is in line with natural inevitabilities; one is "fit" everywhere, and is free to move as the wind, to respond as a mirror. ❿ And such is happiness.

Happiness is thus a subtle notion, measured neither by the length of its duration nor by the degree of its intensity. Few would deny the bliss of the brief moments of tranquility on the wake in the morning, and fewer would wish, *per impossibile* , to extend or intensity it. Things tarried or tampered with spell disasters. Happiness is thus a subtle combination of inner inevitability and circumstantial necessity. ⓫ It is a be-ing of itself/oneself appropriately combined with a going along with transformation of things, ⓬ without letting the mind get in the way.

Nor is happness gained by a presence of mind or intention. The wholeness of the self is not obtained by self consciousness. one is not angered at him who tripped one up unintentionally; one is at him who *tried* and failed, This isbecause the latter is done " mindedly, " and the former, "absent-mindedly." A hot-tempered man on the boat would not be angry at an *empty* skiff which bumped into him. An action whithout intention courts no irritation.

Moreover, such absence of mind or intention is a sign of oneness of the slef; far from reducing one's activity, it does wonders. A man "made

whole" by wine does not die of falling from the carriage, which may be going very fast. A game-cock whose inner strength or "virtue" is wholly contained and complete in itself stands like a wooden cock, and is invincible.

3.One might, however, still object. In order to say, all too neatly, that to be in line with one's nature is to be in line with nature in general, and therefore self-government is a best world government, Chuang Tzu must believe that what is good for oneself is good enough for everyone. Usually, however, such naive and imperial egoism is proffered only to be summarily laughed away. Are you guilty of such naive egoism, Chuang Tzu?

To this question, Chuang Tzu again smiles. He would lightly bypass us by saying, Such egoism is branded naive or imperial because people assume that egoism automatically generates conflict of interests. But, of course, egoism needs imply no conflict. And so if one can find a way of practicing egoism-without-conflict, egoism shall be the way to Utopia. In fact, such a Utopia is so tempting that utilitarianism has long been embraced by many. For utilitarianism is one desperate attempt at such a way; if one cannot effect a total identity of one's values with everyone else's, then at least one should work out a compromise, that is, the greatest possible overlap of one's interests with as many persons' as possible. Egoism needs no such compromise, however, once it works without conflict; it shall usher in an uncompromising Utopia, where what is good for me is good for everyone else.

But why does not egoism work without conflict? The reason is not far to seek. Egos are taken and lived as exclusive of one another. Exclusive egos clash into tragedies. Therefore the problem lies less in egoism *per se* than in the exclusiveness of egos. Chuang Tzu says, in essence, that egos are mutually exclusive, not because they are born so, but because they are molded so, or rather, intruded into becoming so. Originally egos are born neither exclusive nor inclusive–they are born non–exclusive. Our salvation into utopic egoism depends on our successful journey *back* to such pristine non–exclusive togetherness. And such a way of retrieve is not only imperative but also eminently possible. This testifies to the importance of Chuang Tzu's map of such ontological homecoming.

In Chuang Tzu's mind, becoming oneself needs hardly imply coming into conflict with others. Self–becoming means, instead, for everyone to become truly oneself, which could well mean for everyone to become oneself together. It belongs to Chuang Tzu's genius to spell out *how* this ispossible.

In Chapter Eight of *Chuang Tzu* where he laments unnecessary disasters andconflicts in the world, he contrasts *chien pi* , looking at others, with *tzu chien* ❽, looking , not at oneself, but of oneself. ⓭To look at oneself heads for disasters because this act sets up a suicidal dichotomy. For one can only look *at* what is separate(d) from one, an object. Looking at oneself then requires that one be separated from oneself; one is thus torn asunder in a self–look. Furthermore, strictly

speaking, it is impossible for one physically to look at oneself; one only looks at a reflection of oneself in the mirror, which is other than oneself. Looking at oneself needs a mirror called the other. one must look at oneself in the light of others. It is oneself functioning as the other when looking at oneself. And that is an unjustifiable intrusion of others into one's integrity, amounting to an exclusion of oneself within oneself. It disturbs and finally destroys the original state of natural self.

Selfishness is evil because it is an intrusion, a look at oneself in the light of others, finding joy in that in which others find joy, being enslaved to the perspective of others. one wants for oneself what others consider to be beneficial or admirable. Others consider wealth, fame and morals to be desirable; therefore one wants them for oneself. This is an intrusion into one's integrity. an exclusion of what is truly desirable, namely, oneself. ⓮Furthermore, such a mentality leads to a grabbing of desirables (fame, wealth, morals, etc.) at the exclusion of other people. Morals is, incidentally, an exclusion of oneself to please and benefit others. Such acts not only harm oneself; they hurt others also. For morality (and to some extent talents also) is a means of enticing others, that is, an intrusion into others. Such an intrusion into oneself and others spells exclusion of both. Exclusion of the self is suicide, and exclusion of others, conflict.

One must, then, have nothing to do with a selfish looking-at-oneself, that is, others mirroring into oneself, but instead become a mirror oneself, neither inviting others to intrude into oneself (thus

committing self-exclusion) nor excluding and intruding into others. one must instead be non-exclusively (that is, neither intrusive nor inclusive) self-ish--re-turning home to the self-world of a be-ing-of-oneself, a doing-of-oneself, and a sensing-of-oneself. It is this sort of "naive, "that is, natural, egoism that Chuang Tzu advocates, a non-intrusive self-ishness which does no violence ⓯either to oneself or to others. Since doing violence is descriptive of pain, conflict and disaster, Chuang Tzu's version of natural egoism is a surecure of conflict, which means that being oneself naturally is the way to an authentic sociality.

## D

Natural egosim is not only a means to sociality. It is also its essence, if not authority. First, natural egoism weeds out conflicts, as above shown. Lack of conflict, however, is a negative condition for sociality, whose positive condition is social intercourse, which is also facilitated by natural egoism.

For one who sees naturally, like a mirror, responds naturally, like a mirror. And one's natural responses to whatever that comes (1) is a result of one's self-emptying and homecoming to oneself, (2) resulting in an appropriate mutuality, which in turn (3) perfects and fulfills oneself. Significantly enough, all these three characteristics are those of naturalness. For to come home to oneself by emptying the inner irritants is to be naturally oneself. To respond naturally in an atmosphere of

mutuality is an activity of being natural. And perfecting oneself as a free meanderer in nature certainly is the zenith of being natural. Our task now is to expand on these three points so as to understand Chuang Tzu's proposal that natural selfhood is not only the essence, but also the authority of sociality.

1.Self-emptying is the way to come home to oneself. In order for one to come back to one's nature, one must, first, undergo a process of catharsis, to the point of "losing oneself." For initially, it is almost true to say that one is one's own enemy. Harmful to the self are nearly all of one's activities, psychic, moral physical and cognitive, in relation both to oneself and to others.

One is constantly swayed by the following comprehensive list of desirables: Six appetitives ( eminence and wealth, recognition and authority, fame and profit) delude the will. Six intentionals (appearance and carriage, complexion and features, temperament and attitude) snare the heart. Six emotives (loathing and desire, joy and anger, grief and delight) entangle the virtue. Six performatives (rejecting and accepting, taking and giving, knowledge and ability) block the way of life. All of these four sixes shackle and seethe one's inner self.

In addition, five sensitives (hearing, seeing, touching, smelling, tasting and desiring) confound, impair and unsettle the self. All the clever know-hows, such as traps, bows, lures and wily schemes merely scatter animals and confound common men. ⓰ All the morals (benevolence and right-eousness) pervert and mutilate people's constant

inborn nature.

Thus all these "desirables" prostitute, confuse, attack and displace human nature beyond recognition. He who pursues these desirables confounds himself; he who displays them harms others by enticing them out of themselves. These "evils" are like weeds which sprout up unawares to stifle the inborn nature. Side by side they begin to break out and ooze forth, not on just one part of the body but all over. Festering boils and internal fever are the results. [17]

One must, therefore, clear away these gigantic gnarled marsh rushes of inner disturbances, and outer shackles and distractions. One must "fast" away one's inner seethings to render oneself clean and uncluttered. Such self-catharsis is called "mind-fasting," whereby one reaches emptiness of oneself. one is now free of much ado and inner perturbations.

Outwardly one might look as if one were in-active, unfeeling, without desire and without knowledge. [18] One looks as if one has lost oneself. One has indeed lost something of oneself, though not the total self. Yet the death of one's inner irritants is so thorough that after one has undergone it one looks as though one has lost oneself. one looks like a withered tree, and his mind dead ashes. That the phrase, "like a withered tree and dead ashes" is not descriptive of death but of life at one with itself, can be seen by the fact that the phrase also describes the original integralness of a child and a sage.

Once this radical self-catharsis is accomplished, one is naturally

back to oneself, which is of no small consequence. It is no less than a return to one's root, to the Primitive, so as to nourish one's inner life, preserve oneself, ⓳keep it truly alive and whole. This is an enfoldment of the spirit in quietude, caring and guarding of oneself, embracing of/in the one, and thereby entering Heaven.

As a result, one ceases to bother others. For an empty boat courts no anger even when it bumps into another boat sailed by a most irascible man, nor does the most irritable man rail at the tile fallen on him. An empty self has nothing to disturb others simply because it has nothing with which to disturb even himself.

Once an empty self ceases to disturb, the unperturbed self appears; it is whole, since it has nothing to distract, displace and pulverize itself in all directions. And the self that is whole moves of itself. Undisturbed, it is unhurt. It is free from the punishment due to going against nature(or "escaping the Heaven"), whether such nature be human or environmental.

One can take cues from unsuspected areas. Being ignorant of and therefore undisturbed by the fear of death, a drunkard is not killed who has fallen from a running carriage. Having abandoned all thoughts of life and death, praise and blame, the chained (or maimed) convict climbs without fear, discards clothes without shame, receives praise without pleasure, and meets contumely without anger. He is at home in himself, at one with his heaven (that is, his original nature), much as the sages are.

Such Man of Heaven, the True Man, is free from worries. He can

become premier three times and would not glory in the position; he can be dismissed from the post three times without looking glum over it. This is because the coming of the honor can no more be fended off than can its going be prevented. Its coming or going has nothing to do with *him*. For if he is worthy of the glory, then *his* glory has nothing to do with the post; if he is not then *he* has nothing to do with the post. Self-fulfilment has nothing to do with fine carriage and caps, which affect the body, not the inborn nature and the natural-inevitable course of life. One cannot prevent them form coming any more than can one thier going. Therefore carriage and caps are no cause for pride and poverty, no occasion for fawning on the vulgar.

What is true of worldly glory holds also for worldly joys and griefs, whose arrivals and departures one has no way to bar. The tragedy of common folks lies in struggling vainly to stop the coming of griefs and the going of joys; such endeavors violate the laws of the inevitables. one must simply cease struggling, and spare oneself the punishment form heaven, that is, spare oneself the pain and irritation occasioned by the seepage into the self of joy and grief. Perfect happiness knows no (ordinary) happiness.

All in all, the empty self hurts neither itself nor others. Having attained in-action, the self acts of itself. Having attained non-feeling, wherein no grief or joy touches, it is supremely happy. [22] Thus, having emptied itself, it is fulfilled of itself. Emptying of the self is a homecoming to the self.

2.Coming home to oneself results in a natural *mutuality*. When one is emptied of all distractions and preoccupations, one is uncluttered enough to accommodate things. One ceases to ravage oneself with the "joy" of fawning on others, of following others" ideals, of jostling with others for what others desire. Things outside are, instead, per-ceived (that is, grasped naturally ㉓), without desire or hatred, without emotion or inner commotion. They are accepted just as they are. In this context, perhaps the most helpful imagery Chuang Tzu used is that of a mirror. A mirror, by being itself, that is, smooth and without dust (or disturbance), reflects the outside naturally and faithfully. A mirror needs be cleansed before it can exercise fully its innate function. The reflection of a good mirror neither distorts nor intrudes into things reflected. The mirror reflects non-exclusively and non-preferentially. Furthermore, such reflecting activity courts no loss to the mirror itself. The mirror itself is not distorted, intruded into or excluded for all its reflective activities. On the contrary, reflection expresses the very nature of the mirror; it cannot help but to reflect.

Now, the True Man who is empty and whole is a good mirror of Heaven and earth. There is a strictly appropriate correlation between things outside and his responses to them. Once become listless and dust-free, he spontaneously responds to things as a good mirror does-- appropriately, without conscious effort or knowledge. Such reflective response is at once an expression of the mirror-nature of the man, and the nature of the things responded to.

Thus the True Man's activities are at once a reflection of his nature and that of the things acted upon. In working on things, his hand has a knack somehow for it, but his mind can only wordlessly feel it, and he has to respond to it with his whole self. There is a natural match between the inner nature of such a man and that of the things aimed at; the deep meets the deep, the Heaven, the Heaven.

The inner mirror of a woodcarver needs first be cleansed-he fasts several days to calm his mind. He emptied himself of thoughts of praise or blame, skill or clumsiness. He forgot his environment, discarded his self-consciousness. Then he went into the woods, and there his inner limpid transparency reflected a bell-stand in the heavenly nature of one particular tree. He met and matched his own inborn nature with that of the tree. And that supreme incident was the start of a series of acts which later perfected both the reflector and the reflected; he put his hands to the tree, and the bell-stand came into being with his help, and he was fullied in return.

Thus one's pellucid reflection edifies oneself and the other and renders both invincibly integral. ㉔Thus the True Man neither stores nor rejects things, but merely "things" things and harms neither things nor himself. He keeps his inner worth intact while changing with things, follows along with men without losing himself. Lucid and calm, the mirrorlike man discerns, accommodates, and responds spontaneously. This is *the* Way to manage things--going along with their natural makeup, following things as they transpire, as that cook Ting who for

nineteen years cut up oxen with the knife which remained sharp as fresh from the grindstone.

All this amounts to saying that following the current of things is precisely the way to become oneself, and becoming oneself, to follow the trend of the world. one does well to learn from that tax collector, who collects taxes from morning to night without encountering the slightest rebuff; for he bids farewell to what goes, greets what comes, follows the rude, trails after the meek, letting each come to its own end. Here " to follow, trail after, let" are nothing but activities of *reflecting* things according to their respective characteristics. ㉕These reflective activities require that one is neither tactful nor tactless. One must instead be now a dragon, now a snake, shifting with the changing times, never sticking to one course of action alone. Such is the Way of life in the realm of Tao and its Virtue. In this live reflexive responding, one is letting oneself be by letting others be themselves, and *vice versa.* Coming home to oneself here results in a natural, nourishing mutuality, To be self-ish is to co-mirror and co-thrive; co-thriving is the way to co-self-ing.

3. Natural response results in self-perfection. For coming home to the self results in unlimited responses to things, which in turn contributes to an infinite joy. No longer is there prostitution of one's original nature or dislocation of the original root-power, the power of being oneself. One is whole in his innate lucidity, and spontaneously responds and adapts onself to the changing environment. And as one becomes an adept in the art of adaptation in *this* environment, and then in *that*, and then in *that*

, and so on, one grows into a happy vagabond in the world. Keeping whole what belongs to the Heaven (nature), he meanders where the ten thousand things have their ends and their beginnings. One can be said to have gone back to what one already is, to the pristine simplicity of the original nature; and by doing so or becoming so, or be-ing so, one now changes freely *with* the ten thousand hanges in nature. ㉖ One is the follower of the Heavenly principle, acting according to the Tao of nature, and becomes one with Heavenly Virtue. Here one has only a poetic flight to describe this free nimble meandering with and in things.

Bits of poetic description of the sages, the True Man, or the Heavenly Man are scattered in *Chuang Tzu*. They form an exquisite albeit uneven tapestry made of legends and fables, heroes and semi-divines, hints and sarcasms on historical and pseudo-historical events, and sometimes even animals, goblins and "undesirable" outcasts.

In the True Man, conflicts (and incompatibles) are turned into pleasing contrasts, and disasters into beautiful sceneries in his life-itinerary. His nimble clumsiness mixes into a coherent whole joy and grief, good and bad, words and silence, knowledge and stupidity. He revels in semi-paradoxes; Rejecting inner commotions, he accepts them all. Being self-less, he is the true self. Unconcerned, he accepts, orders and nourishes all things. Being high above the ordinary vicissitudes of life, he yet dwells and travels within them. Religiously an agnostic, he yet situates himself in the divine spheres which are the universe itself. Rejecting all political activities, he often gives counsels on how to govern

and to be governed. Doing nothing, feeling nothing, knowing nothing, there is nothing he does not, cares not, and knows not. The ranges of his life are so variegated and profound, yet so simple and mundane, that only those hideous robbers, convicts and the crippled can describe him, and most unbridled poetic revelry can only allude to his vignette.

The main picture, however, is fairly clear. We are told about how, by emptying oneself, one goes back to oneself; then, how, by going back to one's original nature, one goes back to nature in general; and lastly, how, by going back to nature, one naturally obtains the pristine sociality, in which one "does one's own thing" and is supremely happy. Even a sort of syllogistic summary is possible: To empty oneself is to become oneself; to become oneself thus is to get along with the world; to go along thus with the world of inevitables is to be free in it. Therefore, to empty oneself is to be free in the world.

The reason for all this is that getting rid of one's inner disturbances cleanses oneself of the exclusivity of one's self-interests, and that getting rid of inner disturbances and outer exclusivity amounts to a homecoming to one's original nature. Therefore, to return to one's original nature is to get rid of the exclusivity of self-interest, and leads one to mutuality. All in all, to return to oneself is the royal Way to sociality. Egoism is sociality, in so far as both manifest naturalness. *Ergo*, nature is the authority of society. This brings one to a careful look at *the* society.

# E

Society is a symbolic illustration of the natural principle of the unity of the self and nature. This is because society situates itself between the macrocosmos of the Heaven and earth and the microcosmos of the individual self. The society serves as a reflection of both. Society is at once an experiment and a paradigm case in which one learns how nature operates, and how one should conduct oneself therein. ㉗

1. As the macrocosmos writ samll and the microcosmos writ large, the society is a convenient gauge, serving especially as a negative check on what can go wrong in the world, and in an individual's life. The society in which we actually live is unnatural in that it is formed by various constraints, such as societal coercions and attachments, which have replaced the natural human ties. Consequently, men are clamped together into a society by ritualistic mores and morals, scheming legal contracts, artistic (and commercial) allurements and technical implements.

In such an unnatural milieu, the supposed crue worsens the disease. Technical know-how corrupts human nature and confounds the world. Sensory excellence unsettles the self. Regulations and contracts make way for swindling and robbery. And it is as pathological (that is, mortally abrasive) to even want to do good for others as it is to do harm to oneself (or others); morals shackle and shatter human nature. ㉘

In addition, with the appearances of all these there arise all the

excesses of human attachments. Fawning sons and flattering ministers parade the world. Wailing agonies at the deathbed of the beloved whether he be the husband, the father or the teacher matters littleare now the rule of the day. All this is due to the encouragement of excellence, social (that is, moral, political), cognitive (that is, sophistic, technical) and esthetic (that is, commercial and artistic).

Especially when the prince tries and rule the world with some definite ideal and directive, *that* imposition in itself acts as the source of chaos. For it is an excess, a part overruling the whole, and invariably upsets and destroys the natural ongoings of people's lives.

The sagely rule is otherwise: It follows the Heaven, which is at once objective rulership and subjective naturalness. The sagely prince obeys the Heaven by letting people be as they are. His hegemony is to prepare the way for this "letting," this re-turning to nature. Nature is true social authority. This brings one to a consideration on the strange connection between nature and authority.

2.That nature is one's *authority* can be understood as follows. I was born into existence without my consent; who, then, is responsible for my birth? I am going to die, again, without my consent; by whose agency is my natural death to occur? To say that my parents were responsible for my birth merely pushes the question backward without solving it. For who was responsible for my parents' births? Nor, obviously, can my natural death be attributed to my own agency, though I can more or less vaguely anticipate it (even by my ruining my health). Therefore, neither

my birth nor my natural death is up to myself.

And lying between these two points of my life, the process of living is a series of vicissitudes, with the concomitant physiological and psychological senescence, all of which are beyone my total control. They are inevitable in their comings and in their goings. I can at best periodically propose, and the something (or the somehow, the somewhat) disposes, which seems to be identical with That which is responsible for my birth and my death. The Heaven is the name assigned to that something which is not at all myself, as long as my birth, my senescence and my death are *not* up to myself. At work in my life is that Heaven, that total Other, of which I know nothing, except that it is profoundly objective and authoritative. But since I can find no trace of such True Master or Lord, the truth about the awesome other must stand without its/his identity. [29]

And yet, for all my ignorance and powerlessness about my life, my life is unmistakably *myself*; it is I who was born, I who change and grow old, and I who die. Nothing is more existentially certain and personal than this my life. In considering my helplessness above, it is the very subjectivity of myself that has been reflected on. Life is, as Jaspers said of philosophy, "the activity of being oneself which yet simultaneously experiences itself as the passivity of being-given-to-oneself." Thus the very same Heaven which seems so much other than myself is at the same time my self-so, my self-life, my self-activity. [30]My life-transformation is my self-transformation. "The Heaven is on the inside."

What shall one say to all this? It is this. If I am under authority of the Root-power of life which is nonetheless my own self, I must (I owe it to myself to) re-turn myself to my root, to my pristine simplicity, and live accodingly. ㉛ And in this homecoming to my life-fountain lies the reunification of the subjective-objective polarity that is myself.

3. What is noteworthy about this "argument" is that it leads, in Chuang Tzu's view, to the universal unification of natural self-ishness with the ideal society. Come home to one's inborn root-nature (especially, "You, the ruler, come home to yourself.") , and things and people will grow and thrive of themselves. Stop being natural, and them even one"s own six bodily apertures shall fight one against another, not to speak of one's quarrels with neighbors. Therefore, to repeat. Follow along with oneself, and things will transform and nature of themselves, in their irrepressible sociality.

Now, the ruler represents an objective side, and the people the subjective, in the ontological polarity of such natural sociality which is an offshoot, an enlargement, of the polarity of the self above mentioned. one does well to serve one's ruler as part of one's destined course of life. as unavoidable as the Heaven. ㉜ And sagely rulership, in turn, is as natural as the transformation of life itself, and as productive as Heaven. To serve the ruler is to obey so as to fulfill one's own life, and the sagely rule, to facilitate such unity of objective obedience and subjective self-ing. In serving the ruler is manifested objective obedience and conformity to the ruler, and in sagely rule, subjective self-ing of/for the people. ㉝

Or, to put it another way, one identifies oneself with the objective pole of Heaven by obedience and conformity. This act, in turn, effects the subjective self-ing, the realization of that with which one is born endowed. To rule means to let fructify such a unification of the objective pele of connaturality with its subjective pole, so as for one (the ruler and the people) to become as one is. To be ruled is to effect the objective duty so as to fulfill the subjective reality. In such an ideal society the inner Heaven meets the outer, as the fish meets the water. Such is the perfect Heavenly joy of mutualty. [34]

4. It is of interest to note in this connection that Chuang Tzu offers little description of tangible benefits to be rendered and received in a society. [35] Perhaps, ironically, in telling the reader not to benefit one another, *Chuang Tzu* benefits him with the way to true life, in awakening him to the way of natural Virtue. Thus the book shows the reader that in which true mutual benefiting consists-- *no* unnatural strenuousness toward mutuality.

This is not because Chuang Tzu minimized the importance of mutual benefiting in Society. It is, rather, due to Chuang Tzu's sensitivity to the danger of striving for it and praising its virtue. It is precisely such praise and such unnatural exertion, as he was never tired of insisting, that in the end confuses the constant strands of Heaven, violates the true form of things, and warps and finally mutilates human nature. It is not that mutual help *per se* is wrong, but that capitalizing on it is.

It is futile, if not downright dangerous, for fishes to spit on each other to keep each other alive--for such act is less than useless if the water is scarce, and otiose if plenty. It is best to forget each other in the lakes and rivers of great nature. Similarly, mutual help is valuable precisely when people no longer pay attention to it, much less notice its value, in their spontaneous execution. The environment in which this is possible is the ideal society.

5. In contrast to the scarcity of Chuang Tzu's allusions to sociableness, mutual harm and cruelty in actual society claimed much of his attention. For such social defects are, surprisingly enough, intimately connected with one's striving to be gainful for others as well as for oneself; conscientious helpfulness is the culprit, as has been pointed above. Hence Chuang Tzu's repeated and specific attacks on this point. He counsels his reader-- *Never do* good, [36]then evil would not arise. True government is that of no-doing. What does this "no-doing" mena? It is a negative description of the government in being-itself and in self-doing. What does such government entail?

Generally speaking, What one does is based on what one is. No deed is possible without its agent, and the deed in turn expresses its doer. It is reasonable, then, for one to refrain from ( *wu* ) doing *(wei)* (harm to what one is, because such act renders the act itself impossible, and defeats its purpose. Such act is self-contradictory. [37]One must instead behave ( *wei* ) so as not ( *wu* ) to act ( *wei* ) in such a foolish manner.

"Horses and oxen have four feet--this is the Heavenly. Putting a

halter on the horse's head, piercing the ox's nose--this is.....the human. So I say: Do not let what is human wipe out what is Heavenly..... "Thus no-doing is a no-meddling with the heavenly nature, whether of things or of people. [38]

We have, then, two types of doing: (1) stopping acts ( *wu wei* ) that are self-destructive; and (2) letting things/ self go ( *fang* ) , that is, acting in such a way that all things(including the self) enhance themselves thereby. Deed-(1) is a preliminary to dead-(2). They belong together so much that Chuang Tzu (and Lao Tzu, too) put them together in one phrase, "no-doing and nothing not done." [39]

Moreover, deed-(1) is not merely a preliminary to deed-(2); there is a sense in which the former is an aspect of the latter. It is expressed in that crucial phrase, "mutually forgetting in rivers and lakes" which differs radically from an exhausting exertion of "mutual wetting with spitting." Such mutual forgetfulness is an indication that people can afford so in the abundance of nature, where everyone is as he is. This situation can obtain even at the deathbed of a bosom friend, where one calmly and delightfully discourses on the after-death; one even can sing at his coffin. One moves and acts as a child, not knowing where to or what to do. No apologies are needed for one's parents, knowing that their forgiveness has already been granted; a filial son does not fawn on his parents. [40]In all these things one un-self-consciously follows one's inner inevitability, that is, what one cannot but do or be. All these negatives--*in* evitability, *not* knowing, *no* apologies--are really an index of the

fulness of being, the bliss of naturalness. To follow ( *wei* ) this sort of negatives ( *wu* ) is to be fully oneself as one is.

6. Now, the ideal rulership is what facilitates such a relaxed natural situation, which can never ( *wu* ) be purposely planned and brought about ( *wei* ). In fact, such non-planning and non-meddling is one of the hallmarks of the Age and the World of Perfect Virtue--where people could not care less about the ruler, the wise or the sages. They spontaneously act out kindness, live without conflict, and not knowing how good they are. This is the government of no government, the government of self-government, the government of forgetfulness.

It is the government of *no* government because "....those who shepherded the world in ancient times were without desire and the world was satisfied, without action and the ten thousand things were transformed." "His spirit will move in the train of Heaven, gentle and easy in inaction, and the ten thousand things will be dust on the wind." [41] Chuang Tzu calls our attention to the sharp contrast between "governing the world" Which is the root of all evil, and "the world governing [itself]" which is the natural outcome of sagely non-rule.

Such ideal government is that of *self* -government: "The Virtue of emperors and kings takes Heaven and earth as its master, inaction as its constant rule.....Heaven does not give birth, yet the ten thousand things are transformed; earth does not sustain, yet the ten thousand things are nourished. The emperors and kings do not act, yet the world is benefited." [42]

This is why the ideal government is that of *forgetfulness*; " Heaven has the six directions and the five constants. When emperors and kings go along with these, there is good order; ..... The ruler will shine mirror-like over the earth below, and the world will bear him up..... To forget the world is easy; to make the whole world forget you is hard. Virtue discards Yao and Shun and [rests in] inaction. Its bounty enriches ten thousand ages, and yet no one in the world knows this.....the ten thousand things will return to the root and not know why..... They are allowed each to pursue his own will. They do it of themselves from their inborn nature, yet do not know why it is like this."

Such government of self-forgetfulness is none other than the *heavenly* government, that is, government of naturalness and of nature: "The sage penetrates bafflement and complication, rounding all into a single body, yet he does not know why--it is his inborn nature. he returns to the destined course of life and acts accordingly, using Heaven as his teacher, and men follow after.....His achievements blanket the world but appear not to be his own doing. His transforming influence touches the ten thousand things but the people do not depend on him. With him there is no promotion or praise--he lets everything find its own enjoyment."

This simple acceptance of "things the way they are" has two positive implications. First, there is no governmental tampering with people's lives. Such government is, instead, as unpretentious as can be: "In an Age of Perfect Virtue the worthy are not honored, the talented not employed. Rulers are like the high branches of a tree, the people like the deer of the

fields."[43]

Secondly, in response to such government of no-doing, the ruled subjects in turn are enabled naturally to adapt quietly to whatever that comes. Obedience comes naturally. This is because life's supreme authority is nature itself. Nature implies naturalness, which is opposed to contrivance. And the government is one supreme instance of human contrivance. Therefore when the government of non-meddling comes about under the authority of nature (thatis, non-contrivance), the people shall have few desires and live in all their artlessness of self-forgetful simplicity.

In short, natural non-contrivance enables true togetherness. The society shall be order-less, and not disorderly; non-striving, and not without natural activities. "They *do* what is right but do *not* know that this is righteousness. They love one another but do not know that this is benevolence. They are true-hearted but do not know that this is loyalty. They are trustworthy but do not know that this is good faith. They wriggle around like insects, performing services for one another, but do not know that they are being kind. Therefore, they act without leaving any memory of their deeds.'

7. Chuang Tzu's ideal government lets individuals do and live as they please--in sheer absence of external constraint. In this respect Chuang Tzu is a Chinese Thoreau. But Thoreau wanted to have the government perform one function--to police and redress the evil of meddling in the individual freedom of the people. The mission of the

government is non-interference, that is , aggressively to cut down interference. There is an obtrusive overtone in the negative phrase, "non-interference" and "no government." This combative element also applies to the people, who must see to it that the government does not interfere; when it does, the people should throw themselves as specks of sand into the machinery of government until it is ground to a halt.

In contrast, Chuang Tzu forbids the ruler to perform the oppressive function of checking mutual interference among the people. The reasons are not far to seek. As compass and square are instruments with which one cuts away the inborn nature of the material, so rites and music are the means of violating human nature. As glue and lacquer are those things with which to violate the natural virtue of things, so benevolence and righteousness destroys the constant naturalness of people.

For piling on more sages, in the hope of bringing the world to order, shall prove to be piling up more profit for robbers. Fashion bushels as the measuring standard and people will steal by bushel. Fashion tallies to insure trust, and people will steal with tallies. in fact, the ruler grieves people's vital organs with the enforcement of benevolence and righteousness, taxes their blood and breath by establishing laws and standards, and the world will be thrown into further conflicts and confusions. ㊹

"In the [golden] days.....,people stayed home,.....did not know what they were doing.....then the sage came along with rites.....which were intended to reform.....the world; with the reaching-for-a-dangled-prize

of benevolence and righteousness,.....intended to comfort the world. Then.....People learned to stand on tiptoe and covet knowledge, to fight to the death over profit, and there was no stopping them." There fore the government of aggressive check on violence spreads it; "the more articulate the laws and ordinances, the more robbers and thieves there are." (Lao Tzu)

Similarly, Chuang Tzu would have persuaded Thoreau and his compatriots *out* of throwing themselves against governmental tyranny. They would have been mere praying mantes waying their angry arms at the oncoming cart. They shall succeed only in destroying themselves under the wheels. The evil of governemnt, instead, is to be allowed to outgrow itself to death, for the force turns against its wielder, in accordance with the inherent principle of things to turn back when they have reached the limit. Thus the movement of self-demise of the powerful cannot be tampered with. Incidentally, the same simile of praying mantis against the oncoming cart was used also in describing the folly of the government of benevolence, righteousness, law and order, as characterised in the previous paragraphs. Naturalness as the social authority remains in the midst of recklessness and tyranny.

## F

This leads one to a final look at what "nature" or "naturalness" means. Chuang Tzu says that sorrow and pain is occasioned by the loss of

something percious, and its loss, in turn, by having hidden it in something bigger. But if one hides the world in the world, then nothing could get away, and one would be at home in the final reality of the constancy of things.

But since the world is in a constant change, to hide the world in the world means, in the final analysis, to dwell in the constant passings-on of things, to be at one with the vicissitudes of life and death, on which thus to realize that all changes are a single body. There would be no loss of the self to him who changes *with* the ten thousand changes that never come to an end. ㊺

Therefore, he who transforms himself with the Way of the natural shall preserve himself from sorrow. If one does not disturb the process of change, including the change of oneself through sicknesses to one's bodily death, then one shall not suffer the loss of one's identity--the reader is impressed with the constnat refrain of "I," "my," "me," and "you" in the dialogues on the transformation process *after* one's body has gone. One freely undergoes self-transformation from one realm to another without losing oneself.

1. This delightful meandering out of the present self into the future one(s) is analogous to one's journey out of oneself into a community of selves. Natural companionship is thus formed in a spontaneous joy. Sociality is a saptial aspect of the self's itinerary, the historicity of life. " ……take care and guard your own self; these other things [affairs] will of themselves grow sturdy. …… you have only to dwell in inaction and

things will transform themselves." This is possible beacuse in the primal mirror-like limpidity, one is free to respond to all things as their natures severally require; he who possesses himself "things" things. (46)

One can even afford to follow along wiht such inevitables as tyrannical governments, which are after all part of the stages in the life itinerary of the self, part of that "riding on things in an enjoyment of oneself." Trust oneself in the inevitables, and one can nourish what is inside oneself. The extent to which one can tolerate tyranny gauges the extent of one's maturity. Everything is "good," even tyranny, to him who can digest it.

In fact, nothing is as "good," that is, appropriate and agreeable, as to flow with the destined course of life as if to follow orders. There is a life-journey in the flow of things, a journey out of oneself into being-with others. In the midst of this process of flowing with them, one stays integral, and evil dissolves itself in the meantime. Such is the structure of naturalness, the supreme authority of sociality.

2. This "ideal" world, in sharp contrast to usual utopias, attracts none. There, no land is cultivated, no dweller therein cultured. Attracting none, this world has little danger of being invaded, either by enemies or by admirers. For few desire to learn from the ruler who knows nothing, plans on nothing, and follows his people instead of leading them with charisma. Few want to live among people who are rugged, im-polite and uncultured, slow in action and primitive in understanding. (47) They have no Martin Luther King, no "high standard of living." no "law and order,"

no *esprit de corps*. Reading about such Utopia stirs the heart of none.

And *that* is precisely the point--this Utopia is as tasteless as the Heaven and earth. It (the Utopia and its reading) puts one at ease. It prevents none from practicing it, nor does it invite anyone to do so; and yet one's decision for it or against it somehow puts one at peace with oneself. Nor does he who practice it attract or hurt anyone; for the hurt lies in the attraction. And in the end such lack of charm, like the Great Clod, shall prove to be the Seed-Power of the Great Peace of Nature. Nature, being the Parent of all things, is the supreme non-attractive authority of sociality.

On the whole, Chuang Tzu seems to be stronger in his negative pronouncements than in his affirmative. He is certainly nearly correct about the almost universal failures in the history of human endeavors at moral reforms and political manuvers. One tries in vain for positive reform programs that really work, that really put one back to where one should be. In fact, the more one tries, the less one succeeds. Furthermore, the ideal world Chuang Tzu proposed is invariably insipid as water and clod, Heaven and earth.

Chuang Tzu seems to say that, heuristically and epistemologically speaking, such notions as sanity, health, naturalness, appropriateness, inborn nature, the true self, the ideal society, and so on, are negative concepts. One only *knows* them when they are no longer in their normalcy. "……when the shoe fits/ The foot is forgotten,/ When the belt fits/ The belly is forgotten,/ When the heart fits,/ "Right" and "wrong"

are forgotten." Mr. Noraml is Mr. Fitting, who is No-Form. He is the unknown, because our knowing activity is, as our conscious act, an abjectivization and ossification. To know is to kill, as Mr. No-Form was by (sensory) knowledge.

Civilization is, however, a collective term for conscious activities, an intricate web of cognitive-technical contrivances and moral-social conscientiousness. [49] That is why Chuang Tzu opposed civilization, and praised something seemingly negative and primitive. He even promoted no-doing, no-knowing, and no-feeling.

One must, however, be careful here. With occasional exceptions, Chuang Tzu used the word, *wu* , to denote such negativity of normal naturalness (the self-so of the natural). The word, *pu* , is , in contrast, a *conscious* negative act.

Now, nature is, as is the self, a systematically elusive concept, as will be shown in detail in the next chapter. To capture either the self or nature, one must un-self-consciously live it, for once one tries consciously to grasp it, one shall surely lose it. Thus positively harmful to naturalness of the self are all the insistent "don 'ts " of morals, the objectified codes of social decencies, and the conscious strivings after them.

Even Hui Tzu's insistent cognitive questions, "How can … … ?" "How so?" more than fail to grasp the true nature of the natural; they positively lead one away from it. To go along with the natural inevitables (of both subjective and objective kinds) in a non-conscious

(not unconscious) manner is the Way of natural life; to follow what is inevitable with self-consciousness and self-cognition, suicide and slavery.

One of the reasons for all this is, as mentioned above briefly, that anything that is observable, conscious and objective is static, abstract, and therefore an ossification. Life is, in contrast, always on the go and self-transforming (that is, growing); life is, in a word, alive or nothing. And anything alive is difficult to be accurately classified in the static pigeon holes of abstractions. Social sciences and, on the whole, all empirical sciences are, ultimately speaking, mathematically inexact and indeterminate sciences. No inerrant predications on social policies or medical therepeutics are possible, nor are total controls of natural phenomana. "The precision is a fake" (Whitehead) in the realms both of life and of nature. Nature, as naturalness, is "alive," changing of itself. It is as inevitable as it is incapable of exact affirmation. No wonder Chuang Tzu is consciously always on the negative side, both in his attacks on civilization, and in his delineations of the ideal self and the ideal selves together (ideal society).

3.Little wonder also it is that all passages in *Chunag Tzu* about the happy meandering of the True Man take on a poetic flight. One wonders whether *that* is not after all the best anyone can aspire for--a poetic way. For the most convincing and the most satisfying unity of the outer and the inner, the nature an the natural, that one finds in this world, is an artistic one. In art what one exudes from within happily meets what one

confronts outside. This is where the deep answers the deep, the Heaven matches up with Heaven in their mutual nonchalant forgetfulness; this is where all things transform of themselves. [50] Herein lies the *social* authority of Chuang Tzu. If Mencius recognized social authority in man's innate moralness, then Chuang Tzu rests it one the mysticism of artless naturalness.

# NOTES

1. Burton Watson, *The Complete Works of Chuang Tzu,* NY: Columbia University Press, 1968, hereafter abbreviated as "W" with page references, such as "W105, 111, 138," here.
2. *The Texts of Taoism, Volumes I and II,* translatedby James Legge, Dover Publications, Inc., 1962, Volume II, p.30. The work will be referrd to as "LI" or "LII" with pages.
3. cf. W120. w188, cf. 116; *tzu chih, chih chi, chih shem* [a] ; *t'ien hsia chih, t'ien hsia tzu chih.* [b]
4. W122, 137, 143; w173, LI 319; w147; cf. W182f., *hsing, p'u* [c.]
5. Often in phrases such as "the Heaven and earth" or "[things] under Heaven" ( *t'ien ti, t'ien hsia* [c])
6. *Mencius* 1A8, 6A8; W143; *Mencius* 7A4; LI 188.
7. *jan, ku jan, ch'ang jan, tzu jan, k'o.* [d]
8. w43; This may be read as a free-hand summary of the second chapter of *Chuang Tzu; W201, 191; W105; t'ien fang* [e] (9/7), *hsueh hsing* (8/13) ; *tu* [e] (2/21, 3/13, 11/48, 20/22, 21/25, 11/28, 28/86, *etc*.)
9. *ch'uan* in *te ch'uan* (12/64,19/15) and *shen ch'uan* [e] (12/63,19/49).
10. 23/79; *shih (6/14, 8/32); fang fung erh hsing* [f] (14/58); w97, 142, *etc.*

⓫ For "inner inevitability," see 8/30f. ( *tzu wen, tzu chien, tzu te* g ). For "circumstantial necessity," see *pu te pu* (22/32f.) , *ku* (13/51f.), *suo pu mien* (22/88), *pu k'o ch'uch, pu k'o chin* (21/63), *pu neng yu* (22/82), *pu k'o nai ho* (4/43, 5/20), *pu te yi* h (4/30, *etc* .).

⓬ "Being of self;" *ch'ang hsing* i (9/7), *ch'ang jan* d (8/15); "a going along with things;" 22/78, *etc.*

⓭ W206; W212; W198f.; W204; *tzu chien* g is neither *tzu shin* i (1/17,24) nor *chien chi* i (5/39). Watson who is usually admirably accurate missed the point here (W103) .

⓮ *hsing ming chih ch'ing* i (11/8, *etc* .); 6/14; cf. "the four sixes" in W259.

⓯ *tzu shih* j ; tzu te g ; tzu wei; tzu ch'ung j , *tzu chien* g ; *wu wei* j ; *kuei shen* j ; *wu chih* k.

⓰ *t'ien yu* (26/40) , *yu yu t'ien ti (24/79); hsu chi* (cf. W212); *sang wo* k (cf. W36); W259; W141, 113.

⓱ 12/95–98; *yin, luan, kung, ch'ien hsing* l (cf. W115); W287.

⓲ *wu wei* j (w45); *wu ch'ing* m (W75); *wu lu* (12/74), *wu yu, wu (pu) chi* (9/10, 12/81f.).

⓳ W36, 237, 254, W122, 136; *yang chung, pao shen* n (4/53, 3/2).

⓴ *ch'un shen* (16/15, W173), *wang chung,* (28/28, W313), *pao yi* (23/34, W119, 120, 253), *jih yu t'ien* n (12/45, W133); W212, 199; W116.

㉑ 12/63f.; *tzu wei* j ; W52, 358; W198; W260; W281f.

㉒ W231f.; W174; W247; cf. W191; W75, 190.

㉓ *hsu erh tai wu* o (4/27f.); 16/20. 6/14; *a la* Merleau-Ponty: *Phenomenology of Perception,* The Humanities Press, 1962.

㉔ W97, 142; ch'ing (21/4), W213; W254; W153, 205; cf. W204.

㉕ W97; *wu wu erh pu wu yu wu* (20/8); W246, 210; W51; W213; *sui, tz'ung, yin* (20/27); cf. "to go along with"(W260) or *yen* p (23/79)

㉖ W209; *fan chi wu ch'ung* (24/73); *wu yin hsing, wu ch'ien te* q (11/2); *yu shi chu hua* (20/6), cf. *yin yi man yen* r (2/93).

㉗ shun t'ien li (14/16, 15/llf.), *sun tao erh ch'u* (13/52), *ho t'ien te* r (15/13f.) ; W144, 148, 149, 150, 166.

㉘ W134, L12f.; W141, 108f.; W199ff.; W52, 85, 138.

㉙ W124, 148–50, 156; W105, 150: W101, 122, 133; W38.

㉚ Walter Kaufmann: *Existentialism from Dostoevsky to Sartre,* New American Library (Meridian), 1975, p.166. This is Kaufmann's translation; *tzu jan* d , *tzu sheng* s , *tzu wei* j .

㉛ *t'ien hua, tzu huz* (W101, 122); W182; 11/55, 20/26, 3/7, 15/58.

㉜ The "argument" on the surface (repeated often in W101, 122, 136, 166, 173, *etc* .) is, of course, valid only if life is identified with the Lord of life, in which case the argument is either self-contradictory (the first premise conflicts with the assumption of the argument) or begging the question (assuming whtat is to be proven). As a *description* , however, of our visceral feeling of our life-situation itself, it carries force. That is why the word "argument" is put in quotes; W301; *ming, t'ien* t (W59ff.).

㉝ *sheng chih,* ch. W136; ch. W156; cf. W143f.; w62; *shun, hsun, t'ung* t *tzu wei* j , *tzu chuang* t , *tzu hua* s , *tzu hsi* t .

㉞ W105; W80, 87, 163; W191. How such ideal government is to be concretely implemented is treated in Chapter Seven below.

㉟ Not even among the bosom friends (W84–91), except perhaps performatively, in the very writing of the *Chunag Tzu* itself, and in its edifying discourses of the masters on how *not* to try and benefit one another.

㊱ W122; Chapters 8 and 9 of *Chuang Tzu* ; W80; W138, 211; *wu wei* j . This is a *negative* side of *wu wei* . Its positive side wsa the topic of Chapter Three above.

㊲ *tzu jan* d ,) *tzu wei* j ;) "upside down" W174; *wu wei wei chih* u (12/17); *wei wu wei* u *Tao Te Ching,* chapters 3. 63; W183; W116; W274.

㊴ *t'ien fang (9/7), fang te* u *(13/52); wu wei erh wu pu wei* u (18/

14[W191], 22/10 [W235]. 23/70 [W259], cf. *Tao Te Ching* 37,48), cf. *ch'u wei wu wei* [u] *23/78*.

㊵ w80, 163; w84, 86; W254, cf. 106. 135; W258, 138.

㊶ 21/36; 11/17, 19, 24; 24/24; 24/80; W138.

㊷ W127; W116; *chih t'ien hsia* [v] (9/6, 11/1, 16, 31) , *t'ien hsia chih* [v] (1/23, 7/11, 10/15, 11/28); W144, 145.

㊸ W154, 155; W122; W133=LI 319; W281, 94; *shum wu tzu jan* [v] (W94); W138.

㊹ cf. w146; *Tao Te Ching,* 19,57; cf. W100; W109f.; W117.

㊺ W106; *Tao Te Ching* 30 ; W292; W62, 133; W80f.; cf. W159f.; W84, cf. 177; W81.

㊻ w80, 84f.; W120,122; W97, 142; *wu wu* [v] (11/61ff.).

㊼ cf. W61; *Chuang Tzu,* chapters 4,5 ; *ming* [t] (4/53), cf. W61; cf. W106; cf. W168; W134f.

㊽ cf, W86, 83, 97, 174, 198, 232, 247; *chi* [v] (18/45f.); *chung* [v] (27/9); *t'ai p'ing* [v] (cf. W213); and its cognate, "of itself."

㊾ Thomas Merton: *The Way of Chuang Tzu,* New Directions, 1965, p.112. I have slightly changed it.; *Ibid.,* p.66.

㊿ Such as *pu jen* [w] , *pu chi* [m] , *ch'i sheng* [w] , *chueh chi* [w] *wu* [w] ; *tzu jan* [d] ; *pu* [x] or *wu* [x] ; W206; W191.

a 自治 治己 治身

b 天下治 天下自化

c 性 朴 天地 天下

d 然 固然 常然 自然 可

e 天放 削性 獨 全 德全 神全

f 適 放風而行

g 自聞 自見 自得

h 不得不 固 所不免 不可卻不可止 不能禦 不可奈何 不得已

i 常性 自視 見已 性命之情

j 自適 自爲 自聽 無爲 貴身

k 無治 天遊 遊於天地 虛己 喪我

l 淫性 亂性 攻性 遷性

m 無情 無慮 無欲 無知 不知

n 養中 保身 存身 完身 抱一 入於天

o 虛而待物 清

p 物物而不物於物 隨 從 因 緣

q 反己無窮 無淫性 無遷德

r 與時俱化 因以曼衍 順天理 循道而趨 合天德

s 不知 自生 天化 自化

t 命 天 聖治 順 循同 自壯 自喜

u 無爲爲之 爲無爲 放德 無爲而無不爲 出爲無爲

v 治天下 天下治 順物自然 物物 機 種 太平

w 不仁 棄聖 絶知 無

x 不 勿

國家圖書館出版品預行編目資料

海峽兩岸道教文化學術研討會論文

／龔鵬程主編. --初版. --臺北市：
臺灣學生，民85
冊； 公分
ISBN 957-15-0780-6（一套：精裝）
ISBN 957-15-0781-4（一套：平裝）

1.道教 － 論文，講詞等

230.7　　　　85010413

海峽兩岸道教文化學術研討會論文（全二冊）

主編者：龔鵬程
出版者：臺灣學生書局
發行人：丁文治
發行所：臺灣學生書局
臺北市和平東路一段一九八號
郵政劃撥帳號〇〇〇二四六六八號
電話：三六三四一五六
傳眞：三六三六三三四
本書局登記證字號：行政院新聞局局版臺業字第一一〇〇號
印刷所：常新印刷有限公司
地址：板橋市翠華街八巷一三號
電話：九五二四二一九

定價　精裝新臺幣九六〇元
　　　平裝新臺幣八〇〇元

中華民國八十五年十月初版

23009



ISBN 957-15-0780-6（精裝）
ISBN 957-15-0781-4（平裝）